ESCRITOS JUDAICOS

ORGANIZAÇÃO
Jerome Kohn e Ron H. Feldman

TRADUÇÃO
Laura Degaspare Monte Mascaro
Luciana Garcia de Oliveira
Thiago Dias da Silva

HANNAH ARENDT

ESCRITOS JUDAICOS

Amarilys

Título original em inglês: *The Jewish Writings*

Copyright © 2007 by The Literary Trust of Hannah Arendt and Jerome Kohn

AMARILYS é um selo editorial Manole.

EDITOR-GESTOR: Walter Luiz Coutinho

EDITOR: Enrico Giglio

PRODUÇÃO EDITORIAL: Luiz Pereira

PREPARAÇÃO: Susana Yunis e Ana Maria Fiorini

REVISÃO: Natália Aguilar

CAPA, PROJETO GRÁFICO E COMPOSIÇÃO: Daniel Justi

Dados Internacionais de Catalogação na Publicação (CIP)

(Câmara Brasileira do Livro, SP, Brasil)

Arendt, Hannah, 1906-1975.

Escritos judaicos/Hannah Arendt; tradução Laura Degaspare Monte Mascaro, Luciana Garcia de Oliveira, Thiago Dias da Silva; – Barueri, SP : Amarilys, 2016.
Título original: The Jewish writings.

1. Antissemitismo 2. Holocausto judeu (1939-1945) 3. Judeus - História - 1789-1945 4. Judeus - História - 1945- 5. Sionismo I. Título.

16-04413 CDD-305.8924

Índices para catálogo sistemático:

1. Escritos judaicos : Sociologia 305.8924

Todos os direitos reservados.

Nenhuma parte deste livro poderá ser reproduzida, por qualquer processo, sem a permissão expressa dos editores.

É proibida a reprodução por Xerox.

A Editora Manole é filiada à ABDR – Associação Brasileira de Direitos Reprográficos

Edição brasileira – 2016

EDITORA MANOLE LTDA.

Av. Ceci, 672 – Tamboré – 06460-120 – Barueri – SP – Brasil

Tel. (11) 4196-6000 – Fax (11) 4196-6021

www.amarilyseditora.com.br | info@amarilyseditora.com.br

Impresso no Brasil | *Printed in Brazil*

SUMÁRIO

9   NOTA DOS TRADUTORES

13   PREFÁCIO: *Uma vida judaica: 1906-1975, por Jerome Kohn*

47   UMA NOTA SOBRE O TEXTO

51   HISTÓRIA DAS PUBLICAÇÕES

57   INTRODUÇÃO: *O judeu como pária: o caso de Hannah Arendt (1906-1975), por Ron H. Feldman*

PARTE I *Os anos 1930*

111   O ILUMINISMO E A QUESTÃO JUDAICA

133   CONTRA CÍRCULOS PRIVADOS

137   ASSIMILAÇÃO ORIGINAL. *Um epílogo para o centenário da morte de Rahel Varnhagen*

147   A RECLASSIFICAÇÃO PROFISSIONAL DA JUVENTUDE

151   UM GUIA PARA A JUVENTUDE: *Martin Buber*

155   JOVENS VÃO EMBORA PARA CASA

161   O JULGAMENTO GUSTLOFF

167   A QUESTÃO JUDAICA

173   ANTISSEMITISMO

PARTE II *Os anos 1940*

289   A QUESTÃO DA MINORIA

301   A GUERRA JUDAICA QUE NÃO ESTÁ ACONTECENDO. *Artigos do Aufbau, outubro de 1941 a novembro de 1942*

369   ENTRE O SILÊNCIO E A MUDEZ. *Artigos do Aufbau, fevereiro de 1943 a março de 1944*

387	A ORGANIZAÇÃO POLÍTICA DO POVO JUDEU. *Artigos do Aufbau, abril de 1944 a abril de 1945*
443	A POLÍTICA JUDAICA
447	POR QUE O DECRETO CRÉMIEUX FOI REVOGADO
461	NOVOS LÍDERES SURGEM NA EUROPA
467	UM CAMINHO PARA A RECONCILIAÇÃO DOS POVOS
477	NÓS, REFUGIADOS
493	O JUDEU COMO PÁRIA. *Uma tradição oculta*
525	CRIANDO UMA ATMOSFERA CULTURAL
531	HISTÓRIA JUDAICA, REVISTA
543	A MORAL DA HISTÓRIA
551	STEFAN ZWEIG. *Os judeus no mundo de ontem*
569	A CRISE DO SIONISMO
581	HERZL E LAZARE
591	SIONISMO RECONSIDERADO
635	O ESTADO JUDEU. *Cinquenta anos depois, para onde nos levou a política de Herzl*
653	PARA SALVAR A PÁTRIA JUDAICA
671	AS VIRTUDES DA PERSONALIDADE. *Uma crítica de Chaim Weizmann: Statesman, Scientist, Builder of the Jewish Commonwealth*
675	TRILHA ÚNICA PRA SIÃO. *Uma crítica de Trial and Error: The Autobiography of Chaim Weizmann*
679	O FRACASSO DA RAZÃO. *A missão de Bernadotte*

687 SOBRE A "COLABORAÇÃO"

691 NOVO PARTIDO PALESTINO. *A visita de Menachem Begin
e os objetivos do movimento político discutidos*

PARTE III *Os anos 1950*

699 PAZ OU ARMISTÍCIO NO ORIENTE MÉDIO?

737 MAGNES, A CONSCIÊNCIA DO POVO JUDEU

739 A HISTÓRIA DO GRANDE CRIME. *Uma resenha de Bréviaire
de la haine: le III Reich et les Juifs, de Léon Poliakov*

PARTE IV *Os anos 1960*

755 A CONTROVÉRSIA EICHMANN. *Uma carta a Gershom Scholem*

765 RESPOSTAS ÀS PERGUNTAS DE SAMUEL GRAFTON

783 O CASO EICHMANN E OS ALEMÃES.
Uma conversa com Thilo Koch

791 A DESTRUIÇÃO DE SEIS MILHÕES.
Um simpósio da Jewish World

799 "O FORMIDÁVEL DOUTOR ROBINSON".
Uma resposta por Hannah Arendt

821 POSFÁCIO: *"Grande Hannah", minha tia, por Edna Brocke*

835 AGRADECIMENTOS

839 CRONOLOGIA

847 ÍNDICE REMISSIVO

NOTA DOS TRADUTORES

A TRADUÇÃO REALIZADA PARA ESTA PRIMEIRA EDIÇÃO EM português do livro *The Jewish Writings*, foi realizada principalmente a partir da edição original americana de Jerome Kohn e Ron H. Feldman, publicada em 2007. Os textos aqui reunidos foram escritos por Hannah Arendt em alemão, francês ou inglês, considerando a própria trajetória de vida da autora, que embora tenha como língua materna o alemão, foi obrigada a sair de seu país com a eclosão da Segunda Guerra Mundial, tendo vivido na França a partir de 1933, e nos Estados Unidos a partir de 1941.

Embora a referência primária para esta tradução tenha sido a edição dos textos em inglês, é preciso destacar que para os textos escritos em francês, utilizamos os originais para sanar eventuais dúvidas, além de termos realizado um cuidadoso trabalho de cotejo. Nos caso dos textos originalmente em alemão, sempre que tivemos acesso a estes, aplicamos o mesmo método.

Esta tradução também contou com a consulta prévia à professora de cultura judaica, Dra. Marta F. Topel, do Departamento de Letras Orientais da Universidade de São Paulo (DLO-USP), na transliteração das palavras e expressões escritas nos idiomas iídiche e hebraico que aparecem no texto da coletânea.

O capítulo "O Estado judeu" manteve este título em função da obra clássica de autoria de Theodor Herzl, *Der Judenstaat* (*O Estado judeu*), ao qual o texto faz referência, muito embora a designação corrente nesta edição seja Estado judaico, tendo em vista que a palavra "judaico" desempenharia o papel de um qualificativo do Estado de Israel, desde a sua fundação em 1948, enquanto um Estado-nação destinado ao povo judeu, mas que não é inerentemente judeu em sua acepção religiosa, não se constituindo como uma teocracia.

Ainda com relação à escolha de expressões e palavras que julgamos adequadas na tradução desta obra, optamos em utilizar a palavra "América" no lugar de "Estados Unidos" e "americanos", ao invés de "norte-americanos", uma vez que nos Estados Unidos é bastante comum referir-se à "América" ao tratar-se desse país, muito embora o mesmo não aconteça no Brasil, em língua portuguesa. Ainda, "América" traz a ideia de "Novo Mundo", um lugar de oportunidades, pluralidade e hospitalidade muito caros à Hannah Arendt, diante do regime totalitário na Europa. Além disso, vale destacar que a própria autora eventualmente utiliza ambos os termos, deixando clara sua intenção de distingui-los, como no texto "A crise do sionismo".

Um dos conceitos arendtianos cuja tradução se apresentou como um desafio foi *worldlessness,* que aparece na Introdução de Ron H. Feldman à edição americana. Na edição francesa, essa palavra foi traduzida como *acomisme* o que não nos pareceu uma tradução satisfatória por evocar o acomismo de Spinoza, que possui um sentido muito distante do proposto por Arendt, que tem um caráter ao mesmo tempo filosófico e político, relacionado intimamente a sua ideia de política enquanto "amor ao mundo". Era importante, para uma tradução satisfatória, conservar a palavra *mundo*[1] enquanto núcleo da expressão, qualificando essa forma de estar no mundo como um alheamento político e existencial em relação a este, mas que, enquanto característico do povo judeu na era moderna, tenha sido uma condição imposta, em certa medida, por sua dispersão e exclusão das sociedades das quais participavam, o que a palavra *carência* expressa ao acolher em si o sentido de privação.

Optamos, ainda, por verter *Enlightenment* por *iluminismo* e não por *esclarecimento*. A decisão afeta principalmente "O iluminismo e a questão judaica", texto escrito originalmente em alemão e publicado sob o título "Aufklärung und Judenfrage". Há já algum tempo, tradutores do alemão têm optado por verter *Aufklärung* por "esclarecimento" e não "iluminismo". As razões são várias, mas a principal talvez seja o uso mais comum do termo alemão, que indica algo mais amplo e natural que o movimento intelectual do século XVIII. Em sentido corrente, o termo designa o processo que retira as pessoas das trevas da ignorância conferindo-lhe uma visão esclarecida, ou seja, informada, liberada de certos preconceitos, capaz de lidar com opiniões. No texto em questão, Arendt se serve do termo para indicar, ao contrário, o movimento espiritual que fortificou na Europa ao longo do século XVIII. Mais especificamente, a versão alemã

---

[1] Para Hannah Arendt, o mundo seria o interespaço onde ocorrem as relações humanas ao mesmo tempo em que o resultado de seu agir e fazer, inclusive nos âmbitos intelectual ou espiritual, desde que objetivados enquanto mundo real.

As demais notas de rodapé ao longo deste livro são da própria autora, exceto esta, as do prefácio, as da introdução, e quando indicadas por N.E. (nota dos editores) ou N.T. (nota dos tradutores). Quando disponíveis em português, as referências bibliográficas foram adaptadas.

deste movimento. Assim, é precisamente por concordar que "esclarecimento" é um termo mais amplo, que optamos por "iluminismo", mais restrito e, portanto, mais adequado ao texto de Arendt.

Como toda tradução, esta colocou algumas questões que tiveram de ser resolvidas a partir de escolhas, que sempre carregam algum grau de discricionariedade. Estamos cientes dos limites do próprio ato de escolher um termo em detrimento de outro. Portanto, não pretendemos assegurar que estas escolhas constituam a última palavra. O que podemos assegurar, no entanto, é que nosso trabalho foi realizado com o mesmo amor que Hannah Arendt dedicava ao mundo e com a esperança de oferecer acesso mais amplo do público de língua portuguesa ao seu pensamento.

Os tradutores
Laura D. M. Mascaro
Luciana Garcia de Oliveira
Thiago Dias da Silva

PREFÁCIO
Uma vida judaica: 1906-1975

JEROME KOHN

"O senso humano do real exige que os homens atualizem a mera condição passiva do seu ser, não a fim de modificá-lo, mas de exprimir e chamar à existência plena aquilo que, se não o fizessem, teriam que suportar passivamente de qualquer maneira."[1]

COMEÇO DELIBERADAMENTE COM UMA CITAÇÃO DE *A CONDIÇÃO humana* (1958), inquestionavelmente um dos trabalhos de Hannah Arendt mais lidos, estudados e examinados e no qual não há quase nenhuma menção a judeus, assuntos judaicos, ou história judaica. De fato, a única discussão que pode ser chamada "judaica" ocorre no último capítulo do livro, "A *vita activa* e a era moderna", na penúltima seção, "A vida como o bem supremo". Ali, Arendt mostra um interesse negativo no Decálogo: a maneira como ele "menciona o homicídio", ela escreve, "sem lhe atribuir gravidade especial em meio a um rol de outras transgressões", *não* faz "da preservação da

---

1 Arendt, *A condição humana* (Rio de Janeiro: Forense Universitária, 2014), p. 260. Na nota de rodapé, ela acrescenta: "este é o significado" do *Nihil igitur agit nisi talens existens quale patiens fieri debet* de Dante, que, "embora simples e claro no original em latim, desafia a tradução". Esse procedimento linguístico, repetido com frequência, está entre as maneiras de Arendt fazer o passado presente.

vida a pedra angular do sistema legal do povo judeu". Ela continua para especificar "o código legal hebraico", situado em uma "posição intermediária [...] entre a antiguidade pagã e todos os sistemas legais cristãos e pós-cristãos", uma posição que "talvez tenha sua explicação no credo hebraico", ela diz, "cuja ênfase recai sobre a imortalidade potencial do povo, em contraposição, por um lado, à imortalidade pagã do mundo e, por outro, à imortalidade cristã da vida individual".[2]

Embora essa importante distinção seja feita na única passagem explicitamente "judaica" em *A condição humana*, pretendo sugerir que o sentido da primeira frase desta mesma obra por mim citada – que torna o argumento geral de que "o senso humano de realidade requer" que todos os seres humanos "atualizem" a "condição do ser" para evitar que tenham de "suportá-la passivamente de qualquer maneira" – não pode ser totalmente compreendida sem que se reconheça a origem de sua mordacidade na experiência de Arendt como uma judia no século XX. Este é apenas um exemplo de como os "acontecimentos vividos", sejam eles explicitamente mencionados ou não,[3] repousam na raiz do pensamento arendtiano e informam sua escrita mesmo em seu nível mais abstrato; este é ainda um exemplo com certa preeminência, uma vez que lida com a faculdade humana da ação, que iniciou a teorização política, em primeiro lugar com Platão, e permanece sendo, pelo menos para Arendt, seu tópico (*subjectum*) essencial ou subjacente.

Hannah Arendt nasceu em 1906 em Hannover; quando tinha três anos, mudou-se com sua família para Königsberg; com dezoito anos, saiu de casa para estudar filosofia, teologia protestante e filologia grega nas Universidades de Marburg, Heidelberg, e Frei-

---

2 Arendt, *A condição humana*, pp. 394-395.

3 Cf. Arendt, *Entre passado e futuro* (São Paulo: Perspectiva, 2003), p. 32.

burg; quatro anos depois, ela concluiu seus estudos formais com a dissertação *O conceito de amor em Santo Agostinho*.[4] Quando ainda criança, contudo, ela tomou consciência de sua judaicidade, não por ter sido informada por sua família de que era judia, mas pelos insultos antissemitas de seus colegas de escola.[5] Se seus professores fizessem observações antissemitas, ela era instruída a levantar-se, deixar a sala de aula, ir para casa e reportar exatamente o que havia sido dito, com base no que sua mãe escreveria uma carta de reclamação às autoridades encarregadas de tais assuntos. Nessas ocasiões, a pequena Hannah tinha o resto do dia livre da escola, o que, em suas palavras, "era maravilhoso!". Por outro lado, não se permitia que ela sequer mencionasse em casa os insultos das crianças de sua idade, aos quais ela mesma deveria responder, sem ajuda. Em tenra idade, e entre suas primeiras experiências judaicas, Arendt tornou-se versada nas maneiras de "revidar" os "grandes golpes"[6] de seus pares, respondendo *como uma judia*, afirmando sua judaicidade. Esse ato foi inicialmente realizado na infância, e seria repetido mais tarde em sua vida, quando não tinha mais qualquer relação com a usual irreflexão das crianças.

---

4   Uma tradução para o inglês de *Der Liebesbegriff bei Augustin: Versuch einer philosophischen Interpretation* foi publicada, 21 anos depois de sua morte, com o título cinematográfico *Love and St. Augustine* (Chicago: University of Chicago Press, 1996). [A primeira edição da obra em português é *O conceito de amor em Santo Agostinho*. Lisboa: Piaget, 1997]

5   Arendt trata abertamente de sua infância em "'O que resta? Resta a língua': uma conversa com Günter Gaus" em Arendt, *Compreender: formação, exílio e totalitarismo (ensaios) 1930-54,* ed. J. Kohn (São Paulo/Belo Horizonte: Companhia das Letras/Editora UFMG, 2008), pp. 36-38.

6   Arendt, *A condição humana*, p. 30 e n. 8.

Desde o princípio, Arendt considerou ser judia algo "especial", mas de maneira alguma "inferior". Ela "parecia diferente" de seus colegas, e, apesar de cidadã alemã, ela se sentia parte não dos alemães, mas do povo judeu. Quase meio século depois, em uma carta a Gershom Scholem incluída neste volume, ela escreveu: "Ser judia pertence para mim aos fatos indisputáveis de minha vida, e nunca quis mudar ou renunciar a nada relativo a tais fatos." Por quê? Não por orgulho ou por aquilo de que Scholem a acusara – nomeadamente, falta de "amor pelo povo judeu" – mas por "uma gratidão basilar por tudo que é como é; pelo que é *dado* e não *feito*; pelo que é *physei* [ocorrido naturalmente] e não *nomō* [provocado convencionalmente ou legalmente]". Ter nascido judia era parte da "condição meramente passiva do [seu] ser como coisa dada," como o era ter nascido mulher, e como era também, suponho, a potencialidade de seu espírito, a mera amplidão de sua imaginação. Foi esta que a levou, com catorze anos, a tirar das estantes da biblioteca familiar os trabalhos de Immanuel Kant. Primeiro ela aprendeu sua filosofia, que a influenciou enormemente, e mais tarde ela seguiu seu exemplo, *ousando* pensar por si própria.[7] Pode valer a pena olhar um pouco mais detalhadamente para os três "dados" do ser de Arendt em suas conexões e desconexões.

A necessidade de compreender, provavelmente a necessidade primária da vida de Arendt, nunca pode ser realizada apenas pelo pensar. Quanto mais a necessidade de "compreender o que quer que aconteça sem nada fazer", como ela certa vez colocou,[8] é alimentada pelo pensar, mais longe o pensamento alcança o que é cada vez mais

---

7   Cf. o primeiro parágrafo do ensaio de Kant "Resposta à pergunta: 'Que é o Iluminismo?'"

8   "*Hannah Arendt on Hannah Arendt*," em *Hannah Arendt: The Recovery of the Public World*, ed. M. A. Hill (New York: St. Martin's, 1979), p. 303.

complexo e difícil de compreender, atingindo até mesmo o que desafia completamente o pensamento[9]. Em retrospecto, parece que um dia Arendt foi compelida a pensar sobre o próprio pensamento, isto é, focar seu pensamento na atividade do ego pensante, a condição *sine qua non*, mas não *per quam*, da compreensão. Quando finalmente o fez, descobriu três coisas de vital importância para ela: que o ego pensante se retira do mundo *para* pensar o que aparece e acontece no mundo; que a atividade do ego pensante é um intenso diálogo interno consigo mesmo, atuando sobre si mesmo; e que, em sua pura atividade, o ego pensante "não tem idade, sexo, ou qualidades, e não tem uma história de vida"[10] Essas três considerações implicam três outras de particular interesse para nós: que as condições de atividade do pensar – retirada do mundo e autoreflexividade – são completamente distintas, até mesmo opostas, das condições das modalidades da vida ativa (*vita activa*); que o ego pensante não é um idêntico *um* mas um não idêntico *dois*-em-um; e que a atualização do poder do espírito na atividade do pensar difere fundamentalmente da atualização dos outros "dados" do ser de Arendt, isto é, do tornar-se uma mulher identificável, que não é desprovida de "sexo" ou "idade" e que tem muitas "qualidades", e do tornar-se uma judia identificável, cuja "história de vida", como se mostrou, vale muito ser contada e recontada.

Mas as coisas nunca são simples com Hannah Arendt. Pode-se dizer que sua condição feminina foi atualizada e testada pela primei-

---

9   Isso raramente foi reconhecido por filósofos. Entretanto, foi o pensar de Sócrates que o conduziu às aporias, o de Kant que o fez chegar às antinomias da razão pura, o de Arendt que a colocou em face do mal "que desafia o pensamento".

10   Arendt, *A vida do espírito: o pensar, o querer, o julgar*, vol. 1, *O pensar* (Rio de Janeiro: Ed. UFRJ, 1992), p. 34.

ra vez quando ela se apaixonou – literalmente, caiu de amor – por Martin Heidegger. De seu assento na sala de aula em Marburg, ela se via refletida em seus olhos, não narcisisticamente como objeto de seu desejo, mas como a mulher que ele despertara, a qual ela não havia encontrado antes. Ele escreveu para ela: "estar apaixonado" *é* "ser impelido até o seio da existência mais própria"; "o amor", ele disse, "é um *volo, ut sis*... Eu te amo: quero que você seja o que é". Para ele, em uma linha mais conturbada, ela escreveu que o amor de ambos "amaldiçoava toda a realidade, deixava o presente como que recuar", dizendo que "ela sentia como se tudo estivesse se diluindo, se pulverizando [...] com a estranheza oculta de uma sombra espraiando-se sobre o caminho."[11] Ela tinha dezenove anos; Heidegger tinha 36, casado e com dois filhos, e embarcava com seu então amigo Karl Jaspers em uma revolução na filosofia. Para Heidegger isso significava seguir um caminho do pensamento que pretendia recuperar e trazer à consciência o que fora há muito tempo esquecido na história do pensamento, na filosofia, assim como nos diversos ramos de conhecimento teorético e prático. Seu pensamento vasculhava o pensamento passado, indo cada vez mais longe através da história do pensamento em um esforço para deslocar o que fora impensado em cada um de seus estágios. Com uma força magnética, Heidegger instigava seus alunos, nenhum mais do que Arendt, a fazer a primeira, última e mais fundamental pergunta sobre o ser de todos os entes, a fonte do próprio pensar, que o ego pensante, em sua atividade contínua, interminável, não está habituado a perguntar – a saber,

11   *Hannah Arendt – Martin Heidegger: correspondência 1925/1975,* ed. U. Ludz (Rio de Janeiro: Relume Dumará, 2001), pp. 22-23, 18. As palavras de Arendt foram tiradas de uma espécie de parábola que ela escreveu para Heidegger, chamada "Schatten", na qual ela se refere a si mesma na terceira pessoa.

não está acostumado a arriscar por em silêncio seu próprio diálogo interior ouvindo e atendendo ao chamado do ser.

A "diferença ontológica" entre os entes e seu ser não leva a uma *compreensão* da origem do pensar; pelo contrário, aponta para além da distinção sujeito-objeto, para além da separação entre o ente que compreende e aquilo que pode ser compreendido. A paixão do ensinamento de Heidegger revela coisa-alguma (*no-thing*), *o nada (no-thingness)*, e levou sua querida e mais receptiva aluna a experimentar a realidade do presente, o mundo das coisas existentes, o tempo histórico em que eventos estritamente humanos ocorrem, e, deve-se mencionar, o tempo biográfico no qual a essência ou caráter humano é formado,[12] como sombras desaparecendo ao longo de seus caminhos do pensar. Três anos depois, em um trabalho que não deita menos raízes em seus "acontecimentos vividos" que qualquer outro de seus escritos, Arendt tentou compreender a experiência profunda, nunca-a-ser-esquecida e em várias maneiras problemática de amar um homem cuja vida, como a de nenhum outro, para o bem e para o mal, foi dedicada à busca de uma ideia dominante, o sentido (como ele primeiro o chamou) ou a verdade (como ele o chamou mais tarde) do ser. Contudo, esse trabalho é singular na obra de Arendt, uma vez que é escrito a partir de uma distância imposta artificialmente, que é elaboradamente costurado

---

12   Em 1969, Heidegger escreveu a Arendt: "Você tocou antes de todos os outros o movimento interno de meu pensamento e de minha atividade docente" (*Hannah Arendt – Martin Heidegger: correspondência*, p. 141). Em 1949, Arendt escreveu a Karl Jaspers: "O que você qualifica como impureza eu chamaria de falta de caráter, mas no sentido que ele [Heidegger] literalmente não tem caráter nenhum, e certamente não um caráter particularmente mau. E, no entanto, ele vive em uma profundidade e com uma paixão que não se pode esquecer facilmente." (*Correspondence, Hannah Arendt – Karl Jaspers, 1926-1969*, ed. L. Koher e H. Saner [Nova York: Harcourt Brace Jovanovich, 1992], p. 142).

como uma dissertação acadêmica sobre Agostinho, o filósofo que cerca de mil e quinhentos anos antes distinguira formas de amor: *appetitus* ou desejo, *cupiditas* ou cobiça; *caritas* ou caridade, e amor ao próximo, amor por aqueles com quem partilhamos o mundo. Como uma análise da concepção do amor em Agostinho, o trabalho de Arendt é apropriadamente teológico: todas as formas humanas de amor levam ao amor a Deus; para Agostinho, o ente eterno que apenas pode ser desfrutado em e por si mesmo (*frui*), cujo alcance – o alcance à própria vida futura – a todos os objetos temporais, incluindo o próprio mundo, pode ser usados por direito (*uti*). O trabalho é também repleto de tensões, especialmente no que diz respeito ao amor ao próximo. Como pode alguém que é apartado do mundo pelo amor a Deus – ou mesmo levado para além de Deus pelo pensamento do ser – ainda viver no mundo, desfrutar de algo ou amar alguém dentro dele? A versão agostiniana dessa questão está escondida no final de uma longa e erudita nota de rodapé[13] e nunca é respondida; em minha opinião, o fato de nunca ser respondida é a chave não só para a dissertação de Arendt, mas também para o aparente paradoxo de seu transformado, mas perene, amor por Martin Heidegger.

Mas e quanto a sua judaicidade? É o que primordialmente nos importa aqui. Vimos que Arendt considerava sua judaicidade, o modo como ela aparecia para os outros, um "dado" de seu ser que ela nunca quis "mudar ou rejeitar"; e também que ela era chamada a defender sua judaicidade assim que descobriu, por meio de uma forma de an-

---

13   Arendt, *Der Liebesbegriff bei Augustin: Versuch einer philosophischen Interpretation* (Berlim: J. Springer, 1929), p. 68 n.2: "*Wie kann ich als ein von Gott Ergriffener und von der Welt Abgetrennter dennoch in der Welt leben?*" Arendt destacou certa vez em uma conversa que se Heidegger fosse algum dia escrever uma teologia a palavra "ser" não apareceria nela.

tissemitismo, que era judia. Talvez defender a si mesma enquanto judia pode ser visto como um ato inspirado por "gratidão" pela mesma dádiva que outros ao mesmo tempo denegriam, pervertiam, ou da qual tentavam roubá-la. Seja como for, nem dádiva nem gratidão tornaram sua judaicidade "expressa" ou chamaram-na "à plena existência", de maneira alguma da forma como sua condição feminina foi enunciada na experiência do amor,[14] ou que a potência de seu espírito existia plenamente nas atividades de compreensão – as quais para Arendt incluíam, além do pensar, o julgar imparcial e comunicativo. Embora alguns judeus possam "atualizar" sua judaicidade em seus credos e convicções religiosas, Arendt não está entre eles. Haveria uma outra dimensão do ser humano, tão real quanto o amor ou a compreensão, mas tão distinta destes quanto da observância religiosa? Haveria uma dimensão de nossa existência na qual nós, enquanto seres plurais, somos capazes de agir espontaneamente no mundo, começando algo novo e mudando o mundo e, do mesmo modo, tornando manifesto, em nossa absoluta alteridade com relação a qualquer outro ser humano, *quem* nós somos? É claro que todos sabemos que para Arendt tal dimensão existe, e é aquela da qual todo o âmbito da política – do que ela denomina política – e da vida política dependem.

---

14   Finalmente com Heinrich Blücher, que Arendt conheceu em Paris em 1936, com quem casou-se em 1940, e com quem viveu até a morte dele em 1970. Ela escreveu-lhe (com uma referência não tão velada a Heidegger): "Eu sempre soube... que eu só posso existir verdadeiramente no amor. E é por isso que *eu estava com tanto medo de simplesmente me perder...* Ainda parece incrível para mim que eu consegui ter ambas as coisas, o 'amor da minha vida' e uma unicidade comigo mesma. E ainda, eu só consegui uma coisa quando tive a outra." (*Within Four Walls: The Correspondence between Hannah Arendt and Heirich Blücher, 1936-1968*, ed. Lotte Kohler [Nova York: Harcourt, 2000], pp. 40-41, sem grifos no original).

Mas saber algo nunca é o mesmo que compreendê-lo. Existe, além disso, antes das considerações políticas, embora em seu caso não desvinculada destas, a questão sobre o que ser judia significa para Arendt. Há momentos em que uma anedota ou piada podem esclarecer uma questão difícil, mesmo que mostrando apenas qual não é sua resposta. Certa vez Arendt perguntou a um de seus alunos que não parecia judeu, mas que tinha um sobrenome decididamente judeu, sobre seu *"background"*. Presumindo que sabia onde ela queria chegar, ele respondeu, ligeiramente constrangido, que seu pai, cuja família era judia, fora criado como judeu, porém que sua mãe, cuja família era francesa e escocesa, fora criada como cristã protestante. Como consequência de ele ser "meio-judeu", como ele o colocava (talvez nem mesmo isso, em vista de sua mãe não ser judia), sua educação religiosa fora praticamente nula, acrescentando gratuitamente que, por outro lado, ele tinha uma preferência estética pelas missas católicas romanas. Arendt olhou para seu aluno por um tempo que a ele pareceu infindável – apesar de provavelmente ter durado menos de vinte segundos – com uma incredulidade entorpecedora, antes de abruptamente mudar de assunto. Cerca de seis meses depois, quando o Rosh Ha'shaná se aproximava, o aluno reencontrou-se novamente com Arendt. Ela perguntou-lhe se ele celebraria o feriado e, quando ele respondeu que não tinha planos de fazê-lo, ela disse, "Bem, de qualquer forma, quero desejar um feliz ano novo... para a sua metade judia". Ambos riram, ele um pouco desconfortável. Mas ele nunca mais referiu-se a si mesmo como "meio-judeu". A brincadeira de Arendt abriu seus olhos para o fato de que nem sua herança híbrida nem sua mãe cristã nem a falta de criação religiosa alteravam o que significa ser, não metade judeu, mas inteiramente judeu – um membro, quer queira, quer não, do povo judeu. Ela via através de seus olhos e dos olhos do mundo que ela conhecia o que ele sempre olhara estrita e parcialmente do abrigo de seu exclusivo ponto de vista. Ela julgou sua insularidade e comunicou seu julgamento de uma maneira que encheu seu estudante de uma sensação de liberação.

Como este livro testemunha amplamente, mesmo que de modo incompleto,[15] Hannah Arendt provavelmente escreveu mais sobre assuntos judaicos em geral do que sobre qualquer outro tópico. Quero compartilhar com os leitores o fenômeno que me impressionou quando, finalmente, depois de meses que se alongaram em anos buscando, vasculhando, compilando esses escritos, eu pude dar um passo para trás e refletir sobre a coleção como um todo. O que me impressionou foi a dramática e afinal irônica – socraticamente irônica – trajetória que esses ensaios e artigos traçam no pensamento e vida de uma mulher judia que nasceu na Alemanha em 1906 e morreu nos Estados Unidos em 1975.

Pode-se dizer que as experiências de Arendt como judia têm cinco fases principais. Há, primeiro – nos seus vinte anos, quando sombrias nuvens de antissemitismo se juntavam no céu sobre a Alemanha – o interesse inicial de Arendt sobre a estória dos judeus germânicos. A palavra "estória" parece preferível a "história" uma vez que a história

15   Sua biografia *Rahel Varnhagen: judia alemã na época do Romantismo,* toda a primeira parte e muitas outras seções de *Origens do totalitarismo, Eichmann em Jerusalém: um relato sobre a banalidade do mal,* e numerosos outros escritos relevantes, todos disponíveis, não estão incluídos aqui. Tampouco estão certos documentos do arquivo Arendt, incluindo um ensaio precoce sobre Adam Müller, uma figura que dificilmente seria conhecida de leitores anglófonos contemporâneos, um certo número de resenhas de livros e alguns memorandos bastante rasurados para discussões com alunos da universidade sobre a "controvérsia" Eichmann, que podem ainda ser de interesse para pesquisadores e acadêmicos. Muitas das cartas de Arendt lidando com assuntos judaicos já foram publicadas em sete volumes de suas correspondências pessoais, e mais dessas cartas vão parecer na edição futura de sua correspondência geral.

judaica, quer em sua ausência ou presença, é a preocupação central do primeiro ensaio aqui publicado, "O iluminismo e a questão judaica". O termo "questão judaica" nesse contexto refere-se à situação problemática de um povo identificável vivendo em uma terra que não é a sua, mas sim de outro povo.[16] A estória contada por Arendt é a da posição dos judeus germânicos, principalmente do século XVII em diante, e de como essa posição mudou da segregação física para – com o despertar da Revolução Francesa, com a Declaração dos Direitos do Homem e, mais proximamente, com a derrota da Prússia por Bonaparte em 1807 e a ocupação francesa subsequente – a emancipação civil. É claro para Arendt que o Decreto Emancipatório de 1812 não preservou, como nunca foi pretendido, a identidade dos judeus como um povo e, portanto, não introduziu uma nova presença judaica na vida política germânica – tal como era. Pelo contrário, pensadores do início do Iluminismo – Gotthold Lessing de um lado e seu amigo Moses Mendelssohn do outro – viam a possibilidade da emancipação judaica como a longamente esperada oportunidade para os judeus serem reconhecidos como seres humanos *da mesma forma que* outros seres humanos. Em outras palavras, para a mentalidade do Iluminismo, o propósito de emancipar os judeus era conceder-lhes os direitos humanos desfrutados por não judeus e "melhorar" sua sorte apagando sua história determinante. Doravante, sua "infeliz" história de perseguições e *pogroms* como os assassinos de Cristo, que remonta à Idade Média, seria submersa e esquecida na história futura, a qual era vislumbrada como o irresistível progresso da huma-

16   A figura do judeu errante é um símbolo antigo dos judeus da Diáspora, "um povo sem uma terra à procura da uma terra sem um povo", o que, como Arendt observa, poderia ser encontrado apenas "na lua" ou em um "conto de fadas".

nidade.[17] O que seria novo é que os judeus, como membros em plena condição de igualdade da humanidade, como partícipes legítimos da razão universal – a essência do humano na visão Iluminista – agora seriam livres para participarem na história vindoura.

J. G. Herder, que Arendt vê como um protorromântico, era crítico aos princípios do Iluminismo. Para ele a formação (*Bildung*) e por conseguinte a tolerância dos judeus dependiam da restauração de sua história; "a irrevocabilidade de tudo o que aconteceu" mostra, primeiro, que os judeus não são o mesmo que outros povos, e, segundo, que a compreensão dos judeus de sua história – querendo dizer com isto pensar sobre ela desde seu início – é a única condição para que dela sejam libertados. Primeiro a emancipação e depois a assimilação dos judeus; sua educação e formação, sua "humanização", serão o resultado de uma decisão política nitidamente distinta do princípio iluminista do *Selbstdenken*, um pensamento no qual Herder enxerga um vácuo para judeus sem sua história. Esse vácuo será preenchido quando os judeus, compreendendo a singularidade de sua história e importando-a para o presente, separarem-se de seu passado. Na separação provida por sua compreensão, os judeus perceberão que a destruição do Templo já tinha, dois mil anos antes, destruído sua continuidade histórica enquanto um povo. Os judeus são de fato um povo histórico, que, compreendendo sua história "excepcional" vai perceber que não é mais "o povo escolhido" por Deus. Sua "Palestina", e tudo que essa palavra pode significar além de um território geográfico, pode ser sua onde quer que eles se encontrem, dispersos, como estão, por todo o mundo. A formação do judeu germânico contemporâneo de Herder e libertado é, em outras palavras, condicionada

---

17   Progresso, como Kant teria colocado, de uma "era de esclarecimento" para uma "era esclarecida". Cf. "Resposta à pergunta: 'Que é o Iluminismo?'"

ao entendimento de que seu passado é "alheio" a ele. Herder priva os judeus não de sua herança histórica, mas de seu passado, uma distinção que será de imensa importância para Arendt mais tarde. Aqui ela já questiona se compreender sua história sob o preço da realidade de seu passado significa algo distinto de os judeus, mais uma vez, "ficarem cara a cara com o vazio" – o mesmo vácuo que a filosofia da história de Herder procurou preencher.

Em resumo, a emancipação civil dos judeus, que de qualquer forma foi revogada menos de doze anos depois de proclamada,[18] alcançou um pouco mais do que fazer sua assimilação social, sua integração na "sociedade" germânica, parecer viável. De todo o exposto, conservemos, por um lado, a segregação dos judeus na privacidade do gueto, sombria e carente de mundo, e, por outro, a emergência dos judeus, não à luz do espaço público, mas à respeitabilidade de sociedade. E conservemos também o primeiro encontro de Arendt, via questão judaica, com os direitos do homem, os supostamente "inalienáveis" direitos de todo ser humano.

"O Iluminismo e a questão judaica" foi publicado em 1932. No ano seguinte, quando Arendt tinha 26 anos, o Reichstag foi incendiado e Adolf Hitler e o Partido Nacional Socialista subiram ao poder. Em julho de 1933, Arendt foi presa em Berlin por trabalhar com uma organização sionista, embora não fosse sionista; após sua liberação (graças à boa vontade de um policial alemão que não era judeu) ela prontamente deixou a Alemanha, cruzando ilegalmente a fronteira tcheca e, por meio de Praga e Genebra, alcançando Paris, onde descobriu amigos e conhecidos que, como judeus e/ou comunistas, estavam

---

18   A Lei para os Estados das Províncias de 1823 restringiu o direito ao voto àqueles "em comunhão com uma Igreja Cristã". Os direitos civis de judeus alemães foram finalmente promulgados em lei em 1869.

na mesma situação política de apatridia que ela.[19] A segunda fase da experiência judaica de Arendt foi seu despertar político para o fato de que ela não era mais uma cidadã alemã, o que, a meu ver, como os dois lados de uma mesma moeda, é inseparável de sua crescente consciência do desastre iminente da falência da assimilação social dos judeus alemães.[20] A falência do projeto de assimilação social teria consequências políticas totalmente imprevisíveis,[21] notadamente a privação para os judeus na Alemanha dos mais "básicos direitos humanos, o direito ao trabalho, o direito a ser útil, o direito a constituir um lar", e por fim de seu direito à vida – os judeus seriam privados inclusive da miséria de suas velhas vidas segregadas do gueto. Como parte de sua politização, não é surpreendente que durante os anos em Paris, de 1933 a 1940, Arendt torna-se tão sionista quanto jamais seria. Os sionistas, de cujo objetivo de estabelecer um Estado-nação

19   Arendt continuou apátrida por dezoito anos, de 1933, o ano em que deixou a Alemanha, até 1951, quando ela se tornou uma cidadã americana.

20   As fases das quais trato são experienciais e não inteiramente cronológicas. Arendt já fizera pesquisas sobre assimilação de judeus por muitos anos e seu estudo da vida de Rahel Varnhagen – que foi inteiramente escrito antes de ela deixar a Alemanha, exceto o último ou os dois últimos capítulos – é fruto daquelas pesquisas, incluindo a importante distinção entre judeus como "párias" e "*parvenus*". O tratamento rigoroso de meu coeditor Ron Feldman dessa distinção em sua Introdução me alivia da necessidade de tratá-la aqui. O que me interessa é a sensação de frustração de Arendt com seu estudo de Rahel após sua chegada em Paris: sua "crítica da assimilação," ela disse, fora "politicamente ingênua" e "não tinha quase nenhuma relação com [...] o antissemitismo político genuíno" (*Correspondence, Hannah Arendt – Karl Jaspers*, p. 197).

21   Algumas dessas consequências não foram tão previstas como imaginava Franz Kafka como já presentes em sua própria sociedade. Vide neste livro: "O judeu como um pária: uma tradição oculta", em particular as considerações de Arendt sobre *O Castelo* de Kafka, da qual a citação seguinte é tirada.

ela nunca partilhou, viam ao menos a urgência de os judeus agirem contra os perigos que enfrentavam.

Na França, Arendt queria fazer algo que importasse: ela encontrou um trabalho com a Juventude Aliyah, uma organização sionista que provia meios e treinamento que possibilitavam jovens judeus alemães e do leste europeu, com idade entre treze e dezessete anos, deixarem a Europa e migrarem para a Palestina. Entre os pequenos tesouros deste livro está um artigo que ela escreveu em francês em 1935, "Jovens vão embora para casa" (*"Des jeunes s'en vont chez eux"*), no qual o leitor capta um raro vislumbre de Arendt como uma assistente social e psicóloga prática. Um jovem que veio a ela sentia-se duplamente isolado – da comunidade na qual ele nascera e pelo "desespero" de seus pais, que tentaram fugir para a Palestina, mas tiveram a entrada recusada. Falando com Arendt, ele percebeu que aquilo que ele considerava a "vergonha" da "desventura pessoal" de seus pais era de fato "a desventura de todo um povo", e, mais importante, que, como um recém-chegado, membro de uma nova geração, ele era não um pária no mundo mas, pelo contrário, ele era necessário para uma comunidade diferente daquela que ele perdera – que agora havia um caminho livre para ele, se não para seus pais, juntar-se em solidariedade aos pioneiros judeus na terra longínqua da Palestina, em Eretz Israel, sua pátria ancestral. Não se sabe se este jovem estava entre aqueles que Arendt encaminhou para a Palestina em 1935 e estabeleceu em *kibutzim*, mas espera-se que sim.

Em 1936, em uma carta a Heinrich Blücher, Arendt esclarece, em palavras que ela não teria usado para os jovens em seus cuidados, a razão pela qual ela mesma acredita ser a Palestina a pátria judaica: "A Palestina," ela escreve, "não está no centro de nossas aspirações nacionais porque há dois mil anos um povo, de quem de uma forma ou de outra nós supostamente descendemos, lá viveu, mas porque por dois mil anos o mais louco dos povos teve prazer em preservar o passado no presente, visto que para eles 'as ruínas de Jerusalém, pode-se dizer, deitam raízes no coração do tempo'".[22] Nos anos 1930, Arendt não deduz o direito dos judeus a uma pátria nem das visões ou ambições sionistas nem da Declaração de Balfour de 1917, que acolheu amplamente suas demandas, mas, como ela coloca cerca de vinte anos mais tarde, da "imortalidade potencial do povo [judeu]".

Mais tarde, Arendt recordou que nesse período, como não ocorrera antes, pertencer ao judaísmo "passava a ser também problema meu, e meu problema era político. Apenas político!"[23] O papel desempenhado por Blücher, que fora um estrategista para a Liga Espartaquista e membro do Partido Comunista da Alemanha, na educação política de Arendt foi frequentemente observado e dificilmente pode ser exagerado. Ele não era judeu, porém era mais do que simpático à causa judaica quando vista como parte de uma causa maior. Ele escreve a Arendt:

> [...] os judeus devem travar sua guerra nacional em uma escala internacional. Entretanto, a massa dessa admirável dinamite internacional deve ser protegida para que não se torne merda no penico de um Parasita Judaico Internacional... O que queremos é que [os judeus] voltem para o Leste como os portadores da chama finalmente retornando do Oeste, com a palavra final de liberdade em seus lábios, com o *slogan* da libertação de todos os explorados e oprimidos, juntamente com a grande luta da única classe que permanecerá revolucionária até o fim – a classe operária moderna.[24]

22 *Within Four Walls*, pp. 20-21. A citação interna, que é também citada em "O Iluminismo e a questão judaica", é de J. G. Herder.

23 Arendt, *Compreender,* p. 42.

24 *Within Four Walls,* pp. 16-17.

Essas são as palavras de um idealista marxista, a quem Arendt saúda como seu "amado rabino-milagroso". Mas para ela o âmbito da política, que ela vivenciou primeiro na política judaica, é fundamentalmente não englobado por ideais de qualquer tipo, não mais do que é por estratégias, independentemente de sua utilidade para alcançar objetivos políticos específicos. "Se o antissemitismo é o fermento do ódio racial", afirma Blücher, "então essa questão concreta poderá transformar-se dialeticamente em um dos fermentos da revolução mundial."[25] Não é assim para Arendt e não somente porque ela nunca foi marxista ou comunista. Sua crescente necessidade nesse período era examinar os modos pelos quais o antissemitismo havia passado de um persistente preconceito social para uma visão de mundo ideológica e, desse modo, esta transformação tornara-se seu próprio problema político concreto; e compreender como isso fora possível, dentre todos os outros lugares, na Alemanha, onde a emancipação judaica fora "equiparada à luta pela liberdade humana" por duzentos anos e onde mais judeus foram absorvidos no tecido da sociedade, pelo menos economicamente, do que em qualquer outro país europeu.

Um importante ensaio deste livro, até então inédito – editado a partir de um manuscrito alemão não datado e incompleto que, por evidências interiores e exteriores, Arendt quase certamente estava escrevendo na França nos últimos anos da década de 1930 até que, em 1940, ela foi interrompida por ter sido internada em um campo para "inimigos estrangeiros" no sul da França – indica diretamente a virada e a orientação original de Arendt para o âmbito da política. O ensaio chama-se "Antissemitismo," e sem dúvida trará à mente a primeira parte de *Origens do totalitarismo*, que carrega o mesmo título. Uma diferença entre eles é completamente evidente no estilo do en-

25 Ibid., pp. 19, 15.

saio anterior, que é bem menos severo em relação às personalidades públicas judias. Benjamin Disraeli, por exemplo, aparece no ensaio em uma única nota de rodapé, em um contexto que não tem qualquer relação com seu retrato mordaz em *Origens*. Outra diferença afim é que, quando *Origens* foi publicado, em 1951, Arendt já sabia que ela havia escrito um livro mais político do que histórico. Ela o escreveu, como afirmou, para ver destruída uma forma de governo sem precedentes, nomeadamente o totalitarismo, que sequer é mencionado no ensaio. Embora logo ela fosse escrever para ver o antissemitismo destruído, aqui ela pretende compreender a base a partir da qual mais tarde ele veio a tornar-se política nazista. O antissemitismo é um dos grandes temas de Arendt, e sua primeira investigação profunda do assunto é uma análise detalhada de seu desenvolvimento na história alemã moderna. Mas o que sua investigação sem dúvida mostra é que as reviravoltas da história alemã, longe de indicarem uma solução possível para o problema do antissemitismo, apresentam-no, de uma perspectiva política, como um impasse.

"Houve inúmeras tentativas", escreve ela, "de obscurecer a distinção fundamental e menosprezar as diferenças históricas entre o conjunto do ódio medieval aos judeus por um lado (que das cruzadas até Lutero assume uma forma razoavelmente unificada) e o conjunto do antissemitismo moderno por outro – em todos os seus diversos matizes: do ódio social contra o "capitalismo rapace" ao ódio à raça, do antissemitismo da aristocracia ao da pequena burguesia, de seus tímidos primórdios no início do século XIX até sua realização no XX". Ela continua:

> o que se realiza não é nada menos do que novamente abstrair a questão judaica do processo histórico e destruir a base comum sobre a qual o destino de judeus e não judeus é decidido. Ambos, a "barbárie medieval" e o "antissemitismo eterno" deixam-nos, judeus, sem qualquer esperança. Se a barbárie medieval

pode irromper contra nós, então isso pareceria ser a prova mais válida de que não somos parte e não temos lugar na história moderna.

Isso não é, é claro, sua própria opinião.[26] Seu argumento é que, ao longo da história moderna alemã, os judeus foram peões – mais ou menos e *quase* fatalmente peões voluntários – no jogo da política do poder. Eles foram usados pela monarquia, pela aristocracia e pelos liberais, e descartados por cada uma dessas facções quando sua utilidade, que era financeira, havia sido consumida ou não era mais considerada desejável socialmente. Os judeus não eram vistos então nem como indivíduos nem como um povo distinto, e menos como uma classe separada do que como uma casta dentro da sociedade alemã, uma casta que suportava o peso de um antissemitismo renovado que "se alimenta", como Arendt o coloca, "do 'medo de fantasmas'". A "ilusão" dos judeus assimilados de que sua condição de judeus era um assunto privado e não público, foi com efeito destruída, e é dessa "atmosfera social envenenada" que o antissemitismo lentamente emergiu como uma ideologia política.

---

26   A opinião historicamente informada de Arendt, entretanto, deve ser drasticamente distinguida da de outros pensadores alemães do século XX, incluindo Franz Rosenzweig, Leo Strauss, e Gersholm Scholem. Este último, como escreveu para Arendt em 1946, acreditava na "'eternidade' do antissemitismo"; o "novo pensamento" de Rosenzweig é antipolítico: "O fardo da vida judaica é anunciar paz às nações, não por meio da ação mas por meio da inação" (Peter Eli Gordon); e Strauss discernia, sem procurar solucionar, "o predicamento teológico-político" inerente ao judaísmo. Vide o trabalho de Gordon, "The Concept of the Unpolitical: Critical Reflections on the Theological-Political Problem in German-Jewish Thought", apresentado em uma conferência em homenagem ao centenário de Arendt em Berlim, 5-7 de outubro de 2006.

O manuscrito desse ensaio – inacabado, mas com bem mais de cem páginas de extensão – culmina no ataque conservador da aristocracia aos valores liberais da burguesia, que chegou em um momento histórico no século XIX, entre 1812 e 1823, quando a monarquia absolutista da Prússia, o poder do Estado, carecia do suporte tanto da aristocracia quanto da burguesia: os grandes *Junkers*, aos olhos da monarquia, queriam comer seu poder, e os burgueses queriam uma constituição para garantir seus principais interesses econômicos. A oposição à monarquia compartilhada pela aristocracia e pela burguesia, contudo, em nenhum sentido as uniu, visto que a aristocracia pensava que seus privilégios reacionários vinham "de Deus" e eram mais arraigados na propriedade hereditária do que na riqueza; os aristocratas desdenhavam do "mercador 'que se sente igualmente em casa em todas as nações'"; a liberdade de comércio, cara ao coração burguês, era para os *Junkers* oposta ao patriotismo germânico.

O ataque da aristocracia à burguesia, pelo menos a princípio, não era direcionado aos judeus. Foram antes os cidadãos liberais burgueses, envergonhados pelas acusações dos aristocratas de que eles eram *nouveaux riches*, sem raízes, bem como uma força desagregadora e destrutiva na nação germânica, que redirecionaram os ataques aos judeus, "pois no final, o ódio de si próprio verdadeiramente destrutivo dos liberais deu vasão a um ódio aos judeus, sendo esse o único meio de que dispunham os liberais de se distanciarem deles próprios, de desviar a calúnia para outros que, embora não vissem a si próprios como a "burguesia," eram forçados a ser 100 por cento sua encarnação". Ao final do ensaio do qual dispomos, Arendt escreve que a "equiparação distorcida do lucro e da usura [...] e [...] da usura com a burguesia mostrou, como se por si própria, os judeus, que certa vez haviam sido usurários e que continuavam sendo na memória popular; isto é, mostrou quem eram os "reais" usurários – e afastar--se deles seguramente significava salvaguardar a posição social". Mas então um antissemitismo ideológico insípido passou para as mãos de classes mais "violentas" que, como os *Junkers*, mas por motivos diferentes e de uma posição totalmente distinta no espectro social, desprezavam a burguesia. Atingidas de uma forma ou de outra pelos argumentos feudais dos *Junkers*, todas as classes da sociedade germânica, da aristocracia à burguesia e até o campesinato, e sem excluir a monarquia, que, mesmo em sua independência de qualquer classe social, tinha ciência de que seu poder seria minado se carecesse de todo o apoio popular, estavam doravante desconfiadas da presença judaica na Alemanha.

Retenhamos três coisas desta fase da experiência judaica de Arendt: que a história alemã revelou que os direitos humanos "inalienáveis" do Iluminismo são postos em risco pela esfera social em geral e por seus interesses econômicos e financeiros em particular – a esfera, qual seja, à qual a maioria dos judeus na Alemanha foi forçada a se assimilar por uma série de circunstâncias e da qual, subsequentemente, por outra série de circunstâncias, foi expulsa; que seu primeiro vislumbre de um espaço político, no qual uma diversidade de pessoas vive *conjuntamente* dentro das mesmas fronteiras, veio quando ela o viu desaparecer na Alemanha; e que a noção de um povo judeu, que previamente tinha sido tomada por certa, não era mais tão autoevidente. "*Gouvernements passent, le peuple reste*", mas agora o futuro e o próprio sentido de um povo judeu se tornara problemático para ela.

Em julho de 1940, quando a oportunidade se apresentou, Arendt escapou do campo de concentração de Gurs reunindo-se afinal com Blücher, com quem ela havia se casado em janeiro, em Montauban. Em Marselha, eles começaram o processo complicado de conseguir vistos para deixar a França rumo aos Estados Unidos. Via Lisboa, chegaram a Nova York em 22 de maio de 1941. O tumulto dos eventos precedendo a guerra total resultou em um período de dez anos, de

1941 até 1950, que foi de longe o período mais produtivo dos escritos de Arendt em política judaica,[27] incorporando a terceira e quarta e antecipando a quinta fases de sua experiência como judia. O primeiro dos muitos artigos escritos por Arendt para o jornal judaico-alemão de Nova York *Aufbau* foi publicado em 24 de outubro de 1941. Nele ouvimos pela primeira vez, mas certamente não pela última, sua voz ultrajada e indignada, aqui rejeitando a demanda de que os judeus *precisam* ser gratos aos não judeus – nesse caso ao célebre escritor francês Jules Romains – que ajudaram alguns deles a escaparem da perseguição nazista:

> O que interessa a nós judeus [...] e o que nos faz corar novamente pela centésima vez é nossa questão desesperadora: Nossa única alternativa é realmente entre inimigos malévolos e amigos condescendentes? Aliados genuínos não podem ser encontrados em lugar algum, aliados que entendam [...] [q]ue nesta guerra nossa liberdade e honra estão em jogo não menos que a liberdade e a honra da nação à qual pertence Jules Romains?

A "liberdade e honra" dos judeus – se for para constituírem um povo distinto, e não uma casta de párias inconscientes, dentre os povos do mundo – soou e ressoou nos artigos ativistas e às vezes militantes que Arendt escreveu para o *Aufbau*. Mas seria um erro não notar que "Perspectivas dos judeus: expectativas esparsas, representação dividida", publicado em 20 de abril de 1945, conclui essa série de artigos em uma nota de desilusão, visto que os judeus "não foram honrados sequer com uma sombra de participação na organização de vitória e paz" que seguiu à guerra, e, mais ainda, que uma "briguinha judai-

---

27   Na apresentação destes escritos, considerações temáticas por vezes prevaleceram sobre a ordem cronológica.

ca" interna, como ela coloca, impedirá uma representação unificada dos judeus na futura conferência em São Francisco. Em alguns dias apenas, essa conferência seria convocada para considerar assuntos de importância vital para os judeus enquanto um povo, inclusive a questão da "substituição do mandato [britânico] por uma tutela internacional" na Palestina, e a do "*status* dos apátridas", cuja difícil condição na Europa, embora mais desesperadora do que a sua própria na América, Arendt prontamente examinava a partir de sua própria experiência de apátrida em curso.

Entre o primeiro e o último, esses artigos de jornal curtos e acessíveis fornecem uma perspectiva judaica singular no curso da Segunda Guerra Mundial, uma perspectiva *política* que, como tal, é de interesse de judeus e não judeus na mesma medida. Neles ela clama pela mobilização dos judeus para *ação*, a formação de um exército judeu internacional para combater os nazistas sob sua própria bandeira. Essa bandeira vai se desenrolar ante os olhos do mundo, tornando visível a liberdade do povo judeu – "meu" ou "nosso" povo, "nossa irmandade," como Arendt constantemente refere-se aos judeus como um todo. Era como se ela escrevesse esses artigos assim que soube da destruição da comunidade judaica europeia nas mãos dos nazistas, o que apenas intensifica seu apelo a todos os judeus existentes à ação, que mais tarde, mais abstratamente, ela descreve como a mais elevada atividade humana na vida ativa. Ao mesmo tempo, ela expressa nada menos do que admiração pelo trabalho e pela fabricação – as duas outras atividades da vida ativa – das gerações de judeus na Palestina, tornando o que era um deserto no oásis de uma potencial pátria judaica. Embora sua visão política se oponha ao sionismo de Herzl, na medida em que este usaria o ódio à "essência" judaica como meio para os judeus se tornarem "um povo como todos os outros," Arendt reconhece que os sionistas operam dentro do âmbito da política. Ela opõe fortemente sionistas políticos a revisionistas antipolíticos, que empregam os meios do terror para intimidar ou matar aqueles que consideram inimigos, com efeito dizendo, "se não está conosco, está contra nós, e não merece viver na Palestina". Nesses artigos, Arendt está bem ciente da combatividade judaica – tantos judeus, tantas opiniões – mas sua coluna regular no *Aufbau* sob a bandeira "Isso significa você" explicitamente pede que judeus *individuais* se reúnam conjuntamente, não apenas para formar um exército, mas também para sentar a uma mesa e discutir suas diferenças: não para renegar suas próprias opiniões, mas para refletir sobre e seriamente considerar outros pensamentos que não os seus e, falando e ouvindo seus pares, superar suas discordâncias e participar da formação de uma genuína pluralidade judaica. O significado de um povo judeu, um povo livre que reconheça e respeite a liberdade dos outros, é manifesto na terceira fase da experiência de Arendt como judia.

Em "Um caminho para reconciliação dos povos", Arendt faz uma distinção interessante entre um povo e uma nação, o que apresenta a quarta fase de sua experiência judaica. Quando Pétain assinou o armistício alemão-francês, que exigia que todo refugiado da França fosse entregue aos nazistas, Arendt diz que ele "aniquilou a nação francesa." A fundação do Estado-nação francês foi abalada quando ele deixou de ser um Estado de Direito, quando os direitos dos cidadãos foram revogados, quando a justiça deixou de ser seu princípio e quando uma ideologia, notadamente o antissemitismo, tornou-se sua política. O que restou foi o *povo* francês, o que não significa todos os franceses, mas aqueles que se mobilizaram contra o Estado, resistindo ao seu poder, agindo em liberdade, e restaurando a justiça. Liberdade e justiça são os fios condutores do diário mantido pelo poeta francês René Char quando lutou na resistência francesa durante a Segunda Guerra Mundial, um diário apropriadamente intitulado "Folhas de Hypnos", e suas palavras animam o último capítulo, "A tradição revolucionária e seu tesouro perdido", de *Sobre a Revolução* (1963). Arendt fala aqui de rebelião e não de revolução, mas é difícil duvidar que as sementes que depois se transformaram no trabalho mais abstrato foram experimentalmente plantadas nesse ensaio, cujo principal tema é a rebelião dos judeus contra seus opressores nazistas. O objetivo da revolução é fundar um novo Estado, um novo tipo de Estado – não um retorno ao *statu quo ante* – e é exatamente isso que Arendt vê como o objetivo do povo judeu.

Os escritos que compõem a maior parte da quarta fase da experiência judaica de Arendt são aqueles reeditados neste livro da obra de Ron H. Feldman, não mais disponível, *Hannah Arendt, The Jew as Pariah: Jewish Identity and Politics in the Modern Age* (1978). Esses ensaios estão identificados na informação bibliográfica do histórico de publicações que segue e são discutidos com algum detalhamento na introdução de Ron Feldman seguinte ao histórico de publicações. A introdução de Feldman fala por si própria e não é minha intenção repeti-la ou antecipá-la. Minha preocupação é maior com dois assuntos importantes no presente contexto: em primeiro lugar, a oportunidade que Arendt viu de os judeus se tornarem uma nação; sua chance, depois de tudo que eles passaram, de recuperar um fragmento de seu passado e novamente tornarem-se "uma luz para as nações"; e em segundo lugar, a estrutura do Estado que poderia incorporar seu nacionalismo e sua condição essencial. A célebre e muito debatida noção de Arendt de um "direito a ter direitos" tem, acredito, sua fonte nesses assuntos. Se fosse um direito civil, estaria entre os direitos das pessoas privadas de tais direitos, como eram frequentemente privados os judeus no passado e, mais radicalmente que nunca, pelos nazistas. Não faria sentido. Um "direito a ter direitos," como eu o vejo, deve ser o direito de um povo se tornar uma nação por meio da fundação de um Estado cujas instituições anunciam e guardam os direitos civis de seus cidadãos. Um "direito a ter direitos" não é um direito civil, mas político, e a política é sempre para Arendt aquilo que vai entre a pluralidade de indivíduos falando conjuntamente sobre o que os interessa em comum, gerando o poder de executar o que eles determinam que pode ser feito pelo agir conjunto. Fundar um novo Estado é um empreendimento arriscado, como depreendemos tanto da história antiga quanto da moderna – por isso o interesse considerável de Arendt em *mitos* fundadores –, mas, *por causa* do que eles sofreram e suportaram, Arendt pensava que os judeus, seu próprio povo, tinham a oportunidade de fundar um Estado cujo poder potencial poderia ser muito grande. O povo judeu, exercendo seu "direito a ter direitos" e atento ao papel da justiça em seu passado, poderia fundar um Estado que não requereria que nada abaixo dele sustentasse sua existência: eles mesmos seriam sua própria fundação.[28]

A estrutura de um novo Estado na Palestina, como Arendt a via, não deveria ser a de um Estado-nação europeu. Os judeus são uma ilha cercada por um mar de árabes, como ela diz, e sozinhos, sem a ajuda dos Estados Unidos e de outros Estados, dificilmente sobreviveriam se os povos árabes se juntassem para aniquilá-los. A ajuda financeira e militar recebida pelo Estado de Israel tem permitido que ele sobreviva até agora, mas a paz nunca apareceu como o objetivo das muitas guerras e dos quase constantes conflitos em que se envolveu desde que foi criado a duras penas a partir do mandato britânico em 1948; e os diversos "guias" para a paz, que foram desenhados não por árabes e judeus em conjunto, mas por diplomatas de Estados e organizações externos, levaram a quase lugar nenhum. Já em 1948 Arendt previu o que agora talvez esteja acontecendo, que Israel se tornaria um Estado militarista atrás de fronteiras fechadas, porém ameaçadas; um Esta-

28 Sou grato a Jessica R. Restaino, que em uma carta usou em alguma medida a terminologia desta frase.

do "meio-soberano" do qual a cultura judaica gradualmente desapareceria. Em 1948, Folke Bernadotte, que, mediando interesses árabes e judaicos exigiu o direito de centenas de milhares de palestinos árabes de retornarem aos seus lares, dos quais tinham sido expulsos por palestinos judeus – o direito de árabes e judeus viverem como vizinhos –, foi morto a tiros pelo grupo revisionista Lehi (também conhecido como Stern Gang). Bernadotte, um homem pacífico e com discernimento, era, nas palavras de Arendt, "o agente de ninguém... assassinado pelos agentes da guerra" ("A falência da razão: a missão de Bernadotte").

O atual Estado de Israel guarda pouca semelhança com o Estado binacional árabe-judeu idealizado por Arendt, para cuja efetivação na Palestina ela trabalhou com Judah Magnes ("Magnes, a Consciência do povo judeu") e outros. Estruturalmente seria um sistema de governo de conselhos, um sistema que, poder-se-ia dizer, é genuinamente revolucionário. "Governos autônomos locais e conselhos mistos judaico-árabes municipais e rurais, em uma escala pequena e tão numerosos quanto possível, são as únicas medidas políticas realistas que podem por fim conduzir à emancipação política da Palestina", como Arendt coloca. Nessa estrutura, o poder seria gerado por acordos vindos de baixo, não de cima, subindo a cada nível de conselhos, ascendendo dos níveis onde judeus e árabes comuns se reúnem para lidar com os problemas usuais que estão entre eles e os relacionam. Politicamente falando, não há um "outro" a ser excluído no sistema de conselhos, e seu poder potencial é imenso: poderia se tornar, como sugere Arendt, uma federação de povos mediterrâneos, que não seria um Estado soberano, mas sim um novo regime autônomo com seu próprio espaço amplo no mundo. As condições para o sistema de governo de conselhos não incluem amar o vizinho, mas sim firmar uma amizade política com ele. A amizade política, que Arendt depois remonta à *philia politikē* de Aristóteles, é muito semelhante ao espírito público no qual promessas são feitas para serem cumpridas; o governo de um povo sobre outro seria descartado em um regime de diferentes povos dotado de espírito público. Depois de 1950, quando sua grande esperança de um Estado binacional na Palestina não se concretizou, os escritos de Arendt sobre assuntos judaicos diminuíram em quantidade. Ela entrou em um período de reflexão a respeito do significado da liberdade humana e suas complexas relações com a vida ativa (*vita activa*) e, embora essas relações e seus reversos sejam bordados na tapeçaria filosófico-histórica de *A condição humana* (e parecem mais relevantes hoje do que nunca), sua profundidade não pode ser apreendida separadamente do reconhecimento de sua fonte na experiência de Arendt como judia.

A quinta fase da experiência judaica de Arendt veio mais de uma década depois, quando ela relatou, a pedido próprio, o julgamento de Adolf Eichmann em Jerusalém. É a experiência da rejeição, totalmente injustificada, de uma judia por seu próprio povo. O problema fundamental era e ainda é que sua reportagem *percebe* a necessidade de uma nova forma de compreensão depois que a maldade sem precedente dos crimes totalitários tornou inúteis as categorias tradicionais do pensamento político e filosófico e, com elas, padrões de julgamento moral e religioso tradicionais. Com um novo modo de compreensão Arendt não pretende inventar neologismos: é, afinal, o antigo problema do mal humano que ela enfrentou no semblante de um único homem. Não tendo por base categorias ou padrões tradicionais, ela *julgou* Eichmann não como demoníaco, mas como um burocrata banal, um "perito na questão judaica" que eficientemente orquestrou os assassinatos de milhões de judeus – homens, mulheres, e crianças – e *contra quem não nutria "nenhum mau sentimento"*.[29]

---

29   Arendt, *Eichmann em Jerusalém: um relato sobre a banalidade do mal* (São Paulo: Companhia das Letras, 1999), p. 42, sem grifos no original.

Eichmann reiterou essa ausência de sentimentos ruins em relação aos judeus tanto em seus exames pré-julgamento quanto em seu testemunho durante o julgamento, como deveria ser compreensível para aqueles que o ouvissem, quer acreditassem ou não nessas alegações. Sua defesa sustentou que Eichmann era meramente uma pequena engrenagem em uma grande máquina, que ele apenas obedecia as ordens de seus superiores, que a palavra de Hitler era a lei e assim por diante, mas seus advogados nunca mencionaram a falta de hostilidade de Eichmann para com os judeus. Não só era inacreditável como também, assim eles pensaram, não tinha qualquer pertinência legal para o que ele havia feito. A menos que ele fosse louco, o que claramente ele não era, isso não poderia nunca absolver seu cliente. Nisso eles estavam certos.

Somente Arendt viu nessa ocasião aquilo que desde então poucos viram, que o mal perpetrado por Eichmann desafia as categorias dentro das quais homens e mulheres pensaram por séculos. Aquele homem tinha uma consciência, que, como a voz de Deus ou *lumen naturale,* é feita para distinguir o certo do errado; ele até acreditava ter aderido a uma versão do imperativo categórico de Kant, que, para a perplexidade da corte, ele recitava mais ou menos fielmente. Foi o desafio ao pensamento trazido pelo mal de Eichmann que desencadeou, através do poder de sua imaginação,[30] o julgamento de Arendt – o outro ingrediente politicamente mais potente da sua capacidade

---

30   Esse é o poder ao qual Jaspers se refere quando escreve a Arendt, bem antes do julgamento, que mesmo se aquilo que ela "apreendeu" fosse colocado "em uma estrutura lógica que fosse simples e fácil de ensinar, sempre será preciso voltar à fonte em si próprio para participar desse poder que permite que os outros vejam" (*Correspondence, Hannah Arendt – Karl Jaspers*, p. 274)

de compreender –, o condenando à morte.[31] Insistindo incessantemente que o mal pelo qual Eichmann era responsável não pode ser pensado *e* julgando-o, Arendt queria que os judeus vissem a realidade do horror que se abatera sobre eles – que eles foram mandados em massa para suas mortes por alguém que sequer desgostava deles. Se tivessem feito isso, como poderiam negar aos palestinos os direitos que os judeus devidamente reclamam para si próprios? Como poderiam, após sua própria experiência, tratar os palestinos como se fossem supérfluos?[32]

Como ela diz aqui ("O desaparecimento de seis milhões"), a situação depois do Holocausto requer uma "reavaliação de nossos hábitos mentais," uma reavaliação que seja "verdadeiramente angustiante", realmente tão agonizante que ameace tornar nossa humanidade "irrelevante". A recusa humana de Arendt de não julgar, que ecoa a recusa humana de Sócrates a não pensar, teve o resultado amargamente irônico de sua expulsão das comunidades judaicas dos Estados Unidos, Europa e Israel. Isso foi mais do que difícil de suportar, mas ela jamais teria voluntariamente tomado a cicuta de Sócrates: havia muita coisa em jogo para a humanidade em seu julgamento de que o mal mais extremo é aquele cometido sem pensar

---

31   Arendt concordou com a decisão da corte de que Eichmann devia ser enforcado, mas não com os padrões tradicionais de seu julgamento, segundo o qual ele havia pretendido fazer o mal ou que tinha agido por "motivos baixos". O julgamento de Arendt afirma que porque Eichmann não *queria* "partilhar a Terra com" todos os seres humanos, nenhum ser humano "haverá de querer partilhar a Terra com" ele, que é a única razão pela qual ele devia ser executado. O julgamento completo de Arendt pode ser encontrado em *Eichmann em Jerusalém,* pp. 300-302.

32   Eu não estou sugerindo que os palestinos são "vítimas inocentes", mas que eles careciam e ainda carecem do poder de um Estado, o que o Estado de Israel tinha e tem para resolver seus conflitos politicamente.

e sem ser possível de ser pensado. O conceito da banalidade do mal veio a Arendt em Jerusalém e ela tentou comunicar seu significado pelo resto de sua vida.[33]

Quem alguém é está sempre condicionado, e a principal condição para quem Hannah Arendt foi em sua absoluta distinção é, eu creio, o fato de que ela nasceu judia. Isso não significa que ela era uma judia como os outros judeus, ou que sua vida é uma vida judaica exemplar, o que pode ou não ser – visto que, por definição, um exemplo é o que outros emulam. Estes escritos judaicos de mais de trinta anos atrás são menos exemplificações das ideias políticas de Arendt do que o terreno empírico no qual nasceram e se desenvolverem essas ideias. É nesse sentido que a identidade de Arendt como judia, ou, como eu preferiria chamar, sua experiência como judia, é literalmente a fundação de seu pensamento: sustenta suas ideias mesmo quando ela não está pensando sobre os judeus ou questões judaicas. A experiência de Arendt como judia era por vezes a de uma testemunha ocular e por vezes a de um ator sobre quem os eventos recaem, ambos os quais correm o risco de parcialidade; mas também sempre foi a de um juiz, o que significa que ela olhava para esses eventos e, enquanto ela os vivenciava, para *si mesma* a partir de fora – uma proeza mental extraordinária. A mentalidade alargada necessária para um juiz normalmente reflete as experiências de outros, experiências que não são imediatamente suas, mas são tão generalizadas por sua capacidade de representá-las em sua imaginação que seu julgamento imparcial revela o significado delas. Como judia, Arendt representa

33 Por exemplo em "Algumas questões de filosofia moral" (1965-66) e "Pensamento e considerações morais" (1971), ambos em Arendt, *Responsabilidade e julgamento,* ed. J. Kohn (São Paulo: Companhia das Letras, 2004), pp. 112-212 e pp. 226-257, respectivamente; e ao longo de *A vida do espírito,* publicado postumamente.

suas próprias experiências, o que é o epítome da reflexividade no julgamento reflexivo, e no seu caso sugere que ser um juiz e uma pária *consciente* em meio a seu próprio povo são praticamente sinônimos. O fato de ela saber que era uma pária consciente é provavelmente o fator crucial que a permitiu ver a dimensão política da compreensão de Kant sobre o julgamento estético reflexivo.

Em conclusão, volto-me novamente para *A condição humana*: "Fluindo na direção da morte, a vida do homem arrastaria consigo, inevitavelmente, todas as coisas humanas para a ruína e a destruição, se não fosse a faculdade humana de interrompê-las e iniciar algo novo, faculdade inerente à ação que é como um lembrete sempre presente de que os homens, embora devam morrer, não nascem para morrer, mas para começar".[34] Mais tarde ela continua e amplia esse pensamento:

> ...ação e política, entre todas as capacidades e potencialidades da vida humana, são as únicas coisas que não poderíamos sequer conceber sem ao menos admitir a existência da liberdade... Sem ela, a vida política como tal seria destituída de significado. A *raison d'être* da política é a liberdade, e seu domínio de experiência é a ação.[35]

E certa vez ela simplesmente declara: "o significado da política é a liberdade".[36] Esses são todos enunciados gerais e, assim como aquele com o qual iniciei estas observações, não posso evitar de vê-los como sendo fundados na experiência de Arendt como judia. Em 1975, o ano em que ela morreu, ela falou de uma voz que vem de trás das

---

34 Arendt, *A condição humana,* p. 307

35 Arendt, *Entre passado e futuro,* pp. 191-192

36 Arendt, *A promessa da política,* ed. J. Kohn (Rio de Janeiro: DIFEL, 2009), p. 161.

máscaras que ela veste para adequar-se às ocasiões e aos vários papéis que o mundo lhe oferece. Essa voz não é *idêntica* a nenhuma das máscaras, mas ela espera que seja *identificável*, ressoando através de todas elas.[37] Desde sua morte, a voz de Arendt tornou-se cada vez mais identificável como a realização dos "dados" de seu ser, como a voz de uma judia, de uma mulher judia, através de cuja imaginação nós vemos, digamos assim, um raio-X de um mundo humano comum, um mundo que é diferente daquele e, em todo sentido que importa, parece mais real do que aquele no qual vivemos hoje. Hannah Arendt pode ter duvidado de que tal mundo um dia será alcançado, mas ela estava convencida de que *empenhar-se* para alcançá-lo vale tanto quanto qualquer outra coisa em nossas vidas, contanto somente que queiramos ser livres.

---

37   Arendt, Cf. *Responsabilidade e julgamento*, pp. 74-76

UMA NOTA SOBRE O TEXTO

PARA COMEÇAR, O MOTIVO PELO QUAL AS PALAVRAS "ANTISSEMI-tismo" e "antissemita" foram usadas ao longo deste livro, em vez do mais comum "anti-semitismo" e "anti-semita",[1] não é simplesmente porque Hannah Arendt as grafava dessa forma na primeira parte de *As origens do totalitarismo* e em outros lugares. Antes, como ela diz aqui na segunda nota de rodapé da introdução ao longo ensaio "Antissemitismo", a palavra "semita", assim como "indo-germânico", era um termo "linguístico" antes de se tornar um termo "antropológico e étnico", e somente no último terço do século XIX o ideológico "slogan 'antissemita'" foi cunhado e aplicado aos "judeus em geral". O ponto é que nunca houve uma ideologia ou movimento chamado

---

1   Sem prejuízo do fato de que a grafia composta e sem hífen obedece ao mais recente Acordo Ortográfico da Língua Portuguesa. (N.T.)

"semitismo", o que faz o "anti-semitismo" e seus cognatos logicamente equivocados.

Por conter textos de Arendt escritos em francês, como também em alemão e inglês, este livro é único. Em parte, mas só em parte, as diferentes línguas refletem aqui o lugar em que Arendt estava quando as usou. Há muitas exceções, incluindo "O julgamento Gustloff", "A questão judaica", e "Antissemitismo", todos escritos em alemão depois que Arendt deixara a Alemanha. "O julgamento Gustloff", que é um relato do julgamento de David Frankfurter, o jovem judeu que em 1936 assassinou Wilhelm Gustloff, o líder do contingente nazista na Suíça, está assinado "Helveticus". Mas a partir de cartas que Arendt escreveu a Heinrich Blücher de Genebra e Zurique, sabemos que ela foi à Suíça para ajudar Frankfurter *e* que ela escreveu um artigo sob um pseudônimo. Mais importante, o estilo e tom desse relato, que prenunciam o estilo e tom de seu relato sobre o julgamento de Adolf Eichmann em Jerusalém 25 anos depois, convenceram aqueles mais familiarizados com o alemão de Arendt (entre eles Lotte Kohler, principalmente) que esse artigo não poderia ter sido escrito por outra pessoa que não Arendt. "A questão judaica" é marcado no *Skizze* (esboço) manual de Arendt e aparentemente foi preparado para um discurso ministrado a emigrantes de língua alemã vivendo em Paris; "Antissemitismo" foi claramente pensado como um trabalho importante na história do antissemitismo alemão, para o que sua língua nativa, o alemão, era mais adequada do que o seu francês adotado.

Outra exceção abrange os mais de 50 artigos em alemão que ela publicou no jornal *Aufbau* depois que chegou a Nova York. Esses artigos, dos quais esta é a coleção mais completa (alguns foram omitidos porque repetiam outros artigos incluídos aqui), estão divididos em três categorias: "A guerra judaica que não está acontecendo" (outubro de 1941 – novembro de 1942); "Entre o silêncio e a mudez" (fevereiro de 1943 – março de 1944); e "A organização política do povo judeu" (abril de 1944 a abril de 1945) – seguindo a taxonomia da edição alemã de Marie Luise Knott, publicada em 2000. O título desta edição, *Vor Antisemitismus ist man nur noch auf dem Monde sicher* [A lua é o único lugar onde ainda podemos estar a salvo do antissemitismo], é uma citação de um dos artigos. As divisões, porém, não são de Arendt, mas indicam, de uma maneira geral, sua mudança de ênfase durante o curso da Segunda Guerra Mundial. O Decreto Crémieux ("Por que o decreto Crémieux foi revogado?") pode não ser familiar para todos os leitores. Devido aos extraordinários esforços de Adolphe Crémieux, judeu e ministro da Justiça da França, o decreto concedeu a cidadania francesa para todos os judeus argelinos em 1871. Pela mesma razão, é apropriado notar aqui que o conde Folke Bernadotte ("O fracasso da razão: a missão de Bernadotte"), um neto do rei Oscar II da Suécia, foi o mediador do Conselho de Segurança da Organização das Nações Unidas para os conflitos árabe-judaicos na Palestina em 1947-1948, até que ele foi assassinado por terroristas judeus.

Catorze dos dezoito textos originais de *The Jew as Pariah* [O judeu como pária], editado por Ron H. Feldman, o coeditor deste livro, e publicado em 1978, apenas três anos após a morte de Arendt, estão republicados aqui. O que foi deixado de fora são três artigos não escritos por Arendt e um, "Culpa Organizada e responsabilidade universal", que está incluído em *Compreender: formação, exílio e totalitarismo (ensaios) 1930-54*[2] (Companhia das Letras; Editora UFMG, 2008). *O judeu como pária* esteve esgotado por muitos anos e os ensaios reunidos aqui são essenciais para entender o significado de Arendt ser uma pária, sua concepção de como um novo Estado na Palestina devia ser fundado, e sua reação à controvérsia provocada por seu livro sobre Adolf Eichmann. Alguns desses ensaios foram

---

2   *Essays in Understanding 1930-1954* (Schocken Books, 2005). (N.T.)

revisados e um traz um título diferente. O que apareceu em *O judeu como pária* como "Retrato de um período" é uma análise de *O mundo de ontem*, a autobiografia de Stefan Zweig. "Stefan Zweig: Juden in der Welt von gestern" ["Stefan Zweig: judeus no mundo de ontem"] é o título da crítica de Arendt, em alemão e mais longa, do mesmo livro e foi usado aqui. Susanna Young-ah Gottlieb traduziu a crítica em alemão e, quando esta foi comparada com aquela em inglês, tomou-se a decisão de preservar os pontos fortes de ambos entrelaçando-os em um ensaio único.

Segue uma lista bibliográfica completa do conteúdo de *Os escritos judaicos*, com as publicações nas quais esses ensaios apareceram originalmente.

HISTÓRIA DAS PUBLICAÇÕES

OS ENSAIOS EM *OS ESCRITOS JUDAICOS* ORIGINALMENTE APARE-
ceram nas seguintes publicações:

I DÉCADA DE 1930

"O Iluminismo e a questão judaica" foi publicado originalmente como
  "Aufklärung und Judenfrage" em *Zeitschrift für die Geschichte
  der Juden in Deutschland* 4 (1932).
"Contra círculos privados" foi publicado originalmente como "Gegen
  Privatzirkel" em *Jüdische Rundscheu* 38 (1932).
"Assimilação original: um epílogo para o centenário da morte de Rahel
  Varnhagen" foi publicado originalmente como "Originale Assi-
  milation: Ein Nachwort zu Rahel Varnhagen 100 Todestag" em
  Jüdische Rundscheu 38 (1932).
"A reclassificação profissional da juventude" foi publicado original-
  mente como "Le Reclassement Professionel de la Jeunesse" em
  Le Journal Juif 12 (1935).

"Um guia para a juventude: Martin Buber" foi publicado originalmente como " Un Guide de la Jeunesse: Martin Buber" em *Le
Journal Juif* 12, nº 17 (16 de abril de 1935).

"Jovens vão embora para casa" foi publicado originalmente como
"Des Jeunes s'en vont chez eux" em *Le Journal Juif* 12, nº 26 (28
de junho de 1935).

"O julgamento Gustloff" foi publicado originalmente como "Prozess
Gustloff" em *Die neue Weltbühne* 33 (1936), p. 51.

"A questão judaica" não havia sido publicado anteriormente.

"Antissemitismo" não havia sido publicado anteriormente.

II DÉCADA DE 1940

"A questão da minoria" não havia sido publicado anteriormente.

"A guerra judaica que não está acontecendo" foi publicado originalmente em *Aufbau* entre outubro de 1941 e novembro de 1942.

"Entre o silêncio e a mudez" foi publicado originalmente em *Aufbau*
entre fevereiro de 1943 e março de 1944.

"A organização política do povo judeu" foi publicado originalmente
em *Aufbau* entre abril de 1944 e abril de 1945.

"A política judaica" não havia sido publicado anteriormente.

"Por que o decreto Crémieux foi revogado" foi publicado originalmente em *Contemporary Jewish Record* 6, nº 2 (abril de 1943).

"Novos líderes surgem na Europa" foi publicado originalmente em
New Currents: A Jewish Monthly 2, nº 4 (1944).

"Um caminho para a reconciliação dos povos" foi publicado originalmente como "Ein Mittel zur Versöhnung der Völker" em *Porve-
nir* 3 (Buenos Aires, 1942).

"Nós, refugiados" foi publicado originalmente no *Menorah Journal*
(janeiro de 1943), pp. 69-77. Reimpresso em *O judeu como pária*,
ed. Ron H. Feldman (Nova York: Grove, 1978), pp. 55-66.

"O judeu como pária: uma tradição oculta" foi publicado originalmente em *Jewish Social Studies* 6, nº 2 (abril de 1944), pp. 99-122. Reimpresso em *O judeu como pária*, ed. Ron H. Feldman (Nova York: Grove, 1978), pp. 67-90.

"Criando uma atmosfera cultural" foi publicado originalmente em *Commentary* 4 (1947). Reimpresso em *O judeu como pária*, ed. Ron H. Feldman (Nova York: Grove, 1978), pp. 91-95.

"História judaica, revista" foi publicado originalmente em *Jewish Frontier* (março de 1948), pp. 34-48. Reimpresso em *O judeu como pária*, ed. Ron H. Feldman (Nova York: Grove, 1978), pp. 96-105.

"A moral da história" foi extraído de "Privileged Jews," *Jewish Social Studies* 8, no. I (janeiro de 1946), pp. 3-7. Reimpresso em *O judeu como pária*, ed. Ron H. Feldman (Nova York: Grove, 1978), pp. 106-11.

"Stefan Zweig. Os judeus no mundo de ontem", traduzido por Susanna Young-ah Gottlieb, foi publicado originalmente como "Stefan Zweig: Juden in der Welt von gestern," em *Sech Essays* (Heidelberg: Schneider, 1948), pp. 112-27; reimpresso em *Die vorborgene Tradition: Acht Essays* (Frankfurt am Main: Suhrkamp, 1976), pp. 74-87. Uma versão em inglês apareceu anteriormente sob o título "Portrait of a Period" no *Menorah Journal* 31 (1943), pp. 307-14; reimpresso em *O judeu como pária*, ed. Ron H. Feldman (Nova York: Grove, 1978), pp. 112-21.

"A crise do sionismo" não havia sido publicado anteriormente.

"Herzl e Lazare" foi extraído de "From the Dreyfus Affair to France Today", *Jewish Social Studies* 4, nº 3 (julho de 1942), pp. 235-40. Reimpresso em *O judeu como pária*, ed. Ron H. Feldman (Nova York: Grove, 1978), pp. 125-30.

"Sionismo reconsiderado" foi publicado originalmente no *Menorah Journal* (outubro de 1944), pp. 192-96. Reimpresso em *O judeu como pária*, ed. Ron H. Feldman (Nova York: Grove, 1978), pp. 131-63.

"O estado judeu: cinquenta anos depois, para onde nos levou a política de Herzl?" foi publicado originalmente em *Commentary* I (1945-46), p. 7. Reimpresso em *O judeu como pária*, ed. Ron H. Feldman (Nova York: Grove, 1978), pp. 164-77.

"Para salvar a pátria judaica" foi publicado originalmente em *Commentary* 5 (1948). Reimpresso em *O judeu como pária*, ed. Ron H. Feldman (Nova York: Grove, 1978), pp. 178-92.

"As virtudes da personalidade: uma crítica de *Chaim Weizmann: Statesman, Scientist, Builder of the Jewish Commonwealth (Chaim Weizmann: estadista, cientista, criador da* commonwealth *judaica)*" foi publicado originalmente em *Contemporary Jewish Record* 8, nº 2 (abril de 1945), pp. 214-16.

"Trilha única para Sião: uma crítica de *Trial and Error: The Autobiography of Chaim Weizmann (Tentativa e erro: a autobiografia de Chaim Weizmann)*" foi publicado originalmente em *Saturday Review*, fevereiro de 1949.

"O fracasso da razão: a missão de Bernadotte" foi publicado originalmente em *New Leader* 31 (1948).

"Sobre a 'colaboração'" foi publicado originalmente em *Jewish Frontier* (outubro de 1948), pp. 55-56. Reimpresso em *O judeu como pária*, ed. Ron H. Feldman (Nova York: Grove, 1978), pp. 237-39.

"Novo partido palestino" foi publicado originalmente como uma carta ao editor no *New York Times*, 4 de dezembro de 1948.

III DÉCADA DE 1950

"Paz ou armistício no Oriente Médio?" foi publicado originalmente em *Review of Politics* 12, no. I (janeiro de 1950), pp. 56-82. Reimpresso em *O judeu como pária*, ed. Ron H. Feldman (Nova York: Grove, 1978), pp. 193-222.

"Magnes, a consciência do povo judeu" foi publicado originalmente em *Jewish Newsletter* 8, nº 24 (24 de novembro de 1952).

"A história do grande crime: uma resenha de *Bréviaire de la Haine: le III Reich et les Juifs (Breviário do ódio: o terceiro Reich e os judeus)*, por Léon Poliakov", foi publicado originalmente em *Commentary,* março de 1952.

IV DÉCADA DE 1960

"A controvérsia Eichmann: uma carta a Gershom Scholem" foi publicado originalmente em *Encounter*, janeiro de 1964. Reimpresso em *O judeu como pária*, ed. Ron H. Feldman (Nova York: Grove, 1978), pp. 245-51

"Respostas às perguntas de Samuel Grafton" não havia sido publicado anteriormente.

"O julgamento Eichmann e os alemães: uma conversa com Thilo Koch" foi publicado originalmente como "Der Fall Eichmann und die Deutschen: Ein Gespräch mit Thilo Koch" em *Gespräche mit Hannah Arendt*, ed. A. Reif (Munique: Piper Verlag, 1976).

"A destruição de seis milhões" foi publicado originalmente em *A Jewish World Symposium – The Jewish World*, setembro de 1964.

"'O formidável Dr. Robinson': uma resposta por Hannah Arendt" foi publicado originalmente em *The New York Review Books* (20 de janeiro de 1966), pp. 26-30. Reimpresso em *O judeu como pária*, ed. Ron H. Feldman (Nova York: Grove, 1978), pp. 260-76.

INTRODUÇÃO
O judeu como pária: o caso de Hannah Arendt[1] (1906-1975)

RON H. FELDMAN

I

> Todas as qualidades judaicas apregoadas – o "coração judeu," a humanidade, o humor, a inteligência desinteressada – são qualidades de um pária. Todas as deficiências judaicas – indelicadeza, estupidez política, complexos de inferioridade, e sovinice – são características de arrivistas. Sempre houve judeus que não pensavam valer a pena trocar sua atitude humana e seu discernimento natural da realidade pela estreiteza do espírito de castas ou pelo irrealismo essencial das transações financeiras.[2]

A vida de Hannah Arendt se desenrolou durante os "tempos sombrios" do século XX. Ela foi uma das mais notáveis – assim como uma das

---

1   Este ensaio apareceu em uma forma ligeiramente diferente em *O judeu como pária: identidade judaica e política na era moderna* (*The Jew as Pariah: Jewish Identity and Politics in the Modern Age*) (Nova York: Grove Press, 1978).
2   "Nós refugiados", ver p. 491.

últimas – crias de um *milieu* judaico-alemão que produziu mais do que sua cota de grandes figuras literárias, artísticas e científicas. Uma crítica política e cultural excepcional, seu propósito como pensadora era nos ajudar a compreender o significado e direção dos eventos em um mundo de caos mortal.

Provavelmente mais conhecida pelo público em geral como a autora de *Eichmann em Jerusalém*, sobre o qual uma grande tempestade irrompeu na comunidade hebraica e pelo qual ela foi veementemente condenada na imprensa judaica, a reputação de Arendt como uma das pensadoras políticas mais talentosas de sua geração repousa sobre dois outros trabalhos: *Origens do totalitarismo* e *A condição humana*.

Quando Hannah Arendt morreu, ela estava desvalida perante sua comunidade como consequência de *Eichmann em Jerusalém*: poucos dos discursos que tradicionalmente se seguem à morte de uma figura tão proeminente apareceram na imprensa judaica. A maioria de seus escritos relacionados à judaicidade foram negligenciados e esquecidos, em parte porque ela fora submetida a uma forma moderna de excomunhão da comunidade de judeus e em parte devido ao poder de seus outros escritos.[3]

Isso foi um grande infortúnio, visto que levou a um entendimento incompleto tanto de sua teoria política, pela qual ela foi célebre, quanto de sua visão da história judaica moderna, pela qual ela foi castigada. Na verdade, há uma ligação essencial entre sua concepção da história judaica e sua teoria política: sua visão da condição judaica moderna serve como uma introdução à sua teoria política,

---

3   A publicação da *Social Research* da primavera de 1977 foi dedicada exclusivamente a Hannah Arendt, mas nenhum dos eminentes autores que contribuíram com artigos mencionou seus escritos judaicos.

assim como sua teoria política ilumina sua interpretação da história judaica.

Esta coletânea não serve apenas para expandir o conhecimento público de seu trabalho, mas, principalmente, esses ensaios, quando tomados juntos, são de importância intrínseca porque representam uma compreensão coerente e poderosa, embora não conformista, do que significa ser um judeu no mundo moderno. Apesar de muitos desses ensaios terem sido escritos há mais de cinquenta anos, os assuntos dos quais tratam continuam a ser de importância contemporânea: a destruição dos judeus europeus pelos nazistas, a relação dos judeus no mundo com o Estado de Israel, o relacionamento de Israel com os árabes, tanto dentro como fora das fronteiras do Estado judaico, e a posição histórica peculiar dos judeus na sociedade ocidental moderna.

Fundamentalmente, esses ensaios mostram que Hannah Arendt escolheu o papel de uma "pária consciente". Na perspectiva de Arendt, o *status* de pária – o excluído da sociedade – caracteriza a posição dos judeus na Europa ocidental em seguida ao Iluminismo e à emancipação, uma vez que eles nunca foram verdadeiramente aceitos pela sociedade europeia. "Durante os 150 anos em que os judeus realmente viveram entre os povos da Europa ocidental e não apenas à margem deles, tiveram de pagar a glória social com o sofrimento político e o sucesso político com o insulto social".[4] Esse *status* de forasteiro deu origem a dois tipos particulares: os *párias conscientes*, que sabiam disso, e os *parvenus*, que tentavam ser bem sucedidos no mundo dos gentios, mas que jamais poderiam escapar de suas raízes judaicas. Para Arendt, os párias conscientes eram

4   Arendt, *Origens do totalitarismo* (São Paulo: Companhia das Letras, 1989), p. 78.

> [a]queles que realmente fizeram muito pela dignidade espiritual de seu povo, que foram suficientemente grandiosos a ponto de transcenderem os limites da nacionalidade e tecerem os fios de seu gênio judaico em meio à tessitura geral da vida europeia... aqueles espíritos audazes que tentaram fazer da emancipação dos judeus aquilo que realmente deveria ter sido – uma admissão dos judeus *como judeus* às categorias da humanidade, antes de uma licença para macaquear os gentios ou uma oportunidade de bancar o parvenu.[5]

Afirmando tanto a sua particularidade judaica quanto seu direito a um lugar na vida europeia comum, os párias conscientes tornaram-se marginais não apenas em relação à sociedade europeia – como todos os judeus o eram – mas também para a comunidade judaica. Eles não eram judeus paroquialmente, como seus primos do leste europeu, e tampouco parte das abastadas elites judaicas de banqueiros e comerciantes que controlavam as relações entre judeus e gentios. Segundo Arendt, o pária consciente é uma tradição oculta: "oculta" porque não há muitas ligações entre os grandes, porém isolados, indivíduos que admitiram seu *status* de pária – como Heinrich Heine, Rahel Varnhagen, Bernard Lazare, Franz Kafka, e Walter Benjamin – nem laços entre eles e o resto da comunidade judaica; uma "tradição" porque "por mais de cem anos as mesmas condições básicas obtiveram e evocaram a mesma reação básica"[6].

Os *parvenus* – arrivistas que tentam ser bem sucedidos na sociedade não judaica – são produto das mesmas circunstâncias históricas e portanto são homólogos aos párias na tipologia de Arendt. Enquanto os párias usam seu espírito e seu coração, repudiando voluntariamente as insidiosas benesses da sociedade, os *parvenus* usam seus cotovelos

---

5   "O judeu como pária: uma tradição oculta," ver p. 493-494.
6   Ibid., p. 495.

para se levantar sobre seus pares judeus no mundo "respeitável" dos gentios. Os parvenus só são aceitos enquanto "exceções" ao estereótipo do judeu de gueto, grosseiro e alheio ao mundo – e aqueles judeus que são bem-sucedidos com esse estratagema sentem-se superiores a seus pares judeus. Os judeus que desprezam a aceitação social que tem base nesse autoengano têm sido poucos; mas esses párias conscientes obtêm, em contrapartida ao seu isolamento da sociedade judaica e gentia, a honestidade que faz a vida valer a pena, uma clara visão da realidade e um lugar na história europeia assim como na judaica.

Hannah Arendt não se limitou a conceber e celebrar o pária judeu como um tipo humano, ela o representou em sua vida e pensamento. Como uma pária consciente comprometida, apesar de crítica, tanto com sua herança judaica quanto com sua herança europeia, seu projeto intelectual como um todo foi fundado na problemática da judaicidade no mundo moderno. A transformação do judaísmo na judaicidade em um mundo cada vez mais secular significou que, assim como Kafka, ela perdera a herança judaica de seus antepassados sem ganhar um lugar firmemente enraizado no regime europeu, que estava em processo de colapso. Como pária, seu trabalho é caracterizado pela tensão dialética entre, de um lado, sua judaicidade e a experiência judaica moderna e, de outro, sua experiência europeia, e humana de forma geral, na era moderna. O resultado foi uma perspectiva singular em matérias judaicas e europeias nas quais as experiências especificamente judaicas e amplamente europeias constantemente informam umas às outras. O trabalho mais enaltecido de Arendt, *Origens do totalitarismo*, é claramente o produto de uma pária consciente e é único enquanto padrão, belo e intricado, no qual história e questões, tanto judaicas quanto europeias, são intencionalmente entrelaçadas.

Não estando exclusivamente dentro ou fora de sua herança judaica ou europeia, Hannah Arendt utiliza ambas como plataformas a partir das quais obtém uma visão crítica da outra. Por um lado, ela se coloca conscientemente fora da tradição judaica, submetendo a experiência dos judeus no mundo moderno à crítica de uma filósofa alemã criada nos clássicos europeus. Distinguindo judaicidade – um dado existencial do qual não se pode escapar – e judaísmo – um sistema de crenças que se pode adotar ou rejeitar – ela veementemente aceita um e rejeita o outro. Ao fazê-lo, ela tornou-se uma rebelde em meio a seu próprio povo. Por outro lado, Arendt utiliza sua experiência como judia e sua perspectiva enquanto pária consciente colocando-se fora da tendência dominante da sociedade ocidental para analisar e obter uma compreensão desta sociedade. Alegando que "não é um mero acaso o fato de que as derrotas catastróficas dos povos da Europa tenham começado com a catástrofe do povo judeu",[7] Arendt coloca a experiência judaica moderna no centro de sua crítica à sociedade moderna.

A dialética entre judaico e europeu em sua obra têm sido uma fonte perpétua de desentendimento por parte dos críticos preocupados com seus trabalhos judaicos e não judaicos, visto que ela não se enquadra em uma perspectiva histórica ou filosófica estabelecida. Muito semelhante a Kafka, por quem Arendt tem um sentimento de proximidade especial e para quem tem uma dívida singular, o elemento judaico é crucial embora não exclusivo: sua judaicidade não é seu único interesse e nem o único elemento determinante de seu trabalho, mas nossa compreensão de seu trabalho é reduzida e seriamente distorcida se a negligenciarmos. O próprio entendimento de Arendt acerca de sua perspectiva peculiar é mais bem expresso em sua carta a Scholem:

---

7   "A moral da história," ver p. 547.

O que te confunde é que meus argumentos e minha abordagem são muito diferentes daquilo com o que você está acostumado; em outras palavras, o problema é que eu sou independente. Isto significa, por um lado, que eu não pertenço a nenhuma organização e sempre falo por mim mesma e, por outro lado, que eu tenho grande confiança no *selbstdenken* [pensar por si mesmo] de Lessing, para o que, eu penso, nenhuma ideologia, nenhuma opinião pública e nenhuma "convicção" jamais será substituto. Você só entenderá os resultados, qualquer que seja a objeção que tenha a eles, quando perceber que eles são realmente meus e de mais ninguém.[8]

II

O intelectual judeu, ao sonhar com um paraíso na terra, estava na verdade mais longe da realidade política do que seus pais, que, ao rezarem pela vinda do Messias, pelo menos esperavam pelo retorno de seu povo à Judéia.[9]

O século xx viu as mudanças mais drásticas na história judaica desde a destruição do Segundo Templo em 70 d.C. A aniquilação dos judeus europeus pelos nazistas durante a Segunda Guerra Mundial e, pouco depois, a fundação do Estado judaico de Israel mudaram radicalmente a posição dos judeus no mundo. O resultado foi uma transformação das relações entre os próprios judeus e entre estes e os outros povos do mundo. Embora ligados inextricavelmente, o Holocausto e o Estado judaico levantam dois conjuntos diferentes de questões. O Holocausto é o fim de uma era da existência judaica e portanto levanta questões sobre o passado – como e por que isso aconteceu. O Estado judaico é o início de uma nova era e por conseguinte levanta questões sobre o que significa ser parte do povo judaico hoje e no futuro. É cla-

8   "A controvérsia Eichmann," p. 762.
9   *Origens do totalitarismo*, p. 96.

ro, as respostas para o segundo conjunto de questões foram e devem ser influenciadas pelas respostas ao primeiro, quer explicitamente articuladas no pensamento ou implicitamente contidas na ação. A tarefa de tentar entender como e por que o Holocausto aconteceu e o que mudou – ou deveria ser mudado – em consequência disso é a tarefa central do pensamento judaico na era pós-Holocausto.

Os ensaios deste livro, particularmente quando lidos juntamente com outros trabalhos de Arendt nos quais a história judaica é discutida – *Origens do totalitarismo, Rahel Varnhagen, Homens em tempos sombrios,* e *Eichmann em Jerusalém* – apresentam a resposta de Hannah Arendt a este desafio. Não somente ela tenta compreender as fontes do antissemitismo moderno rastreando os relacionamentos históricos entre judeus e gentios, como também critica as formas judaicas de auto compreensão e compreensão do mundo que resultaram em suas reações de descrença e passividade em face da destruição.

A avaliação crítica de Hannah Arendt da história judaica é baseada na convicção política fundamental de que o mundo é o que fazemos dele. Não há a "astúcia da razão" hegeliana, mas "antes, é a desrazão que começa a funcionar automaticamente quando a razão abdicou de fazê-lo".[10] Os judeus, pelo próprio fato de sua existência, são "um grupo entre outros grupos, todos igualmente envolvidos nos problemas do mundo. O fato de [o povo judeu] ter sido ou estar sendo vítima da injustiça e da crueldade não elimina sua corresponsabilidade".[11] Ao contrário tanto da teoria do "bode expiatório", que alega que os judeus foram vítimas acidentais, quanto da teoria do "eterno antissemitismo", que alega que os judeus são vítimas inevitáveis, Arendt tenta mostrar que o fim catastrófico da história dos judeus na Europa

10   "A moral da história," ver p. 546.
11   *Origens do totalitarismo,* pp. 25-26.

não foi acidental nem inevitável. Antes, foi o resultado da história específica dos relacionamentos entre judeus e gentios. Se os judeus eram tão cegos politicamente que não compreendiam as implicações de suas próprias ações e das ações de seus oponentes, isso foi o resultado daquilo que Arendt considera a principal característica da história judaica no período moderno: a *carência de mundo* dos judeus.

> A história judaica oferece extraordinário espetáculo de um povo, único nesse particular, que começou sua existência histórica a partir de um conceito bem definido da história e com a resolução quase consciente de realizar na terra um plano bem delimitado, e que depois, sem desistir da ideia, evitou qualquer ação política durante 2 mil anos. Em consequência, a história política do povo judeu tornou-se mais dependente de fatores imprevistos e acidentais do que a história de outras nações, de sorte que os judeus assumiam diversos papéis na sua atuação histórica, tropeçando em todos e não aceitando responsabilidade precípua por nenhum deles.[12]

Na visão de Arendt, a existência contínua dos judeus durante o período da Diáspora foi até bem recentemente muito mais o resultado da dissociação entre judeus e o mundo cristão dominante do que da dissociação entre os gentios e os judeus. É somente a partir do século XIX que o antissemitismo teve um efeito significativo na preservação dos judeus. Dadas as condições da Diáspora, essa dissociação foi o único método possível de autopreservação e, como alega Arendt, a sobrevivência foi o único propósito do pensamento e ação políticos dos judeus desde o exílio da Babilônia. Essa solução tradicional para o problema da sobrevivência teria preparado as bases para a posterior dissolução do povo judaico, visto que, tornando a dissociação a

12   Ibid., p. 28.

base de sua sobrevivência, os judeus passaram a conceber sua existência como totalmente separada e independente do resto do mundo. Por consequência, os judeus tornaram-se ignorantes das circunstâncias do mundo real e incapazes de reconhecer novas oportunidades e ameaças à sua sobrevivência quando estas surgiam.

Até o final da Idade Média, segundo Arendt, os judeus "haviam sido capazes de conduzir seus assuntos da comunidade por meio de uma política que existia apenas no reino da imaginação – a memória de um passado longínquo e a esperança de um futuro distante".[13] Essa estrutura conceitual foi destruída por um acontecimento que deu início à era moderna para os judeus: o fracasso do movimento místico messiânico centrado em Shabbatai Tzvi em 1666. O grande historiador de Shabbatai Tzvi é Gershom Scholem, e é em "História judaica, Revista", sua resenha de *As grandes tendências da mística judaica*, assim como em "O Estado Judeu: Cinquenta Anos Depois, Para Onde Levou a Política de Herzl?", que Hannah Arendt apresenta um giro político singular à compreensão deste evento.

A aparição de Shabbetai Tzvi na cena foi a culminação de um período de dois séculos ao longo dos quais as relações entre judeus e gentios estavam em seu nível mais baixo e durante os quais o misticismo da cabala havia sido popularizado e extremamente difundido. Por conta de sua falta de envolvimento e controle sobre o mundo político no qual viviam, os judeus foram fortemente atraídos para o pensamento místico, tendo em vista que "essas especulações atraem todos que são de fato excluídos da ação, impedidos de alterar um destino que lhes parece insuportável e, sentindo-se vítimas indefesas de forças incompreensíveis, estão naturalmente inclinados a

---

13   "O Estado judeu: cinquenta anos depois," ver p. 639.

encontrar meios secretos para adquirirem poder de participar no 'drama do Mundo'".[14]

O fervor messiânico que tomou conta de todo o mundo judaico não era baseado em eventos particulares ocorridos no mundo não judaico, mas era o resultado de uma dinâmica interna criada por aceitação do misticismo como um substituto para a ação política; a cabala viu os acontecimentos que conduzem à perfeição messiânica do mundo como uma questão concernente exclusivamente a Deus e Seu povo Israel. Quando posto em prática, o anseio pela realidade política que estava confinado em categorias místicas não poderia fazer outra coisa a não ser destruir essas categorias, pois elas não ofereciam uma base para a avaliação de realidades políticas. Deste modo, quando Tzvi tornou-se apóstata em face da realidade do poder do sultão e a esperança popular messiânica por um retorno físico a Sião foi frustrada, a estrutura judaica religiosa tradicional para a compreensão do mundo sofreu um golpe severo.

Mas, de acordo com Arendt, essa confrontação com a realidade não acarretou uma compreensão mais "realista" entre os judeus; compreensão pode existir somente quando há uma estrutura na qual colocar os eventos. Do seu ponto de vista, a catástrofe Shabbatai Tzvi destruiu a estrutura tradicional sem substituí-la por outra. O resultado foi uma carência de mundo sem precedentes:

> Ao perderem sua fé em um início divino e na culminação final da história, os judeus perderam seu guia para a selva dos fatos nus e crus; pois quando o homem é roubado de todos os meios de interpretar os eventos ele perde qualquer senso de realidade. O presente que confrontou os judeus depois do fracasso de

14   "História judaica, Revista," ver p. 535.

Shabbetai Tzevi foi o caos de um mundo cujo curso não mais fazia sentido e no qual, consequentemente, os judeus não podiam mais encontrar um lugar. [15]

Na visão de Arendt, o movimento sabatiano foi um "grande movimento político" de "verdadeira ação popular", que lançou na cena pública o que ela considera "a preocupação exclusiva" do misticismo judaico "com a realidade e a ação".[16] O resultado, contudo, foi uma catástrofe "maior para o povo judeu do que todas as outras perseguições, se a mensurarmos pelo único parâmetro disponível, sua vasta influência sobre o futuro do povo. A partir de então, o corpo político judaico estava morto e o povo se retirou da cena política da história".[17] O legado do período de afastamento dos judeus com relação ao mundo não judeu, que atuou na história subsequente do hassidismo, no movimento da Reforma, na tentativa de assimilação e no utopismo revolucionário, foi que os judeus estavam "ainda menos "realistas" – ou seja, menos capazes do que nunca de enfrentarem e compreenderem a real situação".[18]

A "situação real" foi que no século XVII os judeus foram se envolvendo no mundo como um todo e ocupando posições de potencial poder político. De acordo com a análise de Arendt apresentada em *Origens do totalitarismo,* os judeus, nas pessoas dos judeus de corte e subsequentemente nas dos banqueiros internacionais, foram ins-

---

15   "O Estado judeu: cinquenta anos depois," ver p. 639.

16   "História judaica, Revista," ver p. 542. Os familiarizados com os outros trabalhos de Arendt perceberão a afinidade entre esta afirmação e sua discussão do colapso da tradição na era moderna apresentada em *Entre passado e futuro* (São Paulo: Perspectiva, 2003), particularmente os ensaios "A tradição e a época moderna" e "Que é autoridade?"

17   Ibid., p. 542.

18   "O Estado judeu: cinquenta anos depois," ver p. 639.

trumentais na ascensão das monarquias absolutistas e no ulterior desenvolvimento do Estado-nação. Ao contrário da nobreza decadente e da burguesia privatista, "os judeus [foram] a única parte da população disposta a financiar os primórdios do Estado e a ligar seu destino ao desenvolvimento estatal".[19]

Na qualidade de financiadores do Estado, os judeus tinham grande potencial para o poder político, como os antissemitas rapidamente perceberam, mas a mentalidade dos judeus alheia ao mundo era tal que "jamais se aliavam a um governo específico, e sim a governos, à autoridade em si".[20] Os judeus abastados envolvidos em "políticas de financiamento" estavam mais preocupados em continuar a discriminação legal contra as massas pobres judaicas para preservar sua posição privilegiada de prestígio e poder na comunidade judaica do que em alcançar o poder sobre os gentios. Enquanto os reais dirigentes da comunidade judaica, eles eram conscientes de seu papel como seus protetores, mas ignorantes de seu verdadeiro potencial entre os não judeus. Suas preocupações e percepções políticas nunca foram além da busca do único objetivo político que já haviam possuído: sobrevivência. "Os judeus, sem conhecer o poder ou se interessar por ele, nunca pensaram em exercer senão suaves pressões para fins subalternos de autodefesa."[21]

Os judeus não percebiam que o Estado moderno – uma entidade supostamente política governando sobre a sociedade de classes – rapidamente entrou em conflito com diversas classes que compunham aquela sociedade. Seus serviços especiais para as autoridades políticas e a proteção especial que recebiam delas evitaram tanto a incor-

19   *Origens do totalitarismo*, p. 36
20   Ibid., p. 45
21   Ibid., p. 44

poração dos judeus no sistema de classes quanto seu aparecimento como uma classe separada. Eles eram, portanto, o único grupo social distinto que devia sua continuidade ao governo, apoiava incondicionalmente o Estado como tal, e, como o Estado, se destacava da sociedade e de suas distinções de classe. A consequência, Arendt observa, foi que "cada classe social que entrava em conflito com o Estado virava antissemita, porque o único grupo que parecia representar o Estado, identificando-se com ele servilmente, era os judeus".[22]

Precisamente porque não eram nem parte da sociedade de classes, nem a camarilha governante politicamente ativa, os judeus estavam alheios à tensão crescente entre Estado e sociedade ao mesmo tempo que eram conduzidos em direção ao centro do conflito por estarem entre os dois como parte de nenhum. Suficientemente ingênuos politicamente para acreditar que sua verdadeira falta de interesse no poder seria vista e aceita pelo que era, foram totalmente surpreendidos quando o antissemitismo político do século xx ascendeu ao poder com base em acusações de uma conspiração mundial por parte dos judeus. Essa miopia política reflete

o paradoxo mais sério existente no centro da história política dos judeus. De todos os povos europeus, os judeus eram os únicos sem Estado próprio e, precisamente por isso, haviam aspirado tanto, e tanto se prestavam, a alianças entre governos e Estados, independentemente do que esses governos e Estados representassem. Por outro lado, os judeus não tinham qualquer tradição ou experiência política e não percebiam a tensão nascente entre a sociedade e o Estado, nem os riscos evidentes e a potencialidade decisória que assumiam, decorrentes do seu novo papel.[23]

22 Ibid., p. 45

23 Ibid., p. 43

Alheios ao fato de que foram instrumentais no desenvolvimento do Estado-nação, os judeus estavam igualmente despreocupados com a manutenção do sistema do Estado-nação, contrária à ascensão dos planos imperialistas da burguesia. De fato, os judeus ajudaram involuntariamente ao longo do processo. Tendo "atingido um ponto de saturação em matéria de riqueza e sucesso econômico [...] os filhos dos negociantes prósperos, e, em menor escala, dos banqueiros, abandonavam as carreiras dos seus pais em troca de profissões liberais ou atividades puramente intelectuais"[24] em vez de combaterem a crescente influência das grandes empresas e da indústria que estava provocando uma queda de sua posição política.

O grande fluxo de judeus para as artes e ciências causou o desenvolvimento de uma verdadeira sociedade internacional cuja base era o "poder radiante da fama".[25] Esse fenômeno é extensamente discutido no ensaio de Arendt "Stefan Zweig: judeus no mundo de ontem". Para Arendt, isso foi, contudo, uma outra alteração na qualidade daquela mesma condição dos judeus que os havia tornado úteis inicialmente; seu caráter intereuropeu e não nacional. Os judeus entraram no mundo cultural e tornaram-se "eminentes críticos, comentaristas, colecionadores e organizadores de tudo que era famoso [...] laços vivos que uniam indivíduos famosos numa sociedade de renomados – por definição, uma sociedade internacional, pois as conquistas espirituais transcendem as fronteiras nacionais".[26]

Embora judeus assimilados raramente reconhecessem o fato, visto que dentro dessa sociedade internacional sua identidade judaica podia ser efetivamente perdida, eram precisamente aque-

24 Ibid., p. 73
25 "Stefan Zweig: judeus no mundo de ontem", ver p. 563.
26 *Origens do totalitarismo*, p. 74

les atributos – "bondade, isenção de preconceitos, sensibilidade à justiça",[27] "o 'coração judeu', a humanidade, o humor, a inteligência desinteressada"[28] e "fraternidade"[29] –, os quais eram os privilégios dos judeus enquanto um povo pária, que produziam esse tipo especial de grandeza. Esses dons derivavam do "grande privilégio de não arcarem com a preocupação pelo mundo".[30] Todavia, é um privilégio conquistado a duras penas, uma vez que o preço é a "real ausência de mundanidade. E a ausência de mundanidade – ai! – é sempre uma forma de barbarismo".[31]

Esse barbarismo refletiu-se naquela indiferença dos judeus em relação aos assuntos políticos que chegou a uma extensão tal que os judeus assimilados "perdiam aquela medida de responsabilidade política que sua origem implicava e que os judeus banqueiros ainda haviam sentido, embora sob forma de privilégio e domínio".[32] Eles esqueceram o fato de que em todo judeu "havia ainda algo do antigo pária sem nação, para quem os direitos humanos não existem, e de quem a sociedade teria prazer de retirar os seus privilégios".[33] Suas atividades trouxeram-lhes tamanha proeminência social que "os judeus tornaram-se símbolo grupal da Sociedade e objeto de ódio de todos aqueles a quem a sociedade não aceitava",[34] e ao mesmo tempo

27   Ibid., p. 88

28   "Nós refugiados," ver p. 491.

29   "Sobre a humanidade em tempos sombrios: reflexões sobre Lessing," *Homens em tempos sombrios,* (São Paulo: Companhia das Letras, 2003), p. 22

30   Ibid.

31   Ibid., p. 21.

32   *Origens do totalitarismo,* p. 106

33   Ibid., p. 140

34   Ibid., p. 74

eles se desinteressaram pelas "políticas de financiamento" que lhes haviam trazido um mínimo de proteção do Estado.

A crítica de Arendt conclui que a carência de mundo dos judeus, que tinha sua origem na tentativa que tinham de se preservar por meio de uma separação radical do mundo cristão cinco mil anos antes, culminou no fato de os judeus estarem mais expostos do que nunca aos ataques. Mais familiarizados com aparição teatral do que com a realidade política, os judeus tinham uma fé cega no Estado que os havia protegido desde a emancipação; eles esqueceram que essa proteção havia se baseado em seu desempenho de funções singulares e necessárias. A falta de envolvimento no mundo político que levara judeus religiosos a elegerem a divina providência como o fator-chave determinante de seu destino político conduziu os judeus secularizados a acreditarem que a história judaica "ocorre fora de todas as leis históricas comuns".[35] O que aparecera como a imprevisível vontade divina – à qual os judeus reagiram com súplicas penitenciais e moralizantes – foi agora considerado acidental e inspirou a reação similarmente apolítica de apologias judaicas. Desse modo, quando o caso Dreyfus demonstrou uma ameaça bastante real à existência dos judeus e seu slogan de "Morte aos judeus" tornou-se a palavra de ordem em torno da qual o nazismo posteriormente cresceu a passos largos, os judeus, que haviam se tornado "objeto de ódio, devido à sua riqueza inútil, e de desprezo, devido à sua falta de poder",[36] foram os últimos a compreenderem a importância política dos eventos.

No quadro sombrio da história política judaica traçado por Hannah Arendt há, entretanto, uma reação positiva à irrealidade e à carência de mundo do *status* de pária. Esta é o sionismo, "a única

35 Ibid., p. 272n.
36 Ibid., p. 35

resposta política que os judeus encontraram para o antissemitismo, e a única ideologia na qual chegaram a levar a sério o comportamento hostil, o qual os impeliria para o centro dos acontecimentos mundiais."[37]

III

> Da "desgraça" de ser judeu só há uma escapatória - lutar pela honra do povo judeu como um todo.[38]

O movimento sionista foi fundado por Theodor Herzl em agosto de 1897, quando o primeiro Congresso Sionista reuniu-se e criou a Organização Sionista Mundial. Herzl fora um judeu assimilado típico até que o jornal de Viena para o qual trabalhava o enviou para cobrir os caso Dreyfus. O impacto desse evento o transformou em um nacionalista judaico ardente. Herzl via "o problema judaico" dos antissemitas como a ameaça política que de fato era e propôs uma solução radical – a criação do Estado judaico. Como mostram os ensaios da década de 1940 desta coleção, a opinião de Hannah Arendt em relação à corrente herzliana do sionismo político, que moldou a perspectiva e as políticas do movimento, é elogiosa com relação a seus pontos fortes, ainda que fortemente crítica de suas deficiências e perigos potenciais.

Segundo o entendimento de Arendt, Herzl via o antissemitismo como um conflito natural que emergiu do fato de os judeus serem uma entidade nacional separada e diferente das nações em meio às quais viviam. Uma vez que era natural e inevitável, "o antissemitismo era uma força onipotente e os judeus teriam que ou fazer uso dela ou se-

---

37 Ibid., p. 143
38 "Stefan Zweig: judeus no mundo de ontem," ver p. 567.

rem engolidos por ela".[39] Fluindo necessariamente da existência da diáspora judaica, o antissemitismo era a "força propulsora" praticamente eterna "responsável por todo o sofrimento judaico desde a destruição do Templo e continuaria a fazer os judeus sofrerem até que aprendessem como usá-lo em sua própria vantagem".[40] Devidamente tratado, poderia levar os judeus a controlarem seu próprio destino: Herzl acreditava que os antissemitas eram racionais e honestos e que o problema judaico era o mais sério enfrentado pela Europa. Os "honestos antissemitas" o ajudariam a implementar seu grande plano de os livrar de seus judeus, conquistar a independência judaica, e resolver o problema judaico de uma vez por todas. Arendt elogia Herzl, visto que sua

> mera vontade de ação era parte de uma novidade tão marcante, tão inteiramente revolucionário na vida judaica, que se espalhou na velocidade do fogo vivo. A grandeza duradoura de Herzl repousa em seu desejo de fazer algo a respeito da questão judaica, seu desejo de agir para resolver o problema em termos políticos.[41]

Na interpretação de Arendt, o sionismo político de Herzl não era a ideologia de um movimento revolucionário de massa, mas era, antes, o credo dos intelectuais judeus secularizados da Europa Ocidental. A grande vantagem do sionismo era que ele respondia à necessidade que existia entre os judeus desde que a catástrofe sabatiana destruíra a estrutura judaica tradicional de compreensão e iniciara os judeus em sua perigosa jornada rumo à carência de mundo: oferecia

39   "O Estado judeu: cinquenta anos depois," ver p. 638.
40   Ibid.
41   Ibid.

um caminho de volta à realidade. Enquanto sua doutrina do eterno antissemitismo é semelhante a outras ideologias do século XIX que procuravam explicar a realidade em termos de "leis" inevitáveis e a história em termos de "chaves", o sionismo e o movimento sionista era singular, segundo Arendt, porque "o caso dos judeus era e continua sendo diferente. O que eles precisavam não era apenas um guia para a realidade, mas a realidade em si; não apenas uma chave para a história, mas a experiência em si da história".[42]

A grande conquista da teoria sionista de Herzl é que ela escapa à visão da história como uma série de eventos totalmente fortuita, compreensível apenas em termos de providência e acidente. Sua grande limitação é que a história judaica é reduzida a meras manifestações superficiais de uma lei imutável sobre a qual os judeus não possuem nenhum controle e cuja fonte é sua mera existência como nação. Assim, enquanto Herzl e seus seguidores foram suficientemente realistas para reconhecerem a realidade política do antissemitismo, a ideologia do antissemitismo "natural" significava que não seria necessário analisá-lo politicamente. Sua visão, de acordo com Arendt,

> pressupõe a eternidade do antissemitismo em um eterno mundo de nações e, além disso, nega a cota de responsabilidade dos judeus pelas condições existentes. Desse modo, não apenas destaca a história judaica da história europeia e mesmo do resto da humanidade; mas também ignora o papel dos judeus europeus na construção e funcionamento do Estado nacional; e portanto é reduzida à presunção, tão arbitrária como absurda, de que todo gentio vivendo com judeus deve tornar-se alguém que, consciente ou inconscientemente, odeia os judeus.[43]

42   Ibid., p. 640.
43   "Sionismo reconsiderado," ver p. 612.

Implícita nessa noção de um antissemitismo natural e inevitável estava a ideia de que a realidade política consistia em uma estrutura estável e imutável cujos principais componentes eram os judeus de um lado e os Estados-nação de outro. Para os sionistas políticos, ação "política", portanto, significava relações internacionais, assuntos de Estado. A ação política de Herzl consistia em esforços de uma diplomacia de alto nível junto aos grandes poderes, todos os quais não deram em nada. A diretiva política sionista tornou-se um tipo de *Realpolitik* irrealista. Em vez de organizar um movimento popular poderoso dos judeus do mundo contando com seu próprio poder para atingir seus objetivos e aliando-se com os povos oprimidos do Oriente Médio, Arendt acredita que o movimento sionista "vendeu-se na primeira oportunidade aos detentores do poder".[44] Além disto, a ideologia do eterno antissemitismo levou os sionistas a uma outra reação típica do judeu da Diáspora perseguido: em vez de lutar contra o antissemitismo em seu próprio terreno, a solução sionista foi fugir.

> A construção da Palestina é de fato uma grande realização e podia ser um argumento importante e até mesmo decisivo para as reivindicações judaicas na Palestina. [...] Mas a edificação da Palestina tem pouca relação com uma resposta aos antissemitas; quando muito, "respondeu" ao ódio de si mesmos e à falta de autoconfiança por parte daqueles judeus que sucumbiram consciente ou inconscientemente a alguma parcela da propaganda antissemita.[45]

Outra consequência da visão estática da realidade de Herzl foi um ódio cego de todos os movimentos revolucionários e sua atitude paternalista em relação às massas judaicas da Europa Oriental. O único

44   Ibid., p. 619.
45   "O Estado judeu: cinquenta anos depois," ver p. 646.

sionista político que propôs que o movimento sionista "organizasse o povo judaico para negociar sobre as bases de um grande movimento revolucionário"[46] – o que deveria ter acontecido, segundo Arendt – foi Bernard Lazare, o judeu francês autor e advogado que foi o primeiro a advertir sobre a inocência do acusado capitão Dreyfus.

Lembrando que Arendt é principalmente uma pensadora política,[47] e que seu objetivo é apresentar uma interpretação política da história judaica, é compreensível que Bernard Lazare destaque-se como uma figura de grandeza e importância singular em sua narrativa da história judaica e do sionismo. De acordo com Arendt, Lazare foi o primeiro a traduzir o *status* social dos judeus, povo pária, em termos de significado político ao transformá-lo em instrumento para a análise política e em base para a ação política.

> Vivendo na França do caso Dreyfus, Lazare pôde apreciar em primeira mão a qualidade de pária da existência judaica. Mas ele sabia onde estava a solução: em contraste com seus irmãos não emancipados que aceitam seu *status* de pária automática e inconscientemente, o judeu emancipado deve acordar para uma apreensão de sua posição e, consciente dela, rebelar-se contra ela – o defensor de um povo oprimido. Sua luta pela liberdade é parte e resquício daquilo em que todos os oprimidos da Europa devem se engajar para atingirem a libertação nacional e social.[48]

46   "Sionismo reconsiderado," ver p. 619.
47   Deve ser lembrado que "política" e "pensamento político" têm significados especiais e implicações incomuns para Hannah Arendt. Estes estão implícitos ao longo de seu trabalho, mas estão particularmente explicitados em *Entre passado e futuro* e *A condição humana* (Rio de Janeiro: Forense Universitária, 2014).
48   "O judeu como pária: uma tradição oculta," ver p. 505.

Tendo se tornado um pária consciente em decorrência do caso Dreyfus, para quem "a história não é mais um livro fechado [...] e a política não é mais um privilégio dos gentios",[49] Lazare forçosamente tornou-se um sionista.

Porém, Lazare pertenceu ao movimento sionista oficial apenas brevemente. Tendo participado do Segundo Congresso Sionista em 1898, onde foi imediatamente eleito para o Comitê de Ações, Lazare renunciou ao comitê e se separou da Organização Sionista em 1899 porque o comitê estava agindo como "um tipo de governo autocrático [que] procura dirigir as massas judaicas como se estas fossem crianças ignorantes".[50] Lazare queria promover uma revolução no âmbito da vida judaica, criticar o papel que desempenhavam as finanças judaicas em assuntos internos e os efeitos que possuíam na relação entre judeus e não judeus. Todavia, afirma Arendt, não havia espaço para visões tão radicais no "movimento essencialmente reacionário de Herzl".[51]

> A solução de Herzl para o problema judaico era, em última análise, fuga ou salvação para uma pátria. À luz do caso Dreyfus, todo o mundo gentio parecia-lhe hostil; havia somente judeus e antissemitas. [...] Para Lazare, por outro lado, a questão territorial era secundária – uma mera consequência da demanda essencial de que "os judeus deviam ser emancipados como um povo e na forma de uma nação." O que ele buscava não era uma fuga do antissemitismo, mas uma mobilização do povo contra seus inimigos.[52]

49   "Nós refugiados," ver p. 492.
50   Bernard Lazare, *Job's Dungheap* (Nova York, Schocken Books, 1948), p. 10.
51   "O Estado judeu: cinquenta anos depois," ver p. 644.
52   "Herzl e Lazare," ver p. 585.

Nos termos da perspectiva que Arendt apresenta ao longo dos ensaios desta coleção, é difícil de superestimar a importância de Lazare como um modelo do que significa ser um pária político. É significante notar que Hannah Arendt editou a primeira compilação de ensaios de Lazare que apareceu em inglês, *Job's Dungheap* (1948), escrevendo uma curta biografia para o volume. Não apenas seu trabalho é a fonte a partir da qual Arendt deriva muitas de suas ideias a respeito da história moderna judaica e do sionismo (é de Lazare que Arendt empresta os termos "pária" e "*parvenu*"), mas sua experiência como um judeu franco e banido da comunidade judaica por conta de suas críticas é estreitamente paralela à experiência da própria Arendt. Curiosamente, nos anos 1940, quando Arendt escreveu sobre a exclusão de Lazare dos círculos judaicos em vista de suas visões a respeito de como o caso Dreyfus deveria ter sido conduzido, ela não podia ter previsto o que viria a causar-lhe uma experiência similar de moderna excomunhão: o julgamento de Adolf Eichmann. Embora no primeiro caso fossem os judeus que estivessem em julgamento e no segundo caso fosse o antissemitismo, tanto Lazare quanto Arendt basearam suas críticas à orientação dos julgamentos no fundamento de que o objetivo de todos os procedimentos legais deve ser a justiça para o acusado, não demagogia política e exibicionismo.

Segundo Arendt, a lição tirada da experiência de Lazare enquanto pensador e ator político judeu é que "assim que o pária entra na arena da política e traduz seu *status* em termos políticos, ele torna-se forçosamente um rebelde".[53] Os párias sociais do século XIX, como Heine e Varnhagen, encontraram conforto em um mundo de sonhos e fantasia, confiantes por saberem que, em comparação com a natureza, os interesses humanos são pura vaidade. No século XX, no entanto,

53 "O judeu como pária: uma tradição oculta," ver p. 506.

Arendt acredita que tal recolhimento não seja mais possível: o pária deve tornar-se político. Assim, a primeira consequência de tornar-se consciente do *status* de pária é a demanda de que o povo judaico "enfrente o mundo de homens e mulheres".[54] O dever do pária consciente é despertar seus companheiros judeus para uma consciência semelhante para que possam rebelar-se contra isso. "[Lazare] viu que o que era preciso era despertar o pária judeu para lutar contra o judeu *parvenu*. Não havia outra forma de salvá-lo de seu próprio destino – destruição inevitável".[55] Esse chamado para a ação era fundado na convicção de que

> por mais que o pária judeu possa ser, do ponto de vista histórico, o produto de uma ordem injusta [...], politicamente falando, todo pária que se recusou ser um rebelde foi parcialmente responsável por sua própria posição e, assim, pela mácula na humanidade que esta representou. Dessa vergonha não havia escapatória, quer na arte ou na natureza. Pois enquanto um homem for mais que uma mera criatura da natureza, mais do que um mero produto da criatividade divina, ele será chamado a se responsabilizar pelas coisas que os homens fazem aos homens no mundo que eles mesmos condicionam.[56]

Essa responsabilidade pelo mundo humano, quer sejamos uma vítima ou um algoz, está no centro da filosofia política de Hannah Arendt e é a base para sua análise politicamente radical e autocrítica da experiência judaica moderna que conduz a uma conclusão sionista. Mas o sionismo de Arendt não está na corrente dominante da tradição herzliana; está, antes, na forma dissidente de Bernard Lazare, que

54 Ibid.
55 Ibid.
56 Ibid., pp. 507.

queria ser um revolucionário em meio a seu próprio povo, não entre os outros. É importante ter isso em mente no momento em que nos voltamos para a análise crítica de Arendt da fundação do Estado judaico de Israel.

IV

> O objetivo real dos judeus na Palestina é a construção de uma pátria judaica. Esse objetivo nunca deve ser sacrificado à pseudo-soberania de um Estado judaico.[57]

Os ensaios de Hannah Arendt sobre o sionismo e o Estado judaico foram escritos antes de 1950, o período mais crucial na história do movimento sionista. Suas visões eram compartilhadas por apenas uma pequeníssima minoria de sionistas, cuja maior parte estava organizada no *Ihud*, a última de uma longa linha de pequenas organizações de judeus palestinos cujos propósitos eram promover entendimento e cooperação entre judeus e árabes. Nunca muito grande ou efetivo, o *Ihud* e sua defesa de uma solução binacional para o conflito judeu-árabe era bastante conhecido porque era composto de um grande número de líderes intelectuais, culturais e filantrópicos proeminentes como o rabino Judah Magnes (presidente na Universidade Hebraica), Henrietta Szold (a organizadora da Juventude Aliyah e fundadora da Hadassa), e Martin Buber.

Em meados da década de 1940, contudo, a defesa do binacionalismo feita pelo *Ihud* estava descompassada com a corrente dominante do movimento sionista. Embora a maioria sionista tenha por muitos anos sido favorável à coexistência com os árabes em uma Palestina binacional, no final da Segunda Guerra Mundial, em reação ao geno-

---

57 "Para salvar a pátria judaica," p. 670.

cídio dos judeus europeus, o máximo pretendido pelos sionistas – o estabelecimento de um Estado judaico soberano – se tornara o mínimo. O ponto crucial da crítica de Arendt contra a política sionista oficial ao longo deste período é essa mudança de posição, visto que a autora mantinha – em 1945, quando o movimento sionista demandava um Estado judaico em toda a Palestina, novamente em 1948, quando eles haviam aceitado o princípio da partição e, mais uma vez, em 1950, depois de Israel ter se estabelecido pela força das armas – que a criação do Estado judaico estava fora de sintonia com as realidades da situação no Oriente Médio e no mundo como um todo.[58]

A crítica de Arendt à política sionista é fundada em uma preocupação profunda com o destino do povo judaico após o holocausto. A compreensão de que milhões de judeus tinham ido para a morte sem resistência resultou em uma mudança revolucionária na consciência judaica. "Extinta, provavelmente para sempre, está o que foi a principal preocupação do povo judeu por séculos: a sobrevivência a qualquer preço. No lugar dela, encontramos algo essencialmente novo dentre judeus; o desejo de dignidade a qualquer preço."[59] De acordo com Arendt, essa mudança tinha o potencial de tornar-se a

---

58   Prenunciando a controvérsia sobre *Eichmann em Jerusalém,* a defesa contínua do binacionalismo feita por Arendt e pelo *Ihud* foi severamente condenada pela principal corrente da instituição sionista:
"Qualquer programa que negue esses princípios fundamentais [O programa Biltmore, que clamava pela criação de uma comunidade judaica soberana], como o defendido pelo *Ihud* ou qualquer outro grupo, é inaceitável para a Organização Sionista da América e para a Hadassa, a Organização Sionista da América das Mulheres." (Esco Foundation for Palestine, Inc., *Palestine: A Study of Jewish, Arab and British Policies,* 2 vols., New Haven, Conn., Yale University Press, 1947, p. 1,087).
Arendt respondeu a essas críticas em "Sobre a 'Colaboração,'" ver p. 687.
59   "O Estado judeu: cinquenta anos depois," ver p.650.

base para "um movimento político judaico essencial e razoável",[60] uma vez que apontava para um desejo de lidar com a realidade e de viver livremente no mundo. O problema era que em seu desejo de superar a experiência de carência de mundo, os judeus agarraram-se à estrutura ideológica irrealista do sionismo herzliano e sua doutrina de eterno antissemitismo. O resultado foi o famoso "complexo Massadá" no qual o recém-descoberto desejo pela dignidade foi transformado em uma atitude potencialmente suicida. O perigo para a pátria judaica, como Arendt o via, era que "não há nada no sionismo herzliano que pudesse atuar como um controle sobre essa atitude; pelo contrário, é mais provável que os elementos utópicos e ideológicos com os quais ele injetou a nova vontade judaica de ação política conduzam os judeus novamente para fora da realidade – e para fora do espaço de ação política".[61]

Arendt tinha em mente esta perigosa rota quando escreveu que "neste momento e nas circunstâncias atuais, um Estado judaico só pode ser erigido sob o preço da pátria judaica".[62] Uma vez que a "pátria judaica" foi virtualmente sinônimo de "Estado judaico" desde a independência de Israel em 1948, pode ser difícil de entender a dis-

60 Ibid.

61 Ibid., p. 651. Para Arendt há uma distinção importante entre ideologia e política: "a ideologia difere da simples opinião [política] na medida em que se pretende detentora da chave da história, e em que julga poder apresentar a solução dos 'enigmas do universo' e dominar o conhecimento íntimo das leis universais 'ocultas', que supostamente regem a natureza e o homem." (*Origens do totalitarismo*, p.189) A ideologia, com sua certeza, é o padrão de pensamento característico do totalitarismo, enquanto o "senso comum", composto de dúvida e opinião, caracteriza um espaço político realmente livre.

62 "Para salvar a pátria judaica," ver p. 665.

tinção de Arendt. Para fazê-lo, devemos juntar as peças da corrente do sionismo singular de Arendt.

Arendt observa que "A Palestina e a construção de uma pátria judaica constitui hoje a grande esperança e o grande orgulho dos judeus por todo o mundo".[63] Esta frase aparentemente simples contém a essência de sua concepção da pátria judaica como um lugar que é um *centro* e um lugar que é *construído*. O sionismo de Arendt é de muitas formas similar ao sionismo "cultural" de Bialik e de Aham Haam, mas ela chega a ele devido a razões que, em sua visão, são altamente políticas. O estabelecimento de um centro cultural judaico na Palestina é um ato consciente de criação por parte do povo judaico; é uma resposta positiva à crise que atormentara a vida judaica desde os tempos de Shabbetai Tzvi, visto que se trata de uma tentativa por parte dos judeus de criar um âmbito político, assumir o controle sobre suas vidas e reingressar na história posteriormente à Diáspora e às carências de mundo e de poder que a acompanhavam. A construção da pátria judaica é um ato profundamente político, visto que significa não só a fabricação de um "mundo" no qual uma vida verdadeiramente humana pode ser vivida, mas também a fabricação de um mundo especificamente judaico. Essa especificidade cultural é de grande importância, "visto que somente dentro da estrutura de um povo um homem pode viver como um homem entre homens".[64]

Muitas pessoas reconheceram que o *Yishuv* (a comunidade judaica pré-estatal na Palestina) – e, mais tarde, o Estado de Israel

---

63 Ibid., p. 662.
64 "O judeu como pária: uma tradição oculta," ver p. 523. Embora complexa, a relação entre "fabricação" e "mundo" é importante na teoria política de Arendt. O leitor interessado deve consultar *A condição humana*, especialmente os capítulos sobre "Obra" e "Ação".

– era uma construção altamente artificial. Isso é normalmente entendido como uma crítica à pátria judaica, visto que todo o sentido da pátria na ideologia de Herzl é "normalizar" e tornar "natural" a existência "não natural" da Diáspora dos judeus. Para Arendt, contudo, "precisamente essa artificialidade deu às conquistas judaicas na Palestina seu significado humano".[65] A grandeza do *Yishuv* consistia no fato de ele ser o produto consciente da vontade em concerto do povo judaico e *não* o produto predestinado de quaisquer forças naturais às quais o povo judaico estivesse sujeito. "Os desafios estavam todos lá, mas nenhuma das respostas era 'natural'."[66] O desenvolvimento econômico do *Yishuv* tinha pouca semelhança com a empresa colonial tradicional. Em vez da "acumulação original" na qual as riquezas nativas são exploradas com a ajuda e às custas de trabalho nativo para enriquecer o poder colonial, os ricos do *Yishuv* "são exclusivamente o produto do trabalho judaico".[67] O renascimento da língua hebraica, o estabelecimento da Universidade Hebraica, as novas formas de organização e cooperação humanas encontradas nos *kibutzim* e o estabelecimento de grandes centros de saúde "não podem certamente se explicados por razões utilitárias".[68]

Diferente dos sionistas que consideravam o estabelecimento de um Estado não apenas o objetivo mas o sinal último de sucesso do esforço do povo judeu de se reestabelecer em seu antigo lar, Arendt considera que o *Yishuv* já incorpora os objetivos dos sionistas como

---

65   "Paz ou armistício no Oriente Médio?," ver p. 716.

66   Ibid., p. 716. O contraste entre a natureza e sua necessidade de um lado, e o artifício e sua liberdade de outro, é tratado com profundidade em *A condição humana*.

67   Ibid., p. 715.

68   Ibid.

ela os vê. Para Arendt, a pátria judaica é um espaço político, um mundo humano criado pelo esforço humano consciente onde a cultura judaica pode vir a ser; isso o *Yishuv* alcançou, sem soberania política e sem chegar a ser uma maioria na Palestina. Precisamente porque a comunidade judaica fora construída onde as pessoas pudessem aparecer umas para as outras, onde havia uma audiência para trabalhos de literatura e arte, o gênio cultural judaico não mais precisava abandonar suas raízes judaicas, seja em favor da cultura europeia "universal", seja para ser relegado à categoria de folclore. Foi esse espaço político e cultural da "pátria judaica" que Arendt sentiu que estava sendo sacrificado no altar do "Estado judaico" pelas demandas política irrealistas do movimento sionista.

Na opinião de Arendt, a demanda por um Estado judaico simplesmente ignorava o fato de que a maioria da população da Palestina era árabe e que a Palestina em si estava cercada por milhões de árabes nos países circunvizinhos. A demanda sionista por um Estado deixava os árabes palestinos com somente duas escolhas: emigração ou aceitação de seu futuro *status* de minoria, ambos os quais eram inaceitáveis para um povo lutando por sua independência. O fato inalterável do Oriente Médio era que os árabes foram os vizinhos dos judeus. Para preservar a pátria judaica na Palestina quando os britânicos partissem, os judeus tinham de escolher entre o estabelecimento de um acordo com os árabes e a procura de proteção junto a um dos grande poderes imperiais. Ao escolher este último, o conceito de um Estado judaico se tornaria burlesco e mesmo autodestrutivo tendo em vista que este Estado seria um bastião de interesses imperiais em uma determinada área lutando para se libertar do colonialismo. Por outro lado, Arendt reconhecia que as políticas árabes eram igualmente cegas em não reconhecer as necessidades e conquistas concretas dos sionistas na Palestina.

A abordagem irrealista da situação da Palestina por parte de judeus e árabes, observou Arendt, foi o resultado do mandato britânico sob o qual os britânicos faziam mediações entre as comunidades e as segregavam uma da outra. Isso permitiu que judeus e árabes se desenvolvessem sem qualquer preocupação política ou responsabilidade um pelo outro e fez parecer para cada um deles que a principal questão política era como lidar e se livrar definitivamente dos britânicos, ignorando a realidade permanente da existência do outro. As verdadeiras questões no âmago do conflito foram "a determinação judaica de manter e provavelmente estender a soberania nacional sem consideração pelos interesses árabes, e a determinação árabe de expulsar os 'invasores' judeus da Palestina sem consideração pelas conquistas judaicas ali".[69] As reivindicações de judeus e árabes eram perfeitamente incompatíveis e mutualmente irrefutáveis, eram para ambos o resultado de políticas nacionalistas elaboradas no seio da "estrutura fechada de determinado povo e história".[70]

Arendt acreditava que a cooperação entre judeus e árabes no Oriente Médio podia, por meio do desenvolvimento da região, ser a base para a verdadeira soberania e independência. Mas a única forma disso ocorrer era se ambos os lados desistissem de suas perspectivas e reivindicações nacionalistas e chauvinistas. "Bons relacionamentos entre judeus e árabes dependerão de uma mudança de atitude em relação um ao outro, de uma mudança na atmosfera na Palestina e no Oriente Médio, não necessariamente de uma fórmula".[71] Profeti-

69   Ibid., pp. 704-705.
70   Ibid., p. 709. A importância fundamental do pensamento representativo – a habilidade de enxergar as coisas do ponto de vista de outra pessoa – para a política é discutida por Arendt em "Verdade e política" em *Entre passado e futuro*.
71   Ibid., p. 705.

camente, ela avisou que "se esse comportamento 'independente e soberano' [...] continuar inabalável, então toda a independência e soberania serão perdidas".[72]

A guerra inevitável que resultaria da soberania espúria sobre a qual o movimento sionista focara seu olhar quase certamente destruiria aqueles aspectos da pátria judaica que, na visão de Arendt, tornavam-na "a grande esperança e o grande orgulho dos judeus por todo o mundo". Antes do sucesso do *Yishuv* durante a Guerra da Libertação (1948-49), a própria sobrevivência de Israel era altamente questionável. Como a maioria dos observadores judeus à época (e agora), a principal preocupação de Arendt era com a consequência para o povo judeu de uma segunda catástrofe tão pouco tempo depois de Hitler.

> O que aconteceria com os judeus, individualmente e coletivamente, se essa esperança e esse orgulho se extinguissem em outra catástrofe quase escapa à imaginação. Mas é certo que se tornaria o fato central da história judaica e é possível que se tornasse o início da autodissolução do povo judaico. Não há nenhum judeu no mundo cuja visão inteira da vida e do mundo não seria radicalmente modificada por tal tragédia.[73]

Hoje sabemos que tal tragédia não aconteceu; mas, diferentemente da maioria dos observadores do período, Arendt afirmou que "mesmo que os judeus ganhassem a guerra, seu fim encontraria as únicas possibilidades e únicas conquistas da destruição do sionismo na Palestina".[74] Sem um acordo de paz com os árabes – e os árabes não

---

72   Ibid.
73   "Para salvar a pátria judaica," ver p. 662.
74   Ibid., p. 664.

estavam preparados para aceitar um Estado judaico soberano em seu meio – a natureza interior do *Yishuv* seria radicalmente transformada. O resultado de um armistício instável com seus vizinhos, previu Arendt, seria que preocupações de autodefesa militar viriam a dominar todos os outros interesses e atividades públicas. "O crescimento de uma cultura judaica deixaria de ser a preocupação de todo o povo; experimentos sociais teriam de ser descartados como luxos impraticáveis; o pensamento político giraria em torno da estratégia militar; o desenvolvimento econômico seria determinado exclusivamente pelas necessidades da guerra".[75] Com a ameaça constante do exterior, o país teria de estar perpetuamente preparado para mobilização instantânea; para sustentar tal espírito de sacrifício, o nacionalismo e o chauvinismo se infiltrariam rapidamente na atmosfera política e cultural. Dessas circunstâncias, poderia facilmente resultar uma ditadura militar.

Arendt também sentia que, como consequência da soberania, as grandes conquistas do movimento trabalhista – especialmente os *kibbutzim* – e dos sionistas culturais – particularmente a Universidade Hebraica – "seriam as primeiras vítimas de um longo período de insegurança militar e agressividade nacionalista".[76] Eles se tornariam cada vez mais isolados na medida em que seu sionismo "antinacionalista" e "antichauvinista" não se enquadrava na necessidade de uma ideologia estatal. Mas essas seriam somente as primeiras vítimas, "visto que sem o *interior* cultural e social de Jerusalém e os assentamentos coletivos, Tel Aviv podia se tornar uma cidade levantina da noite para o dia. O chauvinismo [...] podia usar o conceito religioso

75   Ibid.
76   "Paz ou armistício no Oriente Médio?," ver p. 736.

do povo escolhido e permitir que seu significado se degradasse em vulgaridade desesperada".[77]

Arendt afirmou que, com suas guerras e *raison d'état*, a soberania tornaria problemática a relação da pátria judaica com a Diáspora. Enquanto o centro cultural dos judeus do mundo se tornaria uma Esparta moderna, seus amplos gastos como a defesa nacional conduziriam Israel para uma dependência financeira excessiva dos judeus norte americanos. As consequências disso eram potencialmente desastrosas:

> Dinheiro para caridade só pode ser mobilizado em grandes quantidades em emergências, como a recente catástrofe na Europa ou na guerra árabe-judaica; se o governo de Israel não pode conquistar sua independência econômica com esse dinheiro, logo vai encontrar-se na posição nada invejável de ser forçado a criar emergências, isto é, forçado a uma política de agressividade e expansão.[78]

Conforme alertou Arendt, o Estado judaico de Herzl não resolveu "o problema judaico"; a consequência trágica foi que o antissemitismo foi transformado em anti-sionismo. Com a soberania, o povo pária não deixou de ser pária – ele criou um Estado pária. Como um pequeno Estado localizado em uma área chave de rivalidade de superpotências, o destino de Israel é quase tão suscetível a circunstâncias acidentais incontroláveis e imprevisíveis quanto o destino dos judeus na Diáspora. Arendt argumenta que a crença de Israel, frequentemente expressa, de que eles podem levantar-se contra todo o mundo se for necessário é tão politicamente irrealista quanto a despreocupa-

77   Ibid.
78   Ibid., p.735.

ção com a política na Diáspora. Ela temia que isto poderia conduzir a um fim igualmente trágico.

V

> Pela primeira vez a história judaica não é separada, mas vinculada com a queda de outras nações. O comitê de povos europeus se despedaçou quando, e porque, ele permitia que seu membro mais fraco fosse excluído e perseguido.[79]

De forma complexa e bastante implícita, Hannah Arendt colocou os judeus e "a condição judaica" no centro de sua crítica da era moderna. Ao fazê-lo, pegou uma das ideias de Karl Marx e a tornou parte de seu próprio sistema de pensamento. No processo, ela trouxe tanto suas próprias contribuições como uma crítica a Marx. Diversos aspectos de sua teoria política foram estabelecidos desta maneira, mas esse caso é especial. A descoberta foi não apenas a de uma característica particular da sociedade moderna, mas refere-se à categoria central das respectivas críticas de Arendt e Marx à era moderna. Como Arendt coloca, "(o) que distingue a era moderna é a alienação em relação ao mundo e não, como pensava Marx, a alienação de si".[80]

---

79 "Nós refugiados," ver p. 492.
80 *A condição humana*, p. 316. Outros exemplos da mudança de foco das análises de Marx operada por Arendt são:
I. Marx acreditava que o estabelecimento do sistema de Estados-nação era um resultado da ascensão da burguesia, sendo o imperialismo a consequência lógica da expansão do capital. Enquanto Arendt acredita que o imperialismo foi o resultado do crescimento do capital e do envolvimento da burguesia na política, ela afirma que a entrada da burguesia na política ocorreu apenas em meados do século XIX e causou o imperialismo, que destruiu o Estado-nação.
II. De modo geral, Arendt segue a análise de Marx em sua discussão a respeito da separação do povo da terra e do desenvolvimento da sociedade moderna como uma

Foi Marx, em seu ensaio *Sobre a questão judaica*, quem primeiro apresentou a tese de que os judeus, em vez de serem um povo atrasado que teria de ser "civilizado", estavam de fato na linha de frente dos desenvolvimentos contemporâneos e incorporavam o verdadeiro espírito da era moderna. De acordo com Marx, "a questão judaica" – se os judeus estavam ou não aptos à entrada na sociedade civil – não estava sendo considerada porque os judeus haviam se tornado semelhantes aos cristãos, mas porque a sociedade estava se tornando "judaica":

> O judeu se emancipou à maneira judaica, não só por ter se apropriado do poder financeiro, mas porque, com ou sem ele, o *dinheiro* assumiu o poder sobre o mundo e o espírito prático do judeu se tornou o espírito prático dos povos cristãos. Os judeus se emanciparam na mesma proporção em que os cristãos se tornaram judeus.[81]

sociedade de operários "livres" dos antigos "vínculos" com a terra e com a comunidade. Para Marx, o produto característico da sociedade burguesa é o proletariado e é essa classe de operários assalariados sobre quem o modo de produção capitalista é baseado que consiste na vanguarda que deverá fazer a história. Arendt, em contraste, pensa que o importante resultado da sociedade trabalhadora é a criação do que Marx chamava de *Lumpenproletariat,* que ela expande para incluir os elementos *déclassé* de todas as classes que vêm formar a ralé, visto que foi a ralé que preparou o caminho para os movimentos de massa e o totalitarismo.

Penso, de fato, que a visão de Arendt sobre a importância da ação política e sua noção de ação e liberdade, a *raison d'être* da política, são efetivamente mais próximas de Marx do que ela pensava. Mas isso tudo depende de qual das muitas interpretações de Marx se considera correta.

81 MARX, K. *Sobre a questão judaica.* São Paulo: Boitempo, 2010. p. 56

É entre os judeus que Marx descobre primeiro o dinheiro como o "elemento *antissocial* universal *da atualidade*", que é "a *suprema* expressão *prática* da autoalienação humana", que faz "a sociedade burguesa capaz de separar-se completamente da vida do Estado, romper todos os laços que prendiam o homem a seu gênero (...) e dissolver o mundo humano em um mundo de indivíduos atomizados, que se hostilizam mutuamente".[82] Mais tarde Marx elabora o elemento antissocial inerente ao próprio dinheiro na relação social definida pelo "fetichismo da mercadoria" e simultaneamente muda seu foco dos judeus para a burguesia. Isso não é acidental, pois os judeus eram – em sua maioria – proto-capitalistas. Como comerciantes, financistas e agiotas, mais do que qualquer outro grupo eles viveram distantes da terra e dentro da economia monetária durante o período medieval e o início do período moderno. É portanto entre os judeus, segundo Marx, que a real natureza do capitalismo – a alienação que resulta do fetichismo da mercadoria inerente às relações monetárias entre as pessoas – se desenvolve primeiro e revela sua inumanidade.

A existência social e econômica dos judeus no setor endinheirado da economia na sociedade pré-capitalista prenunciou a direção na qual a sociedade moderna estava se movendo. Com a emergência do capitalismo industrial – na visão de Marx, a verdadeira base da estrutura social moderna – o capital mercantil e financeiro judaico tornou-se simplesmente um setor parasitário da classe capitalista que recebia uma porção da mais-valia expropriada do operário pela burguesia industrial. Portanto, mesmo que Marx tenha descoberto pela primeira vez o que ele considerava ser o "segredo" do capitalismo por meio de uma análise dos judeus e argumentasse que historicamente este se desenvolvera primeiro entre os judeus, ele acreditava

---

82   Ibid., pp. 56-9.

que os judeus não tiveram uma posição singular na dialética materialista da produção capitalista que classifica todas as pessoas quer como capitalistas quer como proletários. Para Marx, os judeus haviam se tornado desimportantes na sociedade e logo deixaram de aparecer em sua análise.

Evitando tanto a interpretação errônea que Marx faz do judaísmo quanto sua retórica anti-judaica, Arendt, mais sútil e consistente em sua análise dos judeus e da "questão judaica", nunca faz a afirmação simplista de que a sociedade moderna está se tornando judaica. Todavia, os judeus estão no centro de sua análise. Para Hannah Arendt, a história não é composta da massa dos eventos normais do dia a dia. Antes, é composta da pessoa excepcional e da ação que revela o sentido de um período histórico.[83] Na era moderna, a experiência dos judeus é a exceção que ilumina todo o período moderno, tanto nos termos do antissemitismo que os afetou a partir de fora quanto nos da "condição judaica" carente de mundo que os afetou a partir de dentro. Dessa forma, mesmo concordando com a análise de Marx de que é entre os judeus que o fenômeno caraterístico da era moderna aparece pela primeira vez, ela também acredita que, conforme a era moderna se desenvolve, os perigosos efeitos da carência de mundo são mais claramente revelados na história dos judeus. A própria razão pela qual Marx perde o interesse pelos judeus – seu *status* marginal e desimportante em termos da vida econômica – é precisamente a razão pela qual eles são significantes para Arendt. É sua superfluidade mesma, sua separação tanto do Estado quanto da sociedade, que ex-

83   A filosofia da história de Arendt, incluindo sua crítica à historiografia marxista, é mais plenamente desenvolvida em seu ensaio "O conceito de história – antigo e moderno" em *Entre passado e futuro*.

plica por que "não é um mero acidente que as derrotas catastróficas dos povos da Europa começaram com a catástrofe do povo judeu".[84]

Em *A condição humana* – que pouco se refere aos judeus ou ao judaísmo – Arendt afirma que

> a propriedade, em contraposição à riqueza e à apropriação, refere-se a uma parte do mundo comum que tem um dono privado e é, portanto, a mais elementar condição política para a mundanidade do homem. Pelo mesmo motivo, a expropriação e a alienação do homem em relação ao mundo coincidem; e a era moderna [...] começou por alienar do mundo certas camadas da população.[85]

84 "A moral da história," ver p. 547.
A atitude de Arendt em relação à história tem certa afinidade com a de seu amigo Walter Benjamin, conforme expressa em suas "Teses sobre o conceito de história", que ele legou à guarda de Arendt pouco antes de sua morte em 1940. "*Pensar* não inclui apenas o movimento das ideias, mas também sua imobilização. Quando o pensamento para, bruscamente, numa configuração saturada de tensões, ele lhes comunica um choque, através do qual essa configuração se *cristaliza* enquanto mônada." (Walter Benjamin, "Sobre o conceito da história" IN: *Magia e técnica, arte e política*. São Paulo: Brasiliense, 1994, tese XVII, p. 231 – grifo nosso). Comparativamente, o projeto intelectual de Arendt como um todo é talvez mais suscintamente colocado em *A condição humana* (p. 6), onde ela alega que seu propósito é "apenas *pensar* no que estamos fazendo" (grifo nosso). Sendo este o caso, é particularmente revelador que em sua resposta a uma crítica de *Origens do totalitarismo* ela afirme: "[E]screvi não uma história de totalitarismo, e sim uma análise em termos históricos [...] Assim, o livro não trata de fato das "origens" do totalitarismo – como infelizmente anuncia o título –, mas apresenta uma exposição histórica dos elementos que se *cristalizaram* no totalitarismo" ("Uma réplica a Eric Voegelin" em *Compreender: formação, exílio e totalitarismo (ensaios) 1930-54*, ed. J. Kohn [São Paulo/ Belo Horizonte: Companhia das Letras/Editora UFMG, 2008], p. 419, grifo nosso.)
85 *A condição humana*, p. 315.

No contexto fica claro que ela refere-se ao desenraizamento dos camponeses, mas é igualmente claro que entre os judeus essa falta de "parte do mundo comum que tem um dono privado" tem sido uma condição de existência desde o começo da Diáspora. O desenraizamento do "judeu errante" precede o desenraizamento da era moderna e foi, mais do que qualquer outro fator, responsável pelas percepções alienadas, irrealistas e apolíticas que os judeus tinham do mundo.

Até o episódio do Shabbetai Tzvi, essa carência de mundo foi mantida dentro de certos limites. Embora separados do mundo ao seu redor, Arendt afirma que os judeus mantinham uma comunidade interna cuja coesão e distinção foi expressa no conceito de exílio, uma noção fundamentalmente política que ao longo dos séculos adquirira forma religiosa e convertera-se em uma das ideias centrais do judaísmo. Ecoando a análise de Marx, os judeus viviam no setor mercantil da economia, um âmbito caracterizado pela "irrealidade essencial das transações financeiras".[86] Mas não foi a propagação do "deus" judeu do dinheiro que definiu a idade moderna, como Marx teria afirmado. Antes, a era moderna foi caracterizada pela causa subjacente à confiança dos judeus na riqueza monetária: a falta de qualquer lugar físico no qual estivessem enraizados e a partir do qual pudessem se orientar para o mundo, apreender a realidade e experienciar a história. A situação singular de carência de mundo dos judeus progressivamente se tornou a condição generalizada da humanidade. E, à medida que o mundo no qual eles existiam como um povo pária começou a se desintegrar, os judeus estavam na linha de frente desse processo porque tinham, por assim dizer, uma vantagem inicial.

86   "Nós refugiados", ver p. 491.

A atomização das comunidades em indivíduos solitários foi um processo mais claramente visível entre os judeus assimilados. Por um lado, a assimilação constituiu o fim da comunidade judaica. Por outro lado, os judeus eram aceitos nas fileiras da alta sociedade somente como exceções. Portanto, para tornarem-se parte da sociedade, eles tinham de escapar da comunidade judaica e tornarem-se indivíduos avulsos. A via para a assimilação por meio da conformação a padrões estabelecidos pela alta sociedade foi precursora do fenômeno do "conformismo inerente a toda sociedade".[87] O que era requerido dos judeus era que eles se comportassem de uma maneira "judaica" excepcional e peculiar mas ainda assim reconhecível – e portanto estereotípica. O resultado da situação ambígua onde eles deviam ser – e não ser – judeus foi a introspecção característica da "complexa psicologia do judeu médio".[88]

Na análise de Arendt, o conflito psicológico derivado de seu dilema social não resolvido foi que "os judeus sentiam simultaneamente o arrependimento do pária que não se tornou arrivista e a consciência pesada do arrivista que traiu seu povo ao trocar a participação na igualdade de direitos de todos os privilégios pessoais".[89] O resultado foi que

[e]m lugar de serem definidos por nacionalidade e religião, os judeus se transformavam num grupo social cujos membros compartilhavam certas qualidades e reações psicológicas, das quais a soma total seria, supostamente, a "condição de judeu". Em outras palavras, o judaísmo passou a ser uma condição psico-

87   *A condição humana*, p. 50
88   *Origens do totalitarismo*, p. 89
89   Ibid.

lógica, e a questão judaica se tornou um complicado problema pessoal para cada judeu individualmente.[90]

Os judeus, portanto, constituíram o primeiro exemplo em larga escala do que acontece quando questões políticas são tratadas em um nível individual, privado, em vez de o serem em um nível coletivo, público. Pensando que eram livres da realidade dada de suas raízes judaicas, judeus como Rahel Varnhagen tentaram superar sua condição judaica acreditando que "[t]udo depende do pensar por si próprio".[91] Arendt, falando do ponto de vista de Rahel, comenta que "[o] pensar por si próprio liberta dos objetos e de sua realidade, cria uma esfera de puras ideias e um mundo que é acessível, sem conhecimento ou experiência, a qualquer ser racional".[92] O resultado dessa alienação do mundo real foi a cisão da comunidade judaica em indivíduos isolados, solitários. "A aniquilação terrível e sangrenta de judeus individuais foi precedida pela destruição sem derramamento de sangue do povo judeu."[93]

Para Arendt, a destruição da comunidade judaica foi apenas precursora da destruição de comunidades em toda a Europa. O resultado subsequente foi a ascensão de movimentos de massa fundados

90   Ibid., p. 88

91   *Rahel Varnhagen: judia alemã na época do Romantismo* (Rio de Janeiro: Relume Dumará, 1994) p. 20

92   Ibid. Eu acredito que é a partir dessa experiência dos judeus assimilados, em particular Rahel Varnhagen e Franz Kafka, que Arendt teve uma ideia do fenômeno que ela descreveria mais tarde como "o subjetivismo da filosofia moderna" que removia "o ponto de vista arquimediano" para fora do mundo e para dentro da mente do ser humano. Vide especialmente o capítulo intitulado "A *vita activa* e a era moderna" em *A condição humana*.

93   "A moral da história," ver p. 547.

ideologicamente e a destruição do Estado-nação. Arendt pensa que o Estado-nação, apesar de seus diversos problemas e contradições internas, proveu uma forma verdadeiramente política de organização durante um período anterior ao imperialismo economicamente inspirado do século XIX. A emancipação legal dos judeus foi apenas uma de suas consequências lógicas. A primeira conquista do movimento nazista de ascensão ao poder foi a destruição da organização política das pessoas no Estado-nação e da sociedade de classes sobre a qual foi fundada. Na opinião de Arendt, a sociedade de classes foi absorvida pela sociedade de massas. O cidadão, já convertido no burguês, agora tornou-se o filisteu: "o burguês isolado da sua própria classe, o indivíduo atomizado produzido pelo colapso da própria classe burguesa".[94]

A cidadania, a fundação da política, era agora negada seletivamente às minorias – em especial aos judeus – com base na raça. Judeus apátridas, sem direitos, "lançados de volta a um peculiar estado de natureza",[95] estavam entre os primeiros que descobriram que, sem os direitos do cidadão, não existia algo como "os direitos humanos". Os judeus, tanto párias quanto *parvenus*, descobriram que, uma vez que se tornassem "foras da lei", literalmente qualquer coisa podia ser feita com eles, "que um homem que não é nada além de um homem perde todas as qualidades que possibilitam aos outros tratá-lo como semelhante".[96] Expulsos de suas casas e privados até mesmo do *status* legal de criminoso, ninguém sabia quem eles eram ou se importava com o que acontecesse com eles. Para o apátrida, o acaso reinava supremo. Eles não tinham absolutamente nenhum lugar na Terra para ir exceto campos de concentração e internação. Apatridia

94   *Origens do totalitarismo*, p. 388
95   Ibid., p. 334
96   Ibid.

era a manifestação extrema da carência de mundo, cujo fim lógico é a eliminação deste mundo.

Precisamente por conta de sua condição de carência de mundo, os judeus tornaram-se os primeiros habitantes do laboratório do campo de concentração "onde se demonstra a crença fundamental do totalitarismo de que tudo é possível".[97] É aqui que a carência de mundo e a atomização alcançam sua forma extrema e as pessoas são reduzidas a nada mais que sua natureza biológica. Tanto a individualidade como a comunidade são sistematicamente destruídas. Os indivíduos enviados ao campo de concentração eram mais efetivamente separados do mundo dos vivos do que se fossem mortos, visto que sua existência e memória são apagadas. A alienação do mundo, um fenômeno que fizera sua primeira aparição na era moderna entre os judeus, atingiu seu clímax com a sua destruição.

VI

> Rahel havia permanecido judia e pária. Apenas por agarrar-se a ambas as condições encontrou um lugar na História da humanidade europeia.[98]

Estamos agora em posição de considerar brevemente a controvérsia que seguiu-se à publicação de *Eichmann em Jerusalém*. O que despertou a ira de seus críticos mais do que tudo foi sua afirmação de que "[o]nde quer que vivessem judeus, havia líderes judeus reconhecidos, e essa liderança, quase sem exceção, cooperou com os nazistas de uma forma ou de outra, por uma ou outra razão".[99] A reação de Ger-

---

97 Ibid., p. 488

98 *Rahel Varnhagen*, p.187.

99 Arendt, *Eichmann em Jerusalém: um relato sobre a banalidade do mal* (São Paulo: Companhia das Letras, 1999), p. 141.

shom Scholem em sua carta a Arendt era típica: "Que perversidade! Pede-se, aparentemente, que nós confessemos que os judeus também tiveram sua 'parte' nesses atos de genocídio".[100]

Essa crítica não apreende nada do que Hannah Arendt está tentando mostrar sobre as implicações da completa carência de mundo, para a qual a "banalidade do mal" é um corolário. O horror é que enquanto Eichmann *"nunca percebeu o que estava fazendo"*,[101] "os membros dos conselhos judaicos via de regra *não* eram traidores ou agentes da Gestapo, e *ainda assim* tornaram-se ferramentas dos nazistas".[102] Não foi por acaso que os judeus foram as primeiras vítimas e, talvez, a importância extrema de considerar as particularidades da história judaica moderna está resumida mais sucintamente em uma das passagens mais importantes de *Eichmann em Jerusalém*:

> Foi quando o regime nazista declarou que o povo alemão não só não estava disposto a ter judeus na Alemanha, mas desejava fazer todo o povo judeu desaparecer da face da Terra que passou a existir o novo crime, o crime contra a humanidade – no sentido de "crime contra o *status* humano", ou contra a própria natureza da humanidade [...]
>
> [O] crime supremo com que se defrontava [a corte de Israel julgando Eichmann], o extermínio físico dos judeus, era um crime contra a humanidade, perpetrado no corpo do povo judeu, e [...] só a escolha de vítimas, não a na-

---

100   Gershom Scholem, "Exchange" ("Troca"), *The Jew as Pariah* (*O judeu como pária*), p. 243.

101   *Eichmann em Jerusalém,* p. 310.

102   "O formidável Dr. Robinson: uma resposta", ver p. 801.

tureza do crime, podia resultar da longa história de ódio aos judeus e de anti-
-semitismo.[103]

Para Hannah Arendt a destruição dos judeus está indissoluvelmente incorporada à história europeia como um todo. É somente pelo reconhecimento do fato de que os judeus *foram* escolhidos pelos nazistas que o crime contra a humanidade aparece, e é precisamente por conta dessa particularidade que a experiência dos judeus *como* judeus é importante para toda a humanidade. Não é por acaso que os judeus foram as primeiras vítimas das fábricas de morte que constituem a base do totalitarismo; mas eles foram apenas isso, as *primeiras* vítimas. Tendo em vista que é excepcional, o destino dos judeus lança uma luz sobre a história e experiência de todas as pessoas na era moderna.

Enquanto pária consciente, Arendt se preocupa com os judeus porque ela é tanto judia como europeia, e ela se dirige tanto para o mundo como um todo quanto para os judeus em particular. Para o mundo, ela está dizendo que a condição dos judeus é conectada com a condição de todos, que o que aconteceu com os judeus não é um caso isolado, mas pode acontecer com qualquer um porque o crime em si não é unicamente judaico, mas apenas foi perpetrado contra eles. A falta de uma orientação política em relação ao mundo é o que liga o destino dos judeus com o da sociedade moderna como um todo.

Sua experiência como refugiada judia proveu Hannah Arendt da experiência fundamental a partir da qual ela extraiu a mundanidade como seu padrão de julgamento político. Parte de seu impulso de procurar por paradigmas de pensamento político e ação na experiência da Grécia antiga deriva do fato de que ela quer ensinar um senso de política a um mundo que corre o risco de fazer o que os

103 *Eichmann em Jerusalém,* pp. 291-92

judeus involuntariamente fizeram a si mesmos, assim como o que os nazistas fizeram aos judeus. O grande medo de Arendt é que a condição de carência de mundo que caracterizava os judeus mais do que qualquer outro povo na era moderna pode tornar-se a condição generalizada de nossos tempos.

Para os judeus, Arendt está dizendo que parte da razão do terrível fim de sua história na Europa é que eles não tinham uma compreensão política realista do mundo em que viviam. Enquanto Eichmann *"nunca percebeu o que estava fazendo"*, os judeus nunca perceberam o que estava acontecendo. Em resposta à controvérsia Eichmann, ela nos lembra que "[n]enhum Estado de Israel teria surgido se o povo judeu não tivesse criado e mantido seu próprio espaço intersticial ao longo dos muitos séculos de dispersão, isto é, antes da retomada de seu velho território".[104] Seu objetivo é acordar os judeus para o fato de que, quer eles estivessem cientes disso ou não, eles puderam sobreviver precisamente porque constituíram uma comunidade política. Para sobreviver, eles devem romper com o passado, onde o acaso reinava supremo, e tomar o controle consciente de seu destino. O movimento sionista, e os *kibutzim* em particular, são fenômenos importantes não apenas para os judeus, mas para a humanidade como um todo, porque demonstram que *até mesmo* os judeus podem estabelecer um mundo por meio do poder da ação coletiva e que os ditos processos naturais da sociedade só produzem resultados inevitáveis quando os seres humanos desertam o campo da política.

VII

A solução de Arendt para seu próprio "problema judaico" não foi repudiar sua judaicidade nem afirmá-la cegamente, mas adotar a pos-

---

104   Ibid., p. 285

tura de uma pária consciente – uma intrusa entre os não judeus e uma rebelde entre seu próprio povo. Foi por conta dessa posição marginal que ela pôde ter visões críticas em relação aos mundos judaico e não judaico. Existem, é claro, problemas tanto com sua visão da história judaica moderna como com sua crítica à sociedade moderna.[105] Mas, como ocorre com pensadores verdadeiramente originais, deparar-se com esses problemas é um processo valioso para o leitor.

Os ensaios deste volume revelam a importância central da experiência de Arendt como judia tanto em sua vida como em seu trabalho. A ascensão do nazismo empurrou-a da vida de uma estudante de filosofia para a consciência política e o ativismo; sua educação política foi a de judia, especificamente de sionista. "Entendi o que eu sempre dizia na época: se alguém é atacado como judeu, tem que se defender como judeu. Não como alemão, não como cidadão do mundo, não como defensor dos direitos humanos, ou seja o que for. Mas: o que posso fazer especificamente como judeu? Segundo, agora eu tinha a clara intenção de trabalhar com uma organização. Pela primeira vez. Trabalhar com os sionistas. Eram os únicos que estavam preparados. Teria sido inútil me juntar aos assimilados."[106]

Arendt acreditava que a experiência judaica só pode ser entendida considerando-se o contexto completo no qual os judeus viviam

---

105 Por exemplo, Arendt ignora as tentativas de socialistas sionistas e não sionistas de organizar os judeus em "um grande movimento revolucionário", e raramente discute a história judaica da Europa Oriental. Em sua teoria política, ela estetiza e saneia a política a tal ponto que nos perguntamos com frequência qual é realmente o conteúdo exato da "ação política". Em uma linha semelhante, sua crítica a Marx não é sempre baseada em uma representação justa de suas visões. E, é claro, a precisão dos fatos históricos nos quais ela baseia suas interpretações de história tem sido amplamente questionada, mais notavelmente no caso de *Eichmann em Jerusalém*.
106 *Compreender: formação, exílio e totalitarismo (ensaios)*, p. 41.

como uma minoria distinta. Seu foco estava nas *interações* entre judeus e não judeus. Assuntos relativos a judeus eram relevantes para além das fronteiras da comunidade judaica e vice-versa.

Na comunidade judaica, as opiniões de Arendt – ou, o que veio a ser visto como as opiniões de Arendt – continuam a ser assunto de controvérsia;[107] não há dúvida de que esta coletânea vai servir de combustível para essa fogueira. Argumentação e crítica são aspectos intrínsecos da cultura judaica; crítica *per se* não é ódio de si mesmo. Arendt pode desaprovar os poderes constituídos e políticas específicas que eles estão adotando, mas ela era comprometida com a ideia de que *há* um povo judeu, de que os judeus podiam e deviam participar *enquanto judeus* da política da comunidade judaica e, por meio desta, da política mundial. Suas críticas às políticas e lideranças sionistas vieram da perspectiva de alguém cuja fidelidade estava com o povo judeu, do qual o movimento sionista era apenas uma parte. Em suas palavras, "não pode haver patriotismo sem oposição permanente".

Para além das posições particulares defendidas por Arendt, sua postura é de importância duradoura: ela admite a existência de um governo judaico, que seja suficientemente forte, altivo e seguro de que todos os judeus têm o direito inerente de se engajarem em debates políticos enérgicos. Não é preciso concordar com todas as visões de Arendt para considerar essa atitude um modelo permanente para o discurso político e a defesa judaicos.

Pouquíssimas pessoas equilibraram com sucesso a realidade de serem ao mesmo tempo judeus e europeus fazendo da emancipação o que ela devia ter sido – a emancipação de judeus enquanto judeus.

---

107   Vide, por exemplo, Steven E. Aschheim, ed. *Hannah Arendt in Jerusalem* (*Hannah Arendt em Jerusalém*) (Berkeley: University of California Press, 2001), os trabalhos apresentados em uma conferência em 1997 com o mesmo nome.

Hannah Arendt nos fornece um exemplo marcante da fecundidade potencial dessa combinação. As linhas de ambas as heranças estão entrelaçadas de tal maneira que negligenciar ou negar a influência de uma ou outra é rasgar o próprio tecido de sua vida e pensamento. É porque permaneceu tanto judia como europeia que ela ganhou um lugar na história, e é como uma judia e como uma europeia que sua vida e seu trabalho devem ser entendidos.

A experiência judaica do perigo, trauma, e esperança nos tempos sombrios do século XX foi compartilhada por Hannah Arendt. Muito cedo em sua vida ela levou a sério a experiência e as palavras finais de Rahel Varnhagen:

> A coisa que por toda minha vida pareceu-me a maior vergonha, a miséria e o infortúnio mais amargos – ter nascido judia –, desta eu não devo agora por nenhum motivo desejar ter sido privada.[108]

---

108 *Rahel Varnhagen*, p. 15.

PARTE I

OS ANOS

1930

O ILUMINISMO E A QUESTÃO JUDAICA

A QUESTÃO JUDAICA MODERNA DATA DO ILUMINISMO; FOI O iluminismo – isto é, o mundo não judaico – que a colocou. Suas formulações e suas respostas definiram o comportamento e a assimilação dos judeus. Desde a genuína assimilação de Moses Mendelssohn e o ensaio de Christian Wilhelm Dohm, "Sobre o melhoramento cívico dos judeus" [*Über die bürgerliche Verbesserung der Juden* – 1781], os mesmos argumentos que encontraram seu principal representante em Lessing aparecem repetidamente em toda a discussão sobre a emancipação judaica. Deve-se a Lessing a propagação de tais discussões sobre tolerância e humanidade, assim como a distinção entre as verdades da razão e as da história. Essa distinção é muito importante porque é capaz de legitimar cada ocorrência de assimilação acidental, interna à história; a assimilação precisa então aparecer meramente como um avanço na compreensão da verdade e não como a adaptação e recepção de uma cultura particular, em um estágio particular – portanto acidental – de sua história.

111

Para Lessing, a razão, que é comum a todos os seres humanos, é o fundamento da humanidade. Ela é a conexão mais humana que liga Saladin, Nathan e o Templário.[1] Só ela é a conexão genuína ligando uma pessoa a outra. Esta ênfase da humanidade centrada naquilo que é razoável dá origem ao ideal de tolerância e a sua promulgação. Sua noção de que no fundo cada ser humano é o mesmo ser humano – apesar das diferenças de convicções dogmáticas, morais e de conduta – e sua reverência por tudo que tem um semblante humano não podem ser derivadas unicamente da validade geral da razão como uma característica meramente formal; antes, a ideia de tolerância está conectada intimamente com o conceito de verdade de Lessing, que, por seu turno, só pode ser compreendido dentro do contexto de seu pensamento teológico e de sua filosofia da história.

A verdade se perde no Iluminismo – mais que isto, ninguém mais a quer. Mais importante do que a verdade é o homem em sua busca por ela. "O que define o valor humano não é a verdade que alguém tem em sua posse, mas o esforço honesto para ir atrás da verdade."[2] O homem torna-se mais importante que a verdade, que é relativizada em benefício do "valor humano". Este valor humano é descoberto na tolerância. O domínio completo da razão é o domínio completo da humanidade, da *humanitas*. É porque essa humanidade é mais importante do que qualquer "posse da verdade" que, na fábula presente na peça de Lessing, o pai dá a cada um de seus três filhos um anel, mas não lhes diz qual é o anel genuíno, do que resulta que o genuíno está de fato perdido. O Iluminismo alemão representado por Lessing não apenas perdeu a verdade como revelação religiosa, mas,

---

1   Na peça de Lessing *Nathan, o Sábio* (N.E).

2   G. E. Lessing, *Theologische Streitschriften* [Disputas teológicas], "Eine Duplik" ["Uma réplica"].

antes, esta perda é vista como algo positivo: a descoberta do puramente humano. Na procura pelo que é genuíno, o homem e sua história – que é uma história de busca – ganham um sentido próprio. O homem não é mais simplesmente o administrador de um bem, e seu próprio significado não depende mais desta posse; em vez disso, ele pode confirmar essa posse, que não é nem objetiva nem salvadora, pela própria busca. Se a busca da verdade, a "expansão das próprias forças", é vista como a única questão substancial, então, para o homem tolerante – ou seja, para o homem verdadeiramente humano – todas as confissões religiosas são no fim meramente designações diferentes do mesmo homem.

A história não tem o poder de provar nada à razão. As verdades da história são acidentais, as verdades da razão são necessárias, e o acaso é separado da necessidade por uma "ampla e sórdida vala", que, para ser saltada, requereria uma "μεταβασις εἰς ἄλλο γενος", um salto de uma ordem a outra. As verdades da história simplesmente não são verdadeiras, qualquer que seja a qualidade da evidência, pois tanto sua facticidade quanto sua certificação são sempre acidentais – esta última sendo também histórica. As verdades da história são "verdadeiras" – isto é, universalmente persuasivas e vinculantes – somente à medida que confirmam as verdades da razão. Então é a razão que deve decidir a necessidade da revelação – e portanto da história.[3] O acaso da história pode posteriormente ser enobrecido pela razão, que decide subsequentemente que a história revelada é idêntica a si. A história revelada funciona como educadora da humanidade. No fim

3   Cf. Lessing, *Zur Geschichte und Literatur* [Sobre a história e a literatura], do quarto artigo, "Ein Mehreres aus dem Papieren des Ungenannten, die Offenbarung betreffend" [Itens diversos dos papéis do um homem desconhecido a respeito da revelação].

de tal educação, que experimentamos como história, virá o tempo de um "novo evangelho eterno", que tornará supérfluas outras lições. O fim da história é sua dissolução, quando o que é relativamente acidental é transformado no que é absolutamente necessário. "Tal educação não dá ao homem nada do que ele não poderia ter por si próprio"; ela meramente o conduz a uma perfeição que na realidade já está nele. A história desenvolve a razão até sua autonomia, porque a revelação já guarda em si a razão. A maturidade do homem é a finalidade tanto da revelação divina quanto da história humana.

Como educadora, a história tem um sentido ao qual a razão não tem acesso pleno. A razão só pode confirmar o "que" da história, mas deve renunciar a seu "como" enquanto algo externo a suas competências. "Mas se uma revelação pode e deve ser uma revelação [...], então, caso a razão encontre na revelação coisas que a ultrapassem, esta deve servir como mais uma prova à razão de sua própria verdade em vez de ser considerada uma infração a ela." Essa afirmação não implica um novo reconhecimento da autoridade divina. Deve ser vista em articulação com a tese teológica basilar de Lessing: de que a religião é anterior e independente da Escritura. Verdade como tese, dogma, ou como um objetivo e posse salvadora não é o essencial; a religiosidade é.

À primeira vista, isso parece nada mais do que uma aceitação iluminista do pietismo. *Fragmentos de um desconhecido* (*Fragmente eines Ungenannten*) de Lessing só pode ser confuso para um teólogo, mas não para um cristão, em meio de cuja fé Cristo é inatingível porque esta fé se apoia na pura interioridade. "As explicações, hipóteses e provas deste homem importam ao cristão? Para ele, sua fé cristã, que ele sente como tão verdadeira, na qual ele se sente abençoado, simplesmente está ali." Mas na ênfase sobre a intocável interioridade está a desconfiança da Bíblia por parte do Iluminismo; a pura interioridade é destacada porque a objetividade da revelação pela

Escritura não é mais segura. A separação entre a religião e a Bíblia é a inútil tentativa final para salvar a religião – inútil porque essa separação destrói a autoridade da Bíblia e, com ela, a autoridade visível e cognoscível de Deus na Terra. "A religião não é verdadeira porque os evangelistas e apóstolos a ensinaram; ao contrário, eles a ensinaram porque ela é verdadeira." Se a verdade da religião precede o texto bíblico, ela não é mais objetivamente segura e deve ser procurada. Essa aceitação iluminista da religiosidade pietista simultaneamente destrói o pietismo. O que é novo não é a ênfase na interioridade, mas o fato de ela ser usada contra a objetividade.

A história, assim, aparece no trabalho de Lessing em dois contextos heterogêneos. Primeiramente, a história é a eterna busca pela verdade; ela começa com o amadurecimento do homem, mas seu horizonte é ilimitado para além disso. Em segundo lugar, a história é a educadora da raça humana e chega a seu fim com o amadurecimento humano, que a torna supérflua. A primeira compreensão da história permite ao homem, tendo este se tornado ciente de sua razão, recomeçar e fundar uma história. Essa compreensão é a única que permanece determinante na recepção do pensamento de Lessing por Mendelssohn. Mas para Lessing essa história que deve ser refundada é definitivamente ancorada no passado. O passado governado pela autoridade é, afinal, um educador. O amadurecimento do homem se perfez por meio de uma educação conferida a ele por Deus. Uma vez que a maturidade é alcançada, inicia-se uma segunda história, que difere da primeira porque, embora não renuncie a toda finalidade, desloca-a ao tempo ilimitado em geral – a verdade é um objetivo alcançado apenas por aproximação e em estágios de crescente perfeição. Essa teoria da história tem uma estrutura fundamentalmente diferente da apresentada por Lessing em *A educação do gênero humano* (*Erziehung des Menschengeschlechts*). Ela não é de forma alguma uma secularização do cristianismo – e não pode ser, uma vez que nele a verdade é reservada exclusivamente a Deus[4] – mas desde o princípio é direcionada unicamente ao homem; ela desloca a verdade para tão futuramente quanto possível, visto que a verdade realmente não diz respeito ao homem terreno. A posse da verdade de fato impede o desenvolvimento de todas as possibilidades do homem, inibe a paciência necessária a este desdobramento e direciona seu olhar para longe do que é humano. A verdade concerne somente a Deus e não tem qualquer importância para o homem. Essa exclusiva e irrestrita afirmação da natureza eternamente aberta e fragmentária de todas as coisas unicamente humanas para o bem da humanidade é posta de lado em *A educação do gênero humano*.

Na recepção do Iluminismo por Mendelssohn, sua "formação" (*Bildung*) ainda se dá no contexto de uma absoluta fidelidade à religião judaica. A defesa dessa fidelidade – contra os ataques de J. K. Lavater, por exemplo – era de grande importância para ele. Os meios para sua defesa foram-lhe fornecidos pela separação estabelecida por Lessing entre as verdades da razão e as verdades da história. Mas juntamente com essa apologia do judaísmo ele tinha de preservar as possibilidades de sua "formação" – e a absoluta autonomia da razão afirmada pelo Iluminismo serviu a seu propósito. "Espíritos que pensam por si mesmos", Lessing diz, "têm a capacidade de abarcar com a vista toda a extensão da erudição e de perceber que devem encontrar seu próprio caminho através dessa extensão a partir do momento em que vale a pena penetrá-la."[5] Essa ideia de ser capaz de pensar por si mesmo é a fundação do ideal de formação de Mendelssohn; a verdadeira formação não é nutrida pela história e seus fatos, mas, em vez disso, torna-os supérfluos. A autoridade da razão prevalece

---

4   Cf. Lessing, *Theologische Streitschriften*, "Eine Duplik," p. i.

5   Lessing, *Theologische Streitschriften*, "Anti-Goeze" ["Resposta a Goeze"], p. ix.

e todos podem chegar a ela sozinhos e por conta própria. O homem pensante vive em absoluto isolamento; independente de todos os outros ele encontra a verdade, que realmente deveria ser comum a todos. "Todo homem segue seu próprio caminho na vida [...] Mas não me parece que era a intenção da Providência que toda a humanidade aqui embaixo constantemente seguisse em frente e se aperfeiçoasse com o tempo." Para Mendelssohn a razão é ainda mais independente da história, não tem ancoragem nela. Ele argumenta expressamente contra a filosofia da história de Lessing, contra "*A educação do gênero humano*, que meu finado amigo Lessing concebeu encorajado por um ou outro investigador da história".[6] O conhecimento de história não é necessário para a formação segundo Mendelssohn, que é simplesmente liberação para pensar. Ele não está inerentemente submetido a nenhum objeto pertencente ao alheio mundo da cultura, e ele não precisa descobrir sua "posição no nada" dentro da atmosfera intelectual dominante.

Ao adotar a ideia de razão autônoma, Mendelssohn assinalou a noção de pensar por si próprio e permanecer independente de todos os fatos (enquanto que para Lessing a razão era um caminho para descobrir o que é humano); então, igualmente, a teoria da distinção entre as verdades da razão e da história deu uma nova guinada: Mendelssohn a usa e dogmatiza em sua apologia ao judaísmo. Para Mendelssohn, a religião judaica, e somente ela, é idêntica ao que é racional por causa de suas "verdades eternas", as únicas que só acarretam obrigações religiosas. As verdades da história judaica, Mendelssohn prossegue, eram válidas somente enquanto a religião de Moisés era a religião de uma nação, o que não era mais o caso após a destruição do Templo. Somente "verdades eternas" são independentes de toda

6   Moses Mendelssohn, *Jerusalem* [Jerusalém].

Escritura e apreensíveis em todas as épocas; são a base da religião judaica e é por conta delas que os judeus estão vinculados à religião de seus pais ainda hoje. Se elas não fossem encontradas no Velho Testamento, nem a Lei nem a tradição histórica teriam qualquer validade. Porque não há nada no Velho Testamento que "se oponha à razão",[7] nada em conflito com a razão, o judeu é também vinculado àquelas obrigações que estão fora da razão, mas às quais nenhum não judeu deva ser explicitamente submetido, pois elas são a separação entre os homens. As verdades eternas constituem o fundamento da tolerância. "Quão feliz seria o mundo em que vivemos, se todos os homens aceitassem e praticassem a verdade que os melhores cristãos e os melhores judeus têm em comum."[8] Para Mendelssohn as verdades da razão e da história são diferentes apenas em espécie e não são atribuídas a diferentes estágios do desenvolvimento da humanidade. A razão partilhada por todos os homens é igualmente acessível para todas as pessoas em todas as épocas. Os caminhos para ela, entretanto, variam, e o dos judeus inclui não apenas a aceitação da religião judaica, mas também aderência estrita à sua Lei.

A distinção proposta por Lessing entre a razão e a história pretende colocar um fim na religião como dogma. Mendelssohn tenta usá-la especificamente para salvar a religião judaica com base em um "conteúdo eterno" independente de sua comprovação histórica. Mas o mesmo interesse teológico que remove a razão da história também remove o homem que busca a verdade da história. Toda a realidade

---

7   Mendelssohn, *Correspondenz mit dem Erbprinzen von Braunschweig-Wolfenbüttel* [Correspondência com o príncipe-herdeiro de Braunschweig-Wolfenbüttel], 1776.

8   Mendelssohn em uma carta a Bonnet, 1770; cf. Moses Mendelssohn, *Gesammelte Schriften* [Escritos reunidos], vol. 7, p. lxxxii et seq.

– o mundo a nossa volta, nossos semelhantes, a história – carece da legitimação da razão. Essa eliminação da realidade é intimamente ligada à posição factual do judeu no mundo. O mundo dizia-lhe tão pouco respeito que tornou-se simplesmente inalterável. Essa nova liberdade da razão, da formação, de pensar por si próprio não muda em absolutamente nada o mundo. O judeu "educado" (*gebildet*) continua a olhar para o mundo histórico com a mesma indiferença do judeu oprimido no gueto.

Esta incompreensão dos judeus com relação à história – incompreensão fundada em seu destino de povo sem uma história e nutrida por um Iluminismo apenas parcialmente compreendido e assimilado – é atravessada em um ponto pela teoria da emancipação de Dohm, um argumento que foi crucial pelas décadas seguintes. Para Dohm – o primeiro escritor na Alemanha a assumir sistematicamente sua causa – os judeus nunca são o "povo de Deus" ou mesmo o povo do Velho Testamento. Eles são seres humanos como todos os outros, exceto pelo fato de a história ter arruinado esses seres humanos.[9] Mas os judeus agora adotam apenas esse conceito de história. Ele é para eles uma explicação para sua inferioridade cultural, sua falta de formação e produtividade, seu efeito deletério na sociedade. Para eles a história torna-se por princípio a história do que é estranho a eles; é a história dos preconceitos que dominavam as pessoas antes

---

9   Christian Wilhelm Dohm, *Über die Bürgerliche Verbesserung der Juden* [Sobre o melhoramento cívico dos judeus] (1781), vol. 1, p. 45; vol.2, p. 8.
Que os judeus são seres humanos como todos os outros; que portanto eles deveriam ser tratados como todos os outros homens; que é somente o barbarismo e o preconceito religioso que os rebaixou e arruinou; que apenas o tratamento oposto, compatível com o bom senso e com a humanidade, pode convertê-los em homens e cidadãos melhores... estas são verdades tão naturais e simples que compreendê-las e concordar com elas é quase a mesma coisa.

do Iluminismo. A história é a história de um passado ruim ou de um presente que continua preso ao preconceito. Liberar o presente do fardo e das consequências da história torna-se a tarefa de liberar e integrar os judeus.

Tal era a situação simples e relativamente não problemática da primeira geração de judeus assimilacionistas. Mendelssohn não estava apenas parcialmente de acordo em questões teoréticas com defensores da integração como Dohm e Mirabeau; a seus olhos e aos olhos de outros judeus, Mendelssohn era e permaneceu também uma garantia de que os judeus eram capazes e merecedores de melhoria, de que a criação de uma situação social diferente seria suficiente para convertê-los em membros social e culturalmente produtivos da sociedade burguesa. A segunda geração de assimilacionistas – representada por David Friedländer, aluno de Mendelssohn – ainda se apegava à teoria iluminista de uma história arruinada.[10] Não mais vinculados à religião como Mendelssohn fora, eles tentaram fazer uso desse solo tão favorável para os seus esforços empregando todos os meios possíveis para entrarem na sociedade. A cegueira do Iluminismo, que considerava os judeus apenas como um povo oprimido, era por eles já tão assimilada que eles negavam sua própria história e consideravam todas as suas particularidades como um impedimento à sua integração, à sua conversão em seres humanos plenos.[11] Eles

---

10   Cf. David Friedländer, "Sendschreiben einiger jüdischer Hausväter" [Carta aberta a diversos chefes de famílias judias], p. 30 et seq.

11   Ibid., p. 39.
O maior avanço dos judeus é certamente também que seu anseio pelo Messias e por Jerusalém se torna cada vez mais remoto à medida que a razão torna-se progressivamente mais capaz de pôr de lado essa expectativa como uma quimera. É sempre possível que poucos, vivendo como eremitas ou distanciando-se de outra forma dos assuntos do mundo, ainda mantenham tais desejos em seus corações; mas para a

adotam a distinção de Mendelssohn e Lessing entre a razão e a história e se colocam em favor da razão; de fato foram longe a ponto de lapidar a ideia até a blasfêmia, o que nunca teria acontecido com Mendelssohn: "E se alguém quiser encurralar um investigador reflexivo e honesto com a objeção de que a razão humana não é páreo para a razão divina...? Essa objeção não pode desconfortá-lo por um momento, visto que a própria tomada de consciência da divindade de tal crença e tal obediência atenciosa pertence ao tribunal da razão humana". Para Friedländer a distinção entre razão e história não mais servia para resgatar a religião judaica, mas era meramente o meio para se livrar dela tão rapidamente quanto possível. Para Mendelssohn, a liberdade ainda significava a liberdade da formação e da possibilidade "de refletir sobre si mesmo e sobre a sua religião". Mas agora essa reflexão sobre a religião judaica era somente um meio para mudar a "condição política" dos judeus. O pupilo de Mendelssohn contradisse abertamente seu professor, que avisara: "Conformem-se à moral e às condições da terra na qual foram colocados, mas segurem-se firmemente à religião de seus pais. Carreguem ambos os fardos da melhor maneira que puderem". Friedländer contradisse abertamente essa afirmação quando, apelando ao Iluminismo, à razão e a um sentimento moral que todos os homens compartilham igualmente, ele recomendou o batismo como um meio de "integração pública à sociedade".

Mas em 1799 tal proposta veio demasiadamente tarde. A resposta do prior Teller, a quem era endereçada, foi fria. E Schleiermacher resistia energicamente a tais visitantes indesejáveis. De modo característico, ele atribuiu a "epístola" à "mais velha escola de nossa

maioria dos judeus, pelo menos na Alemanha, Holanda e França, tais ideias não mais encontram qualquer alimento e finalmente seus últimos rastros serão erradicados.

literatura",[12] e, ao opor um apelo à razão e ao sentimento moral, enfatizou o que é particular à cristandade e que só pode ser diluído por tais prosélitos. A razão não tem qualquer relação com o cristianismo. Schleiermacher queria proteger o que é peculiar à sua própria religião daquilo que é necessariamente diferente na religião dos estrangeiros. A razão fornecia a possibilidade de um acordo apenas parcial – aplicava-se à cidadania, não à religião. Schleiermacher favoreceu a integração assim que possível. Mas a integração não seria mais o início de uma assimilação completa, embora isso fosse precisamente o que os judeus estavam propondo. "A maneira do Iluminismo", que presumia que todos os homens fossem originalmente iguais e que queria restaurar essa igualdade, tornara-se "abjeta". Schleiermacher exige que a lei cerimonial judaica seja subordinada à lei civil e que a esperança de um Messias seja abandonada. Propostas que também são de Friedländer. Ele sequer está ciente de que isso pode significar que ele está desistindo de algo, pois ele quer se livrar de tudo aquilo que contradiz a razão, o que é idêntico para cristãos e judeus – e ele demanda expressamente o mesmo dos cristãos. Vinte a trinta anos antes, quando Lavater pedira a Mendelssohn que examinasse todas as evidências pró e contra o cristianismo e então tomasse sua decisão "como Sócrates o teria feito", as propostas de Friedländer não teriam parecido tão absurdas como pareciam agora a Schleiermacher e ao resto da Alemanha instruída.

Uma mudança ocorreu na consciência da Alemanha em relação à história, uma mudança que encontra sua expressão mais característica em Johann Gottfried von Herder, que iniciara a crítica de seu

---

12   Friedrich Schleiermacher, "Briefe bei Gelegenheit... des Sendeschreibens" [Cartas por ocasião... da Carta Aberta] (1799), *Werke* [Obras], Parte 1, vol. 5, p. 6 *et seq.*

próprio período, o período do Iluminismo. Seu ensaio *"Auch eine Philosophie zur Geschichte der Bildung der Menschheit"* [Uma outra filosofia para a história da formação da humanidade] foi publicado em 1774, isto é, em meio ao Iluminismo, e não teve qualquer efeito na geração anterior. Mas sua influência no que viria a ser o Romantismo foi mais forte e crucial. Ele se opõe ao governo exclusivo da razão e suas rasas doutrinas utilitárias. Também se opõe ao governo exclusivo do homem, que "odeia, mais do que qualquer outra coisa, aquilo que é maravilhoso e oculto". E se opõe, finalmente, a uma historiografia que, seguindo Voltaire e Hume, esquece a realidade em favor das capacidades e possibilidades humanas que permanecem sempre as mesmas.

Vimos como Mendelssohn, ao adotar as ideias de Lessing, enfatizou acima de tudo o isolamento de cada indivíduo, ser capaz de pensar por si próprio. Herder e os românticos posteriores a ele (o que quer dizer, a tradição alemã de maior importância para a questão judaica) eliminaram essa noção e retomaram a descoberta da história que Lessing iniciara.

Herder se opõe à afirmação de Lessing segundo a qual o homem não recebe nada em sua educação que já não esteja nele: "Se o homem tivesse recebido tudo a partir de si mesmo e se desenvolvido isolado de todos os objetos externos, talvez fosse possível escrever a história de um homem, mas não dos homens, não de toda a raça". Antes, o homem vive em uma "cadeia de indivíduos", "a tradição o aborda e molda sua mente, forma seus membros".[13] A razão pura, o bem puro está "disperso" por toda a Terra. Nenhum indivíduo mais é capaz de apanhá-lo. Nunca existe em si próprio – assim como não há nenhum

---

13 Johann Gottfried von Herder, *Ideen zur Geschichte der Menschheit* [Ideias sobre a história do homem], Parte 1, vol. 9, caps. 1 e 2.

anel genuíno para Lessing. Ele se altera, muda, é "distribuído em mil formas [...] – um eterno Proteu". Essa mudança constante depende de realidades que estão fora dos poderes humanos, de "tempo, clima, necessidade, mundo, destino". O que é crucial não é mais – como era para o Iluminismo – a pura possibilidade, mas a realidade de cada existência humana. A verdadeira diferenciação entre os homens é mais importante do que sua uniformidade "de fundo". "Sem dúvida o mais covarde dos ignóbeis tem ainda alguma remota habilidade e a possibilidade de tornar-se o herói mais magnânimo; mas entre este último e o sentido do ser, da existência, de tal personagem repousa – um abismo!"[14]

Por consequência, a razão não é o juiz da realidade histórica no homem, mas o "resultado de toda a experiência da raça humana".[15] Por sua própria natureza, este resultado nunca está em um fim.[16] Herder aceita a noção lessingiana da verdade como "eterna busca," mas em uma versão modificada, pois, ainda que Lessing empurre a verdade para um futuro incomensuravelmente distante, a razão, como uma capacidade inata, permanece para ele intocada por tal dinâmica. Entretanto, se a razão, como "resultado da experiência", é em si historicizada, o lugar do homem no desenvolvimento do gênero humano não está mais claramente definido: "Nenhuma história no mundo se funda sobre abstrações *a priori*". Assim como Lessing rejeita a verdade como uma posse que provê tranquilidade para todo o sempre porque tal posse seria inapropriada para o homem, Herder

14   Herder, *Auch eine Philosophie der Geschichte* (1774).

15   Herder, *Erläuterungen zum Neuen Testament* [Explicações sobre o Novo Testamento], I, Livro 3.

16   Herder, *Briefe das Studium der Theologie betreffend* [Cartas a respeito do estudo da teologia], Parte 2, carta 26.

se recusa a reconhecer a razão pura como a possibilidade de uma verdade. Em oposição tanto a uma única razão como a uma única verdade está a infinitude da história, e "por que eu deveria tornar-me um espírito de pura razão, se eu desejo apenas ser um homem e, assim como ocorre com minha existência e consequentemente com meu conhecimento e com minha fé, me mover como uma onda sobre o mar da história?". Como resultado, a relação entre razão e história é para Herder exatamente oposta: a razão é sujeita à história, "uma vez que a abstração não tem realmente qualquer lei que governe a história".

O governo da razão, da maturidade e da autonomia do homem está prestes a acabar. A história, o que acontece ao homem, tornou-se opaca. "Nenhum filósofo pode explicar por que eles [povos] existem, ou por que existiram." Em sua opacidade, a história torna-se algo impessoal e externo ao homem, mas não se torna Deus. A transcendência do divino foi perdida para todo o sempre; "a religião não tem mais fins além daqueles que procura por homens e para homens".

Paralela a essa ideia relativa ao poder da história sobre a razão está uma polêmica contra a igualdade de todos os homens. Quanto mais profundamente a história se apodera da vida, mais diferenciada esta última se torna. Essa diferenciação se desenvolveu a partir de uma igualdade original. Quanto mais antigo um povo, mais ele se diferencia de todos os outros povos.[17] As consequências dos eventos históricos primeiro dão origem às diferenças entre homens e povos. A diferença não repousa na habilidade, no talento ou no caráter, mas antes na irrevocabilidade dos eventos humanos, sendo que há um passado que não pode ser desfeito.

---

17   Herder, *Ideen zur Geschichte,* Parte 1, vol. 7, cap. 5, "Zusätze zu der ältesten Urkunde des Menschengeschlechts" [Adendos ao mais antigo documento sobre o gênero humano].

Com essa descoberta da irrevocabilidade de tudo que aconteceu, Herder tornou-se um dos primeiros grandes intérpretes da história. Foi por meio dele que na Alemanha a história dos judeus se tornou visível pela primeira vez como uma história definida essencialmente por sua posse do Velho Testamento. Isso resultou em uma mudança na resposta à questão judaica tanto pelos próprios judeus quanto pelo mundo em geral. Essa mudança foi também influenciada por novas definições que Herder forneceu para dois conceitos cruciais nesse contexto: formação e tolerância.

Herder compreende a história dos judeus da mesma maneira que eles a interpretaram, como a história do povo escolhido por Deus.[18] Sua dispersão é para ele o começo e a pré-condição de seu efeito sobre o gênero humano.[19] Ele pesquisa sua história até o presente e sua atenção é capturada pelo singular sentido da vida para os judeus, que se prende ao passado e tenta preservar o que é passado no presente. Em sua opinião, tanto seu luto por uma Jerusalém destruída há séculos quanto sua esperança na vinda de um messias são sinais do fato de que "as ruínas de Jerusalém [...] estão arraigadas, por assim dizer, no coração do tempo".[20] Sua religião não é a fonte de preconceito e tampouco a religião da razão de Mendelssohn, mas é a "herança inalienável de sua espécie". Ao mesmo tempo, Herder compreende que a história deste povo emerge da Lei de Moisés e não pode ser

---

18 Ibid., Parte 3, vol. 7, cap. 3, "Ebräer" [Hebreus]. "Eu não estou portanto envergonhado de tomar como minha base a história dos hebreus assim como eles a contam."

19 Ibid. "E então eles estavam dispersos por todas as terras do mundo romano e desde os tempos dessa dispersão os judeus começaram a ter, a partir de sua estreita terra, um efeito sobre o gênero humano que é difícil de imaginar possível..."

20 Herder, "Die Denkmale der Vorwelt" [Os monumentos do pré-mundo], Parte 1.

dela separada,[21] de maneira que a perenidade ou ruina desta história depende da obediência à Lei. Sua religião é ademais uma religião da Palestina, de forma que apegar-se a ela significa permanecer um povo da Palestina e, assim, "um povo asiático estrangeiro a nosso continente". Ele não concede aos judeus a semelhança com outros povos – para o Iluminismo, o único meio de torná-los humanos – mas, ao contrário, enfatiza seu aspecto estrangeiro. Mas isto não significa de modo algum o abandono da assimilação; na verdade ele é ainda mais radical em suas demandas, mas em outra base. Enquanto para Dohm e Lessing a discussão da questão judaica permanecia junto à da religião e de sua tolerância, para Herder a assimilação é uma questão de emancipação e, portanto, política. Precisamente porque Herder leva a sério a fidelidade à "religião dos pais", ele vê nisso um símbolo de coesão nacional; uma religião estrangeira torna-se a religião de uma outra nação. A tarefa agora não é tolerar outra religião – da mesma maneira que se é forçado a tolerar muitos preconceitos – ou mudar uma situação socialmente vergonhosa, mas é antes incorporar à Alemanha uma outra nação.[22] Herder vê o atual estado das coisas à luz do passado. Ele entende a partir da história do povo até mesmo o fato de os judeus não terem sucumbido, apesar de toda a opressão sofrida em um mundo estrangeiro, mas terem procurado ambientar-se, mesmo que de maneira parasítica.[23] O que importa agora é tornar

21   Herder, *Brief das Studium der Theologie betreffend,* carta 4.

22   Herder, *Adrastea.* "Em que medida essa lei e os modos de pensamento e de vida que dela derivam podem pertencer a nossas nações não é mais uma disputa religiosa, mas uma simples questão de Estado."

23   Cf. Herder, *Ideen zur Geschichte,* Parte 3, vol. 12, cap. 6, "Weitere Ideen zur Philosophie der Menschengeschichte" [Mais ideias sobre a filosofia da história humana.]

produtivo o parasitismo na nação judaica. Em que medida essa assimilação é possível mesmo com a Lei sendo observada é uma questão de política; em que medida isso é *sequer* possível é uma questão de educação e formação, o que para Herder significa humanização.

Dois conceitos caracterizam a humanidade: formação e tolerância. Herder reserva seu ataque mais afiado para o conceito iluminista de formação – qual seja, pensar por si próprio – que ele condena acima de tudo por carecer de qualquer senso de realidade. Tal formação não surge de experiência nenhuma e nem conduz à "ação", à "aplicação da vida em uma determinada esfera". Não pode formar o homem, visto que esquece a realidade da qual ele vem e na qual ele permanece. O "passo atrás" da formação – da verdadeira formação que "forma, reforma, e continua a formar" – é governado pelo passado, "a eterna e silenciosa força do precedente, de uma série de precedentes". O Iluminismo não pode preservar esse passado.

A educação pela formação como Herder a define não pode se contentar com a simples imitação destes "precedentes"; afinal, Herder acaba de demonstrar a singularidade da história, mesmo da mais grandiosa e genial história. A formação tenta descobrir o que pode ser formativo a partir da compreensão dos precedentes. Tal compreensão (que é em si uma abordagem verdadeiramente nova da realidade e é tão alheia a todas as polêmicas ou a qualquer alegorização e interpretação das Escrituras como é da simples aceitação devota) contém em si, primeiramente, uma convocação à realidade – à sua aceitação como realmente era, sem propósitos ou pensamentos dissimulados – e, em segundo lugar, um distanciamento do passado – nunca confundir o passado com si próprio, levar a sério e incluir em sua compreensão o tempo que repousa entre o passado e sua tentativa de compreender. Em termos de seu conteúdo, então, a história não se impõe com obrigatoriedade para alguém que a compreende porque ele a compreende como singular e transitória. A função formativa da história jaz na compreensão *per se*. Mas o que é passado provê as bases para uma nova ideia de tolerância. Assim como ocorre com todos os seres humanos, toda época histórica tem seu destino, cuja singularidade não pode ser julgada por ninguém; é a história em si que, na impiedade de seu prosseguimento, assumiu o papel de juiz. A tolerância, uma "virtude de almas raras privilegiadas pelos céus", não mais descobre o que é humano *per se*, mas o compreende – o compreende em todas as suas formas e transformações, compreende sua singularidade e transitoriedade. A tolerância corresponde à distância compreensiva tomada pela pessoa instruída.

Dessa forma, de maneira estranhamente indireta Herder devolveu aos judeus sua história – uma história que se tornou história compreendida. A história é levada totalmente a sério como aquilo que aconteceu, embora sem qualquer crença direta em um diretor original do ocorrido. A secularização não pode mais ser desfeita. Essa restituição indireta do conteúdo real do passado destrói completamente o passado como os judeus o veem. Se para Herder esse passado, como todos os passados, foi ligado a um único tempo que nunca pode retornar, para os judeus era exatamente aquilo que devia ser resgatado continuamente de sua própria transitoriedade. Herder realmente devolve ao judeu assimilado tudo aquilo que aconteceu segundo sua interpretação, mas o que aconteceu, aconteceu sem Deus. Portanto, Herder suprime do judeu assimilado a liberdade que ele conquistara ao aceitar o Iluminismo – liberdade que se erguia *vis-à-vis de rien* – e o coloca sob o poder do destino, não mais sob o poder de Deus. O Iluminismo ainda tinha ao menos alguma ligação direta com o conteúdo da história na medida em que tinha tratado com ele – quer rejeitando, defendendo ou intencionalmente distorcendo-o. A compreensão de Herder da história, ao dar prioridade aos eventos, é uma negação final das obrigações vinculantes a qualquer conteúdo histórico que seja. Para os judeus a destruição do conteúdo da história significa a perda de todos os laços históricos, pois o que é singular em sua história é que, com a destruição do Templo, a história em si havia, em certo sentido, destruído o "*continuum* das coisas" que Herder resgata do "abismo". Esse é o motivo pelo qual a defesa de Mendelssohn da religião judaica e sua tentativa de preservar o "conteúdo eterno" – tão ingênua quanto possa nos parecer hoje – não era totalmente descabida. Ainda era possível com base no Iluminismo; os judeus ficaram com um último resquício de conexão histórica que estava agora sendo completamente apagado. O próprio Herder vê esta falta de conexão positivamente quando diz: "Em seu *Nathan, o sábio,* Lessing retratou o julgamento sem preconceitos dos judeus instruídos, sua maneira mais direta de olhar as coisas; e quem o iria contradizer, visto que o judeu como tal é aliviado de muitas convicções políticas das quais podemos nos livrar somente com grande esforço, quando podemos?". Herder destaca a falta de preconceito por parte dos judeus instruídos, isto é, daqueles que não são vinculados a qualquer tipo de conteúdo, ao qual – apesar da "formação" e como resultado do *continuum* do tempo – o mundo não judeu que os circunda permanece sujeito. Ao mesmo tempo, Herder quer colocar de forma positiva aquelas características que as necessidades de um presente desagradável – quer de natureza social ou vinculados à Diáspora como um todo – os levaram a mostrar, forçando-os a ser duplamente sagazes nos negócios e na interpretação da bíblia.[24] Uma vez os judeus estando "formados" no sentido de Herder, eles são devolvidos à humanidade, o que agora

---

24   "Considerando tribulações como as infligidas sobre esse povo durante séculos, qual outra nação teria preservado o nível cultural no qual seu momentoso Livro dos Livros, a coleção de suas Sagradas Escrituras, manteve vivas entre eles as artes da escrita e da contabilidade? A necessidade e seu comércio trouxeram a eles uma acuidade visual que somente um olhar embaçado deixa passar."

significa, porém, segundo sua própria interpretação, que deixaram de ser o povo escolhido.

> Tendo descartado o preconceito oriundo do orgulho nacional, tendo abandonado os costumes que não pertencem à nossa era, nossa constituição ou mesmo ao nosso clima, eles trabalham não como escravos [...] mas certamente como coabitantes de povos educados, auxiliando a construção das ciências e de toda a cultura da humanidade [...].Não devem ser levados à honra e à moralidade pela cessão de privilégios mercantis, eles ascendem a essas metas por méritos puramente humanos, científicos e civis. Por conseguinte sua Palestina é qualquer lugar onde eles habitem e trabalhem para objetivos nobres.

E com isso os judeus são mais uma vez postos em uma posição de excepcionalidade que ainda poderia permanecer oculta durante o Iluminismo, o qual não tinha um entendimento da história completamente desenvolvido. A total igualdade de Lessing demandava meramente dos judeus que fossem seres humanos, algo que, em última análise, pelo menos segundo a interpretação de Mendelssohn, eles poderiam prontamente atingir. Aqui, entretanto, exige-se deles uma posição especial – a eles deve ser concedido um lugar especial dentro de "toda a cultura da humanidade" uma vez que a "formação" e o efeito de distanciamento exigido pela compreensão destruíram todos os conteúdos da história que previamente os sustentavam. Schleiermacher rejeita as propostas de Friedländer porque ele quer ver preservados tanto o caráter especial do cristianismo quanto do judaísmo. Assim, espera-se que os judeus tenham uma compreensão de sua própria situação histórica, uma expectativa que eles dificilmente podem cumprir, enquanto sua própria existência no mundo não judeu se sustenta ou é derrubada com a argumentação essencialmente a-histórica do Iluminismo. Em sua luta pela emancipação, eles são continuamente forçados a dar *salti mortali*, a reivindicar a integração em um só pulo. Eles não podem depositar sua confiança no "deixar a natureza seguir seu curso", em um desenvolvimento "passo a passo",[25] visto que, em um mundo estranho, não têm um ponto definido de onde tal desenvolvimento pode começar.

Dessa forma, os judeus tornaram-se um povo sem uma história dentro da história. A compreensão de Herder da história os priva de seu passado. Mais uma vez eles estão *vis-à-vis de rien*. Dentro de uma realidade histórica, dentro de um mundo europeu secularizado, eles são forçados de alguma maneira a se adaptarem a esse mundo, a formarem-se. Mas para eles a formação é necessariamente tudo aquilo que é o mundo não judeu. Uma vez privados de seu passado, a realidade presente começa a revelar seu poder. A formação é o único meio que possuem para sobreviver a esse presente. Se a formação significa mais do que tudo compreender o passado, então o judeu "formado" é dependente de um passado estranho. Ele o atinge por meio de um presente que ele deve compreender pelo fato de dele participar. Se o presente deve ser compreendido de algum modo, então o passado deve ser explicitamente apreendido novamente. Afirmar explicitamente o passado é a expressão positiva do efeito de distanciamento que Herder reivindica para o homem formado – um distanciamento que os judeus trazem consigo desde o princípio. Então, da estranheza da história, a história emerge como uma preocupação legítima dos judeus.[26]

25   Wilhelm e Karoline von Humboldt, *Briefwechsel* [Correspondência], vol. 4, no. 236, p. 462.

26   Isso foi pela primeira vez compreendido pela *Verein für Kultur und Wissenschaft der Juden* [Associação para a cultura e a ciência dos judeus] sob a égide de Leopold Zunz.

CONTRA CÍRCULOS PRIVADOS

ATÉ RECENTEMENTE, NOSSAS ESCOLAS JUDAICAS SERVIRAM UMA porcentagem escassamente pequena da juventude judaica. Onde não estavam ligadas a congregações ortodoxas, essas escolas eram normalmente frequentadas por crianças cujos pais desejavam cultivar uma autoconsciência especificamente judaica. Elas repousavam, assim sendo, em uma atitude particular no judaísmo. Elas eram sustentadas por suas comunidades apenas de forma extremamente inconstante porque as comunidades pressentiam um perigo em tornarem-se isoladas e alienadas do ambiente não judeu mais amplo.

Para além de todas as diferenças de perspectiva, a situação contemporânea demanda *um sistema escolar judaico erigido sobre uma base extremamente ampla*. Somente assim tal sistema pode fazer justiça aos fatos que eventos recentes provocaram; somente assim as crianças que emigram de escolas alemãs hoje podem ser não apenas *excluídas* de um sistema, mas verdadeiramente incluídas em outro.

Incluir essas crianças é a tarefa mais urgente nas circunstâncias presentes. Se o problema for deixado para se auto-resolver, *famílias judaicas abastadas* vão se reunir em *círculos privados* e tentar transmitir algum tipo de educação superior. Isto não apenas deixaria a atual situação perniciosamente intacta, mas até legitimaria suas políticas de exclusão. Isto arrancaria as crianças de qualquer contexto social, as colocaria em uma atmosfera estranha a qualquer realidade e não as educaria nem como alemãs e nem como judias. Nem mesmo o professor mais altamente qualificado poderia fazer algo contra esse fato e, acima de tudo, evitar que as crianças se tornem e permaneçam essencialmente pessoas excluídas. Atribuir a uma criança esse destino é finalmente tão inaceitável quanto expô-la a um ambiente antissemita hostil.

Além disso, uma vez que tais iniciativas privadas estão disponíveis apenas para os ricos, elas ameaçariam a própria existência de *escolas* judaicas, das quais as crianças *pagantes* seriam afastadas. Enfrentamos agora o perigo de um dia termos, de um lado, uma escola judaica fatalmente incapacitada e, do outro, uma miríade de pequenos círculos.

Não se deve objetar que esses círculos privados ainda não existem, que a demanda por uma escola judaica de gramática [*Volksschule*] continua imensa, que se deveria permitir que as coisas simplesmente se desenvolvam por si mesmas. Os círculos privados *vão* surgir; isso é claro para qualquer um que seja familiar à mentalidade dos judeus alemães. A demanda por uma escola de gramática não é evidência do contrário. Esses círculos privados vão alegar estar provendo uma educação superior. Esse é o real perigo. Uma vez estabelecidas, quando inúmeros professores judeus que agora estão sem qualquer renda estiverem empregados, será extraordinariamente difícil controlá-las novamente. Uma *propaganda pro-*

filática é necessária para esclarecer os pais do perigo que ameaça suas crianças: o perigo da alienação da realidade, o perigo da falta de caráter, o perigo de um desenraizamento dentro do qual sua própria razão não pode mais ser percebida.

As escolas judaicas serão os instrumentos mais importantes disponíveis aos judeus como um todo para influenciar as gerações futuras. Em uma perspectiva mais ampla, dificilmente há hoje uma questão com tantas ramificações existenciais e das quais a resposta mais depende. Quanto mais unificada essa resposta provar ser, quanto menores forem as diferenças entre as escolas individuais e quanto mais rapidamente todas as crianças forem incluídas, mais poderá ser alcançado. A próxima geração deve saber a *história da assimilação judaica* e do *antissemitismo* tão bem quanto souber a história do judaísmo até a assimilação. Só dessa forma eles serão dotados de uma base a partir da qual poderão julgar seu ambiente e a si mesmos de forma genuinamente *razoável*; somente assim podem dar substância a uma autoconsciência que, como um comando meramente ético, deve sempre permanecer vago.

A escola judaica não deve se comprometer com um princípio de pureza racial. Deve desde o princípio estar preparada para aceitar aqueles que são meio ou um quarto judeus, ou seja, todos os que foram compelidos para seus braços pela situação política. Por isso é importante deixar claro o fato de que a assimilação e suas consequências não podem simplesmente ser revogadas – não importa o que se pense dessa assimilação. Por hora ainda somos judeus alemães, o que significa "assimilados." Nossos filhos não poderão crescer no gueto e tampouco em meio ao público alemão. Esta situação é algo novo na história judaica. Somente as escolas judaicas têm a esperança de confrontar essa situação inédita. E isso somente quando forem dirigidas por pessoas dispostas a ver essa situação sem ilusões.

O SISTEMA ESCOLAR ORTODOXO

No contexto de nossa discussão anterior sobre a questão das escolas judaicas na Alemanha foi-nos dito que devíamos ter mencionado o impressionante sistema escolar que a ortodoxia na Alemanha conseguiu construir, em especial a congregação Adass Jisroel em Berlim. Congregações judaicas ortodoxas já fundaram escolas judaicas de educação superior em Hamburgo, Leipzig, Frankfurt, Berlim e Colônia. Algumas delas se estabeleceram somente nos últimos anos, com muito sacrifício, e comportaram-se totalmente como instituições educacionais. Deve-se destacar que esses sistemas escolares devem seu estabelecimento aos esforços de figuras públicas tanto ortodoxas como sionistas.

ASSIMILAÇÃO ORIGINAL
Um epílogo para o centenário da morte de Rahel Varnhagen

I

Hoje na Alemanha parece que a *assimilação* judaica deve declarar sua falência. O antissemitismo social geral e sua legitimação oficial afetam em primeiro lugar os judeus assimilados, que não podem mais se proteger por meio do batismo ou da ênfase de suas diferenças com relação ao judaísmo oriental. A questão do sucesso ou fracasso da assimilação é mais urgente do que nunca precisamente para os judeus assimilados, pois a assimilação é um fato e só mais tarde – no contexto da luta defensiva – torna-se uma ideologia; a qual, como hoje se sabe, não pode se manter por ter sido refutada pela realidade da maneira mais completa e inequívoca do que nunca. A assimilação é a entrada dos judeus no mundo histórico europeu.

O papel dos judeus neste mundo não pode ser inequivocamente determinado nem de maneira sociológica nem em termos histórico-intelectuais. Especificamente o antissemitismo moderno – o antissemitismo dirigido contra os judeus assimilados e que é tão antigo quanto sua assimilação propriamente dita – sempre acusou os judeus de serem os portadores do Iluminismo. Isto se deveu basicamente à vulgar polêmica de Grattenauer em 1802 e à sátira consumadamente espirituosa de Brentano refletindo o antissemitismo dos últimos românticos, da Sociedade da Mesa Germânica Cristã [*Tischgesellschaft*]. Essa polêmica não é acidental. Ao menos no início do último século, é verdade que não havia assimilação desestruturada. A assimilação sempre significou assimilação *ao Iluminismo*.

O Iluminismo prometeu aos judeus a emancipação e, acima de tudo, proveu-os de argumentos para reivindicarem direitos humanos iguais, por isso quase todos eles tornaram-se defensores do Iluminismo. Mas o *problema* da assimilação dos judeus começa somente *depois* do Iluminismo, primeiro na geração que seguiu Mendelssohn. Este último ainda podia acreditar estar em concordância fundamental com o Iluminismo de vanguarda – que significava naquele tempo os representantes da Alemanha cultural. Mas já seus alunos encontraram resistência contra seus apelos à razão e ao sentimento moral. Até Schleiermacher tomou a "Carta aberta a diversos chefes de famílias judias", escrita por David Friedländer, como um exemplo dos "primórdios de nossa escola literária". Inicialmente os judeus não conseguiam compreender a nova consciência histórica que surgia primeiro na Alemanha porque ela não lhes fornecia argumentos adicionais para suas demandas.

Isso quer dizer: os judeus como um todo não mais podiam ser assimilados. Mendelssohn ainda era capaz de falar sempre em nome "dos" judeus, que ele queria esclarecer e libertar. Igual a Dohm, ele acreditava que emanciparia os judeus *como um todo*. O movimento batismal na geração seguinte mostra que a questão judaica tornara-se então um problema para o judeu *individual,* tornara-se o problema de entrar em acordo com o mundo de algum modo. O fato de ser possível discernir certas soluções típicas naquilo que, em cada caso, eram decisões pessoais não refuta esta afirmação. *A questão judaica torna-se um problema do judeu individual.*

II

Rahel, Henriette Herz, Dorothea Schlegel e as irmãs Meyer são exemplos desses "indivíduos". Tudo que elas tinham em comum era um desejo de escapar de seu judaísmo e todas elas foram bem-sucedidas em alguma medida. Henriette Herz fez sua tentativa por meio do saber. Ela dominava latim, grego, um pouco de sânscrito, matemática e física. O cristianismo que Schleiermacher lhe ensinou tornou-se um recurso cultural auto-evidente. Ela era respeitada, bonita e muito amada. Desenvolveu uma reputação de frieza porque permaneceu impassível, nada a atingia. Com instintos afiados, ela se defendia contra qualquer paixão, contra qualquer engajamento sério com o mundo. Ela acreditava que se podia estudar o mundo; esperava que fosse possível suborná-lo com virtude. E o mundo confirmou isto ao respeitá-la.

Dorothea Schlegel, a filha mais nova de Mendelssohn, abandonou seu marido, um respeitável comerciante judeu, por Friedrich Schlegel. Ela não encontrou o mundo, encontrou Schlegel. Ela não foi assimilada ao Romantismo, mas a Schlegel. Ela não se converteu ao catolicismo, mas à fé de Schlegel. Queria "construir[-lhe] um templo". Seu amor era completamente irrefletido, meramente a expressão fulgurante de sua fascinação. O que permanece é o fato de que ela foi bem-sucedida em render-se, em devotar-se totalmente a alguém e em ser conduzida pelo mundo por ele. O mundo não era nada além de um transitório contraponto para seus sentimentos, para toda a paixão acesa em seu ser interior.

Marianne e Sarah Meyer vieram de uma família rica que as proveu com "uma educação aristocrática e instrução cultural". Sua inteligência e sua educação eram idênticas à sofisticação mundana.

Marianne casou-se com o conde Reuss e depois da morte deste carregou o título de *Lady* von Eibenberg. Sarah viveu por muitos anos em um casamento feliz com o barão Livoniano Grotthus. Ambos residiam no vasto mundo, cercados de reconhecimento e adulação. Eles foram incorporados pela sociedade, mesmo que de vez em quando fossem repentinamente recusados, que algumas casas não os quisessem receber, que Gentz dissesse que sua sociedade era quase "*mauvaise société*" e que o gracejo do príncipe Ligne, segundo o qual o barão Arnstein era "*le premier baron du vieux testament*", circulasse por toda Viena. Esses insultos triviais, que eles tinham de estar preparados para enfrentar a qualquer momento, provocaram em *Frau* von Grotthus uma vaidade incomensurável e, em *Frau* von Eibenberg, o "conhecimento misantrópico do caráter humano." Também deu origem à inteligência, à atenção e à arte de tornar "distrativo até mesmo o tédio."

Esses são simplesmente alguns casos individuais que poderiam ser complementados à vontade. É característico de todas essas mulheres que elas sabiam como apagar os rastros que deixavam para trás, que eram capazes de entrar no mundo social, que nem mesmo precisavam enfatizar: "deve-se escapar do judaísmo" (Rahel).

III

Em vista de seus riscos e de sua necessidade, perguntar se a assimilação foi ou não bem-sucedida parece inútil. Não é sequer possível determinar se Rahel obteve sucesso nesse ponto. O que é certo é que ela nunca foi capaz de apagar seus rastros, de negar na prática suas origens, embora tenham sido feitas por ela mesma as mais coléricas e amargas observações sobre sua própria judeidade. Mesmo assim, ela nunca tentou compensar o desenraizamento de sua existência com qualquer substituto, e ela compreendia como conduzir de maneira extremamente consequente cada desespero, mesmo aquele relativo a sua herança. Assim, ela se tornou exemplar – menos pelo que disse e mais pelo curso de sua vida em si – para uma situação que não era exclusivamente dela.

Rahel não estudou nada. Ela destacou para Veit, a amiga de sua juventude, sua "ignorância" e o fato de não poder alterá-la; "deve-se me tomar tal como sou". Nenhuma tradição transmitira nada a ela, nenhuma história previu sua existência. Totalmente independente porque nascida em um mundo não cultural; sem preconceito porque parecia que ninguém havia julgado antes dela; como se estivesse na situação paradoxal do primeiro ser humano, ela foi compelida a se apropriar de tudo como se estivesse encontrando pela primeira vez. Ela era dependente do ineditismo. Certa vez, Herder exigiu explicitamente aos "judeus cultivados" uma ausência de preconceito. Para Henriette Herz, a libertação de todo conteúdo transformou-se em liberdade para qualquer coisa. Tudo podia ser estudado. Sua independência tornou-se uma insensata aptidão para tudo. Como Rahel insistia em sua ignorância, ela realmente documentava a generosidade e indeterminação de um mundo em particular, historicamente dado; esta foi a fonte de sua maneira impressionante de descrever as coisas, pessoas, situações. Tudo se apresentava a ela como que pela primeira vez. Ela nunca tinha uma fórmula memorizada e pronta. Sua perspicácia, que já era temida quando ela era uma garotinha, não era nada além dessa forma totalmente desonerada de ver. Ela não vivia em nenhuma ordem particular do mundo e recusava-se a estudar qualquer ordem do mundo; sua perspicácia podia unir as coisas mais incongruentes e discernir incongruências nas coisas mais intimamente unificadas. Seus amigos elogiavam essa característica como originalidade, enquanto seus inimigos a viam como uma ausência de estilo, um distúrbio, um prazer imotivado em paradoxos. Talvez sua maneira de se expressar fosse realmente sem estilo, pois ela carecia de um modelo, de uma tradição e de uma consciência precisa de quais palavras devem estar juntas umas às outras. Mas ela era genuinamente "original": ela nunca obscureceu nada com uma expressão familiar. A despeito de toda sua originalidade, de toda sua avidez para a conquista, Rahel demonstrava não apenas a ausência de preconceito como também o vazio de alguém totalmente dependente da experiência, alguém que deve ordenar toda uma vida por trás de cada opinião.

Cultivar uma opinião no mundo alheio é um aspecto essencial da assimilação. Para Rahel, essa opinião derivava de sua vida, dependia do fato de que seres humanos, destinos, acontecimentos não a deixavam sozinha, não a esqueciam; antes, vinham a seu encontro. Ela poderia ter escapado dessa dependência em relação a sua própria vida por meio do estudo insensato ou do casamento. Ela tentou isso certa vez quando conheceu o conde Finckenstein, quando ele se apaixonou por ela e ela tornou-se sua prometida. Ela tinha influência suficiente sobre Finckenstein para tê-lo trazido ao altar. Mesmo muitos anos depois a razão pela qual ela não o fizera continuava incompreensível para seus amigos. O motivo era bem simples: o que poderia ter sido a história de sua assimilação tornou-se sua história de amor pessoal. Ela "rendeu-se ao acaso quando ela poderia ter calculado tudo", – pois somente por meio do acaso um mundo que ela considerava indeterminado poderia satisfazê-la. Ela poderia ter se enganado considerando que o fato de, dentre todas as outras pessoas, Finckenstein ter sido o primeiro, *le premier qui a voulu que je l'aime*, tornava o casamento necessário; e então ela teria sido sugada como Dorothea Schlegel.

Não tendo uma posição social que ofereceria uma orientação auto-evidente, a única possibilidade de Rahel encontrar o mundo era em sua própria vida. Confiar nessa vida e em suas experiências era a pré-condição de seu sucesso final em abrir caminho para a realidade. Mas nada mais do que a pré-condição, pois para realmente ingressar em uma história alheia, para viver em um mundo estrangeiro, ela teria que ser capaz de comunicar suas experiências e a si mesma.

IV

Nota-se com frequência, sem dúvida corretamente, que o aspecto mais notável da assimilação de Rahel, sua situação de teste, por assim dizer, foi que ela esteve entre os primeiros a verdadeiramente compreender Goethe. Mas não se deve deixar de notar que essa compreensão não era devida a alguma inteligência ou sensibilidade incomuns, mas era antes o resultado da difícil situação de ter que se comunicar e de precisar de uma linguagem para tal comunicação. Para sua vida não afundar totalmente no vazio, ela tinha de tentar de alguma forma transmitir a si mesma para a história por meio da comunicação. Essa tentativa teria sido totalmente sem esperança e desorientada se ela não tivesse tido em Goethe o "mediador", alguém a quem ela podia se prender e imitar.

Goethe foi o grande golpe de sorte na vida de Rahel. "O poeta me acompanhou sem falta por toda a minha vida." "Poderoso e robusto, ele uniu em mim o que a tristeza e a felicidade haviam dividido e o que eu não fora capaz de conservar visivelmente unido." Ele ensinou-lhe a conexão: que a felicidade e a tristeza simplesmente não caem dos céus sobre uma criatura, mas que só há felicidade e tristeza em uma vida e, como tal, essa vida pode ser sua coerência. A felicidade e a tristeza são elementos formativos em *Wilhelm Meister*. Na vida de Meister a questão da felicidade ou infelicidade quase não tem sentido; tudo que ocorre é tão significativo que quase não há brecha para a invasão de um elemento destrutivo. O acaso em si é aqui um "homem educado" (Schlegel). Inicialmente, a vida de Rahel não tinha história e estava exposta à pura destrutividade; mas a insensatez dessa outra vida a permitiu compreender; a ensinou que o amor, o medo, a esperança, a felicidade e a infelicidade não eram simplesmente horrores cegos, mas, quando estavam especificamente situados, emergindo de um passado determinado e se direcionando a um futuro determinado, eles podiam significar algo que os seres humanos são capazes de compreender. Sem Goethe ela teria visto sua vida apenas de fora, em contornos fantasmagóricos. Ela não poderia ter desenhado uma conexão entre sua vida e o mundo para quem ela teria que recontá-la. "Eu me aliei a sua generosidade, ele sempre foi meu amigo mais único e seguro"; porque ele era a única pessoa que ela tinha para amar tão verdadeiramente, a medida de sua vida "[era] encontrada não em mim, mas nele". Ele a compelia extensamente a conhecer o mundo dos objetos, isto é, a parar de ser desproporcionalmente e inutilmente original. Porque ela o entendia e se compreendia por meio dele, ele pôde se tornar para ela algo como um sucedâneo da tradição. Ela se converteu a ele, juntou-se a ele e, portanto, tem agora um lugar na história alemã.

Rahel não adquiriu de Goethe a "arte de existir" (Schlegel), mas ela dominou ao ponto da virtuosidade a arte de comunicar sua própria vida, de se apresentar. Poder invocar apropriadamente a autoridade de Goethe e poder, por meio dessa invocação, não meramente ser compreendida pelos outros, mas estar em solidariedade com eles; isso Rahel deve a uma peculiar congruência entre sua própria situação e o ambiente mais amplo: o sucesso ou fracasso de sua vida dependia de ela conseguir ou não penetrar na realidade do mundo. Por razões totalmente diferentes, toda sua geração, a geração de Humboldt, Schlegel, Gentz e Schleiermacher se encontrava na mesma situação.

V

Os portadores do Iluminismo, cuja continuação é o Romantismo, são os burgueses. Os burgueses não mais pertencem a qualquer posição social, eles não representam mais nada. Se quiser "aparecer" de alguma forma, o burguês só pode oferecer o "que ele tem" e então ele é simplesmente "risível e insípido". Ele não pode "apresentar" a si mesmo, ele não é uma "pessoa pública" (*Wilhelm Meister*), mas meramente um homem privado. Na representação o homem era visível. No mundo do burguês, que não tem relação com a representação, uma vez tendo sido dissolvidos os níveis sociais, emerge o medo de não ser visto, de não se ter o endosso de sua própria realidade. Wilhelm Meister tenta por meio da educação aprender a se apresentar. Se ele conseguir, se torna uma "pessoa pública" e não apenas alguém que "é apenas o que tem". As pessoas que são capazes de se auto-apresentarem encontram-se em salões. Essa apresentação é sua conversa.

O "salão" é a oportunidade e a justificação sociais de Rahel. Ela encontra nele a fundação sobre a qual pode viver, o espaço no qual ela é socialmente reconhecida. O salão é sua realidade social. Enquanto essa realidade durar ela não tem necessidade de casamento ou batismo. Só quando o salão desaparecer depois da infeliz guerra ou retornar às mãos daqueles que sempre pertenceram à alta sociedade, ela é forçada a buscar outra existência possível, outra possibilidade de não ser atropelada pela história e esquecida. Em 1811 ela casa-se com Varnhagen e converte-se ao cristianismo. E Varnhagen dedica quase toda a sua vida a preservar a vida dela, suas cartas, sua pessoa, e a passá-las para a posteridade.

1933

A RECLASSIFICAÇÃO PROFISSIONAL DA JUVENTUDE

A RECLASSIFICAÇÃO PROFISSIONAL DOS JOVENS É DE VITAL interesse para toda a juventude judaica, quer de direita ou de esquerda, religiosa ou ateísta, sionista ou assimilada. Esse é o motivo pelo qual listamos abaixo diversos pontos-chaves e iniciamos uma discussão na qual todos são encorajados a tomar parte.

1. Sempre houve a consciência de que classificar judeus é anormal, dado que serem camponeses ou operários não constitui a base de sua existência social e econômica. Desde os primeiros dias de sua emancipação, os judeus começaram a pregar a reclassificação como panaceia universal contra o antissemitismo; por volta de 1900, quando um grande número de pessoas migrou da Rússia e da Polônia para os Estados Unidos e para a Argentina, a caridade judaica começou a reclassificar estes infelizes; assim nasceram as grandes colônias na América do Sul. Recentemente, Hitler fez da reclassificação uma necessidade política para os judeus alemães. O sionismo, por sua vez, conferiu um novo significado a todas essas empreitadas.

2. Há, portanto, muitas razões para a reclassificação. Algumas pessoas recorrem a ela para melhor se assimilarem; os judeus, creem, serão então repartidos de maneira mais equilibrada em meio à população e nenhuma categoria será por eles sobrecarregada. Espera-se assim se desjudaizar, mas esquece-se que o antissemitismo nasce onde quer que os judeus criem uma competição; assim, na Polônia, onde já existe um proletariado judeu, há antissemitismo entre os operários.

3. A reclassificação profissional torna-se urgente quando o elemento judeu é forçado a abandonar sua situação e a se preparar para uma nova emigração. Esta reclassificação deve então ser direcionada com vistas a regiões definidas onde haja uma real demanda para uma particular força de trabalho; ademais, a preparação deve ser feita de maneira profunda; qualquer diletantismo neste domínio pode apenas arruinar existências.

4. A reclassificação ainda é efetiva no sionismo; ali, é praticada para servir à construção nacional e à normalização social de todo o povo.

5. A reclassificação profissional baseada na caridade é sempre suspeita; é claro, não estamos colocando em questão a boa vontade e a ajuda genuína de muitos grandes benfeitores. *Mas caridade não é solidariedade; ela ajuda exclusivamente indivíduos isolados; ela nunca age com base em um plano de conjunto; e por isso, no fim, não é produtiva.* A caridade divide o povo entre aqueles que dão e aqueles que recebem; os primeiros, quer queiram ou não, têm interesse que os últimos não coloquem em perigo sua situação no país e portanto que fiquem distantes (antissemitismo filantrópico). Aqueles que recebem a caridade tornam-se indesejáveis, degradados e desmoralizados.

6. Em suma: *a reclassificação profissional deve estar nas mãos daqueles que estejam determinados a se tornar um povo trabalha-*

dor. Não pode ser feita de modo fortuito: ela exige um plano de conjunto. Não se trata de uma degradação social, mas de reabilitação social. É o esforço pelo estado normal de todo um povo para todo um povo.

Enfim, devemos ter consciência de que a reclassificação profissional não é o caminho definitivo para a salvação, mas apenas um dos caminhos. Ela não deve conduzir a um desprezo pelo espiritual. Havia um tempo em que todo rabino trabalhava com as mãos. Era um princípio conservado por nossos ancestrais, que combinavam a prática ao espírito.

UM GUIA PARA A JUVENTUDE:
Martin Buber

QUANDO, HÁ QUASE DOIS ANOS, A COMUNIDADE JUDAICA ALEMÃ, em sua totalidade, teve de reagir ao isolamento imposto pelas leis de exceção e à ruína material e moral de sua existência coletiva, todos os judeus, quer gostassem ou não, tiveram que tomar consciência de si próprios *como judeus*. Naquele momento decisivo, nenhum daqueles que conheciam intimamente a situação poderia pensar sem angústia na questão mais difícil: conseguir-se-á dar a este novo gueto, imposto de fora, um conteúdo espiritual? Será possível não apenas organizar superficialmente estes judeus, mas também uni-los por um vínculo *judaico* e torná-los verdadeiros judeus novamente? Há um homem à altura dessa tarefa? Há, neste domínio, um guia do judaísmo alemão? Um líder que seja mais do que um bom propagandista do sionismo, mais do que um eminente conhecedor dos problemas judaicos, mais do que um erudito e historiador excelente e mais do que uma representação viva da cultura judaica – em suma, há alguém que seja tudo isso e ainda mais?

Nesse sentido, em nosso dias, *Martin Buber* é o guia incontestável do judaísmo alemão. Ele é o chefe oficial e real de todas as instituições educacionais e culturais. Sua personalidade é reconhecida por todos os partidos e todos os grupos. E, além disso, ele é o verdadeiro líder da juventude.

Ele não se tornou um líder apenas recentemente. Há três décadas, não há uma única geração jovem que não tenha sentido sua influência de maneira decisiva. Há três décadas, ele se opõe firmemente tanto ao sionismo exclusivamente político, cuja atividade está frequentemente sob o risco de se esgotar em negociações e organizações, quanto a uma ortodoxia ressecada, que corre o risco de se petrificar em ritos tradicionais. Sionista apaixonado desde os tempos de suas primeiras publicações no início deste século, Buber sempre soube infundir o sionismo com um espírito particular. Ele une de modo incomparável a preservação do passado à luta pelo futuro. Hoje e sempre, ele tem reiterado que o renascimento do povo judeu só pode acontecer por meio de um retorno radical a seu grande passado e a seus valores religiosos vivos; é isto que o fez ganhar o coração e o espírito de todos os jovens que, em sua jornada rumo a um judaísmo esquecido, procuravam desesperadamente pelo conteúdo espiritual daquele judaísmo do qual eles haviam se tornado distantes.

O que Ahad Haam fora para a Europa oriental, Buber se tornou para a Europa ocidental. Os jovens descobriram neste homem e em seu trabalho aquilo que procuravam, mas não encontravam nem mesmo nos melhores representantes do sionismo oficial: um judaísmo positivo. Há trinta anos, Buber o apresenta e representa, sempre jovem, sempre renovado. A partir da "ciência do judaísmo", que por gerações procurou enterrar um povo vivo sob o monumento da filologia exata e da história morta, Martin Buber criou uma "ciência judaica". Essa ciência procura colocar os mais distantes aspectos do passado bíblico em uma relação viva e atual com nossa existência de hoje.

Grande erudito, que desempenhou um papel maior nas discussões teológicas modernas na Alemanha, anteriormente professor na Universidade de Frankfurt, Buber nunca se limitou a sua ciência: ele está sempre consciente do porquê de seu saber e a qual objetivo ele é necessário; nunca esquece o futuro em favor do passado; mas é no passado que ele encontra as sementes do futuro; as demandas do "Tu" de Deus para o "eu" do homem – para usar a terminologia de Buber – são encontradas no Genesis e nos Salmos, nos Profetas e no Livro de Jó; é apenas ouvindo essas vozes muito antigas e aprendendo a compreendê-las que saberemos como realizar a missão dada por Deus a este povo, Seu povo.

Essa atualização do passado está no cerne do ensinamento, do trabalho e da influência de Buber. O que desempenhou um papel ainda mais importante do que seus *Discursos sobre o judaísmo* [*Drei Reden über das Judentum*] é sua esplêndida tradução alemã da Bíblia, empreendida há muitos anos em parceria com Franz Rosenzweig. Essa tradução comoveu, fascinou e influenciou não apenas judeus, mas todos os alemães interessados em questões espirituais. Um esforço como esse não havia sido empreendido desde Lutero – de interpretar a bíblia poeticamente em outra língua, em consonância com seu espírito. Cento e cinquenta anos atrás, no começo da emancipação, a tradução alemã da Bíblia em alfabeto hebraico feita por Moses Mendelssohn conduziu a juventude judaica do gueto ao aprendizado do alemão para poder, por esse caminho estranhamente sinuoso, penetrar na vida germânica e europeia do período; de forma semelhante, em nossos dias, a formidável empreitada de Buber não é nada mais do que um caminho sinuoso para reconduzir os judeus ao hebreu, a língua da Bíblia; uma forma de reconduzi-los ao passado judaico, seus valores e exigências. No início e no fim da história judaica alemã ergue-se uma tradução da mais imensa das posses judaicas – a Bíblia. E este fato expressa, talvez melhor do que tudo, a ligação indissolúvel que existe entre toda a história judaica – até mesmo a mais moderna – e seu grandioso início.

Enquanto as lições e tratados de Buber – sobretudo *O reino de Deus* [Königstum *Gottes*], seu trabalho fundamental – se endereçam a uma elite espiritual, sua tradução da Bíblia, sua redescoberta do hassidismo e sua nova apresentação das lendas judaicas abrem-lhe e asseguram-lhe esfera de influência vasta e geral; hoje, esses trabalhos não devem faltar na biblioteca de nenhum lar judaico. O fato de estes contos hassídicos terem impressionado tanto judeus assimilados prova claramente que Buber está certo quando diz que "mesmo no judeu mais adaptado, quando se sabe fazer desabrochar sua alma, vive o conhecimento, exigência da fé". Ele, Buber, conseguiu desabrochar a alma desses judeus adaptados. Ele conseguiu porque, com toda sua profunda ciência, ele sempre permaneceu um homem moderno no melhor sentido desta palavra. Ele conseguiu conquistar a juventude porque ele não enterrou a si mesmo ou ao judaísmo debaixo de um passado grandioso, mas soube redescobrir as raízes vivas deste passado para construir um futuro ainda mais grandioso.

> Eu quero continuar vivendo, eu quero meu futuro, eu quero uma vida nova, integral; uma vida para mim, para o povo em mim, para mim no povo. Porque o judaísmo não tem só um passado; pelo contrário, apesar de tudo que já criou, considero que o judaísmo tem, acima de tudo, não um passado mas um futuro. É nisto que acredito: o judaísmo, na verdade, ainda não forjou sua obra e as grandiosas forças que vivem dentro do povo judeu, o povo mais trágico e incompreensível de todos, ainda não fizeram sua contribuição vital à história da humanidade.

1935

JOVENS VÃO EMBORA PARA CASA

ÓRFÃOS!

Por dois mil anos, os judeus têm vagado pelo mundo levando a tiracolo seus pertences, suas crianças, sua nostalgia de uma pátria. Seus bens, eles frequentemente perdem em países estrangeiros. E o que ganham? A experiência da tristeza – a capacidade de se adaptar e não se deixar ser aniquilado. Mas as crianças, ainda incapazes de compreender plenamente esse destino, perdem tudo: um lar estável, um ambiente normal, sua pátria, seus amigos e sua língua. Eles não são somente desenraizados, como também são logo desencaminhados.

A emigração alemã nos trouxe crianças, adolescentes e jovens sem um futuro, convencidos de que são desafortunados e que nunca chegarão a lugar algum. Os pais, sobrecarregados com preocupações, não têm tempo de cuidar dos filhos. Suas vidas já estão para trás; o que realizaram ou deixaram de realizar é uma questão já resolvida. Eles quase não pensam sobre o futuro e, ocupando-se unicamente com o presente, esquecem a situação de suas crianças. Aliás, como esta situação pode ser remediada? As crianças não têm o direito de trabalhar e não podem aprender coisa alguma. Tudo o que podem fazer é ajudar nas tarefas domésticas para ganhar os trocados sem os quais morre-se de fome. Logo, embora não seja culpa de ninguém, as crianças são exploradas por seus pais.

UMA SOLUÇÃO

Foi sob essas circunstâncias que os pais receberam uma carta, há alguns meses, de uma organização ainda desconhecida para eles: *Juventude Aliyah*. A carta afirmava que certificados adicionais para a Palestina estão sendo oferecidos aos jovens. Reconhecidamente, não em grande quantidade. Mas os jovens que não têm mais documentos, nenhuma possibilidade de aprender alguma coisa na Europa e que vagam sem objetivo nas ruas serão admitidos na *Eretz* Israel. Hoje, nosso país é grande e desenvolvido o suficiente para assumir a educação de parte de sua juventude. E está feliz em fazê--lo. Os assentamentos judaicos aceitam jovens imigrantes por dois anos e lhes proporcionarão educação e treinamento prático. Eles oferecem suas fazendas como escolas, seus *Haverim* (companheiros) como professores.

Isso é o que dizia a carta.

Ao receber a carta, os pais desconfiam. Mais um comitê de resgate? Mais perda de tempo e gastos com o metrô? A oferta parece muito boa para ser verdade; não haveria segundas intenções?

Os filhos também estão céticos. Toda mãe, é claro, apresenta seu filho como a pérola da Criação, mas – paradoxalmente! – tenta silenciar a pérola e falar em seu lugar... No dia seguinte, contudo, os filhos, longe de estarem intimidados com os pedidos de silêncio, aparecem por conta própria nos escritórios da Aliyah para uma discussão séria sobre seu futuro. E é ao longo dessa entrevista que a verdadeira tragédia desses pequenos *Aasveros[1]* aparece.

O "VELHO SIONISTA"

Um belo dia, um pai chega com seu filho. Endereço: albergue para desabrigados. Ele "simplesmente" acabou chegando ali.

Primeiro, ele foi direto da Alemanha para a Palestina. Não o deixaram sequer desembarcar, foi enviado para Marselha. A partir dali, o abrigo de Paris estava a somente "um passo de distância". Seu filho de quinze anos o acompanha. Enquanto o pai conta sua odisseia, o filho está quieto e insociável. Ele está envergonhado de seus muitos infortúnios, se opõe a eles, comporta-se como se nada daquilo lhe dissesse respeito, como se fosse a história de outra pessoa e ele estivesse naquela sala por acaso; ele não quer se identificar com o infortúnio! Por outro lado, ele se proclama imediatamente um "velho sionista". E no dia seguinte, ele volta sozinho, sem seu pai. É aí que podemos conversar tranquilamente com o jovem, viajante a contra gosto. Que ele não tenha vergonha de seu infortúnio! Que ele não atribua a isso um sentido pessoal, pois não se trata absolutamente de sua desgraça privada; é a desgraça de todo o seu povo. Nada é transformado ou melhorado pelo silêncio ou pela hipocrisia. Sim, ele irá para a Palestina, mas de forma alguma como um remédio para seus próprios problemas, e sim como membro de um grupo; de forma alguma porque ele está na indigência, mas porque ele é necessário

---

1   Esta é uma referência ao personagem legendário do judeu errante, cujas origens remontam à Europa medieval, que torna-se popular no século XVI sob o nome de Aasvero e que inspirou inúmeros escritores, dentre os quais Eugène Sue – *Le Juif errant* (1844-1845) – e Edgar Quinet – *Ahasvérus* (1834). (N.T.)

lá; ele construirá o país para ele, para outros e para aqueles que irão para lá depois dele. Ele não estará sozinho lá. E mesmo aqui, ele não tem mais o direito de sentir-se só, pois é solidário com todos aqueles que conhecem o mesmo destino.

Frequentemente, os jovens que vêm à Aliyah falam dela a seus amigos e estes também vêm por si próprios, desacompanhados. Essa é a melhor propaganda. Um jovem de catorze anos entra. Ele quer "pegar informações". Onde estão seus pais? "Eu prefiro", diz ele, "não preocupá-los desnecessariamente antes de ter tomado uma decisão firme." A Palestina aparece-lhe como "a única solução para a questão judaica", mas ele se pergunta se tem o direito de deixar seu pai, para quem ele lida com toda a correspondência francesa. Além disso, pode-se ir embora antes de atingir a idade adulta? A única resposta para essa pergunta é: Juventude Aliyah. Quanto à correspondência francesa, sua irmã de treze anos terá de cuidar dela. Uma vez que tudo está pronto, ele informa seus pais e duas semanas depois ele está no campo, onde, aprendendo agricultura, ele começa a resolver a questão judaica de maneira prática.

A MELHOR AJUDA!

A Juventude Aliyah não é uma instituição de caridade. Verdade, aqueles que não têm dinheiro devem ser ajudados. Mas apenas dinheiro não resolve o problema desses errantes. As escolas e a aprendizagem profissional são apenas uma preparação para novas migrações. E enquanto os pais ainda têm suas dúvidas, os jovens estão bastante conscientes disso! Em cada meio social, há jovens que querem realizar o *Haloutziouth* (trabalho de pioneiros); isso nunca deixa de provocar mais discussão entre os representantes da velha e da nova gerações...

A maioria das crianças ainda não foram estragadas, mas estão em desespero. E mesmo quando foram expostas ao pior, elas se recompõem muito rapidamente. Os pais infelizmente aprenderam a *schnorrer* (mendigar) em Paris; as crianças ainda não mendigam ou desaprendem rapidamente quando lhes é dito que os extras que eles estão erroneamente pedindo são tirados do seu próprio dinheiro coletivo ou do de seus companheiros.

Suas provações na Alemanha, emigração e vida no exílio arruinaram moralmente os mais velhos e os tornaram muito servis ou muito insolentes. Quanto às crianças, logo que são postas em uma atmosfera diferente e lhes é dado trabalho, elas rapidamente recuperam uma dignidade natural.

Algumas semanas de campo preparatório, com trabalho e estudo, jogos e cantoria, leitura e discussão livre sobre todos os assuntos que lhes interessarem restauram sua liberdade e alegria. Sim, restaura sua juventude perdida.

Essa alegria, essa dignidade e essa juventude serão convertidas em força e essa força vai reconstruir o país.

1935

O JULGAMENTO GUSTLOFF

NO MOMENTO EM QUE ESTAS LINHAS ESTÃO SENDO ESCRITAS, O veredito do julgamento de David Frankfurter não foi proferido. Também não é muito importante se o homem que matou Gustloff vai desaparecer atrás das grades da prisão de Graubünden Canton sob a acusação de assassinato ou homicídio culposo. A relevância do julgamento foi muito maior do que isto.

Evidentemente, não se pode dizer que Frankfurter estava à altura de algo dessa importância. Ele não é um homem de propósitos firmes nem um cabeça quente – não é uma personalidade obcecada com ideias. Nenhum membro do partido operário, nenhum intelectual medíocre teria falhado tanto quanto esse réu, teria perdido tantas chances de oferecer objeções e apresentar suas próprias acusações. No meio burguês e patriarcal de uma corte suíça – tão calma, tão honrável e tão obviamente focada – pode até ter lhe dado alguma vantagem o fato de que ele era realmente a pessoa que a defesa retratara: um estudante pobre e doente, quase às lágrimas e que treme agitadamente por dentro apesar de sua compostura externa. Pode até ser que sua falta de concentração quando deu seu testemunho e sua inabilidade de entrar no papel que o destino o havia conferido tenham encorajado a corte a considerar circunstâncias atenuantes. Em todo caso, Frankfurter não é nenhum herói da era, mas meramente sua vítima – uma vítima que soltou um grito estrondoso. E porque as sombras dos eventos nos quais agiu eram tão lúgubres e vastas, seu grito foi respondido com um eco no mundo inteiro. Os tiros disparados por esse jovem judeu desesperado reverberaram para além das paredes de Davos; o som ressoou por toda a Suíça e atingiu o coração da consciência mundial. O fato de esta consciência mundial ter podido falar – e extensamente – ficará gravado em uma página de honra na história da justiça Suíça.

Assim, Frankfurter era uma figura central apenas para a imprensa alemã. Para o resto da Europa, era o Terceiro Reich que estava sentado no banco dos réus. Berlim já esperava por isso. Nos dias anteriores ao julgamento, o Hotel Steinbock converteu-se na sede da "delegação" alemã. Sob a liderança do general da expedição, o diplomata bernense von Bibra, todos os detalhes haviam sido planejados e exercitados: desde a marcha formal saindo do hotel até demonstrações coordenadas na corte. Tinha de se ver com os próprios olhos o quão meticulosamente estava tudo orquestrado, da distribuição de instruções em cópias de carbono até como reagir à declaração das acusações e a diversas situações do julgamento da forma como podem ser omitidas ou interpretadas; ou pela forma como os fotógrafos que eles haviam trazido tiravam fotos de cada jornalista, de todos que ouviam na corte; ou como os "estenógrafos" (vulgo agentes da Gestapo) ouviam escondidos todas as conversas durante os recessos. A polícia Suíça fez o seu melhor, mas por enquanto eles estão longe de serem capazes de dar conta. O contingente alemão tomou um terço dos assentos da corte. A competição entre os velhos aleijados da imprensa, Ullstein e Scherl, e o esquadrão, mais jovem, de Goebbels deixou o tribunal ruidoso. Comandando a batalha estavam os drs. Grau, Grim, e Goebel; não obstante, o vencedor em Chur não foi a organização deles mas um senhor idoso de 71 anos, o advogado de defesa, dr. Curti, que estava muito bem preparado. Ele ganhou porque convocou a verdade. Enquanto os espectadores ouviam em um silêncio estarrecido, os prisioneiros dos campos de concentração alemães – imundos, torturados, aniquilados – passaram sob os olhos horrorizados dos juízes. Banhados pelo sol brilhante refletido pelas montanhas cobertas de neve, volumes de documentos, álbuns de fotos, livros e testemunhas juramentadas apresentaram o inferno onde o chumbo das balas de Frankfurter fora forjado. E quando os juízes suíços lançaram um olhar sobre o judeu da Iugoslávia acusado, eles agora o viam – apesar do preconceito dos locais contra forasteiros – sob uma luz diferente. Eles compreenderam suas lágrimas de raiva e sofrimento.

Tomado pela emoção, Frankfurter chorou ao lembrar de seu devoto pai. Eis o que o *Angriff* escreveu sobre essas lágrimas: "De tempos em tempos, Frankfurter saca seu lenço, assoa o item herdado de seu pai – um nariz judeu racialmente puro – e esfrega seus olhos embriagados como se tentasse enxugar algumas lágrimas de crocodilo".

Bem, o nariz de Frankfurter é mais reto que o de Hitler e seus olhos não estão embriagados, mas marejados de lágrimas – e ainda assim é bom que a imprensa alemã tenha escrito isto. Forneceu o acompanhamento para a ária honestamente dissonante cantada pelo muito fotografado Dr. Grim, o cânone que haviam trazido – embora dessa vez, de fato, o tiro tenha saído pela culatra. E como que coordenadamente, a imprensa suíça, que estava esperando para ouvir o tom da imprensa alemã, agora atirou de volta. Fazia muito tempo que os jornais locais não escreviam sobre o real estado das coisas no Terceiro Reich como o fizeram durante este julgamento. Eles viram os alemães posando, protestando, afrontando como se fossem os governantes de uma *gau* (província) chamada Suíça. "Era tudo que os alemães podiam fazer para não colocar em palavras sua indignação com tal testemunho do especialista", escreveu o *Nachtausgabe*, que é tudo que podiam ter feito – pelo menos em uma corte estrangeira! O destino de Frankfurter afundou neste quadro e, ao longo daqueles quatro dias, ficou claro para o público suíço quais perigos estariam pela frente se eles se submetessem àquelas vozes que sugerem ideias fascistas-clericais e recomendam uma assimilação aos seus vizinhos ao norte. Hitler perdeu esse caso.

Mas tampouco Frankfurter o ganhou. Ao fazer o que fez, ele ficou à mercê do destino e, portanto, também em seu julgamento, cuja figura central era Gustloff, o chefe da seção estrangeira nazista na Suíça assassinado, a quem a imprensa nazista chama de "o pai de todos os alemães na Suíça" e que havia ameaçado tornar-se o tirano de Graubünden. E mesmo que o *Berliner Zeitung* chame Frankfurter, um homem de perfeita boa aparência, um "tipo criminal", nós não faremos da fisionomia do falecido – que parecia a de Streicher – o alvo de nossas pragas. Queremos nos ater aos fatos. E o fato é que por um bom tempo nenhuma palavra sequer, além de uma condenação objetiva de seu ato, foi dirigida contra Frankfurter – exceto, isto é, pelo que foi dito em alguns jornais que são fachadas para fontes inverificáveis de dinheiro. Então a situação política tornou-se mais difícil e, com a onda crescente de políticas clericais-conservadoras--capitalistas direcionadas contra a esquerda, palavras mais duras sobre o prisioneiro em Chur começaram a aparecer nas colunas da imprensa. A atmosfera ao redor de Frankfurter tornou-se mais sombria, mas o julgamento em Chur iluminou-a novamente. A denúncia de verdadeiras intenções nazistas, os relatos de espionagem empreendida pela seção estrangeira do NSDAP, o princípio macabro do sadismo como uma *Weltanschauung* – cujo representante era o líder nazista assassinado de Davos e cuja descrição fazia os corações suíços tremerem – tudo isso fez com que o "julgamento por assassinato de Frankfurter" desaparecesse no fundo. Em seu lugar, o caso apresentado ao tribunal nessa corte do cantão de Graubünden foi: *o julgamento Gustloff*. E esse julgamento foi ganho – em grande medida em seu próprio benefício – pela Suíça, que se lembrará de suas lições por muito tempo.

1936

A QUESTÃO JUDAICA

UMA DAS CARACTERÍSTICAS ESSENCIAIS DA RESPOSTA DO MUNDO judaico à questão judaica é uma total falta de interesse em lidar com o antissemitismo. Depois da catástrofe de 1933, a palavra de ordem ouvida em todos os campos judaicos era: *teshuva*,[1] regressar, retornar ao judaísmo, ter consciência de si – sim, mesmo hoje em círculos judaicos totalmente secularizados ainda se ouve o mesmo chamado: retornar ao gueto é *a* palavra de ordem política do dia.

Neste ínterim, a palavra de ordem "retorno" gerou diversos frutos notáveis e certamente inesperados. O *Jüdische Rundschau* admite uma crescente falta de interesse e um declínio constante na adesão

---

1 Literalmente, o termo hebraico significa "retorno", referindo-se também ao arrependimento por pecados e ao consequente retorno a Deus em busca de perdão. Vincula-se a este retorno um movimento consciente para dentro de si, uma reflexão, responsável pela percepção e aceitação dos pecados. (N.T.)

à Associação Cultural Judaica e em diversos *Lehrhäuse* [centros de aprendizagem] – as mesmas instituições às quais até 1935 as pessoas faziam peregrinações como se a um lugar de salvação. A Associação da Juventude reclama de um crescente desinteresse geral dos jovens em assuntos espirituais. O colapso de 1933 – que foi um colapso político, econômico e ideológico e ao mesmo tempo o colapso de todo um mundo espiritual, incluindo seus valores, e que acabou revelando que as posses eram garantias apenas aparentes – levou não a um novo florescimento da vida judaica, mas à apatia e, relativamente aos jovens, a um tipo de rebarbarização.

E assim, endereçando nosso tópico específico nesta noite, é nesse contexto que eu devo oferecer um relato detalhado do que as palavras de ordem de 1933 realmente significam.

A palavra de ordem "retorno" é uma admissão da própria culpa, tanto politicamente quanto, se quiser, moralmente. Isso já está expresso na palavra *teshuva,* ou "ter consciência de si". Desde o princípio, todos os segmentos da comunidade judaica entregaram a posição ou posições que detinham. O inimigo era reconhecidamente um poder esmagador. E a antiga ideia judaica de um julgamento divino reluzia nas declarações até dos líderes alemães mais esclarecidos. A renúncia de analisar, ou lidar com, ou realmente confrontar o antissemitismo equivalia a uma renúncia política de oferecer qualquer defesa que fosse. Pois isso queria dizer que não se estava sequer interessado no inimigo, mas meramente submetia-se a seu poder obviamente esmagador. Mas não há dúvida de que, na política, conhecer seu inimigo é ao menos tão importante quanto conhecer a si próprio.

Parece-me que nossos líderes políticos e espirituais nesses assuntos abusaram e causaram danos quase irreparáveis à fórmula "conhecer a si próprio". Não porque não se deve conhecer a si próprio ou porque tal autoconhecimento e autoanálise não tenham dado resultados extraordinariamente importantes e indispensáveis, mas, ao excluir todo o resto, eles obscureceram nossa visão do contexto histórico mais amplo no qual estamos, quer queiramos ou não, e para dentro do qual – a despeito de entusiastas utópicos do gueto – somos tragados cada vez mais fundo dia a dia, isto é, para o qual massas cada vez maiores de nosso povo são tragadas todos os dias. Quando se percebe que ambos antissemitismos, polonês e romeno, importam seus argumentos da Alemanha, que mesmo Franco, em um país onde não há nem judeus nem uma questão judaica, luta contra as tropas da República Espanhola usando palavras de ordem antissemitas, e que agora estamos encontrando influência alemã na Palestina – sem mencionar os países do norte da África – então quem sabe se torna claro que, pelo interesse da assim chamada comunidade judaica do mundo, não podemos tolerar palavras de ordem como "retorno" sem colocar em perigo os judeus de todas as nações, incluindo a Palestina. E talvez também se torne claro que, mesmo nosso autoconhecimento sendo bastante louvável e completamente necessário e produtivo, ele foi mais ou menos *mal à propos*.

A razão fundamental para esse comportamento não é – como se poderia facilmente, talvez até demais, estar inclinado a presumir – covardia. A razão histórica se encontra, primeiro, na fragmentação, atomização e no isolamento dos judeus alemães com relação ao povo judeu como tal. Um resultado inegavelmente importante desta tentativa de autoconhecimento foi a reconexão dos judeus alemães ao destino do povo judeu em geral. O ano de 1933 atingiu apenas indivíduos judeus isolados, mas não a comunidade judaica. Essa comunidade, admitida pela graça dos nazistas, teve antes de ser confirmada e constituída por nós mesmos. A segunda razão foi a percepção de que em vista de nossa história somos terrivelmente dependentes da história do mundo a nossa volta. O exemplo clássico disso sempre foi o antissemitismo. Dessa percepção correta e muito amarga surgiu a ilusão perfeitamente compreensível de que por meio de um simples afastamento, de um retorno, de uma consciência de nós mesmos, poderíamos mais uma vez reconstituir uma história e cultura completamente independentes. Era uma ilusão por dois motivos: primeiro, porque uma outra retirada da comunidade cultural europeia só pode acontecer com o custo da rebarbarização; e segundo, porque a história de alguém só pode ser constituída como uma história política na luta contra... e nunca no vácuo.

Parece-me que há dois tipos de países antissemitas: aqueles onde a questão judaica é genuína e aqueles onde não é. A Polônia, por exemplo, é o caso de um país com uma questão judaica genuína, e o melhor exemplo de um país antissemita que não tem uma questão judaica a resolver está na Espanha contemporânea, à medida em que está nas mãos de fascistas. A Espanha é um exemplo óbvio de como a questão judaica pode ser colocada artificialmente mesmo onde não pode haver nenhum interesse genuíno no assunto.

Talvez por encontrar-se entre esses dois extremos, a Alemanha tenha se tornado hoje a clássica terra do antissemitismo. O antissemitismo alemão hoje não pode ser justificado nem social nem economicamente; além do mais, a porcentagem progressivamente decadente de judeus na população alemã faz parecer absolutamente ridícula a noção de que este pode ser um grande problema político.

A Alemanha foi um dia um país com uma questão judaica genuína – isto é, durante o período da emancipação, o que para a Alemanha como um todo durou menos de oitenta anos. Até 1869, não havia emancipação total, mas já havia completa assimilação, uma infusão completa de judeus em todos os ramos da economia burguesa do país – com exceções conhecidas – um amálgama em crescimento constante de vários segmentos da população e um reconhecimento de que os judeus possuíam direitos iguais, muito embora ainda não tivesse sido conferida legitimidade política ou jurídica à realidade de fato dos direitos econômicos iguais. A questão judaica moderna surgiu da luta por tal legalização e era uma questão genuína, pelo menos na medida em que era uma batalha pela aceitação de um povo até então completamente fechado em si mesmo, com outras tradições e desenvolvimentos históricos.

A questão judaica é uma questão genuína ou um problema genuíno – o que significa que pode haver *soluções* históricas – onde quer que massas realmente grandes de pessoas residam em meio a outro povo de quem eles são claramente distantes por costume, vestimenta, pela monopolização de certas profissões e pelo desenvolvimento histórico. Este é o caso, contudo, apenas em países que ainda são mais ou menos industrialmente atrasados, nos quais os judeus ou ainda constituem uma comunidade fechada – uma casta originária da Idade Média –, ou, por diversas razões, se tornaram os portadores de certo progresso, como por exemplo na Polônia, onde por muito tempo eles literalmente tomaram o lugar de uma burguesia original apenas para serem expulsos em consonância com a antiga receita do mouro e o dever cumprido. Na Polônia, então, os judeus ainda são reconhecidos em ambas as condições, isto é, como uma "nação dentro de uma nação" e em certa medida como uma classe apartada. Na Polônia pode haver tanto ódio aos judeus quanto uma solução histórica – isto é, uma solução que caminha de mãos dadas com um desenvolvimento histórico particular. Um exemplo do primeiro são os *pogroms* como os da Rússia czarista e da Polônia de hoje; um exemplo desta última é a integração total como encontrada hoje na Rússia soviética.

Nesse sentido, não havia uma questão judaica na Alemanha em 1933. O que torna ainda mais importante perguntar por que, dentre todos os lugares, foi na Alemanha que as palavras de ordem antissemitas foram bem-sucedidas e por que na Alemanha, dentre todos os lugares, foi possível remover totalmente os judeus da vida da nação alemã.

1937 ou 1938

ANTISSEMITISMO

I. INTRODUÇÃO

Em 1781, o conselheiro de corte prussiano Christian Wilhelm Dohm publicou suas sugestões "Sobre o melhoramento cívico dos judeus". Dez anos depois, a Convenção Nacional da Revolução Francesa referiu-se a sua Declaração de Direitos Humanos ao proclamar a emancipação dos judeus. Oitenta e oito anos mais tarde, em 1869, o conselho federal (*Bundesrat*) alemão rescindiu "todas as restrições de direitos civis e legais anteriores baseadas em diferenças de confissão religiosa".[1] Passaram-se meramente duas gerações, e as únicas pessoas na Alemanha que gozam de direitos civis e legais são aquelas que podem provar que nenhum de seus avós era judeu.

Em 1701, Eisenmenger publicou seu *Entdecktes Judenthum* ["Judaísmo desnudo"], o compêndio definitivo de todas as alegações le-

---

1   Texto da lei, conforme assinada por Wilhelm I e Bismarck, citado em Dubnow, *Weltgeschichte des jüdischen Volkes* [História universal do povo judeu], vol. 9, p. 340.

vantadas contra os judeus na antiguidade e na Idade Média e uma fonte generosa mesmo hoje para todo tipo de atrocidade inventada, desde acusações de assassinato ritual até contos sobre poços envenenados. Cem anos depois de Eisenmenger, apenas vinte anos após as primeiras propostas de reforma de Dohm, dez a quinze anos seguintes às primeiras tênues propostas de assimilação, o livro *Wider die Juden* [*Contra os judeus*] de Grattenauer coloca na agenda pública – e não apenas entre plebeus semi-educados, mas também em meio à elite intelectual da capital prussiana: Friedrich Gentz, Clemens von Brentano, Achim von Arnim, Adam Müller, Heinrich von Kleist – algo que soa como uma versão muito moderna do antissemitismo. Todo o círculo de patriotas que se formava em torno da Sociedade da Mesa Germânica Cristã [*Tischgesellschaft*] torna-se antissemita. Em 1869, o mesmo ano em que a plena emancipação civil entrou em vigor na Alemanha, é publicada a primeira edição de *Sieg des Judenthums über das Germanenthum* [Vitória do judaísmo sobre o germanismo] de Wilhelm Marr. Nos anos 1870 a questão judaica não é mais um tópico de discussão, mas antes um ponto ao redor do qual se cristaliza um movimento político cuja palavra de ordem é "antissemitismo".[2] Em 1933 todas as propostas – poderíamos dizer

---

2   Na virada do século XIX, "semita" e "indo-germânico," como usados por Schlegel e Eichhorn, eram termos puramente linguísticos. Eles foram primeiro usados como termos antropológicos e étnicos por Christian Lassen em seu *Indische Alterturmskunde* [Índia antiga] (1847). Lassen caracteriza povos indo-germânicos como os mais dotados e produtivos, isto é, como "bons," e povos semitas como egoístas, gananciosos e improdutivos – em suma, como "maus." Cf. W. Ten Boom, *Entstenhung des modernen Rassenantisemitismus* [Formação do antissemitismo racial moderno] (1928), p. 11 ss. Boom cita Lassen extensamente e devidamente observa: "Não é certamente um acaso que essa declaração venha de um homem que representa uma ciência que de fato nasceu do espírito do Romantismo."

todas as quimeras – de um movimento de 130 anos são realizadas, com a exceção, diga-se, da perene sugestão para resolver a questão judaica abatendo todos os judeus.

A capitulação de todos os judeus alemães era rapidamente seguida pela da comunidade judaica mundial, com todas as esperadas e momentosas consequências – pois de fato todos os protestos, resoluções e congressos simplesmente lançam areia em seus próprios olhos, não nos olhos de seus inimigos. O fardo dessa capitulação foi suportado principalmente pelos círculos sionistas e utilizado pelo movimento sionista, embora este certamente não possa ser culpado por isso. O sionismo de má consciência era mais ou menos um asilo acidental preexistente para o qual pessoas desesperadas podiam fugir em nome de um pouco de esperança e algum resquício de dignidade.

O fracasso político dos judeus alemães e da comunidade judaica mundial face à catástrofe alemã é inteiramente apropriado ao decurso dos 150 anos de história da qual ele é a culminação infame; ele deve ser esclarecido da maneira mais profunda – deve-se desnudar o verdadeiro valor da emancipação e expor seu verdadeiro significado histórico. Na medida em que o desenvolvimento que outrora nos trouxe para as histórias alemã e europeia e agora nos expulsa delas não era judaico, mas estrangeiro, ele inevitavelmente se apresenta na mesma medida – e certamente de maneira mais imperativa para nós hoje – como a história do antissemitismo.

Também não foi por acaso, evidentemente, que essa catástrofe tenha acontecido na Alemanha, ou que o fascismo alemão tenha concentrado sua visão de mundo e seu programa essencialmente no antissemitismo, ou que sua liderança tenha vindo de fragmentos de velhos

A transformação política da palavra "semita" na palavra de ordem "antissemita" bem como sua aplicação exclusiva aos judeus vem de Wilhelm Maar, por volta de 1870.

partidos e grupos antissemitas. Tampouco ela tem qualquer coisa a ver com a velha teoria da válvula de escape – segundo a qual um bode expiatório deve ser encontrado para a insatisfação do povo – ou com a teoria da notória "judaização" da imprensa, do teatro e dos profissionais liberais. Ambas as teorias procuram não levar o fascismo e o antissemitismo a sério. A primeira, a teoria da válvula de escape, está no mesmo nível da velha anedota que faz a pergunta sobre quem deve ser culpado por tudo, para a qual a resposta é "os judeus e os ciclistas", seguida pela pergunta indignada, "Por que os ciclistas?" – para a qual a resposta é "Por que os judeus?". Por outro lado, a judaização como a base para o antissemitismo deixa todas as perguntas em aberto, quer como uma explicação que parte dos próprios judeus que demandam mais "discrição", quer como uma frase antissemita que considera os judeus uma praga sobre a terra contra a qual seus hospedeiros muito mais fortes não podem – por alguma razão extraordinária – se defender.

Que os judeus são a fonte do antissemitismo é a maliciosa e estúpida sabedoria dos antissemitas, que, com esta simples crença diabólica, pensam poder explicar hecatombes de sacrifícios humanos e montanhas de papel requerendo assassinato, pilhagem e incêndio. Mas os judeus fizeram desta a sua própria sabedoria e com ela provaram, como necessário, a atemporalidade do antissemitismo ou a atemporalidade da missão judaica no mundo. Por mais politicamente insignificantes que sejam as teorias deste tipo, nossos inimigos atribuem a elas um significado eminentemente político assim que, miseravelmente irrefletidas, elas aparecem entre nós – como trapos tirados do baú empoeirado do século XIX para vestir um povo que foi perseguido, que passou por *pogroms* e converter isto tudo em um conto de fadas de príncipes e princesas.

A história judaica, que por dois milênios foi feita não por judeus, mas por aqueles povos que os cercam, parece à primeira vista ser uma crônica monótona de perseguição e infortúnio, da brilhante ascensão e queda de alguns indivíduos, expiados por *pogroms* e expulsão das massas. Em consequência, quando a história judaica é contada por judeus, ela geralmente tem sido uma tentativa tácita – raramente *expressis verbis* – consciente ou inconsciente de chegar a um acordo com seus inimigos, ou melhor, com a história de seus inimigos. Mas deve-se também diferenciar claramente entre a história escrita a partir de uma perspectiva nacional, que busca defender a honra do povo judeu ao provar que eles certamente têm uma história própria, e a apologética de uma história escrita por assimilacionistas.

Nas mãos dos *assimilacionistas*, a história judaica converteu-se em uma *história da injustiça* infligida sobre nós que durou até o fim do século XVIII, quando – sem nenhuma transição e pela graça de Deus e/ou da Revolução Francesa – fundiu-se na *história mundial*, a cujo "andamento rastejante," como Hermann Cohen colocou, alegremente confiamos nós mesmos. Em contrapartida, judeus esclarecidos do leste tentaram escrever uma *história nacional* judaica no espírito do século XIX, o que no nosso caso significava seguir os rastros da história judaica contra o pano de fundo da história europeia com o propósito de minuciosamente remendar os contornos do desenvolvimento nacional unificado de um povo disperso. Aparentemente protegidos por direitos civis iguais, os judeus do ocidente escamotearam a história do povo judaico em proveito de uma história da religião judaica – cuja expressão mais pura e mais sublime era sem dúvida a Reforma da sinagoga – a fim de se livrar teoricamente de suas incômodas origens, e de se precipitar com um único salto em uma história mundial cujo "andamento rastejante" abriu caminho para uma exposição paradoxal tanto de patriotismo ardente quanto de "gratidão" bastante servil. [3]

---

3 Hermann Cohen, *Jüdische Schriften* [Escritos judaicos], vol. 2, *Emanzipation* (1912), p. 223. "Sentimos que nos tornamos pessoas de cultura (seguindo o Decre-

Essa objetividade elevada dos judeus no ocidente, para quem ser judeu não era nada além de uma religião na qual eles não mais acreditavam e que, por conseguinte, tentaram fazer da totalidade do passado histórico europeu o seu próprio – sem se interessar pelo fato de que essa história fora de *pogroms* e perseguições – essa indiferença dos assimilacionistas foi contrariada pela escrita de uma história nacional, cujo principal mérito é a tomada de partido. Conseguiu-se assim ao menos escrever uma *Weltgeschichte des jüdischen Volks* [História universal do povo judaico] (Simon Dubnow) que, além de seu valor como uma coleção planejada e coesa de materiais, provou uma coisa: que existe um povo judeu. É contra isso – e não contra uma inabilidade óbvia de compreender certas conexões históricas – que os historiadores assimilacionistas dirigiram sua indignada polêmica contra o percussor de Dubnow, nomeadamente, contra Graetz. A preocupação deles era provar que os judeus são todos os tipos de coisa – uma religião, o sal da terra, cidadãos do mundo *par excellence* – mas não um povo.

Ambos os tipos de historiografia judaica são caracterizados por sua inabilidade para entrar em acordo com o *antissemitismo:* ambos tentaram reduzi-lo a uma opinião individual acerca dos judeus. A escrita nacional da história contenta-se com simplesmente examinar a história procurando por tendências amigáveis ou hostis aos judeus e, tendo avaliado essas visões, as reúne em uma miscelânea.

to Emancipatório de 1812). Qual sentimento de *gratidão* pode ter raízes mais profundas do que aquele que nos eleva para nos tornarmos uma personalidade moral... Toda a injustiça que devemos suportar não deveria nos levar a duvidar do *progresso com o tempo*..." (p. 224) "Permita-nos fazer uso seguro aqui também da *história mundial* e seu passo rastejante [...] Uma consequência que surge para nós [...] desse decreto é que nosso *patriotismo* é mais profundo do que antes e ainda não exaurido." Verdadeiramente, "A história mundial segue caminhos sinuosos". (p. 227) [Itálico no original.]

Os historiadores assimilacionistas, contudo, que têm a vantagem de ao menos levar o antissemitismo a sério, embora somente em suas formas mais inócuas, refutam opiniões individuais – os equívocos de grandes homens, as mentiras de homens menores – na crença de que esta é a melhor forma de contribuir para o progresso da época. Para as acusações antissemitas de que os judeus são improdutivos, eles chamam Moisés e os profetas, Maimônides, Espinosa, Heine e Marx como testemunhas do contrário. Uma citação errônea do Talmud é contrariada com uma precisa. Por sua própria natureza, a lista de tais argumentos é infinita e limitada apenas pela habilidade de invenção dos inimigos. Visto que é *acrítica* no sentido literal da palavra, tal abordagem nunca pergunta a respeito da condição de possibilidade do antissemitismo e das acusações nas quais, afinal, se acredita. Nunca pergunta sobre as reais condições que são a base para tais "calúnias e equívocos." Isso é especialmente verdade para a idade moderna. Para a época anterior à primeira proclamação de emancipação, há um verdadeiro reconhecimento e acerto de contas com as forças que determinaram nossa história – mas apenas porque e na medida em que o passado distante já foi condenado pelo próprio meio no qual os judeus por acaso viviam. Com a emancipação, cessa imediatamente toda crítica ao meio não judaico feita de um ponto de vista judaico. Para os assimilacionistas a história dos judeus coincide com a história daquelas nações em meio às quais eles vivem. A história judaica degenera em uma crônica de diversas comunidades urbanas de judeus – e mesmo isso é escrito como uma apologia, como prova da antiguidade da comunidade judaica respectiva, enquanto o antissemitismo, como uma opinião ou um movimento político, é excluído dessa história positiva e doravante categorizado como "barbarismo medieval" e "preconceito antiquado".

Enquanto a escrita nacional da história é baseada na suposição acrítica de uma *distância por princípio* entre os judeus e sua nação anfitriã, os historiadores assimilacionistas optam por uma suposição igualmente acrítica de uma *correspondência de cem por cento* entre os judeus e toda sua nação anfitriã. A vantagem da hipótese nacionalista em relação à dos assimilacionistas é puramente prática: ela não conduz a ilusões que são tão absurdas. Por exemplo, na Alemanha havia operários e burgueses, havia pequenos burgueses e agricultores alemães, bávaros, prussianos, suábios e assim por diante; e também havia os simplesmente alemães: nomeadamente, os judeus. Muito antes de Hitler inventar seu *Volksgenosse* [compatriota], essa mesma abstração rastejou para dentro das mentes de meio milhão de pessoas. Os judeus eram alemães e nada mais. E uma vez que eles eram simplesmente alemães, não poderia haver diferenças de interesse entre eles e qualquer segmento do povo alemão.

A *crítica sionista* deve levar o crédito por acabar com esse absurdo demonstrando que esses "nada mais que alemães" só eram capazes de se apresentar sob uma luz tão excessivamente positiva porque não pertenciam de fato plenamente a nenhuma sociedade, porque não eram verdadeiramente assimilados em lugar nenhum. Além disso, ninguém além deles mesmos pode se enganar a respeito de seu próprio patriotismo exagerado.

Mas, tanto para o sionismo como para a escrita nacional da história, o estatuto de uma "nação de estrangeiros" é tão indiferenciado quanto cem por cento de correspondência o é para os assimilacionistas. Em vez de uma abstração – o povo alemão – temos agora algo como duas abstrações opostas: o povo alemão e os judeus. Isto também despoja de sua historicidade o relacionamento entre judeus e sua nação anfitriã e o reduz a um jogo de forças (como os de atração e repulsão) entre duas substâncias naturais, uma interação que vai se repetir onde quer que os judeus vivam. Assim, o sionismo permanece fincado em sua ideia sobre a absurdidade da assimilação e chega até mesmo a afirmações puramente dogmáticas formuladas apenas para seus oponentes. Para o sionismo, a assimilação efetiva – isto é, uma completa transformação dos judeus da Europa ocidental – é estranha à essência judaica, que é sempre a mesma, oposta à qual está a igualmente eterna essência do povo anfitrião. Os relacionamentos entre as duas são governados por um respeito alcançado à medida que cada uma mantém a distância apropriada. Claro que é muito lamentável que ultimamente esse respeito seja de fato mais unilateral – ou seja, oferecido apenas por sionistas, que, a título de compensação, não deixam de demonstrar o devido respeito à outra essência mesmo quando ela toma a forma do antissemitismo.[4] Para o sionismo a história da emancipação é o prelúdio de uma catástrofe que tinha de fazer parte do desenvolvimento da consciência nacional. De acordo com essa visão, as coisas só estiveram bem por tanto tempo por conta de ilusões liberais e das tendências individualistas do Iluminismo.

Assimilacionistas nunca foram capazes de explicar como as coisas podem ter ficado tão ruins, e para os sionistas ainda permanece o fato não resolvido de que as coisas podem ter ido bem. Ambas as posições decorrem da mesma insuficiência e ambas surgem de um *medo compartilhado pelos judeus de admitir que há e sempre houve interesses divergentes entre judeus e segmentos do povo em meio ao qual eles vivem.* Como forma de evitar ter de reconhecer qualquer ini-

---

4   O *Jüdische Rundschau* ["Panorama judaico"] tem oferecido prova constante disso desde 1933. Especialmente nos primeiros anos, foi preparado para ir a toda e qualquer distância. É claro que há sionistas que pensam de forma diferente sobre o assunto e demonstram de alguma forma mais dignidade nacional. Mas eles não são típicos, porque "respeito" é uma consequência direta da teoria sionista da "essência" – ligado à lealdade herdada. Caso contrário, não poderia ter sido colocada em prática tão rapidamente com uma questão de consenso geral.

migo verdadeiro e específico, a generalização e a interpretação errônea transformam a proximidade concreta em uma correspondência de cem por cento e a diferença concreta em alienação substancial. O medo dos judeus entrega a exploração de seus próprios assuntos às necessidades transitórias de antissemitas. Somente uma assimilação em escala internacional, que seria equivalente ao desaparecimento dos judeus, ou uma ordem social que não conheça interesses internacionais contrários poderia colocar um fim ao fato de que há diferenças nos interesses. Somente o reconhecimento deste fator pode servir como uma referência para saber se as pessoas reconhecem a existência da questão judaica ou tentam encobri-la.

Tais tentativas de encobrimento tendem a ser expostas mais claramente nas chamadas *soluções para a questão judaica*. De nosso interesse são somente aquelas que são formuladas por judeus para judeus. Isso significa que devemos excluir a Rússia soviética, o único país onde os direitos civis dos judeus são garantidos por lei em sua constituição, que define o antissemitismo como um crime dentro do contexto do código penal e portanto como uma ameaça não apenas aos judeus mas à sociedade como um todo. Ela também fica fora do escopo de nossa observação simplesmente porque a solução da Rússia para a questão judaica não resolve nada em uma escala internacional, nem é esta sua intenção programática.[5]

---

5   A Revolução Russa de 1917 resultou em nada mais e nada menos do que o que foi prometido na Revolução de 1789 – completa emancipação civil. Os judeus somente deixarão de sofrer discriminação quando todo ato de antissemitismo for considerado um ataque à sociedade como um todo. O que não quer dizer que a questão judaica deve ser resolvida com a imitação do modelo russo. De fato, não se pode sequer dizer que a questão judaica tenha sido resolvida na Rússia. Na medida em que a emancipação de judeus russos é simplesmente a completa emancipação civil, a questão pode ser "solucionada" somente às custas da continuidade da existência dos judeus

A assimilação completa e a construção da Palestina pelos sionistas não ficaram no estágio de mera invenção ou declaração, mas ainda determinam até hoje quase tudo que pode em alguma medida ser chamado de política judaica. Ambas as teorias têm o antissemitismo moderno como sua causa essencial e devem portanto ser compreendidas universalmente como explicação, polêmica, justificação ou simplesmente uma saída.[6] A acusação conceitual central levantada por nossos inimigos é – em termos gerais – que os judeus são *estrangeiros*. Desde que Herder definiu pela primeira vez os judeus como "um povo asiático estrangeiro a nosso continente",[7] sua acusação se moveu em muitas direções. Em todo caso, porém, foi a única acusação que a apologética simples e direta achou difícil de retrucar. É bastante característico que tenha sido contra esta definição – e só contra esta – que a formulação de uma teoria regular foi necessária. Ela teve como consequência direta o surgimento da

da Rússia. É verdade que a Revolução Russa desfez essa estrutura ao reconhecer os judeus como uma nação ou "nacionalidade". Mas essa emancipação expandida não teve como tal nenhum efeito concreto sobre a questão judaica, visto que aconteceu juntamente com a total separação dos judeus russos dos outros judeus ao redor do mundo. Isolados de todos os outros judeus, os judeus russos não podem se manter como uma nação, visto que a nação judaica é determinada e definida por seus vínculos internacionais.

6   Isso é verdade também, é claro, para movimentos nacionais dos judeus do leste, muito embora as formas sejam menos flagrantes e de certo modo camufladas – renascença popular, autoemancipação, etc.

7   "Também na Europa, esse povo é e continuará sendo um povo asiático estrangeiro ao nosso continente, obrigado à lei antiga que lhe foi dada. Em que medida essa lei e os modos de pensamento e de vida que dela derivam podem pertencer a nossas nações não é mais uma disputa religiosa, mas uma simples questão de Estado." Herder, *Adrastea*.

dúvida sobre a legitimidade da emancipação, que emergiu de uma constelação histórica estrangeira, não judaica, pela qual os judeus nunca haviam lutado e que não pertencia ao curso de sua história. Pelo menos é como parece à primeira vista. Como isso de fato ocorreu, discutiremos mais tarde.

Ambas as teorias, dos assimilacionistas ou dos sionistas, nenhum dos quais é suicida por profissão, preservam a acusação de estrangeirismo em um certo sentido – os assimilacionistas ao reduzi-la a uma diferença inofensiva de religião e deixando qualquer outra diferença em um passado que, como todos sabem, corrompeu os judeus ao maltratá-los. Qualquer coisa além de uma diferença de religião é o resquício de uma história desagradável que deve desaparecer por si mesma no processo de assimilação. Quanto à diferença de religião, os judeus – desde Moses Mendelssohn – têm a vantagem sobre a Europa cristã de um monoteísmo puro, que o resto da humanidade também vai atingir no fim dos tempos (a esperança messiânica se tornou isto!). Em todos os outros pontos, os judeus emancipados já estão participando da história da humanidade. Ninguém responde a pergunta a respeito do que consiste a história da humanidade – independentemente da história nacional de seus povos –, a menos que seja a evolução em direção a um monoteísmo puro.

A fuga em direção à história da humanidade não pode entrar em acordo teórico com o fato da casualidade manifesta que converteu judeus com um passado judaico em cidadãos de diversos países com passados variados. Esse constrangimento suscita o tipo de patriotismo cômico que leva os judeus alemães a remontarem-se a Armínio, o querusco, e os judeus franceses a Vercingétorix.

Todas as teorias que veem a salvação dos judeus na *assimilação* são baseadas na premissa de um povo anfitrião que forma um organismo totalmente unificado, indiferenciado. O objetivo é a integração a esse organismo. Os judeus se tornam cidadãos alemães de fé judaica. Qualquer reconhecimento de que alguém pertence a uma certa classe de pessoas é evitada. Qualquer um que ouse afirmar isso é rotulado como um antissemita judeu. Na prática, isto leva às situações mais absurdas e constrangedoras. Para assimilar e engajar tantos judeus quanto possível no processo de assimilação – todo judeu não assimilado é um perigo para todos os outros, visto que é prova viva de suas origens estrangeiras comuns – a organização é um pré-requisito. Desde o início do século XIX, os judeus nos países da Europa ocidental existiram politicamente como judeus somente em organizações cujo propósito é fazê-los desaparecer – contribuindo considerável e verdadeiramente para a preservação da comunidade judaica alemã. Tendo em vista que os judeus, por suas próprias convicções, estavam em conformidade com o interesse geral vagamente definido do povo alemão, mas paradoxalmente constituíam uma organização própria, eles sentiam-se compelidos a afirmar sua confiança particular em qualquer governo que por acaso estivesse no poder, o que para eles era sempre apenas a expressão fortuita daquele pretenso interesse geral. Por princípio eles são sempre – e não podem ser de outra forma – leais. Exaltando sua lealdade, eles permitiram-se ser oficialmente reconhecidos por sucessivos governos – nunca percebendo o quão desleais isso os faz parecer aos olhos de cada um deles. A acusação antissemita de traição é pura invenção, mas a crença nela tem origem na tática dos judeus assimilacionistas. Nesse sentido, 1933 é simplesmente o resultado natural de cem por cento de conformidade dos judeus com os alemães. Hitler, o verdadeiro representante do povo alemão, usou os judeus para conferir tanto uma base ideológica para sua quimérica teoria racial, quanto uma base sentimental ao conceito de *Volksgenosse* [compatriota]. Tudo que ele precisava era declarar sem rodeios os sempre fiéis judeus como o inimigo público número um.

A redução do estrangeirismo dos judeus ao manto surrado da religião não foi suficiente para cobrir a nudez de uma camada inteira de pessoas que não mais acreditavam em se defender, que, estando abertas a todo tipo de ataque, fitavam cada um deles com uma incompreensão total. Apesar de todos os protestos em contrário, todas as estatísticas econômicas provam que os judeus alemães pertenciam não ao povo alemão, mas no máximo à sua burguesia. E mesmo essa diferenciação não foi suficiente, como veremos. Apesar de todo esse patriotismo, a unidade internacional dos judeus é documentada por uma solidariedade coagida entre os "irmãos na fé" que segue a cada *pogrom*. Enquanto o manto da religião torna-se cada vez mais puído – cada vez menos "irmãos na fé" vão à sinagoga, cada vez menos "cristãos" vão à igreja – o caráter estrangeiro permanece e se fortalece. E no fim da história algo aconteceu com todo esse conjunto de teorizações judaicas fracassadas, que usavam a religião para ocultar outras coisas, mas também continuavam a agarrar-se a ela como uma maneira de preservar algum resquício de autonomia – aconteceu-lhes ainda um novo infortúnio: era do mais alto interesse do antissemitismo lançá-los no mesmo tacho que os cristãos, de fato sendo considerados idênticos a estes.

> Por oitocentos anos, desde as cruzadas, os judeus foram perseguidos, espancados, ridicularizados, e estigmatizados como hereges. E por quê? Porque eles estavam tão obstinados a permanecerem judeus embora houvesse o cristianismo neste mundo. E hoje, quando o cristianismo perde o prestígio, o que acontece conosco? Repentinamente o louvável cristianismo é o abjeto judaísmo, o cristianismo da Europa é em si uma judaização que privou os alemães de sua esplêndida religião. (Moritz Goldstein)

Muito antes da catástrofe real, essas contradições óbvias – e a ainda mais evidente ineficácia e inutilidade dos produtos do desespero –

só podiam ter levado um homem imparcial, desconhecedor da história desse caldeirão de bruxas à seguinte conclusão: "poderíamos facilmente demonstrar a nossos inimigos a sua própria absurdidade e mostrar-lhes que sua hostilidade é infundada. Mas qual seria o ganho? Saber que seu ódio é genuíno. Quando todas as calúnias forem refutadas, todas as deformações corrigidas, todos os falsos julgamentos desvalorizados, sua aversão em relação a nós permanece irrefutável. Não é possível ajudar alguém que não compreende isso".[8]

Esta "compreensão" – na realidade a descrição de um fenômeno, o reconhecimento de um fiasco – é o ponto de partida europeu ocidental para o *sionismo* de Herzl. O ódio dos outros torna-se fixo e generalizado e se torna um objeto erroneamente atribuído à substância judaica. Essa substância judaica toma a forma de judeus em uma situação anômala e só pode, portanto, ser expressa anomalamente. O objetivo final da política judaica é a normalização das condições para o desenvolvimento da essência judaica. Tornar-se um povo como todos os outros povos – esse é o objetivo, mas sempre a especificação: como todos os outros povos. Diante do caráter extrínseco da substância e da aversão que surge dele, todas as acusações e calúnias individuais são meros sintomas e, como tal, não podem ser curadas ou levadas a sério. Naturalmente, concorda-se pontualmente com a apologia assimilacionista, mas sua eficácia é contestada. Enquanto que a apologética assimilacionista reduzia o antissemitismo aos erros e calúnias de indivíduos, o sionismo presume e inventa algo *por trás* das opiniões pessoais – não, contudo, fatos certos e verificáveis, mas antes a eterna luta de substâncias estranhas umas às outras, assim novamente absolvendo o antissemitismo de qualquer análise históri-

8   Moritz Goldstein, "Deutsch-jüdischer Parnass" [Parnaso Germano-Judaico], em *Kunstwart,* Anual 25, no. 11 (1912).

ca de relacionamentos. A este respeito, também – na completa falta de uma perspectiva histórica – os sionistas certamente aceitam a herança transmitida pelos assimilacionistas, mas a viram de ponta cabeça. Quando estes imaginam ter se assimilado inteiramente ao povo, os primeiros respondem: não, como o antissemitismo prova, somos o povo que, devido a sua substância inalterável, é totalmente estrangeiro e odiado. Esta generalização esquemática parece conformar-se perfeitamente ao antissemitismo nacional-socialista, na medida em que ele faz do antissemitismo o ponto de cristalização da visão de mundo de uma *Volksgemeinschaft* [comunidade do povo]. Como isso é possível é, evidentemente, a questão fundamental para qualquer exame histórico do antissemitismo hoje.

O sionismo alemão se tornou uma liderança na Europa ocidental, assim como o antissemitismo alemão. A teoria da essência do sionismo pareceu ser perfeitamente compatível com a Alemanha. Isso deu ao movimento seu elã teórico. Mas havia na origem também um impulso moral: protestar contra uma vida que em todo caso deve ser paga com esforço e humilhação é algo que fornece um bom começo para descrições de tal fenômeno, mas permanece preso à mera descrição. Visto que o sionismo é baseado em uma teoria completamente a-histórica, ele se prova incapaz de qualquer análise verdadeira. Desde o início é superado e falsificado por interesses reais, sejam os das massas de judeus no oriente ou os dos judeus no ocidente, cuja vasta maioria permanece em suas pátrias. No interesse destes últimos, o sionismo deve manter um patriotismo duplo para se provar tão leal quanto os assimilacionistas sempre foram. Além disto, o sionismo não pode ousar representar os interesses especificamente judaicos em uma determinada pátria; ele deve projetar um ideal para além de suas fronteiras, como se os interesses judaicos existissem somente na Palestina. E uma vez que ele depende da ajuda de judeus ricos – que, quanto se trata de questões materiais, não se saem muito bem com ideais – deve apelar para os interesses *deles* e manter os "irmãos na fé" do leste a uma distância considerável de suas próprias pátrias – o que em última análise significa apelar para o pior elemento, para aqueles que estão mais claramente em conflito com os interesses dos judeus como um todo.

É por conta disso que a tentativa inicial de Herzl de fundamentar o sionismo em uma verdadeira análise – começando com a chamada "superprodução da classe média" – nunca foi desenvolvida, mas levou somente a pilhas de dados estatísticos. Muito mais significante em termos de teoria foi o sionismo de Buber, que procura explicar a "substância" judaica com uma profundidade pseudofilosófica. Fixar o caráter extrínseco em algo substancial dá origem a uma necessidade louca de definir a comunidade judaica, o judeu, o judaico, e assim por diante. As respostas são tanto diversas como contraditórias, e seria muito insensato discuti-las em detalhes – visto que todas elas seguem o exemplo do que quer que o *"Zeitgeist"* possa levar seus autores a dizer, cada uma pode ser ultrapassada no futuro. Em todo caso, apenas suscitar essas questões também coloca o sionismo teórico em uma proximidade permanente e altamente perigosa com os piores interesses e teoremas antissemitas. Se as definições são realmente necessárias, aquelas baseadas na raça aparentariam ser as mais testadas e verdadeiras, apesar da doutrina da raça provir de um contexto muito diferente, em que a necessidade de definir o que é um judeu é apenas secundária.

Em todos os aspectos, o sionismo é o herdeiro legítimo da assimilação. Ele surgiu quando a assimilação naufragava e é a consequência de uma assimilação abandonada e fracassada. Ele extrai sua legitimidade do infortúnio e do sofrimento nos quais as políticas ilusórias dos assimilacionistas da Europa ocidental mergulharam todo o povo. Ele tem mais a apresentar do que todas as outras políticas reunidas – e isso significa o desenvolvimento da Palestina, que é afinal tanto um fato estabelecido quanto um fator da política judaica que não pode mais ser excluído de nosso pensamento ou de nosso discurso. Mas com essa realidade, com a Palestina, os sionistas chegaram ao seu limite. Embora há muito tempo eles tenham tido de admitir que a Palestina não é a solução da questão judaica, eles focaram somente na Palestina e perderam interesse nas questões mais vitais da Diáspora judaica.

O sionismo substituiu a ilusão assimilacionista de um povo unificado pela ilusão de uma substância unificada e eterna. Embora o sionismo contrarie a fidelidade indiferenciada com o princípio do que é estrangeiro, também adotou uma cegueira para qualquer diferenciação entre amigo e inimigo, todos os quais são igualmente estrangeiros. Os sionistas são incapazes de representar os interesses judaicos em uma escala mundial. Eles não conseguem chegar a um acerto com a equidade de direitos concedida aos judeus na constituição soviética, mas negociam com governos antissemitas. Ao defender os interesses de uma comunidade judaica mundial supostamente unificada, eles traem os interesses imediatos das massas de judeus do leste europeu – vide, por exemplo, o acordo de transferência para a Palestina com o governo alemão, que abre o caminho para o crescimento das exportações e o aumento das divisas em todos os governos antissemitas. Mas visto que toda a assim chamada razão – que para esses herdeiros da assimilação é representada apenas na apologética assimilacionista – agora fracassou diante do poder de outros, os sionistas estão preparados para a qualquer momento abandonar a resistência e reconhecer a força como direito. Com a asserção do primado dos interesses palestinos e do renascimento da "substância judaica", cada indignidade nacional está justificada.

Assim acabam os despertadores da autoconsciência e da dignidade nacional judaica. Os Dom Quixotes, que, com base em puros ideais e puro protesto moral acreditavam estar protestando e agindo com satisfação desinteressada, tornaram-se praticantes da *Realpolitik*, devotos cegos de relações momentâneas de poder. Por medo de alguns capitalistas judeus, os congressos de sionistas sequer arriscam uma resolução protestando contra a perseguição a judeus. O sionismo como um movimento político está sendo triturado entre os interesses dedicados à construção da Palestina e aqueles defendidos por grandes segmentos da comunidade judaica. Ele nunca teve as massas judaicas atrás dele, mas viveu do crédito de ser a vanguarda do povo judaico. Hoje os *fronts* endureceram e seu crédito se esgotou.[9] Para o bem da Palestina, ele abandonou a política judaica em uma escala mundial. Ele representa apenas as pessoas que ainda aguardam a certificação para que o sionismo possa ajudá-las a escapar de seus opressores e o segmento mais avançado da burguesia judaica da Europa ocidental, que, tremendo por sua própria existência, espera que o sionismo – como todas as organizações de emigração – proporcione algum alívio.

A falta de interesse do sionismo em seu inimigo político, sua cegueira programática relativa tanto a amigo quanto a inimigo, contém em si – vista *à la longue* – a ilusão perigosa da possibilidade de uma *política judaica autônoma*. Essa ideia foi formulada pela primeira vez de maneira clara e programática na brochura "Auto-emancipação," publicada por Leon Pinsker em 1882. Pinsker já apresenta a

---

9 Isto se percebe não apenas por uma estagnação geral do número de votantes no Congresso, mas também por uma real diminuição de votos, como na Polônia em 1935, quando havia um declínio de 25 por cento comparativamente ao Congresso anterior. O declínio do movimento recentemente foi admitido abertamente por um funcionário de seu Fundo Nacional, que certamente deve estar informado. Cf. Nathan Bistritsky, "Le Sionisme dans le pays de la diáspora," em *La Revue Juive de Genève*, no. 50 (julho de 1937).

assimilação civil como um fracasso e tenta encontrar uma resposta nova para o ódio aos judeus, para esse eterno "medo de fantasmas" entre as nações. Em contraste com a emancipação na Europa ocidental, a "auto-emancipação" não é para ser um "presente" ou um pacto que possa ser rescindido pelos poderosos quando e onde quer que eles desejem, mas antes um tipo de renascimento nacional, uma *auto*-libertação do gueto – e sua garantia repousa na luta para obtê--la. Nesse contexto, a Palestina era e é considerada o território onde a auto-emancipação pode ser alcançada. É a partir da construção da Palestina e da política judaica autônoma que a acompanha que o sionismo permanece ou cai enquanto uma ideia até os dias de hoje. E é por esse motivo que a organização sionista atual apega-se a essa construção apesar de todas as suas óbvias contradições e de todo sofisma concebível – quase como se buscasse demonstrar *ad oculus* a impossibilidade de tais políticas.

A princípio o sionismo como um movimento político direciona seu apelo a todos os judeus. Ele fundamenta esse apelo na tese de que o *status* dos judeus ao redor do mundo depende da construção da Palestina, de que apenas isso pode garantir-lhes uma melhor posição política. Para isso precisa urgentemente de pelo menos a aparência de políticas independentes, ou seja, que sejam baseadas em interesses judaicos e sirvam exclusivamente a eles. Em sua propaganda mantém seu ataque – embora com intensidade constantemente menor – contra todos aqueles que querem converter a Palestina num mero "refúgio para a noite".

Na realidade, o que estamos testemunhando é como a cada dia que passa o sionismo está sendo forçado a manter uma relação servil com a Inglaterra, uma relação que ele deve aceitar para evitar ser punido com a perda do que já foi conquistado. Essa acusação é antiga. Desde a Declaração Balfour, os judeus têm sido chamados de "marca--passos do imperialismo britânico". A resposta do sionismo fala de "interesses coordenados". No meio tempo, estes desenvolvimentos chegaram a um estágio em que ninguém mais pode duvidar que os interesses judaicos estejam subordinados aos dos britânicos. "Sem os judeus não haveria Palestina", disse recentemente um político britânico. Certamente *para a Inglaterra,* não haveria Palestina sem os judeus. Mais uma vez, nossa emancipação nos é concedida, dessa vez não em nome dos "direitos humanos", mas antes como direitos nacionais que nos são apresentados "como um presente"; e mesmo um "Estado judaico" – que nós não ousamos mencionar há décadas, mesmo em nossa própria propaganda, assim como em seu tempo Mendelssohn não ousava pedir a emancipação em seu nome – nos é oferecido como um adendo a interesses estrangeiros e como parte de uma história estrangeira, a do Império Britânico.

Desde os dias em que nobres poloneses convidaram judeus para seu país para que estes atuassem como coletores de impostos, afastando os nobres dos camponeses que eles esperavam sugar, nunca houve coordenação de interesses e cooperação tão ideais. Naqueles tempos, também os judeus chegaram regozijando-se com a convergência de tantos interesses e ignorantes de seu futuro papel. Eles sabiam tanto sobre agricultores poloneses quanto os oficiais sionistas sobre os árabes antes da Declaração de Balfour. Naqueles tempo, os judeus da Europa central estavam fugindo dos *pogroms* do final da Idade Média para uma paraíso oriental de interesses convergentes, e hoje ainda estamos sofrendo as consequências disso. Mesmo naquela época nós não éramos grandes vilões, sequer agentes pagos – mas estávamos simplesmente pagando o preço de nossa existência nua.

A falência do movimento sionista diante da realidade da Palestina é ao mesmo tempo a falência da ilusão de uma política judaica autônoma, isolada. Tendo sido posto à prova, o lema da auto-emancipação tornou-se um discurso vazio – na verdade, o mais sedutor dos discursos vazios que nossa história moderna conhece. Todo sonhador do sonho da autonomia que aceita esse presente – concedido pelo acaso das constelações políticas – dos aliados a quem ele deve então idealizar por conta da autonomia, pode descobrir um dia que seu aliado é seu inimigo. Quem quer que imagine que há uma "substância" judaica unida e eternamente idêntica que repousa muito acima do conflito diário de interesses diversos, um dia verá seus melhores ideais entregues às mãos do pior dos interesses.

Os *slogans* sionistas tornaram-se frases vazias. Ocultos por eles estão os interesses de uma pequena burguesia perseguida por *pogroms* e reduzida à pobreza no Oriente e de uma burguesia extremamente ameaçada no Ocidente, que deve no entanto tentar parar o fluxo da emigração para fora de seus próprios países. Os primeiros são mandados embora, financiados pelos últimos – assim como ocorria no sistema de caridade dos judeus bem colocados, contra o qual o sionismo certa vez tão bem se rebelou. Ambos os "partidos" estão prontos para fazer qualquer concessão política, prontos para aceitar o apoio de governos antissemitas ou a converterem-se em tropas que defendem o imperialismo britânico, prontos, ou seja, para renunciar à política judaica em geral. Ao fracasso da assimilação burguesa seguiu-se o fracasso do movimento burguês nacionalista.

"O quão mal defendida é Israel! Falsos amigos montam guarda fora de seus portões, enquanto seus guardas lá dentro são a tolice e o medo" (Heine, "O rabi de Bacherach").

II. A TERRA CLÁSSICA DO ANTISSEMITISMO

Nenhuma nação na recente história mundial infligiu tanto infortúnio aos judeus como a Alemanha. Nenhum *pogrom* na Polônia ou na Ucrânia nos foi tão devastador quanto a fundação teórica de uma visão de mundo antissemita e o triunfo do nacional-socialismo.

Nenhuma nação na recente história mundial significou tanto para os judeus quanto a Alemanha. Em lugar algum foi prestado um serviço maior à libertação dos judeus do que nessa mesma Prússia, onde, de Lessing a Wilhelm von Humboldt, a questão e a emancipação judaicas foram equiparadas à luta para a liberdade humana e justiça para todos os homens.

Assim como para nós o ano de 1933 marcou o início da privação dos direitos dos judeus – incluindo os da Polônia e da Romênia, para citar apenas os dois países com as maiores populações judaicas – assim, também, *Nathan, der Weise* [Nathan, o sábio] de Lessing e o texto de Christian Wilhelm von Dohm prepararam a proclamação dos direitos dos homens para os judeus por intermédio da Revolução Francesa. Mas assim, também, os primeiros grandes *pogroms* dos tempos modernos – na Rússia nos anos 1880 – foram "previstos" e justificados aos olhos de uma população urbana esclarecida e da Europa progressista como um todo pela tradução de uma obra alemã antissemita[1] – uma tentativa lamentável, mas frequentemente repetida, de harmonizar tendências antissemitas modernas com a carnificina decretada e tolerada por condições feudais insuportáveis e de apresentar o resultado como o auge da modernidade e do progresso.[2] Assim, também, a leis que regulamentam os judeus da Romênia – que serviam para os séculos XVII ou XVIII, mas certamente não para os

---

1   Wilhelm Marr, *Der Sieg ds Judentum über des Germanentum* [A vitória do judaísmo sobre o germanismo] (1ª Edição. 1869); para a tradução cf. Dubnow, *Weltgeschichte des jüdischen Volkes*, vol. 10, p. 120.

2   Igualmente sintomático do caráter medieval dos *pogroms* na Rússia é o papel que um judeu batizado chamado Brafmann e seu *Kahalbuch* (1869) desempenharam na propaganda russa doméstica e/ou nas agitações preliminares. (Cf. Dubnow, *Weltgeschichte*, vol. 9, p. 416). Ao mesmo tempo, em sua tentativa de se explicar para a Europa, o governo russo fez uso da "ideologia da exploração" – um termo muito moderno, mas bastante sem sentido dadas as condições russas (Cf. Dubnow, *Weltgeschichte*, vol. 10, p. 136 ss.)

séculos XIX ou XX, e que o Tratado de Versalhes revogou apenas por breves duas décadas – se inspiraram naquele mesmo antissemitismo alemão e em seu grito: "Romênia para os romenos". Assim, também, até os liberais da Inglaterra tiveram de acalmar suas consciências com a ajuda de Marr e Treitschke durante a campanha anti-judaica da Crise Oriental de 1877-78.[3]

O que parece à primeira vista ser uma absurdidade – combinar *slogans* hipermodernos com condições extremamente retrógradas – perde seu significado quando se desconsidera por um momento a couraça puramente ideológica de tais movimentos e se percebe que foi com os *pogroms* russos dos anos 1880 que a moderna migração de massa dos judeus começou. Entre 1800 e 1880, em média apenas três mil judeus mudaram a cada ano do leste para o oeste. Depois dos *pogroms* russos, 50 mil judeus emigraram por ano durante as duas últimas décadas do século XIX – dos quais uma porcentagem cada vez menor permaneceu na Europa, enquanto uma maioria mudou-se para a América. Até a Guerra Mundial, 135 mil judeus tomaram o caminho da migração a cada ano. Devido a leis de imigração restritivas em quase todos os países e a uma necessidade decrescente entre os judeus russos de emigrar, o número de judeus migrantes caiu para 65 mil anualmente, e nunca mais alcançou o montante de antes da guerra.[4] Com a tomada de poder de Hitler a necessidade de emigrar atingiu uma intensidade inédita; mas exatamente por con-

3   Cf. I. G. Tolemacke, *A defense of Russia*. A campanha antissemita dos liberais foi dirigida contra *Lord* Beaconsfield, um judeu que assumiu uma posição pró-Turquia no conflito Turco-Russo. A contenda entre Rússia e Turquia foi interpretada como a colisão da cristandade com o mundo semita. [Lord Beaconnsfield é Benjamin Disraeli, a quem Arendt dedica longa análise em *Origens do totalitarismo*. NT]
4   Cf. Arthur Ruppin, *Les juifs dans le monde moderne* (Paris, 1934), p. 52.

ta da perseguição generalizada aos judeus, que é uma consequência do antissemitismo alemão, a emigração judaica estabilizou-se novamente. As massas de judeus não entram mais em nenhum país sobre a terra. A história do povo judeu foi novamente unificada. O período da assimilação dos judeus, que os dividiu entre "judeus orientais" e judeus assimilados, foi seguido pelo período da migração, que por seu turno chegou a um fim com a generalização do antissemitismo e o reacender da questão judaica em quase todos os países da terra. A diferenciação entre estados burgueses "progressistas" e estados feudais "retrógrados" tornou-se inválida. Com a ajuda de países progressistas, os países retrógrados estão conferindo a seu barbarismo formas fascistas muito modernas; países "progressistas" estão retrocedendo a métodos bárbaros como os meios mais efetivos de adicionarem fermento a seu domínio.

Enquanto os primeiros *pogroms* modernos espalhavam-se violentamente na Rússia, os primeiros congressos internacionais de antissemitas estavam acontecendo na Alemanha. O antissemitismo alemão já inventara um tipo de base teórica comum para as tendências diversas e contraditórias encontradas entre os europeus hostis aos judeus. Na maioria dos países da Europa a emancipação ainda não havia sido concedida aos judeus[5] e em toda parte eles ainda lutavam usando argumentos que vieram também da história prussiana – pois desde Adolphe Thierry e Mirabeau, nenhuma luta pela libertação dos judeus na Europa deixara de emprestar seu *páthos* de

---

5   Os judeus alcançaram a emancipação política na Grã Bretanha em 1866, na Áustria-Hungria em 1867, na Alemanha em 1869, na Itália em 1870, na Suíça em 1874, e na Rússia em 1917, mas só em 1919 na Polônia, na Romênia, e nos países bálticos, onde tomou a forma de leis que regem minorias.

Lessing e seus argumentos de Dohm[6] – quando a guerra moderna para destruir os judeus, sob a égide da ascendência intelectual alemã, já estava sendo proclamada em muitos desses mesmos países.

De *Nathan, o Sábio* de Lessing até *Der Mythus des 20. Jahrhunderts* [O mito do século xx] de Alfred Rosenberg, toda libertação e toda catástrofe que se abateu sobre os judeus da Europa conseguiu emprestar da Alemanha seu fundamento teórico e seu *páthos* – e sempre muito antes de qualquer aplicação prática ser bem-sucedida na própria Alemanha. Bons cem anos separam Lessing da emancipação; não levou sequer 65 anos para passar de Marr, o fundador do antissemitismo moderno como um movimento político, para a vitória de Hitler. Foi apenas com a completa vitória do antissemitismo que a Alemanha ganhou seu genuíno *status* de "clássico" em relação à questão judaica; foi apenas no Terceiro Reich que a radicalidade da teoria não mais se viu contrariada por qualquer tipo de compromisso prático. A breve era dos direitos iguais nunca foi capaz de se vangloriar de tal alegação.

É tão enigmático quanto compreensível que os judeus tenham sido aqueles que depositaram sua confiança mais acriticamente no país ao qual, no plano teórico, eles mais deviam. No final do século xviii na Prússia, a questão judaica foi colocada como parte das questões políticas mais prementes da história europeia de então. A

---

6   Quatro anos depois da publicação do trabalho de Dohm, a Academia Real de Ciências e Artes de Metz anunciou um concurso cujo tópico é em si característico: "Existem meios pelos quais tornar os judeus da França mais úteis e felizes?". A resposta do advogado Thierry, uma das três premiadas, é obviamente influenciada por Dohm. Muito mais efetivo foi o panfleto publicado por Mirabeau em 1787, *Sur Moses Mendelssohn e sur la réforme politique des juifs*, uma revisão e em parte uma tradução literal do trabalho de Dohm.

repressão aos judeus tornou-se um símbolo das condições sociais daquela era. A luta para emancipar os judeus não dizia respeito aos judeus, a um povo oprimido; o que era *teoricamente* exigido era um símbolo visível da libertação humana, do progresso, do abandono dos preconceitos.

Isso provou ser a fonte de muitos infortúnios. Desde o começo, o judeu tornou-se *o* judeu, indivíduos tornaram-se um princípio. Nathan, o sábio não é um homem nobre de ancestralidade judaica, mas antes um exemplo poético, uma prova poética de que o judeu *pode* ser nobre – muito como Moses Mendelssohn foi convertido em um exemplo vivo, em uma prova viva dessa possibilidade. A libertação devia ser estendida não aos judeus que possamos conhecer ou não, não ao pequeno mascate ou ao grande emprestador de dinheiro, mas ao "judeu em geral" da forma como *pode* ser e como era encontrado em Mendelssohn, seu novo representante; e ele, por sua vez, não como um judeu mas como um ser humano. Até o judeu é um ser humano – por mais inverossímil que isto pareça. E assim o judeu tornou-se o princípio do que significa ser humano e sua libertação, o símbolo da libertação do homem. Tais discussões da questão judaica sempre permaneceram em um nível teórico e tratavam dos direitos do homem, não da igualdade de direitos para um concidadão que professa uma fé diferente daquela do Estado e mundo cristãos ao seu redor.

Os judeus deviam ser o exemplo, a situação de teste para os direitos humanos, que comprova em que medida "a natureza humana que é universalmente a mesma é capaz do cultivo mais excelente e da degeneração mais lamentável". Os judeus são meramente o exemplo pelo qual tal degeneração e cultivo devem ser mostrados. O propósito de Dohm "não [é] escrever uma apologia quer para a comunidade judaica quer para os judeus, ele meramente apresenta a causa da humanidade e defende seus direitos. Que sorte para *nós* quando essa causa se torna *nossa* também, quando não se pode exortar os direitos do homem sem defender os nossos ao mesmo tempo."[7] Com essas palavras, Mendelssohn está simplesmente resumindo a base *teórica* a partir da qual Lessing e Dohm colocaram a questão judaica.

A grande oportunidade, apesar de todos os seus inconvenientes, que a Alemanha deu aos judeus consiste em não haver uma maneira de romper esse liame com a causa dos judeus – quer por não judeus, que como antissemitas desconfiavam dos homens do Iluminismo de qualquer maneira, quer por judeus, que mais tarde teriam defendido sua emancipação com prazer, bastante alheios a qualquer luta política. Afinal, se queremos lutar por nossos direitos hoje, devemos recorrer a esses primórdios, pois somente sobre esta base temos alguma perspectiva de encontrar aliados e de nos unirmos na luta pela liberdade em todas as suas formas políticas. Desde que o Iluminismo alemão postulou a equiparação teórica da causa dos judeus à dos direitos humanos, desde que a Revolução Francesa colocou essa ligação em prática, o padrão que nossa história seguiria foi irrevogavelmente traçado.

A excelente vantagem que adveio de se postular a questão judaica deste modo fundamental converteu-se em uma desvantagem significativa quando a assimilação econômica – que na Alemanha teve sua legitimidade política negada por quase oitenta anos – transformou os oprimidos e perseguidos em banqueiros, comerciantes e acadêmicos. Esta abstração muito rapidamente vingou-se de nós quando "amigos" tornaram-se adversários ao passo que foram obrigados a ver que os judeus existentes não eram universalmente oprimidos.

---

7   Moses Mendelssohn, "Vorrede zur Übersetzung von Manasseh ben Israel, *Retung der Juden*" [Prefácio à tradução de Manasseh ben Israel, *Vindicação dos Judeus*]. Esse prefácio aparece separadamente como um apêndice à 2ª edição da obra de Dohm (1782).

Ao longo deste processo, pelo qual um povo oprimido com certos privilégios e funções limitados converteu-se em cidadãos sem direitos políticos, os judeus perderam seus melhores amigos políticos: os herdeiros do Iluminismo. Estes, que haviam insistido em emancipar os judeus junto com o resto da humanidade, agora os acusavam de transformar a emancipação em privilégio que eles demandavam para si próprios e não para todos os povos oprimidos. Esses antigos amigos finalmente tornaram-se eles mesmos antissemitas, porque de uma forma ou de outra eles continuaram a ser perturbados pela velha quimera messiânica de um "povo escolhido" que goza de uma posição especial. Eles não mais esperavam uma cristianização de toda a humanidade que se seguiria à "conversão dos judeus", mas esperavam a própria libertação, de que a emancipação dos judeus era apenas um símbolo. "O judeu, se ele encara o assunto corretamente, não deveria reclamar ou esperar pela eliminação de sua aflição em particular ou pela supressão de sua sujeição em especial, mas antes pela subversão de um princípio."[8]

Não é por acaso que quando a questão judaica é colocada desse modo fundamental, os judeus sejam convertidos em pouco mais que um exemplo, quase que um mero pretexto, que eles sejam vistos exatamente por seus "amigos" como nada além de um princípio em um processo, e que nenhuma vez no triste curso da história nos últimos 150 anos eles tenham sido vistos por outros como seres humanos vivos. Dohm declarou explicitamente qual seria a posição dos amigos dos judeus se por apenas um instante eles deixassem de encará-los como um princípio, exemplo ou pretexto. "Certamente seria melhor," nosso grande *amigo* Dohm diz, "se os judeus, junto com seus preconceitos, não estivessem mais aqui – mas uma vez que estão, ainda temos de

8   Bruno Bauer, *Die Judenfrage* [A questão judaica] (1843), p. 87.

fato uma escolha dentre as seguintes alternativas: exterminá-los da face da terra (presumindo que isso possa sequer ser concebido em nossos dias) todos de uma vez, ou por meio de medidas que gradualmente alcancem esse objetivo; ou permitir que sejam perpetuamente os mesmos membros insalubres da sociedade que têm sido até o momento; ou fazer deles melhores cidadãos do mundo".[9]

Judeus em toda sua nocividade concreta devem ser negligenciados pelo bem *do* judeu, cuja opressão é uma desgraça para a humanidade. A questão se converteu em tamanha abstração porque havia essa unanimidade em relação à nocividade dos judeus. O antissemitismo moderno, que sabe que os judeus não são universalmente "nocivos", converte essa abstração em seu princípio ao desconsiderar judeus "decentes" com quem se pode ter uma proximidade pessoal ("há também judeus decentes") em favor *do* judeu, que finalmente descobriu-se ser o princípio perverso da história. *A forma clássica na qual a questão judaica era posta durante o Iluminismo fornece ao antissemitismo clássico sua base teórica.*

Transformar o judeu de um indivíduo existente em um princípio, em uma aglomeração de características que sejam universalmente "más" e que, embora observáveis também em outros povos, sejam sempre chamadas de "judaicas" – considerando que quaisquer outras tenham sido "judaicizadas" – em suma, transformar o judeu *no* judeu e então evocar a seu respeito todas as coisas que são *judaicas* – todas essas são tendências encontradas em particular no antissemitismo moderno, que em sua essência se distingue do ódio medieval aos judeus precisamente por conta de sua abstração. O antissemitismo racial, embora procure concretizar *o* judeu por meio

---

9 Christian Wilhelm Dohm, *Über die Bürgerliche Verbesserung der Juden* [Sobre a melhoria civil dos judeus] (1781).

de definição, não pode progredir sem o conceito de "judaicização" e/ ou de "judeu branco". A Alemanha não se tornou a terra clássica do antissemitismo por conta de Hitler ou mesmo porque alguns judeus foram espancados até a morte – no leste ninguém se preocupara com estas ninharias. Mas sim porque, muito antes de colocar qualquer coisa em prática, a Alemanha – com o que pode ser considerado total desinteresse – representou o antissemitismo abstrato moderno do modo mais radical e consistente. A Alemanha poderia servir como um modelo para todo o mundo porque (1) afastou-se mais drasticamente do ódio dos judeus como era praticado antes do período da emancipação e (2) descobriu *no* judeu um princípio com o qual transformar o mundo.

III. O ANTISSEMITISMO E O ÓDIO AOS JUDEUS

Não é preciso dizer que o antissemitismo moderno é herdeiro de antecedentes medievais e dessa forma também do antigo ódio aos judeus. Deve-se também admitir que um laço tão estreito com a Idade Média não é encontrado em quase nenhum outro lugar na história intelectual moderna – em lugar algum há tantas asserções, declarações e representações tomadas de forma tão direta. A obra *Judaísmo desnudo* (1701) de Eisenmenger em suas numerosas edições foi a transmissora desses antecedentes, e quase não há acusações medievais – de assassinato ritual a usura – que não possam ser encontradas textualmente em algum imundo lixo literário moderno. Quanto mais retrógrado o país – Polônia, Rússia, Romênia – mais hoje uma superstição muito realista e um medo primitivo de fantasmas sufoca qualquer tendência a uma visão geral de mundo. O antissemitismo moderno não pode existir sem apelar para o medo cujas origens estão em uma inabilidade de compreender contextos históricos – como o temor antigo, profundamente enraizado, do judeu errante (e quanto mais primitivo – isto é, quanto mais desconhecedora da história é a sociedade – mais profundas as raízes), do *aasvero*, desses "filhos temporãos da morte" (Clemens von Brentano), do fenômeno incompreensível de um povo antigo que sobreviveu a tantas catástrofes europeias sem uma terra ou solo, ou seja, aparentemente sem quaisquer vínculos mundanos, que não vive de uma forma mundana e que não pode morrer como outros povos, que como um fantasma se resgatou de passados muito distantes, com intuito de se alimentar como vampiro do sangue dos vivos.[1]

Agitadores antissemitas souberam fazer bom e constante uso deste medo de fantasmas herdado e tão frequentemente reativado em tempos modernos. Mas nada mais do que isso. O antissemitismo só tornou-se politicamente efetivo quando deixou de contar histórias de terror e tornou-se uma teoria que poderia tanto ser relacionada a muitas questões mais modernas e sempre muito atuais, quanto servir a certas tendências de lutas políticas que originalmente e em sua maior parte tinham pouco a ver com os judeus. A propaganda que explorava superstições trazidas da Idade Média – especialmente quando dirigida a populações camponesas – possuía um duplo valor: primeiro, conquistava adeptos ao movimento mesmo em regiões e em camadas sociais onde absolutamente não havia judeus; e segundo, a universalidade do princípio perverso de que o "judeu está em toda parte e em lugar algum" que devia ser apresentada para camadas "es-

---

1   A grande tentação de descrever a sobrevivência do povo judeu como um fenômeno fantasmagórico torna-se especialmente clara quando os próprios judeus fazem uso de tais imagens e metáforas. Börne descreve o "infortúnio dos judeus" como segue: "Parece emergir da escuridão, horror inexplicável que deságua na comunidade judaica, que como um espectro, como o fantasma zombeteiro e ameaçador de uma mãe imolada, acompanha a cristandade desde o seu berço." *Für die Juden* [Para os judeus], Parte I, 1839.

clarecidas" encontrou na onipresença concreta de um fantasma sua correspondência junto às outras camadas da população, desprovidas quer de uma visão de mundo, quer de qualquer outra visão a partir da qual derivar abstrações. No jargão do antissemitismo, essa antiga judeofobia é chamada de "os instintos saudáveis do povo".[2]

Para os judeus, outra consequência dessa propaganda primitiva de mentiras se provou mais importante do que o efeito direto de tal agitação. A literatura em forma de tratados que apelava aos "instintos saudáveis do povo" parecia desacreditar o antissemitismo aos olhos das classes educadas.[3] Porque essa agitação aparecia em formas tão cruas, na verdade, obviamente absurdas, oferecia um pretexto muito oportuno para se livrar de toda a questão por meio da pura apologética. Esse tipo de literatura não era nada além de "lixo e sujeira" ou "barbárie medieval"; equipará-la ao antissemitismo removeu a agudeza da luta política.

Houve inúmeras tentativas de obscurecer a distinção fundamental e menosprezar as diferenças históricas entre o conjunto do ódio medieval aos judeus por um lado (que das cruzadas até Lutero assume

---

2   A interpretação do antissemitismo como *judeofobia* tornou-se a teoria oficial do sionismo. Foi introduzida de forma teórica primeiro por Pinsker como um medo de fantasmas ("Auto-emanzipation", 1ª ed., 1882). O erro de Pinsker é bastante compreensível. Ele presenciou os primeiros sinais do fracasso da assimilação ocidental, que ele foi suficientemente sábio para interpretar corretamente. Ele tentou explicar, contudo, partindo do ódio aos judeus com o qual ele estava familiarizado na Rússia.

3   Devia ter ficado evidente que somente um número limitado de pessoas educadas se descreditariam por serem antissemitas a partir do fato de que na Alemanha foram as pessoas "instruídas" os primeiros antissemitas, e vangloriavam-se dos instintos saudáveis do povo – como Fries, um professor berlinense de filosofia, e Joseph Göres. A literatura em forma de tratados apresentava o mesmo material em um formato compreensível a todos.

uma forma razoavelmente unificada) e o conjunto do antissemitismo moderno por outro – em todos os seus diversos matizes: do ódio social contra o "capitalismo rapace" ao ódio à raça, do antissemitismo da aristocracia ao da pequena burguesia, de seus tímidos primórdios no início do século XIX até sua realização no XX. Desse modo, o que se realiza não é nada menos do que novamente abstrair a questão judaica do processo histórico e destruir a base comum sobre a qual o destino de judeus e não judeus é decidido. Ambos, a "barbárie medieval" e o "antissemitismo eterno" deixam-nos, judeus, sem qualquer esperança. Se a barbárie medieval pode irromper contra nós, então isso pareceria ser a prova mais válida de que não somos parte e não temos lugar na história moderna. E falar em "antissemitismo eterno" simplesmente vai um passo além e nos expulsa totalmente da história humana.

Nenhuma das duas hipóteses pode ser provada. Em termos de barbárie, o mundo moderno superou de longe o mundo medieval. E quanto à equiparação do ódio aos judeus com o antissemitismo, os antissemitas se distanciaram consistentemente e muito explicitamente da Idade Média, apesar de toda a "herança". "Eu venho aqui me oferecer incondicionalmente para proteger os judeus da perseguição por motivos religiosos", afirma Marr, o mesmo homem que carrega a maior fração de responsabilidade por todo o antissemitismo moderno. Ele explica que o antissemitismo não deriva do ódio aos judeus, mas, ao contrário, o ódio aos judeus é uma forma primitiva de antissemitismo, ainda aprisionado em formas religiosas. "E então Deus e a religião tiveram que arcar com os custos de todas as perseguições aos judeus, quando na verdade estas não eram nada mais do que as lutas dos povos e seus instintos contra uma judaização bastante real da sociedade, uma luta pela existência".[4] É difícil decidir o

4   Wilhelm Marr, *Der Sieg des Judentums über das Germanentum*, p. 8 ss.

que é mais absurdo: falar sobre uma "judaização da sociedade (feudal)" ou encontrar a chamada barbárie medieval escondida em sua forma moderna. Em última análise, ambas correspondem à mesma coisa, que é, como Marr sustentava, a secularização do antigo ódio aos judeus. Mas isso nos deixa com a mesma questão desesperada que o jovem Börne colocou já em 1819: "Um dia pensou-se que os judeus não iriam para o céu, e que portanto eles não deviam ser tolerados também aqui na terra. Mas agora que lhes concedemos o céu, por que alguém quereria expulsá-los da terra?"[5]

O *ódio cristão aos judeus* enxerga os judeus como o povo que deu à luz Cristo e o crucificou, que um dia foi escolhido, mas amaldiçoado desde então. As opiniões sobre os judeus e o ódio dirigido contra eles são uniformemente acompanhados pela Igreja, em cujo plano de salvação e missão a conversão dos judeus tem um papel importante, ou mesmo central. Um judeu batizado não é mais um judeu, mas um cristão. Toda a literatura anti-judaica na Idade Média ou foi escrita por judeus batizados ou cita-os como autoridades.

Cristãos e judeus estavam ligados pelo Velho Testamento, separados uns dos outros pelo Novo Testamento e pelo Talmude. Para o cristão, um membro do povo escolhido é visível em cada membro do povo amaldiçoado, e para a Igreja o infortúnio de cada judeu é necessário porque ele é um "testemunho vivo da verdade cristã," a quem o cristão "não deveria erradicar por medo de que assim ele possa desaprender as leis de Deus" (Inocente III, que introduziu a "marca amarela" em 1215).[6] A morte nas mãos da Inquisição ou na fogueira é portanto uma conversão mais ou menos bem-sucedida. A conver-

5 Ludwig Börne, *Für die Juden,* Parte 1.

6 Citação extraída de Heinrich Coudenhove, *Das Wesen des Antisemitismus* [A essência do antisemitismo] (1901), p. 167.

são de todos os judeus vai finalmente coincidir com o Reino de Deus na Terra. Assim, as incontáveis perseguições aos judeus em nosso tempo não são de forma alguma comparáveis com as da baixa Idade Média ou com as dos séculos XVI e XVII, que então eram verdadeiras campanhas de extermínio. Esse novo tipo de *pogrom* já encontrara sua justificação teórica em Lutero, que encontra-se no momento decisivo entre o medieval e o moderno e cujo ódio aos judeus apresenta os primeiros elementos modernos.

Em sua vida social o judeu é por toda parte sujeitado a leis excepcionais que o segregam, mas também lhe autorizam certos privilégios em suas relações com os cristãos, alguns direitos marginais, primeiro como comerciante, depois como penhorista e finalmente como prestamista. Os judeus são tolerados como parte da vida econômica geral apenas contanto que suas funções financeiras permaneçam em sua margem. Quanto mais importantes, quando mais cruciais essas funções se tornam para o resto da sociedade, mais rapidamente os judeus são segregados dela. Primeiro eles são excluídos do comércio, então do negócio de penhora e finalmente de operações de crédito maiores. Expulsos de um país, os judeus são atraídos para outro por certos privilégios. Os direitos econômicos periféricos concedidos por esses privilégios são frequentemente tão necessários para uma economia quanto sua existência religiosa é para o cristianismo e sua presença enquanto testemunhas da verdade cristã é para a Igreja.

O *fundamento histórico inalterável para o ódio aos judeus* na Idade Média repousa na oposição de "pescoço duro" dos judeus a Cristo e a toda a cultura cristã; e seu igualmente inalterável fundamento *social* está no papel desempenhado pelos judeus no comércio e nos negócios financeiros. A identificação medieval do judeu com o usurário tem muito pouca relação com as identificações modernas, que são aleatórias por natureza e dizem pouco sobre o real papel dos judeus na vida econômica moderna, mas que são, em vez disto, traços de caráter em constante mutação, máscaras de caráter impostas sobre eles, cuja arbitrariedade é contida por necessidades específicas e só com base nelas pode ser compreendida.

Essa arbitrariedade moderna começa com a definição do judeu. Uma vez que o judeu não mais possui uma identidade incontestável nas nações europeias ocidentais, uma das necessidades mais urgentes do antissemita é defini-lo. Se os judeus são uma religião ou uma nação, um povo ou uma raça, um Estado ou uma tribo, depende das opiniões específicas que os não judeus – em meio aos quais vivem os judeus – têm sobre eles mesmos, mas certamente não tem conexão alguma com qualquer conhecimento de origem a respeito dos judeus. Conforme os povos da Europa tornaram-se nações, os judeus tornaram-se "uma nação dentro da nação"; conforme os alemães começaram a ver no Estado algo além de uma representação política, isto é, como sua "essência" fundamental, os judeus tornaram-se um Estado dentro de um Estado. Conforme a palavra "internacional" começou a assombrar as cabeças, os judeus passaram a representar o "internacional de ouro" e, pouco depois, por uma engenhosa combinação estatal e internacional, a avançar rumo a um Estado internacional, na forma dos "sábios de Sião". E desde o final do último século, quando os alemães se transformaram por fim em arianos, temos vagado através da história mundial como semitas; à arrogância do "homem branco" anglo-saxão frente a povos coloniais, devemos o epíteto "negro branco".

Em comparação com tal tolice sem sentido, até definições medievais – apesar de suas mentiras mais supersticiosas e contos de fadas mais sangrentos – estavam mais próximas da realidade dos judeus do período. O assassinato ritual era uma mentira, mas o ódio religioso que fundamentava a mentira era genuíno. Era uma mentira que todos os judeus são usurários – eles desapareciam em meio às massas de artesãos e mascates. Mas na medida em que os judeus tinham contato social com a população ou partes da população ao seu redor, eles fizeram suas aparições como prestamistas. Até o século XVI, os cristãos eram proibidos de emprestar dinheiro a juros.[7] Ser um judeu significava ser relegado a determinado *status* social assim como todo mundo, embora o do judeu fosse o mais baixo e mais isolado; mas tinha um privilégio, mesmo que não fosse nada mais do que o direito de emprestar dinheiro. Mesmo o termo que designava um cristão usurário, "judeu batizado",[8] não possuía a conotação do termo moderno "judeu branco", mas significava que o batismo cristão era meramente externo, que ele estava buscando um ofício judaico. Um judeu, por outro lado, que tivesse se batizado não era um "judeu batizado", mas um cristão.

O judeu só pertencia a esta sociedade como usurário, assim com na cultura, onde ele era somente um inimigo de Cristo. No mundo feudal cristão, *status* indicava profissão. Para o judeu, na medida em que ele tomava alguma parte naquele mundo, ambos seu *status* e profissão estavam predeterminados por sua religião. Primeiramente deste modo o ódio religioso pode amalgamar-se com o ódio social; juntos, ambos resultaram no fanatismo dos *pogroms* medievais. Em contraste com praticamente todos os historiadores judaicos, o jovem hegeliano Bruno Bauer explicitamente nota e enfatiza que foi precisamente sua hostilidade ativa à cultura cristã que fez dos judeus

---

7   Em sua "Súplica para que os pastores preguem contra a usura" (1540), Lutero mostra seu ponto de vista moderno na medida em que não mais menciona judeus como usurários, mas trata de como o empréstimo de dinheiro era de fato elogiado como uma instituição cristã de "serviço e benefício".

8   Cf. Bernard de Clairvaux, 1146: "*Petus judaizare dolemus Christianos foenerstores si tamen Christianos et non magis baptizatos Judaeos convenit appellare.*" [Nós nos entristecemos ainda mais de ver cristãos se judaizarem emprestando a juros, se é que convém chama-los de cristãos e não de judeus batizados.] Citação extraída de Coudenhove, *Das Wesen des Antisemitismus.*

parte da história da Europa. "Os judeus eram oprimidos porque (...) se colocaram contra a roda da história. Se os judeus tivessem permanecido fora deste jogo das leis de causalidade, seu papel teria sido puramente passivo (...) igualmente, teria faltado a eles o vínculo que os liga à história (...). Sua causa estaria completamente perdida". A polêmica em torno dos judeus e de seus amigos que, desde Dohm, nunca cessaram de lamentar o terrível tratamento infligido aos judeus, é clara. É a modelagem moderna da questão judaica, é a compaixão – e o desdém dos antissemitas que a seguiu bem de perto – que primeiro tentou excluir os judeus da história.

Toda forma moderna de antissemitismo, independentemente de seu desenvolvimento histórico ou características distintivas, carece da base subjacente ao ódio aos judeus: o conhecimento concreto dos judeus que serviu como a fundação para todas as distorções. A história do ódio aos judeus lida com os judeus e com pouco mais que isso. A história do antissemitismo sempre oculta muitas outras tendências nas quais os judeus não desempenham um papel crucial. A sua história pode ser discutida como uma história de identificações – identificações bastante aleatórias que contêm apenas um mínimo de realidade quando se trata de judeus, mas que são muito necessárias quando vistas da perspectiva das lutas do período.

IV. USURÁRIOS, PÁRIAS, PARASITAS

O desaparecimento do ódio ao judeu e a ascensão do antissemitismo moderno nos séculos XIX e XX foram precedidos por uma mudança crucial no relacionamento entre os judeus e seus povos anfitriões na Europa central e ocidental. Essa mudança começou no século XVII e continuou ao longo do XVIII, até que em meados do século XIX lhe foi conferida forma jurídica e política de assimilação.

Antes desse período, os judeus tomaram contato com outros povos somente durante catástrofes e expulsões. A vida econômica no gueto era limitada a um pequeno artesanato e comércio ambulante. Essas comunidades eram chefiadas por poucos indivíduos muito abastados, que atuavam como intermediários em contatos com o mundo exterior e ganhavam a vida essencialmente do empréstimo de dinheiro para esse mundo. O usurário tinha, por assim dizer, uma espécie de monopólio no comércio estrangeiro ao gueto. Tanto para judeus como para não judeus ele era o representante de seu povo – para os últimos porque ele era o único judeu com quem tinham contato, para os primeiros porque, dada a extraordinária densidade das populações do guetos, frequentemente toda uma comunidade dependia de sua caridade. As comunidades não contavam apenas economicamente com estes benfeitores, mas também politicamente, pois, como agentes financeiros para cortes principescas, eles mantinham os relacionamentos necessários para a proteção da comunidade. Portanto, muito cedo surgiu ali a fatídica união pessoal, não abolida até hoje, entre notáveis filantropos e representantes políticos.

Nos séculos seguintes, a posição e a função do judeu usurário mudaram. Ele passou de judeu da corte a credor de Estados absolutistas até o momento em que finalmente, como banqueiro nos séculos XIX e XX, ele alcançou, se não o auge de seu poder, o auge de seu prestígio na sociedade e na comunidade. Seu papel na comunidade judaica continuou o mesmo, a menos que ele o renunciasse por completo e abandonasse a comunidade judaica. O quadro geral, todavia, mudou de alguma forma. Assim como comunidades inteiras outrora viveram da filantropia de alguns poucos prestamistas e no final do século XIX distritos inteiros da área de povoamento russo viviam dos milhões do barão Hirsch, hoje grandes segmentos da comunidade judaica polonesa vivem dos dólares que os judeus americanos juntam para enviar para casa. Dentro da própria comunidade judaica, a divisão de classes não se impôs até agora. O judeu rico, encontrando-se no meio do sistema econômico capitalista, também ainda não apareceu aos pobres como seu "explorador", nem os pobres foram vistos pelos abastados como mera "força de trabalho". Na medida em que os dois jamais se encontram – o que ocorre somente durante catástrofes – para o pobre o homem rico é ainda seu benfeitor, e para o rico o homem pobre é um *Schnorrer* (mendicante).

Quando, no século XVIII, esses poucos judeus de corte ricos foram os primeiros a escapar das restrições das leis aplicáveis aos judeus, e quando a classe maior de judeus prósperos divulgou suas próprias reivindicações de emancipação, as massas do povo começaram a receber direitos civis das mãos dos mesmos benfeitores que, enquanto suplicantes e requerentes, haviam fornecido ao gueto sua escassa proteção. Mas para os judeus havia uma diferença, a emancipação era ligada a uma condição tácita e ao longo do tempo auto-evidente: eles devem se tornar como aqueles a quem, de maneira direta e a título de exceção, direitos civis haviam sido concedidos primeiro. Se um judeu quisesse ser emancipado e continuar sendo judeu, havia – e há – no mundo da vida judaica aquela velha alternativa: tornar-se filantropo ou permanecer *Schnorrer*. Todos aqueles que se eximiram dessa alternativa se perderam do mundo judaico.

Os judeus de corte e das finanças, os usurários e coletores de impostos, foram os primeiros judeus a escapar dos muros do gueto;[1]

---

1   A Baviera concedeu a seus judeus da corte um *status* especial no início do século XVIII, no mesmo momento em que as normas operativas para judeus se provaram um impedimento para as novas atividades comerciais desses judeus da corte. Cf. Paul Sundheimer, "Die jüdische Hochfinanz und der bayrische Staat im 18. Jahrhundert" [A alta finança judaica e o Estado bávaro no século XVIII] (*Finanz-Archiv, 41. Jahrgang*, vol. 1 u. 2, 1924). O primeiro judeu libertado na Baviera foi Noe Samuel Isaak. "Enquanto ele tivesse uma reclamação contra uma dívida contraída com ele pela casa do príncipe-eleitor, ele não era sujeito ao primeiro artigo do quinto livro dos regulamentos do Estado e da polícia. Isso significava que Noe era isento da re-

os primeiros judeus de corte a gozarem de plenos direitos foram aqueles ligados a Frederico, o Grande, na Prússia. Chamavam-se [Daniel] Itzig e [Veitel-Heine] Efraim e foram recompensados por sua atividade altamente duvidosa como cunhadores de moeda, que trazia ao estado anualmente seis milhões de táleres durante os últimos anos da Guerra dos Sete Anos.[2] Neles, vemos diante de nós os primeiros judeus emancipados. A honra que lhes foi conferida deve ser classificada como a mais elevada visto que, sob o mesmo rei e somente com grande esforço e dificuldade, o judeu mais famoso do momento, Moses Mendelssonhn, conseguiu alcançar um *status* extraordinário como um judeu protegido, embora isso não se aplicasse sequer a seus filhos. Assim, a intervenção iluminista inteira, que demandava a emancipação judaica e se referia a Mendelssohn, não lhe trouxe nenhum benefício, e muito menos para o povo judeu, ao

gra de que todo comércio entre um cidadão bávaro e um judeu era inválido e punível por confisco" (p. 6). Isso fornece evidência clara de como o caminho foi aberto para as primeiras negociações entre judeus e não judeus para beneficiar o *Estado* e seus interesses imediatos.

2   A maneira pela qual o Estado prussiano devia tanta gratidão a esses dois judeus das finanças é descrita muito comicamente por R. Lewinsohn em *Les profits de la guerre:*

Em 1757 Frederico I arrenda as oficinas de moedas de Dresden e Leipzig aos banqueiros Veitel Ephraim Filho e Daniel Itzig e os autoriza a fabricar 20 táleres com a quantidade de prata que até então se empregava para cunhar 14 [...] Ao longo dos anos de guerra seguintes, este sistema ganha um novo desenvolvimento. A casa da moeda de Brandemburgo é também arrendada aos banqueiros Efraim e Itzif, que são autorizados a cunhar moedas que mal continham 50% da quantidade anterior de prata. Ora, não se trata apenas de colocar esta moeda ... em circulação no interior do país, mas sobretudo de espalhá-la no exterior [...] O fato é que esta circulação [...] traz ao estado prussiano 6 milhões de tálares por ano durante o último período da guerra.

passo que Itzig e Efraim recebiam silenciosamente esse mesmo prêmio por seus feitos, tornando-se modelos e pioneiros para seu povo quando esse fato veio a ser amplamente conhecido. Assim, se realmente queremos compreender a emancipação – tanto as condições sob as quais foi concedida quanto o trajeto que os judeus tiveram de percorrer para atingi-la – devemos ter uma leve familiaridade com o que foi que os primeiros judeus emancipados realizaram no caminho para se tornarem nossos "libertadores" – muito para nossa desgraça.

Durante os séculos XII e XIII, quando o comércio estava passando das mãos dos judeus para as de uma nova e crescente burguesia, a *usura*, o empréstimo de dinheiro, começou a ganhar significado. Por duzentos anos a usura continuou vinculada ao *penhor* e portanto continuava sendo uma forma de comércio. Aos nossos olhos, o usurário parece ser um cruzamento entre o acumulador de riquezas tradicional e um moderno dono de loja de departamento, que, não estando ligado a um comércio em especial, transforma todo objeto em uma mercadoria. Não foi antes do século XV, quando a Igreja estabeleceu os montepios (*montes pietatis*), que os judeus foram forçados a tornar-se puros prestamistas, merecendo plenamente ser chamados de usurários por conta dos juros imensos que cobravam para compensar os riscos incalculáveis com os quais um usurário arca quando nem garantias, nem a lei asseguram seu investimento. Naquele tempo, a usura não desempenhava para o grande comércio do período um papel mais importante do que desempenha hoje.[3] Ela consistia em

---

3   Os judeus eram raramente envolvidos em transações comerciais nas quais o crédito era estendido a comerciantes e na maioria dos casos somente se o risco fosse tão grande que o crédito normal não estivesse disponível. Assim, em *O mercador de Veneza,* por exemplo, um mercador empresta dinheiro de Shylock porque toda sua fortuna está presa em mercadorias sendo transportadas em rotas marítimas perigosas.

um crédito em pequena escala adiantado para nobres perdulários ou para agricultores cujas colheitas não vingaram, ou para artesãos levados à pobreza e à escassez por alguma desgraça inesperada. Empréstimo de dinheiro ao indigente ou ao esbanjador servia apenas ao consumo, e o juro era puramente um prêmio cobrado pelo risco; não aumentava a produção, mas podia no máximo reduzi-la, quer por um aumento excessivo no consumo do perdulário ou pelo endividamento de artesãos e agricultores com a compra de ferramentas ou sementes. Assim, a usura era um dos sinais da dissolução da sociedade feudal, não do início de uma economia capitalista.[4]

O usurário era extraordinariamente limitado em seu espectro de ação. O risco parecia aceitável somente para as pequenas somas de dinheiro. Ele podia satisfazer somente necessidades individuais – quer como resultado do esbanjamento, quer como infortúnio de alguém. De maneira alguma entrava na economia produtiva de seu país.[5] Poderia adquirir uma importância mais geral somente em um

---

4   A teoria demagógica de Werner Sombart segundo a qual capital obtido com a usura judaica assistiu o nascimento do capitalismo posterior (df. *Die Juden und die Wirtschaftleben* [Os judeus e a vida econômica]) foi contraposta por Felix Rachfahl em "*Das Judentum und die Genesis des modernen Kapitalismus*" [A comunidade judaica e a gênese do capitalismo moderno] (*Preuss. Jhb.*, vol. 147, 1912) e por Herman Waetjen em "*Das Judentum und der Anfang der modernen Kolonisation*" [A comunidade judaica e os primórdios da colonização moderna] (*Vierteljahrsschrift für Sozial- u. Wirtschaftsgeschichte*, vol. 11).

5   Para a diferença entre crédito capitalista e usurário, cf. F. W. Newman, *Lectures on Political Economy* [Lições de economia política] (1851). "O banqueiro difere do usurário porque ele empresta dinheiro aos ricos, mas raramente, ou mesmo nunca, aos pobres. Ele empresta com menor risco e pode assim oferecer termos melhores. Por ambas essas razões ele não enfrenta o ódio popular dirigido contra o usurário." J. W. Gilbart, *History and Principles of Banking* [História e princípios da ativida-

sentido muito indireto: príncipes regentes começaram muito cedo a usar os usurários judeus como agentes para extorquir mais dinheiro de seus súditos – impostos ilegais, por assim dizer – somente para se voltar contra eles, os expulsando e confiscando suas riquezas. Na verdade, quando precisavam de lucros extras, eles até trariam judeus para seus reinos com esse mesmo propósito.[6]

A usura ligada a tais circunstâncias tão individualizadas não oferecia aos judeus vantagens civis ou políticas. Se a usura tivesse sido a

de bancária] (1837), mostra que a usura era marginal em uma sociedade feudal, ou seja, primordialmente agricultora. "Para alguém em uma sociedade agricultora, uma situação na qual ele precisa emprestar dinheiro raramente aparece a menos que ele tenha sido reduzido à pobreza e à miséria." Ele continua para definir a diferença entre os papéis que a usura e o crédito desempenham ao notar que "em nossos dias, a taxa de lucro regula a taxa de juros, naqueles dias a taxa de juros regulava a taxa de lucro." Isso significa que desde o início a produção capitalista – longe de ter surgido do capital gerado pela usura – estava em aberta oposição à usura. Cf. Karl Marx, *Theorien über Mehrwert* [Teorias do valor agregado], vol. 3, ch. 7, Apêndice. "A produção capitalista inicialmente tinha de lutar contra a usura na medida em que o próprio usurário não produzia nada." Que o usurário judeu *não* produzisse nada é uma característica da história judaica da economia durante a assimilação.

6   Cf. Max Weber, *Wirtschaftsgeschichte* [*História econômica*], ch. 3, sec. 8, "Der Zins in der vorkapitalistichen Epoche" [O juro na era pré-capitalista], p. 287. O que caracteriza o crédito judaico é:

> que ele deu ao Estado a oportunidade de instituir uma política de esponja – exploração da população por taxas de juros judaicas, seguida, em intervalos irregulares, por confisco dos lucros e empréstimos pendentes, e simultânea expulsão de credores judeus. Dessa forma, os judeus foram perseguidos de cidade em cidade, de país em país; príncipes literalmente formavam cartéis com o propósito de roubar os judeus, como aquele preparado pelo bispo de Bamberg com o burgrave Hohenzollern de Nuremberg, pelo qual eles dividiam o saque quando os judeus tinham de fugir da jurisdição de um para a do outro.

única base de contato com seu meio até meados do século XVIII, eles nunca teriam se emancipado. Seu *status* civil nunca teria ido além da proteção individual dada por um ou outro príncipe – uma proteção que não carregava nenhuma garantia jurídica ou política e que da noite para o dia podia se revogada e acabar em expulsão.

Partindo de preconceitos mais ou menos antissemitas, todas as definições modernas dos judeus como um povo – à única exceção da definição por raça – têm por base histórica condições medievais ou do final da Idade Média. Os judeus como *parasitas,* como um *povo pária* (Max Weber), como uma *casta* – tudo isso, à exceção de alguns poucos resquícios muito cruciais, foi eliminado economicamente no curso dos séculos XVIII e XIX, enquanto que, ao mesmo tempo, por meio de um tipo de contra movimento político (antissemita), os judeus foram realmente redefinidos como uma casta, párias e parasitas.

Os *parasitas* eram judeus usurários – parasitas da desintegração e destruição da ordem social feudal. As necessidades a que correspondiam nasceram do ocaso, que designou-lhes o papel decisivo de fornecer capital usurário, que servia ao consumo, mas só podia ter uma influência destrutiva sobre a produção. Os judeus eram *párias* enquanto permanecessem politicamente sem direitos. Isto correspondia à "política de esponja" dos príncipes, cujo intento era impedir que a riqueza reunida pelos judeus se tornasse "acumulação primária de capital" e consequentemente um primeiro passo em direção ao capitalismo em si. O capital judaico era constantemente dizimado e disperso por *pogroms*, expulsão e confisco.[7] Vivendo na incerteza

---

7   A acumulação de grandes quantias de capital ocorreu na Inglaterra e na Holanda e em companhias de comércio coloniais. Waetjen, "Das Judentum und der Anfang der modernen Kolonisation", mostra que os judeus tinham pouca ou nenhuma relação com esse processo.

e dependendo de "negócios ilegais e irracionais, tirando proveito de guerras, ou como coletores contratados de impostos e oficiais pagos com uma porcentagem do dinheiro arrecadado, etc." (Max Weber), os judeus eram párias do capitalismo europeu em desenvolvimento.[8]

Os judeus eram uma *casta* desde que vivessem segregados e não incorporados à história e vida econômica do mundo à sua volta, existindo por sua própria conta ou quando muito parasitariamente de outros – em suma, enquanto sua existência não estivesse condicionada e definida por outras camadas, castas ou classes da sociedade. Aliados exclusivamente às camadas em declínio da sociedade feudal, especialmente à nobreza, que enquanto decaía fechava a categoria cada vez mais hermeticamente para formar sua própria casta, os judeus quase inevitavelmente apareceram como complemento aos sintomas do declínio da nobreza – ao luxo e à extravagância que financiavam. Rastros desse passado judaico perduraram até os últimos tempos em toda parte. É a partir deles que o antissemitismo moderno reúne os pedaços de realidade que ele requer, mas que tornam-se cada dia mais escassos.

Os judeus alemães eram párias até 1869. Por mais de cinquenta anos – entre o fracasso em promulgar o Decreto Emancipatório de 1812 e a revogação das restrições aos judeus na Prússia em 1869 – os judeus viveram sem *status* jurídico ou civil. Visto que seus direitos

---

8   Max Weber, *Wirtschaftsgeschichte,* p. 313. Cf. também *Religionssoziologie* de Weber [Sociologia da religião], vol. 1, p. 181 ss., onde ele diferencia o capitalismo judaico, que ele chama de "capitalismo especulativo pária," de sua forma puritana, que ele chama de "organização burguesa do trabalho," e continua para mostrar que esta última foi o fator determinante no desenvolvimento do capitalismo moderno. [O livro a que Arendt se refere aqui como "Religionssoziologie" é, na verdade, o conhecido *A ética protestante e o espírito do capitalismo*.]

civis intencionalmente nunca foram positivados em lei, sua posição econômica, assim como sua assimilação cultural, tinha de parecer ilegal. Vivendo fora da lei e ainda assim completamente integrados na vida econômica do mundo ao seu redor, a posição especial dos judeus dentro do povo alemão era tão difícil e controversa que eles guardavam características de uma casta embora tivessem deixado de sê-la há muito tempo. Tendo sido proclamada a emancipação, tais características perduravam onde quer que os judeus fossem socialmente isolados.

A vida dos judeus continuou parasitária somente naqueles raros casos em que a revolução popular não os havia alcançado ou em que se uniam de maneira tradicional aos vestígios do poder feudal. Na Alemanha, esse foi o caso em Hesse, onde os empréstimos usurários a agricultores estavam principalmente em mãos judaicas, um fato que desde então tem fornecido recursos valiosos para a propaganda antissemita, um profundo poço de exemplos que nunca seca.[9] Outros vestígios são os penhoristas judeus nos bairros mais pobres de algumas cidades.

Um antissemitismo dependente de associações aleatórias soube como usar precisamente essas instâncias para difamar os judeus e os igualou a uma das formas sociais, políticas e econômicas que eles assumiram no passado. Mas esse antissemitismo não está baseado

9   O primeiro membro antissemita do *Reichstag*, Otto Boeckel, representava os agricultores de Hesse. Ele devia sua eleição exclusivamente a discursos invectivos contra os usurários judeus que emprestavam a fazendeiros e nos quais proclamava sua oposição a conservadores e grandes proprietários de terras. No *Reichstag,* ele votava com o Partido Livre-Pensador e com os Social-Democratas. Cf. Kurt Wawrzinek, "Die Entstehung der deutschen Antisemitenparteien" [A origem dos partidos antissemitas alemães], *Historische Studien,* H. 168, 1927.

nem em um aumento da base real fornecida pelo passado, nem em sua diminuição transmitida pelo presente, ainda amplo o suficiente para fornecer exemplos. As fundações do antissemitismo são encontradas em desenvolvimentos que têm pouco a ver com os judeus. Porém, é comum a todo antissemitismo a tentativa constante de remontar a modos de vida judaicos antigos e tradicionais e esconder os modos presentes. É característica dessa metodologia repetida com persistência a forma como acusa os judeus, por exemplo, de serem parasitas precisamente no momento em que deixam de ser parasitas, ou a forma com que começa a tecer fábulas de um poder monstruoso, diabólico e secreto no momento exato em que eles estão perdendo poder – que nunca foi diabólico ou muito secreto. Portanto, a real perda de direitos dos judeus na Alemanha não ocorreu no auge de sua influência, mas antes, quando eles já haviam perdido qualquer vestígio de poder político coletivamente.

A tragédia da história recente do povo judeu assumiu diferentes formas e foi encenada em muitos atos, um dos quais acaba de terminar. Em alguns países, já ocorreu de a entrada dos judeus na história moderna burguesa e sua participação no desenvolvimento econômico dos países onde vivem ter sido revertida. As mentiras do antissemitismo finalmente falsificaram a verdade: elas levaram os judeus – que na realidade são cruelmente impotentes – de volta para uma realidade deslocada e ocorrida há muito tempo. Os judeus alemães mais uma vez não têm nem direitos, tampouco um país; são cidadãos de nação alguma – *párias*. Arrastados para as margens de terras estranhas, perseguidos nas rachaduras e fendas de economias estranhas que não esperaram exatamente sua chegada, eles são mais uma vez *parasitas*. Arrancados das relações de classe em seu próprio país – nem burguesia tampouco proletariado, nem pequena burguesia nem agricultores – eles existem apenas relacionando-se com eles mesmos, uma sociedade fora de uma sociedade, uma *casta*.

V. JUDEUS DE CORTE E OS DIREITOS HUMANOS

A história da emancipação dos judeus começou nos séculos XVII e XVIII em todos os países da Europa nos quais os Estados absolutistas encontrava-se em conflito com a nobreza proprietária de terras e com as guildas das cidades. Ao longo do século XVIII, alguns judeus de fato conseguiram se tornar muito ricos e – até mais importante – assim continuar. Na esteira destes, todo um segmento da população do gueto alcançou uma prosperidade respeitável. O fator decisivo, no entanto, foi que sua prosperidade e riqueza emergiram de uma fonte muito diferente da anterior – não da pobreza ou do esbanjamento, mas das necessidades do Estado.

Não podemos mais discutir a história do século XVIII sem os judeus – quer como *fornecedores para o exército* e *credores do Estado* em áreas de língua alemã, ou como *coletores de impostos contratados* na Polônia e na França pré-revolucionária. Além disso, os príncipes sugavam suas populações, contratando regularmente usurários judeus para extrair obstinadamente os impostos normalmente arrecadados pelo Estado em dinheiro. O usurário, que unia forças com o coletor de impostos, adiantando os montantes obrigatórios, frequentemente era mais tarde contratado também como um coletor de impostos. A transformação de usurário em coletor de impostos foi acima de tudo o fator determinante para o avanço econômico dos judeus franceses e poloneses.

Um *coletor de impostos contratado* tem um relacionamento muito próximo com o governo de um país de cujos impostos ele é o garantidor. Sua utilidade para o Estado como recurso adicional para sugar a população não é mais "acidental", mas tem por base o contrato com a força da lei. O próprio Estado integra o coletor de impostos judeu em pelo menos um segmento da economia nacional e lhe designa um lugar dentro de seu sistema de controle político. Em todos os seus aspectos, sua posição é portanto muito superior à do usurário.

Embora seu ganho seja somente de intermediário e não integrado à vida econômica normal do país, ele é, não obstante, regularizado e independente do destino de indivíduos, de sua pobreza ou extravagância. O próprio Estado assumiu o negócio da usura e o monopolizou na forma de impostos e assim, para o coletor de impostos contratado, a usura pode se tornar uma fonte suplementar irrelevante de renda.

Expulsões de judeus também aconteceram nesta situação diferente. Mas enquanto cem anos antes as expulsões eram organizadas para roubar os judeus de sua riqueza conquistada, agora assumiam o caráter puramente político de deslocar a raiva das pessoas para o intermediário da exploração. Os confiscos de riqueza por meio da expulsão tornaram-se ainda mais raros. A riqueza dos coletores de impostos judeus foi parcialmente protegida – mas não suas vidas ou seu direito de se estabelecerem definitivamente.

Foi apenas no século XVIII, quando o judeu se tornou um *agente da corte*, que lhe foi concedida proteção pessoal – fase preliminar que leva diretamente à emancipação. Ele difere por princípio de seu predecessor medieval, o *judeu de corte*, que desde os séculos XI e XII – tendo sido expulso de grandes negócios de crédito primeiro na Itália e mais tarde também da Inglaterra e da França – servia como conselheiro financeiro que geria a riqueza principesca.[1] O relacionamento de tal judeu de corte com príncipes e nobres continuava privado e não tinha maiores consequências econômicas ou políticas. Sua importância repousa no fato de que eles eram de alguma forma precursores dos agentes da corte, cujas conexões com o Estado de um monarca absolutista se assentavam nestas antigas relações principescas.

---

1   Cf. o artigo "Finanz- und Bankwesen" [Finanças e atividade bancária] na *Encyclopaedia Judaica*.

É muito difícil apontar com exatidão o momento em que o conselheiro e gerente financeiro da propriedade privada dos príncipes tornou-se o credor do próprio Estado porque, até o último terço do século XVIII, as finanças da monarquia eram idênticas às do monarca. Somente por volta do fim do século os métodos de financiamento de um Estado moderno substituíram os usados para o financiamento da corte de um monarca absolutista, que por sua vez estavam ligados aos empréstimos e acordos de penhor oferecidos a uma aristocracia feudal agonizante. Ainda no primeiro terço do século XVIII, os "credores da Áustria eram na verdade os credores do imperador". O que significava que a dívida de toda uma nação estava nas mãos de seu judeu de corte.[2]

Os agentes da corte deviam seu inaudito progresso, pelo qual tornaram-se pioneiros da emancipação, a dois fatores. O primeiro foi a Guerra dos Trinta Anos, que tinha sido menos difícil para a população judaica e convertera o dinheiro líquido em uma raridade altamente cobiçada em toda a terra empobrecida. O segundo foi que

---

2   Cf. M. Grunwald, *Samuel Oppenheinmer und sein Kreis* [Samuel Oppenheinmer e seu círculo] (1913). "Depois da morte de Oppenheinmer (1703) ficou claro que suas dívidas pessoais estavam estreitamente entrelaçadas à dívida da Áustria. Um imposto sobre propriedade de 5 milhões de florins havia sido cobrado dele. Seu fracasso em pagar havia precipitado uma crise econômica muito séria... Sua morte (e sua dívida) foi também uma crise econômica para o Estado. Os credores da Áustria eram de fato os credores do imperador." Paul Sundheimer ("Die jüdische Hochfinanz und der bayrische Staat im 18. Jahrhundert" [Altas finanças judaicas e o estado bávaro no século XVIII] (Finanz-Archiv, 41. Jahrgang, vol 1 u.2, 1924, p. 13) descreve a mesma situação na Baviera, onde o próprio príncipe-eleitor havia "aconselhado urgentemente a assembleia representativa a pagar os montantes devidos a Noe quando vencido o prazo, caso contrário o próprio crédito do judeu seria comprometido, o que provaria ser desvantajoso para a casa principesca."

os Estados começaram simultaneamente a se ver em extrema necessidade de fundos e todavia não tinham meios de garantir um fluxo regular de verbas fiscais. Mais um fator suavizando o caminho de ingresso dos judeus nos assuntos financeiros do Estado foi a incerteza e desordem geral que eram então comuns na economia geral deste. Apenas os judeus estavam preparados para aceitar quase qualquer negócio comercial, um fato que não precisa ser explicado por uma forte pressão econômica. Isso emerge naturalmente do que era – já naquele tempo – a incomum e bastante atávica mentalidade dos judeus, para quem os juros há muito tempo não eram nada mais do que uma recompensa pelo risco, enquanto as pessoas ao seu redor já estavam calculando o lucro em termos capitalistas racionalistas. Era inteiramente natural que os judeus estivessem inclinados a assumir qualquer risco se a recompensa fosse proporcional.

Ao longo do século a disparidade entre as finanças estatais e a produção capitalista comum tornou-se cada vez mais pronunciada. As provisões para exércitos no século XVIII eram enormes (e eram despesas improdutivas),[3] mas também o eram tanto os lucros delas

---

3   Os números abaixo ajudam a ilustrar os montantes envolvidos. Eles representam as porcentagens do orçamento de um Estado alocadas em suas forças armadas durante o período aqui tratado. Eles foram extraídos de W. Sombart, *Studien zur Entwicklungsgeschichte des modernen Kapitalismus* [Estudos sobre a história do desenvolvimento do capitalismo moderno], vol. 2, p. 51 ss.

Dispêndios com as Forças Armadas

País	Ano	Porcentagem
Suíça	1639	60
	1680	74
França	1784	66
Brandemburgo sob o Grande Eleitor Frederico Guilherme I	1640-88	66

decorrentes quanto as possíveis perdas que deviam ser arriscadas. Somente quando todas as outras possibilidades tivessem sido esgotadas, os judeus eram chamados como credores.[4] Na medida em que isto acontecia cada vez mais frequentemente, os príncipes aprenderam as vantagens de emprestar dos judeus, que foram os primeiros banqueiros com conexões internacionais. O judeu Y podia pagar e entregar para exércitos que lutavam longe de casa aquilo que o judeu X havia prometido lá em sua terra natal.

A *entrega de suprimentos de guerra* tinha portanto grande importância para os judeus em geral, visto que, por sua própria natureza, ela precisava envolver segmentos relativamente grandes da população. Apenas alguns judeus lidavam diretamente com o Estado, mas muitas pessoas espalhadas por províncias e países forneciam os materiais – roupa, ração animal, grãos – para aqueles explicitamente apontados como agentes da corte. Consequentemente, divisões começaram a surgir dentro do gueto entre, primeiro, aqueles que continuaram a viver suas antigas vidas apartados do mundo, isto é, os pobres; segundo, aqueles que participavam no "monopólio de exportação" de judeus notáveis e desse modo atingiam uma prosperidade moderada; e terceiro, os próprios agentes da corte, os homens ricos que tornaram-se membros notáveis das comunidades judaicas. Foi somente neste ponto que o crescimento na autoridade desses

Prússia sob Frederico I	1701-13	55
Prússia sob Frederico II	1740-86	86
Prússia sob Frederico Guilherme III	1797-98	71
	1805-06	75

4   Paul Sundhimer ("Die Jüdische Hochfinanz," vol. 2, pp. 8-9): "Sem dúvida se recorria sempre aos judeus quando não havia uma escapatória melhor. Esse fato fica claro quando os judeus atuavam como prestamistas e como fornecedores do exército."

notáveis adquiriu sua forma definitiva no interior do próprio gueto, muito embora economicamente eles não mais desfrutassem da independência que os usurários haviam tido em séculos anteriores; mas os estreitos laços comerciais com a camada média que eles haviam trazido consigo em sua ascensão produzia uma fundação mais sólida de interesses comuns do que qualquer filantropia estendida aos paupérrimos, que também continuou, embora em menor escala. A comunidade judaica nativa da Alemanha e da Áustria surgiu do grupo moderadamente próspero que mencionamos – fornecedores de materiais de guerra e cambistas de pequena escala – e naturalmente não podia nunca desvencilhar-se da influência política dos "judeus de corte," dos notáveis a quem devia sua própria ascensão.

Algumas décadas mais tarde, a prosperidade de um estrato médio relativamente pequeno forneceu a base social para a emancipação, mas quase não teve consequências políticas durante o século XVIII em si. Embora somente pouquíssimos daqueles que haviam enriquecido nos negócios de guerra se encontrassem em posição de agir como credores do Estado, as imensas dívidas dos Estados absolutistas do século XVIII se provaram extraordinariamente úteis para abrir caminho para que os judeus se envolvessem em altas finanças.[5] Entre 1695 e 1739 o imperador da Áustria emprestou 35 milhões de florins de treze judeus residindo em seu país.[6] Até na Baviera, onde os judeus desempenhavam um papel relativamente menor, eles emprestaram ao Estado um quinto de sua dívida. Essas dívidas enormes surgiram das necessidades do Estado absolutista de financiar um

---

5 Na Baviera, por exemplo, "a dívida estatal havia crescido para 20 milhões de florins quando os judeus Noe e Wertheimes eram convocados com o propósito de fornecerem crédito". Sundheimer, "Die Jüdische Hochfinanz," vol. 2, p. 43.

6 Cf. Grunwald, *Samuel Oppenheimer*, p. 168.

exército e de instalar uma nova burocracia profissional para se opor à aristocracia e à burguesia. Apenas aqueles príncipes que tomaram essas medidas puderam se opor tanto à aristocracia quanto a essa nova classe e, dessa forma, destruir a ordem feudal. Os prestamistas judeus eram protagonistas no desenvolvimento ulterior desse aparato do Estado.[7] Quando olhamos para trás hoje, podemos dizer que os judeus detinham uma posição de poder somente nesse período de transição – um poder que eles nunca tiveram antes e nunca teriam depois, pois na mesma medida em que a burguesia aprendeu a fazer bom uso dos aparatos do Estado recentemente instituídos e de sua burocracia, o poder que os judeus tinham sobre os assuntos do Estado declinou proporcionalmente até ser inteiramente eliminado. Em última análise, que os judeus ainda pudessem desempenhar certo papel – embora muito limitado e de segunda ordem – era simplesmente um sinal do atraso da burguesia alemã e da obsolescência de seu sistema político sob o governo de Guilherme II.

É difícil dizer quem foi o primeiro agente de corte nesse novo estilo. Conhecemos muitos nomes do final do século XVII até o último

---

7   Alfred Philipp, *Die Juden und das Wirtschaftsleben. Eine antikritische-bibliographische Studie zu W. Sombart, Die Juden und das Wirtschaftsleben* [Os judeus e a vida econômica: um estudo bibliográfico não crítico de "Os judeus e a vida econômica" de W. Sombart] (Strasbourg, 1929):

> Na Prússia e provavelmente também em outros Estados, os judeus da corte eram muito úteis no fortalecimento do governo absolutista do príncipe em oposição às cidades, estratos sociais e à nobreza ligada diretamente ao Reich. Monarcas absolutistas usavam os judeus deliberadamente para esse fim apenas. Eles foram tão importantes como instrumento para construção do Estado moderno quanto a criação de um serviço público leal ao príncipe. Na luta contra as guildas com o propósito de fazer avançar o princípio da manufatura mercantil, o príncipe estava feliz em colocar os judeus contra as guildas.

terço do XVIII – na Baviera, Áustria, Vutemberga, e Prússia. Os mais poderosos foram os Rothschilds, que, de credores diretos e prestamistas do Estado, converteram-se nos banqueiros de investimento por trás dos empréstimos feitos a quase todos os Estados europeus e que, graças ao regime reacionário de [Klemens von] Metternich, com o qual eles eram intimamente ligados, mantiveram uma posição de poder sem igual até o século XIX. E entre os últimos deles estava Bleichröder, cujo poder na Prússia surgiu dos confrontos de Bismarck com o parlamento e a burguesia.

Antes dos Rothschilds, nenhum judeu de corte havia se destacado como um homem de riqueza incomum. Cada um dependia de seu próprio crédito entre outros judeus, embora em um círculo muito menor que aquele do qual dependiam os fornecedores de materiais de guerra. Só a soma de toda a riqueza judaica tornava suas negociações possíveis. Do alto de sua riqueza, membros da família Rothschild foram os primeiros a não dependerem deste crédito intra-judaico. Até aquele momento, o que em princípio diferenciava os judeus de corte do usurário – cada um dos quais cuidava de seus negócios separadamente – era sua interconexão, sua dependência mútua.

Se considerarmos os Rothschilds durante o período das guerras napoleônicas, quando quase metade dos empréstimos da Grã-Bretanha aos Aliados – cerca de 20 milhões de libras[8] – passou pelas suas mãos, como o ápice desse desenvolvimento, e então considerarmos o mundo de pequenos usurários que emprestam dinheiro a aristocratas e agricultores de vilarejos como seu começo, os judeus de corte do século XVIII ocupam o ponto médio. Eles ainda estavam emprestando dinheiro a príncipes – não mais para despesas pessoais, mas antes para o Estado por meio deles. Seu relacionamento com o Esta-

---

8   Cf. R. Lewinsohn, *Les profits de la guerre*, p. 58 ss.

do, contudo, ainda não era tão próximo, sua influência ainda não tão grande, suas próprias fortunas não tão imensas para permitir-lhes emprestar ao Estado usando seus nomes como garantia ou, por meio de seu crédito, entrar na Bolsa.[9]

No que concerne a proteção jurídica de sua pessoa, a distância entre nossos judeus de corte e os Rothschild ou outros judeus abastados do século XIX é mínima, mas o progresso que ele atingiu se levarmos em conta a inexistência de qualquer direito pessoal no século XVII é muito grande. O judeu de corte em um Estado absolutista não pode ter seus bens roubados ou ser expulso. Seu crédito equivale ao dinheiro que ele realmente fornece. E como seu crédito depende de sua pessoa, as finanças do Estado são ameaçadas se ele não possui direitos pessoais. Sua proteção não é mais deixada ao arbítrio de cidades ou pequenos principados. A questão judaica torna-se uma questão de Estado. O judeu da corte é o judeu que protege o próprio Estado. O Estado garante a segurança pessoal de "seus" judeus, ou

---

9   A história falsa de Sombart de como o capitalismo perverso emergiu do capital perverso da usura judaica há muito tempo tem sido refutada cientificamente. (Cf. nota 4, p. 226.) Um exemplo especialmente representativo terá de ser suficiente aqui. Em seu *Studien*, Sombart compara as famílias Fugger e Rothschild, ambas as quais "devem sua riqueza à guerra", e então observa que "elas representam as duas formas pelas quais tal riqueza pode ser acumulada; pode-se contrastá-las como as formas *alemã* e *judaica*, a progressão direta de um empréstimo *versus* a oscilação de um empréstimo no mercado de ações. Um deles: *crédito pessoal olho-no-olho*. O outro: *crédito impessoal pelas costas do público*" (itálicos do autor). Na realidade, é claro, a mesma diferença existe entre todos os empréstimos realizados no século XIX contra os do século anterior – por exemplo entre os feitos pelos Rothschild e os feitos por judeus de corte. Aos olhos de um professor alemão, se ele é um antissemita, os *trezentos anos* entre os Fuggers e os Rothschilds são como um dia.

seja, o crédito de seus judeus, assim como o judeu da corte é o garantidor das finanças e obrigações do Estado.

O fato de os judeus de corte deixarem de ser desprovidos de direitos não significa, no entanto, que eles sejam aceitos na sociedade, muito menos na sociedade burguesa, de seu tempo. Eles permanecem às margens da sociedade burguesa, quase sem contato com ela, porque seu dinheiro não era investido na nascente produção capitalista. Naqueles tempos, a economia de guerra que eles ajudavam a financiar era tudo menos uma questão da sociedade ou do povo como um todo. Algo que servia à nação ou a ajudava a ganhar uma guerra não era certamente considerado do interesse do povo. Frederico II pode ser capaz de buscar sua Guerra dos Sete Anos com a ajuda dos truques de Efraim, o judeu que ele pusera a cargo do dinheiro, mas o povo não odiava menos Efraim por conta disso. Tropas mercenárias contratadas pelo próprio Estado eram tão temidas quanto exércitos inimigos. O objetivo mais desejável durante uma guerra – de acordo com Frederico II, que seguramente devia saber – era que "o cidadão pacífico sequer notasse que a nação houvesse desferido um golpe". E Clausewitz chama o exército típico do século XVIII de "um Estado dentro de um Estado" e suas guerras de "meramente um assunto do governo alienado do interesse do povo".[10]

Os judeus eram parte do "Estado dentro de um Estado", de sua economia de guerra e de exércitos. Assim, desde o princípio eles estão separados de todas as outras camadas e acreditam ser uma exceção. Para ter certeza, uma vez que lidam com todos aqueles órgãos que estão envolvidos na receita do Estado, eles estão agora em contato mais próximo com as economias de suas nações do que ante-

10   Citação extraída de Franz Mehring, *Die Lessing Legende* [A lenda Lessing] (Stuttgart, 1906), p. 195.

riormente. Mas isso não resulta em contato social com camadas da sociedade de riqueza ligeiramente comparável. Ademais, a renda do Estado consiste na verdade em nada mais do que impostos diretos ou indiretos – e com frequência excessivamente altos –, receitas garantidas por judeus em sua função como coletores de impostos e devidas a eles enquanto credores do Estado. Enquanto tais, essas receitas e rendimentos são desde o princípio vistas com hostilidade por toda a população. Estando no limiar da sociedade burguesa, os judeus ajudam o Estado a construir uma administração apropriada para a era burguesa – um fato sobre o qual a burguesia ainda não tem a menor ideia. O que resta dessa era é simplesmente o ódio popular ao intermediário do sistema de exploração estatal. Para os judeus isso significa que há possibilidade de eles influenciarem ou mesmo se envolverem no que a era produz. O fracasso do século XVIII em estabelecer tal conexão foi corrigido apenas minimamente no século XIX, quando foi finalmente conferida aos judeus uma posição no capitalismo bancário puro. Mas a produção estava passando por um imenso crescimento e o Estado estava se tornando cada vez menos dependente de credores privados, de modo que, tendo galgado essa posição, os judeus agora perdiam influência. Mas eles ainda eram alvo do ódio do povo, que acreditava que a explicação mais clara para a extorsão capitalista podia ser achada no capital bancário.

Tendo o usurário se convertido em um banqueiro do Estado, uma vez que a usura e o penhor haviam se transformado no negócio de crédito e a posição de coletor de impostos contratado imunizara alguns judeus contra a perseguição, os governos – particularmente os da Prússia e da Áustria – começaram a planejar os detalhes de novos regulamentos para os judeus. É claro que não se tratava de emancipação, mas era o passo preliminar que conduzia diretamente a isso. A proteção era concedida pela instância política mais elevada, os próprios monarcas – o rei da Prússia, o imperador da Áustria. Isso significava que a regulamentação dos judeus, assim como mais tarde a emancipação, era uma questão de políticas de alto nível, bastante independente de autoridades locais. Onde quer que os administradores locais ainda tomassem essas decisões, por exemplo nas chamadas cidades livres, tudo continuava – mesmo para além do século XVIII – da forma como tinha sido antes. O decurso desta história de emancipação política mostra claramente que somente o Estado moderno – e de forma alguma a sociedade moderna – demonstrou qualquer interesse em proteger e emancipar os judeus. Assim, no Congresso de Viena, as cidades de Frankfurt, Hamburgo, Bremen, e Lübeck exigiram que a emancipação napoleônica fosse revogada, resultando no atraso da emancipação na Alemanha por outros cinquenta anos. Opondo-se a isso, Metternich apoiou uma resolução que contribuiu para uma garantia de todos os direitos civis que os judeus haviam adquirido até aquele momento – não porque ele estivesse pessoalmente em dívida com a casa bancária de Arnhem em Viena, e não por conta de um surto repentino de tendências libertárias, mas porque ele era um "reacionário" e representava o interesse de um Estado absolutista e suas políticas financeiras.[11]

11   Cf. Dubnow, *Weltgeschichte*, vol. 9, p. 3. É um fato bem conhecido que as campanhas de Napoleão trouxeram a emancipação para os países que ele conquistou e que isto foi revogado pelo Congresso de Viena a pedido expresso das cidades, especialmente de Frankfurt. Pouco depois de terem sido "libertados" nesses locais, os judeus foram destituídos novamente. A mesma coisa aconteceu em Hamburgo, e em Lübeck houve uma completa expulsão de judeus. Durante o congresso, as cidades declararam que a *destituição dos direitos dos judeus* era seu *direito* por lei e comprovaram isso em um sumário preparado pela faculdade de direito da Universidade de Berlim, que ao mesmo tempo foi lido por Savigny, o fundador da escola histórica de jurisprudência; essas descobertas reacionárias não tinham qualquer peso, entretanto, na capital prussiana.

Ainda no século XIX, direitos humanos eram negados aos judeus da forma mais obstinada onde quer que a burguesia detivesse o poder. Alguns dos mais importantes desses direitos lhes foram lentamente concedidos, pouco a pouco, por Estados e monarquias que em parte apadrinhavam, em parte reprimiam a burguesia em suas demandas de poder. Essa era a situação na Prússia e na Áustria, onde por muito tempo não foi decidido quais classes sociais perderiam, manteriam ou alcançariam o poder. O comportamento das "cidades livres," que eram governadas pela burguesia, é tão característico precisamente porque, depois do breve período de domínio napoleônico, a maioria dos judeus devem certamente ser considerados como parte da burguesia.[12]

A posição da burguesia alemã será discutida em outro momento. Mas diversos pontos precisam ser antecipados aqui para qualificar a tese quase universalmente aceita de que a emancipação judaica era diretamente dependente da ascensão da burguesia. Embora seja correto dizer que os judeus ocidentais devem sua prosperidade ao desenvolvimento capitalista na Europa, também deve ser dito que a classe subjacente a esse desenvolvimento, a burguesia, atrasou o momento de proclamação dos direitos humanos para os judeus onde quer que pudesse – com as únicas exceções da primeira vanguarda revolucionária na França[13] e alguns dos envolvidos na revolução

---

12   De acordo com Josef Unna, *Statisik der Frankfurter Juden bis 1866* [Estatísticas sobre os judeus de Frankfurt até 1866], havia 939 judeus empregados em 1824, e 547 empresários autônomos, dos quais 192 estavam envolvidos em finanças, e 149 na indústria têxtil.

13   A política francesa em relação aos judeus antes da revolução distinguia judeus espanhóis e portugueses (*sefarditas*) de judeus alsacianos (*asquenazim*). Os primeiros eram coletores de impostos contratados a quem o Estado estava obrigado, tanto quanto na Áustria, na Prússia e em outros países da Europa Central. Antes da Revolução, judeus alsacianos detinham o monopólio dos pequenos comércios e emprés-

alemã de 1848. Na Grã-Bretanha, o país mais burguês da Europa, os judeus não foram emancipados até 1868; na Suíça, que sempre foi governada exclusivamente pela burguesia, a emancipação suscitou uma luta particularmente difícil.

Estados absolutistas estavam, assim, mais inclinados a legalizar as funções econômicas dos judeus, o que significa dizer, a pagar o preço político correspondente a suas contribuições. A regulamentação dos judeus na Prússia sob Frederico II revelou uma tendência de conceder aos judeus certas proteções e um campo de ação para suas atividades econômicas especificamente "judaicas", enquanto os mantinham em seu lugar como judeus. Não havia quaisquer pretensões de assimilação – em contraste com o Decreto de Tolerância austríaco emitido sob José II.[14] Uma comunidade judaica urbana foi promovida, mas a agricultura e a propriedade de terra continuaram a ser proibidas e a via para a maioria dos ofícios bloqueada. Somente aquelas profissões de utilidade direta para o Estado foram promo-

timos usurários aos agricultores. A Declaração de 1791, que proclamou os mesmos direitos humanos para todas as pessoas, foi seguida em 1808 pelo *décret infâme*, que retrocedeu à antiga distinção e introduziu condições especiais para judeus alsacianos, desse modo autorizando privilégios especiais para os judeus de Bordeaux. O *décret infâme* corresponde exatamente à política em relação aos judeus buscada por outros Estados europeus – com a diferença que, dada o ritmo mais rápido com que os desenvolvimentos ocorreram na França, o restabelecimento de direitos iguais foi alcançado um pouco mais cedo.

14   O Decreto de Tolerância austríaco de José II em 1787 abre todos os comércios "cristãos" para os judeus, oferece um bônus econômico para o batismo, até permite a agricultura e coloca um fim à autonomia das comunidades judaicas. Na prática, contudo, ambas as formas de regulamentar os judeus resultaram em quase a mesma coisa, especialmente tendo em vista que em Viena somente os judeus "prósperos" eram tolerados e a proibição contra o estabelecimento de judeus ali permanecia em vigor.

vidas – ou seja, fornecedores de materiais de guerra, banqueiros e exportadores das mercadorias de fábricas estatais. Comunidades judaicas foram expressamente declaradas responsáveis pelas dívidas de judeus falidos, uma medida que garantiu que os pobres fossem eficientemente excluídos e outros elementos indesejáveis mantidos à distância. Dessa forma, os interesses do Estado tornaram-se os interesses da comunidade judaica em si – os judeus foram convertidos em um pilar do Estado. Uma vez que o direito de residência estava baseado na riqueza, especialmente em Berlim e em Viena, e que em uma família o casamento era tributado, à exceção ocasional do primogênito, com uma taxa decrescente para cada casamento adicional, os três mil judeus de Berlim logo estavam entre os residentes mais prósperos da capital prussiana. O Estado nunca tinha mostrado tal consideração e escrúpulo pelo bem-estar de seus súditos cristãos.

Mas para as massas de judeus pobres e "atrasados" que o Estado prussiano herdara com a divisão da Polônia e a ocupação da Silésia, a antiga inexistência de quaisquer direitos continuava em vigor. À camada mais ampla de judeus prósperos foi garantida proteção estatutária, ao passo que a alguns judeus determinados, que podiam comprovar que haviam prestado algum serviço necessário para a existência do Estado, foi concedido um *status* de *excepcionais* – os direitos humanos na forma de "privilégios gerais". Entre essas duas garantias, havia somente um estatuto para o judeu protegido "extraordinariamente", ou seja, alguém que gozava pessoalmente de um *status* de proteção – direito de residência, direito de ganhar a vida – mas não podia transmitir esses direitos, essa "dignidade," para seus filhos.

Protegidos e encorajados pelo Estado, a camada de judeus prósperos e urbanos cresceu cada vez mais. Judeus de corte ascendentes puxaram círculos cada vez maiores de pessoas com eles. No último terço do século XVIII, já havia três mil judeus só em Berlim – todos eles afortunados, evidentemente, visto que seu direito de residência estava ligado à sua riqueza. Ao mesmo tempo, cada vez mais judeus tornaram-se economicamente dependentes das fortunas do país anfitrião. Os que chegaram a este *status* eram ainda somente uma porcentagem muito pequena do povo judeu e haviam perdido de vista as massas de pessoas cujas vidas continuavam intocadas por sua ascensão. A política prussiana em relação aos judeus separou-os geograficamente – os pobres continuaram na Posnânia, os ricos viviam em Berlim e em capitais de províncias. Dentro das fronteiras dos países da Europa ocidental – visto que tudo isso se aplica, *mutatis mutandis*, também para Áustria e França – a dicotomia entre ricos e pobres, entre artesãos e mutuantes de dinheiro para o exterior, que havia definido a vida no gueto, torna-se a dicotomia entre *judeus ocidentais e orientais*.

E com isso, a transformação social do judaísmo moderno, tão crucial para todo o século, foi inaugurada. Na Prússia, na Áustria e, em certa medida, na França, a política em relação aos judeus acaba com o gueto, transforma em dicotomia geográfica a disparidade social que o gueto conhecia, a disparidade entre ricos e pobres. Ao favorecer uma grande camada de judeus e os conduzir para o limiar da vida econômica moderna, tal política transforma as diferenças sociais de um povo em uma dicotomia histórica, o que quer dizer uma dicotomia entre os judeus que continuam a viver como o fizeram por um ou dois séculos e os outros que, para o bem do Estado, deixaram de levar a vida isolada de uma casta. Mas mesmo esses judeus privilegiados estão longe de apresentar sequer os rudimentos de uma burguesia florescente – eles não usam judeus pobres como força de trabalho, se não por outros motivos, por estarem geograficamente separados destes. Eles não ingressam na produção capitalista privada porque não são diretamente encorajados pelo Estado e porque eles não têm nenhuma força de trabalho à sua disposição. A pobreza do povo é completamente sem sentido, uma vez que não serve a nenhum propósito produtivo. Para aqueles negócios em que os judeus continuam ativos, eles não precisam de força de trabalho, seja de judeus ou de não judeus. Somente onde a separação geográfica entre pobres e ricos não aconteceu – como na Polônia, por exemplo – os rudimentos da empresa judaica puderam se desenvolver, embora não tenha alcançado grande relevância, uma vez que era constantemente prejudicada pelo atraso do país.

As leis garantindo *proteção de residência, de pessoa e de propriedade* – isto é, direitos humanos como compreendidos pelo século XVIII – eram *pagas* pelos judeus abastados sob a forma de impostos especiais e conquistas. Direitos civis totais – os privilégios gerais que fizeram do empresário judeu um equivalente ao cristão – foram dados a Itzig e Efraim por suas realizações extraordinárias. Os direitos humanos eram classificados de acordo com a capacidade de se pagar por eles. Privilégios gerais, equivalentes à emancipação, não eram um "presente", mas antes uma compensação exata na forma de uma *recompensa*. Eles não se tornaram um *presente* até essa proteção compensatória ser concedida ao ramo modesto de judeus empobrecidos – que, apesar de todas as medidas tomadas pelo Estado para prevenir, eram efetivamente sustentados pela comunidade judaica. Para ter certeza, esse não era o presente de um governo – como historiadores antissemitas sempre tentaram apresentá-lo – mas antes um presente dado *para judeus pobres por judeus ricos*, que em última análise responderam pelas dívidas dos primeiros na forma de responsabilidade coletiva. A compensação se tornou primeiro um presente benevolente dentro do próprio mundo judaico – um presente dado com condições, no entanto. Os ricos já haviam cumprido essas condições. Os judeus notáveis – um dos que lideravam a comunidade judaica em Berlim era o "privilegiado em geral" Itzig – nunca até hoje deixaram de demandar o respeito a eles devido pelo presente da proteção e, mais tarde, da "liberdade". Afinal, eles estavam assegurando tanto o Estado quanto o mundo a seu redor da utilidade de toda a sua tribo. Sua atitude em relação aos "judeus orientais" e "*Schnorrer*" demonstra que eles nunca esqueceram quem realmente pagou pela emancipação e a quem ela era originalmente destinada.

No limiar da emancipação, direitos civis foram concedidos como recompensa ao judeu de corte e ao judeu do dinheiro. A liberdade de alguns demonstra claramente e sem floreios – primeiro para muitos e depois para todos os demais – o preço exigido pelos direitos humanos.

VI. JUDEUS DE EXCEÇÃO

Dois modelos definiram e guiaram a "luta pela libertação" dos judeus prussianos: libertação política e legal concedida pelo Estado aos "judeus do dinheiro" privilegiados de modo geral e o reconhecimento pela sociedade cultivada das realizações de Moses Mendelssohn no plano espiritual. A formação e o comércio continuaram sendo o centro da vida para toda a comunidade judaica alemã até que a catástrofe ocorreu.

Assim como Itzig e Efraim, privilegiados de modo geral, Mendelssohn era "excepcional", e todos os três eram reconhecidos como tal pelo mundo ao seu redor – embora se tratasse sempre de muitos mundos diferentes. Apenas através de um descolamento da massa de judeus, de uma separação clara com relação a eles, seja por qualidades do espírito ou por contribuições para a economia do estado, era possível esperar um avanço. A divisão dos judeus em "Ocidente e Oriente", ricos e pobres, educados e ignorantes, ofereceu aos judeus alemães uma oportunidade: ela impediu que a ambição impiedosa – seguindo um padrão estabelecido pela história e recompensado novamente todos os dias – terminasse em uma guerra de todos contra todos e deu origem a um novo senso de solidariedade, não importa o quão significante possa parecer em casos individuais. Somente a separação legal pelo Estado podia colocar no lugar da antiga comunidade do gueto algo além de um grupo de *parvenus* desesperados; ela criou duas novas entidades geograficamente e economicamente divergentes. O número relativamente pequeno de judeus protegidos por Frederico descolou-se coletivamente acima das massas de judeus pobres da Posânia e da Prússia ocidental. A política de assimilação de judeus do século seguinte era baseada muito menos na bem conhecida "atomização" dos judeus do que nesse conceito de *exceção coletiva*.

Ao separar geograficamente judeus ricos e pobres, os regulamentos de Frederico para os judeus forneciam uma fundação firme para sustentar uma comunidade judaica excepcional. Em 1803, os judeus protegidos da Prússia constituíam somente cerca de 20 por cento da população judaica total do país. Infelizmente, nenhuma estatística do período registra diferenciação econômica. Mas o recenseamento de 1834 revela o quão drástica era a situação. A burguesia abastada da Prússia (atacadistas, banqueiros e pessoas de recursos independentes) era seis vezes maior do que a da Posânia; a classe média (profissionais autônomos e varejistas) compunha mais do que a metade da população judaica da Prússia, mas na Posânia sequer um terço; quase 60 por cento dos judeus da Posânia (mascates, artesãos, diaristas) não tinham qualquer propriedade que valha a pena mencionar, enquanto na Prússia somente 37 por cento não tinham propriedade; mais de um quinto da população da Posânia vivia em situação de pobreza abjeta e eram um fardo sobre uma comunidade já pobre; mas em comunidades prussianas muito mais prósperas tais casos de caridade constituíam apenas 6,5 por cento.[1]

---

1   Cf. Heinrich Silbergleit, *Die Bevolkerungsvehältnisse der Juden im Deutschen Reich* [A repartição da população judaica no *Reich* alemão] (1930), Tabela 29, que destaca o ano de 1834 como base comparativa de Posânia com todas as outras regiões da Prússia e fornece as porcentagens de famílias que ganham a vida como:

O pano de fundo social dos judeus orientais mostrou-se vantajoso na promoção da autoconsciência tanto dos judeus protegidos prussianos como de sua "sociedade educada", mas ele era igualmente

	na Prússia	na Posânia
Atacadistas, banqueiros, fabricantes	4,3%	0,9%
Aposentados sem profissão	4,3%	0,9%
Profissionais independentes	4,3%	3,0%
Varejistas, agentes comissionados, donos de restaurantes	49,3%	34,8%
Agricultores	0,4%	0,4%
Mascates	10,6%	7,9%
Artesãos	10,0%	23,0%
Trabalhadores diaristas e serviçais	10,3%	7,3%
Dependentes de caridade sem uma profissão	6,5%	21,3%

As categorias 1 e 2 são classificadas aqui como a grande burguesia, 3 e 4 como a classe média, 6, 7, 8, e 9 como pessoas sem propriedades. A pequeníssima categoria 5, de agricultores, é distinta.

No período anterior a 1812, essas diferenças eram certamente ainda mais marcadas, visto que depois de 1816 havia um fluxo constante de judeus se deslocando do oeste da Prússia e da Polônia para outras províncias prussianas. Entre 1825 e 1834 todas as províncias prussianas exceto o oeste da Prússia e a Posânia apresentaram um aumento de 18% em sua população judaica, a Posânia e o oeste da Prússia um aumento de apenas 11% – uma diferença definitivamente não devida a uma taxa de natalidade mais baixa. Uma indicação dessa migração é o aumento em dez vezes no número de "estrangeiros" entre os judeus de Berlim entre 1816 e 1883, de 0,8% para 11%. Cf. Silbergleit, Tabela 9. O recenseamento de 1834 na Prússia não distingue entre judeus "nativos" e "orientais". No entanto, pode-se presumir seguramente que uma porcentagem maior daqueles judeus sem propriedade não estava entre os judeus excepcionais da Prússia, mas eram em vez disso parte daqueles "judeus do leste" que eram assimilados muito lentamente. Na realidade, as diferenças profissionais e econômicas entre judeus orientais e ocidentais deviam ser muito maiores do que as estatísticas para 1834 mostram.

desvantajoso para a regularização dos estatutos judaicos em termos do aperfeiçoamento dos direitos civis. Para o Estado prussiano, *emancipação* significava – e só poderia significar – uma *generalização dos privilégios em geral,* que expressamente não eram destinados a mascates e diaristas judeus. Foi somente depois de uma desastrosa guerra que custou à Prússia aquelas províncias mais densamente povoadas com judeus que a situação mudou para os judeus protegidos, que de um só golpe agora constituem 90 por cento da população judaica como um todo.[2] Em 1808 a eles foi concedido direitos da cidade. O Decreto Emancipatório de 1812 era dirigido a eles. Tendo em vista que eles eram todos considerados judeus excepcionais, havia uma prontidão para emancipá-los como um todo, como comunidade judaica.

A restituição das antigas fronteiras que se seguiu à guerra da libertação necessariamente causou um retrocesso aos esforços direcionados à emancipação. A retirada de uma série de direitos mais uma vez eliminou a igualdade daqueles que constituíam agora meros 53 por cento de judeus protegidos, e quaisquer direitos que foram-lhes deixados converteram-se em privilégios. Mais uma vez eles são vis-

---

2   Cf. Silbergleit, Tabelas 4, 5 e 9. Para 1803 estamos contando como "judeus excepcionais" todos aqueles que viviam em áreas que continuaram parte da Prússia em 1808 e estavam portanto incluídos no Decreto Emancipatório de 1812. Os 80% de "judeus orientais" podiam ser encontrados essencialmente no oeste da Prússia ou na Posânia. De acordo com o recenseamento de 1811, os judeus excepcionais perfazem aproximadamente 90% da população judaica do que restou do Estado da Prússia, enquanto que 10% eram judeus "estrangeiros", isto é, judeus comuns sem *status* excepcional ou judeus orientais. Para os anos de 1816 e 1843 (e/ou 1846), podemos utilizar a simples diferenciação entre judeus com e sem direitos da cidade – ou seja, entre aqueles que estavam incluídos no Decreto Emancipatório e podiam reivindicar uma posição "excepcional", em face dos judeus orientais das províncias recém-adquiridas.

tos como privilegiados em contraste com os judeus da Posânia, que formavam quase metade dos judeus e até o último terço do século XIX devem ser considerados como os verdadeiros "judeus orientais" da Prússia. Até 1848, os habitantes da Posânia foram incapazes de ganhar mesmo os direitos civis dentro do Estado prussiano. Sua incorporação naquilo que um dia foi a comunidade judaica protegida da Prússia, isto é, na comunidade de judeus "excepcionais", também ocorreu "a título excepcional". Decidia-se individualmente, caso-a--caso, se eles possuíam a mesma "maturidade" civil – ou seja, a mesma posição econômica – da qual seus irmãos favorecidos haviam desfrutado por um século. Eles foram absorvidos na comunidade judaica privilegiada somente muito devagar; em 1848 formavam mais de um terço, isto é, 37 por cento, da população judaica.[3]

É um paradoxo da história da comunidade judaica alemã que a *assimilação* social no sentido do pleno reconhecimento pela sociedade não judaica lhes foi concedida apenas quando a emancipação foi bloqueada pelo próprio pano de fundo que os colocou sob uma luz tão favorável. É bastante compreensível como até hoje todos os judeus assimilados acham bastante difícil deixar para trás essa consciência de si mesmos como uma "exceção," pois isso é o que sempre esteve por trás de toda sua conversa sobre judeus "orientais" e "ocidentais". Pois nunca mais, a despeito de qualquer garantia de igualdade que os Estados pudessem lhes oferecer, as coisas iriam socialmente tão bem para eles como sob a bandeira da Prússia. Quanto mais a emancipa-

---

3   A equiparação tácita aqui de judeus orientais, judeus sem direitos da cidade, e judeus da região da Posânia pode ser adequadamente justificada pelo fato de que os últimos correspondiam a uma porcentagem esmagadora de "judeus estrangeiros." Em 1816, oito dentre nove judeus eram privados dos direitos da cidade, e em 1846 esse número havia "caído" para quatro em cinco.

ção se aproximava – a qual estivera em séria discussão desde o século XVIII e para a qual o caminho havia sido preparado pela outorga de direitos da cidade em 1808 – mais hostil o mundo circundante se tornava. Aqueles breves 25 anos anteriores à virada do século, até a eclosão da guerra em 1806-7, representaram para um grupo muito pequeno de judeus ricos e educados a realização de um sonho que em face de todas as realidades adversas iria continuar a ser sonhado por bons cem anos. Neste período o antigo ódio aos judeus tinha sido posto de lado e o novo antissemitismo ainda não tinha nascido. Até perecer, a comunidade judaica assimilada apegou-se a uma frase que foi de fato verdadeira apenas por algumas décadas: a inimizade em relação aos judeus não era digna de um homem educado.[4] Não há dúvida de que a influência judaica no final do século XIX e durante a república de Weimar era mais visível e – com o auxílio da imprensa e das instituições culturais – também mais poderosa. Mas nunca mais seria tão aberta, tão sem disfarces, tão certa de sua causa. A convicção de que sua própria causa era a causa da humanidade conferiu às mulheres nos salões judaicos sua naturalidade, conferiu aos judeus daquele tempo sua liberdade singular e sua clara consciência para lidar com a questão judaica e com o ódio aos judeus.

Em sua busca por formação e riqueza, os judeus excepcionais de Berlim tiveram boa sorte por três décadas. O *salão judaico*, o convívio idílico e misto que era o objeto de tantos sonhos, conquistado sob concessões muitas vezes altamente desagradáveis, era o produto de uma constelação casual de fatores em um período de transformação

---

4 A extensão desta tolerância em círculos educados é esplendidamente ilustrada por uma pequena anedota de 1788. Uma produção berlinense de *O mercador de Veneza* incluía um breve prólogo apologético endereçado à "sensata Berlim", que "está começando a ter um maior respeito aos irmãos de fé do sábio Moses Mendelssohn".

social. Os judeus eram uma solução paliativa entre uma forma decadente de interação social e outra que ainda não havia se estabelecido. Ali, em lares judaicos, a *aristocracia* e *atores* – ambos, como os judeus, estando fora da sociedade burguesa, ambos acostumados a interpretar um papel, a representar, expressar e retratar "o que se é" e não, como a burguesia, "o que se tem" (para emprestar uma frase de *Wilhelm Meister*) – forneciam um ponto de apoio para *intelectuais* burgueses desabrigados e uma ressonância que eles não esperariam encontrar em outro lugar. Dadas as estruturas de convenção mais frouxas daquele tempo, os judeus se tornaram socialmente aceitáveis do mesmo modo que os atores: a aristocracia atestava-lhes sua condicionada "apresentabilidade na corte".[5]

Naquele período, a burguesia prussiana economicamente atrasada e politicamente servil não podia sequer imaginar uma forma mais liberal de interação social, que é claro sempre envolve a representação social. Embora mal tenha levado cem anos – desde Lessing e Klopstock até as mortes de Goethe e Hegel – para constituir a grande cultura da burguesia alemã e seu patrimônio cultural, a sociedade burguesa do período era em si completamente incapaz de assegurar uma formação no sentido de um núcleo que modela e educa para a representação na vida pública.[6] Não há um exemplo mais decisi-

---

5   Assim, o salão de Henriette Herz foi criado pelo conde Dohna e o de Rahel Levin [Varnhagen] teve seu selo de boa sociedade dado pelo príncipe Luís Fernando. Pode-se também mencionar a esse respeito o número muito alto de casamentos entre judeus e aristocratas, que, ao contrário de décadas posteriores, tinham consequências sociais para seus pares judeus que eram deixados para trás. A correspondência do período mostra que aqueles que haviam chegado recentemente a tais círculos brilhantes não rompiam todas as conexões com judeus.

6   Isso explica o desgosto explícito com o qual a burguesia do período enxergava todo espetáculo social. O escritor liberal Buchholz chama isso de uma mera "apa-

vo disso do que o clássico romance de formação alemão, o *Wilhelm Meister* de Goethe, cujo herói é "formado" por aristocratas e atores, sua educação consistindo em ser "elevado de burguês a aristocrata" (para usar a frase de impacto de Victor Hehn).[7] Da mesma forma não há prova mais decisiva do isolamento e da capitulação social do intelectual alemão perante a aristocracia, que o ajudara muito em seu limitado "modo de vida burguês", mas nunca fornecera-lhe uma nova pátria social. Pois não havia nada real, quer economicamente ou intelectualmente, na "elevação do burguês ao nível do aristocrata". Significava simplesmente que os *Junkers* prussianos, preocupados com tudo menos com a formação,[8] contratavam tutores burgueses para seus filhos – aqueles sujeitos brilhantes e famintos para quem a desesperadora estreiteza do mundo burguês alemão não reservava outro lugar.

Os salões judaicos não eram, portanto, mais ancorados em alguma camada da sociedade do que a formação alemã, muito embora centros de interação social cultivada fossem tomados como um sinal de os judeus terem encontrado alguma âncora na sociedade. De fato era o oposto – precisamente porque os judeus estavam fora da sociedade, eles tornaram-se, por um tempo, um ponto de encontro

---

rência". Friedrich Buchholz, *Untersuchungenüber den Geburtsadel* [Observações sobre o berço nobre] (1807), p. 51 ss.

7 Viktor Hehn, *Gedanken über Goethe* [Pensamentos sobre Goethe] (2ª ed., 1888), p. 260 ss., onde um "cidadão comum", um antissemita descontrolado, elevado à nobreza pelo *czar* fornece um exemplo muito engraçado – porque é tão inconcebivelmente desrespeitoso – de como Goethe "conquistou seu espaço acima da pequena burguesia e sofreu indescritivelmente para se purificar da escória".

8 Buchholz (*Untersuchungen über den Geburtsadel*), p. 151, nota com satisfação que "sempre que o desejo pela ciência despertava no nobre, ele considerava necessário descer ao nível do burguês".

neutro para os "instruídos". Da mesma maneira que a influência judaica sobre o Estado enfraqueceu assim que a burguesia exerceu a influência para a qual foi, por assim dizer, predeterminada pela necessidade histórica, então, também, mas muito antes, o elemento judaico foi eliminado da sociedade ao primeiro sinal de interação social em meio à burguesia instruída.[9]

Quando, por conseguinte, o idílio de uma interação social mista colapsou, perecendo na catástrofe de 1807, não se passou muita coisa. Aquele idílio devia sua existência somente à sua inconsequência política e desmoronou tão rápida e completamente por essa mesma razão. Mas em vista do fato de que para os judeus esses bons tempos jamais voltariam e de que a partir dali eles teriam de pagar pelo reconhecimento social com muito esforço e concomitantemente com más consciências, é um sinal de perspicácia quando alguém, olhando para trás a partir da segunda década do século XIX, vê o ano de 1806-7 como muito mais crucial do que os desapontamentos do Congresso de Viena ou a tempestade *Hep-Hep*[10] de 1819. "Onde estão os dias em

9   Isso é para ser tomado com certa reserva. Quando depois de 1807 os salões judaicos foram esvaziados quase de um dia para outro, novos lugares sociais de reunião se formaram, a título de transição, principalmente nas casas dos aristocratas, por exemplo da condessa Voss e do príncipe Radziwill. Nessa medida, o salão do conselheiro de Estado privado Stägemann foi a exceção. Mas se provou consideravelmente mais viável do que todos os outros. Além disso, a natureza dos participantes mudou quase imediatamente. O elemento burguês predominava; aqueles aristocratas que frequentavam vinham dos serviços militar e público, isto é, dos estratos mais baixos da nobreza. Atores e judeus foram excluídos. Cf. H. Arendt, "Salão de Berlim" (Berliner Salon, *Deutscher Almanach*, 1932), em H. Arendt, *Compreender e outros ensaios*.
10   Em 1819, uma série de *pogroms* antissemitas se seguiu ao Congresso de Viena, onde se decidiu pela manutenção das leis para judeus de 1813. Os ataques foram desferidos principalmente por católicos e foram acompanhados pelos gritos de "Hep-

que estávamos todos juntos! Eles afundaram no ano 6,[11] afundaram como um navio, carregando os tesouros mais encantadores da vida, as maiores alegrias da vida" (Rahel Varnhagen).[12]

Mas o que estamos realmente segurando em nossas mãos quando recordamos aqueles "dias felizes"? Contanto que a burguesia alemã se deixasse ser socialmente representada por atores e aristocratas, os judeus estavam incluídos. E quem mais os reconhecia socialmente? Quanto à nobreza, sua posição em relação aos judeus há muito tempo divergia de alguma forma da de outras pessoas. Há muito que eles excetuavam seus "próprios" judeus para cuidar de seus corpos, terra e gado. Aos seus olhos tais judeus excepcionais incluíam toda a comunidade judaica de Berlim – pelo menos todos aqueles com quem eles se associavam.

O que permanece bastante característico de como as coisas se desenvolveram é o fato de nem a teoria de Dohm, nem a posição de Lessing – ambos os quais concluíram a partir do fato da "exceção" de Mendelssohn que essa dignidade poderia pertencer a todo seu povo, e portanto a todos os povos – terem se mostrado decisivas na libertação social e política dos judeus. Em vez disso, o que aconteceu não foi nada mais do que a extensão da prática estatal e a expansão da representação social de judeus excepcionais, ambos os quais estavam preparados para incluir círculos cada vez mais amplos de judeus. Fi-

---

-Hep", provavelmente um acrônimo de "*Hierosolyma est perdita*" (Jerusalém está perdida). (N.T.)

11 Trata-se de 1806, o ano em que Napoleão entrou em Berlim e que marcou o fim da velha ordem, isto é, do Sacro Império Romano. (N.E.)

12 De uma carta não publicada (1819) de Rahel Varnhagen para Pauline Wiesel, que em dado momento foi a amante de Luís Fernando. Arquivo Varnhagen da Berliner Staatsbibliothek.

nalmente os judeus excepcionais de Berlim não eram nem mais, nem menos *assimilados*, isto é, reconhecidos pela sociedade, do que seus pais, os judeus protegidos, emancipados, aos quais privilégios gerais haviam sido concedidos e que tinham sido reconhecidos pelo Estado. Os primeiros eram a verdadeira imagem dos últimos e tinham pouco em comum com o *phátos* do Ilumisnismo de Lessing e com a luta por liberdade da Revolução Francesa. O Iluminismo e a Revolução haviam derretido em suas mãos em um idílio social.

VII. A SOCIEDADE E O ESTADO ABOLEM OS JUDEUS EXCEPCIONAIS

A entrega de províncias prussianas com grande número de judeus em 1807 custou aos judeus protegidos que permaneceram dentro de seu território a perda de seu vantajoso pano de fundo. Da noite para o dia, e muito para a surpresa dos judeus de Berlim com inclinações patrióticas, os salões judaicos foram esvaziados, os judeus isolados, a ilusão dos judeus excepcionais eliminada da sociedade. Por entendimento tácito – quase sem nenhum som, com quase nenhuma fealdade – a assimilação que acabara de começar foi revogada.

Essa mudança de ânimo social em detrimento dos judeus foi notada na época somente por algumas pessoas[1] e quase não foi reconhecida por historiadores. Para eles, os preparativos feitos para o Decreto Emancipatório de 1812 eclipsaram todas as manifestações de antissemitismo, levando-os a classificar o período anterior à guerra da libertação como cordial em relação aos judeus. O Estado e a sociedade naquele tempo, entretanto, estavam tão longe de serem idênticos que não se pode dizer que qualquer classe da sociedade realmente estivesse por trás do Estado, muito menos por trás de suas medidas

---

1   Cf. Wilhelm von Humboldt, cartas a sua esposa, 1808.

em benefício dos judeus. A monarquia absolutista ainda era "absolutamente" separada do povo mesmo quando realizava reformas em seu benefício. Portanto, o antissemitismo social permaneceu por enquanto tão ineficaz quanto o filossemitismo político e as tendências à assimilação haviam sido nas décadas precedentes.

Mas a perda desse pano de fundo, que marcou a morte social dos judeus, foi também sua oportunidade política: a libertação de todos aqueles elementos que não "sustentavam" e não eram diretamente úteis para o Estado. Foi a primeira vez, mas não a última, na misteriosa história dos judeus ocidentais que eles foram forçados a trocar a proeminência social e miséria política por miséria social e um fraquíssimo lampejo de esperança política.

A derrota de 1807 tornou-se o momento decisivo da história dos judeus da Prússia porque os interesses especiais dos judeus destacaram-se claramente em dois pontos políticos cruciais. Todo o ânimo anti-judaico daquele tempo foi concentrado, primeiro, na proteção do Estado aos judeus e, segundo, nas vantagens políticas das quais gozavam os judeus sob a ocupação francesa. O interesse do Estado naqueles judeus protegidos que ainda permaneciam dentro da Prússia revelou muito claramente à sociedade que não se tratava de exceções individuais, mas de uma exceção coletiva que deveria estar estreitamente vinculada aos interesses da monarquia absolutista. Além disso, não importa o quão prussianas e patrióticas as inclinações dos judeus pudessem ser, ninguém podia ter certeza de que eles não simpatizassem com Napoleão, que os havia liberado em todos os territórios que ocupara. Ambos os fatos tornavam os judeus suspeitos. A sociedade instruída de Berlim se tornou patriota graças a Napoleão e se cristalizou na oposição ao Estado absoluto. Conduzindo a batalha contra Napoleão estavam os "patriotas", que eram recrutados na intelectualidade burguesa e também sempre haviam sido fiéis à aristocracia. Liderando a batalha contra o Estado estava a aristocracia, que dava o tom na sociedade e que ficara extremamente amargurada com as reformas do Estado, uma das quais era o plano para a emancipação.

Este antissemitismo social embrionário ainda não havia adotado um caráter realmente agressivo. É verdade que os judeus já eram vistos como representantes – o que de fato não eram – de certas ideias, mas pelo menos não como *os* representantes. De qualquer forma, eles já eram identificados com o Iluminismo, com atitudes burguesas (filisteias) e com simpatia pelos franceses, ao passo que na verdade eles haviam se tornado os mais leais dentre os cidadãos do Estado. Durante as condições sociais idílicas das décadas anteriores eles haviam perdido todo senso de realidade política ou intelectual. Eles não simpatizavam com Napoleão, ou sequer haviam encontrado uma forma de se juntarem à burguesia. Judeus ricos, com a casa Rothschild no primeiro plano, financiavam as guerras de casas dinásticas legítimas contra Napoleão, sempre procurando formas de adquirir títulos da nobreza e ordens e honras cristãs.[2] Mas de fato havia pouca chance de eles algum dia conseguirem uma conexão social com o pequeno círculo de liberais que estavam por trás do movimento de reforma. Aqui os judeus estavam comprometidos pela assimilação aristocrática. Os reformistas pensavam que por trás daquelas conexões sociais eles podiam ver o velho apoio usurário dado ao seu antigo inimigo predatório.

---

2   Cf. Egon Caeser Conte Corti, *Der Aufstieg des Hauses Rothschild* [A ascensão da casa Rothschild], pp. 120 ss., 189 ss. A história do brasão Rothschild é tanto reveladora quanto divertida. O desenho que os irmãos apresentaram para aprovação do imperador austríaco continha toda uma coleção de insígnias heráldicas, muitos animais e uma coroa. O inspetor austríaco para desenhos heráldicos disse que "a nação israelita não era suficientemente familiar aos méritos da águia" e cruelmente removeu todos os animais e a coroa. Foi deixado aos Rothschild apenas duas águias pela metade.

A conexão centenária entre usurários judeus e perdulários aristocráticos estava aos poucos se dissolvendo, mas foi durante esses mesmos 25 anos que os aristocratas tornaram os judeus de Berlim "aceitáveis na corte". Os empréstimos judaicos aos aristocratas se converteram em empréstimos do Estado concedidos a casas de monarcas absolutistas. Empréstimos estendidos individualmente a lacaios da corte endividados eram agora apenas subornos e meios de assegurar uma esfera da influência junto ao Estado.[3] A predileção da sociedade aristocrática pelos judeus rapidamente chegou a um fim devido a conflitos de interesse econômicos e políticos, que emergiram primeiro em 1807 e estavam centrados nos problemas da crescente influência dos judeus sobre o Estado e sua progressiva falta de interesse pela aristocracia. Da mesma forma, o canto do cisne aristocrático dedicado ao passado infelizmente era suficiente como um rápido lembrete aos outros de algo que de fato não mais existia, e logo resultou na criação de argumentos da burguesia *liberal* contra os judeus baseados em uma realidade que vinha desaparecendo havia muito tempo e cujo brilho social já ficava opaco.

Precisamente neste mesmo momento da história (1807) – que assistiu a aristocracia se tornar antissemita, primeiro em seu comportamento e depois em seus argumentos – o autor burguês liberal

---

3   A historia da casa Rothschild oferece um exemplo excelente desse desenvolvimento. O velho Meyer Amschel (fim do século XVIII) ainda concluía transações de crédito regulares com particulares. Seus filhos ganhavam montantes enormes emprestando a Estados, especialmente à Áustria, mas frequentemente emprestavam dinheiro sem juros a particulares com o único propósito de assegurar sua posição social. A terceira geração não teria nenhuma relação com esses empréstimos privados e simplesmente pagava subornos. Cf. Conti, *Der Aufstieg des Hauses Rothschild*, vols. 1 e 2.

Buchholz dirigiu suas acusações contra *judeus e aristocratas*.[4] Para se livrar da aristocracia, deve-se primeiro se livrar dos judeus, porque "a aristocracia é tão estreitamente vinculada aos judeus que não pode perdurar sem eles; ambos existem devido a um apoio e complemento mútuos, a aristocracia assistindo aos judeus com a força, os judeus à aristocracia com astúcia e fraude". Isso e nada mais é a consequência histórica dessa primeira "assimilação": o ressentimento do cidadão burguês, sua indignação em relação à arrogância social dos *Junkers* e à nova forma de interação social que incluía todos, menos ele. Membros da intelectualidade nascidos na burguesia e que frequentavam salões judaicos estavam tão deslocados quanto Lessing fora um dia na sociedade burguesa de seu tempo. Evidentemente esta indignação era dirigida em primeiro lugar àqueles judeus excepcionais que eram recepcionados mais rapidamente do que qualquer um na "boa sociedade". Esse rancor evidente brincava com a ideia de equiparar a aristocracia e a comunidade judaica, embora pouco disso tenha penetrado no antissemitismo alemão. O que ficou foi o rancor.

Pode-se ver o quão forte esse ressentimento já deve ter sido no fato de que o *Wider die Juden* [Contra os judeus] de Grattenauer, o primeiro folheto antissemita para o populacho, alcançou uma circulação de 13 mil cópias quando foi publicado em 1803.[5] A Grattenauer, um advogado desafortunado e endividado, é atribuída a glória incontestável de ter introduzido na literatura antissemita um alemão vulgar, de populacho, que ela nunca deixou de empregar desde então. Diz muito sobre o humor de um grande círculo de pessoas o fato

---

4   Friedrich Buchholz, *Untersuchungen über den Geburtsadel*, p. 167 ss.

5   Grattenauer fez uso de *De civitate Judaeorum*, um trabalho publicado em latim pouco tempo antes pelo conselheiro criminal Paalzow, que fornecia provas convolutas e enfadonhas da imaturidade cívica dos judeus.

de que este subproduto – enquanto explicitamente se curva perante a aristocracia[6] – revela uma tendência hostil em relação aos aristocratas como parte de seu ataque contra os judeus.[7] Grattenauer não quer mais ouvir sobre "esse ou aquele judeu, sobre qualquer indivíduo judeu", e é o primeiro a usar a feliz frase "o judeu em geral, o judeu em toda a parte e em parte alguma", cujo significado era tão claro para ele quanto para seus leitores contemporâneos. O que fica evidente em todos os aspectos é o rancor que ele compartilha com tantos a respeito de conexões que nenhum deles possui. Isto o inspira a fornecer uma descrição bastante plástica na qual situações sociais judaicas não são nada além de um embuste, visto que não possuem nenhum fundamento legal e são baseadas apenas em conexões,[8] em, por assim dizer, um padrão de vida excessivo que é um tapa diário na cara da lei.[9] A partir do que ele então deduz a necessária ilegalidade

6   Uma declaração de 1803 é indicativa da subserviência e falta de caráter de Grattenauer, quando a aristocracia ainda ousava demonstrar algumas tendências liberais. "A educação da raça humana desde o restabelecimento das ciências tem sido gerada, desenvolvida e disseminada, direta e indiretamente, pela aristocracia."

7   "É bastante risível para livre pensadores judaicos e mesmo para a juventude que faz parte do *gens* judaico – que, para demonstrarem sua cultura, caminham sobre o Tiergarten em pernas de pau, se empanturram publicamente de bacon no Shabat, decoram em voz alta a *Lógica* de Kiessewetter ou cantam árias de *Herodes* enquanto perambulam por nossos passeios – pensar que eles ousam demandar que exceções sejam feitas a restrições gerais da lei."

8   "Em minha mente permanece uma contradição inexplicável: como alguém quer exigir meu respeito e confiança na vida privada, e no entanto ser capaz de sustentar a discriminação pública, pelo que eu devo considerar seu testemunho na corte apenas como condicionalmente válido e seu juramento apenas como condicionalmente sagrado?"

9   "A conversa começa com uma apóstrofe para a era iluminista [...] que é seguida por algum conto enfadonho sobre pessoa que eles acabavam de deixar, quão inte-

da tribo, sua "tendência revolucionária" e um "espírito que coloca a sociedade burguesa em grave perigo".

Grattenauer não era um homem de sorte. Ele estava alguns anos adiante de seu tempo e, apesar de seu grande sucesso momentâneo, continuou sem influência e chegou até a ser severamente comprometido no plano pessoal. Ainda não era o momento para um antissemitismo do populacho ou da burguesia; não poderia triunfar na forma inteligente de um Bushholz, sequer na forma vulgar de um Gratternauer. Ambos careciam daquela estreita base de realidade que é mais útil do que qualquer rancor, que em si nunca precisa ser expressada e todavia empresta aos argumentos antissemitas sua efetividade desconcertante. Ambos careciam do suporte que pode ser dado apenas pela própria sociedade – por uma certa camada ou classe que sabe quando usar munição mais grosseira ou mais fina. Com o tempo, a frase mais mordaz da brochura de Grattenauer, "o judeu em toda a parte e em parte alguma", continuou incompreendida em uma era em que a exceção e apenas a exceção era assimilada.

O tratamento dilatório dado pelo Estado à questão judaica tornou a assimilação social possível. Judeus excepcionais, que se destacaram na massa sombria da comunidade judaica, surgiram como indivíduos reais que podiam ser individualmente assimilados. Eles podiam não obstante continuar judeus, o que facilmente tornou-se uma questão muito pessoal, algo que então os tornou pessoalmente "interessantes" e ainda não era indesejável em um âmbito privado. As biografias de judeus importantes do período – cuja juventude foi passada nos anos 1780 ou o mais tardar na virada do século – revelam, por incrível que pareça, como todos eles, apesar da incerteza

ressante o assunto da conversa havia sido, para quais grandes pessoas de categoria eles devem agora acelerar a passagem com toda pressa..."

pessoal da juventude e da indiferença da vida adulta, retornaram ao judaísmo na velhice.[10] O mesmo fenômeno fica evidente no declínio do número de batismos de judeus e casamentos mistos depois de 1815.[11] A fuga do judaísmo – para o batismo ou por incerteza pessoal – torna-se impossível tão logo a questão judaica é proposta coletivamente, no momento em que ser judeu é um fato inescapável também para o indivíduo.

O Estado, ao querer eliminar seus judeus excepcionais, protegidos, por meio da emancipação e os imiscuir na população, criou para eles uma situação social paradoxal. Na mesma medida em que o Estado desejava sua dissolução enquanto nação, que ele procurou legalizar com a emancipação, ele também lhes criava, enquanto um coletivo a ser emancipado, uma posição especial. Eles existiam socialmente mais uma vez como judeus, precisamente porque deviam ser emancipados como judeus. Durante as décadas seguintes, o paradoxo puramente formal do ato de emancipação assumiu uma forma cada vez mais concreta por conta das táticas dilatórias do Estado, até que finalmente tornou-se um fator eminentemente político. A despeito de sua formalidade, esse paradoxo imediatamente se tornou uma realidade social porque a nova posição política especial dos judeus correspondia à sua posição econômica especial no âmbito da economia estatal.

10 Como foi o caso de Heinrich Heine e Rahel Varnhagen.

11 Somente na Hungria – como resultado de condições especialmente atrasadas e de total ausência de uma burguesia nativa – a assimilação à aristocracia continuou em tempos recentes. O que explica o porquê de a Hungria ter a maior porcentagem de batismos judaicos e casamentos mistos, três vezes mais, por exemplo, do que Viena, que também está posicionada no topo.

A emancipação da comunidade judaica francesa, proporcionada pela Revolução *juntamente com* a da burguesia, chegou a oferecer uma oportunidade política para escapar desse paradoxo. A política de Napoleão em relação aos judeus, cujo cume foi o *décret infame* de 1808, que especificava tratamento especial para os judeus alsacianos, fornece clara evidência de como a velha posição especial dos judeus em termos econômicos não permitiu que essa oportunidade alcançasse todo seu potencial.

Na Alemanha, contudo, que nunca teve uma revolução burguesa e portanto nenhuma libertação *explícita* da burguesia enquanto classe, os judeus pareciam ser o único povo a precisar de emancipação ou o único segmento da sociedade emancipado e, assim, privilegiado. Quanto mais o país continuava sem uma libertação burguesa explícita, mais firme era a convicção da burguesia segundo a qual os judeus gozavam de uma posição especial, mais persuasivo se tornava o argumento de que a emancipação judaica era prova de uma conexão coletiva, seja ela nacional ou econômica. Afinal, os judeus eram o único grupo que havia atingido, mesmo que de maneira hesitante e incompleta, uma mudança em seu *status* político, o que, como outros a viam, fazia dela um "presente", se não de fato um privilégio.

Somente Wilhelm von Humboldt – que, como bem se sabe, exerceu uma grande influência no Decreto de 1812 – parece ter visto que a emancipação judaica carregava consigo o perigo de alcançar exatamente o oposto de sua intenção. Ele queria deixar a libertação ocorrer sem chamar qualquer atenção e criticava duramente uma "supressão gradual" de restrições, visto que isso "somente confirma[ria] em todos aqueles pontos não revogados a própria segregação que deseja abolir", e "por meio dessa mesma nova liberdade, mais ampla, dobrar[ia] a atenção prestada a quaisquer restrições remanescentes e assim trabalhar[ia] contra si própria". E o que Humboldt temia foi exatamente o que aconteceu: a emancipação ficou vigente somente por poucos anos e uma "supressão gradual das restrições remanescentes" tornou-se o princípio subjacente à política judaica do Estado.[12]

Humboldt acreditava que a onipresença do Estado seria capaz de simplesmente ditar à sociedade a emancipação dos judeus. O atraso prolongado na emancipação, especialmente seu efeito negativo sobre a sociedade antes de sua promulgação, tornou inevitável esse infeliz curso de eventos e sugeriu a impossibilidade de libertação política quando a sociedade e o Estado já estão em conflito.

Compartilhando o desejo de reforma de Humboldt e suas ilusões, estavam outros estadistas prussianos bem conhecidos, o mais importante dos quais era Handenberg, ele próprio um judeu. Eles acreditavam verdadeiramente que, com a emancipação, os judeus em geral poderiam ser assimilados e não se deram conta das consequências sociais de suas ações. Esse era o modo natural de pensar para oficiais do Estado, um pensamento que nunca havia prestado qualquer atenção à assimilação, à mudança na posição social de "seus" judeus. Estava ciente de seus judeus excepcionais, mas não como indivíduos, apenas como judeus protegidos em geral, uma coletividade com serviços e possibilidades econômicas definidos. Já havia concedido privilégios gerais àqueles que eram particularmente capazes e estava agora em processo de extensão de tais privilégios para todos os judeus. O Estado argumentava – assim como faziam aqueles que, muito em nosso detrimento, mais tarde se intitulariam filossemitas – a partir do indivíduo, com a diferença de que o exemplo tomado não era um filósofo, mas um judeu da corte ou do dinheiro. Sem sabê-lo, o Estado transformou seus

---

12   Cf. Wilhelm von Humboldt, "Gutachten zur Emanzipation von 1809" [Opinião sobre a emancipação de 1809], em Freund, *Judenemancipation* (1912), vol. 2, p. 270 ss.

indivíduos judeus em uma comunidade, uma camada da sociedade especificamente marcada – sem sabê-lo, mas não sem se aproveitar conscientemente disto mais tarde. Seus interesses recaíram exatamente sobre esta coletividade semi-ambígua, os judeus do século XIX. Apenas um segmento da sociedade totalmente dependente do Estado, porque completamente banido da sociedade, era-lhe sempre fiel e estava sempre pronto para qualquer tarefa.

Quem respondeu mais rapidamente ao paradoxo da posição especial conferida pelo Decreto Emancipatório do Estado foram os próprios judeus. Eles estabeleceram associações para educar e aprimorar os judeus que não eram excepcionais, que ainda não haviam ascendido ao alto nível das pessoas excepcionais aparentemente indistinguíveis do mundo a sua volta. O efeito de tais associações, cujo único propósito era a dissolução da comunidade judaica, foi a preservação organizada da comunidade judaica e assimilada da Alemanha.

Diante desse estado de coisas, a emancipação forneceu ao antissemitismo sua primeira base para a diferenciação entre judeus como indivíduos e judeus em geral – "o judeu em toda a parte e em parte alguma". Os antissemitas perceberam imediatamente o que o Estado não contava e o que os defensores da emancipação não sabiam: contribuições individuais de judeus de corte e recompensas dadas a alguns judeus a título de exceção agora deveriam se tornar uma contribuição coletiva e uma recompensa geral a fim de fornecer um apoio fundamental para o Estado. Alguns, aparentemente exemplos casuais de boa sorte, se tornariam uma classe econômica privilegiada e alguns casos excepcionais seriam convertidos em um princípio ancorado no Estado. Em suma – para usar a linguagem do antissemitismo que se alimenta do "medo de fantasmas" – o judeu como um indivíduo, que já havia quase sido assimilado, se tornaria o judeu em geral, "em toda a parte e em parte alguma", que nunca mais seria aceito de coração aberto pela sociedade.

Essa é uma das mais importantes origens do antissemitismo moderno, que foi uma reação social a uma ação do Estado. Ela só poderia encontrar solo fértil entre aquelas camadas que faziam abertamente oposição ao Estado. Tanto o distanciamento dos liberais quanto o antissemitismo vulgar dos *pogroms* daqueles que fizeram de suas vidas burguesas um fracasso continuavam a não ter qualquer efeito enquanto a sociedade e todas as suas camadas vissem o Estado com mais ou menos indiferença. Treze mil cópias do folheto de Grattenauer quase não causaram qualquer dano aos judeus de Berlim, o que prova que mesmo a antipatia generalizada em relação aos judeus torna-se perigosa somente quando pode se vincular a outras tendências políticas. Foi o que ocorreu quando os patriotas, que odiavam o Estado por ter como que entregue seu país a Napoleão, começaram a formar um movimento nacionalista de intelectuais burgueses hostis ao Estado e se aliaram a uma aristocracia enfurecida pelas reformas daquele mesmo Estado.

A expressão social dessa aliança, que mal sobreviveu à guerra de 1813-14, foi a Sociedade da Mesa Germânica-Cristã, uma sociedade patriótica que era hostil ao governo e cujo principal alvo era Hardenberg.[13] Ao mesmo tempo, era a primeira organização programaticamente antissemita da Alemanha. Suas regras estabeleciam que "judeus, franceses e filisteus" não seriam aceitos como membros. O antissemitismo do período era mais efetivo quanto mais se vinculasse estreitamente a esse grupo. Uma peça indecente de pouca inteligência da autoria de Clemens von Brentano ("O filisteu antes, durante e depois da história") lá foi lida em voz alta e se provou muito mais perigosa do que qualquer gritaria – pois disseminava não o ódio aos judeus, mas antipatia em relação a eles precisamente nos mesmos

13   Cf. Reinhold Steig, *Kleists Berlines Kämpfe* [Batalhas de Kleist em Berlim].

círculos dos quais os judeus eram socialmente dependentes, assim preparando o terreno para os ataques mais massivos que tornaram--se uma questão premente pela primeira vez depois do Congresso de Viena. Os intelectuais, que de qualquer maneira haviam reconhecido os judeus socialmente apenas a pedido de aristocratas, os abandonaram de pronto assim que a aristocracia perdeu o interesse. E até forneciam argumentos à aristocracia para seu próprio recuo.

É verdade que, na prática, os "judeus excepcionais" não deixaram de existir da noite para o dia. Todos esses antissemitas podiam ser vistos nas casas de judeus – Clemens von Brentano, assim como Achim von Arnim e mesmo Kleist e Adam Müller. Mas tais contatos eram agora limitados somente a alguns indivíduos. Quando o discurso voltou-se para *os* judeus, ninguém mais argumentava se valendo do exemplo de um judeu excepcional que pudesse conhecer. Uma vez que os "judeus do leste" haviam desaparecido junto com as províncias rendidas da Prússia, a sociedade criou um novo pano de fundo: os judeus em geral – do qual um indivíduo podia se separar caso eventualmente provasse ter alguma utilidade pessoal ou estivesse preparado para mostrar uma extraordinária falta de caráter.

Quando uma nova intelectualidade hostil aos judeus – uma geração chamada "românticos políticos" – se viu compelida a tomar posições no patente conflito entre o Estado e os *Junkers*, já havia optado socialmente pelos aristocratas e precisava apenas oferecer-lhes o sacrifício adicional de sua própria liberdade. Esse mesmo estado de coisas mal era disfarçado por românticos convertidos que ofereciam à Igreja o sacrifício de um intelecto que – como provado pela história de Kant a Hegel – podia funcionar somente em um contexto burguês. E no entanto esses intelectuais permaneciam desabrigados e tendiam como antes a procurar por algum terreno onde pôr os pés aderindo ao serviço público. Para a aristocracia, então, eles eram aliados dúbios que deviam ser propensos à traição no momento em que a burguesia se apoderou do aparato do Estado e deixou de vê-lo apenas como uma instituição beneficente para sua própria intelectualidade desempregada. Mas isso não aconteceu na Alemanha até 1918, quando a aristocracia, vendo-se traída e vendida por todos os lados, subitamente viu seus leais "amigos educados" no campo de "respeitáveis" republicanos e democratas.

Até então, e principalmente no início do século XIX, a já mencionada dubiedade do relacionamento se provou muito útil para a aristocracia e muito danosa para os judeus. Serviu, de fato – e esse é o verdadeiro significado histórico do Romantismo político –, para reconciliar o Estado absolutista e o *Junkers*. Destas núpcias ideológicas Adam Müller e Joseph Görres criam um Estado estamental totalitário [*totalitären Ständestaat*]. Eles contribuíram para reerguer os *Junkers*, que não eram exatamente teóricos brilhantes, e os ensinaram a difamar a burguesia, que seria antipatriota porque foi surpreendida em "amor venéreo com o ouro"; seria duvidosa porque não constituía uma totalidade viva, mas "irregular e dividida" em sua vida privada e pública; e portanto deveria ser colocada além do alcance do Estado, que, como o "todo", pode reivindicar a vida total de seus súditos. A adoração a um Estado cristão ideal, no qual a aristocracia seria mais uma vez o "primeiro estamento", corresponde a um ataque inescrupuloso ao governo daquele tempo, a Stein e Hardenberg, que ousaram infringir os interesses dos *Junkers* e de quem se dizia estarem substituindo a aristocracia com uma "nova aristocracia do dinheiro, cujos príncipes são judeus de sangue". A "totalidade viva" – o Estado – deveria ser purificado de elementos inorgânicos e que se descompõem, isto é, de todos aqueles que não podem reivindicar legitimidade por meio de sua herança e ancestralidade de nascença. A origem é decretada divinamente – sendo esta a fonte do caráter cristão do Estado – e é oposta à "arbitrariedade humana" do *parvenu*. A orgânica filosofia da história oscila entre pares opostos e conhece dois extremos: a aristocracia, a cada membro da qual uma crônica de família atribui a mais alta legitimação ativa – à imagem, por assim dizer, de decreto divino; e os judeus cuja origem é de toda forma difamatória e que se infiltraram no organismo do *Volk* [povo] – à imagem da arbitrariedade humana. O *Volk* vive entre estes dois extremos, organicamente subserviente aos "príncipes de sangue" e governado pela "totalidade viva" do Estado. Desdenhado e idolatrado, o *Volk* se exclui da história para servir como seu fundamento obscuro, e sempre está preparado para cada apelo a seus instintos, que em sua brutalidade animal avançam para se tornar julgamentos divinos.[14]

Teorias românticas sobre o Estado são o solo fértil de toda a ideologia antissemita. Os judeus não têm lugar na "história orgânica". Somente a "arbitrariedade humana", ou seja, o curso real da história, fez dos judeus europeus. Eles alcançaram sua posição social *apesar* de sua ancestralidade de nascença. Nos anos que seguiram, ninguém precisaria se valer da distinção entre "vida pública e privada" – por ambígua que possa ser – mais do que os judeus assimilados, que esperavam evitar todo o conflito declarando-se alemães em público e judeus no âmbito privado. Eles viviam na ilusão de que ser judeu era um assunto privado e de que qualquer menção a ele seria indiscreta.

Desde a era do Romantismo político, ninguém demonstrou menor discrição nesse assunto do que os alemães "instruídos". Seu "tato" enfim tornou-se tão pobre que se parecia muito com um insulto. Nem mesmo as grandes massas de judeus do leste, dentro ou fora das fron-

---

14   Cf. Adam Müller, *Elemente der Staatskunst, Vorlesungen gehalten* 1808-9 [Elementos da arte de estado, conferências realizadas em 1808-9]; e Joseph Görres, "Fall der Religion und ihre Wiedergeburt" [A queda da religião e seu renascimento] (1810), em *Politische Schriften* [Escritos Políticos], vol. 1, p. 132 ss.

teiras alemãs, fizeram mais para ajudar um grupo pobre de judeus assimilados a desenvolver uma percepção deles próprios como uma exceção coletiva. A partir daí, cada um deles tinha de provar que embora fosse judeu, ele não era um "judeu". E ao fazê-lo ele tinha que trair não só uma parte daqueles "irmãos de fé deixados para trás", mas também todo seu povo, incluindo a si próprio.

VIII. A ARISTOCRACIA TORNA-SE ANTISSEMITA

Enquanto o antissemitismo não consegue estabelecer uma ligação fundamental com as grandes lutas políticas do seu tempo e enquanto não é apoiado por ao menos uma parcela unida da população, permanece irrelevante politicamente e não representa uma ameaça aos judeus. O antissemitismo social, que tão dolorosamente dificultou a assimilação dos "judeus excepcionais", parece existir nessa forma menos danosa apenas para envenenar a atmosfera e preparar ambas as partes, os judeus e os não judeus, para o que vem pela frente. A assimilação judaica, na medida em que foi apenas um capítulo na história da secularização do povo judeu, não podia ser desfeita. Aqueles judeus que eram protegidos pelo Estado não podiam ser impedidos em seu desejo apaixonado de adquirir uma formação europeia, nem mesmo em sua tentativa de se tornarem alemães à sua maneira. Mas mesmo um antissemitismo social relativamente inofensivo poderia a qualquer momento conseguir fazer desse pequeno grupo de pessoas – que, além disso, com base em alguma justificação pensavam ter deixado de lado sua judeidade – desabrigados socialmente. Criou uma camada fechada, semelhante a uma casta, de párias sociais que se enganavam sobre sua situação e cujos círculos ou salões tornaram-se uma caricatura da "boa sociedade". Como pressão externa, o antissemitismo social dificultou e impediu a diferenciação política, necessária e prescrita por condições econômicas, no interior da sociedade judaica. Politicamente impotente e consequentemente traiçoeiro, ambíguo, e insidioso, o antissemitismo levou os judeus a mostrar uma solidariedade igualmente traiçoeira e ambígua, que, embora tenha se tornado há muito tempo completamente despropositada, ainda governa uma boa parte de nossa vida política hoje e ajuda a criar a ineficácia política que se agarra a todos os nossos gestos e ações.

O antissemitismo político emergiu apenas muito devagar do nevoeiro de uma atmosfera social envenenada. Seus contornos, no entanto, podem ser traçados mesmo durante o período em que sua eficácia era puramente social. Não se deve deixar enganar pelo fato de que por muitas décadas esses inícios – tendo em vista que não podiam vangloriar-se de nenhum efeito político real – continuaram se perdendo na névoa dos fatores imponderáveis da vida social, pois no devido tempo eles iriam novamente, e sem qualquer transformação significativa, tornar-se um fator político mais intensamente eficaz com uma face muito mais perversa. Todo o século XIX é permeado de casos de transformação do antissemitismo novamente em um fenômeno puramente social e aparentemente inofensivo. Os antissemitas tinham a vantagem de serem capazes de novamente se imiscuir, após cada derrota, na classe social à qual pertenciam e de lá continuarem trabalhando e crescendo. Isso provou ser a principal desvantagem dos judeus e de seu grande protetor, a monarquia absolutista – isto é, os deixou incapazes de encontrar algum tipo de morada social, de fornecer um fundamento social para seus sucessos políticos, de modo que eles eram forçados a ficar de fora e assistir enquanto cada fracasso político dos antissemitas se tornava um sucesso social, envenenando a atmosfera novamente e preparando solo fértil.

Judeus assimilados em toda parte temem acertadamente essa maquinaria diabólica – eles sempre temem seu próprio sucesso. É uma máquina que os subjuga e rouba-lhes a capacidade de julgar, de distinguir amigos de inimigos. Um mecanismo que transforma argumentos políticos em fatores imponderáveis da vida social ou os encobre insidiosamente, faz uso em todas as ocasiões de cada falha oficial para estabelecer uma base social mais larga, cria uma confusão absoluta entre suas vítimas, para quem, até a véspera da catástrofe, sua história permanece na escuridão desesperada, povoada pela arbitrária, ilusória fantasmagoria.

O antissemitismo social deixa de ser inofensivo quando não se concentra mais unicamente nos judeus, quando abandona o distanciamento reservado com o qual os bem-nascidos tratam o *parvenu* – que o judeu de fato é – e de uma forma ou de outra arrasta os judeus para as batalhas políticas do momento. Nós já vimos alusões a isto na antipatia da Sociedade da Mesa Germânica-Cristã pelos judeus, que vinculava os judeus à burguesia e aos franceses. A fonte de tais ligações era a argumentação política da aristocracia tanto com a burguesia quanto com o Estado moderno. Desde o início, os argumentos antissemitas eram interpostos em ambas as frentes desta guerra em dois *fronts* que os *Junkers* da Prússia continuavam travando com diversos graus de violência até o século XX. Este é o primeiro ponto em torno do qual, ao longo de várias décadas, os elementos mais discrepantes cristalizaram, agregando-se repetidamente para formar uma estrutura unificada, apesar das inúmeras ocasiões em que seu núcleo político se desintegrou.

A monarquia absolutista na Prússia, que realizou de baixo para cima diversas reformas necessárias para a proteção de agricultores e da burguesia entre 1807 e 1813, era igualmente detestada por *Junkers* e liberais. Aos olhos dos liberais, as poucas reformas que foram realizadas – e mesmo aquelas acordadas muito gentilmente com a aristocracia – foram compensadas por um governo absolutista baseado em nenhuma constituição. Por outro lado, e com alguma justificação, a aristocracia viu nessas reformas – que roubavam-lhes seu *status* de proprietários com jurisdição sobre os agricultores e tornavam possível comprar e vender a propriedade fundiária – um ataque a seu monopólio sobre o poder político.

Nesse contexto, havia bons motivos para o ódio da aristocracia em relação aos judeus. Xingar de "honorável e velha Brandemburgo-Prússia" aquele "Estado judaico ultramoderno" era certamente "impróprio," como expressou Hardenberg, mas fazê-lo não carecia totalmente de motivos.[1] Já vimos em que medida os judeus de corte contribuíram para o alicerce financeiro do Estado moderno. A transformação moderna de judeus de corte em credores do Estado e banqueiros consistiu em uma acomodação às necessidades modernas de uma monarquia absolutista. Embora sobre uma base diferente, o financiamento em si continuou o mesmo, e o papel desempenhado por judeus proeminentes foi apenas ligeiramente modificado. Carecendo de qualquer outra classe financeiramente poderosa que fosse leal ao monarca e tivesse um interesse no Estado, este recorreu aos judeus para quase todos os empréstimos.

O propósito dessas reformas reais era aumentar o poder do Estado e tornar todo o aparato de servidores públicos tão independente dos interesses dos *Junkers* quanto possível.[2] A burguesia comercial

---

1   Cf. "Letzte Vorstellung der Ständer des Lebusischen Kreises" [Mais recente reclamação dos estados da província Lebus] de 1811 com notas marginais por Hardenberg para o rei. O autor dessa petição dos *Junkers*, redigida com palavras especialmente duras, é presumivelmente Ludwig von der Marwitz, o porta-voz mais talentoso da aristocracia prussiana naquele tempo. A "Reclamação" juntamente com as glosas marginais foi publicada em Meusel, *Ludwig von der Marwitz* (Berlim: 1908), vol. 2.

2   Isso é revelado com especial clareza pelo relatório direto de Hardenberg ao rei em 23 de junho de 1811, em que, entre outras coisas, ele diz: "Eles [os interesses feudais] se apresentam como corregentes e caso lhes permitissem sua interpretação que lhes cede posições e acordos obsoletos, haveria poucas instâncias restantes

foi fortalecida pela liberdade de comércio, o campesinato foi liberado, a aristocracia foi privada de privilégios fiscais especiais, grandes
extensões de terra podiam ser compradas e vendidas – em resumo, a
"ordem" feudal foi destruída e de fato a luta de classes entre a burguesia e os *Junkers*, entre o capital comercial e os interesses fundiários,
foi desencadeada. Tudo isso tinha a intenção de fortalecer o poder da
monarquia[3] e tirar o rei da classe de proprietário de terras, da qual,
enquanto o maior proprietário da Prússia, ele tinha até então sido o
primus inter pares. Esse fim foi alcançado acima de tudo pela venda
dos domínios reais em 1809, que funcionou como um sinal de alerta
para toda a aristocracia.

Depois de 1815, os *Junkers* recuperaram muito de sua influência
sobre o aparato do Estado; em nenhum outro país os aristocratas foram capazes de usufruir tão esplendidamente do medo monárquico
de constituições e parlamentos. Eles ajudaram fielmente o Estado
prussiano, e mais tarde o alemão, a sufocar a burguesia transformando seu nacionalismo em bizantinismo e obstruindo o desenvolvimento intelectual e científico com sua mentalidade aduladora. Mas
quando, no fim de sua gloriosa administração indireta, eles mais uma
vez tentaram tornar o chefe de Estado idêntico a eles, transformar

---

onde sua concordância não seria primeiro exigida no exercício de direitos princi-
pescos [...] e decisões reais."

3   Fica claro, mesmo a partir da apresentação de um Delbrück, que era leal aos
Hohenzollerns, que as assim chamadas reformas cidadãs ou liberais têm pouca relação com a liberdade, e só concerniam a burguesia na medida em que eram o único
meio de assegurar o aparato do Estado absolutista frente à aristocracia. Ele escreve:
"A reconstrução do Estado foi realizada não com um espírito de liberdade, mas por
meio de uma centralização muito mais rigorosa com vistas a incrementar o absolutismo burocrático". Delbrück-Molinski, *Weltgeschichte* [História universal], vol.
2, p. 273 ss.

um "pensionista do Estado" em um *Junker*, instalando Hindenberg em Neudeck, seu sucesso aparente – isto é, o silêncio obstinado da república e de todo o serviço público – funcionou como um sinal de alarme para "herdeiros" muito diferentes deles.

Havia uma coisa, contudo, que os *Junkers* sempre souberam: que a noção de uma monarquia absolutista, no sentido de uma autoridade absolutamente independente, acima de todas as outras classes, distribuindo a justiça perfeita e representando somente interesses nacionais, era fantasia desses burocratas profissionais que mais tarde seriam chamados de "monarquistas sociais".[4] Essa é a razão pela qual os *Junkers* se opunham simultaneamente ao Estado, que estava invadindo seus interesses, e à burguesia, em quem, por um breve momento – até 1815 –, eles pareceram confiar.[5] Mas isso não era nada além de aparência. A vanguarda da burguesia, os liberais, sabiam muito bem que reformas vindas de cima não ofereciam garantias políticas, e por isso não exigiam nada menos do que uma constituição. O poder absoluto da monarquia consistia por um lado em uma determinação irresoluta, muito instável, de não ser devorado pelos grandes *Junkers* e nem atirar-lhes toda a nação como carne; e por outro, em uma determinação muito definida de não ceder

---

4   A "mais recente reclamação" citada acima prevê com grande detalhamento os perigos que o rei iria enfrentar caso se encontrasse sozinho e confrontado pelas massas do povo, e sem condições de enfrentar o "descontentamento emergente". Não poderia haver segurança para o rei a menos que a aristocracia continuasse a ser um tipo de "estrato médio" entre ele e o povo.

5   Hardenberg era o representante mais determinado – embora pessoalmente muito hesitante – desta tentativa. Assim, em oposição aos Junkers, ele observou que "o estrato médio descrito aqui se formará por si só." Mas o preço teria sido nem mais nem menos do que uma constituição, assim como a burguesia, em sua luta feroz por "trono e altar," mais tarde provou à monarquia constitucional.

à burguesia nenhuma parcela do poder político, consentindo com uma constituição.

Presa entre Cila e Caríbdis, uma monarquia assustada, "independente", encontrou somente uma camada da sociedade financeiramente poderosa que tanto era leal quanto não demandava um pagamento político, ou apenas um muito pequeno, em troca de seu apoio financeiro: os judeus protegidos. O preço, o Decreto Emancipatório de 1812, foi pago no momento em que o "poder absoluto" da monarquia havia atingido seu ponto de perfeição – ou seja, quando não mais dependia da simpatia de qualquer camada da população. O Decreto Emancipatório foi possível porque a monarquia, ou melhor, o Estado, havia temporariamente cortado seus laços com os *Junkers* e ao mesmo tempo não sentia, também temporariamente, nenhuma pressão da burguesia.

A independência efêmera e flutuante da monarquia em relação a todas as camadas da sociedade ofereceu-lhe a oportunidade notável e singular de atrair para seu círculo de influência as melhores mentes e os espíritos mais livres da Alemanha daquele tempo. Entre os mais significativos, e para os judeus o mais importante, estava Wilhelm von Humboldt, cujo famoso *Gutachten zur Judenemanzipation* [Parecer sobre a emancipação dos judeus] de 1809[6] se provou de grande valia para o engano de intelectuais judeus quanto aos verdadeiros motivos por trás da emancipação. Talvez nada forneça prova mais contundente da falta de sofisticação política do humanismo alemão do que o delírio de que sua principal ideia política – formação e educação – poderia ser realizada por meio de reformas do Estado. Segundo Humboldt, o Estado, através da emancipação, não deve "exatamente ensinar o respeito aos judeus, mas pôr um fim a um modo de pensar

---

6   Cf. Ismael Freund, *Judenemanzipation* [Emancipação judaica] (1812), vol. 2, *Urkunden* [Documentos].

inumano e preconceituoso que não julga uma pessoa por suas características singulares, isto é, como um indivíduo, mas antes o vê como membro de uma raça que necessariamente, por assim dizer, partilha de algumas características". É verdade que o Estado tentou exercer uma influência sobre a sociedade por algum tempo (enquanto Hardenberg era conselheiro, ou seja, até 1819) e forçá-la a assimilar os judeus – proibindo panfletos antissemitas entre outras coisas; mas é claro que não podia impedir de forma alguma que quaisquer camadas da sociedade que estivessem em ascensão naquele momento declarassem quais resquícios da assimilação ainda eram aceitáveis. A política oficial não revelava qualquer vestígio de argumentos humanistas ou de políticos, que, em sua hostilidade ao governo, mais tarde se tornaram parte da revolucionária Jovem Alemanha.

Todas as tentativas do Estado de unir a emancipação a algum tipo de assimilação naufragaram no conflito aberto que havia eclodido entre a monarquia e a aristocracia, bem como no conflito latente do Estado com a burguesia. Os esforços do Estado em favor dos judeus colocaram-nos no primeiro plano de todo conflito que surgia. A cordialidade em relação aos judeus era demonstrada no máximo por um segmento do serviço público, tendo Hardenberg à frente – que, a propósito, por esse mesmo motivo era considerado corrupto. Contudo, o serviço público consistia, na melhor das hipóteses, secundariamente em homens provenientes de círculos burgueses e estava inclinado em primeiro lugar a defender os interesses do absolutismo – o que também explica por que tornou-se um inimigo tão amargo da aristocracia e um amigo tão devotado dos judeus.[7] Precisamente durante

***

7   Assim como "a reforma prussiana era algo que veio de cima para baixo e não de baixo para cima" e foi iniciada "por vontade do rei" e não forçada pelo povo ou pelos cidadãos (Delbrück, *Weltgeschichte*, vol. 2, p. 274), então, também, os refor-

os anos da emancipação, o Estado não possuía uma base social que fosse além de seus funcionários assalariados – e colocar a emancipação em suas mãos era pouco recomendado.

Talvez os judeus emancipados da Prússia teriam tido uma chance um pouco melhor de assimilação no sentido de aceitação pelo mundo a sua volta se o Estado prussiano daquele período tivesse ao menos considerado usar a burguesia como uma nova base de sua autoridade. O Estado, todavia, não levou o assunto realmente a sério, como fica evidente a partir de sua dita libertação dos camponeses, que de fato acabou com seu *status* de servos sob a autoridade de seus senhorios, apenas para colocá-los sob a autoridade do Estado e transformá-los num novo tipo de soldado. Eles não só não haviam sido libertados economicamente, como também eram mais escravizados do que antes.[8] As reformas sob Stein ajudaram a aristocracia a ampliar enormemente suas propriedades,[9] o que resultou mais em uma moderniza-

mistas prussianos não eram simplesmente representantes da burguesia, mas principalmente servidores públicos do Estado prussiano. Stein seguira uma carreira no serviço público desde 1780 e Hardenberg desde 1792. Eles "muito acertadamente se viam como [...] continuadores da missão da monarquia absolutista, e o faziam aos representarem ideias fundamentais do Estado moderno em oposição interesses feudais privilegiados" (Meusel, em sua introdução aos escritos reunidos de Marwitz, p. XXXVIII). Esta – e não motivos burgueses – foi a fonte da hostilidade amarga aos interesses feudais, assim como esta, e não a Revolução Francesa ou o Iluminismo alemão, foi a fonte das atitudes cordiais em relação aos judeus.

8   As reformas de Stein exigiam que, ao serem "libertados," os camponeses cedessem ao menos um terço de suas terras para seu senhor, e caso este último tivesse de fato direito a elas por herança, metade delas.

9   A compra e venda de propriedade fundiária e a cessão de grandes porções de terras camponesas deixaram os senhores de terra na posição de serem capazes de controlar totalmente os camponeses, e portanto de ampliar seus arrendamentos fundiários – algo que Marwitz por acaso havia previsto.

ção da propriedade fundiária do que na liberação do campesinato. O que havia sido planejado e promovido como uma expropriação dos *Junkers* acabou por criar um campesinato sem terra. As propriedades dos aristocratas – e não dos camponeses – foram submetidas a reformas forçadas, extraídas de estruturas obsoletas de autoridade e propriedade, e feitas para se conformarem a um conceito moderno de capital. O verdadeiro ponto culminante da "liberação" camponesa veio com o claramente reacionário Ato Compensatório de 1821, que deu à aristocracia quase 2,5 milhões de acres de terra, 18 milhões de táleres em dinheiro, 1,5 milhões de táleres em arrendamentos anuais, e um emolumento anual de um quarto de milhão de alqueires de cereais.[10] O Estado prussiano conseguiu a proeza de transformar seus *Junkers* em capitalistas sem declará-los parte da burguesia e sem ter de onerá-los com a repulsa de serem vistos como capitalistas. Seguindo um percurso indireto estabelecido pelo Estado, a aristocracia obtivera uma base para o sustento econômico sem ter confiscadas todas aquelas prerrogativas políticas.

Um importante subproduto histórico desse enfraquecimento do campesinato prussiano foi a ulterior separação dos agricultores da burguesia urbana. Essas reformas funestas – criticadas, além disso, pela aristocracia como burguesas – tornaram o campesinato desconfiado e então, com um único golpe, reacionário, mandando-os correndo de volta para baixo das asas dos *Junkers*. Assim a burguesia, que até meados do século XIX era relativamente pequena em número, teve roubada sua base natural de massas vivendo nas terras, sem a ajuda de quem ela não pode – conforme ensina a história dos últimos séculos – realizar suas próprias revoluções.

10   Cf. Franz Mehring, *Zur preussischen Geschichte* [Sobre a história prussiana], p. 131 ss.

A monarquia absolutista emergiu de suas reformas mais forte do que antes. É verdade que nunca obteve sucesso em eliminar radicalmente a influência política dos *Junkers*; mas havia, em todo caso, derrotado decisivamente seu inimigo mais perigoso, a burguesia liberal. O curso posterior da história mostra que isto resultou, no conjunto, em uma prolongação extraordinária de seu domínio.

Em sua guerra de dois *fronts* para impedir o ganho de poder econômico pela burguesia e para reconquistar posições políticas perdidas, a aristocracia denunciou os judeus como o único grupo na sociedade que apoiava seu inimigo, o Estado, e via-os como um importante fator na economia do Estado. Ambas as asserções correspondiam mais ou menos à realidade, mas visto que de fato se referiam aos judeus somente em termos de relacionamentos econômicos, careciam da farpa antissemita tão perigosa para os judeus. Foi apenas quando as pessoas começaram a equiparar a emancipação dos judeus com a reforma aparentemente burguesa e a caracterizá-los como os reais beneficiários das leis de comércio mais abertas, incluindo a compra e venda de propriedade fundiária, que aquela mera hostilidade em relação aos judeus em uma camada da população bastante limitada adquiriu seu ferrão antissemita: isto é, vinculação com um movimento político reacionário que iria definir todo o século.

Tanto a reforma burguesa como a emancipação judaica eram vistas como vantajosas para o Estado absolutista. Mas esse é o único laço que os unia.[11] Ao estampar a burguesia com o estigma de ser ju-

---

11   A identidade quase acidental da polêmica de pró-judeus e pró-burguesia pode ser encontrada no insensato panfleto de Clemens von Brentano, "Der Philister vor, in und nach der Geschichte" [O filisteu antes, durante e depois da história], que em parte equiparava os judeus aos filisteus, mas também apresentava os dois como polos opostos da mesma questão: o Iluminismo. Igualmente interessante nesse contexto

daica, a propaganda antissemita da aristocracia encontrou aquela base estreita de realidade subjacente a toda calúnia antissemita. A esse respeito, 1809 é significativo, pois durante aquele ano foi dado à burguesia o direito de administrar cidades e aos judeus a cidadania local, incluindo o direito de eleger e de ser eleito como conselheiros municipais. E mesmo depois do Congresso de Viena, reacionários triunfantes não conseguiram revogar os direitos dos judeus urbanos – um outro sinal de que a emancipação dizia respeito ao grupo privilegiado de judeus já protegidos pelo Estado e não à comunidade judaica como um todo. Em tudo isso, a burguesia permaneceu completamente passiva. Acreditando que isso poderia forçar a assimilação, o Estado decretou os judeus membros desta classe social. É evidente que eles não pertenciam de verdade a ela nem economicamente, nem socialmente. Todavia, isso é a primeira indicação de um desenvolvimento que se desdobraria com o tempo.[12]

Como propaganda, a falsa vinculação antissemita da liberdade de comércio com a emancipação judaica tinha uma grande vantagem: as guildas urbanas eram contra ambas. Desde tempos imemoriais elas foram hostis aos judeus, que, em seu papel de fornecedores da corte e promotores da manufatura, elas viam como representantes do Estado; elas suspeitavam, ainda, – e muito devidamente – que a

---

é o retrato bastante sórdido de Hardenberg como o representante de uma "importante característica de todos os filisteus": "estadística ligada à torpeza".

12   Todas as atividades econômicas que proviam as posições mais importantes detidas por judeus em quase todos os países – comércio de metais, confecção, negociação de grãos e atividade bancária – haviam surgido durante o século XVIII a partir do fornecimento de materiais de guerra ou de negociações financeiras com o Estado e/ou manufaturas estatais. Na economia do século XIX, os judeus meramente expandiram sobre posições que eles já haviam assumido em um contexto econômico diferente.

liberdade de comércio fosse desferir um golpe letal em seus antigos privilégios de guilda. Ao introduzir polêmicas antissemitas, a aristocracia foi capaz de transformar um velho arqui-inimigo em aliado. Foi somente no fim do século que os judeus tomaram consciência do perigo dessa aliança quando – nas palavras de Engels – "a pequena aristocracia, os *Junkers*, que vinham faturando dez mil marcos e desembolsando vinte mil e haviam assim caído nas mãos de usurários, juntaram-se à causa do antissemitismo e fizeram coro com membros de guildas, lojistas e uma pequena burguesia arruinada pela competição com magnatas capitalistas".[13] Isto havia há muito começado. Na mesma medida em que a burguesia progressista perdera sua base popular no campesinato do país, a aristocracia ganhou uma nova base para sua propaganda política nas cidades, uma base que ela podia infectar com sua ideologia e levar para onde quisesse.

Enquanto que em sua guerra contra o aparato do Estado absolutista os *Junkers* haviam empregado argumentos antissemitas desde o início, sua guerra contra a burguesia foi a princípio completamente livre de tais alegações. Não há prova mais clara de que os judeus pertenciam ao estreito segmento econômico do Estado do que o fato de que eles sequer são mencionados por Ludwig von der Marwitz em seu ataque à liberdade de comércio – e isso de um homem que em outro contexto havia chamado Brandemburgo de um "Estado judaico ultramoderno".[14] Quanto menos esses ataques têm a dizer sobre os judeus no contexto da liberdade de comércio, mais claramente e ine-

---

13   Cartas a Friedrich Engels de 1890, em S. V. Adler, *Reden und Briefe* [Discursos e cartas] (1929), vol. 1.

14   Ludwig von der Marwitz, "Letzte Vorstellung der Stände der Lebusischen Kreises."

quivocamente eles revelam suas tendências antiburguesas originais. A reforma burguesa é a "revolução da Pátria,"

> a guerra daqueles que não têm propriedade contra aqueles que têm, da indústria contra a agricultura, da compra e venda contra a estabilidade, do materialismo crasso contra a ordem divina estabelecida, das necessidades imaginárias contra a lei, do momento atual contra o passado e o futuro, do indivíduo contra a família, de especuladores e casas de contagem contra o campo e o comércio, da burocracia contra as condições que emergiram da história da nação, do aprendizado adquirido e talento vão contra a virtude e o caráter honrável.[15]

É impressionante o quão rápido e com que firmeza os *Junkers* começaram a construir seu coro a partir de camadas retrógradas ou necessariamente suspeitas, especialmente as guildas e os agricultores. Mas o que também impressiona é a total correlação entre a descrição do capitalismo nascente de bancos comerciais e empreendedores e panfletos antissemitas posteriores. Não há quase nenhum argumento ou caracterização que não seria mais tarde aplicada aos judeus em termos absolutos: a burguesia é antipatriota, grosseiramente materialista, revolucionária;[16] vive apenas para o momento, não tem um senso histórico, carece de qualquer conexão com a nação; é traiçoeira e quer ganhar seu dinheiro com a especulação em vez de trabalho honesto.

Conceitos que mais tarde se tornariam cada vez mais abstratos ainda são baseados em evidências muito visíveis: pessoas que trabalham para seu sustento são materialistas, em oposição a pessoas de posses que não podem mais ser vistas ganhando seu sustento.[17] Uma

---

15   Meusel, *Ludwig von der Marwitz*, vol. 1, p. 402.

16   Joseph Görres, *Politische Schriften*, vol, 1, p. 163.

17   Segundo von der Marwitz, "famílias nobres genuínas" não possuem diplomas:

pessoa é patriota se possui grandes frações da pátria e antipatriota se não possui nenhuma. A "posse perpétua" da propriedade fundiária é "estável," comprar e vender é inequivocamente "destrutivo". O que caracteriza o ser social da parte não aristocrata da humanidade é sua carência "original" de propriedade, que ele pode somente adquirir, sendo que o que quer que ele tenha é "externo," enquanto que para o aristocrata ser e ter coincidem como propriedade histórica.[18] A burguesia é traiçoeira porque a forma como ganha a vida é ilegal; o *parvenu* usa sua riqueza para disfarçar sua carência de propriedade "inata". O homem burguês é ligado ao momento, isto é, ao presente, ao qual deve seu sustento; ele é acusado de "egoísta e individualista" porque é a ele próprio, e não a parentescos familiares, que ele tem de agradecer pelo que possui e é. Os aristocratas, contudo, cujos privilégios vieram de Deus e da própria eternidade, e que estavam em plena posse da pátria e de toda a virtude, consideravam oportuno – em um tempo de patriotismo burguês – eles próprios monopolizarem o amor pela pátria, apontando desdenhosamente para aquele companheiro sem pátria, o mercador "que se sente igualmente em casa em todas as nações"[19] e que sequer faz a menor menção à batalha de Jena e às capitulações que seguiram.

"seu poder e prestígio surgiram cedo e foram transmitidos antes de haver qualquer coisa como um diploma."

18   Cf. Lorzen von Stein, *Geschichte der sozialen Bewegungen* [História dos movimentos sociais], vol. 1, p. 157 ss. Stein ainda define a propriedade fundiária da aristocracia como "propriedade histórica cuja aquisição original não pode ser rastreada em milhares de casos. A propriedade feudal é o oposto de propriedade "capital" ou burguesa, que, porque "resultou do trabalho", é chamada "propriedade adquirida".

19   Ludwig von der Marwitz, "Letzte Vorstellung der Stände der Lebusischen Kreises."

Essa descrição maliciosa da burguesia é a nascente histórica de quase todos os argumentos antissemitas. A única coisa faltante aqui é Marwitz aplicá-la aos judeus. Isso se provou relativamente fácil e era originalmente pretendido meramente como a difamação definitiva: o homem burguês não é na verdade diferente do judeu. Para isso, era somente necessário declarar que ganhar a vida pelo lucro e pelo juro era o mesmo que usura: o cidadão burguês não era nada mais que um judeu e um usurário. As únicas pessoas com direito a uma renda independente de trabalho são aqueles que já possuem riqueza. A "ambição selvagem" desencadeada pela liberdade de comércio não produz socialmente nada além de *parvenus*[20] – e ninguém mais que o judeu emerge de nível social tão baixo. Assim como se teme em cada mascate um futuro Rothschild, também se despreza cada Rothschild pela ilegalidade que ele compartilha com o mascate.

Os judeus da Prússia – fornecedores da corte, credores do Estado, compradores e exportadores de porcelana manufaturada pelo Estado, negociantes em moedas e joias, cambistas de pequenas somas, e mesmo pequenos mascates – não eram nada além de um dos elementos integrados nas camadas muito limitadas daqueles mercadores e empreendedores que constituíam a vanguarda da burguesia. Somente aos olhos de um aristocrata um *parvenu* era tão bom quanto o outro; por esse motivo, os aristocratas eram os menos inclinados ao antissemitismo social patente. O judeu, como *parvenu*, oferecia uma caricatura do burguês. Para uma burguesia carente de

---

20   O filho de todo camponês quer ser um artesão, o filho de todo artesão quer ser um escriturário, o filho de todo escriturário seria um presidente, de cada professor um acadêmico, de cada comerciante ou acadêmico um grande lorde." Meusel, *Ludwig von der Marwitz*, vol. 2., p. 270.

autoconfiança, nenhum corte foi mais profundo do que ouvir que seus traços são judaicos.

A burguesia entendia que o antissemitismo era a forma de se afastar deste ódio. No final, tudo o que resta dos traços burgueses é que eles são "judaicos". No fim, só os judeus são grosseiramente materialistas, antipatriotas, revolucionários, destrutivos e traiçoeiros, vivendo somente para o momento e carecendo de qualquer vínculo histórico com a nação.

Portanto, o que se provou tão perigoso para os judeus não foi o ódio historicamente determinado da aristocracia em relação aos financiadores do Estado moderno, mas antes que argumentos e características feitos sob medida e para pessoas totalmente diferentes acabaram associados a eles. Todos os argumentos antissemitas são feudais em origem. É difícil encontrar melhor evidência da vasta e literalmente avassaladora influência que os *Junkers* e seus cúmplices tinham até recentemente na política, na sociedade e nas ideias do que as encontradas na monótona história da argumentação antissemita. Mesmo agora, pseudo filósofos populares e reivindicadores de visões de mundo estreitas estão contentes de revirar as infindáveis dicotomias – cada qual facilmente extensível por associações aleatórias – do eterno e transiente, do estável e desintegrador, do profundamente arraigado e desarraigado, do construtivo e destrutivo, do positivo e negativo. Que a aristocracia prussiana tenha conseguido implantar essas categorias e critérios de julgamento na cabeça do burguês alemão até que ele tivesse vergonha de sê-lo – este é o real infortúnio "ideológico", por assim dizer, da comunidade judaica alemã, pois no final, o ódio de si próprio verdadeiramente destrutivo dos liberais deu vasão a um ódio aos judeus, sendo esse o único meio de que dispunham os liberais de se distanciarem deles próprios, de desviar a calúnia para outros que, embora não vissem a si próprios como a "burguesia", eram forçados a ser 100 por cento sua encarnação.

As origens do antissemitismo alemão e a difamação da burguesia pela aristocracia continuaram a determinar a história da comunidade judaica moderna. Quanto mais estreitamente a argumentação antissemita estivesse ligada com velhas polêmicas feudais, mais era adequada para ser exportada para países com condições feudais ou semifeudais – ou seja, para países do leste com suas grandes massas de judeus. Este é o motivo pelo qual a questão judaica alemã é de importância tão crucial para o povo judeu como um todo, apesar do número relativamente pequeno de judeus alemães. O antissemitismo alemão conquistou o mundo sob a bandeira dos *Junkers* prussianos. Argumentos aristocratas contra os judeus e a burguesia se revelaram uma arma terrível – não quando brandidos pela aristocracia em si, mas quando colocados nas mãos de uma burguesia reprimida, que duvida de si mesma.

Não quando brandidos pela aristocracia, que depois de 1815 estava contente em simplesmente adiar *sine die* a emancipação burguesa dos judeus. A aristocracia havia mais uma vez se tornado o primeiro estamento no Estado – com o consentimento tácito de uma burocracia de nível inferior e burguesa. Mais uma vez sentiu-se tão estreitamente vinculada ao imperador e ao trono que por muitas décadas manteve seu antissemitismo dentro dos limites ditados pelo Estado. Seguindo o atalho da monarquia, encontrou um caminho de volta para seus velhos banqueiros. Os judeus não mais faziam empréstimos aos aristocratas, mas simplesmente pagavam suas dívidas – uma gorjeta regularmente solicitada aos judeus pelo acesso à alta sociedade e pela intersecção junto ao monarca para aqueles títulos de nobreza que eles tanto almejavam. Os empréstimos sem juros, os presentes e os convites cordiais para participarem de acordos de negócios que acompanhavam a ascensão dos Rothschild no século XIX onde quer que eles agissem falam uma linguagem eloquente.[21]

Não importa o quão economicamente insignificantes essas novas e "desinteressadas" negociações fossem, elas ainda assim conseguiam comprometer a causa dos judeus. Seus protetores estavam se tornando cada vez mais reacionários – homens a quem eles não deviam nada mais que a ascensão de pouquíssimos, e nada menos do que a negação de direitos humanos a todos eles. E como partidários de seus protetores, os mediadores e notáveis judeus tornaram-se eles próprios mais reacionários:[22] "O rico entre nós [...] estando a par dos

21   Cf. Corti, *Aufstieg und Blütezeit des Hauses Rothschild.* Na ocasião das quotas serem lançadas pela Ferrovia do Norte da França, Heinrich Heine descreveu o que a participação nas quotas de Rothschild significava:

> Cada quota que esta casa concede a qualquer indivíduo é um favor ou, para não colocar em termos imprecisos, um presente monetário dado por *Herr* von Rothschild a seus amigos. Mesmo antes de serem comercializadas, essas quotas [...] valem várias centenas de francos acima do valor nominal e qualquer um que implore ao barão James von Rothschild por tais quotas pelo valor nominal é um pedinte, no sentido próprio da palavra. Mas o mundo inteiro mendiga perante ele, cartas de pedintes chovem sobre ele e, visto que o mundo elegante estabeleceu o exemplo digno, não há mais qualquer vergonha em pedir. (*Lutezia*, Parte 2, lvii)

Heine foi frequentemente acusado de ser um tal "participante" ele mesmo, que, gozando "de uma avidez digna de um publicista de múltiplas influências," sustentava que via em Rothschild "um tipo de confederado natural" e sem nenhum traço de falsa vergonha apresentou "uma reivindicação a um subsídio de um poder aliado." Nós voltaremos a este ponto. Cf. o relacionamento entre Heine e Rothschild em Friedrich Hirth, "Heine und Rothschild," *Deutsche Rundschau*, janeiro/março e outubro/dezembro de 1915.

22   Dentro da comunidade judaica, os notáveis, especialmente os Rothschild, ficaram do lado dos ortodoxos contra o movimento da Reforma Judaica. Na década

conselhos de déspotas, estavam abertos à sugestão de que se o povo ganhasse poder eles apenas iriam prender os judeus com correntes mais apertadas" (Börne).[23] Enquanto sucessor de Humboldt e Handenberg, Metternich tornou-se o defensor dos judeus (contrariando os cidadãos de Frankfurt já no Congresso de Viena); ele tornou-se o grande protetor e credor dos Rothschild e colocou sua nova abordagem efetivamente em uso ao impedir a emancipação na Áustria – o que de forma alguma altera o fato de que ele tinha uma sábia e correta previsão ao dizer a Salomon Rothschild: "Quando o diabo vier me buscar, ele também o buscará".

Quanto mais a aristocracia recuperava sua influência sobre o Estado e quanto mais ela novamente dava o tom da sociedade, mais seu antissemitismo agressivo se reverteu em fatores imponderáveis da vida social. Os judeus já tinham sido roubados do único lar social que conheceram no início do século. Agora somente como aristocratas eles podiam ingressar na sociedade aristocrata, somente como cristãos batizados podiam ingressar em círculos leais ao Estado e no serviço público sobre o qual o Estado cristão estava fundado. A aristocracia rapidamente percebeu que a cristandade ainda era sua melhor aliada contra os judeus. A religião lhes permitia renunciar à agressividade que o Estado considerava inoportuna, desconsiderar o presente e, em vez disso, focar o quanto for possível na realidade

de 1830, a facção ortodoxa de Frankfurt peticionou o Conselho Federal em oposição a um rabino da Reforma que era a escolha da maioria da comunidade. Quando o rabino foi não obstante empossado pela comunidade judaica de Frankfurt, os Rothschild retiraram seu donativo de uma sinagoga. Mesmo antes de Gabriel Riesser, os judeus da Reforma eram quase tão inidôneos aos olhos dos notáveis quanto os judeus abertamente revolucionários.

23   Ludwig Börne, *Briefe aus Paris* [Cartas de Paris], p. 78, carta de março de 1832.

medieval dos judeus. Medidas antissemitas sob a forma cristã também eram aceitáveis para a monarquia. Isto abriu o caminho para a revogação oficial dos direitos humanos e para a revogação da emancipação em 1823.[24]

Enquanto isso, a arma da argumentação antissemita foi passada para as mãos de outras camadas da sociedade, foi herdada por sucessores mais poderosos e violentos. Uma classe que para seus propósitos sociais tinha todas as razões para se distanciar da forma burguesa com a qual ganhava a vida – sem ser realmente capaz de abandoná-la – assumiu a tarefa de difamar a burguesia, essencialmente por meio da equiparação distorcida do lucro e da usura. A equiparação distorcida e intencionalmente mendaz da usura com a burguesia mostrou, como se por si própria, os judeus, que certa vez haviam sido usurários e que continuavam sendo na memória popular; isto é, mostrou quem eram os "reais" usurários – e afastar-se deles seguramente significava salvaguardar a posição social.

No próximo capítulo, veremos como os desenvolvimentos na economia judaica tornaram especialmente fácil postular tal equiparação antissemita, assim como a forma com que a burguesia colocou os argumentos aristocráticos em prática e em qual momento histórico.[25]

(circa 1938-1939)

24   O que está em questão é a Lei para os Estados das Províncias de 1823, na qual pela primeira vez o governo vinculou oficialmente o direito de eleger e ser eleito com a "comunhão com uma igreja cristã." Isso foi uma revogação explícita do Decreto de 1812.

25   Neste ponto, o manuscrito é interrompido. Se mais alguma coisa foi escrita, aparentemente se perdeu. (N.E.)

PARTE II

OS ANOS

1940

A QUESTÃO DA MINORIA

(Copiado de uma carta a Erich Cohn-Bendit, verão de 1940)

I

A questão judaica foi representada por dois partidos na Conferência de Paz de 1918-1920: primeiro, por sionistas, que antes das negociações já tinham chegado a um acordo especial com a Grã-Bretanha (a Declaração de Balfour, de 1917) – isto é, com uma das grandes potências; e segundo, por representantes das massas de judeus naqueles Estados do Leste Europeu que estavam para ser criados. Ambos os partidos alegavam ser uma espécie de solução para a questão judaica, e ambos se colocavam sob a Liga das Nações como seu fiador jurídico e político. Ainda assim, os sionistas organizaram seu próprio braço político na forma do que mais tarde se tornaria a Agência Judaica, ao passo que Le Comité des Délégations Juives, o corpo paralelo para minorias judaicas, nunca foi definido como um agente político, mas funcionava simplesmente como um serviço de queixas que se reportava à Liga e fornecia delegados para os congressos de minorias – isto é, funcionava como seu próprio advogado não remunerado. Essa diferença inicial, que provou ser uma vantagem para os sionistas, não era acidental. Os sionistas, afinal, tinham coisas a fazer: colonizar, trazer pessoas para seu país, arrecadar dinheiro, e assim por diante; enquanto as minorias judaicas eram pensadas como algo inerte e sem qualquer iniciativa, como se fossem criadas por Deus meramente para que pudessem ser protegidas de *pogroms*.

Ambas as delegações judaicas agiam e falavam sem efetivamente estarem enraizadas no povo judeu. Esse novamente era menos o caso dos sionistas do que dos delegados das minorias judaicas, que não tinham qualquer organização que fosse por trás deles. Judeus de países onde a emancipação havia ocorrido – o que significava essencialmente daqueles países que estariam tomando decisões nessas negociações – não queriam qualquer espécie de representação política, uma vez que se viam simplesmente como uma minoria religiosa que, enquanto tal, estava suficientemente protegida – não como judeus, no entanto, mas como franceses, alemães, e assim por diante. Isso tinha duas consequências. Primeiro, desde o princípio, a legislação concernindo as minorias tinham, para os judeus, um caráter provisório, temporário. Era uma solução expediente até a real emancipação, e/ou até que houvesse sido concedida proteção suficiente a judeus poloneses, romenos e outros enquanto poloneses e romenos, e/ou até que tais Estados tivessem alcançado um nível de maturidade civil que não permitiria questionar sua provisão dessa proteção. Segundo, significava que os delegados pelas minorias judaicas eram vistos como representantes provinciais de certas comunidades judaicas geograficamente delimitadas, que não estavam de forma alguma conectadas com o restante do povo judeu.

O objetivo de toda legislação a respeito das minorias era despolitizar as minorias – objetivo para o qual a autonomia cultural parecia um instrumento apropriado. Tem sido dito com frequência que os judeus são a minoria *par excellence* porque lhes falta uma terra natal – uma afirmação que é verdadeira pelo menos na medida em que eles são a única minoria existente que poderia ser completamente despolitizada porque lhes faltava o fator político que, independentemente de todas as definições legais, inevitavelmente politiza uma minoria: uma terra natal.

Se, então, com o propósito de uma análise crítica, nos colocarmos dentro do contexto dessas negociações, devemos admitir que a tarefa dos delegados judaicos era criar um substituto para sua terra natal, e fazê-lo de maneira consideravelmente independente da questão da proteção. Dado o estado da questão da nacionalidade naquele tempo, mesmo sem Hitler, as minorias teriam, por falta de ar político, sufocado nos vapores de suas escolas e sinagogas.

Um substituto para uma terra natal poderia ter sido provido tanto pela Palestina – certamente pela mera ideia da Palestina – como pela assim chamada comunidade judaica mundial. Por várias razões, a última não existia de fato e se manifestava somente enquanto negava um caráter nacional a essas minorias recém criadas – para extinguir seu sopro de vida. Mesmo naquela época, o sionismo não tinha uma solução política para a diáspora, que perecerá por essa mesma razão. Embora todos ou quase todos os políticos das minorias judaicas (com a exceção de Dubnow) fossem sionistas, não ocorreu a nenhum deles fazer uso da Organização Sionista Mundial – o único órgão político judaico, reconhecido aliás por uma das grandes potências – ou mesmo conectar as duas questões uma com a outra. Isso não teria sido impossível. O que podia ter sido dito é: nós, a quem foi concedido o direito de uma pátria nacional na Palestina, demandamos os direitos de uma minoria nacional em todos os outros países do mundo. Essas minorias serão protegidas por uma organização feita por nós mesmos (um organismo eleito, e, portanto, algo mais do que um Comité des Délégations Juives); por outro lado, demandamos que nos ajudem na Palestina (importando produtos palestinos, por meio de políticas fiscais, à maneira do Keren Ha'Yesod, que então nunca teria afundado de uma instituição nacional para uma associação ridícula, etc.). Teria então ficado claro para todos que quem quer que atacasse a Palestina estaria também no mínimo atacando aqueles judeus que foram reconhecidos como minorias; e quem quer que atacasse o *golah*, atacaria a Palestina. A conexão inescapável existe *de facto* em todo caso, mas falhou em penetrar o pensamento político cônscio de qualquer um dos grupos. E esse era o interesse dos notáveis, cuja reivindicação de autoridade teria sido duramente abalada no caso de uma tal confederação.

(Todos os fatores conduzindo ao fracasso da política nacional judaica podem ser demonstrados a partir da história do sionismo. Isso seria presumidamente mais produtivo – e se poderia aprender mais com os erros que foram cometidos – do que qualquer crítica dos notáveis. Pois enquanto os notáveis estão constantemente sabotando as coisas por conta de seus interesses facilmente compreensíveis, e sua sabotagem representa um segmento genuíno dentro do povo judaico, os sionistas sabotam seu próprio movimento. Mas veremos mais a respeito disso em outro contexto.)

II

Todas as políticas que lidam com minorias, e não apenas com os judeus, fracassaram diante do fato existente e permanente da soberania de Estado. A Liga das Nações acabou sendo um clube ao qual se poderia renunciar quando quisesse. Tendo em vista que, no final da guerra, minorias significantes existiam apenas nos Estados recém-criados, era absurdo que os direitos das minorias – ou seja, uma diminuição da soberania estatal – fossem impostos sobre os Estados que fossem constituídos *frente à* Alemanha, enquanto a própria Alemanha fosse isenta. Ficou claro com isso que também no futuro poder-se-ia contar somente com as grandes nações.

O fato dessa disposição, isto é, a falta de minorias nesses Estados, logo mudou fundamentalmente com as emigrações russas em massa – o mais tardar em 1923-1924. Nesse momento, podemos observar o surgimento de uma nova classe de pessoas na Europa, os *apátridas*. Se olharmos para a história europeia como o desenvolvimento do Estado-nação europeu, ou como o desenvolvimento dos povos europeus em Estados-nação, então essas pessoas, os apátridas, são o produto mais importante da história recente. Desde 1920, quase todos os Estados europeus abrigaram grandes massas de pessoas que não têm nenhum direito de residência ou proteção consular de qualquer tipo – párias modernos. Que os direitos de minorias não se aplicassem a eles foi uma indicação imediata do fracasso de tais direitos: eles falharam em face do mais moderno dos fenômenos.

A inabilidade de absorver essas massas de pessoas claramente demonstra que o fato da assimilação perdeu sua importância crucial. Não há mais algo como a assimilação na Europa – Estados-nação se tornaram muito desenvolvidos e muito velhos. Não há mais nenhuma assimilação também para judeus. A possibilidade da assimilação no século XIX – na verdade, no fim do século XVIII – era baseada em uma reorganização dos povos que surgiram da Revolução Francesa e em seu desenvolvimento enquanto nações. Esse processo agora chegou a seu fim. Ninguém mais pode ser incluído. De fato, agora temos o processo revertido: a soma de grandes massas de pessoas e seu rebaixamento a párias.

Embora sejam europeus, esses párias estão isolados de todos os interesses especificamente nacionais. Eles são os primeiros a terem interesse na política pan-europeia e, apesar de suas origens variadas, essas políticas os unem, ou poderiam uni-los. Mas essa política não lhes fornece qualquer meio de perda de suas nacionalidades originais – muito embora essa perda seja sua única chance. Se tudo correr muito bem, eles podem ser os precursores de uma nova Europa.

III

Deixe-nos simplesmente desconsiderar por hora a crítica muito necessária dos direitos das minorias da forma como existiam e funcionavam antes da guerra atual. Havia algo absurdo sobre a questão em si mesma. Mesmo em uma situação ideal, as minorias não podem demandar nada mais do que autonomia cultural. Cultura sem política – isto é, sem história e um contexto nacional – torna-se folclorística fútil e *Volk*-barbarismo. O perigo existe não apenas na Palestina; depois da guerra, ficou como na Alemanha. A intenção era estabelecer direitos de minorias modernos com base exclusivamente jurídica, mas não houve qualquer mudança nas condições subjacentes. Somente a política poderia ter mudado isso; um povo pode ser uma minoria em algum lugar somente se for uma maioria em algum outro lugar. Esse fato não pode ser afastado com truques como declarar os judeus uma minoria *par excellence*. Isso simplesmente significa que eles não são absolutamente uma minoria.

Eu não preciso discutir em nenhuma medida a solução mais moderna para a questão das minorias, que consiste na reimportação – muito para o alívio dos Estados que assistiram as minorias, minorias genuínas, serem forçadas por sua própria maioria a agir politicamente e se tornarem um Estado dentro do Estado. Satisfazer essas minorias obtendo sua concordância – cf. o Sul do Tirol – demonstra claramente que, sob as atuais circunstâncias, não parece haver uma solução real para a questão da nacionalidade. Quanto aos judeus, esses novos métodos são particularmente perigosos porque eles não podem ser reimportados para nenhuma terra natal, para nenhum Estado em que sejam uma maioria. Para eles só pode haver uma questão de deportação. Projetos desse tipo existiam antes da guerra e se multiplicaram desde a Conferência de Evian. É um sinal muito ruim que a Organização Sionista nunca tenha protestado contra tais projetos e que a participação judaica nessa palhaçada tenha incluído grandes segmentos do movimento territorialista – e todos os antigos notáveis tendem a ser territorialistas. Nunca se deve assinar sua própria sentença de morte.

IV

A partir do que foi dito até o momento, é óbvio que minha própria inclinação no que diz respeito a toda essa questão é jogar fora o bebê junto com a água do banho. Eu simplesmente não acredito em qualquer melhoria nos direitos de minoria dos judeus, e a mim parece absurdo demandar "melhores garantias".

Nenhum povo europeu está sofrendo tanto quanto nós estamos sob essas novas circunstâncias. Nem os poloneses, nem os tchecos. Nossa única chance – na realidade, a única chance de todos os povos pequenos – repousa em um novo sistema federal europeu. Nosso destino não precisa e não se atreve a estar ligado com nosso *status* de minoria. Isso nos deixaria desprovidos de toda esperança. Nosso destino só pode estar ligado àquele de outros pequenos povos europeus. A noção de que as nações são constituídas pela ocupação dentro de fronteiras e são protegidas por seu território está passando por uma correção crucial. Espaços que podem verdadeiramente ser mantidos economica e politicamente estão se expandindo constantemente. Logo pode chegar um momento em que a ideia de pertencimento a um território seja substituída por uma ideia de pertencimento a uma comunidade de nações cuja política seja determinada exclusivamente pela comunidade como um todo. Isso significa a política europeia – enquanto ao mesmo tempo todas as nacionalidades são mantidas. A folclorística não mais seria uma ameaça dentro de um arranjo tão compreensivo. Até que tenhamos atingido esse estágio, não faz sentido para nós voltar ao assunto das disposições de minorias – se só para provar que a nacionalidade não deixa de existir quando separada do solo. O século XIX derramou sobre nós a fusão da nação ao Estado. Uma vez que os judeus em todos os lugares eram leais ao Estado – você se lembra, não? – eles tinham de tentar descartar sua nacionalidade, eles tinham de se assimilar. O século xx nos mostrou as últimas consequências do nacionalismo, como evidenciado pelas horríveis realocações de povos e diversos massacres, começando com os *pogroms* armênio e ucraniano. A Comunidade Britânica revela – de uma forma distorcida, como é frequentemente, de fato, o caso – os rudimentos de um novo realojamento. Alguém que seja parte do Império Britânico não deixa, portanto, de ser um indiano ou um canadense. Esse é outro motivo pelo qual essa guerra – e a existência da Inglaterra, o último baluarte contra o novo barbarismo – é tão importante para nós. A crença em uma única e homogênea nação europeia é uma crença utópica, e uma não muito boa. Tal crença podia ter origem somente na América – e, assim, somente com base em uma Europa unificada. Mas não penso que seja utópico esperar pela possibilidade de uma comunidade de nações europeias com um parlamento próprio.

Quanto a nós, pelo menos, isso seria nossa única salvação. E só porque há uma possibilidade – uma verdadeira possibilidade, embora muito pequena –, há algum sentido em quebrar a cabeça com isso. Dentro de uma tal comunidade, poderíamos ser reconhecidos como uma nação e representados em um parlamento europeu. Com essa "solução" da questão judaica, o dilema de um povo sem uma terra à procura de uma terra sem um povo – falando pragmaticamente, a Lua, ou uma lenda livre da política – teria de fato se tornado insignificante. É nesse quadro que eu vejo as "unidades organizadas" que são solicitadas. Sem dúvida, a própria existência do povo judeu então dependeria delas.

O primeiro pré-requisito para essa organização é que nos livremos daqueles judeus que não querem ser judeus. Eu suponho que a tendência já evidente a ser batizada logo adquirirá proporções maiores. Podemos apenas ser gratos por isso. Mesmo sob as melhores circunstâncias os tempos continuarão sombrios demais para que continuemos a nos dar ao luxo de assumir perante todo o mundo a responsabilidade moral e política por pessoas que não querem ser parte de nós e que são traidores virtuais, porquanto eles consideram nenhum meio terrível demais, nenhum caminho degradante demais, se levar a sua saída de emergência individual.

O reconhecimento do povo judeu pela representação em um parlamento europeu só pode acelerar esse processo. Mas, como eu já disse, considero do mesmo modo completamente passado quaisquer temores da completa assimilação, que só poderia ser evitada com a concentração de nossos números em um dado território. Na medida em que a assimilação é o processo de transformar as massas de judeus orientais em europeus, é – se Deus quiser – já irreversível. Não há mais qualquer necessidade de unir a ambiguidade moral e a desonra a esse processo. Assimilação à moda antiga, contudo, leva irreversivelmente ao batismo e a sua própria absurdidade. A naturalização já é na verdade igualmente sem sentido. Uma vez que leva três gerações para que alguém verdadeiramente se torne francês, britânico, ou seja o que for, isso não pode de fato ser feito a um custo menor. (Não é o caso da América!) E pode-se somente esperar essas três gerações se por uma improvável boa sorte as naturalizações concedidas por um governo não forem mais tarde revogadas por outro. Três gerações não são simplesmente um ponto de partida. Se o pária algum dia teve uma chance de tornar-se um *parvenu*, é agora nossa chance de demonstrar politicamente que saídas de emergência individuais – a Legião Estrangeira, etc. – não mais existem para o indivíduo, mas apenas para as massas, tornando-as, é claro, mais desgastadas. O que significa que todos os potenciais *parvenus*, que necessariamente imaginam soluções "individuais", estão agrupados em massas e estão a caminho de se tornarem organizados. E essa vontade, com a ajuda de Deus, também muda suas atitudes.

V

Em contraste com os arranjos para as minorias – que sempre foram válidos para apenas um país e sugeriam que não havia judeus fora do país em questão –, a própria organização deve acima de tudo preservar um contexto de solidariedade para o povo como um todo. Isso significa que, sob certas circunstâncias, a Palestina pode recuperar sua importância – embora eu considere esse experimento territorial cada vez mais problemático. De toda forma, sem uma organização judaica que abranja a todos, tanto na Europa como na América, que abrace a causa da Palestina como uma região para fixação, será impossível se ater à Palestina por muito mais tempo – mesmo porque todo o Oriente Médio vai pagar a conta somente frente a uma Europa unida.

Como se pareceria uma tal aliança nacional se estendendo por toda a Europa em termos jurídicos – isto é, qual forma concreta adquiriria – é ainda bastante enigmático para minha mente, embora eu deposite muitas esperanças nela. Eu pensava anteriormente em termos de organizações profissionais – a monopolização de certas cadeias produtivas desde a sua concepção até sua comercialização – com base em uma realocação bem pensada. Mas não estou mais certa sobre essa ideia também. De qualquer forma, a precondição mais importante para que isso ocorra – nós sermos expulsos das profissões intermediárias – já é uma realidade. E isso abre a possibilidade de dependermos no futuro de trabalhadores e outros elementos produtivos.

Nossa pior deficiência política, e deveras fatal, vai surgir sem dúvida dentro de nossas próprias categorias, entre os judeus americanos, que, em completa *naïveté*, herdaram o papel dos notáveis. Deve-se admitir, contudo, que eles estão também pagando por isso. A comunidade judaica norte-americana vai sem dúvida presumir que tem o direito de decidir sobre nosso destino e tentar eliminar nosso direito à autodeterminação – como os diretores de origem europeia do Comitê Judaico-Americano de Distribuição Conjunta.

VI

Para resumir, se mesmo antes das experiências dos últimos anos a solidariedade por parte dos judeus em relação às outras minorias era extremamente problemática, agora provou-se nociva. Tudo o que resta da política das minorias é a tentativa de nos forçar a ocupar a posição de uma minoria na Palestina. Por outro lado, ainda há muito a ser dito sobre a ideia de que a solidariedade com as outras nações europeias pequenas, cuja existência territorial não pode mais ser garantida, está cada vez mais tornando-se significativa e promissora. Talvez, como membro de uma comunidade europeia e como parte de um Estado europeu, o povo judaico possa também procurar uma região para se estabelecer ou realmente ater-se à Palestina. Qualquer área de estabelecimento fora de uma tal comunidade e sem suas garantias só pode ser uma quimera ou terminar em deportação para trabalhos forçados.

1940

A GUERRA JUDAICA QUE
NÃO ESTÁ ACONTECENDO
Artigos do Aufbau, outubro de 1941 a novembro de 1942

A CASA DA GRATIDÃO DE JUDÁ?

Carta aberta a Jules Romains

[1885-1972, escritor francês, presidente do pen Clube]

24 de outubro de 1941

Caro Jules Romains,

Longe de mim querer interferir nas discussões de diversos clubes do PEN ou nas diferenças que alguns membros da organização parecem ter uns com os outros. Mas em sua carta aberta ao sr. Ferdinand Bruckner (*Aufbau*, 17 de outubro) você se volta, estranhamente, para um tópico que converte essa discussão entre sumos sacerdotes em assunto de grande interesse aos círculos puramente leigos dos refugiados judeus. Você reclama na verdade muito alto e articuladamente da ingratidão dos judeus por quem você fez tanto. Nós judeus, como você mesmo sugere diversas vezes, não somos muito apreciados neste mundo, e certamente entristecerá muitos de nós perder ainda outro protetor ou pelo menos tê-lo irritado. Mas também haverá alguns entre nós que ao ler sua carta não responderão com tristeza em nossos corações, mas com um rubor de vergonha. Eu ficaria muito satisfeita se as seguintes considerações pudessem mostrar-lhe que tudo depende destes últimos – mesmo sob o risco de você nunca mais assistir a um colega judeu obter um visto para fuga ou concessão de liberação de um campo de concentração pelo Ministério do Interior.

Permita-me começar então com o que você acredita ter feito pelos judeus. Primeiro, há o caso escandaloso no Congresso de Praga, onde, como você conta, Wells [H. G. Wells, 1866-1946] recusou-se a concordar com uma resolução contra o antissemitismo; você passou a resolução e, desse modo, como você o vê, salvou a honra do PEN. Pelo que se deve realmente ser grato? Sem dúvida você deu esse passo político não pelo bem dos judeus perseguidos na Alemanha, a quem essa resolução não poderia beneficiar ou prejudicar, ou sequer pelos membros judeus do pen, mas antes apenas porque você era da opinião de que o antissemitismo é uma política injusta, cruel e ignóbil que envenena a vida política das nações – isto é, pelo bem de sua própria honra e da reputação da organização que você representa. Naquele momento, os membros judeus da delegação alemã eram presumivelmente ainda da opinião – que no meio-tempo provou-se falsa – de que eram representantes da causa antifascista no campo das letras alemãs, e não judeus protegidos oficialmente, e que podiam considerá-lo como um companheiro de armas, em vez de um benfeitor.

O mesmo se aplica, *mutatis mutandis*, àqueles judeus que você ajudou a adquirir vistos franceses ou a obter uma liberação de curta duração de campos de concentração franceses. Eu por acaso conhecia uma dessas pessoas muito bem. Frequentemente conversávamos de como o exemplo que você dava era um bom sinal de que o espírito francês estava vivo e bem, que os escritores franceses podiam demonstrar coleguismo, apesar de todas as diferenças políticas e perigos atuais. Por essa razão mesma, a Europa parecia não ter morrido na França. Em nossas conversas, nem ele nem eu sonharíamos que poderia haver qualquer menção de gratidão.

Isso não fala contra esses judeus, mas antes *por* eles, por sua *coragem*, não por sua *covardia*, que, como párias em todo lugar deste mundo, ousaram opor-se a, ou ao menos não ficaram ao lado de, seus benfeitores quando não mais concordavam com suas políticas. O que quer que se pense de uma "política de sufocamento", a principal testemunha que você oferece em sua causa pode impressionar aqueles que não sabem nada das condições políticas francesas. É verdade que nunca se deve chutar um leão rumo à morte, mas não se deve nunca esquecer que foi o amigo próximo de Daladier [1884-1970, político francês] e mais tarde ministro da propaganda Giraudoux [1882-1944, escritor francês] que com seus *Pleins Pouvoirs* tornou o antissemitismo de novo socialmente aceitável pela primeira vez desde o caso Dreyfus; e que é ao gênio antissemita cínico, cândido e criativo de Sarraut [1872-1962, político francês] que podemos atribuir o fato de que milhares de jovens judeus estão atualmente perecendo no Saara, todos sob esta terrível fórmula mágica: *libéré sous condition d'engagement dans la Légion Etrangère* [liberados sob a condição de se juntarem à Legião Estrangeira].

O que concerne a nós judeus em tudo isso e o que nos faz ruborizar novamente pela centésima vez é nossa pergunta desesperada: nossa escolha é realmente somente entre inimigos malevolentes e amigos condescendentes? Não se pode encontrar aliados genuínos, aliados que compreendam, não por simpatia ou suborno, que fomos meramente a primeira nação europeia a quem Hitler primeiro declarou guerra? Que nesta guerra nossa liberdade e nossa honra estão em jogo não menos do que a liberdade e honra da nação à qual Jules Romains pertence? E que gestos condescendentes como a arrogante demanda de gratidão de um protetor cortam mais fundo do que a hostilidade aberta dos antissemitas?

Uma resposta a essas perguntas excederia os limites dessa carta e dificilmente seria de algum interesse para você. Mas, para encerrar, posso eu – a fim de evitar qualquer mal-entendido – lembrá-lo da postura de Clemenceau [1841-1929, político francês] no caso Dreyfus? De Clemenceau, a única pessoa que – do começo ao fim daquela odiosa narrativa de escândalo social, que, como coloca Halévy [1872-1962, historiador social e cultural], era um argumento entre duas mentiras –, ao tomar o lado do judeu condenado, estava lutando pela sobrevivência de sua própria causa, a Terceira República, a que nunca esperou gratidão daqueles judeus cuja covardia ele desprezava e denunciou incontáveis vezes. Ele, veja, compreendeu que em uma batalha política há apenas inimigos e amigos, mas nunca benfeitores e *protégés*. "Un des ennuis de ceux qui luttent pour la justice c'est d'avoir contre eux avec la haine des oppresseurs, l'ignorance, la faiblesse et trop souvent le lâche coeur des opprimés." [Um dos aborrecimentos daqueles que lutam pela justiça é ter contra eles, juntamente com a ira dos opressores, a ignorância, a fraqueza e frequentemente o coração covarde dos oprimidos.]

O EXÉRCITO JUDAICO –
O COMEÇO DA POLÍTICA JUDAICA?

14 de novembro de 1941

Incitadas pelo aniversário da Declaração de Balfour [1917], as organizações sionistas da América demandaram abertamente um exército judaico para a defesa da Palestina. As demandas e resoluções de uma vanguarda política que não expressam a vontade imediata do todo podem resultar em políticas criativas somente se aquelas demandas forem bem-sucedidas em mobilizar círculos mais amplos do povo. Se isso não ocorrer, o melhor dos programas, as decisões mais corretas, acabarão na lixeira da história ou falharão e arruinarão as possibilidades.

O que é, ainda hoje, a demanda isolada da comunidade judaica da Palestina e de seus representantes fora da Palestina deve amanhã tornar-se a vontade viva de uma maioria do povo judeu de juntar-se à batalha contra Hitler como judeus, em formações de combate judaicas, sob uma bandeira judaica. *A defesa da Palestina é parte da luta pela liberdade do povo judeu.* Somente se o povo judeu estiver preparado para dar tudo de si por essa luta é que ele poderá também defender a Palestina.

A vontade judaica de viver é tanto famosa quanto é infame. Famosa porque abrange um longo período na história dos povos europeus. Infame porque nos últimos duzentos anos, ameaçou degenerar para algo totalmente negativo: a vontade de sobreviver a qualquer preço. Nossa desgraça nacional começa com o colapso do movimento Shabbetai Tzevi [Shabbetai Tzevi, 1626-76, impostor messiânico judeu]. Desde então, proclamamos nossa existência *per se* – sem qualquer teor nacional ou normalmente qualquer teor religioso – como uma coisa de valor. A nação judaica começou a se parecer com um homem velho, que aos oitenta anos aposta consigo mesmo que pode chegar aos 120 e, com a ajuda de uma dieta super-refinada, evitando toda atividade, renuncia à vida e se dedica à sobrevivência; ele vive de um aniversário ao outro e se regozija naquele único dia do ano em que pode proclamar aos parentes, que não são completamente benquerentes, "veja você, eu consegui novamente". No momento, Hitler está ocupado, tentando extinguir a vida desse velho homem. O que todos esperamos é que ele esteja errado, que esteja lidando não com homens velhos, mas com homens e mulheres de uma nação.

Um exército judaico não é utópico se os judeus de todos os países o demandarem e estiverem preparados para se voluntariarem para ele. Mas o que é utópico é a noção de que poderíamos nos beneficiar de alguma forma da derrota de Hitler se também não contribuirmos para ela. Somente a verdadeira guerra do povo judeu contra Hitler vai pôr um fim – e um fim honrável – a toda discussão fantástica a respeito de uma guerra judaica. Um provérbio sionista antigo e bastante contemporâneo diz que a liberdade não é um presente. *A liberdade também não é um prêmio pelo sofrimento suportado.*

Uma verdade que não é familiar ao povo judeu, embora ele esteja começando a aprendê-la, é que *você só pode se defender contra a pessoa pela qual você é atacado.* Uma pessoa atacada como judeu não pode se defender contra um inglês ou francês. O mundo só poderia concluir que essa pessoa simplesmente não está se defendendo. Talvez esse preceito da batalha política agora tenha sido aprendido por aquelas dezenas de milhares de judeus franceses que temiam uma "guerra judaica" e que, não obstante, tiveram de se defender como franceses, somente para acabar separados de seus colegas combatentes e internados nos campos de prisão judaicos na Alemanha. E certamente foi aprendido por aquelas tropas de voluntários judeus que, como legionários franceses de vários tipos, acreditavam que sua própria batalha contra Hitler levaria à naturalização, e que estão agora sentados nos campos de concentração franceses ou ocupados na construção da Estrada de Ferro Saara. Eles podem falar de sua boa sorte caso não tenham sido dispostos em combate direto contra a Grã-Bretanha e a Rússia.

Assim como na vida a amizade é distorcida e arruinada pela fixação em uma pessoa, assim também na política a identificação incondicional de uma causa própria com a causa de outro distorce e arruína uma aliança. Os judeus na Palestina sabem disso, como fora evidenciado por sua recusa em deixar sua própria causa diluir-se na causa britânica – ainda que eles não tenham um desejo mais fervoroso do que verdadeiramente ajudar os britânicos. Eles sabem que não podem ajudar nem a si próprios nem aos britânicos se não tomarem as armas para si – como judeus, em formação de combate judaica, sob uma bandeira judaica, doravante visível para todos, enquanto aliados da Grã-Bretanha.

Os judeus hoje estão obcecados com a ideia fixa de sua própria insignificância. Alguns deles esperam que isso signifique que podem sair do cenário político ainda mais uma vez, e alguns deles estão em franco desespero por pertencerem a um grupo impotente e totalmente despolitizado. Nós também não permanecemos intocados pela moléstia que recaiu sobre as nações da Europa: desespero, desapontamento cínico e desamparo imaginado.

A tempestade que será desencadeada em nossas próprias classes pela formação de um exército judaico com voluntários de todo o mundo vai deixar claro àqueles em franco desespero que não somos diferentes de ninguém, que também nos engajamos na política, mesmo que tenhamos que usualmente a extrair dolorosamente do código obscuro das petições dos judeus notáveis e organizações de caridade, e apesar do fato de que nossa política tenha sido especialmente hábil em se alienar do povo judeu. Somos, porém, praticamente o único povo que foi conduzido para a beira do abismo da destruição por um regime plutocrático. A guerra, disse Clemenceau, é um assunto sério demais para ser deixada aos generais. Bem, *a existência de um povo é definitivamente um assunto sério demais para ser deixada aos ricos.*

A questão da formação de um exército judaico não será decidida por estadistas em discussões secretas ou por petições assinadas por judeus influentes. Nunca teremos esse exército se o povo judeu não o demandar e se não estiver preparado às centenas de milhares com armas na mão para lutar por sua liberdade e pelo direito de viver como um povo. Somente o povo em si, jovens e velhos, pobres e ricos, homens e mulheres, pode redefinir a opinião pública, que hoje está contra nós. *Pois somente o povo em si é suficientemente forte para uma verdadeira aliança.*

PACIÊNCIA ATIVA
28 de novembro de 1941

O governo britânico rejeitou novamente a formação de um exército judaico. O que quer dizer que a Grã-Bretanha ainda não está pronta para tornar a causa da liberdade totalmente sua. E – como os indianos – devemos mais uma vez ser pacientes.

Se é verdade que a política pode ser comparada a perfurar muito lentamente uma prancha muito dura (Max Weber), então a paciência na política significa continuar perfurando constantemente, e não esperar apaticamente por um milagre. Milagres não acontecem neste mundo, mas mesmo as tábuas muito duras podem ser perfuradas até o fim.

Ao mesmo tempo, essa rejeição nos obriga a uma pausa, que devíamos usar pacientemente para uma preparação melhor e mais fundamental. E para isso, pode ser útil o engajamento em algumas reflexões teóricas cujo propósito imediato é *fortalecer a autoconsciência judaica e enfraquecer a ignorância judaica.* Os sentimentos judaicos de inferioridade – o que podemos fazer? Somos um fator muito pequeno na atual luta – nunca se sentiriam tão livres para se manifestar, se não fosse pela arrogância judaica que está por trás deles: nada pode nos acontecer, o mundo não pode viver sem Israel.

Quando, no fim da última guerra, os estadistas da Europa acreditaram que seus tratados ligados às minorias haviam resolvido a questão da nacionalidade para todo o sempre, a primeira onda de refugiados já atravessava toda a Europa, e desde então tem dragado para seu vórtice as populações de todas as nações europeias. Refugiados apátridas de origem russa foram seguidos por refugiados apátridas da Hungria; então vieram aqueles da Itália; depois de uma curta pausa foi a vez da Alemanha e da Áustria; e hoje – exceto pela Grã-Bretanha – não há nenhuma nação europeia que não tenha roubado de sua cidadania um maior ou menor número de seus cidadãos, levando-os ao exílio, deixando-os à mercê da boa ou má vontade de outros países, sem proteção consular ou jurídica de qualquer tipo.

Historiadores futuros talvez serão capazes de notar que a soberania do Estado-nação acabou em absurdo quando este começou a decidir quem era e quem não era cidadão; quando este não mais mandava políticos individuais para o exílio, mas legava centenas de milhares de seus cidadãos à soberania e às decisões arbitrárias de outras nações. Nenhuma diretriz internacional foi capaz de lidar com o problema dos apátridas, um problema que é insolúvel em um mundo de nações soberanas. Os tratados de 1920 que lidavam com as minorias já eram obsoletos quando promulgados, porque nenhuma provisão foi feita para pessoas sem uma pátria.

Apátridas são o mais novo fenômeno da história recente. Nenhuma das categorias, nenhum dos mecanismos jurídicos que decorreram do espírito do século XIX se aplica a eles. Eles foram excluídos tanto da vida nacional de seus países quanto da luta de classes de suas sociedades. Eles não são minorias, sequer proletariados. Eles estão fora de todo regime jurídico. Nenhuma forma de naturalização pode mais passar por cima dessa falta fundamental de direitos civis na Europa. Sempre houve excesso de cidadãos naturalizados, e nenhuma pessoa razoável podia deixar de perceber que menos mudança no governo seria suficiente para desfazer as naturalizações concedidas por um governo anterior. Naturalizado ou não naturalizado, os campos de concentração estiveram sempre de prontidão. Rico ou pobre, pertencia-se às fileiras cada vez maiores de párias europeus.

O século XIX não conhecia párias legais: "A lei em sua igualdade majestosa proíbe ricos e pobres de dormirem debaixo de pontes e de roubarem pão" (Anatole France). Os párias sociais do século XIX eram os judeus, que não mais ocupavam qualquer posição e para os quais nenhuma provisão foi feita em nenhuma classe social. Mas para indivíduos havia, como tem sido discutido com frequência, uma saída dessa existência de pária: você poderia se tornar um *parvenu*. O *parvenu* social é um fenômeno típico do século XIX, assim como o pária político tornou-se uma das figuras centrais do XX. Não há mais saída desse destino político dos indivíduos. Se alguém quisesse permanecer um pária social – ainda que na forma de um rebelde –, isso era deixado mais ou menos a cargo do indivíduo. Cabia a ele querer trocar a humanidade e racionalidade originais de alguém que é forçado a suportar a vida diretamente, sem preconceito ou ambição, pela infelicidade e estupidez de alguém que deve renunciar expressamente a toda naturalidade, a toda solidariedade humana e a cada *insight* desinteressado sobre os relacionamentos humanos. Cabia a ele querer oferecer sua consciência da realidade, aprendida nos assuntos mais primitivos e, portanto, importantes da existência, em pagamento pela insanidade especulativa de alguém que, apartado de todas as conexões naturais, vive apenas para si mesmo no mundo irreal das transações financeiras e dentro dos limites de um mundo de castas sociais.

Historicamente, o infortúnio do povo judeu – desde os dias de privilégio geral concedido ao judeu de corte e de emancipação do judeu excepcional – é que o *parvenu* tem sido mais importante que o pária; que Rothschild era mais representativo que Heine; que os próprios judeus tinham mais orgulho de um primeiro-ministro judeu do que de Kafka ou Chaplin. Somente nos casos mais raros o pária rebelou-se contra o *parvenu* como sua própria caricatura. Vestindo a máscara do filantropo, o *parvenu* envenenou todos os judeus, forçando seus ideais sobre eles. O filantropo converteu o homem pobre em um parasita e o pária em um futuro *parvenu*.

Os eventos dos últimos anos trouxeram a figura do pária para o primeiro plano da política. Quanto aos judeus, os *parvenus* tornaram-se novamente párias, e esse desenvolvimento é final: *"On ne parvient pas deux fois"* [Nunca se é um *parvenu* duas vezes] (Balzac). Verificou-se, por outro lado, que não se pode excluir um povo europeu do direito civil e político sem consequências. Assim como nos últimos séculos, a solução russa foi adotada por todas as nações europeias, com uma emigração seguida da outra, assim também o povo judeu foi meramente o primeiro a ser declarado um povo pária na Europa. Hoje, nenhum povo europeu tem direitos. É por conta disso que os refugiados de todas as nações, conduzidos como são de país a país, tornaram-se a vanguarda de seu próprio povo. Os cidadãos do mundo do século XIX tornaram-se, muito contra sua vontade, os viajantes do mundo do século XX. Devemos manter essa tradição sempre em mente. Pois o senso de inferioridade que desenvolvemos está diametralmente oposto à nossa significância política.

Nunca na história dos últimos cem anos o povo judeu teve uma oportunidade tão boa de ser livre e de avançar às fileiras das nações da humanidade. Todas as nações europeias tornaram-se povos párias, todas são forçadas a novamente se dedicarem à batalha por liberdade e igualdade. Pela primeira vez nosso destino acabou por não ser especial, pela primeira vez nossa luta é idêntica à luta da Europa por liberdade. Como judeus, queremos lutar pela liberdade do povo judeu, porque "se eu não sou a meu favor – quem o é?". Como europeus, queremos lutar pela liberdade da Europa, porque "se sou apenas a meu favor – quem sou eu?" (Hillel) [século I d.C., sábio judeu].

CETERUM CENSEO...[1]

26 de dezembro de 1941

Os judeus estão lutando hoje em todas as frentes de batalha do mundo: judeus britânicos no Exército britânico, judeus palestinos no corpo

---

1   As palavras com as quais Catão, o Velho concluía seus discursos, independentemente de seu tema, no Senado Romano: "No mais, eu declaro que Cartago deve ser destruída". Para Arendt, é o antissemitismo que deve ser destruído. (N.E.)

expedicionário líbio, judeus russos no Exército Vermelho, e finalmente judeus americanos no Exército e na Marinha. Mas, como relatado pela ATJ [Agência Telegráfica Judaica], quando judeus palestinos, voltando de uma batalha duramente vencida, ousaram levantar uma pequena bandeira judaica, ela foi eliminada imediatamente. E, do mesmo modo, uma vez terminada esta guerra, nossas delegações serão removidas dos salões do congresso dos poderosos, de nações grandes e pequenas. E não poderemos reclamar: terá sido nossa própria culpa.

Desde o nascimento do antissemitismo político, no fim do século passado, teóricos judaicos das cores mais variadas têm preparado o povo judeu para esse derrotismo. Alguns lhes dizem que eles sequer existem, que eles são apenas uma invenção dos antissemitas; outros dizem que o antissemitismo é meramente a "superestrutura" de um processo econômico necessário, por meio do qual os judeus perderão inevitavelmente sua posição econômica atual e, igualmente de modo inevitável, deixarão de existir; e, finalmente, um terceiro grupo diz que o antissemitismo é uma necessidade da natureza, a expressão irracional e portanto incombatível das forças repulsivas que emergem entre nacionalidades estranhas, da qual se pode apenas fugir. Tão significante quanto o efeito moral do sionismo nos indivíduos, tão extraordinário quanto a conquista da Palestina pelo trabalho árduo, é o efeito catastrófico de ninguém nunca ter encontrado uma resposta política endereçada àquele que para os judeus é o principal movimento político do nosso tempo: o antissemitismo.

Os judeus hoje respondem à grande luta por sua existência segundo os mesmos esquemas. Alguns são convencidos por "como é bom que ninguém sabe o nome de Rumpelstiltskin". Outros estão felizes na ciência de que, ao serem exterminados, personificam o zeitgeist. E o terceiro grupo levantou uma preocupação urgente: defender nada além e demandar nada mais do que o território judaico na Palestina como salvaguarda de um *yishuv* [hebraico: povo] de 500 mil almas, como aquele pequeno pedaço de terra onde se espera estar a salvo do antissemitismo. Mas a Lua é o único lugar onde ainda podemos estar a salvo do antissemitismo; e a famosa declaração de Weizmann [dr. Chaim Weizmann, 1874-1952; químico e político] de que a resposta ao antissemitismo é edificar a Palestina provou ser uma loucura perigosa.

Podemos combater o antissemitismo somente se combatermos Hitler com armas nas mãos. Mas essa batalha deve, por sua vez, ser travada com base em certos *insights* teóricos cujas consequências desejamos tornar uma realidade. O primeiro desses *insights* é que entramos nessa guerra como um povo europeu, que contribuiu tanto para a glória e miséria da Europa quanto qualquer outro de seus povos. Isso significa que devemos combater com todos aqueles em nossa própria classe que alegam que somos e sempre fomos nada mais do que as vítimas e alvos da história. *Não é verdade que fomos sempre e em toda parte os inocentes perseguidos. Mas se fosse verdade, seria realmente terrível – de fato nos eliminaria muito mais completamente da história humana do que qualquer perseguição real jamais poderia.* O segundo *insight* é que porque "o sionismo é o presente da Europa para os judeus" (Kurt Blumenfeld) [1884-1963; secretário geral da Organização Sionista Mundial, 1911-1914; presidente da União Sionista para a Alemanha, 1924-1933], a Palestina pode ser vista unicamente como uma área de assentamento para judeus europeus. Em outras palavras, que a política da Palestina deve ser derivada da política mais ampla da comunidade judaica europeia, e não vice-versa, de modo que a política Palestina não pode determinar a política judaica como um todo. Pois, em terceiro lugar, a solução da questão judaica não será encontrada em um país, nem mesmo na Palestina. Para os judeus na América, a Palestina pode se tornar uma pátria europeia da qual, diferentemente de todos os outros povos da América, eles tiveram muito que prescindir. Para os judeus na Europa, a Palestina pode formar uma área de assentamento, como um dos pontos de cristalização da política judaica em uma escala internacional, bem como o núcleo de sua organização nacional.

Movimentos políticos não surgem no vácuo. Temos apenas uma organização verdadeiramente política: a Organização Sionista. Dentro dela – enquanto trabalhamos contra a apatia de um aparato que é tão burocrático, comprometido e afastado da realidade quanto qualquer outro aparato político hoje em dia –, devemos retornar aos slogans nacionais, revolucionários originais do movimento e, da melhor forma que pudermos, convertê-los em demandas concretas. O primeiro desses slogans trata da luta dentro da comunidade judaica: *contra* uma recuperação internacional de aproveitadores e filantropos, e *a favor* de uma recuperação nacional do povo judeu. O segundo é o velho slogan sobre autoemancipação: a igualdade pela qual os judeus "privilegiados de modo geral", endinheirados e da corte, que tinham de pagar em dinheiro, era considerada pelas massas judaicas como um presente que pertencia aos seus notáveis. Autoemancipação significa: direitos iguais para um povo que com suas próprias mãos torna esta terra mais rica e mais bonita; liberdade para um povo que em sua luta provou que prefere a morte à escravidão.

Nesse contexto, o evento mais importante da última semana foi a Conferência de Washington do "Comitê por um Exército Judaico", sobre a qual o *Aufbau* informou em sua mais recente edição. A conferência teve dois resultados positivos. Primeiro, provou que a *opinião pública não judaica* reconhece e aceita um exército judaico como uma demanda perfeitamente natural. Segundo, e principalmente, provocou a Fundação B'nai B'rith Hillel, junto com organizações estudantis em 62 cidades norte-americanas, a instituir um "painel de discussão nacional" sobre o tema: "Deve um exército judaico ser organizado para servir à causa aliada lutando ao lado dos poloneses, tchecos, noruegueses, e outras legiões similares?".

Apesar desses eventos, e embora devamos saudar cada passo dado nessa direção, temos duas objeções contra a conferência e seu comitê. Sempre há um perigo quando a política judaica permite que sejam primeiro certificadas suas demandas por círculos não judaicos, e quase nenhum judeu falou nessa conferência. Isso carrega uma desagradável semelhança com os métodos da política de petição praticada por nossos notáveis, a quem sempre se pôde fazer a pergunta: "Em nome de quem você fala?". Além disso, esses nossos amigos não judeus sem dúvida falaram, em parte, em nome de pessoas que eles mal conhecem de ouvir falar, os revisionistas. E, em segundo lugar, quanto aos próprios revisionistas, não podemos afastar nossa desconfiança até e a menos que eles declarem de forma direta que sua política do terror na Palestina durante o período de instabilidade foi um erro desastroso e que eles estão preparados não apenas para chegar a um acordo com a classe trabalhadora, mas também para reconhecer que nossos direitos na Palestina podem ser representados somente pelos trabalhadores. *Pois se os judeus viverão na Palestina por direito, e não por consentimento tácito, será apenas pelo direito que conquistaram de continuarem a conquistar todos os dias com seu trabalho.*

UM PRIMEIRO PASSO
30 de janeiro de 1942

O eco forte e puro ouvido há alguns dias no Clube do Novo Mundo em reação às observações de Kurt Blumenfeld sobre a questão de um exército judaico prova que as pessoas podem se mobilizar quando são endereçadas por alguém que não queira ser nada além de "uma das pessoas". A linguagem que as pessoas escutam não é apenas simples (que hoje em dia se confunde com monumental) e não apenas inspiradora (que hoje se confunde com demagógica), mas é também a linguagem da razão. O sucesso de Blumenfeld deveu-se precisamente ao fato de que ele falou não como um demagogo, mas "simplesmente" como um homem de razão. Somente alguns indivíduos encontram a linguagem do povo, e o fazem somente quando sabem que estão aliados ao povo – ao passo que todos os demagogos, que pensam ser líderes ou membros de uma elite, são mestres fluentes da linguagem da multidão.

Blumenfeld demonstrou sua legitimidade a esse respeito, apontando, no início de seu discurso, que era um estranho aqui e "não vivendo em meio a seu povo". Com isso, esclareceu que falava como um representante do povo judeu na Palestina. Ele derivou a demanda de um exército judaico do direito de tomar a espada, que não pode ser negado a ninguém que tenha colocado suas mãos no arado ou na pá. Um exército, no sentido que damos a ele, pode ser reunido somente a partir de homens trabalhadores que pegam em armas, somente são forçados a isso em uma emergência extrema. Militaristas e pessoas que valorizam a batalha e a guerra *per se* não têm lugar nesse exército. Soldados modernos são "civis uniformizados" e podem justificar seu direito de matar – que sempre é e sempre será um fardo sobre consciência de qualquer um que não seja perverso – somente porque são forçados a isso para defenderem os frutos de seu trabalho e o sentido de sua vida civil.

A guerra demanda não apenas uma terrível prontidão para matar, mas também a prontidão para morrer. Mas você pode estar pronto para morrer somente quando sabe com certeza por que você está lutando, e somente quando você é um cidadão de pleno direito da comunidade que incorpora aquele "por quê". Judeus-palestinos sabem o que estão defendendo: seus campos e árvores, suas casas e fábricas, suas crianças e esposas. E sem dúvida pertencem a uma comunidade, pois estamos lá "por direito, e não apenas por consentimento tácito". A questão é diferente para nós judeus apátridas da Europa, que, porque somos refugiados, vivemos em todos os lugares apenas por consentimento tácito e em lugar algum por direito. Uma vez que Blumenfeld é da opinião de que hoje somente a Palestina representa o elo unificador da comunidade judaica mundial, ele, por esse motivo, insta judeus apátridas do mundo todo a se voluntariarem a servir no exército judaico na Palestina – e, desse modo, a aproveitarem a única forma possível que todos os judeus têm nesta guerra de proclamarem seus direitos e responsabilidades para e pela Palestina.

O que está por trás dessas formulações é a velha ideia sionista de que a Palestina e *só* a Palestina já é a solução da questão judaica. Para alguns de nós pode parecer que os eventos dos últimos anos mostraram com urgência suficiente que não estamos a salvo de nossos inimigos mesmo na Palestina, e que mesmo a Palestina pode nos ajudar apenas se os judeus ao redor do mundo estiverem preparados para se defenderem contra seus inimigos. Não há mais quaisquer antissemitas a quem possamos convencer construindo a Palestina ou apaziguar emigrando dos países da Diáspora.

Por outro lado, há centenas de milhares de refugiados judaicos da Europa que precisam assumir a causa daqueles irmãos que foram deixados para trás. Eles sabem, é claro, que somente a área ocupada na Palestina pode garantir a eles direitos no futuro; mas também aprenderam que a segurança da Palestina vai depender deles e de seu *status* em uma Europa liberta.

Na política, os fracassos fornecem um caminho suave para deslizar confortavelmente ladeira abaixo. O caminho do sucesso, contudo, é semeado com espinhos, e ao longo dele fazemos apenas progressos tediosos. Com a ajuda do discurso de Kurt Blumenfeld, demos um pequeno passo nessa direção. Absolutamente nada nos garante que as botas de sete milhas do fracasso não desfaçam rapidamente esse passo – nada a não ser nossa vontade de defender o que acreditamos ser certo na causa da liberdade e necessário para a causa do povo judeu.

QUEM É O "COMITÊ POR UM EXÉRCITO JUDAICO"?
Carta ao editor

6 de março de 1942

É realmente verdade que os judeus são um povo como todos os outros povos. Se precisássemos de mais provas desse truísmo, o movimento fascista, que está tão ocupado tentando distorcer a face do movimento de libertação judaico chamado sionismo, teria nos fornecido.

Nada é mais bem-sucedido que o sucesso. Que a política fascista tenha obtido sucesso primeiro em algumas nações grandes chamou a atenção em alguns grupos em todas as pequenas nações. Mas, em seu zelo excessivo em serem modernos, nossos fascistas judeus não tiveram tempo de examinar melhor a estrutura de seus irmãos maiores. Eles não compreenderam nem o que é um Estado racista, nem por que todos esses colaboracionistas não podem evitar ser antissemitas.

Faz meses que o Comitê por um Exército Judaico – cujos criadores são membros da organização fascista palestina Irgun, e não fazem nenhum esforço para disfarçar esse fato – foi autorizado a propagandear abertamente neste país por um exército judaico. Mas agora finalmente a voz oficial da Agência Judaica na América, o Comitê de Emergência para Assuntos Sionistas, decidiu, muito tardiamente, sem dúvida, se distanciar desses senhores, que há anos não só têm empregado métodos terroristas em sua luta contra os árabes na Palestina, mas também atiraram e assassinaram também sionistas. Eu cito:

> Não há nenhuma conexão entre órgãos sionistas neste país e o Comitê por um Exército Judaico. Uma série de pessoas estão associadas ao Comitê por um Exército Judaico que um dia [!] pertenceram a uma ala extremista da Organização Revisionista. O Comitê de Emergência Americano para Assuntos Sionistas é contra a campanha de arrecadação de fundos ser conduzida pelo Comitê por um Exército Judaico.

De fato, isso chega muito tarde e soa muito inofensivo. O pano de fundo dessa estória é revelado muito claramente em observações encontradas na edição de fevereiro do *Boletim* [do Comitê de Emergência], cujas implicações são as seguintes. Enquanto os sionistas estavam dormindo, os revisionistas tomaram a iniciativa. Eles reuniram algum dinheiro e alguns nomes que adicionavam brilho quando dispostos no papel como membros do Comitê por um Exército Judaico. É claro que um número considerável dos nomes de amantes da liberdade que lá figuram são aqueles de pessoas que não sabem que o Comitê é uma organização revisionista e supostamente o presume como representante de órgãos oficiais e legítimos que eles teriam prazer em ajudar. Pode-se certamente presumir que pessoas como Hallet Abend, Melvyn Douglas, Max Lerner, Kenneth Leslie, Ludwig Lore, Reinhold Niebuhr e Harry A. Overstreet desejariam proteger seus nomes de qualquer mancha fascista. A culpa repousa com os sionistas oficiais: sua retirada e inabilidade em educar o público resultou no constrangimento de alguns amigos, que presumivelmente hesitarão em prestar ajuda no futuro.

O Comitê elenca Pierre von Passen como seu presidente nacional e Alfred A. Strelsin como presidente de seu conselho executivo. Ambos são bem conhecidos como pró-sionistas liberais, e ambos presumivelmente se sentiriam melhor entre amigos – se ao menos os sionistas oficiais tivessem se preocupado em tomar a iniciativa.

Mas tais suposições não podem ser feitas para muitos outros membros do Comitê. Y. Ben-Ami é um direitista extremo na Palestina, Ben Eliezzer é um revisionista bem conhecido, assim como Meir Grossman. Eri Jabotinsky, o filho do revisionista Vladmir Jabotinsky, também está na lista. E tudo isso pode ser aprendido só a partir de documentos publicados.

O público, entretanto, não soube de muitos eventos em curso. Pois há meses estão ocorrendo negociações entre o Comitê por um

Exército Judaico (os revisionistas) e um subcomitê do Comitê de Emergência para Assuntos Sionistas (a organização guarda-chuva oficial para todos os grupos sionistas, à exceção dos revisionistas). Essas negociações se arrastaram continuamente, o que revela que dentro da liderança sionista norte-americana não existe uma maioria clara, ao contrário dos revisionistas.

Os revisionistas foram capazes de enganar os sionistas oficiais porque, apesar de quão descabidos possam ser seus objetivos, eles pelo menos sabem clara e obviamente o que querem. E a iniciativa pertence a tais pessoas.

Os revisionistas não têm qualquer direito de falar em nome da Palestina. Desde 1927, eles procuraram em vão criar uma base nas massas da Palestina: como nacionalistas antibritânicos, como terroristas antiárabes, e como fura-greves. Se tais fascistas renomados pretendem reivindicar um papel de liderança para "judeus livres," isso não é um trunfo maior do que a oferta do rei Carlos II (1893-1953) de passar para a chefia do movimento "Romênia Livre", apenas porque ainda tem se revelado impossível expô-lo publicamente em casa.

O principal objetivo dos revisionistas não é construir um exército, mas esta é meramente uma outra tentativa de adquirir influência dentro da Organização Sionista pela porta dos fundos. Eles esperam conquistar isso com a ajuda de sionistas reacionários ou não judeus que pensam que esses revisionistas representam o sionismo.

Por que os sionistas não se engajaram em uma campanha propagandística ampla pelo exército judaico, ou se opuseram aos revisionistas? Uma das razões externas para a inação do Comitê de Emergência é o fato de que o homem encarregado da execução da decisão do Comitê é ele próprio um homem da direita: Emanuel Neumann [1893-1980, duas vezes presidente da Organização Sionista da América]. Mais importante, uma grande porção da liderança da Haddasah e da Organização Sionista é adversária da classe trabalhadora e simpatiza, pelo menos em parte, com os revisionistas. E, finalmente, os líderes da classe trabalhadora sionista não foram suficientemente eficientes em promover seus princípios antirreacionários. Em 1935, o Mapai (Partido Trabalhista) hesitava quando o assunto era a exclusão dos revisionistas da Organização Sionista Mundial. Eles tentaram repetidamente fazer as pazes com os revisionistas fura-greves.

Weizmann, o presidente da Organização Sionista Mundial, estará neste país dentro de algumas semanas. É bem sabido que ele é um resoluto oponente dos revisionistas. O que ele encontrará aqui entre os órgãos sionistas oficiais é uma situação incerta e precária. A inação dos sionistas e a ação dos revisionistas vai sem dúvida tornar o trabalho de Weizmann por um exército judaico mais difícil do que teria sido em qualquer caso.

MOISÉS OU WASHINGTON
(Isso significa você)[2]
27 de março de 1942
Faz um tempo extremamente longo que Moisés conduziu os filhos de Israel para fora das terras do Egito, para fora da casa da escravidão. Mesmo a renomada memória dos judeus, a memória de um povo antigo que se agarra a esse mito de sua fundação, está começando a se deteriorar. Mesmo povos antigos esquecem os feitos de seus patriarcas quando estes não podem mais dar sentido aos feitos de seus avós, pais e filhos.

---

2   Este é o primeiro artigo de uma coluna quinzenal que Hannah Arendt foi convidada a escrever para o suplemento "Mundo Judaico", encartado no jornal *Aufbau*. As colunas foram redigidas em alemão, mas as palavras "This means you" estão em inglês. (N.E.)

Quando rabinos da reforma tomaram controle sobre nossas festas nacionais há cem anos e as deixaram desaparecer em uma religião na qual ninguém mais acreditava, eles não conseguiram de fato dissolver o povo judeu em uma "confissão mosaica". Mas alcançaram uma coisa: destruíram as lendas de sua fundação. Desde então, não somos mais um povo antigo, mas um muito moderno, simplesmente onerado ou abençoado com uma história nacional especialmente longa.

Essa "reforma", que retirou impiedosa e displicentemente todo o significado nacional e político da tradição, não reformou essa tradição, de fato provou ser seu mais poderoso preservador – ela meramente roubou-a de seu sentido vivo.

Contanto que a história da Páscoa não ensine a diferença entre a liberdade e a escravidão, contanto que a lenda de Moisés não evoque a rebelião eterna do coração e da mente contra a escravidão, o "documento mais velho da história humana" permanecerá morto e mudo para ninguém mais que o próprio povo que um dia o escreveu. E enquanto toda a humanidade cristã se apropriou de nossa história, reclamando nossos heróis como heróis da humanidade, há um número paradoxalmente crescente daqueles que acreditam que devem substituir Moisés e Davi por Washington ou Napoleão. Finalmente, essa tentativa de esquecer nosso próprio passado e de encontrar novamente a juventude à custa de estranhos vai fracassar – simplesmente porque os heróis de Washington e Napoleão chamavam-se Moisés e Davi.

A história da humanidade não é um hotel em que alguém pode alugar um quarto quando lhe convier; nem é um veículo do qual subimos e descemos a esmo. Nosso passado será para nós um fardo sob o qual podemos colapsar enquanto nos recusarmos a compreender o presente e lutar por um futuro melhor. Somente então – mas a partir daquele momento – o fardo se tornará uma benção, isto é, uma arma na batalha pela liberdade.

CUI BONO?
Caso contra o Saturday Evening Post
(com Joseph Maier)
3 de abril de 1942

Quando se tenta explicar as convicções de alguém, tem-se o direito de invocar um *cui bono* – a quem isso beneficia? – somente como último recurso, isto é, somente quando a razão de uma pessoa razoável e perspicaz já não oferece nenhuma ajuda. Milton Mayer nos trouxe a esse ponto desesperado. O que não podemos entender é seu apelo – aparentemente de um judeu secularizado – aos profetas, ao povo escolhido de Deus e aos judeus ortodoxos da Polônia. Não que não compreendamos esse tipo de judaísmo. Sabemos o posicionamento adotado pelo velho judeu, bem protegido e segregado atrás da "barreira da lei", talvez melhor do que os ortodoxos, nós reconhecemos que isso tem muito pouco a ver com uma consciência banal de levar uma vida direita e muito a ver com a crença no Deus vingativo de Israel. Mas nunca ocorreria a esse mesmo velho judeu fazer esses comentários inteligentes e em muitos aspectos precisos no *Saturday Evening Post*: ele não acusaria não judeus de não serem cristãos, nem pagãos de não serem humanos. Uma vez que a crítica de Mayer não pode vir de um judeu devoto, mas por outro lado não vem de um judeu descrente, embarcamos em nossa busca para descobrir a extraordinária noz dentro dessa casca de noz.

Não foi há muito tempo que Milton Mayer (em seu artigo no *Saturday Evening Post* "Vou ficar fora dessa") declarou abertamente estar do lado daqueles que não estão interessados na luta contra o fascismo. Para um judeu, isso significa mais do que um mero reconhecimento de indiferença em relação a esta guerra por justiça e liberdade. Porque, primeiro, o isolacionismo e a ideologia do Primeiro Comitê da América não são uma questão de indivíduos isolados, mas de um partido com demandas políticas específicas apoiadas por grupos políticos específicos. Não apenas o sr. Mayer pensa ser desnecessário fazer alguma coisa por aquele judeu polonês que ele tanto admira, como também não se ofende por ter que sentar à mesma mesa com antissemitas ou fascistas: com homens importantes e triviais, com um certo tipo de congressista, de senador ou de piloto recordista. Teria ele – para poupar os judeus de qualquer acusação de belicismo – se sentido "convocado" (como Jerome Frank sentiu-se na primeira fase de seu desenvolvimento) a servir à causa judaica querendo vender toda a América à escravidão? Por essa lógica, o padre Coughlin podia interpretar o papel de salvador dos judeus. Mas os caminhos dos assimilados são misteriosos. Mesmo para eles próprios, frustram toda a compreensão teológica.

Também não é desconhecido que Milton Mayer frequenta alguns círculos católicos. É tentador pensar que isso pode ter alguma influência em sua posição sobre a questão judaica. Para a Igreja católica, os judeus são tanto os escolhidos de Deus quanto, depois da crucificação de Cristo, um povo amaldiçoado. Segundo seus plano de salvação – como se pode ler na "Epístola aos Romanos", Capítulo 2 –, Deus e a humanidade sofredora estão esperando pelo retorno prometido do Senhor mediante a conversão dos judeus. Até que isso aconteça, os judeus devem permanecer fiéis a sua Lei, enquanto preservados da destruição pela *ordo christianus*, e viver como testemunhas dóceis e indigentes da verdade da história da salvação revelada no Cristo crucificado e ressuscitado. Se os judeus fossem infiéis a sua própria Lei, sem se tornarem cristãos, ou se – como demanda o sionismo – eles se tornassem um povo como outros povos, o plano de salvação seria desfeito.

Essa é a razão pela qual o antissemitismo clerical – com exceção de alguns excessos – sempre foi contra o judeu rico (ou, para usar o termo de Mayer, materialista), porque sua existência contradiz a demanda teológica de que ele seja dócil, e contra o judeu secularizado, incrédulo, porque sua existência contradiz a demanda teológica de ele ser escolhido e distinto por princípio. É a partir dessa posição que o catolicismo moderno tem sido muito frequentemente crítico a uma comunidade judaica assimilada, uma posição que pareceu estranhamente próxima à autocrítica judaico-sionista.

Mas deve-se ter uma certa legitimidade se se pretende criticar o povo judeu hoje, em seu momento de maior necessidade. Para obter essa legitimidade, não é suficiente simplesmente nunca ter se sentado à mesa com os inimigos de seu povo. Isso só pode advir do envolvimento apaixonado em nome do futuro de seu povo, para o qual há mais em jogo do que a salvação das almas de indivíduos isolados. Autocrítica não é auto-ódio. A crítica oferecida pelo patriota judaico a seu próprio povo pretende prepará-lo melhor para a luta. A rebelião desse tipo não pode fazer mal. A coragem dúbia de Milton Mayer de dizer meias verdades beneficia somente as mentiras descaradas de antissemitas. Qualquer um que, como ele, queira nos expulsar novamente para o gueto, vestidos como sempre com trapos remendados (*yellow patch*) do armário empoeirado da teologia, excluiu-se das categorias daqueles a quem nós, o povo, estamos preparados para ouvir.

O PAPEL E A REALIDADE

(Isso significa você)

10 de abril de 1942

Um estranho silêncio abateu-se sobre a questão de um exército judaico. Toda organização imaginável escreveu resoluções em seu favor, os "rabinos contrários" permaneceram uma minoria, muito em honra de seu clã, e algumas massas reunidas às pressas tiveram sua chance de mostrar sua simpatia com aplausos. Isso é muito pouco, quando se considera que os judeus da Palestina ainda estão desarmados; que os judeus da Europa, se conseguem escapar de seus inimigos, são mandados para a morte por seus amigos; que mais de um terço do povo judeu está preso atrás de arames farpados; e que essas resoluções e esses aplausos (que podiam ter tido significado político somente se tivessem sido precedidos por protestos organizados) provaram apenas uma coisa: que o povo deve estar organizado para o combate hoje. Derrotismo disfarçado é encontrado não no povo, mas em servidores que pensam que uma campanha de levantamento de fundos é mais importante do que a agitação por uma causa justa, e que é mais promissor estabelecer relacionamentos com os poderosos na Terra do que organizar o povo.

Enquanto temos estado ocupados em garantir que a demanda por um exército judaico fique no papel, podemos nos consolar com o fato de que quatro instituições têm, com meticulosidade científica, estado ocupadas em nos preparar para a paz: o Instituto de Assuntos Judaicos (que é associado ao Congresso Judaico Americano) e as instituições do Comitê Judaico Americano, o Comitê Trabalhista Judaico e a Agudath Israel. Para explorar totalmente a chance de chegar aos resultados mais divergentes nos mesmos assuntos e de manter a maior "neutralidade", essas quatro equipes de paz trabalham em total isolamento umas das outras. E uma vez que as duas primeiras instituições supramencionadas souberam como garantir a cooperação de intelectuais judaicos renomados, o desfecho inevitável com certeza foi a publicação de artigos e coleções valiosas de materiais (sobretudo, o estudo sobre os judeus na União Soviética, comissionado pelo Instituto de Assuntos Judaicos, e a coleção de decretos emancipatórios fornecida pelo Comitê Judaico Americano).

Intelectuais são pessoas extraordinárias, e tivemos experiências muito tristes com eles em anos recentes. Em algum momento, quando caíram vítimas do domínio do positivismo, eles se tornaram "apolíticos"; por conta da pura correção eles se esqueceram do que é a verdade e frivolamente se separaram da causa da liberdade e da justiça. Desde então, estiveram prontos a oferecer uma mão amiga para todo o sistema político. Sua objetividade pode ser colocada a serviço de qualquer assunto. E certamente também não têm faltado assuntos.

E assim nós também estamos sendo preparados "apoliticamente" para a paz. É verdade que uma discussão sobre os objetivos da paz sempre tende a surgir durante a guerra – e até agora sempre tem se revelado que os únicos objetivos da paz percebidos são aqueles já implementados na guerra e na maneira pela qual ela é lutada. Mas, até o momento, nenhum povo veio com a ideia de tentar substituir a participação em uma guerra por *sonhar* antecipadamente com a participação em uma conferência de paz. Essa é uma ideia acadêmica, e esperamos que nossos acadêmicos não consigam converter um "povo do livro" em um povo nos papéis.

Pois enquanto o exército judaico não sair do papel, as melhores coleções de materiais do mundo são apenas pilhas de papel morto. Se não conseguirmos alcançar o que finalmente foi reconhecido aos indianos – um lugar em meio às Nações Unidas[3] – não haverá paz para todos nós tão cedo. Essa guerra não tem a ver com quão pequeno ou grande é um povo, mas com a liberdade de todos os povos. E a luta das Nações Unidas ficará incompleta enquanto essas nações não estiverem preparadas para sentarem-se à mesa com o pária de todos os povos e incluí-lo nas fileiras daqueles na frente de batalha.

TODA ISRAEL CUIDA DE ISRAEL

(Isso significa você)
24 de abril de 1942
O mundo no qual vivemos é repleto de feitiçaria, magia e mistificação comum. Emergindo como pedregulhos irregulares do caos das superstições antigas e hipermodernas – fabricadas pelo desespero

---

3 Na época, o termo "Nações Unidas" era usado para designar a coalisão de Aliados na guerra contra as potências do Eixo. A organização mundial conhecida por esse mesmo nome só passou a existir em 1945. (N.E.)

e disseminadas como propaganda ao redor do mundo por metralha-doras –, estão as verdades de ontem, quase afundadas na lama. E algumas dessas verdades também foram incluídas no grande livro do desespero da feitiçaria disfarçadas de ciência. Exceto pelo fato de que elas conseguiram convencer as massas em proporção direta a sua perda de efetividade política.

Entre as verdades distorcidas com uma capacidade real de en-ganar pessoas razoáveis está o velho ditado "Toda Israel cuida de Israel". Pois quem nesse mais devastado dos mundos não quer ou-vir o chamado da solidariedade com o coração aberto, e quem não quer pertencer a algum tipo de sociedade de segurança mútua? No período anterior à emancipação, quando ainda havia uma congre-gação judaica autônoma, a congregação inteira se encarregava de pagar ao Estado ou ao príncipe os impostos e dívidas de cada um de seus membros individuais. O gueto era uma grande companhia de seguros mútuos.

No curso dos séculos XVII e XVIII, judeus de corte assumiam essa tarefa, porquanto seu poder na congregação baseava-se na riqueza e no relacionamento com os príncipes, e sua posição na corte baseava--se em seu pertencimento à comunidade judaica mundial e em co-nexões decorrentes desse fato. Da organização democrática de um povo pária surgiu o regime plutocrático de uma classe duplamente poderosa de *parvenus*. Eles assumiam a responsabilidade por aque-les a quem, e por mais ninguém, eles deviam sua riqueza, poder e aquilo que, naquele momento, eram oportunidades ilimitadas. E o povo voluntariamente se deixava ser governado por eles, pois o povo devia a eles sua segurança, suas chances de ascensão na sociedade e uma nova autoconsciência. Pois se os antissemitas ainda veem um Rothschild em todo vendedor de porta a porta, não se deve esquecer de que por mais de cem anos todo vendedor de porta a porta se con-siderava um futuro Rothschild. *Toda Israel cuidava de Israel.*

No auge de seu poder – na esteira da revolução fracassada de 1848 e sob o domínio de Napoleão II –, depois da fundação da Alliance Israélite Universelle,[4] a comunidade judaica da Europa Ocidental ousou reivindicar esse ditado como seu próprio lema. Ela vivia na orgulhosa ilusão de um povo que era unido e governado por tal ditado e ao qual este garantiria, com base em transações financeiras internacionais entre nações, segurança e mobilidade ascendente. Ela se acreditava suficientemente poderosa por todos os judeus, porque era rica o suficiente para assumir a responsabilidade de cuidar financeiramente de todos os judeus. Foram tempos esplêndidos, quando empresários ainda sonhavam com a unidade nacional e as transações financeiras ainda lhes forneciam uma sensação de poder político.

A realidade, no entanto, muito rapidamente começou a parecer um pouco mais rota. Toda Israel cuidava das passagens uns dos outros para as fronteiras de sua própria terra e garantia aos governos que convidados indesejáveis, cujo dinheiro não mais os protegia em seu próprio país, desapareceriam sem mais alvoroço ou despesa; e se isso não ocorresse voluntariamente por conta da preocupação com sua própria segurança, esses mesmos governos adotavam práticas muito desagradáveis para lembrar Israel do lema que esta havia escolhido, interpretando-o de novas maneiras. Até que finalmente os nazistas usaram arame farpado para tornar realidade sua versão de solidariedade judaica – em guetos que não faziam distinção entre ricos e pobres, entre judeus europeus ocidentais e orientais.

Não nos deixemos enganar por encantamentos mágicos. A Companhia de Seguros Toda Israel faliu. A solidariedade judaica seria uma coisa boa se fosse apoiada pela consciência do povo de que é

---

4   Organização representativa fundada em Paris, em 1860, com base não religiosa. Foi precursora do Congresso Judaico Mundial. (N.E.)

sua responsabilidade tomar seu destino político em suas próprias mãos. Pode-se usar o slogan da solidariedade para induzir um povo a reclamar de seus trapos ou para estabelecer uma "irmandade de sangue". A solidariedade não surge simplesmente em virtude de um inimigo comum, porque não existe uma coisa como a solidariedade do medo; não se pode depender, veja bem, de pessoas amedrontadas. A solidariedade judaica de nossos pais tinha muito em comum com a prática pacífica e proveitosa de manter as ovelhas no rebanho; o lobo gosta de dispersar o rebanho, e não de mantê-lo unido. Um inimigo comum pode apenas *despertar* a solidariedade – e na medida exata em que desperta o desejo de unir-se em defesa, em vez de correr e dispersar-se.

A RETÓRICA DO DIABO
(Isso significa você)
8 de maio de 1942
Hitler falou mais uma vez e apresentou em detalhes sua opinião tanto sobre o papel dos judeus nesta guerra como sobre o papel *do* judeu na história mundial. Jornalistas e políticos novamente ofereceram interpretações detalhadas dos meandros de seu discurso, o examinaram por suas intenções óbvias e profundamente ocultas – sem nunca considerar necessário dizer uma sílaba sobre os judeus. Não há dúvida de que esse persistente "lapso" frequentemente ocorre com as melhores intenções. Não há dúvida de que já teve e continuará a ter as consequências mais terríveis.

Pois enquanto as pessoas procurarem pelo que não está e não pode ser incluído num tal discurso – isto é, os objetivos ocultos da próxima ofensiva alemã –, elas permitem que a propaganda patente de sua *Weltanschauung*, que "explica" todos os enigmas políticos nos termos mais simples e cujos efeitos verdadeiramente já deviam ter sido testados o suficiente, seja falada abertamente e sem qualquer interpretação. A conspiração do silêncio sobre o destino dos judeus não é meramente a experiência mais amarga desta guerra para nós; é também, simultaneamente – visto que aquela propaganda é uma arma efetiva nesta guerra –, uma das maiores desvantagens dos Aliados.

Hitler tem uma explicação estereotipada que é irresistível em sua simplicidade: ao adotar a diferenciação entre um povo e seu governo, que é de tão grande importância para os Aliados, ele alega que de fato somente dois povos estão engajados na batalha de vida ou morte desta guerra: os judeus e os alemães. Todos os outros povos foram meramente arrastados para esta guerra por seus governos. Alemães e judeus são os únicos povos representados validamente por seus governos, que são idênticos a eles; exceto pelo fato de que os alemães têm um governo aberto e os judeus, um secreto. Todos os povos, à exceção dos alemães, são governados por judeus. Esta guerra, a guerra entre os alemães sobrenaturalmente bons e os judeus sobrenaturalmente maus, causou tanto sofrimento a outros povos bons porque os judeus não querem lutar, e em vez disso fazem uso dos governos de outros povos para assegurar, ah sim, "a dominação mundial".

O que torna essa propaganda tão terrivelmente perigosa é que ela não é baseada em nenhum fato em absoluto – sim, aberta e descaradamente vai de encontro a todos os fatos. É baseada unicamente na ideia de uma desigualdade fundamental entre os povos. Um povo sobrenaturalmente bom e um povo sobrenaturalmente mau são meramente a estrutura na qual todos os outros povos são submetidos como se em uma camisa de força, e pela qual são então dominados.

A ideia de uma desigualdade fundamental, natural, entre os povos, que é a forma tomada pela injustiça em nosso tempo, só pode ser derrotada pela ideia de uma igualdade original e inalienável entre todos que carregam uma face humana. Somente uma justiça que crie relacionamentos justos pode competir com uma injustiça que cria relacionamentos injustos. E visto que – por diversas razões, todas deploráveis – a ideia de injustiça foi imputada ao judeu e exemplificada por ele, aqueles que devem lutar pela igualdade e justiça não têm escolha a não ser deixar de lado sua impressionante inquietude e dizer abertamente o nome do povo judeu a fim de conceder-lhe sua parcela de justiça quando ele com razão demanda liberdade nacional e assegurar-lhe sua igualdade enquanto aliado igualmente estimado. Esse é o único tipo de propaganda para a qual a "retórica do diabo" não é páreo.

O "ASSIM CHAMADO EXÉRCITO JUDAICO"
(Isso significa você)
22 de maio de 1942
Na extraordinária Conferência Sionista, sobre a qual a mais recente edição do *Aufbau* informou detalhadamente, algo realmente extraordinário ocorreu: o enterro oficial do exército judaico. Aqueles que fizeram os elogios falaram de um "assim chamado" exército judaico, de "palavras pretensiosas," de "números fantasiosos" e do plano construtivo de permitir a "alguns regimentos judaicos" hastear sua própria bandeira. Agora é possível que o Departamento Colonial, a partir da mesma grande sabedoria política que demonstrou com tamanha meticulosidade no Extremo Oriente, não queira armar os "nativos" em suas próprias formações ou dar à Agência Judaica o direito de mobilizar. Por que, pergunta-se com espanto, podemos então conceder ao Departamento Colonial a honra de abandonar o desarmado *yishuv* judaico na Palestina a seus inimigos ou à proteção de Deus? Desde quando a resposta à derrota é um audível suspiro de alívio?

A única pessoa que pode colocar essas questões é alguém que ainda não tenha compreendido quão profundamente apaixonado pela realidade o homem que pratica *Realpolitik* é. O mero fato de alguma questão realmente existir desperta nele tal entusiasmo que ele não pode mais perguntar se o que existe é pró ou contra ele. Além disso, tendo em vista que as realidades mais proximamente à mão são aquelas que se sentem mais fortemente, uma pessoa que pensa realisticamente apenas considera o que está bom diante de seu nariz. Chamberlain, que, como um devoto das políticas mais realistas que a história moderna conheceu, *sacrificou* a distante Tchecoslováquia, e os franceses, que realisticamente menosprezavam a ideia de "morrer por Danzig ou Praga", provaram que a *Realpolitik* pode levar diretamente a uma política do aventureirismo e a apostas insensatas, caso ela seja perseguida com rigor suficiente. O que é considerado sabedoria política definitiva em Londres hoje em dia pode vir a ser uma aposta altamente perigosa em Jerusalém amanhã, uma aposta contra a mesma providência na qual praticantes da *Realpolitik* não têm sequer o hábito de acreditar. Deixar quase 600 mil pessoas (que se propõem *urbi et orbi* como o núcleo da nação judaica) desarmadas, sem qualquer possibilidade de defender sua própria terra, não lhes dar sequer a chance de entrar na batalha – isso pode parecer muito realista nos ambientes do Departamento Colonial em Londres; em todos os outros lugares, e especialmente na Palestina, parece suicídio, a destruição da própria realidade.

Mas o homem que pratica a *Realpolitik* com frequência tem mais do que apenas a realidade contra ele. Ele deve levar em conta um fato imediato e ainda mais desagradável: pessoas comuns não o compreendem. Por exemplo, elas não entendem sua aversão a "palavras grandiosas," especialmente quando sentem que estão vivendo em tempos perigosos. Aqueles homens a quem nós judeus chamamos de "homens do povo" são tão estúpidos que não podem livrar-se da presunção de que ideias estão por trás de certas palavras. Para o praticante da *Realpolitik*, contudo, as ideias têm a característica suspeita de serem capazes de persuadir as pessoas a mudar a realidade. E ao que poderia um homem que pratica a *Realpolitik* realmente se apegar se isso fosse possível, se "a base sólida do fato" começasse a tremer sob seus pés? Mas quando o *status quo* é tão horrível quanto o Livro Branco, quando os fatos são tão letais quanto o *Struma* e o *Patria*, quanto Maurício e Atlit,[5] então seria melhor não falar deles. Pois esses fatos carregam o cheiro de carniça da política, da mais demagógica de todas as artes, a qual quer tentar criar novas realidades.

O termo "exército judaico" também pertence àquela categoria de desagradáveis palavras grandiosas. Tendo brotado dos fatos, se apega a eles – contorcendo-os da maneira que quiser – a ideia de liberdade. E de fato sabemos que nesta guerra há exércitos lutando por liberdade.

Mas esses, permita-nos denominá-los "assim chamados exércitos", ou permita-nos falar em "assim chamadas nações oprimidas", foram criados por pessoas que estão felizes em divagar. Isso porque assombram suas mentes ideias tão fantásticas quanto "a guerra é meramente a continuação da política por outros meios", e isso implica que eles devem portanto participar do prosseguimento dessa guerra se não quiserem ser excluídos automaticamente da política em geral. Também porque uma opressão inédita quebrou com a inércia costumeira do coração, e contudo não partiu seus corações. E desde então, pelo menos esses tolos não estão mais preparados para agir segundo o fundamento de fatos criados pelos inimigos de seu povo, mas seu modo de pensar é tão utópico a ponto de quererem abrir caminho para um novo fundamento.

---

5   O *Struma* e o *Patria* foram navios repletos de judeus que tentavam fugir para a Palestina em novembro de 1940. Os britânicos recusaram sua entrada. O *Struma* colidiu com uma mina em sua viagem de volta; o *Patria* explodiu no porto antes que pudesse levar seu passageiros, sob ordens britânicas, de um campo de concentração em Atlit, perto de Haifa, a uma das ilhas Maurício. (N.E.)

E se a nossa política, a política de um povo do qual um terço está próximo do extermínio, fosse conduzida não por praticantes muito sábios da *Realpolitik*, mas por esses tolos utópicos que nós judeus chamamos de homens do povo, o que poderia acontecer? Os tolos assumiriam que nenhum departamento colonial do mundo deve ser capaz de proibir um povo de defender sua terra empunhando armas; e que nenhum protetorado no mundo pode assumir esse trabalho pesado e sangrento por outro povo. Eles apontariam para Burma e Singapura e observariam que coisas imprevisíveis podem ocorrer em uma guerra, mesmo ao Exército britânico. Eles, por outro lado, apontariam para "judeus protegidos" e observariam que a proteção pode às vezes garantir a sobrevivência física, mas nunca a liberdade política. Esses tolos não poderiam, portanto, ser aplacados com "alguns regimentos" ou "assim chamados exércitos." Eles apresentariam argumentos fantásticos, como por exemplo o fato de que todas as nações nesta guerra têm entre 8% e 15% de sua população sob armas, e sugeririam que o *yishuv*, incluindo quase 600 mil pessoas, e dada sua faixa etária especialmente favorável, pode e deve ser capaz de mobilizar mais do que alguns regimentos – talvez os 12 mil homens (aproximadamente seis regimentos) que já estão servindo como soldados coloniais britânicos? –, que correspondem a meros 2% de sua população. Eles considerariam seriamente, portanto, o número astronômico de 100 mil homens, que, enquanto 16% da população judaica, ultrapassaria ligeiramente a porcentagem de mobilização britânica.

Se esses tolos tivessem seu exército, eles não mais se ocupariam tanto com estatísticas a respeito de quantos judeus europeus terão *tido* que morrer em tal e tal data. Eles achariam suficiente lamentar aqueles que já morreram e temer a exterminação completa, algo que as estatísticas não calculam, mas que, não obstante, não é só uma questão de números no papel. Eles tentariam, em vez disso, tomar alguns milhares de soldados alemães prisioneiros, na esperança justificada de que isso melhorasse as rações fornecidas ao gueto de Varsóvia. Eles ao menos, como é inteiramente correto, *tentariam* substituir as regras de extermínio e as regras de fuga pelas regras de batalha.

Sim, se houvesse algo como um milagre, se fosse possível derrotar o inimigo sem lutar, se os milhões de judeus em campos de concentração e em guetos estivessem morrendo simplesmente segundo as regras da estatística, se tivéssemos a garantia milagrosa de que a Palestina pudesse um dia ser situada não no Mediterrâneo, mas na Lua, muito distante de todo ataque, se os mortos a bordo do *Struma* pudessem ser ressuscitados – em resumo, se minha avó tivesse rodas e fosse um ônibus –, nós tolos e homens do povo começaríamos talvez a nos interessar em saber se esse ônibus está prestes a fazer uma curva à direita ou à esquerda.

UMA PALAVRA CRISTÃ SOBRE A QUESTÃO JUDAICA
(Isso significa você)
5 de junho de 1942
Talvez tenha chegado o momento para aquelas grandes discussões da civilização ocidental – tais como a discussão entre judeus e cristãos ou entre fiéis e infiéis –, sem as quais é difícil imaginar um futuro para o mundo que compartilhamos. O cético a todo custo, aquele cavalheiro amigável que tiranizou a opinião pública por tantas décadas, morreu sem que quase ninguém notasse; ele não pode mais nos impedir de falar sobre assuntos sérios e de enxergar o lado engraçado dos assuntos cômicos, como seu famoso dogma de fé – "o oposto é igualmente verdade".

Ainda mais desagradável é como no meio-tempo a semente do mal plantada por ele logo antes de sua morte – talvez em vingança pelo fato de que as pessoas finalmente começaram a ver a careta feia de crueldade por trás de sua máscara de tolerância – brotou, deixando-nos cercados por enxames inteiros daqueles céticos transtorna-dos que chamamos de fanáticos. Em meio ao clamor de incansáveis sectários em disputa, a voz da razão e da humanidade é perdida com a mesma facilidade com que estava até recentemente em meio aos murmúrios suaves de céticos profissionais.

Para aqueles de nós que – quer religiosos ou incrédulos – ainda não venderam suas almas ao diabo da idolatria, eu gostaria de re-comendar urgentemente o livro de Jacques Maritain, *Resgatando o tempo* (Scribner's, Nova York, 1941), no qual ele inicia a discussão entre cristãos e judeus. Eu espero que eles comecem por ler o ca-pítulo sobre "vizinhos" e aceitem a sugestão de Maritain de que a tolerância seja substituída pelo companheirismo ou, ainda melhor, por "amizade cívica". Tão certamente como tudo pode se perder nes-sas discussões se nós encobrirmos as diferenças que nos dividem, assim também nunca sequer iniciaremos uma conversação se for-mos incapazes de assumir a premissa básica de nossa humanidade. É a grande prerrogativa da razão "compreender mais línguas do que ela fala", e é a grande prerrogativa do homem ser mais do que um "modelo de ideias puras" (p. 118). Nessa razoabilidade e nessa humanidade repousa a garantia filosófica de um conceito político de humanidade.

Por outro lado, para aqueles de nós que não respeitam os 613 mandamentos e proibições e que não rezam pela vinda do Messias – e constituímos a maioria de nosso povo –, eu gostaria de sugerir que não sigamos os pronunciamentos de Maritain sobre o *status* es-colhido de Israel, que ele identifica como significando todo o povo judeu, "façam o que quiserem" (p. 175). O fato de que Jesus de Na-zaré, a quem os cristãos chamam de o ungido, era um judeu pode funcionar tanto para nós como para os povos cristãos como um sím-bolo do mundo cultural greco-judaico-cristão. Israel pode assumir este ou aquele lugar na teologia cristã; não cabe aos judeus formar uma opinião a respeito disso. Mas como parte da vida comum das nações e dentro da história da humanidade, nós temos o direito de ser "um povo como todo os povos" e seres humanos em meio aos nossos colegas seres humanos. Pois nesse contexto humano e político, a grande lei que governa todos os assuntos verdadeiramente humanos é a lei da *normalidade*. Neste mundo terreno em que vivemos, qualquer exceção a essa lei é uma monstruosidade que converte algo supernatural em algo antinatural. Aqueles judeus que não mais acreditam em seu Deus de uma forma tradicional, mas continuam a se considerar "escolhidos" de uma maneira ou de outra, não querem dizer com isso outra coisa senão que eles são por natureza melhores, ou mais sábios, ou mais rebeldes, ou o sal da terra. E isso não seria, de uma forma ou de outra, nada além de uma versão de uma superstição racista.

Cristãos de fé protestante ou católica, homens como Paul Tillich e Jacques Maritain, sabem que a questão judaica é uma das pedras de toque da cristandade hoje e que as lutas contra o antissemitismo envolvem muito mais do que uma disputa teológica. E é por isso que nesse ponto, como em outros, nós, para quem ser judeu primariamente envolve o fato de que pertencemos politica e nacionalmente uns aos outros, não devemos deixar nossa representação unicamente aos rabinos.

"NEM UM KADISH SERÁ PROFERIDO"

(Isso significa você)

19 de junho de 1942

No semanário nacional-socialista *Das Reich*, Goebbels explicou que o extermínio dos judeus da Europa "e talvez fora da Europa" está para começar. O assassinato de 5 mil judeus em cada uma das cidades de Berlim, Viena e Praga marca o início desse massacre em massa, a resposta inicial ao fato monstruoso de que todos os povos dentro e fora da Europa mostraram sua determinação de acabar com a dominação nazista a qualquer custo. O ato precedeu o anúncio: em 28 de maio, imediatamente depois do assassinato de Heydrich, trezentos judeus foram arrebatados das ruas de Berlim e mortos; suas esposas e filhos foram transportados a campos de concentração. As leis do diabo são, por assim dizer, mais confiáveis do que a estatística. Enquanto estamos ocupados calculando, segundo as leis da probabilidade, quantos judeus sobreviverão a esta guerra e imigrarão para a Palestina ou para outros países, o medo daqueles poucos que acreditam que a realidade não depende dessas leis, mas antes de homens e às vezes de demônios, está à beira de se provar o mais horrivelmente justificado.

Desde que o diabo alcançou o poder, desde que ele inventou a maquinaria do terror, aquele mais eficiente dos instrumentos modernos de propaganda, para que ele pudesse transformar sua doutrina do "certo é o que funciona" em realidade, ele usou judeus para todas as demonstrações práticas desse terror. Pelo que agora parece uma eternidade, mas que não são nem dez anos, o destino dos judeus deixou cada vez mais claro para onde esse trem está indo – exceto pelo fato de que o lapso de tempo entre a experimentação e a completa implementação tornou-se cada vez mais curto. Levou anos para que não só os judeus, mas também o tchecos, noruegueses, holandeses e franceses, fossem atacados. Meses se passaram antes que não só os judeus fossem desprotegidos em países ocupados. Por semanas ouviu-se somente a respeito da deportação de judeus: agora os franceses e os poloneses seguiram, e já existe um plano em consideração para afastar 3 milhões de holandeses de suas casas. E finalmente dentro de poucos dias os homens de Lidice seguiram trezentos judeus em Berlim para a morte, e mulheres e crianças tchecas foram enviadas a campos de concentração, como as mulheres e crianças judias antes deles. Se eu não fosse judia, mas pertencesse a algum outro povo europeu, meus cabelos ficariam em pé de medo no instante em que um único fio de cabelo da cabeça de um judeu fosse tocado.

Já houve tempos felizes, quando os homens podiam escolher livremente: antes morto do que escravo, melhor morrer em pé do que de joelhos. E já houve tempos perversos, quando intelectuais tornaram-se fracos de espírito e declaravam a vida o bem mais elevado. Mas agora chegaram os tempos terríveis, nos quais todos os dias provam que a morte começa seu reino de terror precisamente quando a vida torna-se o bem mais elevado; que aquele que prefere *viver* de joelhos vai *morrer* de joelhos; que ninguém é mais facilmente assassinado do que um escravo. Nós que estamos vivos temos que aprender que não podemos mesmo viver de joelhos, que não nos tornamos imortais ao perseguir a vida após a morte, e que se não estamos mais dispostos a morrer por alguma coisa, morreremos por não ter feito nada.

"Nem uma missa será cantada, nem um *Kadish* será proferido." Esses mortos não deixam testamentos escritos para trás, quase nada mais que um nome; nós não podemos prestar-lhes nossas últimas homenagens, não podemos confortar suas viúvas e órfãos. Eles são vítimas, de uma forma que não se via desde que Cartago e seu Moloque foram destruídos. Nós só podemos sonhar seus sonhos até um desfecho.

A herança desses mortos vai recair sobre aqueles que lamentam o suficiente para serem obstinados, que estão chocados o suficiente para permanecerem firmes, que têm imaginação o suficiente para transporem grandes distâncias, que são humanos o suficiente para chorar em solidariedade aos mortos de todos os povos, e que estão suficientemente aterrorizados para emigrar sob utopias, daquelas terras inóspitas que nós judeus tanto amamos habitar. A questão de um exército judaico é apenas em uma pequena medida um assunto para diplomatas. É a questão desses herdeiros, que o demandarão em nome dos vivos e em nome dos mortos.

DE COSTAS PARA A PAREDE
(Isso significa você)
3 de julho de 1942

Desde a eclosão da guerra, judeus e não judeus, sionistas e mesmo não sionistas, norte-americanos anglófilos e até os britânicos, têm tentado deixar claro para o Departamento Colonial e para aqueles encarregados do esforço de guerra britânico que no Oriente Médio – em triste contraste com outras partes do Império – um aliado confiável já está a postos, que, em relação às condições lá prevalentes, tem uma considerável reserva de homens e nenhum desejo maior do que colocá-los, sob condições honrosas, à disposição da Inglaterra. Pode-se presumir que agora o Departamento Colonial já esteja ciente desse fato. É mesmo provável que não haja quaisquer ilusões sobre outro fato de importância para o esforço de guerra britânico – isto é, sobre a posição dos árabes, particularmente desde que na semana passada assistiu-se à invasão do Egito, embora nenhuma declaração de guerra ao Eixo tenha sido feita pelos egípcios como previamente prometido.

Mas há um obstáculo para a questão, e fica cada vez mais claro que há somente este único impedimento: as pessoas ali que seriam aliados tão leais são os judeus. E não há como esconder esse fato, porque esses judeus em particular, em contraste gritante com seus irmãos "mais sábios" ao redor do mundo, puseram na cabeça que devem viver como judeus, assim como vivem outros povos, da forma como Deus os fez e sem cobrir sua nudez com a folha de figo de uma nacionalidade diferente. A discussão pública dessa questão vexatória é difícil. Mas os judeus deviam ter alguma compreensão da situação difícil em que sua teimosia coloca seus amigos. Afinal, eles devem realmente saber – ao menos é o que se ouve todos os dias – que esta guerra é uma guerra ideológica, e que não se pode, afinal, dar credibilidade à alegação de Hitler de que está sendo empreendida em nome dos judeus. Já é ruim o suficiente que ninguém possa negar que os judeus têm um certo interesse em seu resultado; uma aliança com os judeus – isso seria a munição para as fábricas de propaganda de Hitler! (O senso comum diz que *somente* quando os judeus lutarem como judeus, os disparates sobre outros lutarem *por* eles vão desaparecer – mas até agora o senso comum não foi capaz de desfazer as especulações dos praticantes da *Realpolitik*.) Os judeus deviam, portanto, compreender e ser gratos por lhes oferecerem o casaco de um soldado colonial britânico e lhes ser permitido morrer pelo Império Britânico e não por sua terra, suas esposas e filhos, e pela honra de seu povo.

Os políticos judaicos fizeram tudo o que puderam para minar o interesse do povo judeu na política judaica. O que restou foram alguns gritos de alarme do Comitê por um Exército Judaico, algumas pessoas em posições de liderança sionista que sabem e publicamente afirmam que "aquele que não está nesta guerra, também não está em sua paz" (Nahum Goldmann [1895-1982, presidente do Congresso Judaico Mundial]). Pois ainda que se desconsidere por um momento a ameaça à Palestina – que cresce a cada dia – o exército judaico é a missão mais importante da política judaica e, até que seja realizada, a única. Mas o povo judeu está ocupado com julgamentos otimistas ou pessimistas sobre os acontecimentos; os otimistas se preocupam com a paz vindoura, os pessimistas com a extinção eminente dos judeus. Bem versados em medo e em esperança, nós vivemos os nossos dias em desespero e indiferença.

Não é tão fácil assim tornar indivíduos ou povos inteiros apáticos, mas nós parecemos ter conseguido. Por duzentos anos, deixamos plutocratas e filantropos nos governar e nos representar no mundo. Por duzentos anos, nos deixamos ser convencidos de que a maneira mais segura de viver é fingir de morto. E com tamanho sucesso que, mesmo entre nós, frequentemente não temos certeza se estamos entre os vivos ou os mortos; com tamanho sucesso que nos movemos em um mundo de faz de conta onde tudo é de cabeça para baixo. Se nos encontramos em perigo, esperamos um milagre, e se nos sentimos relativamente seguros, tememos nossas próprias sombras; consideramos que movimentos políticos como o antis-semitismo são uma lei da natureza, mas supomos que as regras de combate, que se não naturais são ao menos humanas, são invenções da imaginação; levantar dinheiro é para nós um feito, mas nos orga-nizarmos como um povo é um disparate demagógico; se o inimigo está nos portões, fazemos planos construtivos para o futuro – e es-quecemos do dia seguinte. Quando percebemos o que está em jogo aqui, podemos ter calafrios.

SE VOCÊ NÃO RESISTE AO MAL MENOR
(Isso significa você)
17 de julho de 1942
Houve uma pequena mudança no que se tornou o jogo quase monó-tono de perguntas e respostas entre a Agência Judaica e o governo britânico a respeito da formação do exército judaico e de uma guarda doméstica judaica para a Palestina: a voz da Agência Judaica está mais suave, aquela dos oponentes britânicos de uma Palestina ju-daica está mais alta e autoconfiante, enquanto as vozes de nossos amigos do povo, Parlamento e imprensa britânicos praticamente se silenciaram. Você não pode fazer exigências que contradigam suas ações e se safar. Chega um dia em que o mundo todo vê essas demandas como palavras vazias. Nossa política na Palestina consis-tiu em demandar um exército judaico em nossos termos e simulta-neamente praticamente estabelecer estações de recrutamento para

o Exército britânico. Em tempos tão drasticamente sérios quanto os nossos, as pessoas aprendem muito rapidamente que quando se trata de política faz-se o melhor para vigiar as mãos uns dos outros, e não somente as bocas.

As consequências imediatas dessa ambiguidade são ruins o suficiente. É avassaladoramente provável que não obteremos um exército judaico, e nem sequer aqueles poucos regimentos judaicos que Weizmann ainda considerava bastante prováveis na conferência sionista em maio. Além disso, escutamos como os judeus que fugiram para a Palestina preferem as legiões de sua velha pátria ao Exército britânico. O perigo de dano ao *yishuv* é óbvio, e a Agência Judaica protesta desesperadamente. Mas a resposta desses refugiados é bastante compreensível: se eles não podem lutar como judeus, se lhes é dito que o mal menor é lutar por um exército estrangeiro, então eles preferirão formações nas quais, junto com os mesmos direitos militares, eles também tenham os mesmo direitos políticos e, pelo menos teoricamente, a mesma cidadania que seus camaradas e comandantes. Bloqueie a rota de fuga de alguém, e você nunca poderá prever onde ele encontrará sua melhor chance de escape.

E as consequências indiretas são ainda mais sérias: o propósito para o qual poderíamos estar lutando positivamente nesta guerra, a liberação nacional do povo judeu, está perdido sem um exército judaico, sem participação positiva na guerra. Tudo que sobra para ganharmos nesta guerra é algo puramente negativo: talvez outras nações possam ser impedidas de nos exterminar.

A política do mal menor sempre teve a tendência sórdida de se apegar ao grande e velho mal e, portanto, de preparar o caminho para novos males ainda maiores. Quando por medo você distorce o mal menor na mentira de que é algo bom, você acaba por roubar das pessoas sua capacidade de diferenciar o bem e o mal. Mas você não pode exercer a política com pessoas que estão acostumadas a aceitar o mal em vez de resistir a ele – ainda que sob o pretexto de evitar um mal maior. E assim os alemães votaram pelo mal menor de Hindenburg, e então não consideraram Hitler tão mal assim. E assim nós judeus nos sentamos lá, bastante pacíficos e apolíticos, em campos de internamento franceses, e nos consolamos com quão pior era Dachau. E assim os judeus falaram em defesa do fascismo italiano porque estavam convencidos de que a melhor forma de expurgar o diabo Hitler era com o belzebu Mussolini. Mas assim como era certo que o belzebu no fim das contas chegaria a um acordo e se aliaria com o diabo superior, nós podemos igualmente ter certeza de que nos lançando de uma pedra de mal menor para a próxima pedra, só podemos acabar no abismo da catástrofe. E os melhores amigos ingleses, os melhores exércitos do mundo, não nos salvarão desse destino do qual nós mesmos somos culpados.

A linha entre o bem minimamente realizável, algo em que as demandas devem ser reduzidas sob algumas circunstâncias políticas (e neste caso isso seria a guarda doméstica judaica) e o mal mínimo que deve ser aceito (e em nosso caso isso seria a integração ao Exército britânico e o desaparecimento de judeus palestinos como um fator na política judaica) – essa linha é muito estreita, como um fio de cabelo. Às vezes é difícil discernir, mas pode ser encontrada se os políticos estão determinados por princípio a resistir ao mal em todas as formas, o que significa pessoas que possam provar que nunca fizeram um pacto com ele. Na medida em que se pode falar alguma coisa da política judaica, ela se apega aos males básicos do liberalismo com uma determinação que pode ter valor em uma causa melhor. Sua estratégia é se render à "força" sem luta, e sua tática é negligentemente farejar o caminho da menor resistência.

EM PROL DE PAUL TILLICH[6]

31 de julho de 1942

Um argumento a respeito de uma questão muito séria e importante eclodiu entre os emigrados. Começou com algo bastante banal: um escritor bem conhecido, que na última guerra vestiu as cores autenticamente alemãs do imperialismo alemão do momento, e que nos anos 1930 vestiu as cores fascistas do imperialismo italiano, está testando uma nova grande potência, encorajando o povo norte-americano a adotar um imperialismo que, graças a Deus, até agora não existe. Embora há menos de trinta anos ele estivesse convencido de que o "mundo deveria ser emendado pelo espírito alemão", e há nem dez anos estivesse entusiasmado com a superioridade das bombas italianas lançadas sobre as tribos da Etiópia, esse mesmo homem, sendo judeu, agora considera que não tem escolha a não ser atribuir a palma de sabedoria superior aos povos anglo-saxões. E visto que sempre se está disposto a participar quando a superioridade assume o comando, nosso escritor já se vê como o professor da moralidade superior, marchando através do Portão de Brandemburgo ao lado dos futuros vencedores.

Em nome dos refugiados alemães, Paul Tillich, que sempre foi um inimigo mordaz da fúria racista e do fascismo em todas as formas e cores, levantou um protesto vigoroso aqui. E acrescentou, acertada-

---

6   O escritor *émigré* Emil Ludwig (1881-1948) proferiu um discurso de Quatro de Julho que foi publicado no *The New York Times*, em 6 de julho de 1942. Nele, Ludwig sugeria que Hitler era uma expressão real de quem o povo alemão realmente é, e aconselhava uma política pós-guerra draconiana de um protetorado que para sempre lhes negaria poder político. Em 17 de julho de 1942, o teólogo Paul Tillich (1886-1965) rebateu o discurso com um artigo no *Aufbau* que acusava Ludwig de um racismo não distante do antissemitismo, e pedia aos judeus alemães na América para se distanciarem dele. (N.E.)

mente, que os judeus foram o último povo a ter qualquer razão para disseminarem um modo de pensar que lhes demandou sacrifícios tão terríveis.

Os começos, então, são banais, mas significantes: a idolatria do vencedor; a adoração do "grande homem"; o desprezo pelo cidadão médio norte-americano, cuja luta, como a Enquete Gallup mostrou, não é com o povo alemão, mas sim, em vez disso, e portanto mais cruel, com o fascismo alemão; e uma desconfiança da liberdade, da justiça e da vontade política do povo. Tudo isso é, quer velada ou abertamente, o niilismo familiar daqueles intelectuais que por mais de sessenta anos se provaram tão prestativos na preparação do caminho para a mentalidade nacional-socialista e, portanto, aceitaram em todos os países – e mais facilmente do que qualquer outra classe de pessoas – regimes fascistas e suas teorias racistas. O conflito é tão sério porque, de todos os povos, somente nós judeus nunca tivemos a possibilidade de verdadeiramente "entrar no ritmo"; e porque somente os judeus, sem exceção, foram forçados a emigrar. Mas seria tanto insensato presumir que só os judeus são imunes a essa terrível doença até a morte, que infectou metade do mundo, quanto injusto ficar especialmente ofendido se eles se envolverem na fúria racista.

É muito difícil ser amigo de um povo oprimido. É duplamente difícil quando nunca se foi um dos oprimidos. É muito triste perceber que todo escravo tenha a tendência de sonhar em possuir escravos, e que as massas oprimidas – por mais apaixonadamente que seus sofrimentos defendam a causa da liberdade – aprendam a linguagem da liberdade vagarosamente e com dificuldade. A linguagem dos escravos, contudo, aquela mistura de abatimento e arrogância secreta, de medo e esperança, de ignorância e presunção de autorrelevância, é difícil de suportar. O amigo dos oprimidos precisará sempre daquela grande confiança em nossos semelhantes que nos ensina a rir, acalma a coragem que torna o protesto incansavelmente fácil, e de um desprendimento casual daquelas alternativas funestas, cruéis, que sempre parecem tão apropriadas onde quer que haja opressores e oprimidos. Somente então, quando ele tiver resistido à insensibilidade e crueldade do opressor, reunirá a energia necessária para tolerar os "corações covardes dos oprimidos," que sempre esperarão que a batalha seja ganha antes de se "precipitarem para ajudar na vitória" (Clemenceau).

Amigos dos oprimidos sempre acabarão em conflito com os próprios oprimidos. Todo grande amigo dos judeus teve problemas com os judeus – e é nesses mesmos conflitos que o povo judeu pode distinguir seus amigos genuínos dos falsos patronos. Mas tão certamente quanto Clemenceau assumiu verdadeiramente pela primeira vez a causa do povo judeu oprimido (na forma do capitão Dreyfus) quando aberta e destemidamente denunciou as ações dos judeus franceses, assim também, ao protestar contra os judeus alemães, Tillich certamente prestou um serviço maior à causa judaica do que todos aqueles patronos que pensam que fizeram o suficiente se dão a alguma organização judaica a aparência de paridade, emprestando em seu nome não judaico, que magnanimamente reconhecem nossos grandes homens ou algum tipo de realização, ou que pensam que estão ajudando amigos judeus ao declararem que não existem judeus ou a questão judaica.

Nós, patriotas judeus, que fomos forçados por tanto tempo a combater donos de escravos, assim como uma mentalidade de escravo, saudaremos aquela pessoa como nosso amigo e nos aliaremos a quem direta ou indiretamente nos ajudar a erradicar a fúria da superioridade racial e a restaurar a humanidade, a solidariedade da raça humana.

CONFUSÃO
(Isso significa você)
14 de agosto de 1942

A confusão sem remédio e a perigosa ambiguidade de quase todos os movimentos de libertação nacional não tendem a elucidar muita coisa em nosso mundo já tão obscuro. O que pode ser feito com a palavra "libertação" neste nosso mundo sem medo das consequências foi bem provado pelo movimento nacional árabe, quando, alguns anos atrás, durante o período de agitação palestina, ele se vendeu ao imperialismo alemão e italiano na esperança de usar isso em seu proveito ao jogar um lado contra o outro. Algo parecido aparentemente aconteceu com algumas partes do movimento nacional indiano. Um número não insignificante de seus líderes encontra-se agora em Berlim e Tóquio.[7] Resta saber se foi sensato simplesmente encarcerar o restante de seus líderes, que não se atiraram – ou não ainda – nos braços das potências do Eixo. Gandhi ameaçou negociar com o Japão, e outro indiano, por sua vez (no mesmo momento em que os povos da Europa estão prestes a se desenganar de tolices arrogantes sobre o "fardo do homem branco"), rapidamente apontou, naquele tom untuoso que passamos a conhecer até bem demais, tudo que o Ocidente ainda tem a "aprender" sobre a Ásia: ambos foram golpes quase igualmente pesados infligidos na causa dos povos oprimidos.

As ações do Departamento Colonial Britânico e a última declaração de Amery [secretário colonial britânico na Palestina antes de 1929] mostram que a Inglaterra está determinada a contar com os

---

7   Sobre essa questão, foi utilizada na edição inglesa a expressão *"sit in"* que denota uma forma de protesto típica do movimento de libertação indiano. (N.T.)

muçulmanos da Índia. Isso, por seu turno, pode resultar somente em mais tentativas de aplacar o movimento nacional árabe, totalmente permeado de fascismo no Oriente Médio, e atraí-lo para o lado britânico com promessas ainda maiores. (O discurso de lorde Moyne no Parlamento [vice-ministro de Estado na administração colonial do Egito], no qual ele propôs que os judeus fossem removidos da Palestina e reassentados em outro local, é infelizmente bastante característico dessas tendências recentes.) Qualquer um que conheça a situação no Oriente Médio pode de fato ser um tanto cético em relação a essas tentativas de apaziguamento, que só podem acontecer à custa dos judeus. Mas está claro que em face da hostilidade aberta aos judeus no mundo árabe, e entre seus aliados muçulmanos, nós judeus sofremos uma séria derrota no dia em que o Departamento Colonial Britânico declarou guerra ao Partido Congressista Indiano.

A política ambígua dos povos oprimidos – a tendência sórdida de negociar privilégios em vez de lutar por liberdade; a estreiteza da mente que espera encontrar "redenção" em toda mudança; a tendência, demasiadamente comum na história, de bancar o opressor assim que se é libertado – isso tudo é uma antiga preocupação familiar dos políticos democráticos. (E o movimento nacional judaico do sionismo não é de jeito nenhum a ovelha branca em meio a todas essas mais ou menos pretas; todos sabemos quantos sionistas sonharam em lucrar com os interesses imperiais britânicos no Oriente Médio.) Ainda pior é o fato de que tais ambiguidades forçaram muitos de nossos contemporâneos, e na verdade frequentemente não os piores deles, a uma indiferença fatídica, na verdade hostilidade, em relação a todos os movimentos de libertação nacional. Eles viram apenas os abusos e esqueceram que todos os movimentos políticos estão sujeitos a eles. E os fascistas em todo o mundo fizeram o melhor uso de sua indiferença.

A questão é um pouco diferente com aqueles esnobes judeus que – porque não estão dispostos a arriscar nada pelas causas públicas – arrogantemente se declaram acima dos vínculos com sua nação. Esses peculiares heróis da liberdade, que lutam pela liberdade em primeiro lugar desertando a causa de seu próprio povo oprimido e então ao procurarem segurança e proteção em alguma outra grande nação, agora nos dizem, os patriotas judaicos, que não somos "progressistas". Bem, até esse momento a traição nunca pôs fim à existência de todo um povo; e assim como as mulheres "emancipadas" tiveram pouco sucesso ao tentar salvar o mundo por meio da remoção da diferença entre homens e mulheres, nossos judeus "emancipados" não terão sucesso em argumentar sua e nossa saída deste mundo.

Poucas coisas são tão importantes para nossa política atual quanto manter as lutas por libertação do povo oprimido livres da praga do fascismo. Esta guerra será ganha somente se, em seu curso, todos os povos forem libertados, e isso significa transformar todas as "raças" em povos. A política de um povo oprimido é, como mostra o exemplo indiano, a mais difícil de todas. Enquanto a democracia não governar o mundo, tal política vai se equilibrar no fio da navalha. A estreita linha da justiça corre entre a Cila da vingança cega e a Caríbdis da covardia impotente.

O RETORNO DA COMUNIDADE JUDAICA RUSSA
(Isso significa você)
28 de agosto (I) e 11 de setembro (II) de 1942

I
Além da luta por um exército judaico, há uma outra questão política de crucial importância para a existência futura de nosso povo: é a conexão renovada com os judeus da União Soviética. Mais de um ano passou desde que judeus russos deram os primeiros passos para fora

de seu isolamento, e cada um desses passos é importante e notável. A primeira coisa que ouvimos depois de um silêncio de 25 anos foi um apelo para que a "comunidade judaica mundial" se unisse na luta contra Hitler e o fascismo. Então veio um chamado para que aqueles judeus vivendo na segurança e prosperidade de países democráticos fornecessem ao Exército Vermelho quinhentos tanques e mil aviões e para que dessem a essas armas nomes tirados do grande exército de guerreiros judeus falecidos. O último fato e em alguns aspectos mais digno de nota é a declaração pela congregação de Moscou de que eles haviam aderido ao dia de jejum proclamado pelos rabinos americanos.

Ao longo dos últimos 23 anos, a comunidade judaica russa foi declarada morta tão frequentemente, e com uma obstinação tão peculiar, que ninguém devia ficar surpreso com o fato de que, repentinamente e bem viva de novo, ela está tentando participar da política do povo judeu. Pois na história, a morte de povos e instituições tende a passar despercebida por seus contemporâneos, e muita comoção a esse respeito costuma ser o resultado direto de muita fumaça e pouco fogo. Quando um segmento de nossos políticos (e estatísticos) decidiu tornar-se erudito e nos ofereceu provas em preto e branco de que uma das parcelas mais importantes e valiosas de nosso povo estava morta, havia uma razão política por trás disso, e a fonte de sua ciência eram ideologias políticas e interesses que tinham muito pouco a ver com a preparação para o futuro, e muito a ver com a tentativa de se agarrar ao passado.

O fim da comunidade judaica russa foi previsto por todo o mundo da filantropia, que não é capaz ou sequer está disposto a imaginar que os judeus podem existir também sem empreendimentos beneficentes. Esse mundo se refugiou na religião, o único fator, como bem sabemos, que é permitido na constituição do povo judeu, e agora esse mesmo mundo tem que ouvir que, depois de 25 anos de regime soviético, nem mesmo a religião judaica deixou-se ser aniquilada. A comunidade judaica russa ensinou aos filantropos uma lição realmente terrível – provou a eles que na pior das hipóteses também podemos viver e até rezar sem eles.

Aqueles judeus russos perdidos eram, aliás, o argumento mais poderoso dos extraordinários nacionalistas que acreditavam que um povo existe somente graças a seus inimigos e portanto consideravam que o fim do antissemitismo só poderia resultar no fim do povo judeu. Nisso eles eram apoiados, curiosamente, por seus arqui-inimigos políticos, judeus comunistas, que falavam tanto, com ou sem razão, em nome da União Soviética e tagarelavam sobre o "fim do povo judeu" somente porque tanto o antigo medo do *pogrom* como a felizmente não tão antiga insistência dos judeus assimilados ainda estavam profundamente arraigados. Os eventos deste último ano trouxeram, em todo caso, um fim tão feliz quanto drástico à teoria lúgubre de que os judeus secularizados precisam do antissemitismo para permanecerem judeus.

Se nossos profetas aqui como lá não tivessem estado tão ocupados rastreando tendências de desenvolvimento gerais e necessárias – isto é, inumanas –, eles talvez tivessem concebido a ideia banal, porém mais humana, de perguntar aos nossos judeus o que eles realmente gostariam de ser: russos brancos ou georgianos, ou quirguiz, ou mongóis, ou talvez judeus. E eles teriam recebido a resposta pouco surpreendente de que em uma terra onde nem a assimilação nem o fato de ser judeu trazem a menor vantagem, 3 milhões de pessoas, ou seja, aproximadamente 90% dos judeus vivendo na União Soviética (vide os estudos sobre os judeus na URSS pulicados pelo Instituto de Assuntos Judaicos), se declararam como sendo de nacionalidade judaica. Em outras palavras: o antissemitismo encoraja tendências suicidas judaicas; o fim da discriminação oficial e social promove a consciência nacional judaica. Os judeus são seres humanos, não atores profissionais que constantemente precisam trocar de identidade a fim de serem felizes. E apenas sob condições inumanas os seres humanos tentam mudar a cor de sua pele, ou o formato de seus narizes, ou o número de letras em seus nomes. Se forem deixados em paz, eles sequer pensam em se intrometer no trabalho de Deus.

Se esses últimos anos de isolamento completo dos judeus do mundo ajudaram ou prejudicaram a comunidade judaica russa é algo a ser determinado por professores de história precisamente em cinquenta anos ou mais. Mais importante para nós é que estabelecemos uma conexão com uma parcela de nosso povo que não mais conhece a dupla servidão do antissemitismo e da dominação filantrópica.

E mesmo se os judeus russos forem tão politicamente restritos quanto todos os outros da União Soviética, eles ainda assim são os primeiros judeus no mundo a serem legalmente e socialmente "emancipados", isto é, reconhecidos e libertos como uma nacionalidade.

II

Não há instituições e revoluções humanas, por mais radicais, que possam assegurar a liberdade humana em longo prazo. Assim como não há leis e disposições, por mais radicais, que possam garantir a segurança do povo judeu em longo prazo. Essa é uma das razões pelas quais é tão inútil discutir a respeito da "solução" da assim chamada questão judaica, e por que é tão proveitoso para nós criticar a real política judaica, que acaba de sobreviver a sua própria falência, e pensar a respeito de lançar uma futura fundação para a política de nosso povo.

Na medida em que a segurança é de algum modo possível nestes tempos e na medida em que os judeus podem ser protegidos em nível local, então os judeus da União Soviética estão protegidos. Na medida em que a emancipação vinda de cima, sem qualquer ação política direta dos judeus, pode ter um significado, então os judeus russos estão emancipados. Na busca de sua política de nacionalidade, a Revolução Russa levou a emancipação iniciada com a Revolução Francesa para sua conclusão lógica; está ancorada hoje na constituição da União, que equipara o antissemitismo a um ataque a uma das nacionalidades da URSS e o persegue e pune como um crime contra a sociedade, tal como roubo ou assassinato. Se a União Soviética estivesse em outro planeta e o destino dos judeus russos fosse realmente independente da comunidade judaica mundial e vice-versa, ainda teríamos podido falar de uma libertação nacional dos judeus russos – porque eles são os primeiros judeus a serem emancipados enquanto uma nacionalidade e não enquanto indivíduos, os primeiros que não tiverem que pagar por seus direitos civis com a desistência de seu *status* de nação.

Na medida em que pode haver uma normalidade social sem um território para a fixação dos judeus, então as condições sociais são normais para os judeus russos. Por sorte não há de fato uma igualdade absoluta em seu padrão de vida, mas também não existe a pobreza excessiva e portanto desumana, sequer a riqueza excessiva e portanto desumana, que desmoralizou nosso povo por duzentos anos. Nenhum parasita pode esperar estabelecer as conexões que o farão tão rico quanto Rothschild; nenhum filantropo precisa temer o infortúnio de terminar tão pobre quanto aqueles vivendo da caridade de Rothschild. Essa normalização social é politicamente mais importante que a normalização ocupacional, cuja realização plena não se provou mais possível na Rússia do que na Palestina durante as últimas décadas. Certamente a separação por milhares de anos do povo judeu do cultivo do solo é ruim, mesmo desumana (e a maior conquista do *yishuv* palestino é ter revertido essa separação); mas a separação por centenas de anos da pobreza judaica e da riqueza judaica, incluindo os relacionamentos dúbios entre elas, foi pior e mais desumana.

O que sempre tornou essas conquistas da comunidade judaica russa questionáveis aos nossos olhos era seu isolamento do restante dos judeus do mundo. Quão triste e embaraçoso é o fato de que evidentemente foi preciso esta guerra para tornar claro aos judeus que não pode haver um antissemitismo, tampouco um paraíso judaico restritos localmente; que se se perseguem os judeus em Varsóvia, Berlim e Paris, os judeus de Moscou e Jerusalém estão diretamente ameaçados. Mas não se pode realmente alegar que essa ilusão isolacionista tem sido um monopólio dos judeus russos. Nada diferencia menos esses judeus da mentalidade média da comunidade judaica mundial do que a alucinação de que é possível libertar os judeus ou assegurar seus direitos em apenas um país. Sabemos muito bem que – exceto pela filantropia voluntária dos judeus americanos e da filantropia amiúde coagida dos judeus europeus – os judeus em todos os países estavam sob a alucinação de que estariam isolados do que estava acontecendo com os judeus nos países vizinhos. Sabemos que os mesmos segmentos do *yishuv* palestino e políticos palestinos proeminentes acreditavam que a construção da Palestina independia da política mundial e que o destino do *yishuv* podia ser separado daquele da comunidade judaica mundial.

Os eventos forçaram a comunidade judaica russa, juntamente com a própria União Soviética, a sair do isolamento. Para a política judaica isso pode ser um fator tão crucial quanto os trabalhadores da Palestina juntarem-se às fileiras do povo judeu. Por trás da primeira proposta concreta dos judeus russos de fornecer-lhes mil aviões e quinhentos tanques para o combate a Hitler – uma proposta que não deu em nada por conta de estipulações técnicas da Lei Lend-Lease –, há ao menos uma ideia política. Tanques com nomes judaicos e conduzidos à batalha por judeus, e aviões, pagos por judeus americanos ou sul-africanos e pilotados por judeus russos – isso teria oferecido uma oportunidade real para o povo judeu participar visivelmente nesta guerra, uma manifestação patente desse povo.

Porque eles são pobres e porque estão engajados na batalha, porque eles igualmente não têm mais nenhum medo de antissemitas ou reverenciam filantropos, os judeus russos parecem ter acordado para a via política. Se esse for o caso, nós realmente teremos dado mais um passo adiante na batalha contra Hitler.

O QUE ESTÁ ACONTECENDO NA FRANÇA?
(Isso significa você)
5 de setembro de 1942

Tem sido dito com frequência que a Alemanha foi o primeiro país a ser conquistado por Hitler; e essa alegação está correta se também se acrescentar que essa conquista ocorreu sob os aplausos de grande parte do povo alemão e em meio à indiferença de uma parcela ainda maior. Hitler, em todo caso, começou sua movimentação através da Europa, liquidando a existência da nação alemã (e substituindo-a pelo Reich e pela raça). Ela pereceu na infâmia de Dachau e Sonnenberg, na infâmia dos porões de tortura, na infâmia das Leis de Nuremberg, na infâmia da guerra contra mulheres, velhos, e crianças. E se a degeneração da Alemanha em sangue e raça ensinou ao mundo o que são o horror e o ultraje, o colapso da nação francesa – simplesmente porque com sua Revolução tornou-se uma nação europeia por excelência – ameaça resultar em desespero niilista para toda a história europeia.

A repentina explosão de indignação em meio ao povo francês – reforçada de forma tão eficaz pelo clero francês – contra a planejada deportação em massa dos judeus de Vichy ensinou aos colaboracionistas franceses "realistas", bem como aos niilistas desesperados, uma lição inesperada e surpreendente. Pois quem teria esperado que agora, de todos os tempos, quando o povo francês infeliz, pobre, faminto está totalmente preso em suas próprias inquietações, esse mesmo povo se rebelaria contra a própria medida que poderia livrá-los de milhares daqueles com quem eles são forçados a dividir rações de fome, daqueles a quem a multidão desprezou por tanto tempo como judeus e estrangeiros. Quem esperava esse furor desse povo, depois que sua catástrofe nacional parecia ter deixado para trás apenas indivíduos e a multidão. Da Iugoslávia à Noruega e da França à Tchecoslováquia, os nazistas estão tendo que lidar cada vez mais com pessoas acordando entre as ruínas de suas nações tombadas. Mas o que caracteriza os eventos na França desta vez é que eles não são simplesmente sintomas de uma autodefesa furiosa, mas uma expressão de um senso de responsabilidade humana pelos outros, e isso significa uma expressão de vontade política. Esses eventos também não são uma expressão de compaixão, tal qual as frases repetidas com frequência, como "esses pobres desafortunados", podem levá--lo a acreditar. Pois dados os poderes da imaginação comum a todos, dados os horrores desta guerra – excedendo muito a capacidade humana geral de compaixão – quase não resta nenhum espaço nos corações daqueles diretamente envolvidos, entre os quais os franceses certamente devem ser contados. Eles "meramente" tornaram-se sensíveis à vergonha e não querem que a mesma coisa que aconteceu na Alemanha, na Polônia, na Romênia e na Hungria aconteça em solo francês. E esses são precisamente os primeiros sinais do "redespertar" da consciência nacional.

Esses eventos levam-nos, judeus, a uma constelação política para a qual não há nenhum precedente na história moderna. Desde a criação dos Estados-nações nós temos sido protegidos por uma série de governos cambiantes e mais ou menos rejeitados pela sociedade. Ao longo dos últimos cinquenta anos, classes cada vez maiores de pessoas têm, como resultado do conflito com seus próprios Estados, se tornado antissemitas, conduzindo, finalmente, com o fim do Estado-nação governado pela lei, à atual perseguição aos judeus. Uma sociedade tentar nos proteger contra medidas tomadas pelo Estado, um povo se revoltar contra seu governo por causa de judeus estrangeiros, é tão novo para a história judaica que se pode ter certeza que levará ao menos vinte anos para que essa realidade abra caminho nas mentes dos nossos praticantes da *Realpolitik*.

Mas seria melhor que homens judeus do povo prestassem mais atenção a esses primeiros sinais de elementos futuros no continente europeu do que a planos grandiosos propostos por nossos diversos institutos para uma conferência de paz. Nessa catástrofe europeia, não só os velhos Estados-nações pereceram, mas também aqueles conflitos e diferenças entre aqueles povos que conquistaram a condição de Estado-nação e aqueles que eram "meramente" povos – todos eles se tornaram simplesmente povos. Até Hitler, a questão judaica era uma das incontáveis questões de nacionalidade irresolutas que envenenaram a história europeia. Não importa em que medida todos os povos se recuperem dessa catástrofe, eles se sentirão unidos em solidariedade contra aqueles que reivindicam superioridade racial e o direito de dominar – unidos em solidariedade uns com os outros, até mesmo com os judeus. Somente em um tal contexto de solidariedade nós judeus teremos nossa grande oportunidade de emancipação nacional.

A CRISE DO SIONISMO
(Isso significa você)
22 de outubro (I), 6 de novembro (II), e 20 de novembro (III) de 1942

I
Característico do encontro nacional do Congresso Sionista Americano deste ano foi o grande abismo entre uma série de discursos políticos, por um lado, que – em contraste com o encontro extraordinário de maio passado – não vieram dos arquivos empoeirados do movimento, mas foram realmente contemporâneos; e, por outro, uma

resolução que, à exceção de uma rejeição árdua ao Partido Ihud,[8] é tão vaga e sem sentido que poderia ser assinada por todos e não precisou ser assinada por ninguém.

Sob uma inspeção mais próxima, o motivo dessa fraqueza crucial em nossa política fica muito claro. Nesta guerra, há apenas um único objetivo em nosso programa que deve ser conquistado para que a política judaica não falhe completamente: participação na guerra com direitos plenos e iguais, isto é, um exército judaico. Uma vez que esse objetivo não ocupou a posição central de toda a conferência, os melhores oradores políticos não tinham escolha a não ser delinear, quer por medo ou esperança, a futura conferência de paz; isso significou que praticamente todos os problemas da política judaica atual fossem pelo menos abordados, o que é muito mais do que se pode dizer das reuniões costumeiras do Congresso Sionista. Mas o estado de espírito básico do encontro foi expresso na declaração repetida com frequência de que a liderança sionista não deve se comprometer de um modo ou de outro – o que definitivamente consiste menos em uma expressão de sabedoria política do que na admissão de nossa própria fraqueza e falta de vontade política.

Uma exceção a isso foi encontrada no discurso de Nahum Goldmann [1895-1982, presidente do Congresso Judaico Mundial], que, revisitando conscientemente a concepção de Herzl da questão judaica como uma questão de transporte, tentou entrar na grande luta política. Não é por acaso que foi um líder sionista americano, Stephen S. Wise [1874-1949, primeiro presidente do Congresso Judaico Americano], que imediatamente percebeu nesse discurso a seme-

8   O Partido Ihud (de Unidade), cujo objetivo era estabelecer um Estado árabe-judaico na Palestina, foi fundado por Judah L. Magnes em resposta à resolução *"commonwealth* judaica" da Conferência de Biltmore. (N.E.)

lhança entre os sons das palavras "transporte" e "deporte" e enfatizou o direito dos judeus europeus de exercer a livre escolha. Os dias em que se podia engajar na política "de cima para baixo" (Herzl), os dias em que se podia entrar no grande jogo da *Realpolitik* por meio de poderes firmemente estabelecidos, já se foram há muito tempo. Esses políticos tiveram uma morte vergonhosa no outono de 1938 em Munique. Desde então, o grande jogo imperialista está sendo jogado apenas por fascistas – pelos Hitleres e Mussolinis, pelos Lavais e Francos, cuja maquinaria de terror direcionada a seu próprio povo é indistinguível da maquinaria de guerra dirigida contra povos estrangeiros. Você não pode jogar qualquer tipo de jogo com povos que estão lutando por sua existência, batalhando por sua liberdade – você deve participar da batalha deles.

A fundação do Partido Ihud tornou a questão árabe um dos principais assuntos tratados. Sionistas americanos sem dúvida perceberam que esse partido extremamente apolítico de reconciliação poderia ascender somente porque nossos políticos têm estado em confusão desesperadora já há décadas. A análise mais precisa do movimento árabe antijudaico partiu de Emanuel Neumann, que enfatizou a natureza imperialista (compartilhada por todos os movimentos pan) do pan-arabismo e chamou a ideia de uma federação árabe de uma "invenção da política de poder britânica". Isso sugere que nós todos deveríamos estar interessados em enfatizar tão nitidamente quanto possível que nenhuma questão de nacionalidade e nenhum conflito podem ser resolvidos no âmbito de um sistema colonial, não importa que forma adquira. Por outro lado, parece-me que não podemos alcançar nada perante qualquer tribunal do mundo com base no ponto de vista de Goldmann de uma justiça mais elevada à qual injustiças locais menores deveriam se conformar. Essa dialética histórica hegeliana está tão desgastada e *passée* quanto o sonho de Herzl de transformar a política em organização. Vivemos em um tempo em que todas aquelas pequenas injustiças com as quais nós ficamos felizes até demais em nos reconciliar tornaram-se uma única injustiça organizada, o domínio do demônio na terra. A catástrofe, de fato, é que não existe mais nenhum cinza, apenas preto; o que é claro que não significa que miraculosamente todos nós nos tornamos brancos como a neve. Mas no curso desta guerra não há muito mais o que possamos fazer. E isso, por sua vez, é a grande oportunidade – uma oportunidade maior do que a catástrofe.

Por ora, todos os povos, e o povo judeu especialmente, estão presos no meio da catástrofe. À medida que esse desastre ameaça exceder a capacidade do coração humano para o sofrimento e compaixão, nessa medida, todos os nossos corações podem ser convertidos em pedra. O mérito do discurso de Goldmann é que não foi sem coração e que mesmo seu apelo às "injustiças menores" permaneceu humano. Desde que um político seja capaz de dizer: "É a tragédia de nossa geração que enquanto uma metade está sendo massacrada, a outra metade deve ficar assistindo impotente", ele tem direito a esses erros e enganos.

Mas isso não anula o fato de que a verdadeira crise do sionismo é que a concepção que Herzl tem dela precisa urgentemente de uma revisão; que nós estamos diante da tarefa de reformular nosso direito à Palestina; que nossa relação com a Grã-Bretanha deve ser fundada em uma nova base; que nosso apego impotente à Declaração de Balfour e a um sistema de mandato que já não existe conduz a uma política infrutífera; e que nós sequer aprendemos a gaguejar na linguagem do homem comum, ao qual, segundo discurso de Henry Wallace frequentemente citado, é dito que o futuro pertence.

II

Há menos de vinte anos, o movimento sionista na América era essencialmente uma extensão do sionismo europeu oriental. A esmagadora maioria de seus membros foi recrutada entre imigrantes da primeira, no máximo da segunda, geração. O sionismo americano em si é ainda muito jovem; sua responsabilidade política prática, todavia, já é muito grande e o mundo no qual ele deve agir politicamente está tão radicalmente mudado que todos os preceitos e táticas de sua tradição possivelmente servirão mais de encargos e ônus do que de fomento e inspiração.

O sionismo nunca foi um movimento realmente popular. Falou e agiu, no entanto, em nome do povo judeu, mas demonstrou uma preocupação relativamente pequena em saber se as massas desse povo realmente o amparavam ou não. Da época das negociações de Herzl com o ministros da Rússia czarista ou da Alemanha imperial até a carta memorável que um lorde inglês, lorde Balfour, escreveu a outro lorde inglês, lorde Rothschild, abordando a questão do destino do povo judeu, os líderes sionistas puderam – sem grande apoio do povo judeu – negociar com estadistas que agiam igualmente *por* seus povos e não como representantes *de* seus povos. Esses dias paradisíacos da "sabedoria do homem de Estado" já são passado na Europa, e na América nunca existiram. Esforços em nome de um exército judaico revelam mais claramente que simpatias e negociações com "personagens influentes" sequer nos levam ao ponto de sermos levados à sério. Até que um verdadeiro movimento popular surja a partir de nossos diversos comitês e organismos políticos, não temos a menor chance de que isso se realize.

Se quiser se manter nesse mundo, o sionismo americano – que tem uma ideia espantosamente clara do significado universal e revolucionário desta guerra – deve cumprir a tarefa de politizar o povo judeu e de esclarecer a ele quanto a Palestina é importante para sua própria existência política. Certos elementos filantrópicos dentro de suas próprias classes, cuja influência aumentou muito desde a fundação da Agência Judaica, representam o principal obstáculo a essa tarefa: primeiro, porque o povo judeu, que pode se vangloriar de uma longa experiência com seus filantropos, não se livrará de sua própria desconfiança em relação ao experimento palestino enquanto ele lhes for apresentado em hotéis de primeira classe por damas e cavalheiros elegantemente vestidos como um abrigo ampliado gigantescamente para os desabrigados; e, segundo, porque também parece duvidoso para todo o mundo, incluindo os próprios judeus, que realmente haja tantos desabrigados depois de terminada esta guerra.

O conflito fundamental entre o movimento nacional judaico e os plutocratas judaicos, o conflito entre um movimento popular revolucionário e um aparato tradicional de poder e controle, nunca foi travado na Europa; o conflito foi em vez disso sufocado em discussões acadêmicas intermináveis entre assimilacionistas e sionistas sobre a questão puramente ideológica de se os judeus são ou não um povo. Evidentemente ninguém observou o quadro geral. Precisamente porque todos nesta terra, graças a Deus – do presidente ao último trabalhador judeu ou não judeu – estão unidos na crença de que há um "povo judeu da América", uma crença que não deixa espaço para diferenças puramente ideológicas entre sionistas e não sionistas, aqueles conflitos políticos estão claramente expostos à luz do dia. Eles terão de ser combatidos dentro e fora de nossas organizações. Os sionistas americanos têm a grande vantagem de terem aprendido sua política em uma terra com uma tradição democrática. Suas ideias, contudo, só começarão a dar frutos se eles as aplicarem ao povo judeu e democratizarem radicalmente o movimento.

O sionismo americano tem em geral uma aversão saudável à utilização do argumento do antissemitismo, que era parte do arsenal da propaganda sionista. A tese de Herzl, segundo a qual o antissemitismo é um mal inevitável, que pode ser curado pela evacuação dos judeus, provou-se errada. O antissemitismo se tornou uma arma muito mais terrível do que Herzl podia ter sonhado. Hoje é a arma mais terrível do imperialismo mais terrível que o mundo já conheceu. Já não há nenhum ponto nesta terra para onde os judeus poderiam ser evacuados que esteja a salvo do antissemitismo.

Por outro lado, no decurso de uma única geração, o antissemitismo foi simplesmente eliminado em um país que há cinquenta anos era considerado pelo menos tão incuravelmente antissemita quanto a Alemanha hoje, e isso foi feito em conexão com uma solução justa e muito moderna à questão da nacionalidade. O efeito atual dessas experiências políticas em uma terra longínqua é maior do que qualquer antissemitismo social perto de casa, e cada judeu que queremos converter em um sionista com a ajuda do argumento do antissemitismo sabe instintivamente ou expressamente que não está livre de antissemitas mesmo na Palestina, que o antissemitismo não é um fenômeno natural, mas sim político, a ser combatido por meios políticos, e que é sempre melhor se defender contra seus inimigos do que fugir deles.

Isso significa, contudo, que a propaganda sionista precisa finalmente se posicionar em uma base sólida em vez de permanecer no terreno que nossos inimigos preparam para nós, que ele deve embasar seu argumento nas realidades que criamos na Palestina e na determinação de seu povo em ser livre, e não em declarações de um lorde inglês ou nos sofrimentos suportados por nosso povo.

III

Um espectro está tentando se arrastar para fora dos campos de extermínio deste mundo. Como uma esperança ele assombra as mentes de alguns "estadistas"; como um temor ele se agacha nos corações de nossos melhores homens – como nas palavras do jovem poeta britânico:

> É a lógica do nosso tempo,
> Assunto algum para o verso imortal,

Que nós que vivemos por sonhos honestos
Defendamos o mau contra o pior[9]

O nome político desse espectro é: *status quo*, e é o grande temor do homem comum, cujas expectativas receberam tamanha expressão no mais recente discurso de Henry Wallace. O *status quo*, o fantasma assombrando a velha casa do continente europeu, é capaz de convertê-la em aposentos perigosos para os exércitos dos Aliados.

Se isso não fosse tão triste e tão sério, não poderia haver um espetáculo mais absurdo do que assistir a políticos judaicos e sionistas, de todas as pessoas, obstinadamente se agarrando ao *status quo*. Todos os seus planos para o pós-guerra presumem que o antissemitismo bestial de Hitler se amoldará a uma forma mais branda, como aquela representada por membros proeminentes do governo polonês no exílio, o resultado da qual seria uma evacuação em massa forçada dos judeus para fora da Europa. Todas as suas demandas políticas são fundadas em um mandato que foi concedido por um órgão já extinto e garantidas por uma série de Estados que não existem mais. Mesmo quando ainda existiam, nem aquele órgão nem aqueles Estados davam ao detentor do mandato quaisquer problemas sérios em nosso nome. Eles ainda estavam muito vivos quando o Livro Branco Britânico bloqueou a imigração e a aquisição de terra, desse modo abolindo silenciosamente a Declaração de Balfour, justo no momento de maior necessidade dos judeus. Políticos responsáveis em posições executivas, ademais, nunca deixam de nos assegurar que eles não estão entre "aquelas pessoas" que acreditam que o Império Britânico em sua forma atual não será mais viável. Tudo isso

9 "Onde estão os poetas de guerra?" (1943), do poeta e crítico anglo-irlandês C. Day-Lewis (1904-1972). (N.E.)

não é, com certeza, suficiente para satisfazer nossos oponentes do Departamento Colonial Britânico; mas é mais que suficiente para impossibilitar novas amizades e simpatias naturais.

Nenhum povo tem menos razão de almejar o *status quo* do que o povo judeu. Para nós o *status quo* significa que – com poucas exceções – o mundo está dividido entre aqueles países que querem que nós saiamos e aqueles países em que não nos é permitida a entrada. Dentre estes últimos, a Palestina já atingiu uma posição bastante proeminente, especialmente quando se pensa – para além de todo o resto – no *Struma*, no *Patria* e em Maurício. Está dentro da lógica desse desenvolvimento que lorde Moyne, por exemplo, já esteja tentando assegurar uma posição honrável para a Palestina naquele primeiro grupo de nações.

Políticos sionistas carregam a grande vantagem de terem descido de uma corda bamba na qual políticos judaicos apresentaram seu ato de equilibrismo muito longe do chão. Mas o choque foi provavelmente muito grande; pois em vez de aterrissarem na Terra, onde os reles mortais normalmente se encontram, eles se afundaram até o pescoço no solo da Palestina, o que infelizmente limita gravemente seu campo de visão. Só pode ser por essa razão que eles não compreendem que o *status quo* na Europa e no mundo implicaria inevitavelmente também o *status quo* na Palestina; que se o antissemitismo não for derrotado e milhões de judeus forem forçados a evacuar, isso não tornará a política colonial britânica mais amigável aos judeus, deixando esses milhões plantados perante portões fechados na Palestina.

É certo que alguns sionistas americanos não compartilham dessa visão míope; mas eles não possuem representantes em posições executivas e nenhum programa próprio. Certamente, o *status quo* repousa na esfera de possibilidades depois desta guerra, porém é igualmente certo que todo programa que leva o *status quo* em conta também ajuda a realizá-lo. Mas aqueles que não querem ser signatários da derrota do povo judeu antes de ela ter ocorrido terão que se unir mais cedo ou mais tarde com base em algumas demandas fundamentais:

Eles terão de se despedir de velhas noções que dizem que o passado *per se* outorga direitos, ou que se pode comprar uma terra com dinheiro, ou que, em seu espírito nobre, lordes podem abdicar de uma terra. Eles declararão em vez disso que o direito do povo judeu na Palestina é o mesmo direito que todo ser humano possui aos frutos de seu trabalho; que os árabes tiveram 1.500 anos para transformar um deserto pedregoso em terras férteis, enquanto os judeus não tiveram sequer quarenta, e que a diferença é notável. Eles adotarão muito avidamente a diferenciação feita recentemente por Willkie entre a *commonwealth* britânica e o Império Colonial Britânico, porque essa *commonwealth* é uma das mais promissoras formas organizacionais para as nações e ninguém pode saber se por acaso um dia não se provará forte o suficiente para aceitar povos de herança não britânica em seu meio. Isso lhes daria uma base real para unir sua luta contra a administração colonial que tem políticas positivas por parte da Grã-Bretanha.

Por outro lado, eles apoiarão todos os esforços para uma Europa federada, porque dentro de uma tal união de nacionalidades a questão judaica é resolvível e garantias podem ser fornecidas para a Palestina enquanto uma área para ocupação judaica. Mas eles também demandarão um *status* político idêntico hoje para todos os judeus da Europa, o que inclui o reconhecimento da nacionalidade judaica e torna o antissemitismo punível por lei como um crime contra a sociedade. A política judaica se estabelecendo nesse espírito não só fará a vida valer a pena, mas também tornará cada um de nós satisfeito de vir a este mundo como judeu.

ENTRE O SILÊNCIO E A MUDEZ
Artigos do Aufbau, fevereiro de 1943 a março de 1944

LITERATURA POLÍTICA FRANCESA NO EXÍLIO
26 de fevereiro (I) e 26 de março (II) de 1943

I

Pode-se dizer que a comunidade *émigrée* francesa é pelo menos tão dividida e socialmente díspar quanto a alemã. De membros da Croix de Feu, que com ainda inexplicável brusquidão redescobriu seu patriotismo e se apressou a se juntar a De Gaulle, via partidos burgueses de todos os gêneros e compostos de empresários judeus e não judeus, a representantes da Front Populaire, da Ligue des Droits de l'Homme, e do Partido Socialista – todos eles estão representados. E agora que um amplo segmento do corpo diplomático também decidiu que era mais sábio tomar o partido de Darlan e distanciar-se de Laval, a Terceira República está quase completamente reconciliada e reconstituída.[1] (Para os últimos desenvolvimentos e diversas facções no campo francês, ver Yves R. Simon, "France and the United Nations" [A França e as Nações Unidas], na *Review of Politics* de janeiro de 1943.)

Da mesma forma como certamente nada demonstra melhor a inabilidade da República de Weimar em governar e mesmo em sobreviver do que o desamparo e a falta de produtividade política de seus políticos no exílio, assim também o fim da Terceira República é facilmente inferido do caos que ela trouxe como sua herança para a imigração. Não faltam, é claro, esperanças e sonhos de restauração. Mas são os próprios representantes desses sonhos que são os melhores em cuidar para que seus sonhos nunca frutifiquem. Quase não há necessidade de criticar seus livros, porque eles criticam a si próprios simplesmente pelo tédio fatal que provocam no leitor.

O pessimismo precipitado e insolente dos intelectuais do mundo ocidental não só equiparou o colapso da Terceira República com o fim da França, como também acreditou que isso fornecia prova do "fim da civilização ocidental". Embora seja com certeza especialmente difícil para os políticos e antigos dignitários da Terceira República não considerarem a Terceira República uma instituição eterna e indispensável, Pierre Cot, seu antigo ministro da Aeronáutica, escreveu um artigo sobre democracia para a *Free World* há alguns meses que é certamente um dos melhores exemplos do jornalismo atual. Mas, infelizmente, além dessa única exceção, deve ser dito que todos os livros realmente revolucionários e modernos, no bom sentido, são

---

1   Jean François Darlan (1881-1942), vice-premier no governo de Vichy em 1940, concluiu um armistício com os Aliados em 1942, mas foi assassinado um mês depois. Pierre Laval (1883-1945), primeiro-ministro no governo de Vichy, praticou uma política de deportação de judeus. (N.E.)

escritos por homens que, a julgar por seu passado, pertenciam mais à oposição da direita. E que esses bons jornalistas a quem estávamos acostumados a ver como mais à esquerda se revelaram estranhamente "reacionários". *La grande épreuve des démocraties* (Edition de la Maison Française, Nova York, 1942), de Julien Benda [1867-1956], é a melhor prova disso. Armado com grande conhecimento da casa do tesouro da tradição europeia, ele de fato chega simplesmente à conclusão de que existem "raças morais", e a uma posição que não difere do mesmo chauvinismo antiquado que demonstrou sua falência nesta guerra. Esse tropeço absurdo para a teoria racista não é um acaso; ele ameaça a todos que não encontraram sua via de escape do mundo positivista. Benda aferra-se à alegação positivista de que o Estado existe para assegurar a felicidade humana. É um velho truísmo que no fim desse beco sem saída esteja o despotismo. Até mesmo Hobbes era um defensor do despotismo porque ele também estava preocupado com o bem-estar e a segurança privados dos subordinados ao *Leviatã*; e Kant também nos alertou a não confundir justiça e liberdade com o bem-estar dos cidadãos, visto que este último é presumivelmente melhor assegurado pelo despotismo do que por qualquer outra forma de governo. O que só prova mais uma vez que todos os problemas verdadeiramente importantes de nosso tempo, que estão sendo decididos de uma forma tão horrivelmente sanguinária, não são modernos, mas muito antigos. Mas quanto mais sanguinariamente os pecados de nossos pais recaem sobre nós, mais impacientes e intolerantes nos tornaremos com aqueles que não podem cessar de cometê-los repetidamente.

Nada ilustra mais claramente o colapso interno do sistema partidário europeu do que o fato de que a denúncia mais forte do fascismo vem de um homem que foi um monarquista sua vida toda e que tinha as maiores ilusões acerca da Falange espanhola. *Les grands cimetières sous la lune*, de Georges Bernanos [1888-1948] (seu livro sobre a Guerra Civil Espanhola), dará mais informações sobre a barbárie fascista aos futuros historiadores do que a maioria daqueles tomos espessos que vêm com um aparato pedante de notas. O novo livro de Bernanos, escrito no exílio, *Lettre aux Anglais* (Atlântica Editora, Rio de Janeiro, 1942), foi redigido não por um orador, embora a grande tradição retórica da França esteja muito viva nele, mas por um homem que fala sobre o que preencheu seu coração e espírito a ponto de transbordar por muito tempo, e ele fala interminavelmente, porque para ele tudo está interconectado e porque para um grande escritor tudo isso não tem mais nenhuma relação com princípios artísticos, mas somente com verdadeiramente dizer tudo. O conteúdo do livro é um grande elogio e diatribe contra a burguesia francesa. A obra fala da grande aversão do autor por aqueles que conduziram os melhores homens da geração da guerra à ineficácia política, seu grande desespero em relação ao que não foi feito e imensa raiva por ter sido enganado. A grandeza do livro repousa no fato de que essa aversão em relação ao período pós-guerra não desemboca na aversão à humanidade em geral – e isso deve ter sido extraordinariamente difícil para um homem cuja habilidade de dar explicações ordenadas e fundamentadas não é de forma alguma proporcional a sua hipersensibilidade artística e dons de observação. Em vez disso, sua aversão é o que o impele a empreender uma guerra cavalheiresca pela "honra do homem – não a honra de um partido, ou de um sistema, ou mesmo de uma pátria".

O exemplo de Bernanos esclarece quanto já foi obtido, quanto pode ser realizado, se alguém tem simplesmente seu coração no lugar. Pois sua cabeça ainda está cheia de noções errôneas e perigosas – como aquela de "raça"; repleta de preconceitos abstrusos e perigosos, como sua antipatia pelos italianos e judeus. Mas seria mesquinho e sem sentido se demorar nesses pontos, porque eles quase não têm importância em comparação com algumas conclusões esplêndidas:

por exemplo, que o fascismo, que fala tanto sobre a juventude, massacra a infância e transformou as crianças em anões cruéis; que os seres humanos, que já praticaram a idolatria por ignorância, retornaram aos ídolos do desespero não por outro motivo; e que o mundo foi lançado em seu presente *delirium tremens* exatamente pelas mesmas pessoas que não acreditavam em nada a não ser no *bon sens*, na realidade, na moderação filisteia e na sabedoria convencional – um *delirium tremens* que excede não só as previsões do fantasioso como também os poderes da imaginação do poeta.

II

Se declararmos com convicção que Bernanos é o escritor mais forte entre os *émigrés* franceses, então Yves Simon [1903-1961, filósofo francês, aluno de Jacques Maritain] é talvez o mais politicamente astuto e produtivo de seus teóricos. Seu primeiro livro, *The Road to Vichy* [A estrada para Vichy] (Sheed and Ward, 1942), está entre os melhores já escritos sobre os eventos que conduziram a um colapso já em preparação desde 1918. Seu novo livro, *La marche à la délivrance* (Edition de la Maison Française, Nova York, 1942), na tradução para o inglês *The March to Liberation* [A marcha para a libertação] (Milwaukee Tower Press), aborda a tarefa difícil de descobrir princípios políticos fundamentais para nossas ações futuras. Se Simon escreveu seu primeiro livro como um francês e um historiador cujas melhores compreensões são informadas pelo pesar e pela paixão política, seu segundo livro é escrito por um europeu, por um político para quem a observação do passado tornou-se nada além da preparação para a ação futura.

A melhor credencial que esse professor de filosofia tem a oferecer para aventurar-se em "território estrangeiro" é sua declaração de responsabilidade compartilhada e de culpa compartilhada na catástrofe passada. Ele vê essa culpa compartilhada tanto na indiferença de sua geração em relação à política, incluindo seu ataque arrogante à vida pública, quanto, mais concretamente, na cegueira peculiar que impediu os franceses, de todos os povos – porque eles haviam defendido a causa da reconciliação com a República de Weimar – de ver que a condição de tal reconciliação teria sido esmagar Hitler. Eles ainda estavam vivendo na ilusão nacionalista de que a Alemanha equivale à Alemanha, assim como seus oponentes, os chauvinistas franceses com seu falatório sobre a "Alemanha eterna", prepararam o caminho para uma acomodação com Hitler – realmente não fazia diferença para eles com qual governo estabeleceriam uma paz.

Uma vez que Simon não é uma dessas pessoas que escrevem livros espessos ou fazem discursos longos para provar o impossível – isto é, que eles estão sempre certos – ele consegue em apenas um fino volume colocar muitas das questões de nosso tempo e lançar alguma luz sobre elas. É difícil se preparar para um futuro sem ser utópico – e isso significa, como Simon também observa, sem adotar métodos que reconduzem inevitavelmente ao Estado totalitário: "A utopia dá origem ao absolutismo porque só pode se tornar história por meio da força absoluta". Isso está relacionado ao fato de que o pensamento utópico sempre tenta antecipar o futuro em todos os detalhes. O pensamento político genuíno, contudo, evita tanto quanto possível qualquer coisa concreta demais e se contenta em propor e implementar ideias gerais. O tipo de generalidade – às vezes beirando a vagueza – com que Simon discute as questões mais recentes de nosso tempo é difícil de evitar, mas é ainda mais uma prova da força viva de suas ideias.

Em sua discussão, Simon parte de algumas observações fundamentais. Em primeiro lugar ele diz: "Os alemães nunca estariam em Paris se esta guerra não fosse uma guerra civil internacional". Isso, por seu turno, é para ele a prova de que estamos no fim das guerras nacionais e que a catástrofe francesa é apenas a evidência mais clara

374

de que estamos assistindo ao fim do Estado-nação como este existiu até agora, da nação que foi a primeira a se organizar como um Estado-nação e que produziu as ideias da Revolução Francesa. A segunda dessas observações fundamentais é que nós – em contraste com a intelectualidade das últimas décadas – encontramos um acesso novo e produtivo às velhas e grandiosas fórmulas da Revolução Francesa. Em outras palavras, que o conteúdo intelectual da Revolução Francesa, tendo sido há muito tempo declarado morto, começou a acordar de seu estado de animação suspensa. Em terceiro lugar, Simon discute como todas as questões políticas de nosso tempo existem essencialmente ao redor do mundo, que não há escapatória: "Escapa-se de uma superfície curva somente descendo em um fosso ou escalando ao céu". E uma vez que não existe saída das grandes crises de nossa época, todo momento de desespero torna-se um tipo de catástrofe cósmica e toda esperança cresce até se tornar "tão grande quanto o mundo". Um breve olhar sobre o restante do livro é tudo que pode ser oferecido aqui. O melhor é sem dúvida encontrado naquelas páginas em que Simon prova que as alternativas costumeiras perante as quais nossos políticos estão sempre tão satisfeitos em nos colocar e que envenenam nosso pensamento político – autoridade *versus* liberdade ou economia liberal *versus* economia totalmente planejada, e assim por diante – não servem a ninguém, exceto aos nossos inimigos, que elas não são nada além do produto das imaginações fracassadas daqueles "pensadores" que estão acostumados a equiparar "a história da humanidade com a de uma pequena minoria privilegiada" ou a confundir "a era de ouro do liberalismo com a era de ouro da liberdade". Um desses erros aos quais, dentre outras coisas, devemos o fato de termos chegado até aqui tão esplendidamente.

As partes menos satisfatórias do livro são aquelas em que uma monarquia para a França é discutida em excesso de detalhes. E um problema mais sério, embora bastante sem importância para os *insights* essenciais de Simon, é sua aceitação acrítica do conceito de elite de Sorel.

AS VERDADEIRAS RAZÕES PARA THERESIENSTADT
Carta ao editor
3 de setembro de 1943
[...] ademais, eu não concordo com a descrição que seu jornal faz de Theresienstadt. Theresienstadt estava entre os primeiros campos, e portanto não pode ter sido planejado como um "álibi".[2] Desde 1940 tenho seguido muito de perto todas as deportações e medidas tomadas nos campos e acredito que uma agenda política consistente repouse por trás de todas elas, apesar de variações locais ocasionais.

1.   Os judeus são tolerados e às vezes favorecidos onde quer que haja uma chance de acirrar o antissemitismo na população. Exemplo: até 1941, a venda de suprimentos de produtos franceses aos soldados alemães foi organizada de modo a passar por mãos judias, e as pessoas tinham a impressão de que os soldados alemães estavam sendo expressamente encorajados a comprarem em bairros judeus. O resultado foi que os judeus da área de Toulouse, para onde aqueles judeus poloneses vivendo na França haviam escapado, voltaram para Paris em grande número. Passados alguns meses, esses judeus foram então presos e enviados a campos de concentração – o povo devia ter a impressão de que estavam sendo protegidos dos judeus.

---

2   No *Aufbau* de 27 de agosto, um artigo intitulado "Theresienstadt como gueto modelo" descrevia as condições no campo como um "álibi", uma falsa fachada para o que realmente estava acontecendo. (N.E.)

2. Judeus são deportados das áreas em que a população não é antissemita – por exemplo, a Holanda – àqueles lugares em que se pode contar com o antissemitismo local – por exemplo, a Polônia. Quando os poloneses começaram a recuar um pouco de seu antissemitismo e mesmo mostravam alguma simpatia pelos judeus, estes últimos eram ou transportados mais para o leste ou exterminados.

3. Os judeus são transportados para fora das áreas onde sua mera presença pode acarretar centros de resistências – por exemplo, a Alemanha. Quando Frau Müller vê que Frau Schmidt, da casa ao lado, é gentil com Frau Cohn, Frau Müller sabe que ela não precisa mais temer Frau Schmidt e que talvez possa até mesmo discutir assuntos com ela. Neste sentido, as deportações da Alemanha, com as quais toda a horrível bagunça começou, foram na verdade planejadas como medidas preventivas, tendo em vista políticas domésticas.

4. Os nazistas repetidamente acalmaram a população, especialmente na Tchecoslováquia e na Alemanha, declarando que sua intenção não é o extermínio dos judeus, mas sua segregação. E esse é o propósito de Theresienstadt, que, afinal de contas, fica no meio do protetorado – isto é, em uma região que pode ser vigiada por civis locais e que portanto não pode mais ser considerada antissemita.

5. Execuções em massa ocorrem somente em áreas que são inabitadas, como as estepes russas, ou onde é bastante provável que pelo menos parte da população local possa ser persuadida a participar mais ou menos ativamente, como na Polônia e na Romênia. Os extermínios são totais somente quando as expressões de simpatia tornam-se óbvias demais.

6. Como você sabe, as tentativas dos judeus de emigrarem, mesmo na França, foram encorajadas somente onde o problema era

essencialmente de refugiados políticos. Nos últimos meses, os nazistas, por meio dos governos búlgaro e romeno, ofereceram permissão para um grande número de judeus partirem. Essa magnanimidade mudaria muito claramente se os Aliados realmente se declarassem prontos para aceitarem esses judeus. Desde que eles não o façam, os nazistas podem declarar aos outros povos: "Estão vendo como os judeus são vistos nos países estrangeiros, onde eles são livres e iguais? Só vocês são tão tolos a ponto de se deixar levar por um senso 'apolítico' de simpatia por esses vermes". – Eu não sei se essa propaganda ainda é efetiva hoje.

7. Quão arduamente os nazistas tentam acomodar tendências antissemitas autóctones é evidente pelo fato de que recentemente, na França, somente judeus estrangeiros ou recém-naturalizados (o que para os franceses é a mesma coisa) eram deportados – sob o pretexto da repatriação, que sem dúvida contava com a aprovação de segmentos consideráveis do público.

Escrevo-lhe essas observações em resposta ao seu artigo sobre Theresienstadt, visto que há muito tempo sou da opinião de que nosso tipo de relatório é constantemente acolhido com incredulidade precisamente porque normalmente esquece de explicar a conexão entre a perseguição dos judeus e o aparato de controle totalitário nazista.

PODE A QUESTÃO JUDAICO-ÁRABE SER RESOLVIDA?
17 de dezembro (I) e 31 de dezembro (II) de 1942

I

Ibn Saud [1880-1969, rei da Arábia Saudita] recentemente emitiu uma declaração absolutamente hostil sobre as reivindicações judaicas à Palestina, com isso desferindo um novo duro golpe no movimento sionista. O que temos aqui é a primeira declaração na qual esse personagem absolutamente independente do mundo árabe indica que deve haver uma nova política – isto é, ele mostra seu desejo de desempenhar um papel ativo no assim chamado movimento nacional árabe, depois de anteriormente ter mantido distância de sua política de intrigas corruptas. E isso torna sua posição ainda mais significante hoje. Ele dificilmente teria rompido seu silêncio se os planos para uma federação árabe não estivessem tomando forma neste momento. Embora a posição dos Estados Unidos em relação à situação no Oriente Médio ainda não tenha se tornado pública, quase não resta dúvida de que a política do Império Britânico seja direcionada a uma federação bastante frouxa que incluiria o Iraque, a Síria, a Palestina, a Transjordânia, o Egito e presumivelmente também a Arábia Saudita. Houve sinais mais do que suficientes para sugerir que essa política não levará em consideração os protestos sionistas. Isso é tanto mais flagrante considerando que a hostilidade em relação a uma pátria nacional judaica é o elo mais forte entre os diversos países árabes, o único ponto sobre o qual todos eles concordam.

No jogo aberto das relações de força, os judeus, que afinal não ocupam nenhuma posição de poder, podem ser vistos como *une quantité négligeable.* Isso se tornou especialmente verdade depois que a liderança sionista desistiu de um exército judaico por motivos de *Realpolitik*, quando realmente um exército judaico ofereceria uma certa garantia de um futuro judaico na Palestina. Em vez disso, nos foram apresentados dois programas sionistas mutuamente excludentes em respeito ao futuro *status* constitucional da Palestina. Um deles defende a formação de uma *commonwealth* judaica na Palestina, e ao fazer demandas extremas está evidentemente tentando compensar pela falta de qualquer base para negociação. A proposta é de um Estado autônomo baseado na ideia de que a maioria de amanhã concederá direitos das minorias para a maioria de hoje, o que de fato seria um novo marco na história dos Estados-nação.

Um Estado binacional?

A proposta alternativa do dr. Magnes [Judah Leon Magnes, 1876-1948, fundador do Partido Ihud] prevê um Estado binacional na Palestina, integrado em uma federação árabe e afiliado a uma união anglo-americana. Precisamente o caráter utópico desse programa para um Estado judaico conquistou um número maior de adeptos do que normalmente se espera de um plano de um professor universitário que não ocupa nenhum cargo no mundo da política. Pelo menos devemos admitir o seguinte: esse segundo programa leva em consideração os fatores reais que desempenham um papel, e parece encaixar-se admiravelmente no conceito de um Império Britânico revitalizado. Há, contudo, uma dificuldade, pois o Estado binacional do dr. Magnes deixaria os judeus na posição de uma minoria permanente no interior de um império árabe maior, que existiria sob o protetorado mais fraco ou mais forte de uma terceira parte, quer sob a égide do Império Britânico ou dos Estados Unidos ou sob a proteção dividida por ambos os países. Neste caso, definitivamente não podemos excluir a possibilidade de que depois da guerra a Palestina venha a se tornar o pior problema de Diáspora de todos, em vez de ser um lugar para uma emancipação nacional judaica se desenvolver.

Além do fato de que esses dois "programas" são mutuamente excludentes, ambos se valem da mesma modalidade de pensamento político. Ambos apegam-se à noção desacreditada de que os conflitos nacionais podem ser resolvidos com base na garantia de direitos das minorias. Os defensores da *commonwealth* ou Estado judaicos querem uma maioria judia e estão preparados para garantir aos árabes seus direitos enquanto minoria, ao passo que a existência de um Estado binacional dentre as federações árabes significaria que seriam os judeus a terem *status* de minoria. Ambas as propostas, aliás, apegam-se à ideia de um Estado ou império soberano cujo povo majoritário é idêntico ao Estado.

A tentativa de resolver conflitos nacionais criando primeiro Estados soberanos, e então garantindo os direitos das minorias dentro das estruturas do Estado compostas de diversas nacionalidades sofreu uma derrota tão espetacular em tempos recentes que se poderia esperar que ninguém teria a pretensão de pensar em seguir esse caminho novamente.

Precisamos apenas recordar a história do pós-guerra na maioria das nações da Europa Oriental e Central, pois o fracasso em conceder às minorias a justiça que lhes é devida foi sobrepujado somente pelo fato de que essas minorias gozavam, pelo menos teoricamente, da mais esplêndida proteção legal. Desde o tratado de paz de 1918, a história pode oferecer um número elevado de argumentos contra essa solução para conflitos nacionais. Não há motivo para esperar que o problema nacional, que é com que estamos lidando na Palestina, possa ser resolvido em termos de política nacional, e não faz diferença se busca-se essa solução em um pequeno Estado judaico soberano ou em um grande império árabe.

A verdade é, para falar em amplas generalidades, que a Palestina pode ser salva como a pátria nacional dos judeus somente se (como outros pequenos países e nacionalidades) estiver integrada em uma federação. Arranjos federativos oferecem boas possibilidades para o futuro porque prometem uma maior chance de sucesso na resolução de conflitos nacionais e podem, assim, ser a base para uma vida política que ofereça aos povos a possibilidade de se reorganizarem politicamente. Precisamente por conta do forte apelo que essa nova ideia exerce sobre as esperanças e desejos de muitas nações europeias, está bastante na moda usar o termo "federação" para quase qualquer combinação de Estados-nações – das velhas alianças aos novos sistemas de blocos nacionais que agora estão sendo chamados de federações regionais. Mas quer se planeje Estados-nações como estruturas isoladas ou em alguma combinação com outros

Estados, o conflito entre a maioria e a minoria, tal como temos na Palestina, perdura.

E como acontece com esse conflito, assim também acontece com a velha alternativa entre direitos das minorias (como na proposta da Conferência Judaica Americana) e o slogan de "transferências de populações" (como sugerido pelos revisionistas), apesar de que este último nunca funcionará sem organizações fascistas.

Se as "federações regionais" de Estados soberanos não são nada além de um novo sistema de alianças, então a assim chamada federação árabe é meramente uma cobertura para um grande império. Para os defensores do Império Britânico, essa "federação" equivale a uma união frouxa dos diversos Estados árabes, onde as discussões geralmente ferozes entre as famílias governantes criará espaço suficiente para os britânicos exercerem sua influência no Oriente Médio. Por outro lado, para as famílias árabes governantes essa federação representa um domínio puramente árabe, dentro do qual cada clã individual luta contra os outros para obter o controle de um império árabe amplo e duradouro que consiste em uma maioria árabe e muitas pequenas minorias. Em ambos os casos, o termo "federação" é intencionalmente impróprio. Uma federação genuína é composta de nacionalidades diferentes, claramente identificáveis, ou outros elementos políticos que juntos formam o Estado. Conflitos nacionais podem ser resolvidos dentro dessa federação somente porque o problema insolúvel da minoria-maioria deixou de existir.

A primeira de tais federações se deu nos Estados Unidos da América. Nessa união, nenhum estado individual tem qualquer domínio sobre qualquer outro, e todos os estados governam o país conjuntamente. A União Soviética resolveu seu problema de nacionalidade de uma maneira diferente; ela dissolveu o império czarista e criou uma união de nacionalidades, cada uma com direitos iguais independentemente do tamanho. A Comunidade Britânica de Nações – em contraposição ao Império Britânico – poderia ser, ainda, uma outra possibilidade válida para uma federação. Uma grande maioria tanto da população britânica como de membros do Parlamento aprovam essa transformação do Império em *commonwealth*. No entanto, no presente, ambos os sistemas existem simultaneamente: a *commonwealth*, uma união livre de nações anglo-saxãs, e o Império, no qual os membros da *commonwealth* governam vastas regiões coloniais habitadas por povos de origem não anglo-saxã.

Tão logo seja concedido o *status* de domínio a esses povos, como já é o caso da Índia, a transformação do Império em uma *commonwealth* e federação genuína terá sido alcançada. Dada a importância do Oriente Médio como passagem para a Índia, não há motivo pelo qual a Palestina também não possa ser incluída nessa estrutura.

II

Até agora, contudo, a Palestina está atada ao Império Britânico. O *status* de sua população, tanto judaica quanto árabe, é claramente o de nativos. Ninguém sabe se a chamada federação árabe permanecerá parte do Império Britânico ou se será permitido que se desenvolva em um império árabe independente. Mas uma coisa é certa: No que diz respeito aos judeus, eles provavelmente seriam igualmente maltratados em ambos os casos.

Se, no entanto, fosse concedido ao Oriente Médio um lugar dentro da nova *commonwealth* britânica que incluísse povos de origem não britânica, então não mais haveria um problema judaico em sua forma atual.

O povo judeu poderia então alcançar o *status* político de um *povo* com direitos iguais em todas as regiões pertencentes à *commonwealth* Britânica. O mesmo se aplica aos árabes. Na Palestina, árabes e judeus gozariam de direitos iguais como membros de um sistema mais amplo que garante os interesses nacionais de cada um.

E a questão de quem deveria governar quem teria se tornado sem sentido. Sem requerer um estado nacional próprio, os judeus teriam o mesmo *status* político de todos os outros membros da *commonwealth,* motivo pelo qual seria dado à Palestina o *status* especial de uma pátria judaica.

Uma possibilidade futura para uma solução razoável da questão Palestina seria um *tipo de federação mediterrânea.* Em um modelo desse tipo, os árabes seriam fortemente representados, todavia, não em uma posição de domínio sobre todos os outros. Na medida em que é geralmente reconhecido que nem a Espanha, nem a Itália, nem a França podem existir economicamente sem suas posses ao Norte da África, esse tipo de federação forneceria a esses três países uma solução razoável e justa à questão colonial. Para os judeus isso significaria a restauração tanto de sua dignidade como de seu lugar entre as nações do Mediterrâneo, região para cuja cultura eles contribuíram tanto. Mas nesse caso também seria necessário insistir que fosse conferido àqueles judeus que vivem dentro das fronteiras dessa federação um *status* com direitos políticos iguais, e que fosse dado um peso especial à Palestina enquanto a pátria judaica.

Essa estrutura política pode, é claro, ser expandida até que inclua uma federação maior de países europeus. É evidente que tanto o Oriente Médio quanto o Norte da África teriam de pertencer a um tal sistema. Isso seria mais vantajoso para os judeus, pois significaria que eles seriam reconhecidos como membros da comunidade europeia de povos, que eles teriam um *status* intraeuropeu, que a Palestina receberia garantias de que seria a pátria da comunidade judaica europeia e mundial e que condições favoráveis seriam criadas para a eliminação radical do antissemitismo.

Sob esses planos grosseiramente esboçados, os árabes seriam trazidos para a união com os povos europeus. E certamente isso não deve amedrontar ninguém que esteja ciente das grandes e duradouras conquistas que o povo árabe já transmitiu para a civilização ocidental. Se lhes for dada a oportunidade de superar condições feudais, retrógradas e a terrível pobreza, então não há realmente nenhuma razão para que eles não possam estar novamente naquela mesma situação. Essa oportunidade é preferível ao apaziguamento ou, pior, encorajamento do pan-arabismo, que cedo ou tarde, como todos os movimentos pan, inevitavelmente degenerará em política de poder imperialista e acabará em conflitos destrutivos entre povos que têm de viver juntos de um jeito ou de outro.

O povo judeu tem o direito e o dever de dizer em que tipo de mundo quer viver. Isso é certo: sem sua participação ativa, não há como pôr um fim ao trágico problema judaico ou à alarmante realidade do antissemitismo como uma arma política. Face a demandas utópicas e tentativas "realistas" de apaziguamento, ambas as quais surgiram de um desespero justificado, devemos desenvolver ideias construtivas sobre o futuro do povo judeu – ideias que removam o isolamento artificial tanto do problema judaico como do palestino. Ambos serão resolvidos somente dentro de uma estrutura política que também garante uma solução para conflitos nacionais e problemas em meio aos outros povos da Europa.

A ORGANIZAÇÃO POLÍTICA DO POVO JUDEU
Artigos do Aufbau, abril de 1944 a abril de 1945

PELA HONRA E GLÓRIA DO POVO JUDEU

21 de abril de 1944

Dezenove de abril marcou o aniversário do início da revolta armada dos judeus do gueto de Varsóvia. O que os nazistas acharam que seria uma questão de algumas horas converteu-se em uma grande batalha que durou diversas semanas. O que em nossa timidez estávamos primeiramente inclinados a considerar uma irrupção local de desespero, rapidamente revelou-se o início de uma série de revoltas armadas em campos de concentração e guetos, seguida pouco depois pela organização de bandos de guerrilheiros judaicos com sua própria bandeira judaica. Algo que os judeus ao redor do mundo, e especialmente os judeus no *yishuv* palestino, haviam requerido por anos – a formação de um exército judaico – foi subitamente criado por aqueles de quem teríamos menos esperado tais feitos, pessoas quebrantadas em corpo e espírito, os futuros habitantes de asilos e sanatórios, objetos da caridade judaica em todo o mundo. Aqueles que um ano antes ainda gritavam para serem salvos, vítimas indefesas de assassinatos sanguinários, pessoas que na melhor das hipóteses terminariam algum dia suas vidas como destinatários de caridade estrangeira, subitamente decidiram de um dia para outro se ajudarem se possível, e ajudarem o povo judeu de qualquer maneira. Se eles mesmos não pudessem ser salvos, queriam pelo menos, conforme suas próprias palavras, resgatar "a honra e glória do povo judeu." E, ao fazê-lo, eles acabavam com a existência de pária do povo judeu na Europa, e, reivindicando direitos iguais, juntavam-se às fileiras dos outros povos europeus na luta pela liberdade.

Honra e glória são palavras novas no vocabulário político de nosso povo. Teríamos, talvez, de voltar aos dias dos macabeus para escutar essa língua. Não é assim que falam os mártires, que conhecem apenas a glória de Deus, nem é essa a língua daqueles em desespero que conhecem apenas a triste coragem do suicídio. Antes, fala aqui a vanguarda momentânea de um povo, aqueles que pretendem reclamar sua posição de liderança política amanhã. Assim como a nova face da Europa está sendo construída em movimentos clandestinos em todos os países, o novo *status* do povo judeu entre os povos da Europa está sendo preparado no movimento clandestino judaico.

Um movimento clandestino judaico só pode se tornar uma realidade onde o antissemitismo europeu está minguando enquanto fenômeno de massa. Isso deve estar claro para qualquer um que imagine mesmo por um instante as condições sob as quais um corpo ilegal de tropas deve operar em meio a outros povos. Uma população civil judaica que poderia proteger as guerrilhas judaicas e fornecer-lhes comida já não existe. Eles são absolutamente dependentes da solidariedade não só de outros movimentos clandestinos, mas também da população civil não judaica. Isso é também uma das principais razões pelas quais havia tal atraso na formação de bandos guerrilheiros judaicos, pelas quais toda a Europa teve de primeiro fervilhar de inquietação antes que eles pudessem entrar na briga. Primeiro o antissemitismo teve de ser destruído dentro da escola sanguinária do terror nazista, pois a coragem do desespero, que leva os indivíduos ao suicídio, nunca pode organizar um povo. Um povo encontra a coragem para lutar somente se há, ao menos, uma minúscula chance de sucesso. Ninguém pode se defender contra todo um mundo de inimigos. A política nazista de extermínio de populações inteiras tornou a obediência cega mais perigosa do que uma rebelião aberta. Não somente é melhor, como é mais seguro, pertencer a uma tropa guerrilheira do que estar parado em um campo de concentração ou ser arrastado para o trabalho escravo. Isso ajuda mobilizar não apenas as elites de todos os povos europeus, como também define toda a situação politica e militarmente. As ordens de deportação nazistas são ordens diretas para que a clandestinidade se mobilize. Isso é válido para todos os povos europeus, mas é muito mais válido para os judeus.

Sabemos muito pouco sobre a política desses combatentes judeus. De qualquer modo, o pouco que chegou a nós permite que extraiamos algumas conclusões a respeito de suas aspirações políticas. Sobretudo há o fato de que lutam sob sua própria bandeira – e isso significa que eles pretendem combater *como judeus* pela liberdade dos judeus. Há, além disso, o fato de que em algumas ocasiões eles levantaram a bandeira polonesa juntamente com sua insígnia judaica. E isso significa que eles estão agindo em amizade e solidariedade com o povo polonês, mas sem se identificarem como tal. Podemos presumir que muitos deles podem querer imigrar para a Palestina. Mas eles não estão prestes a ser evacuados, e não podem estar aterrorizados pelo ódio em relação aos judeus. Se eles imigrarem, então será somente porque aprenderam a demandar mais do que uma proteção individual e segurança pessoal. Eles irão porque demandam a liberdade e direitos iguais enquanto uma nação e segurança enquanto um povo.

Mas mesmo àqueles que podem querer ficar – e a maioria em todo caso terá que ficar por um bom tempo –, mal poderia ser oferecida a restauração do *status quo*. No movimento clandestino judaico não há mais diferença entre judeus ocidentais e orientais, entre assimilados e não assimilados, e o velho sistema de segurança por meio do qual as massas judaicas eram protegidas pelo seus "irmãos prósperos" em outros países se revelou uma ilusão perigosa. Só um mesmo *status* para aqueles de nacionalidade judaica em toda a Europa, um *status* vinculado a sanções legais contra o antissemitismo em todos os países, somente o reconhecimento de direitos iguais para um povo, e não apenas para um indivíduo, pode levar a bom termo a integração do povo judeu na futura comunidade dos povos europeus, cuja estrada que a ela conduz está sendo pavimentada hoje por uma comunidade judaica que trabalha em solidariedade com outros movimentos clandestinos na Europa.

EUA – PETRÓLEO – PALESTINA

5 de maio de 1944

O fracasso da resolução Wagner-Taft a ser aprovada pelo Congresso é uma das piores decepções impostas até agora aos sionistas e aos judeus da Palestina.[1] Os Estados Unidos, que depois da última guerra tentaram em vão desempenhar um papel na reorganização política dos países do antigo Império Otomano, desta vez aparentavam estar determinados a não se deixarem ludibriar naquela parte do mundo.

---

1 Em 1944, a pausa de cinco anos na imigração à Palestina estipulada pelo Livro Branco Britânico estava para acabar. Os senadores Robert A. Taft e Robert F. Wagner apresentaram uma resolução no Senado americano que tornava claro que os Estados Unidos pretendiam deixar a porta para a imigração aberta a milhões de sobreviventes refugiados judeus. (N.E.)

Isso levantou esperanças justificadas entre os judeus palestinos. Eles estavam contando com a simpatia recorrente expressa tanto pelo Congresso como pela administração com o projeto de construção de uma pátria nacional judaica, contando com a força do sionismo americano e da tradicional ajuda que o governo dos EUA tem tendido a dar àqueles países e povos ao redor do mundo, representados por fortes grupos nacionais dissidentes no Novo Mundo. Essas esperanças foram despedaçadas, pelo menos por hora.

O *yishuv* na Palestina não teve até agora nenhuma chance de se sustentar sobre seus dois pés políticos. Seu desapontamento é ainda maior, visto que por mais de uma década sua confiança na Grã-Bretanha foi tremendamente abalada. Começou a sentir, em todos os aspectos, as repercussões da súbita virada do Departamento Colonial Britânico nos anos 1930, que durante o período pós-guerra pareceu mais inclinado a agravar as tensões entre os Estados árabes e a cumprir, pelo menos em parte, com o apoio aos judeus, mas estava agora trabalhando para assegurar entendimentos entre os árabes. Mas, uma vez que as dinastias familiares árabes governantes não puderam concordar em nada, exceto em uma política antijudaica na Palestina, tal política de "reconciliação" dificilmente poderia acabar em algo que não fosse uma cristalização do antissionismo. É bastante compreensível – quando não muito razoável – que a maior parte do movimento sionista tenha começado há algum tempo a procurar em volta por um outro protetor. E enquanto um certo segmento do revisionismo parecia estar apostando na Rússia, outros, especialmente na Palestina, depositaram suas esperanças na América.

A importância do Oriente Médio para a Grã-Bretanha e para a América pode ser expressa atualmente em uma única palavra: petróleo. A questão das próprias reservas de petróleo da América e sua eventual suplementação por regiões ainda inexauríveis da Arábia Saudita desempenha um papel relativamente subordinado aqui. O controle das rotas aéreas e marítimas dependerá no futuro de zonas petrolíferas ao redor do mundo. E para ambos – e isso significa para o futuro comércio mundial – o Oriente Médio assumiu uma posição chave. Se a suposição de que depois da guerra cerca de metade da frota mundial estará nas mãos dos Estados Unidos estiver correta, só esse fato forçará a política externa americana a assegurar suas próprias zonas petrolíferas.

O que significa, ainda, que a instalação de um oleoduto do Golfo Pérsico para o Mediterrâneo, como planejado pelo governo norte-americano, se tornará um dos mais importantes fatos da política pós-guerra. Tendo evidentemente sido determinado que o petróleo árabe irá suprir grande parte das necessidades dos países europeus, a futura influência da América em assuntos intraeuropeus dependerá em grande medida desse oleoduto. Uma cláusula já foi incluída no contrato proposto entre as companhias de petróleo e o governo, indicando que a venda do petróleo a países estrangeiros nunca poderá ir de encontro aos interesses norte-americanos. Outra cláusula tratou da participação ativa da América na paz, bem-estar e integridade política dos governos de países produtores de petróleo. E com isso o governo norte-americano está expressando inequivocamente sua vontade de perseguir energicamente seus interesses políticos externos no Oriente Médio.

Os árabes, que foram brilhantemente bem-sucedidos em chantagear a Grã-Bretanha de todas as formas, decidiram imediatamente que precisavam explorar esse plano para acabar com quaisquer expressões de amizade em relação aos judeus. Mal haviam eles obtido sucesso e colocam todo o projeto em risco. Depois que o Livro Branco finalmente estava vigente, o rei Ibn Saud tentou primeiro colocar os britânicos contra os norte-americanos. Com esse fim, ele recordou o tratado concessionário original de 1933, no qual ele havia dado preferência às companhias petrolíferas norte-americanas em relação a sua concorrência, porque as primeiras eram independentes de seu governo. Ele declarou ao representante norte-americano na Arábia Saudita que, se o próprio governo norte-americano passasse a estar envolvido, ele favoreceria relações petrolíferas mais próximas com a Grã-Bretanha, e chamou um conselheiro para assuntos petrolíferos da Inglaterra, sob o pretexto de que os experts americanos seriam incompetentes. Quase ao mesmo tempo, foi anunciado que o rei Farouk do Egito estava introduzindo um novo imposto de exportação para o petróleo – que no mínimo comprometia Alexandria como o ponto final do oleoduto planejado, visto que o petróleo norte-americano dificilmente seria competitivo no mercado europeu com o petróleo britânico que poderia ser enviado isento de taxas a partir de Haifa. Finalmente, ficou provado que a construção em Haifa – a segunda melhor possibilidade depois de Alexandria – não poderia ser considerada, tendo em vista que sob o mandato da Liga das Nações nenhuma potência estrangeira, exceto a potência detentora daquele mandato, tinha o direito de comprar ou arrendar terras na Palestina.

Não há dúvida de que por conta de seus legítimos interesses econômicos globais a América tenha sido compelida a participar do jogo político no Oriente Médio. A única questão é saber se a América escolherá ser senhora dessas futuras necessidades por meio do emprego dos métodos coloniais obsoletos de ontem. Isso é ainda menos desejável uma vez que os árabes evidentemente dominam brilhantemente as regras do *divide et impera*, motivo pelo qual hoje aos árabes, mas possivelmente amanhã aos judeus, pode ser conferida a tarefa de proteger polos petrolíferos. A grande oportunidade da América repousa certamente no fato de que ela não possui uma tradição colonial ou ambições imperialistas. O maior bastião proativo de sua política externa não é que ela possui petróleo, mas antes a confiança que os povos do mundo depositaram nos fundamentos dessa grandiosa República desde a sua criação.

A DECLARAÇÃO DE BALFOUR E O MANDATO PALESTINO
19 de maio de 1944

Aqueles que anunciaram a Declaração Balfour foram frequentemente acusados de darem de presente um país que sequer pertencia a eles. Judeus antissionistas, também, que como membros da plutocracia judaica não têm tido o hábito de demostrar escrúpulos exagerados no que diz respeito a práticas imperialistas, podem parecer super-sensíveis quando se trata da Palestina. Os sionistas viram a base internacional para a Declaração de Balfour no mandato palestino garantido pela Liga das Nações, ao passo que os árabes alegaram que os termos exatos dos mandatos requerem expressamente que o detentor do mandato desenvolva governos independentes e soberanos na área sob seu controle, que isso já ocorreu no Iraque e que foi ao menos prometido à Síria, e que somente os judeus, e/ou a Declaração de Balfour, têm impedido um desfecho ditoso semelhante para a questão palestina.

O sistema de mandatos era, afinal, nada mais do que uma ficção que parecia útil para camuflar a realidade política. Nas palavras de um dos membros britânicos da Comissão Permanente de Mandatos da Liga das Nações, foi pensado como um compromisso entre as declarações feitas pelos Aliados durante a guerra anterior no sentido de que eles não queriam anexar território e seu desejo contraditório no final da guerra de anexar partes do Império Turco e antigas colônias alemãs. Politicamente, o sistema de mandatos já fora abolido no final dos anos 1920, isto é, quando o Iraque foi liberado de seu *status* de mandato. Naquela ocasião, (1) a Liga das Nações, como garantidora de todo o sistema, foi informada apenas tardiamente; (2) o Iraque estava ligado à Grã-Bretanha por um tratado que diversos membros da Comissão Permanente de Mandatos consideravam como uma alteração do *status* de mandato a protetorado; e (3) a questão dos direitos das minorias no Iraque (uma das sérias razões para o controle de mandato em todas essas áreas) devia ser "resolvida" de tal maneira que a Liga das Nações estivesse impedida de supervisioná-los, e foi dito aos curdos que eles fariam bem em "partilhar do destino dos árabes". O fim do mandato francês na Síria deveria expressamente seguir o modelo do Iraque.

É verdade que o fim do mandato palestino sempre foi rejeitado por meio de uma referência à Declaração de Balfour, que é citada no mandato. Com efeito, a Palestina sempre foi vista pelas pessoas do Departamento Indiano como o país mais importante do Oriente Médio.

Durante as negociações que precederam o Tratado de Versalhes, lorde Curzon [1869-1925, o sucessor de Balfour como ministro das Relações Exteriores] salientou que acima de tudo a Palestina era de crucial importância estratégica para a proteção do Canal de Suez, e, portanto, para assegurar a passagem para a Índia; e insistiu que na própria conferência, a Grã-Bretanha rejeitaria qualquer administração internacional da Palestina. Certamente serviria à causa de uma política livre de ilusões se de nossa parte pudéssemos ver a Declaração de Balfour à luz da política do Departamento Indiano. Pois, mesmo se a Declaração de Balfour não fosse realmente ditada apenas por motivos egoístas e interesses da política colonial, não obstante, no longo prazo – isto é, enquanto a política britânica no Oriente Médio for determinada essencialmente pelo controle britânico sobre a Índia –, servirá como instrumento somente para tais interesses e preocupações. A proteção da pátria nacional judaica pelo mandato da Palestina não é aprimorada pelo fato de que a Liga das Nações – que já havia se mostrado impotente no caso do Iraque – não mais existe.

As diferenças concernentes à política externa dentro do próprio sionismo tendem atualmente a se concentrar sobre a questão de saber se é melhor ter a Grã-Bretanha, ou a América, ou a Rússia como detentoras do mandato em Jerusalém. O princípio da incerteza não seria assim de qualquer maneira aprimorado. Cada uma dessas potências pode assumir essa função somente em vista de sua própria política externa e, portanto, sua inclinação será sempre conceder às forças políticas domésticas apenas tanto quanto for compatível com o controle da política externa da região em questão. Isso já estava claro 25 anos atrás, quando lorde Milner [1854-1925, ministro colonial] escreveu a lorde George [1863-1945, primeiro-ministro] que a independência dos árabes era, sem dúvida, um dos princípios da política britânica, mas que não deveria ser permitido aos governantes árabes independentes celebrar tratados com quaisquer potências estrangeiras, exceto a Grã-Bretanha. A transformação do mandato do Iraque em um tratado segundo o qual o país é completamente autônomo de suas políticas domésticas, mas permanece absolutamente sujeito ao controle britânico em sua política externa, tornou perfeitamente claro quais cláusulas do tratado de mandato a Grã-Bretanha pretende verdadeiramente observar em uma emergência.

O Livro Branco é mais um passo, e o mais importante, na mesma direção, e deve, portanto – mesmo para além da questão de sua redação –, ser motivo de grande preocupação. Contudo, seria um grande erro presumir que a incerteza fundamental em relação ao *status* político da Palestina seria suspensa por uma mudança do detentor do mandato ou pela proteção adicional oferecida por outras potências muito distantes. A única posição realista seria uma política de alianças com outros povos mediterrâneos, que fortaleceria o *status* judaico na Palestina e asseguraria a simpatia de nosso vizinhos. As considerações e os recursos legais ao próprio mandato – como aquelas que lemos e ouvimos diariamente em protesto contra o Livro Branco – são, pelo menos, dada a gravidade da situação, desesperadamente inadequadas.

O FIM DE UM BOATO

2 de junho de 1944

As portas atrás das quais os cinco primeiros-ministros da *commonwealth* britânica se reuniram em Londres não eram tão hermeticamente fechadas como tem sido usualmente o caso com essas negociações públicas-secretas que se tornaram moda durante esta guerra. E embora reuniões públicas-secretas tenham a desvantagem de darem origem a boatos no seio da opinião pública, a Conferência do Império em Londres teve a grande vantagem de lançar uma luz sobre as futuras fundações da *commonwealth* britânica e de, assim, colocar um fim a toda uma série de rumores. E entre esses boatos já mortos está a esperança, que reemergiu repetidas vezes por anos, de que uma Palestina judaica tivesse o *status* de um domínio.

A *commonwealth* britânica, que é frequentemente confundida com o Império Britânico, é a organização por meio da qual a pátria britânica está conectada a todos aqueles países do mundo que foram estabelecidos pelos bretões. Só em conjunto com esses domínios as Ilhas Britânicas formam a nação britânica. Determinados inimigos da política imperial, assim chamados Pequenos *Englanders,* ignoraram esse fato amiúde, muito em seu próprio detrimento; sua crítica nunca levou em conta a necessidade real da política britânica de não abandonar a política mundial pelo bem da nação. É importante dizer, entretanto, a título de desculpa, que ainda há poucas décadas era muito difícil fazer qualquer julgamento correto sobre a forma organizacional particular da *commonwealth* (o nome advém da guerra anterior), e que somente ao longo desta guerra, no intercâmbio de propostas contraditórias, ela desenvolveu-se em total clareza. Os resultados da Conferência do Império apresentam um ponto de parada provisório ao longo desse percurso.

O primeiro resultado importante da conferência foi a rejeição de uma proposta feita pelo primeiro-ministro australiano de criar uma secretaria permanente da *commonwealth* em Londres. Até agora, de fato, somente uma parte da nação britânica, a pátria, também tem sido uma potência imperial, cujos interesses políticos globais estão orientados menos aos seus domínios do que ao seu controle da Índia. Se a proposta australiana tivesse sido adotada, isso teria significado que a política externa dos países britânicos espalhados pelo mundo seria dirigida uniformemente a partir de Londres e que os domínios, por seu turno, assumiriam uma responsabilidade compartilhada pelos territórios coloniais da pátria. Isso teria vinculado toda a *commonwealth* britânica à política imperial. Certamente não é por acaso que a proposta fracassou principalmente em virtude de objeções do domínio americano, o Canadá.

Evidentemente, a segunda proposta mal sucedida é uma que tem sido debatida desde dezembro passado, a respeito de mudanças na *commonwealth* britânica que foram inicialmente sugeridas em um discurso de Jan Smuts. O primeiro-ministro sul-africano queria, como é bem sabido, incluir as nações europeias ocidentais na união britânica, o que daria à Grã-Bretanha uma base firme no continente e assim poria um fim definitivo ao perigo iminente às Ilhas Britânicas que sempre veio dessa direção em tempos de guerra. Isso teria significado uma transformação na *commonwealth* britânica, que é simplesmente uma parceria dentro de uma única nação, em uma verdadeira *commonwealth* de nações – na proposta de Smuts, portanto, seria uma Liga das Nações de pequena escala, um modelo de união que outras nações poderiam então seguir no futuro.

A proposta de Smuts é evidentemente o resultado de considerações que vêm dos primeiros estágios da atual guerra; do período em que Churchill, confrontando o perigo alemão, ofereceu aos franceses um governo comum e uma cidadania comum, e quando, algum tempo depois, Cripps [*sir* Stafford Cripps, 1889-1952, socialista, ministro da Produção de Aeronaves no gabinete de Churchill], para confrontar o perigo japonês, prometeu aos indianos o *status* de domínio. O fato de que em ambos os casos a resposta tenha sido uma rejeição provavelmente não encorajou os britânicos a fazerem outras tentativas desse gênero. E a pátria sul-africana de Smuts, onde bôeres e ingleses vivem juntos sob o *status* de domínio, é dificilmente um modelo adequado a ser seguido. Pois afinal não é ao elemento bôer, mas ao inglês, que o bôer Jan Smuts deve a pequena maioria que, graças a sua própria personalidade forte, ele foi capaz de agregar, permitindo que levasse a União Sul-Africana à guerra ao lado da Grã-Bretanha. Embora a conexão extraordinariamente frouxa entre domínio e pátria tenha resistido à prova neste tempo de extrema urgência, se provou insatisfatória tão logo a confiabilidade de nacionais não britânicos entrou na equação.

O exemplo mais importante nessa conexão é, obviamente, a Irlanda, que não pertence à *commonwealth* e não mandou sequer um representante à Conferência do Império. Isso mostra claramente quanto a organização de domínios está baseada no elemento nacional britânico, e, em contraste, quão desimportantes são os fatores geográficos e mesmo militares. Pois, enquanto a independência da Irlanda só pode ser protegida pela Grã-Bretanha, ficou provado que somente a América estava em posição de defender a Austrália. Isso não mudou nada: a Austrália pertence à *commonwealth;* a Irlanda, não.

Pode ser uma questão em aberto saber se a guerra fortaleceu ou enfraqueceu o Império Britânico, se deixará para trás algumas ou nenhuma mudança nos métodos coloniais britânicos. A *commonwealth* britânica em alguma medida foi fortalecida por esse teste e emergirá claramente como a organização da nação britânica (mas apenas britânica). Ninguém pode predizer se, e por quanto tempo, a Índia, e com ela a Palestina, pertencerá ao Império Britânico. Parece fora de questão que em um futuro previsível eles pertencerão à *commonwealth* britânica.

DINAMITE FILISTEIA

16 de junho de 1944

Por mais de três anos as organizações oficiais sionistas tentaram em vão lidar com um grupo de "jovens" que, com a "irresponsabilidade" de "charlatães", estabeleceram uma "organização de papel" atrás da outra, embora não gozem de nenhuma autoridade de qualquer organização existente.[2] Como meia dúzia de "aventureiros" conseguiram, sem qualquer ajuda oficial, tamanho sucesso em termos tanto de dinheiro quanto de prestígio, ainda não foi, muito sabiamente, mencionado. Pois a verdade é, obviamente, que a atração do grupo repousa em sua novidade imaculada, que lhe permitiu pelo menos se insinuar no vácuo criado pela atividade e inatividades daquelas organizações, sendo que, caso suas intenções fossem honestas, sua carência de *status* burocrático em qualquer organização antiquada existente teria funcionado em sua vantagem.

Mas suas intenções eram evidentemente desonestas. Eles de fato fundaram um comitê por um exército judaico quando ficaram sabendo que era a vontade do povo judeu ter um exército judaico; e fundaram um comitê de salvação dos judeus da Europa quando viram que ninguém estava seriamente prestando atenção à angústia apaixonada dos judeus e não judeus em vista do destino da comunidade judaica europeia. Ambos os comitês fizeram muita propaganda e presumivelmente arrecadaram ainda mais dinheiro. Como con-

---

2   Arendt está falando aqui dos revisionistas, especialmente o Grupo Bergson, que, em 7 de maio de 1943, tomara uma página inteira do *Aufbau* exigindo o resgate de todos os judeus sob o domínio nazista, seu transporte imediato para a Palestina ou outros asilos e a formação de um exército judaico com comandos "suicidas" e esquadrões de aviões para bombardear as cidades do interior da Alemanha, assim trazendo esperança para as vítimas de Hitler. (N.E.)

sequência, não ouvimos ainda falar de um único palestino ou judeu apátrida que tenha sido encorajado a se registrar como voluntário caso um exército judaico fosse aprovado algum dia; sequer se sabe de judeus que eles tenham resgatado da Europa. Essa, e não a presunção de autoridade, é a verdadeira decepção. Dadas as constituições de nossas organizações judaica – que de qualquer forma não são assim tão democráticas –, a autoridade está, por assim dizer, disponível para ser tomada.

As atividades do Grupo Bergson estão estreitamente vinculadas a organizações terroristas palestinas. Sua admissão de que estão ligados ao Irgun indubitavelmente elevou seu prestígio. Seu reconhecimento de que se utilizam de métodos terroristas conquistou-lhes uma certa simpatia daqueles círculos judaicos russos que não aprenderam nada desde 1905 e para os quais a palavra "terror" vem com uma aura de heroísmo dos revolucionários soviéticos. Eles não sabem que a única coisa que os velhos idealistas têm em comum com os terroristas modernos, com que estamos lidando na Palestina, é uma palavra. Com os primeiros poderia-se discutir se, em circunstâncias extremas, os fins justificam os meios. Mas tal discussão seria inútil com essas pessoas, porque no fundo de seus corações eles acreditam não apenas que os fins justificam os meios, mas também que somente um fim que pode ser alcançado pelo terror vale seu esforço. Nossos niilistas modernos não mais se preocupam com uma *Weltanschauung*; em vez disso, procuram ativamente não estabelecer nada. Eles não ligam para algo tão *"bourgeois"* quanto diferenças entre o culpado e o inocente, entre verdadeiros representantes políticos e servidores públicos secundários apenas fazendo seus trabalhos. Eles acham que é certo assassinar qualquer um que possa ser assassinado – um soldado inglês inocente ou um árabe inofensivo no mercado de Haifa.

Uma afinidade tão dedicada com a destruição facilmente assume a aparência de paixão genuína. É, certamente, bastante questionável se o Grupo Bergson já pensou seriamente em um exército judeu. Mas algo definitivamente incitou sua imaginação: a possibilidade de criar batalhões suicidas, que ele propôs durante certo tempo. A "raça superior" fascista degradava os soldados transformando-os em assassinos, e agora a única ideia que os fascistas de um pequeno povo oprimido podem propor é aviltar heróis levando-os a cometer suicídio. Em ambos os casos, eles poderiam ficar bastante confiantes de que receberiam os aplausos dos filisteus sentados confortavelmente em suas poltronas, de onde o mundo inteiro parece simplesmente um drama sublime.

Pois o que diferencia o filisteu de um cidadão é sua completa indiferença pelo bem-estar público e busca implacável de seu próprio bem. Os fascistas deixaram uma ótima impressão aos filisteus ao redor do mundo, porque deram a sua própria irresponsabilidade a aura de heroísmo, e por meio de sua malevolência ativa resgataram os filisteus de sua própria malevolência passiva. Estava apenas a um passo dessa admiração mórbida pela pilhagem e pelo assassinato na política a mobilização "total" que – quer pelo bem de uma carreira ou da vida de alguém ou da família de alguém – afastou os Dez Mandamentos mais rápida e eficientemente do que qualquer teórico niilista poderia ter sonhado.

Mas nossos terroristas modernos têm uma chance somente quando o tédio maléfico do filisteu se junta ao grande desespero de alguns cidadãos, que veem suas demandas políticas justas simplesmente preteridas por agências oficiais. Nesse sentido, as denominadas organizações *responsáveis* verdadeiramente sempre compartilham a responsabilidade. Sua justificada exposição à irrisão pública do Grupo Bergson e do Irgun certamente teria instigado uma confiança bem mais sólida se tivesse sido acompanhada de uma declaração e de uma explicação a respeito de seus próprios erros e pecados de omissão.

Essa recente omissão é constituída em parte em razão do fato de que esses "jovens" hiper-radicais foram tão imprudentes que deixaram o alicerce seguro da propaganda ativista para nos agraciar com um pedaço de sua própria doutrina política. Estabelecendo uma diferenciação entre a nação hebraica na Palestina e na Europa e comunidades religiosas judaicas em outros países, eles despertaram lembranças familiares daqueles tempos distantes em que o sionismo fornecia um asilo excelente para judeus orientais perseguidos, aliviando mais judeus assimilados afortunados da responsabilidade por seu povo como um todo ou de cuidarem para que os judeus também pudessem imigrar de seus próprios países. Das fileiras do povo, esses jovens ouviram a mensagem de que havia uma vontade de formar um exército judaico e um desejo apaixonado de resgatar os judeus da Europa. A nação hebraica era sua própria invenção. E assim o filisteu niilista e agora selvagem de hoje retornou à casa ideológica de seus pais – aqueles judeus filisteus e pacíficos de ontem, cuja preocupação era sua própria segurança.

HÓSPEDES DA TERRA DE NINGUÉM

30 de junho de 1944

Se os mil seres humanos a que o governo americano concedeu refúgio temporário nos Estados Unidos fossem indivíduos que tivessem sido expulsos de suas terras de origem por conta de suas convicções religiosas e políticas, então essa política teria grande importância. Significaria que um dos mais antigos e sagrados deveres dos Estados ocidentais e um dos mais antigos e mais sagrados direitos do homem ocidental, o direito de asilo, foi mais uma vez honrado.

Mas os mil que aguardamos aqui nos Estados Unidos não são exilados no sentido antigo e sagrado. Eles não foram perseguidos como indivíduos, mas antes como membros de uma raça. Ninguém perguntou sobre sua confissão religiosa ou convicção política. O que eles encontrarão aqui, assim como nos grandes campos de refugiados do Oriente Médio, é segurança e piedade. Mas isso está muito longe do antigo direito de asilo.

Pois esse direito desapareceu, já que a liberdade e a dignidade humana do indivíduo não estão mais em jogo, mas sim a existência nua dos seres humanos; como quando não mais pessoas em particular vão ao exílio, mas grandes massas de seres humanos que vivem juntos e em paz devem fugir de suas casas. Em todo o códex do direito nacional ou internacional que governa a vida e coexistência internas das nações, não há nada que antecipe esse caso grotesco – a tentativa de exterminar todo um povo. Assim, os judeus que foram expulsos da Alemanha a partir de 1933 e da Europa a partir de 1940 vivem fora da lei no sentido mais literal. Não há qualquer precedente para sua situação, e é só uma questão de sorte quando encontram, assim como nesta terra, uma tradição de imigração da qual eles podem participar.

Mas em nenhum lugar eles são recebidos de bom grado – exceto na Palestina, onde a lei do país prevê sua chegada. Em todo lugar, a palavra "exílio," que antes tinha a conotação de uma reverência quase sagrada, agora evoca a ideia de algo simultaneamente suspeito e desafortunado. Mesmo quando um mero milhar deles é esperado em um grande país, sempre há pelo menos um parlamentar questionando em um tom perplexo até quando se pretende continuar trocando "bons jovens norte-americanos por refugiados", e pelo menos um jornalista bastante lido pronto para desacreditá-los com o lugar comum de que "nem todos os refugiados foram enobrecidos por seus sofrimentos".

A impopularidade dos refugiados tem pouco a ver com seu comportamento e muito a ver com seu *status* legal ambíguo, sob o qual os judeus, e não só os judeus, sofrem. Esses novos refugiados surgem de uma terra de ninguém, da qual eles não podem ser expulsos legalmente ou deportados. Nenhum tratado mútuo entre as nações que permaneça vigente em tempos de guerra os protegem ou a terra à qual eles vêm. Porque existem fora das leis dos Estados-nações, que reconhecem a apatridia somente como um caso limite e uma exceção, eles colocam em risco a ordem jurídica normal de qualquer terra que os admita. Ninguém sabe realmente o que fazer com eles uma vez que a compaixão tenha reivindicado sua justa pretensão e alcançado seu fim inevitável.

Eles são apátridas, mas só podem ser classificados como estrangeiros hostis – como se uma terra de ninguém pudesse declarar guerra à uma nação. Lhes é permitido servir no exército britânico, enquanto simultaneamente sua eventual repatriação é discutida – no país de seu inimigo comum. Dezenas e possivelmente centenas de milhares deles estão ativos em todos os movimentos clandestinos da Europa, como militantes individuais ou em unidades judaicas; mas nenhum governo no exílio já pensou em dizer o que planejam fazer com os judeus estrangeiros ou apátridas que os ajudaram a libertar suas pátrias. Como judeus são atacados, banidos, assassinados, mas não podem combater como judeus, e com frequência sequer querem pertencer a esses povos. Visto que obviamente não pertencem a qualquer outro povo, eles criam a impressão estranha, em sua completa dependência da compaixão de outros, em sua mera-humanidade nua, de algo completamente inumano.

Pois quanto mais a eterna insuficiência do direito relega o homem à compaixão de seus semelhantes, tanto menos pode-se demandar dele que substitua o direito pela compaixão. A insensibilidade atroz das conferências de Evian e Bermuda foi somente a resposta demasiado humana a uma demanda super-humana. Os pragmáticos precipitados, que pensaram que se poderia primeiro salvar as pessoas e apenas depois determinar seu *status* jurídico e político, se mostraram pouco práticos e irrealistas. Somente quando a comunidade judaica europeia for reconhecida como um povo ao lado de outras potências aliadas, a questão dos hóspedes da terra de ninguém e o problema do resgate dos judeus europeus dará mais um passo em direção a sua solução.

A NOVA FACE DE UM VELHO POVO

14 de julho de 1944

Minsk e Vilna estão nas mãos do exército soviético, as estradas para Bialystok e Varsóvia foram abertas. A libertação dos judeus na Europa Oriental começou, e o general que está na posição especial de libertar velhas comunidades judaicas e que "muito provavelmente será o primeiro a liderar suas tropas em direção a solo alemão é um judeu bastante notável", e, ainda por cima, o general mais jovem de seu exército, Ivan D. Chernyakhovsky.

Esse fato não apenas tocou e encantou profundamente o ministro britânico Brendan Bracken, como também perdurará na memória de muitos povos porque incorpora uma justiça quase preternatural, que, com uma precisão beirando a ironia, está direcionando o curso desses eventos. Perdurará na memória do povo judeu porque nele encontramos a expressão e confirmação da justa necessidade de retribuição de um povo, em contraste com a qual os gritos histéricos por vingança de alguns liberais judeus parecem uma grotesca perversão.

Os historiadores sabem que a história às vezes permite que povos permaneçam imutáveis e marcados pelas mesmas características por séculos, somente para serem repentinamente despejados, por assim dizer, de um tempo morto para o dinamismo do presente, no qual eles mudam mais decisivamente em uma década ou quarto de século do que em todos os quinhentos anos precedentes. Pois de repente parece que os eventos se juntaram em conspiração, como se as realidades mais contraditórias não possam evitar acarretarem resultados idênticos. Em nosso próprio tempo, a história aparentemente decidiu fazer esse velho truque – que sempre maravilha os historiadores – com o povo judeu.

Afinal, o que a Revolução Russa, que deu aos judeus da União Soviética a dádiva da verdadeira emancipação como um povo, tem a ver com o grande movimento pelo qual o povo judeu se libertou enquanto um povo na Palestina? Nada, exceto pelo fato de que ambos estão centrados na liberdade. E quando observamos os resultados finais, isto é, a mudança no caráter de nosso povo, aquela liberdade parece ser mais importante do que os longos e amargos debates entre os proponentes de nossos diversos ismos. Uma pessoa que havia sido declarada politicamente morta e que sem dúvida possuía preconceitos antigos e obstinados contra virtudes militares subitamente deu origem a tropas que estão entre as melhores nos exércitos aliados e que demonstraram talentos militares que devem ser contados entre os mais admiráveis nesta guerra.

A história, entretanto, evidentemente não está satisfeita em provar a semelhança entre irmãos hostis. Paradoxalmente, permitiu que o mesmo resultado surgisse da perseguição e escravização mais terríveis, e desses primórdios da liberdade. Pois as unidades soviética encontram-se merecidamente lado a lado com os heróis do movimento clandestino judaico, os combatentes dos guetos de Varsóvia e Bialystok, os grupos judaicos do exército de Tito, as milhares de guerrilhas judaicas da França e aqueles guerrilheiros que antes da queda de Minsk travaram a batalha dentro da própria cidade, a maioria dos quais eram presumivelmente judeus.

O que pode parecer aos historiadores como um espetáculo paradoxalmente profundo, cujos fios somente os deuses sabem atar e deslindar, parece ao político a nova face de um velho povo que, tendo sido ensinado vagarosamente por uma série de catástrofes, acordou para uma nova vida muito repentinamente. Para ele, os feitos daquele general soviético judeu, as batalhas dos guerrilheiros judeus europeus e as conquistas da unidades judaicas palestinas são estágios e aspectos da mesma grande luta – a luta do povo judeu pela liberdade.

DIAS DE MUDANÇA
28 de julho de 1944

Para nós esta guerra já está em seu duodécimo ano, e nossos inimigos, cercados por todos os lados, começaram a apontar uma faca uns para os outros. Isso é o começo do fim, mesmo que ninguém saiba quanto tempo o fim vai levar. Isso é o "apocalipse alemão", assim como Hitler o prometeu, e ninguém sabe se e como o povo alemão sobreviverá ao apocalipse da raça "ariana" organizada.

O povo judeu, contudo, sobreviverá a essa guerra. Seria insensato acreditar que a paz será mais fácil do que uma guerra em que, até o fim, lutamos como aliados mas nunca fomos reconhecidos como uma das nações aliadas. É difícil, em vista das milhões de vítimas indefesas massacradas, não nos tornarmos amargos. Depois de tantas promessas vazias, depois de tantas esperanças desapontadas, é difícil não enrijecer seu coração.

Quando a paz vem, não ousamos perder nosso ímpeto para o medo e para a esperança, os dois arqui-inimigos da política judaica. Para compreender os judeus europeus – que passaram por tantos infernos que ninguém mais poderá lhes instigar o medo e que foram enganados por tantas esperanças vãs que não serão logrados por mais ninguém – devemos ter em mente e deter perante nossos olhos os detalhes precisos da batalha do gueto de Varsóvia. (Isso só é possível agora graças ao relatório magistral de Shlomo Mendelsohn na edição mais recente do *Menorah Journal* [março de 1944].) Pois nas ruas de Varsóvia, a comunidade judaica europeia, como se chamada a aprender uma última lição, atravessou e, por assim dizer, repetiu todos os estágios prévios do típico comportamento político judaico – até a conquista que mudou a face do povo judeu.

Começou em 22 de julho de 1942. Foi naquele dia que o presidente do "Conselho Judaico", o engenheiro Czerniakow, cometeu suicídio porque a Gestapo demandara que ele oferecesse de 6 mil a

10 mil pessoas por dia para a deportação. Havia meio milhão de judeus no gueto, e a Gestapo estava com medo de uma eventual resistência armada ou passiva. Nada desse gênero aconteceu. Entre 20 mil e 40 mil judeus se voluntariaram para serem deportados, ignorando panfletos distribuídos pelo movimento clandestino polonês alertando contra isso. A população estava "presa entre o medo e a esperança febril". Alguns esperavam que a "evacuação" significasse apenas reassentamento, outros que tais medidas não os afetassem. Alguns temiam que a resistência significasse morte certa; outros temiam que a resistência fosse seguida por uma execução em massa no gueto; e tendo em vista que a opinião judaica em geral era contra a resistência e preferia ilusões, os poucos que queriam lutar se esquivaram de assumir essa responsabilidade.

Os alemães fizeram uso meticuloso tanto da esperança como do medo. Eles dividiram a população judaica em categorias. Eles deram documentos para aqueles que estavam trabalhando nas fábricas alemãs, e os operários se sentiram a salvo. Eles estabeleceram uma tropa policial judaica, que – junto aos ucranianos, lituanos e letões – conduzia as deportações. E uma parte da população converteu-se em traidores. Eles separaram dois distritos do gueto; em um deles viviam cerca de 6 mil trabalhadores judeus e no outro cerca de 40 mil pessoas, desse modo impedindo um sentimento de solidariedade em todo o gueto. Cada pessoa tinha seus próprios motivos especiais para ter medo e esperança.

Algumas semanas depois, os habitantes do gueto abandonaram a esperança. A verdade sobre o destino dos deportados vazara, e toda a ilusão sobre o "reassentamento" fora destruída. Mas isso também não resultou em resistência. O medo subitamente assumiu o lugar da esperança. "Sombras pálidas percorriam as ruas de Varsóvia, seus olhos vagos e apavorados. Eles vagavam de rua em rua na ilusão de que talvez o perigo não fosse ser tão grande na próxima rua", diz o repórter polonês. Nesse ponto, os alemães podiam relaxar – nenhuma resistência, ativa ou passiva, devia ser temida partindo dessas pessoas.

A população polonesa, que havia sido informada sobre o destino final dos deportados, não compreendia "por que os judeus não ofereciam resistência, por que a polícia judaica estava tão ávida e os sobreviventes tão apáticos. Algo como o fatalismo desceu sobre os judeus apesar de todos os seus medos, um sentimento de que não há escapatória, que foi reforçado pelo fato de que o mundo civilizado não demonstrou praticamente nenhuma reação". Assim relatou um jornal clandestino polonês.

No fim de agosto, um grupo de trabalhadores e intelectuais percebeu que em última análise a resistência armada era a única saída moral e política. Mas evidentemente presumindo que ainda tinham a maioria da população atrás deles, "círculos conservadores do gueto rejeitavam categoricamente qualquer pensamento de luta". Em dezembro, as únicas pessoas ainda vivendo no gueto eram jovens e relativamente saudáveis – todas as outras haviam sido "reassentadas". Sob a liderança de sionistas e bundistas socialistas, uma organização de combate judaica havia sido formada e recebido suas primeiras armas no fim de dezembro, início de janeiro.

Depois de um breve intervalo, as deportações foram retomadas em janeiro de 1943. Do meio milhão de judeus cuja eventual resistência era temida pela Gestapo em julho de 1942, somente cerca de 40 mil ainda estavam vivos; e a Gestapo não tinha medo deles. "Em 18 de janeiro, divisões da ss bem armadas, apoiadas pela polícia alemã e letã, marcharam para o gueto. Elas foram recebidas com algo que nunca imaginaram. Alguns judeus entrincheiraram-se dentro dos prédios de apartamento. Uma batalha pesada se seguiu. A organização dos combatentes havia acumulado armas e munições. A batalha durou vários dias. Em 23 de janeiro, tanques adentraram o gueto." (Relato de um jornal clandestino polonês.)

Essa primeira breve batalha foi lutada exclusivamente pela clandestinidade judaica, a população em geral não participou dela. Lê-se em um apelo direcionado aos judeus norte-americanos: "Somente vocês podem nos salvar. Vocês carregam a responsabilidade perante o julgamento da história". A esperada ajuda vinda de fora não veio, e nos meses seguintes os combatentes organizados estruturaram a população do gueto, preparando-a para o que o relator do governo polonês chamou adequadamente de "guerra judaico-alemã". Do lado judaico esta guerra foi uma *levée en masse*: todos trabalharam juntos fortificando as ruas e prédios, todos tinham uma arma, todos tinham uma tarefa específica. Todos sabiam que a guerra vindoura podia acabar somente em derrota militar e levaria à aniquilação física. Todos sabiam – nas palavras do jornal clandestino polonês – "que a morte passiva dos judeus não havia criado novos valores; havia sido insignificante; mas aquela morte com armas em punho pode trazer novos valores para a vida do povo judeu". Uma tentativa final do comandante nazista de reavivar as ilusões e a esperança no gueto não teve resposta. Medo e esperança haviam deixado o gueto.

Em 19 de abril a batalha começou. Divisões da ss, pesadamente armadas com metralhadoras e tanques, marcharam para o gueto. A defesa judaica foi brilhantemente organizada. Uma intensa batalha foi travada por uma semana, com os alemães sofrendo graves perdas de homens e *matériel*. Eles foram expulsos para além dos muros do gueto diversas vezes. Depois disso, abandonaram as regras militares da guerra e migraram para táticas que combinavam crueldade com covardia e que lhes custaram o prestígio da "eficiência militar ariana" aos olhos dos poloneses. Indo de prédio em prédio, a ss atacava com lança-chamas e dinamite. O processo durou pelo menos cinco semanas. No fim de junho, os jornais clandestinos ainda reportavam escaramuças de guerrilha nas ruas do gueto. Até hoje, essa "vitória" permaneceu como a última dos nazistas.

Não havia ninguém mais para ser deportado das ruínas do campo de batalha. Muitos haviam caído empunhando armas. Alguns conseguiram se salvar e, de armas em punho, organizaram aquelas dezenas de unidades de batalha judaicas que desde então têm rondado os campos e florestas da Polônia e lutado pela paz, pela *nossa* paz.

UMA LIÇÃO EM SEIS TIROS
11 de agosto de 1944

"Jovens garotas judias, submetralhadoras sobre os ombros e granadas em seus cintos, marcham orgulhosamente pelas ruas de Vilna, por cuja libertação elas lutaram durante três anos". Segundo a AP [Associated Press], isso vem do relatório de um correspondente de Moscou chamado Mikhailov. Uma das meninas, de dezessete anos, chamada Betty, contou sua história ao correspondente nas seguintes palavras: "Um alemão veio e levou minha família para o gueto. Isso mostra quão indefesos e dóceis estávamos em 1941. Mas o regime alemão nos ensinou uma lição. Aqueles que viviam no gueto tornaram-se os verdadeiros vingadores. Eu matei apenas seis alemães, mas há judeus em nossa unidade que mataram dúzias".

A lição é muito simples, e em apenas algumas frases, Betty resume sua essência. Ela está envergonhada até de pensar em como um único alemão podia, com impunidade, conduzir sessenta judeus à escravidão e presumivelmente à morte. Com seis tiros ela expurgou a vergonha daquelas vítimas, aquelas vítimas indefesas e dóceis. Ela não deu seu sobrenome ao correspondente por medo de ser imerecidamente elogiada.

Estou com muito medo de que a paz ensine a Betty uma segunda lição cruel. Ela aprenderá quão infundado era seu medo de uma grande fama. Ela ainda não sabe que realmente nos regozijamos apenas sendo vítimas, vítimas inocentes, e que celebramos aqueles como ela não como heróis, mas como mártires. Ela ainda não conhece essa nova, quase inconsciente, quase automática "conspiração do silêncio", que com lamentos altos, altos demais, abafa sua voz e as vozes daqueles como ela.

Embora sua voz seja alta o suficiente. Para pessoas de boa vontade, ela ressoa diariamente em pequenos – fragmentários e dispersos – relatos nos jornais. Ela nos traz as boas novas de que, pelo menos uma vez e para nós entre todos os povos, as antigas leis da guerra (que destrói o melhor – "nosso Pátroclo repousa ali na morte e Térsites retornou" [Friedrich Schiller, "O banquete da vitória"] foram invertidas; que na terrível matança que os nazistas operaram, os sobreviventes devem ser incluídos entre os melhores. Porque a morte certa aguardava os indefesos e dóceis.

Mas aqueles de nós que conhecem o mundo judaico ampliado um pouco melhor do que Betty sabem quão difícil é para um povo que vive uma vida normal transpor a grande fenda que separa os soldados que retornam e os civis que ficaram em casa; quanto demora para um povo compreender as lições essenciais de sua vanguarda; quão devagar nosso povo em particular aprende lições políticas – e para nós a verdadeira questão é sobre o futuro de Betty e daqueles como ela. Pois sem ajuda, a ajuda ativa e entusiasmada de todo o povo judeu, não se permitirá nem a ela, nem àqueles como ela nos países da Europa, trazer a colheita e desfrutar de seus frutos duramente conquistados.

Sabemos do que esses combatentes judeus ainda não sabem – ou terão esquecido no fogo dos últimos anos –, sabemos que a "máquina filantrópica" que nas palavras de Herzl contribuiu para "sufocar os gritos desesperados" dos oprimidos pode muito bem ser colocada em uso amanhã para sufocar as demandas políticas daqueles que se libertaram. É muito natural que os representantes da comunidade judaica europeia no exílio estejam separados de seu povo da mesma forma que outros governos no exílio estão dos seus. Exceto pelo fato de que para nós isso pode levar a consequências muito piores, porque nosso movimento de resistência não é uma organização unificada, não é limitado a um território, mas é composto de unidades dispersas que não terão a chance de chegar a um acordo entre si e com os representantes da comunidade judaica mundial até o momento do armistício. Comparado com os movimentos de resistência de outros povos europeus, que têm feito preparativos políticos e que têm representantes no exterior há anos, é muito tarde. Isso significa que Betty e aqueles como ela terão mais dificuldade do que seus companheiros de outros povos em estabelecer a nova realidade a respeito da qual eles, e somente eles, têm o direito de falar.

Mas eu gostaria de pedir àqueles dentre nós que têm boa vontade – que sabem que a queda de Hitler não pode ser uma solução automática para a questão judaica, que estão dispostos a se preparar para as árduas tarefas de um futuro judaico – que não esquecessem dos seis tiros de Betty e, sempre que possível, como se fosse um velho exercício religioso, recapitulassem os estágios da batalha do gueto de Varsóvia.

NOVAS PROPOSTAS PARA UM ENTENDIMENTO ENTRE JUDEUS E ÁRABES

25 de agosto de 1944

A política oportunista, que tenta de alguma forma ir levando dia após dia, normalmente deixa atrás de si um caos de interesses contraditórios e conflitos aparentemente irremediáveis. A política sionista dos últimos 25 anos vis-à-vis aos árabes poderia entrar para a história como um modelo de oportunismo. Um dos líderes árabes de antes da Primeira Guerra Mundial reconheceu devidamente o verdadeiro âmago do fracasso sionista quando chamou por seus parceiros judaicos de negociação: *"Gardez-vous bien, Messieurs les Sionistes, un gouvernement passe, mais un peuple reste"* [Prestem muita atenção, senhores sionistas, um governo passa, mas um povo fica].

No meio tempo, o governo turco desapareceu e foi substituído pelo britânico. Isso reforçou a liderança sionista em sua postura de negociar com governos em vez de povos. Até a agitação de 1936, essa liderança fez tudo que pôde para minimizar a questão árabe. Somente quando, como consequência da agitação, o governo britânico passou a dar aos árabes tratamento preferencial à custa dos judeus, a Organização Sionista começou a pensar seriamente sobre essa questão. E desde então, o que ouvimos falar é ou de uma imigração árabe voluntária para a Síria ou Iraque, ou de um "conflito trágico" entre dois povos, que só pode ser resolvido internacionalmente pelas grandes potências – pelo que uma injustiça relativamente pequena (infligida aos árabes palestinos) deve ser aceita como parte de uma "justiça mais elevada" para os judeus, que, ao contrário dos árabes, não têm outro país aberto a eles a não ser a Palestina.

A impostura de ambas as soluções para um problema insolúvel é óbvia. A Palestina está cercada por países árabes, e mesmo um Estado judaico na Palestina com uma esmagadora maioria judaica, sim, mesmo uma Palestina puramente judaica, seria uma estrutura muito precária sem que houvesse um acordo prévio com todos os povos árabes em todas as suas fronteiras.

Paralelamente aos esforços da Organização Sionista – para quem a impossibilidade de um acordo honesto tornou-se evidentemente axiomática –, há anos tem havido tentativas na própria Palestina de chegar a um acordo local. A mais recente dessas tentativas é aquela da Liga Palestina para o Entendimento e Cooperação entre Judeus e Árabes, que tem sua base em grupos de trabalhadores e intelectuais, mas não deve ser confundida com as propostas suicidas do grupo Magnes, que é financiado em parte por donos de plantações. A liga demanda *imigração em massa e a construção da Palestina como uma pátria judaica com base em um "entendimento mútuo permanente" entre ambos os povos, uma administração local binacional e* – tendo sido assegurados os direitos judaicos na Palestina e, finalmente – *o ingresso da Palestina em uma federação com países vizinhos.*

Recentemente, a Liga fez um progresso considerável. Ao fundar o jornal *Mishmar,* conseguiu romper com a política de silêncio mortal praticada pela imprensa hebraica e encontrou apoio ativo entre todos os grupos de trabalhadores de esquerda, o mais importante dos quais é Ha'Shomer Ha'Tzair e sua organização kibutz. Esse relacionamento próximo com os trabalhadores e fazendeiros judaicos garante uma revitalização da cooperação local que tem sido empreendida sucessivamente por grupos de trabalhadores judaicos individuais, mas foi totalmente destruída na agitação de 1936.

O estágio mais recente desse desenvolvimento foi a fundação de um ramo norte-americano, o Conselho de Cooperação Judaico-Árabe, por diversos jovens sionistas norte-americanos, que acabaram de publicar a primeira edição de um novo boletim, uma *newsletter* informativa com comentário editorial. Usando material das imprensas hebraica da Palestina e árabe como base, a *newsletter* oferece informações que de outra forma seriam difíceis de encontrar aqui; a parte editorial lida programaticamente com disparates sobre o "conflito trágico", fornece uma análise essencialmente correta de condições de classe na Palestina e alerta para a possibilidade bastante real de um acordo entre os proprietários de terra árabes semifeudais e os grandes latifundiários judeus capitalistas e industrializados, ambos os quais estão interessados em trabalho árabe barato, a preservação dos felás [camponeses árabes] e em uma imigração judaica muito limitada.

O núcleo político dessa nova oposição intrassionista é tanto a realização do fatal, hipérbole utópica da demanda por uma *commonwealth*, quanto uma rejeição da ideia de tornar toda a política judaica na Palestina dependente da proteção de grandes potências. Podemos esperar que no curso do desenvolvimento desses novos grupos eles não se percam nos matagais infindáveis da pesquisa sociológica –

como tem sido o destino de tantos grupos de oposição no movimento trabalhista de nosso tempo. Em longo prazo, interesses econômicos, quer aqueles dos trabalhadores ou dos capitalistas, não são um substituto para a política, embora possa-se utilizá-los politicamente. Esse é o motivo pelo qual é certo que um entendimento nativo entre judeus e árabes deve começar primeiro na base, pois seria fatal esquecer quão frequentemente tais esforços foram frustrados e inutilizados por decisões políticas tomadas no topo.

Parece que a Liga na Palestina compreendeu isso, pois declara que a primeira de suas tarefas é a luta dentro do próprio sionismo. Supomos que o conselho, da mesma forma, evitará o perigo do argumento econômico para seu próprio bem. Visto que aqui não há nenhum trabalho a ser feito na base, sua tarefa só pode ser aquela de uma organização verdadeiramente política e de um serviço de notícias realmente irrepreensível. Se ele conseguir fazer isso, terá fornecido um importante serviço para o bem do povo judeu na Palestina.

GUERRILHEIROS JUDAICOS NA INSURREIÇÃO EUROPEIA
8 de setembro de 1944

O avanço vitorioso dos exércitos aliados, a libertação da França e a desintegração contínua da máquina militar e de terror da Alemanha mais uma vez revelaram que a estrutura original desta guerra é aquela de uma guerra civil europeia. É surpreendente como seu começo parece com seu fim – só que com aspectos positivos e negativos invertidos. Tanto naquela época quanto hoje, o rápido avanço de exércitos regulares é possível devido à existência de uma "quinta coluna". Tanto naquela época quanto hoje, para os próprios povos europeus esta guerra se desdobrou na forma de uma guerra civil. Com uma diferença apenas – que as quintas colunas nazistas foram recrutadas a partir de membros das classes dominantes, cujos nomes eram conhecidos mundialmente e cujas posições os dotavam de uma aura de respeitabilidade; enquanto as quintas colunas dos Aliados são compostas pelas massas, que apanharam suas armas e cujos representantes são, com algumas exceções, desconhecidos. Eles têm lutado durante anos contra todos os nazistas, de qualquer nacionalidade, e mesmo quando celebram sua libertação por exércitos aliados, compreendem que suas próprias ações a iniciaram e lhe deram forma.

Dada a natureza da guerra na Europa, a existência de uma quinta coluna controlada por nazistas entre os judeus – cujos detalhes têm sido frequentemente reportados nas colunas deste jornal – não deve ser uma surpresa. As "leis naturais" de um destino judaico especial sempre perderam sua validade quando os judeus se recusaram a aceitar esse destino como sua sina. Em nosso tempo, isso tomou a forma de uma traição por uma pequena minoria de milionários judeus e canalhas – por exemplo, na Itália, na Polônia e na Romênia – e de luta aberta pelo que parece ser uma porcentagem bastante considerável do povo. Desde que os judeus, depois da batalha do gueto de Varsóvia, assumiram sua organização como guerrilheiros assim como todos os outros, o destino e o caráter de sua luta começou a se parecer cada vez mais com aqueles de seus vizinhos europeus. Um aspecto revelador a esse respeito é que a batalha do gueto de Varsóvia começou – assim como a luta dos Maquis franceses – com uma rebelião contra o inimigo interno, contra a temida política judaica, com o assassinato do comandante daquelas tropas e com a ação não muito cordial de extorquir 1 milhão de zlotys do conselho judaico controlado por nazistas para comprar armas.

De acordo com um informe de Elieser Kaplan [1891-1952; tesoureiro da Agência Judaica para a Palestina], que se consultou na Turquia com líderes da clandestinidade judaica, o número de guerrilheiros judeus está próximo de 100 mil. Todos aqueles que estão na Polônia estão evidentemente lutando sob a bandeira azul e branca. Mas também em outros países, onde os judeus lutaram previamente como parte de unidades não judaicas, há uma clara tendência de organizar unidades judaicas que então cooperem com outros grupos de guerrilha. Foi reportado a partir da Lituânia que depois de anos de batalhões mistos, três unidades judaicas independentes foram formadas sob a liderança de Shlome Brandt, Chone Magid e Aba Kovner. Na Rússia-Carpática, uma tropa de 1.400 judeus lutou com os mesmos húngaros de cujos campos de concentração eles haviam escapado. As notícias mais surpreendentes vêm da França, do último dia do regime de Vichy, contando como combatentes clandestinos judeus, alegadamente 10 mil no total, que até recentemente estiveram organizados nas fileiras dos Maquis, estabeleceram-se independentemente. Se é possível confiar na fiabilidade desses relatos, essa nova e independente força de guerrilha é o trabalho de veteranos da batalha do gueto de Varsóvia, que vieram para a França compartilhar com os Maquis sua experiência de combate na guerra urbana. Isso é certamente uma possibilidade, e seria compatível com relatos incontáveis acerca das conexões entre vários movimentos clandestinos europeus.

Os relatos mais detalhados das últimas semanas chegaram a nós da Polônia. Nas ruas de Varsóvia, membros da unidade Berek-Yeselevitch sob a liderança de Aaron Kaplan estão lutando "na tradição de heróis e mártires do gueto de Varsóvia". Há meses, a unidade Bar-Kochbe tem lutado em estreita cooperação com o Exército Vermelho e entregado qualquer inimigo capturado aos russos. Depois da libertação de Lublin, eles realizaram uma cerimônia em memória dos mortos na batalha do gueto de Varsóvia. Os "macabeus" ainda estão operando nas florestas em volta de Random, Kielce e Miechow. Sua especialidade são investidas contra campos de concentração, a partir dos quais eles então recrutam suas tropas. Nas últimas semanas, em sua tentativa de contornar as linhas alemãs e virem em ajuda de seus camaradas em Varsóvia, eles sofreram grandes perdas. Os alemães contra-atacaram, oferecendo uma recompensa de cem zlotys pela cabeça de todo guerrilheiro judeu – e acontece que ainda há um número suficiente de Endekes [partido nacionalista e antissemita polonês] na Polônia para que a Gestapo realize uma campanha de denúncia.

É óbvio: se você não aceita algo que assume a forma de "destino", você não só muda suas "leis naturais" mas também as leis do inimigo que desempenha o papel da sorte. Em Varsóvia, os nazistas tentaram negociar com os judeus e, ignorando evidentemente suas próprias leis raciais, lhes ofereceram o *status* de prisioneiros de guerra caso depusessem suas armas. Os judeus recusaram, é claro. Em Paris, os nazistas tentaram negociar uma troca de prisioneiros com guerrilheiros franceses. Quando eles declararam que "obviamente" prisioneiros judeus não poderiam ser incluídos em qualquer acordo, os guerrilheiros imediatamente romperam as negociações. Mesmo considerações de conveniência não podiam levar esses franceses a reconhecerem um "destino especial" para os judeus.

SOBRE O "SAL DA TERRA": A "INTERPRETAÇÃO JUDAICA" DE WALDO FRANK

22 de setembro de 1944

Nenhuma crítica pode destruir uma ideologia mais inteiramente do que sua completa adoção. Na plenitude de seu florescimento, a ideologia atinge um tal ápice de absurdidade que sua credibilidade desmorona-se a nada. Precisamente quando se apresenta mais puramente, imperturbada por qualquer fato histórico ou qualquer verdade ideal a partir da qual emergiu um dia, aí então o chão desmorona debaixo de seus pés, porque ela continuou a se interpretar somente sob sua própria autoridade.

Parece que uma antiga e em dado momento difundida ideologia judaica está atingindo essa fase final de corrupção. Essa falsa doutrina provavelmente emergiu do colapso do movimento Shabbetai

Tzevi e da perda de suas esperanças messiânicas, e foi cultivado carinhosamente durante todo o século XIX, particularmente nos países emancipados. A doutrina seculariza a pretensão religiosa de Israel de ser um povo escolhido, libera esse *status* de qualquer observância à Lei e de toda esperança pelo Messias, torna-a absoluta e, assim, equipara o judaísmo com o que quer que a moda dite ser bom, bonito e admirável na época.

O que originou essa ideologia foi a necessidade de justificar a Diáspora Judaica, algo que havia sido sofrido como uma aflição por milênios, desde que o desespero por conta do falso Messias varrera as antigas esperanças de redenção e de um retorno à Palestina. Este elemento de justificar a Diáspora e torná-la permanente foi particularmente conveniente para o século XIX. Pois uma possibilidade autêntica se apresentava de converter todos os países da Europa em um lar sem ao mesmo tempo renunciar à identidade judaica. O resultado desse teorema tão variado foi uma doutrina que considera os judeus "o sal da terra," um tipo de encarnação da humanidade, e na qual toda a perseguição sofrida por eles torna-se um símbolo da perversidade dos povos não judeus ou uma expressão de seu despreparo para a real vocação da humanidade.

Dependendo da eventual visão de mundo do autor, o judaísmo poderia ser identificado seja com o progresso, seja com a resistência à mudança corrosiva, seja com o Iluminismo, ou com a preservação da piedade religiosa. Os judeus poderiam ser compreendidos como proletários natos, como aliados naturais da burguesia, ou como a mais antiga aristocracia ocidental. Sempre que fosse conveniente, eles poderiam aparecer como a encarnação da justiça, ou a encarnação da livre concorrência de forças, ou a encarnação da própria nobreza. Em cada caso, os judeus eram essas encarnações, e não meros mortais.

Naturalmente, o nacionalismo judaico não é essencialmente diferente de outros tipos de nacionalismo. É sempre a mesma história: qualidades humanas gerais, trabalhos humanos gerais são reivindicados como monopólio de um povo particular, sustentando que esse povo foi exclusivamente escolhido para administrar esses valores gerais. O ponto crucial é sempre que – em termos dos últimos nacionalistas judaicos – "a ideia torna-se matéria", e assim o povo determinado é principalmente, isto é, idealmente, separado de todos os outros povos. O nacionalismo judaico difere de outros tipos de nacionalismo somente por ter a absurdidade adicional de ser primariamente propagado por aqueles judeus "liberais" e "radicais" que não só negam serem nacionalistas, como também fazem do antinacionalismo um monopólio judaico. Certamente uma diferença engraçada, mas uma que não altera nada em princípio ou método.

A estranheza singular sobre a versão mais recente dessa ideologia como é apresentada em *O judeu em nossos dias* (Duell, Sloan e Pearce, Nova York, 1944, p. 199), de Waldo Frank, é que dessa vez ela vem ligada a sua própria, bastante devastadora, refutação, na forma de um prefácio por Reinhold Niebuhr. À alegação de Frank de que os judeus foram perseguidos porque é sua vocação ser melhor do que outros povos, e a sua crítica de um povo judeu que se adaptou com tanto sucesso ao mundo mau ao seu redor que por direito não deveria haver mais razão para essa perseguição, Niebuhr responde que "a maioria dos judeus não sofre porque eles são melhores do que nós somos (como Frank gostaria de acreditar), sequer porque eles são piores (como sustentam seus caluniadores); mas simplesmente porque eles são uma nação dispersa em meio a outras nações".

Com isso, o problema é devolvido novamente a fundamentos humanos naturais, sobre os quais não é nem mais "vergonhoso", nem mais honrável, ser um judeu "simplesmente porque se nasceu judeu" do que é ser um "inglês, ou francês, ou alemão" por nascimento. O que Niebuhr não diz – quer por civilidade ou por outras razões – é que somente um nacionalista alemão, ou inglês, ou francês, ou judeu pode alegar que seu nascimento já lhe outorga uma honra e lhe impõe um dever. Somente um nacionalista alemão alegará que um alemão é indigno de sua germanidade a menos que ele seja melhor que um inglês ou um francês. Embora Niebuhr não extraia as polêmicas conclusões finais de sua própria argumentação, ele acaba por endossar a solução palestina – talvez sem estar completamente ciente de que foi de fato a demanda do sionismo de que os judeus se tornassem "um povo como qualquer outro povo" que demoliu em grande medida o contrassenso nacionalista judaico de eles serem "o sal da terra".

O segundo aspecto curioso do livro de Frank é sua distorção bastante extraordinária do fato histórico. Todas as ideologias, é claro, estão suscetíveis a interpretações errôneas que distorcem a realidade até formas irreconhecíveis. Mas as alegações do livro de Frank vão além mesmo dos limites das usuais falsificações ideológicas da história. Aprendemos, por exemplo, que a democracia foi inventada há mais de 2 mil anos pelos judeus: que a Lei dos judeus é a Lei da Vida; que nos tempos medievais os judeus eram aliados da classe burguesa ascendente contra a nobreza feudal; que um judeu galício do século XVIII vivia em um mundo agrário inalterado desde Amos e Isaías – o assunto de uma proibição de aquisição de terras, o comércio de aguardente e a barganha foram todos sonhados, ao que parece; que toda a Idade Média foi governada por "soldados e proprietários de terra, mais tarde demagogos e milionários" – o papa, o rei e o imperador aparentemente sendo meras alucinações de um mundo antissemita; que apenas a fidelidade judaica a Deus ensinou os cristãos medievais que um Deus era imanente no mundo – embora só por essa heresia os judeus tenham pronunciado o anátema sobre Espinosa; e – por último, mas não menos importante – que a cultura europeia se afundou na "superstição" [sic!] de uma alma imortal.

Naturalmente, isso é um exagero fantástico, todavia consistente, embora seja improvável que alguém tenha ousado afirmá-lo de um modo tão ingênuo antes. Um exagero tanto em termos do monopólio judaico nacionalista de todos os valores estimados do autor (a partir do qual outros povos aparentemente derivaram a totalidade de seus tesouros culturais dos últimos 2 mil anos), e um exagero da ignorância que sempre, se não sempre tão obviamente, é subjacente a tais tolices históricas.

DE EXÉRCITO A BRIGADA
Um pequeno atendimento a um pedido, mas ao menos um atendimento
6 de outubro de 1944

Há seis anos, com a erupção da guerra, a Agência Judaica começou a negociar com o governo britânico sobre a formação de um exército judaico. Há quatro anos, durante meses de grandes derrotas, os britânicos romperam as negociações. Há três anos, durante o período do sucesso alemão na África, os nazistas começaram sua campanha sistemática de deportação e extermínio de judeus. Foi então que as massas judaicas começaram a ser politicamente ativas. Em incontáveis comícios e petições – na América do Norte e do Sul, na Palestina, na África do Sul e na Inglaterra – eles demandavam a formação imediata de um exército judaico recrutado a partir dos judeus apátridas e palestinos. A questão não era fazer comitês de assistência ou dias de jejum, ou mesmo protestos, mas sim fazer judeus ingressarem nas fileiras das Nações Unidas para salvar nossos irmãos na Europa nazista e para defender nosso povo sob ataque ao redor do mundo. Um vago desejo no coração dos indivíduos e uma demanda política daqueles que representam o sionismo se transformou em um movimento forte de todo um povo.

Esse movimento ficou realmente sem líderes. Para a Organização Sionista, a demanda por um exército judaico era uma demanda dentre muitas. Para o povo, essa se tornou *a* demanda. Amedrontado pela repentina ferocidade dessa agitação, especialmente na América, o governo britânico reagiu em um tom ainda mais desdenhoso do que antes. Até a primavera de 1942, Weizmann, em seu famoso discurso na Conferência Sionista Americana sobre o "assim chamado exército judaico", abruptamente colocou um fim a todo o movimento. E agora, no sexto ano desta guerra, depois que o entusiasmo genuíno e politicamente produtivo de massas populares há muito regrediu a um pesar impotente e a protestos ineficazes, o ministro da Guerra britânico anunciou a formação da Brigada Judaica. Isso é supostamente o sucesso diplomático de Weizmann, mas soa mais como uma resposta inexplicavelmente atrasada às demandas da Agência Judaica em 1939, e tem pouco a ver com o movimento popular que desde então sucumbiu a nada.

Um exército judaico em 1942 teria significado que, de acordo com a lei de retaliação válida em tempos de guerra, os nazistas teriam sido forçados a conferir aos judeus europeus o *status* de inimigos externos, que teria sido equivalente a salvá-los.[3] Também teria significado que os guerrilheiros judeus na Europa não teriam tido que sangrar tão terrivelmente, mas poderiam ter demandado o mínimo de ajuda dos Aliados dada a todos os outros povos combatendo esta guerra. Um exército judaico naquele momento teria ajudado a desencorajar a "conspiração de silêncio" que acompanhou os anos de extermínio judaico e nunca teria permitido que se chegasse à humilhação insuportável do povo judeu, que sentiu que todo o mundo o havia condenado ao papel degradante do vitimismo. É tarde demais para tudo isso agora. E mesmo a esperança de participação na con-

---

3   Arendt está presumindo que os nazistas ainda reconheciam as Convenções de Haia, o que, por exemplo, teria significado que eles não podiam deixar os judeus passarem fome. (N.E.)

ferência de paz, que foi um argumento tão eficiente na agitação do momento, morreu. A conferência há muito tempo já começou, e é muito improvável que a qualquer um dos "povos menores" seja dada uma voz. Isso, é claro, torna a formação de um exército judaico e o reconhecimento do povo judeu como uma das nações beligerantes muito menos perigosos.

Atribuindo à Agência Judaica o direito de formar uma brigada judaica, o governo britânico colocou um fim ao longo período de não cooperação que realmente caracterizou as relações judaico-britânicas desde o anúncio do Livro Branco. Essa é sua importância diplomática. É conscientemente pensada como uma concessão à Agência Judaica, presumivelmente para fazer as instituições judaicas aceitarem os planos de partição para a Palestina. Isso só pode ser visto como um sucesso creditado a Weizmann e possivelmente fortalecerá mais uma vez sua influência dentro da Organização. Isso poderia, é claro, ser importante para qualquer tipo de plano de partição, visto que Weizmann é um velho apoiador da partição, enquanto Ben-Gurion, cuja influência cresceu na Palestina, é seu implacável oponente.

A real importância, isto é, política, da Brigada Judaica está na própria Europa. Ali pode ser bem-vinda uma força de primeira classe centralizadora para as unidades dispersas de guerrilheiros judaicos já existentes. Refugiados judeus em áreas liberadas poderiam se voluntariar e aderir, o que possivelmente lhes daria uma última chance de finalmente evitar o absurdo de terem de se identificar com outros povos, cuja nacionalidade eles formalmente compartilham. Esse reconhecimento de uma nacionalidade judaica com base em uma Brigada Judaica que não seja limitado apenas a palestinos pode sob certas circunstâncias ser a única coisa que salvará os judeus alemães de perderem seu *status* de apátridas e serem automaticamente convertidos novamente em "alemães" assim que as leis de raça tiverem sido revogadas. Pode também poupá-los, assim como os refugiados judeus de outras nacionalidades, da terrível possibilidade de serem transportados de volta aos lugares onde viviam anteriormente, e em vez disso abrir os portões da Palestina para eles. Acima de tudo, isso lhes daria a satisfação de não serem regatados por agentes de caridade, mas de serem libertados pelos soldados de seu próprio povo.

IN MEMORIAM: ADOLPH S. OKO

13 de outubro de 1944

A benevolência desse homem é equiparável somente a sua inteligência. Sua natureza era tão nobremente formada que a benevolência e a inteligência pareciam dois aspectos da mesma essência animada pela mais básica de todas as paixões pelo belo, verdadeiro e bom. Dessa paixão surgiu tamanha afinidade por todas as coisas essenciais da vida e pelo mundo que ele estava completamente em casa em qualquer lugar no campo do espírito. Em uma república de mentes (e não de pedantes), ele poderia ter vivido melhor. Em vez disso, confrontou a barbárie da época na ambição frenética de todos os tipos de carreiristas, na malícia mesquinha – que ele denominava "extrema vulgaridade" – de profissionais de todo tipo, e tudo isso provocou nele aquele desgosto perigoso que substitui a bondade pelo ódio, e tão facilmente a tenta para o *tedium vitae*. Inteligente demais para não saber que (em suas palavras) "a política é o destino da época", bom demais para refugiar-se do sofrimento de seu povo na erudição, ele tinha de engajar o mundo sem pertencer em qualquer sentido a nenhuma parte dele.

Foi um grande bibliotecário, e *sua oeuvre é a Biblioteca do Colégio de União Hebraica em Cincinnati*. Ele foi o último dos grandes estudiosos de Spinoza, deixando para trás a mais completa coleção de Spinoza da época. E ele teria conduzido a edição de Spinoza da Academia de Ciências de Heidelberg até sua conclusão depois da morte de Carl Gebhardt, se os "estudiosos" alemães não tivessem descoberto no meio tempo que Spinoza, assim como Oko, era judeu. Finalmente, o *Contemporary Jewish Record*, o qual ele dirigiu em seus últimos anos, tornou-se cada vez mais seu trabalho pessoal. Seu grande conhecimento, pareado com uma rara sensibilidade e um instinto infalível para a qualidade, assim como sua paixão pela política, recém-despertada pelos eventos dos anos 1930, podem ter feito do *Record* um centro genuíno de produtividade judaica contemporânea.

Oko deixa para trás três livros inacabados: uma bibliografia de Spinoza, um estudo do spinozismo britânico e norte-americano e uma antologia de Spinoza que ele selecionou e traduziu. Tudo que escreveu transformou-se sob sua pena em fragmentos – em parte porque ele se sentia ligado, pelo exemplo de seu tema, a um ideal de perfeição absoluta, em parte porque em face da barbárie da época as palavras lhe faltavam. Nos poucos rascunhos que publicou, acima de tudo nas poucas frases com as quais ele resumia o significado dos dados históricos sob a rubrica de "Cedros do Líbano" (no *Contemporary Jewish Record*), encontra-se um talento estilístico tão precioso, concentrado, tamanha maestria de concisão e significado, que se pergunta se aqueles a quem a barbárie da época emudece não são precisamente aqueles com mais a dizer.

"LIVRE E DEMOCRÁTICO"

3 de novembro de 1944

Os congressos sionistas sempre apresentaram uma mistura estranha de debates parlamentares e agitação propagandística. Os debates parlamentares tendiam a terminar com decisões votadas pela maioria, normalmente contrariadas por uma minoria. A agitação propagandística encontrou expressão nos discursos grandiosos sobre o estado geral do povo judeu e foi direcionada primeiramente para o próprio mundo judaico.

Tudo isso modificou-se fundamentalmente. A agitação entre os judeus desapareceu, presumivelmente porque é considerada supérflua. E dificilmente se pode sequer falar de debates parlamentares agora. As resoluções são aceitas unanimemente, algo cuja única explicação é que elas são pretendidas como propaganda para o mundo não judaico. Facções dissidentes cederam a isso; elas não mais registram um voto minoritário – mesmo quando representam uma minoria relativamente forte – mas no máximo se abstêm de votar. Como resultado, na mais recente conferência da Organização Sionista Americana uma resolução foi aprovada unanimemente, demandando que toda a Palestina, "indivisível e inalterada", se convertesse em uma *commonwealth* judaica – tudo isso sem sequer mencionar a existência de árabes palestinos. Na conferência do Congresso Judaico Mundial em novembro, os delegados de Ha'Shomer Ha'Tzair e da Aliá Chadashá,[4] mostrando sua discordância somente por abstenção, aceitaram voluntariamente as instruções do Vaad Leumi,[5] estipulando que a delegação palestina pudesse votar somente em bloco e proibindo os delegados de se engajarem em qualquer atividade política fora do voto ditado.

E se a base da unanimidade com a qual todos os órgãos sionistas aprovam resoluções nos dias de hoje não é uma verdadeira uniformidade de opinião – o que, como bem sabemos, seria o fim de qualquer democracia –, nem pode ser explicada apenas pelo fato de que a opinião está sendo submetida a táticas de terror intrassionistas, que

4   Fundada em 1942 por judeus da Europa Central na Palestina em protesto às políticas adotadas na Conferência de Biltmore, a Aliá Chadashá (hebraico, "nova imigração") buscava uma cooperação entre judeus e árabes. (N.E.)

5   Vaad Leumi, o Conselho Nacional Judaico na Palestina durante o período do mandato britânico. (N.E.)

também existem. Essas minorias estão evidentemente radiantes por terem sido incorporadas à maioria, não porque acreditam que um programa maximalista defendido pelo *yishuv* sob a liderança de Ben--Gurion e pela Organização Sionista da América possa realmente ser efetivado, mas provavelmente porque pensam que a unanimidade é a melhor coisa para a propaganda e a propaganda é a melhor coisa para a política. Presumivelmente são também secretamente da opinião de que um programa maximalista, que em termos de política externa não pode mais ser diferenciado dos planos dos revisionistas, oferece uma base para negociações e compromissos futuros. Pois a única diferença que existe agora entre os revisionistas e os sionistas é que os sionistas estão preparados para se comprometerem como parceiros na negociação, enquanto os revisionistas, pelo menos em seus grupos mais extremos, consideram outros métodos mais convenientes.

Resta saber se essa posição de aparente intransigência é tão sábia. A fachada de unanimidade é em todo caso somente uma parede externa, por trás da qual estão ocultas diferenças que não diminuirão por não serem publicamente discutidas. E assim, em contraste com a rejeição unânime de qualquer partição da Palestina apresentada ao mundo exterior, no âmbito da Organização a tese oposta é adotada pelo grupo ao redor de Weizmann e pelo novo grupo da Aliá Chadashá, que acreditam que na partição e cantonização do território encontraram uma saída para o conflito judaico-árabe. E assim, no âmbito da Organização, a unanimemente adotada "soberania irredutível" de um Estado judaico apresentada ao mundo exterior é contraposta, sob a liderança do numericamente forte: Ha'Shomer Ha'Tzair, por aqueles que nunca sequer aceitaram a fórmula de uma *commonwealth* judaica, mas que sempre demandaram um Estado binacional.

Diferenças menos conhecidas, mas não menos cruciais, existem em relação à questão das futuras relações exteriores da Palestina. Enquanto o menor círculo ao redor de Weizmann, apoiado pela

Aliá Chadashá, demanda, como tem feito durante todo esse tempo, orientação incondicional para a Grã-Bretanha, segmentos consideráveis da classe trabalhadora estão esperando que a União Soviética demonstre um apoio ativo a uma Palestina judaica. E ainda outros círculos próximos a Ben-Gurion veem uma promessa tão grande para o futuro nos Estados Unidos e em sua forte Organização Sionista que não estão mais inclinados a simplesmente aceitar as demandas ou soluções britânicas como uma *ultima ratio*.

Característico dessas diferenças intrassionistas é o fato de que todos os partidos envolvidos já enxergam a divisão do mundo pelas grandes potências em esferas de interesse como uma realidade, tanto que sequer pensam sobre o que está mais à mão – isto é, o relacionamento de seu novo Estado com seus vizinhos, com os povos do Mediterrâneo – como um fator independente, mas discutem somente a respeito de qual grande potência forneceria melhor proteção para seu Estado prosperar.

Em todo caso, a primeira evidência do sucesso da *"commonwealth* judaica livre e democrática" é a supressão de toda a discussão livre e democrática. Desde a adoção do Programa de Biltmore nenhum dos partidos políticos acredita que possa persuadir oponentes intrassionistas ou mesmo ter uma audiência concedida por eles. Cada um espera por um fato consumado a lhes ser entregue pelas grandes potências; cada um acredita honestamente que somente um fato consumado terá o poder de persuasão. Eles estão contentes por serem majoritários porque, apesar de todas as palavras e decisões radicais, quase não acreditam ainda na possibilidade de sua própria política. O resultado desse tipo de liderança executiva, que julga resoluções políticas somente por seu valor publicitário imediato, é a completa obstrução de qualquer forma normal de um povo construir a opinião política; isso significa que slogans fanáticos e fanatizantes ficam grudados nas mentes das massas, que toda a política judaica torna-se o monopólio de políticos profissionais que se comportam como Führers e, finalmente, significa a transformação pouco feliz – mas uma tão característica de nosso tempo – de um povo em mais ou menos fanatizados grupos de "crentes".

OS DESFRANQUEADOS E DESGRAÇADOS
15 de dezembro de 1944
Pessoas apátridas são o último novo fenômeno da história recente. Surgindo das vastas migrações de refugiados que têm mudado os mapas demográficos da Europa desde a Revolução Russa, eles são, pelo menos no presente, o produto mais óbvio dos trinta anos de guerras e guerras civis europeias. Voluntária ou involuntariamente, eles romperam a velha trindade povo-Estado-território, que formava a sólida fundação do Estado-nação, e desse modo expandiram por toda a Europa os setores de pessoas assentadas na mixórdia que tornou a Europa Oriental tão instável e os novos Estados-nações formados pelo Tratado de Versalhes tão inviáveis. Eles confrontam os estadistas desta guerra e da futura paz com um problema semelhante mas ainda mais difícil do que aquele apresentado por minorias étnicas no fim da última guerra; pois eles se encontram – politica, social e juridicamente – em um vácuo em constante expansão, dentro do qual as leis das nações não têm nenhuma influência e que, se deixado fora do alcance da lei, definirá a estrutura mesma da oscilação do Estado nacional.

Tampouco o direito de asilo, que sempre foi destinado a indivíduos e não pode levar facilmente a sustentar migrações de povos inteiros, ou da naturalização, que para países não fundados em imigração só pode ser oferecido como uma exceção autolimitada, pode deixar seus índices numéricos sob controle. Todas as invocações solenes dos direitos humanos, que se destinam apenas a proteger indivíduos dos excessos da força pública, não pode protegê-los efetivamente ou criar direitos positivos para eles. Pois eles chegam não como indivíduos, mas como grupos étnicos compactos, e são atacados e perseguidos não como indivíduos, mas como membros de um povo ou de um grupo dissidente de um povo, carecendo da proteção de um Estado.

Em tempos recentes, James G. McDonald, antigo alto comissário para refugiados da Liga das Nações – juntamente com todos os experts neste campo, um grande número de assistentes sociais, de diversas organizações judaicas – advertiu em vão que as conferências internacionais não podem simplesmente ignorar o problema dos refugiados. Por enquanto, todos parecem determinados a evitar qualquer solução geral e a deixar o tratamento dos refugiados, a questão de seu *status* presente e futuro, para cada um dos governos europeus agora sendo formados. E embora por enquanto muito pouco tenha sido decidido a respeito do destino desses refugiados, algumas tendências já aparentes indicam que o fim da guerra não deve seguramente pôr fim automaticamente ao limbo sem nenhuma lei e sem nenhuma justiça em que muitos milhares têm vegetado por mais de vinte anos, outros por mais de dez, e no caso dos remanescentes do exército regular espanhol, por exemplo, por mais de seis anos.

O maior perigo que eles enfrentam é, paradoxalmente, a normalização; pois durante a guerra contra o fascismo alemão eles encontraram seu lugar nas fileiras cerradas dos guerrilheiros; em meio a essa ilegalidade universal eles eram legítimos e podiam compartilhar o destino e a glória daqueles engajados na luta geral contra o fascismo. Mas tão logo De Gaulle honrou publicamente os Maquis espanhóis em um grande comício em Toulouse e os condecorou por sua contribuição para a libertação da França, o exército francês ordenou que esses mesmos espanhóis – que não gozam de nenhuma proteção consular e são vistos como apátridas – se juntassem à Legião Estrangeira ou fossem recrutados para trabalhos forçados. O movimento de resistência na França, com seu senso de honra e solidariedade, é ainda forte demais para que essa ordem seja cumprida. Mas as centenas de milhares de judeus estrangeiros que lutaram pela libertação da França sob sua própria bandeira azul e branca foram proibidos de marchar sob ela na parada do armistício de 11 de novembro.

A tendência das negociações internacionais de simplesmente ignorar a existência de refugiados até agora significou que a Comissão de Crimes de Guerra das Nações Unidas não reconhece como crimes de guerra aqueles cometidos contra os judeus de nacionalidades não aliadas. Isso significa que o assassinato de judeus alemães, húngaros, romenos, austríacos e outros ficará impune, que mesmo na morte esses judeus veem seu *status* de gratuitos e supérfluos reconfirmado. Foram necessárias negociações difíceis e longas para tornar a Anuar [Administração das Nações Unidas para Assistência e Reabilitação, fundada em 1943] responsável por judeus de nacionalidade inimiga; e mesmo essa decisão é meramente um compromisso entre aqueles que negociaram de boa-fé e o ainda inalterado princípio que considera os judeus como cidadãos daqueles países que recentemente tentaram exterminá-los. O governo belga já carimbou os documentos de identidade de refugiados judeus alemães que vivem em seu território, mas que de fato eram legalmente expatriados, com as palavras "nacionalidade alemã". O Serviço Internacional de Migração está centrado, acima de tudo, na repatriação, e afirmou expressamente que entre suas tarefas mais difíceis estará a de "convencer pessoas com medo de voltar aos países onde sofreram tanto de que estarão a salvo lá". E a única coisa que o Comitê Internacional de Trabalhadores Profissionais Refugiados podia sugerir ao governo suíço como meio de resolver seu problema com o refúgio foi o pedido de conceder aos refugiados um período de graça em que eles poderiam se preparar para o retorno a suas profissões em suas antigas pátrias, que a maioria deles deixou mais de dez anos atrás.

Dada a natureza dos acordos internacionais atuais, todas as tentativas de resolver a questão da apatridia acabaram tornando possível deportar refugiados novamente. Essa é a verdadeira razão pela qual, até agora, apesar dos esforços das organizações judaicas e da boa vontade de governos aliados, não houve sucesso na implementação de um reconhecimento intraeuropeu do povo judeu. Qualquer reconhecimento que desconsiderasse a nacionalidade previamente atribuída tornaria possível a deportação dos judeus sem qualquer proteção de nacionalidade. Excluiria quase automaticamente a possibilidade de deportar judeus estrangeiros, ou pelo menos – se considerássemos a Palestina um "país de deportação" – a tornaria muito mais difícil.

O verdadeiro obstáculo para resolver o problema dos refugiados e da apatridia repousa no fato de que ele é simplesmente insolúvel enquanto os povos forem organizados dentro do velho sistema de Estados-nações. Em vez disso, aqueles que são apátridas revelam mais claramente do que qualquer outra coisa a crise do Estado-nação. E não devemos dominar essa crise empilhando uma injustiça sobre a outra, de modo que apenas possamos reestabelecer uma ordem que não corresponde quer a um moderno senso de justiça, quer a condições modernas sob as quais os povos realmente vivem juntos.

CHEGAR A UM ACORDO ENTRE POVOS NO ORIENTE MÉDIO – UMA BASE PARA A POLÍTICA JUDAICA

16 de março de 1945

Foi reportado em Jerusalém que os ministros das Relações Exteriores dos Estados árabes sugeriram como uma solução de compromisso para o conflito da Palestina a imigração imediata de 300 mil judeus, que levaria o número total de judeus para 1 milhão, estabelecendo uma paridade entre judeus e árabes. Foi relatado ao mesmo tempo que, condicionado a um acordo entre judeus e árabes, a Grã-Bretanha se prepararia para delegar seu mandato às Nações Unidas.

Um lar que meu vizinho não reconheça e respeite não é um lar. Um lar nacional judaico que não seja reconhecido e respeitado pelos povos vizinhos não é um lar, mas uma ilusão – até que se torne um campo de batalha. Esta simples constatação – o fato de que os árabes até agora não reconheceram ou respeitaram o lar nacional judaico – não poderia, é claro, ser resolvida por quaisquer declarações de potências distantes ou por quaisquer interpretações legalistas de acordos internacionais. É evidência do elemento ilusionista, utópico e apolítico que tantas vezes se agarrou aos políticos judaicos da Palestina, e que primeiro se manifestou em uma superestimação do que era prático e oportuno e então em uma radicalidade das demandas políticas.

Essa é a primeira vez que representantes do povo árabe ofereceram um endosso à imigração judaica. E com um único sopro que muda a situação dos povos judeu e árabe. Os direitos judaicos à Palestina, merecidos e fundados no trabalho judaico, estão sendo reconhecidos pelo único parceiro que realmente conta quando se trata de reconhecimento, porque esse parceiro é nosso vizinho. O sionismo está aliviado do ódio (que estava tão vinculado à Declaração de Balfour e ao Mandato Palestino) de ser o beneficiário e agente de interesses estrangeiros. O direito árabe a sua própria política está reconhecido, e o movimento nacional árabe está aliviado de seu ódio ao sionismo, que poderia se unir em torno de nada exceto a hostilidade em relação ao lar nacional judaico.

Não é preciso dizer que esse endosso árabe não caiu sobre nós dos céus da benevolência árabe como uma benção inesperada, mas é o resultado de negociações baseadas na *Realpolitik*. Não é preciso dizer que Roosevelt também negociou com os líderes do mundo árabe, porque interesses norte-americanos importantes estão em jogo no Oriente Médio. Mas o fator decisivo é que os resultados dessas negociações têm por objetivo provocar um acordo genuíno, em vez de passar por cima de todos os participantes e forçar decisões às quais ninguém pode se sentir vinculado e que, portanto, podem conduzir apenas à perpetuação dos conflitos. Não é preciso dizer que somente uma grande potência como os Estados Unidos pode assegurar a concordância de nações menores com tais decisões. O fator decisivo é que parece ser do interesse da política externa norte-americana que uma nova estrada seja preparada para a solução de conflitos entre os povos, sendo seu objetivo o uso de seu próprio poder a fim de preparar o alicerce para nações menores continuarem a exercer a política com relativa independência.

Essa forma de política do poder, essa *Realpolitik*, difere da política do poder imperialista em seu propósito, que não é utilizar a base do poder atual para acumular cada vez mais poder ilimitado. Uma marca registrada do imperialismo é que em todos os conflitos ele joga um parceiro contra o outro para assegurar a si mesmo a dominação permanente como o mediador perene, e para jogar o jogo dos "conflitos trágicos" como uma forma de manter os povos em questão em um estado de esterilidade política e imaturidade permanente. A solução para a qual Roosevelt tentou evidentemente preparar o caminho no conflito palestino procura trazer o impasse que resulta mesmo do mais moderado imperialismo do inferno trágico para a esfera da humanidade, onde se deve encontrar soluções às vezes melhores, às vezes piores, e normalmente acordadas.

Pois não é preciso dizer que essa solução é um compromisso. Não porque faz jus quer às demandas radicais dos árabes, quer às demandas igualmente radicais dos judeus; as demandas de ambos os lados eram tão injustas (por parte dos árabes) e tão utópicas (por parte dos judeus) que excluíram a possibilidade de soluções por princípio. Mas os judeus correm o enorme risco de tornarem-se uma minoria permanente na Palestina. Esse risco é presumivelmente um preço não muito alto pelo imenso benefício de conseguir o endosso do mundo árabe à imigração judaica, porque esse reconhecimento dos direitos judaicos oferece por princípio uma base para futuras negociações. Depois de ter essa fundação sob os seus pés, você pode de fato se dar ao luxo de ser "oportunista" – o que significa confiar na fluência natural do tempo, nas mudanças naturais das constelações políticas e no crescimento das próprias energias, tudo o que certamente ocorrerá.

Muito mais sério que a contemplação de um futuro distante é que até agora não alcançamos nenhum reconhecimento de nossa contribuição para a guerra e, por esse motivo, nenhuma representação nas negociações das Nações Unidas. Isso será de crucial importância agora, porque se o Mandato da Palestina recair sobre as Nações Unidas, os árabes serão representados entre essas nações, mas não os judeus. Essa é uma deficiência que pode nos conduzir diretamente para certas consequências práticas às quais não ousamos aquiescer sob quaisquer circunstâncias. A demanda mais importante da política judaica – logo que a questão da imigração for resolvida e o acordo entre judeus e árabes estabelecido – é uma representação internacional da Palestina judaica totalmente acreditada, que goze dos mesmos direitos que todas as outras.

Nos últimos anos, o povo judeu teve de se acostumar tanto com o fato de que todas as notícias são más notícias para os judeus que será difícil para eles perceberem que o que temos aqui são notícias extraordinariamente boas de verdade, bem como muito promissoras. A consequência das más notícias foi que o sionismo se acostumou a formular suas demandas em um vácuo e a descartar de pronto qualquer oportunidade política real que não prometesse o cumprimento imediato de suas demandas. Há um temor de que como resultado dessa política de desespero toda oferta que não corresponda ao próprio programa do povo judeu – que definitivamente se assemelha a um castelo no ar – seja denunciada como chamberlainismo, apaziguamento, imperialismo e traição, o que significa que eles não compreenderão que estão lidando aqui com algo melhor no espírito do que a Declaração de Balfour.

O que quer que isso seja – e esperemos que a reação sionista seja diferente –, uma coisa é certa: o que acontecerá a partir de agora na questão palestina vai depender, em parte, na verdade em grande parte, de nós. Provamos na Palestina que os judeus podem ajudar a si próprios tanto economica quanto socialmente, se apenas lhes fosse permitido fazê-lo. Agora temos nossa chance de nos ajudarmos politicamente também – ou nos arruinarmos. Isso é apenas justo, e é a única justiça que a política oferece.

AS CHANCES JUDAICAS: PROSPECTOS ESPARSOS, REPRESENTAÇÃO DIVIDIDA
20 de abril de 1945

O povo judeu não está representado entre as 44 nações cujos delegados se reunirão em São Francisco em abril de 1945. Como quer que julguemos o verdadeiro significado dessa conferência – e uma série de Estados, incluindo alguns Estados árabes, pelo menos a consideraram importante o suficiente a ponto de declararem guerra faltando cinco minutos para as doze –, a recusa das potências vitoriosas de nos conceder um assento à mesa de conferência é uma séria perda de prestígio para o povo judeu.

Já é ruim o suficiente que não tenhamos sido honrados sequer com uma aparência de participação na organização da vitória e da paz; ainda pior é que essa negligência em princípio nos obriga mais uma vez a ocupar nosso velho papel de conselheiros oficiais, a utilizarmos nossos velhos métodos de exercer influência oficiosa. Pois, como o mundo inteiro sabe, é apenas natural que nós – não como indivíduos, não como norte-americanos adeptos da religião judaica, mas como um povo – tenhamos interesses especiais e demandas que devemos expor de um jeito ou de outro. Isso é um presságio perigoso da restauração do *status quo* que todos os povos europeus temem imensamente; e nós judeus temos motivo para temê-la mais do que todos os outros juntos.

No lugar de um representante do povo judeu em São Francisco haverá – juntamente com incontáveis convidados não oficiais, que em nome de suas organizações tentarão conquistar a atenção de um político ou outro, e os representantes de 42 outras organizações que agirão como conselheiros da delegação norte-americana – dois delegados de organizações judaicas norte-americanas convidados pelo Departamento de Estado. A Conferência Judaica Americana e o Comitê Judaico Americano foram convocados para aparecer ao lado de grupos católicos e protestantes; eles todos vão enviar uma equipe de assistentes e experts; o representante da Conferência é Henry Monsky, o do Comitê é seu presidente, o juiz Proskauer.

Neste caso, desafiando todas as leis da aritmética, *dois conselheiros judeus são menos de um*. Pois essa duplicação é simplesmente o resultado de uma discussão feroz, não resolvida, entre essas duas organizações em relação a quem deveria ser o único representante. Uma vez que nessa discussão o Comitê Não Sionista se encontra na posição de uma minoria desesperada, há algumas semanas chamou a Conferência, o Comitê Trabalhista Judaico e o Congresso Judaico Americano a unirem-se, por assim dizer, sob sua liderança e a acordarem um programa mínimo. O que foi, é claro, rejeitado. Após o que, o Comitê conseguiu, por meio de conexões e do argumento de que a conferência representa apenas a porção sionista da comunidade judaica americana, ser admitido como conselheiro.

Tão compreensível quanto essa disputa entre judeus possa ser a qualquer um familiarizado com o estado da política judaica, certamente parecerá incompreensível às pessoas de fora que se reunirão em São Francisco e que virão a conhecer ambas as partes somente por meio de seus memorandos. Pois suas demandas são em todos os pontos essenciais praticamente idênticas: adoção de uma declaração de direitos internacionais; resolução do problema da apatridia; restabelecimento dos direitos dos judeus e da propriedade dos judeus; punição para todos os crimes de guerra cometidos contra judeus. Finalmente, na disputada questão da Palestina, ambas as partes estão bastante unidas em sua forte oposição embasada em princípios ao Livro Branco, assim como ambas adotam uma posição positiva em relação a uma possível transformação do mandato em uma tutela internacional. Ao fazer mais uma demanda de uma *commonwealth* judaica, a Conferência Judaica Americana não tem ilusões acerca de suas chances em um encontro em São Francisco no qual os árabes ocupam assentos com direitos plenos e iguais, enquanto a Agência Judaica pode apenas esperar obter uma audiência durante certas negociações. Independentemente disso, há a declaração de Churchill de algumas semanas atrás de que *a questão palestina será discutida pela primeira vez depois da guerra.*

A peculiaridade de todas as outras demandas é que elas têm pouca importância política prática. A declaração de direitos internacionais tem uma boa chance de ser honrada com aprovação solene. Isso significaria quase tanto quanto a aceitação solene da resolução na Conferência Democrática Interamericana no México, em 1944, que, conforme apresentada pela delegação mexicana, renunciava a toda forma de discriminação em questões de imigração, após a qual o governo mexicano fechou os portões de seu país para quase todos os imigrantes que não viessem da Espanha ou do hemisfério ocidental.

Quanto ao *restabelecimento dos direitos dos judeus*, já está claro que não haverá mais tratados lidando com as minorias (que eram a base essencial para os direitos de toda a comunidade judaica da Europa Oriental). E isso deixa apenas o restabelecimento da propriedade dos judeus. A única coisa notável a esse respeito é que até agora nenhum órgão judaico tenha tido a coragem de falar contra as reparações individuais – com as quais tivemos as piores experiências em toda parte – e a favor de uma restituição coletiva, da qual as comunidades judaicas apareceriam como as reclamantes e os Estados nacionais como os agentes da restituição.

A verdadeira diferença entre esses dois conselheiros judaicos repousa não tanto em suas demandas práticas, mas sim no segundo plano de suas organizações. O Comitê Judaico Americano representa verdadeiramente somente a comunidade judaica americana, ou melhor, uma pequena parcela desta. A Conferência, contudo, tentou de imediato transformar seu convite, que era endereçado somente a judeus norte-americanos, em um tipo de representação para a comunidade judaica mundial. Juntamente com o Congresso Judaico Mundial como o representante de todas as organizações judaicas europeias e a Câmara de Deputados dos Judeus Britânicos, formou um comitê conjunto que enviou convites para todos os judeus da África do Sul e da Rússia soviética.

Em todas as questões envolvendo a Palestina, foram feitas provisões para uma *cooperação mais próxima com a Agência Judaica*, que presumivelmente será representada por Nahum Goldmann e Elieser Kaplan, que comparecerão como observadores. Essa aliança é bem-vinda porque assim evita qualquer aparência de que os judeus norte-americanos tenham assumido a liderança da comunidade judaica mundial de forma antidemocrática e paternalista.

Isso, então, é a história judaica que precede a conferência de São Francisco. Sem dúvida alguma questões de grande interesse dos judeus serão discutidas lá – a mais importante das quais será a substituição do mandato por uma tutela internacional e o *status* das pessoas apátridas. É mais do que questionável, contudo, se os conselheiros judaicos da delegação norte-americana serão capazes de exercer uma influência real na forma que tomarão essas questões vitais.

A POLÍTICA JUDAICA

SE A HORRÍVEL CATÁSTROFE DA COMUNIDADE JUDAICA EUROPEIA e a difícil e triste luta para formar um exército judaico e para obter o reconhecimento dos judeus como um aliado das Nações Unidas resultarem no fato de que finalmente percebemos que, apesar de nossos milionários e filantropos, nós, judeus, estamos entre os povos oprimidos desta Terra, e que nossos Rothschilds têm mais chance de se tornarem pedintes ou mascates do que nossos pedintes e mascates de se tornarem Rothschilds – se, em outras palavras, esta guerra nos politizar e martelar em nossas cabeças que a luta pela liberdade é equivalente à luta pela existência, então, e somente então, nossos netos serão capazes de lembrar e lamentar os mortos e de viver sem vergonha.

Aqueles povos que não fazem a história, mas simplesmente a sofrem, tendem a se ver como as vítimas de eventos sem sentido, avassaladores, inumanos, tendem a colocar suas mãos no colo e a esperar por milagres que nunca acontecem. Se no curso desta guerra não acordarmos dessa apatia, não haverá lugar para nós no mundo de amanhã – possivelmente nossos inimigos não terão conseguido nos aniquilar totalmente, mas aqueles de nós que sobrarem serão pouco mais do que cadáveres vivos.

Os únicos ideais políticos que um povo oprimido pode ter são a liberdade e a justiça. A democracia deve ser sua única forma de organização. Um dos entraves mais sérios para a política judaica – e não só judaica – é o fato de que em nosso mundo intelectual de hoje aqueles ideais e aquela forma de organização foram corrompidos e arrastados na lama por uma boemia desarraigada. Por quase cinquenta anos, uma geração após a outra declarou seu desdém pelas ideias "abstratas" e sua admiração pela bestialidade. Liberdade e justiça são considerados conceitos para débeis homens velhos. O lema *égalité, liberté, fraternité* da Revolução Francesa é tomado como sinal de impotência, de uma anêmica vontade de poder, e no máximo um pretexto para fazer melhores negócios. A assim chamada nova geração – que varia em idade de vinte a setenta anos – demanda de seus políticos astúcia, mas não caráter; oportunismo, mas não princípios; propaganda, mas não políticas. É uma geração que adquiriu o hábito de construir sua *Weltanschauung* a partir de uma confiança vaga em grandes homens, a partir do sangue e da terra, e de horóscopos.

A política que surge dessa mentalidade é chamada de *Realpolitik*. Suas figuras centrais são os homens de negócios que acabam se tornando políticos convencidos de que a política é só um imenso negócio superdimensionado com imensas, superdimensionadas, perdas e ganhos, e o gângster que declara: "Quando ouço a palavra cultura eu saco meu revólver". Uma vez as ideias "abstratas" substituídas pela especulação na bolsa de valores, foi fácil para a justiça abstrata desistir diante de revólveres concretos. O que parecia uma rebelião contra todos os valores morais conduziu a um tipo de idiotia coletiva: qualquer um que pode enxergar mais longe do que a ponta de seu próprio nariz é acusado de viver em um mundo de fantasia. O que parecia uma rebelião contra o intelecto levou a uma torpeza organizada – o poder faz o direito.

O desdém pela democracia e a veneração em formar organizações ditatoriais são particularmente fatais para povos pequenos, oprimidos, que dependem do firme compromisso de cada indivíduo. Eles menos ainda podem renunciar a uma disposição de espírito democrática, pela qual, como colocou Clemenceau durante o caso Dreyfus, as questões de cada indivíduo são as questões de todos. Em uma ditadura, o indivíduo não tem nenhum sentido político – não importa quantos deles usem uniformes –, porque o indivíduo não mais tem qualquer senso de responsabilidade com nada além de manter a si próprio vivo. Uma vez que a ordem "de cima" é dada, não importa quantos homens da SA marchando em fileiras podem ser abatidos ali mesmo sem que se suspenda a parada. Cada homem está pronto e disposto a pisar no cadáver de seu vizinho e continuar a marchar. E tendo o oportunismo de um homem de negócios sufocando povos e nações, atomizando-os em uma política de clãs, o despotismo conduz essa atomização a sua conclusão lógica, até que finalmente os filhos denunciem seus próprios pais, vizinhos e amigos denunciem uns aos outros, em benefício de suas carreiras ou segurança pessoal.

Em quase todos os casos, a política judaica, na medida em que ela de todo modo existe, é dirigida por pessoas que igualmente cresceram – sem nunca ficarem poderosas! – venerando o poder e o sucesso oportunista. Sua aversão aos princípios, seu medo de apostar no cavalo errado, sua admiração por aqueles que detêm o poder sobre a Terra e sua relutância em mobilizar as energias de seu próprio povo nos custaram a criação de um exército judaico. Em meio ao tumulto monstruoso no qual se encontra agora o mundo, aqueles que não estão dispostos a assumir quaisquer riscos certamente perderão tudo. O momento para compromissos passou. Aqueles que pensam que podem viver de joelhos aprenderão que é melhor viver e morrer em pé. Não precisamos de praticantes oportunistas da *Realpolitik*, mas também certamente não precisamos de "*Führers*". O problema é, primeiro, que um grande número de organizações e burocracias está trabalhando para impedir democratas radicais de falarem ao nosso povo; e, segundo, que nosso povo – aqueles que não estão atrás de arame farpado – está tão desmoralizado por ter sido dominado por filantropos que acha difícil começar a reaprender a linguagem da liberdade e da justiça.

POR QUE O DECRETO CRÉMIEUX
FOI REVOGADO

Quatro meses e sete dias depois que as tropas americanas desembarcaram na África do Norte, o general Henri Giraud, alto comissário francês, declarou nula e sem efeito toda a legislação de Vichy ainda vigente no país. O passo foi dado depois de meses de vigoroso protesto público na Grã-Bretanha e nos Estados Unidos, e pareceu ter sido dado com alguma relutância depois de muitas explicações sobre o atraso. A declaração do general Giraud foi feita em uma emissão radiofônica internacional no domingo, 14 de março, mas apenas no dia seguinte os públicos britânico e norte-americano perceberam com considerável indignação que haviam sido enganados.

Facilmente ignorada em meio aos compromissos de adesão aos princípios democráticos da França republicana de Giraud estava uma breve frase que repelia uma lei da República francesa consagrada pelo tempo. "Com o mesmo desejo de eliminar toda discriminação racial", dissera o general Giraud, "o Decreto Crémieux de 1870, que institui distinções entre habitantes maometanos e judeus, fica revogado". Despida de seu palavreado diplomático, essa frase pretendeu expressar, como a imprensa norte-americana logo explicou, que os judeus argelinos estavam sendo privados de sua cidadania para apaziguar os alegadamente descontentes maometanos argelinos. Ela ignorou completamente o fato de que a cidadania francesa esteve disponível para os muçulmanos por mais de setenta anos. Com um golpe ela relegou toda a população judaica argelina ao status quo *de 1865! As verdadeiras razões para esta medida no meio de uma guerra pela liberdade de todos os povos repousa não na explicação do general Giraud, mas antes na tradicional busca por poder dos grupos coloniais e militares franceses.*

Os editores, *Contemporary Jewish Record*

A política colonial da França desde os tempos de Jean Baptiste Colbert – e contrariamente à política colonial de outras nações europeias – favorecera a completa assimilação dos nativos em seus territórios. Eles deviam ser "chamados para uma comunidade de vida com os franceses [...] de modo que possam, em última análise, formar com aqueles de nós que migram para o Canadá uma única nação". Essas foram as instruções dadas por Colbert, no século XVII, aos governados franceses da Nova França, ou Canadá. As colônias de ultramar deveriam se tornar províncias francesas, seus habitantes, cidadãos franceses.

A despeito de todas as transformações revolucionárias na França ao longo dos dois últimos séculos, raramente houve um governo que partisse da linha geral dos princípios estabelecidos por Colbert e fortemente apoiados pela Declaração dos Direitos do Homem. A Argélia, no entanto, foi a primeira colônia francesa que era próxima o suficiente para ser diretamente incorporada ao corpo político da França, para tornar-se uma parte integral da metrópole.

Anteriormente, em 1865, o governo francês havia estabelecido princípios para o tratamento da população nativa da Argélia em relação a sua cidadania e sua relação com a metrópole, princípios que, no que dizia respeito aos muçulmanos, permaneceram imutados até 1919, quando foram ligeiramente alterados.

O artigo primeiro da assim chamada *Senatus-consulte* de 1865, de especial importância desde a revogação do Decreto Crémieux, possui o seguinte teor:

> O muçulmano nativo é um francês; não obstante, ele continuará a ser regido pela lei muçulmana. Ele pode ser admitido no Exército e na Marinha. Ele pode ser indicado para postos civis na Argélia. Ele pode, mediante requerimento, ser admitido à cidadania francesa; mas nesse caso ele deve ser governado pelas leis civis e políticas da França.

O artigo segundo concede os mesmos benefícios para os indivíduos judeus.

Nem nativos judeus, nem nativos muçulmanos, contudo, mostraram-se muito ansiosos para requerer a cidadania francesa. Entretanto, o governo de Napoleão III planejava naturalizar os judeus *"en bloc"* em 1868. Dois anos depois, o governo provisório francês, o "Gouvernement de la Défense Nationale", com Adolphe Crémieux como ministro da Justiça, executou os planos do Segundo Império ao decretar:

> Os judeus nativos dos departamentos da Argélia são declarados cidadãos franceses. Portanto, datando da promulgação do presente decreto, seu *status* real e pessoal será regido pela lei francesa; todos os direitos adquiridos até esta data permanecem invioláveis [...].

A naturalização da comunidade judaica argelina, que geralmente é vista – igualmente por amigos e inimigos – como trabalho exclusivamente de Crémieux, fora solicitada por dois motivos. Um foi a derrota da França na Guerra Franco-Prussiana que deixou o domínio francês na África do Norte seriamente ameaçado. O decreto (assinado em Tours) foi publicado em meio a uma crise nacional – o imperador havia abdicado e parte do governo abandonara Paris – e serviu como indicação de que os judeus eram vistos como a única parcela digna de confiança da população argelina. Com efeito, uma revolta muçulmana eclodiu em 1871. Não foi, portanto, de pequena importância para o governo ter cerca de 38 mil franceses leais na colônia em um momento em que o problema, obviamente, estava à frente.

A segunda razão repousa no fato de que os judeus, diferentemente dos nativos muçulmanos, eram estreitamente ligados à metrópole por meio de seus irmãos franceses. Seu "*status* pessoal", não muito diferente das tradições de seu meio árabe, não pareceu aos franceses típico do povo judeu, mas antes maus hábitos de uma pequena parcela daquele povo, de alguma forma desencaminhado – hábitos que poderiam facilmente ser corrigidos pela maioria desse mesmo povo. A comunidade judaica francesa, representada pelo Consistoire Central, podia assumir a responsabilidade de se sobrepor aos rabinos nativos e podia até mesmo fornecer alguma garantia da rápida assimilação da comunidade judaica argelina. Por conseguinte, quando o decreto foi publicado, foi dado ao Consistoire Parisiense poder legal para indicar todos os rabinos argelinos. Por meio do decreto Crémieux, a comunidade judaica argelina desistiu de seu *status* pessoal e tornou-se sujeita à lei francesa. As escolas da Alliance Israélite Universelle, junto com a política ativa do Consistoire, assimilou os judeus nativos de língua árabe em um período relativamente curto e converteu-os em leais cidadãos franceses.

Mas inimigos do Decreto Crémieux logo apareceram. O primeiro a formalmente opor-se a ele foi M. Lambert, o ministro do Interior da nova República francesa. Sua atitude, inspirada por círculos militares, estava alinhada com a oposição da administração colonial francesa e dos oficiais coloniais franceses. Sua resistência ao Decreto

Crémieux aumentou bastante por conta do fato de que o novo *status* dado à Argélia os privava de muito de seu poder.

A Argélia fora governada por um governador-geral militar que respondia somente ao Ministério da Guerra e que era igualmente responsável pela vida civil e pela segurança militar. Em nenhuma outra parte da França a influência militar era tão preponderante; os *préfets*, toda a administração civil, estavam sujeitos à autoridade dos generais. A constituição do país era um tipo de ditadura militar. Tudo isso mudou em 1871, quando um governador-geral civil foi indicado pelo governo e colocado sob a autoridade do Ministério do Interior. Desse modo, o Exército francês perdeu a única fortaleza que possuía, onde controlava a vida civil e os civis.

O almirante Gueydon, que havia sido governador-geral da Argélia de 1871 a 1873, foi um dos primeiros a culpar o Decreto Crémieux pelos motins de 1871; ele foi seguido de perto pelo general Ducrot. Ambos os cavalheiros obviamente haviam escolhido esquecer as revoltas anteriores de 1864. Administradores coloniais como du Bouzet e Autun logo se juntaram a essa oposição. Eles falavam em nome dos colonos franceses na África do Norte, homens que nunca compartilharam as visões do governo da metrópole em relação à política colonial. Ao longo de sua estada na Argélia, eles adquiriram um sentimento de superioridade racial que nunca fora conhecida na França em si e sentiram sua posição econômica e política em risco caso a cidadania francesa fosse concedida aos nativos argelinos.

Esses colonos franceses tornaram-se a principal fonte de antissemitismo na Argélia. Eles eram antinativos em geral, mas tornaram-se antijudeus quando a igualdade foi conferida aos judeus nativos. Por meio de sua influência e controle, quase toda a imprensa argelina nos anos de 1880 assumiu uma posição antijudaica e lutou contra o Decreto Crémieux. Placas de rua declararam em 1882 que "todos os métodos são bons e devem ser utilizados para o extermínio dos judeus pelos europeus". Edouard Drumont, um líder agitador, expressou a esperança de que uma campanha do antissemitismo francês começasse na Argélia, e não foi desapontado; durante o caso Dreyfus, os piores *pogroms* aconteceram em Argel (1898), e Drumont, que não conseguia votos suficientes na metrópole, encontrou franceses o suficiente em Argel para elegê-lo ao Parlamento.

Enquanto isso, o Parlamento francês continuou a buscar uma fórmula que permitiria a assimilação e naturalização dos outros nativos. Entre 1887 e 1897 inúmeros projetos foram apresentados, todos eles propondo a naturalização progressiva de muçulmanos argelinos. Em 1915, Georges Clemenceau apresentou um projeto que teria concedido a cidadania aos muçulmanos sem pedir que eles abandonassem seu *status* pessoal. Em 1919, quando Clemenceau foi premier, foi aprovada uma emenda ao velho *Senatus-consulte* que previa algumas pequenas reformas, mas que ainda insistia na naturalização individual.

As razões para o fracasso da política de assimilação tradicional em um país que mais do que qualquer outro fora organizado no modelo da França são de dois tipos. É verdade que os nativos não queriam renunciar a seu *status* pessoal (que permitia a poligamia e a negação de todos os direitos às mulheres) e que a França dificilmente poderia outorgar-lhes a cidadania sob essa circunstância. A lei civil francesa e o código penal francês têm por base a igualdade dos sexos, e o conceito islâmico de autoridade paterna está em conflito fundamental com esse princípio de liberdade individual. Se os nativos, especialmente os felás, oprimido por sua "aristocracia nativa que os domina e explora inescrupulosamente", não abandonaram a poligamia é parcialmente também porque a mulher é a principal fonte de "mão de obra" para o felá, na verdade a única que ele tem recursos para "contratar". Entre os trabalhadores e os intelectuais nas cidades, contudo, a poligamia quase desapareceu.

Muito mais importante que esses costumes e até mais importante do que a influência da aristocracia nativa foi a atitude dos colonos franceses, que foi descrita pelo grande político colonial francês e estadista Jules Ferry nas seguintes palavras: "É difícil fazer o colono europeu compreender que existem outros direitos além dos seus em um país árabe e que o nativo não deve ser moldado de acordo com seus desejos".

Esses colonos franceses, a maioria grandes proprietários de terra cuja prosperidade dependia de trabalho nativo barato e de funcionários do governo complacentes, viviam em conflito permanente com os governadores-gerais indicados pelo governo nacional de Paris. Os colonos, e não o governador, exerciam o verdadeiro poder em assuntos argelinos, pois podiam atuar por meio da administração. Além disso, por meio dos deputados e senadores do Parlamento francês, eles podiam até mesmo influenciar o governo da metrópole, como fizeram em 1924 quando forçaram o governo de Chautemps a banir a emigração árabe da Argélia para a França com o intuito de manter sua reserva de mão de obra barata intocada.

Esse domínio antinativo pelos colonos franceses é possível por conta do *status* político inferior dos nativos. Posições políticas chave podem ser ocupadas somente por cidadãos franceses, enquanto a população muçulmana nativa fica restrita à autoadministração local. De acordo com a lei de 1884 (*Loi sur l'organisation municipale*), os nativos só têm o direito de votar e de ser eleitos para os conselhos municipais das comunidades. Cada um dos três departamentos argelinos é representado por um Conseil Général, cujos membros são apenas um quarto nativos, e o restante é de cidadãos franceses. Juntos, os três Conseils Généraux formam um tipo de parlamento local. O terceiro órgão político importante são as denominadas Délégations Financières, que decidem sobre o orçamento e impostos. Esse órgão é composto por 24 representantes dos colonos franceses (isto é, grandes proprietários de terra), 24 representantes de todos os outros cidadãos franceses e 21 representantes nativos que são indicados pelo governador-geral e normalmente selecionados dentre os ricos proprietários de terra árabes. Os membros dos Conseils Généraux e das Délégations Financières, junto com o Conseil du Gouverneur (um conselho selecionado e indicado pelo governador a partir de seus funcionários), formam o Conseil Supérieur.

Enquanto o governo nacional buscou a naturalização dos árabes e via o Decreto Crémieux como um começo e um meio de atrair os árabes com os privilégios que dava a seus cidadãos, suas intenções foram frustradas ao longo dos últimos setenta anos pelos colonos, que usaram seu poder legal para impedir a naturalização dos nativos. Eles nunca reconheceram o nativo naturalizado como um cidadão francês e não permitiram que ele participasse do governo do país. Ademais, a administração local provou ser muito mais forte do que o governo nacional em Paris. O governador-geral, seu único representante, exerce pouco poder de fato, como foi ilustrado muito enfaticamente pelo caso quase trágico de Maurice Viollette (1925-1927), um dos melhores governadores que a Argélia já teve. Viollette foi quase deposto pela sua administração porque tentou aplicar a política do governo da metrópole.

Alguns cidadãos de origem árabe estavam em pior situação do que seus irmãos não naturalizados, pois – nas palavras de seu porta-voz, S. Faci –, eles eram "repelidos pelos nativos e desprezados pelos franceses". Em outras palavras, o muçulmano nativo que requer a cidadania francesa confronta-se com o desprezo de seu próprio povo, que o chama de *m'tourni* (vira-casaca), e com o ódio e discriminação da sociedade e administração francesas. Além disso, requerimentos de cidadania devem ser apresentados por meio de diversos canais administrativos, começando com a justiça de paz. Visto que os documentos necessários, como a certidão de nascimento, são obtidos somente com a administração ou com os conselhos municipais muçulmanos, que são hostis a qualquer naturalização, o número total de naturalizações concedidas até 1934 foi de 1.359.

Depois de 1919, dificilmente houve um ano no qual um novo projeto não tenha sido apresentado no Parlamento com o objetivo de normalizar o *status* dos nativos argelinos, e de 1927 a 1937 nove desses projetos foram discutidos. Dentre eles, podemos distinguir três tipos de reformas. Uma demandava representação especial e separada para os nativos dentro do Parlamento francês, particularmente nos projetos como aqueles apresentados por Moutet, um deputado socialista. O segundo tipo de projeto propunha a naturalização sem a renúncia ao *status* pessoal. É melhor representado pela proposta feita por Viollette em 1931, que também foi defendida em 1936 pelo governo Blum. O terceiro tipo é representado pela proposta de Cuttoli (1935), que queria naturalizar os nativos *en bloc* mas com a renúncia ao *status* pessoal. Segundo essa proposta, os nativos teriam o direito de rejeitar a cidadania francesa se desejassem manter seu *status* pessoal. No entanto, nenhum desses planos se concretizou. A única proposta que foi apoiada pelo governo, o Plano Viollette-Blum, foi atacado tão violentamente pelos colonos argelinos e seus representantes no Parlamento que teve de ser abandonado.

Desde o caso Dreyfus, a propaganda antissemita na Argélia nunca abrandou. Revoltas esporádicas, porém sangrentas, ocorreram em Argel em 1898, em Orã em 1925 e em Constantina em 1934. Elas não só foram tolerados pela administração e pela polícia, como toda a atmosfera foi cuidadosamente preparada. O governador-geral Viollette, falando sobre Orã, declarou: "A política de M. Molle foi exclusivamente uma política de antissemitismo". E em 1935, Viollette disse categoricamente ao Senado: "Se há antissemitismo na Argélia, tenham certeza de que são os europeus que o ventilam".

Depois de 1934, a propaganda nazista fez-se sentir fortemente em todos os países da África do Norte. Comitês pan-islâmicos, organizados na Síria, Egito, Tunísia e Argélia, eram dirigidos por um comitê central em Berlim que, de acordo com o Senado francês, tinha a sua disposição um fundo de 20 milhões de marcos. Clamores de *"Vive Hitler"* eram comuns em filmes argelinos, e uma propaganda considerável circulava entre os nativos. Não há dúvida de que essas atividades eram apoiadas pelos colonos franceses, que admiravam a política racial de Hitler e que estavam muito satisfeitos em ver os sentimentos violentos da população economicamente deprimida e politicamente desprivilegiada direcionados contra os judeus, antes do que contra eles próprios.

As eleições de 1936 ao Parlamento francês, as últimas antes do colapso, já mostram que a direita na Argélia era muito mais forte do que na França propriamente, embora os republicanos ainda tenham obtido uma maioria. Mas essa maioria foi obtida principalmente por causa dos votos dos judeus e de uma série de servidores públicos, que foram subsequentemente destituídos pelo regime de Vichy. Contudo, deve ser lembrado que siglas partidárias do pré-guerra não mais refletiam a verdadeira filiação política de um candidato e que simpatizantes de Hitler, que mais tarde tornaram-se colaboracionistas, podiam ser encontrados em todos os partidos, de direita ou esquerda. (Laval era socialista-radical, e Fauré era um antigo colega de Blum.) Portanto, não deve ser uma surpresa que, embora dentre os dez deputados argelinos eleitos em 1936 somente um pertencesse abertamente a um partido antirrepublicano, não mais do que dois deputados protestaram contra os decretos de Vichy. E eles pertenciam a dois pequenos partidos centrais.

Na Argélia, no momento, em uma população total de 7.234.084, há 987.252 europeus, dos quais 853.209 são ou foram cidadãos franceses. Dentre estes últimos, cerca de 100 mil são judeus. (Desde a separação entre o Estado e a Igreja, nenhum censo especial está disponível para países franceses.) Os judeus, agora privados de sua cidadania, regressam ao *status* de nativos: eles tornaram-se súditos franceses.

Os muçulmanos hoje são julgados por leis francesas e tribunais franceses em todas as matérias, exceto naquelas que envolvem seu *status* pessoal (casamento e divórcio, maioridade e minoridade, sucessão e autoridade paterna), sobre as quais a lei muçulmana prevalece. Como súditos franceses (nativos), no entanto, eles gozam dos mesmos direitos civis que os cidadãos franceses; desse modo, desde 1864 e a despeito do *status* pessoal, os nativos podem até se tornar advogados e praticar a profissão exatamente sob as mesmas condições que na França. Eles podem representar nativos ou cidadãos franceses (embora diferentes códigos civis sejam aplicados, e podem comparecer perante qualquer tribunal da Argélia, quer muçulmano ou francês, pois "é privilégio do advogado advogar em todas as cortes"). Mas o sistema administrativo argelino dá aos nativos pouca representatividade nos órgãos políticos decisivos do país e os priva de direitos como, por exemplo, ter uma opinião sobre a tributação.

A posição dos judeus nesse contexto será ainda pior: eles não serão reintegrados aos assentos que ocupavam anteriormente nos Conseils Généraux, dos quais as leis de Vichy já os havia privado, pois haviam sido indicados ou eleitos para tais posições como cidadãos franceses, e não como súditos nativos.

Assim, em matéria de tributação, por exemplo, eles serão completamente dependentes de um órgão governamental que não só não pode representá-los como de fato até mesmo se mostrará hostil aos seus interesses. E o general Giraud já declarou que não se deve esperar novas eleições.

Falando teoricamente, os judeus, como outros súditos, podem requerer a naturalização individual. Na prática, contudo, seus requerimentos serão impossibilitados por uma administração que é ainda mais antijudaica do que antinativa e que bloqueou a naturalização de nativos pelos últimos setenta anos. Teoricamente, a revogação do Decreto Crémieux terá pouco efeito sobre a vida econômica geral dos judeus. De fato, a única deficiência séria – a autorização necessária para o ingresso na França, que durante os últimos anos foi raramente concedida aos nativos – não desempenha um papel importante por enquanto. Na prática, a revogação do Decreto Crémieux significa que os judeus não terão nenhuma representação nos diversos órgãos políticos do país e que estarão em uma posição pior que os muçulmanos: eles não serão absolutamente representados!

Tendo em vista que os judeus não tinham um *status* pessoal mas eram exclusivamente sujeitos à lei francesa, eles eram cidadãos franceses não por privilégio, mas por direito. A revogação pelo general Giraud do Decreto Crémieux introduz na Argélia um novo critério para a cidadania francesa e cria uma distinção entre nativos e cidadãos que está em flagrante contradição com todas as leis francesas, com todas as instituições francesas e com toda a política colonial francesa. Essa distinção, ao abandonar as bases do direito, língua e civilização francesas, não pode ser baseada em nada além da origem racial.

Se o general Giraud, em vez de revogar o Decreto Crémieux, tivesse estendido a cidadania francesa para todos os nativos prontos a aceitar a lei civil francesa e a renunciar a seu *status* pessoal (como foi proposto por Cuttoli em 1935), poderia ter havido dúvidas se sob as presentes circunstâncias ele tinha qualquer direito de fazer essa mudança constitucional. Mas pelo menos ele teria agido de acordo com os padrões das políticas coloniais francesas tradicionais, e teria colocado em vigor uma lei que havia sido discutida repetidamente perante o Parlamento. A possibilidade de afastar o Decreto Crémieux, todavia, não havia sido mencionada ao Parlamento por mais de quarenta anos.

O general Giraud finge ter anulado o Decreto Crémieux porque provocava a desigualdade entre os nativos e conferia uma posição privilegiada aos judeus. Na verdade, ele atuou como agente daqueles colonos franceses que sempre quiseram trazer para sua "ditadura" a única parte da população argelina que até o momento havia escapado ao seu domínio arbitrário e egoísta. Os colonos franceses, em outras palavras, tiraram proveito da derrota da França e de sua liberdade do controle da metrópole para introduzir na Argélia uma medida que nunca haviam conseguido obter por meio de canais legítimos.

Abril de 1943

NOVOS LÍDERES SURGEM NA EUROPA

OS JUDEUS FORAM AS PRIMEIRAS VÍTIMAS DO REGIME NAZISTA E foram os últimos a atingir um movimento clandestino militante. Levou quase dez anos para que superassem a aversão judaica tradicional à organização militar e para que conquistassem a cooperação ativa das demais forças antifascistas da Europa. Hoje, contudo, um exército clandestino judaico é um fato consolidado. Desde a gloriosa batalha no gueto de Varsóvia, cresceu em tamanho, espalhou-se para novas áreas e inspirou levantes cada vez mais frequentes em campos de concentração. Ironicamente, entretanto, enquanto alguns judeus ocuparam-se em descrever nossos irmãos como vítimas indefesas e objetos deploráveis de eventuais resgates e assistências, eles foram fortes e engenhosos o suficiente para se organizarem em unidades de combate judaicas.

Unidades de combate sob sua própria bandeira, rebeliões em campos de concentração, cooperação com outros movimentos clandestinos por toda a Europa – esses são fatos mais tangíveis e politicamente significantes do que os dados estatísticos bastante duvidosos que afirmam que quase nada pode ser esperado da comunidade judaica europeia em um futuro próximo. Por mais triste que seja, são esses combatentes judeus, e não as lágrimas pelo número incontável daqueles que pereceram no grande matadouro, que nos ajudarão a moldar o destino dos judeus.

Nenhuma invenção técnica e nenhuma arma decidiram tão decisivamente a fisionomia desta guerra como o papel desempenhado nela pelas organizações clandestinas. Por mais perigosa que seja sua existência, elas garantem ao menos tanta segurança para o membro individual quanto a ordem de terror por meio da qual as gangues da polícia fascista "protegem" os cidadãos desorganizados "cumpridores da lei". Quando ouvimos que menos de 4% dos franceses que recebem ordens para se reportarem para o trabalho forçado realmente obedecem a elas, percebemos que as ordens de deportação dos nazistas tornaram-se ordens de recrutamento para a clandestinidade europeia. Não há escapatória da escolha (para os judeus ainda menos do que para quaisquer outros) entre lutar contra os nazistas, e desse modo ganhar uma chance de sobrevivência, ou morrer com uma certeza quase matemática. Enfim, podemos descobrir que os moralmente mais fortes que arriscaram suas vidas pela causa comum da liberdade sobreviveram, enquanto os elementos mais fracos do povo que não puderam resistir terão perecido.

Embora ninguém possa prever quantos judeus estarão lá para receber os exércitos de libertação, requer pouca imaginação predizer que esses guerrilheiros nos apresentarão um tipo de mentalidade judaica totalmente nova, com um novo conjunto de problemas. Existe, é claro, o grande risco de que a caridade judaica organizada, pouco disposta a se livrar dos velhos métodos e práticas como qualquer burocracia, tentará lidar com as pessoas do antigo modo. Eles podem querer despachá-los para seus funcionários "experientes", a quem ninguém nunca preparou para encontrar "vítimas" orgulhosas, briosas, e completamente politizadas. Há o grande risco de que percamos a paz quando perdermos aqueles homens e mulheres que estão bem treinados para a nova liderança judaica, mas que dificilmente aprenderam como se comportar quando forçados para o terreno da caridade. Todos os nossos assim chamados, e mais ou menos autodesignados, porta-vozes da comunidade judaica europeia se provarão tão pouco representativos do povo judeu na Europa nazista quanto, digamos, os governos grego ou iugoslavo no exílio representam seus respectivos povos. A única razão pela qual ainda não temos os mesmos dilemas e problemas desses governos no exílio é que estamos mais isolados de nosso movimento clandestino do que os outros.

O próprio silêncio com o qual as organizações judaicas oficiais ocultam as conquistas de nossa clandestinidade – o tributo um tanto superficial ao seu heroísmo é constantemente contrabalanceado por lamúrias sobre "a pouca energia restante das vítimas nazistas" – é prova suficiente não só de nossa falta de imaginação, como também de nosso desejo consciente ou inconsciente de depreciar a importância política daqueles combatentes pela causa da liberdade judaica. É verdade, dia sim, dia não nos são apresentados novos planos para a reconstrução pós-guerra que, segundo as convicções políticas de seus autores, vão da evacuação completa dos judeus da Europa até a restauração completa das comunidades judaicas. Mas nenhuma das partes, como regra, está pronta para dar a palavra final às "vítimas" politizadas. Isso pode muito bem causar o desgosto de pessoas que certamente sentirão que pelo menos contribuíram para sua própria libertação tanto quanto os judeus de outros países, e pode finalmente resultar na desintegração das forças que hoje são vigorosas e bem organizadas. A questão primordial não é o que fazer com aqueles que de alguma forma conseguiram sobreviver nos campos de concentração, mas como cooperar com aqueles que viveram uma vida livre embora extremamente perigosa.

Esse risco de perder os melhores elementos do povo judeu será gravemente acentuado por outra tendência que foi notada por um pregador solitário no deserto – William Zukerman: o rápido desaparecimento do antissemitismo por todo o continente europeu. Se não fosse por isso, um movimento clandestino judaico, unidades de combate judaicas, e assim por diante, nunca teriam chegado a existir. Aqui, pela primeira vez em sua história recente, os judeus não estão protegidos por nenhum governo; e aqui, pela primeira vez, eles se encontram dependentes unicamente da solidariedade de seus vizinhos. Isso não é uma questão dessas histórias sentimentais sobre o gentio que foi simpático o suficiente para dar um pedaço de pão para um judeu, decente o suficiente para se recusar a assassiná-lo. Houve uma mudança muito nítida no relacionamento entre judeus e não judeus, mas isso não significa que a questão judaica será resolvida automaticamente. Pois enquanto uma gangue de assassinos hábeis certamente conseguiu tornar a vida um verdadeiro inferno, ninguém nunca conseguirá torná-la um paraíso. Em outras palavras, a mera decência ou gentileza nunca resolverão os problemas judaicos existentes. Esse é o trabalho da ação política consciente por parte do povo judeu, em cooperação com os outros povos da Europa.

No entanto, o problema em si mudou porque toda a estrutura do povo sofreu uma transformação violenta. Os grandes judeus, outrora os mestres absolutos da política judaica, primam por sua ausência. Judeus franceses, alemães e italianos estão congregados com seus irmãos orientais ou combatentes lado a lado. Não há mais o fantasma do "judeu em toda parte e em lugar nenhum" cuja identidade ninguém conhece completamente: um membro de uma "minoria nacional", ou de uma comunidade religiosa, ou da organização internacional mais poderosa, ou a personificação das "forças ocultas por trás da cena". Judeus tanto quanto não judeus agora já estão bastante consciente de que os judeus sofrem e lutam porque são judeus – e não por causa de sua religião ou do fato de eles serem uma minoria; que a organização internacional legendária não existe e que, em todo caso, eles certamente não são as forças ocultas por trás da cena, como retratado por Hitler. Na medida em que *o* judeu está desaparecendo, os judeus ganharam vida: organizando, lutando, orgulhosos de sua bandeira e de seus feitos, sofrendo e esperando por um futuro melhor – uma nacionalidade como outras nacionalidades que surgiu a partir do rico terreno da história ocidental.

Possivelmente esses judeus quererão ir à Palestina. Seria bastante lógico – embora não pelas razões citadas normalmente, isto é, por conta da suspeita e medo de futuras perseguições. A Palestina não fica na lua, e o antissemitismo racial enquanto uma arma da política imperialista não se detém perante os portões da pátria. O antissemitismo, se não obliterado em todos os lugares, ameaçará os judeus em qualquer lugar. As oportunidades para a completa integração, por outro lado, podem muito bem ser enormes depois da guerra.

Se eles deviam escolher permanecer na Europa – e uma maioria do povo terá de fazê-lo, pelo menos por um longo período de transição – ninguém será capaz de persuadi-los de que a simples restauração do *status quo ante*, a simples reintegração, seria possível ou mesmo desejável. E novamente, não por conta do ódio aos judeus, não por causa de quaisquer reações hostis dos povos não judaicos, mas por conta da própria organização dos judeus. Para o bem ou para o mal, judeus individuais não mais existem em nenhum número considerável. Se planejamos restaurar a vida judaica do pré-guerra, devemos perceber que teremos de destruir as formas presentes de organização judaica, e isso muito provavelmente poderíamos realizar somente contra a vontade do povo judeu da Europa. Pois estes aprenderam por meio das experiências mais amargas que nem a igualdade individual, nem a mera segregação nacional sem uma vida nacional ativa (sob a nomenclatura de direitos das minorias) garantem a existência de um povo. Para eles, um retorno à "era de ouro da segurança" tornou-se um escárnio e a proteção por terceiros – sejam eles governos ou irmãos bem colocados em outros países –, uma ilusão perigosa. Quer eles decidam participar ativamente na construção da Palestina ou tornarem-se parte do comitê de nações europeias, certamente insistirão em um novo *status* político para os judeus como *judeus*. Hoje, como parte da clandestinidade europeia, eles são organizados e reconhecidos como uma entidade distinta. Mesmo quando hasteavam a bandeira azul e branca, eles manifestavam sua vontade política. Eles ergueram a bandeira do povo judeu como um todo. Mesmo quando os outros movimentos clandestinos europeus cooperam com essa bandeira, eles, igualmente, indicaram a direção da solução do problema judaico. Não fará bem nenhum ignorar essas vozes em silêncio ou em piedade. Devíamos então nos preparar para uma nova liderança judaica que emergirá das fileiras da clandestinidade judaica – como surgirá dos movimentos clandestinos de todos os povos europeus.

UM CAMINHO PARA A RECONCILIAÇÃO DOS POVOS

I

Tem sido dito frequentemente que a Alemanha foi o primeiro país que Hitler conquistou. Mas isso só é correto se não se esquecer de que a conquista teve apoio de uma grande parcela da população alemã e foi recebida com tolerância passiva ou mesmo aprovação tácita de parcelas ainda maiores. Em todo caso, Hitler começou seu avanço assassino através da Europa e sua destruição do mundo europeu de nações com a aniquilação da nação alemã, que pereceu na infâmia de Dachau e Buchenwald, na infâmia das câmaras de tortura e das Leis de Nuremberg, na infâmia de campanhas de extermínio empreendidas contra mulheres, idosos e crianças. O fantasma sanguinolento da raça alemã surgiu a partir das ruínas da nação alemã. O que resta é o povo alemão, do qual cerca de 1 milhão de membros está nos campos de concentração de Hitler.

Naquele dia em Compiègne, enquanto Pétain colocava sua assinatura nos parágrafos infames do armistício entre Alemanha e França, que demandava que todo refugiado na França fosse entregue aos nazistas, mesmo aqueles que haviam lutado sob a bandeira francesa – naquele dia memorável, Pétain rasgou a tricolor em pedaços e aniquilou a nação francesa. Essa aniquilação foi igualmente recebida com a aprovação de uma porção considerável da população francesa e com a tácita tolerância de uma porção ainda maior. Afinal, era bem sabido que a maioria dos refugiados em questão eram judeus. O governo de Vichy podia confiar na mesma indiferença com a qual os franceses haviam tolerado a infâmia dos campos de concentração espanhóis, a infâmia do tratamento dado aos refugiados pela Terceira República e a infâmia de uma derrota sem luta. Podia confiar ainda mais na tradição antissemita doméstica da França, que os franceses tinham orgulhosamente em mente quando transformavam campos de concentração para refugiados em campos de concentração – e deportação – para judeus. A nação francesa pereceu; o que restou foi o povo francês combatendo seu extermínio físico com bombas e sabotagem.

Nascido a partir da Revolução Francesa e fundado pelos exércitos triunfantes de Napoleão, o mundo das nações europeias nunca foi totalmente concretizado. Impedidos por nações maiores de se desenvolver plenamente em termos políticos e econômicos, sempre foram povos menores que fizeram a famosa dinamite que detonou a Primeira Guerra Mundial. A questão judaica era parte desses problemas nacionais não solucionados na Europa. Os judeus, o único povo europeu que nunca havia sido capaz de estabelecer sua própria área de fixação, eram finalmente a minoria *par excellence* – uma minoria em toda parte, uma maioria em nenhuma parte. Longe de ser alheia ou irrelevante para a política europeia, a questão judaica tornou-se um símbolo para todas as questões nacionais não solucionadas da Europa.

As nações europeias contemplaram com indiferença o membro mais fraco da família, o eterno enteado, ser defraudado pela primeira vez de suas reivindicações nacionais à Palestina e então ameaçado com a perda de sua existência física na Diáspora. Eles pagaram muito caro por sua falta de preocupação, porque o antissemitismo acabou sendo o agente da fermentação destrutiva para todo o mundo europeu. Pelo menos por enquanto, o preço de seu antissemitismo é a perda de sua existência enquanto nações. Um depois do outro, eles deixaram as hordas assassinas atravessarem as fronteiras quase sem resistência, porque imaginavam que era "apenas" uma questão dos judeus. Na linha de frente estavam os alemães, que por muito tempo acreditaram que a Gestapo e suas câmaras de tortura foram inventadas apenas para os judeus. Até que finalmente a França decidiu juntar-se à dança da morte ao quase acolher as "fileiras espertas" do exército nazista, convictos de que os únicos pescoços em risco eram aqueles dos judeus e outros "estrangeiros desagradáveis". Sem mencionar a Polônia e a Romênia, que esperavam sufocar sua própria miséria imediatamente com *pogroms* promovidos por eles mesmos.

Mas agora o jogo virou. Os nazistas, que pensaram haver descoberto que o terror é o meio mais efetivo de propaganda, conseguiram, muito contra sua própria vontade, ensinar novamente a esses povos – em um ritmo anteriormente desconhecido na história – os conceitos em que todas as políticas são baseadas: liberdade e justiça. A inquietação está crescendo em toda a Europa. Os povos nórdicos, de armas em punho, recusam ser incluídos na "raça superior". O clero francês, que em dado momento esperou, com o antissemitismo, conquistar as pessoas novamente para a Igreja, e com cujo apoio Pétain contou, portanto, tão firmemente, descobriu que pode encher as igrejas pregando *pelos* judeus e pedindo que os fiéis protejam os judeus da polícia. Bem debaixo do nariz do exército nazista de ocupação, o bispo de Paris passeava vestindo uma estrela amarela, ensinando o cristianismo prático de uma forma mais palpável. Na Iugoslávia, as tropas de Mikhailovitch estão libertando os judeus dos campos de concentração, armando-os e lutando ao seu lado na grande batalha de libertação. Na Holanda, na Bélgica, na Dinamarca – o quadro é o mesmo em todos os lugares: a rebelião está sendo desencadeada precisamente no mesmo ponto em que a derrota moral começou, antes da derrota militar que se seguiu: a questão de como são tratados os judeus.

Os nazistas estão tentando desesperadamente remover os judeus de todas as áreas nas quais sua mera presença fornece um ponto focal para a rebelião em meio à população local. Eles os deportam para regiões que ainda podem ser consideradas antissemitas e portanto firmemente partidárias dos nazistas. Mas estão somente derramando óleo no fogo e foram forçados a aprender que sob certas circunstâncias as pessoas têm boa memória, que sob certas circunstâncias os desaparecidos e mortos falam uma língua mais alta e mais clara do que aqueles que estão vivos e próximos.

II
Esses eventos nos lançam, os judeus, em uma constelação política sem precedentes na sociedade moderna. Desde a formação do Estado-nação temos sido mais ou menos efetivamente protegidos (e às vezes privilegiados) por diversos governos ou mais ou menos ferozmente rejeitados (e às vezes perseguidos) pela sociedade. Em conflito com seus próprios governos, cada vez mais segmentos da sociedade tornaram-se antissemitas ao longo dos últimos cinquenta anos, até que, finalmente, com o colapso do Estado-nação como Estado de direito, as perseguições aos judeus por razões de Estado começaram a acontecer. Que uma sociedade tentasse nos proteger de tais medidas adotadas pelo Estado – como ocorreu entre os franceses e holandeses, que se rebelaram contra seus governos em nome de seus próprios judeus, e mesmo estrangeiros – é um fato tão novo na história judaica que levará pelo menos vinte anos para que os praticantes da *Realpolitik* entre nós sejam convencidos dessa nova realidade.

Seria aconselhável que os judeus prestassem muita atenção a esses primeiros sinais do que está por vir. A catástrofe na Europa significou o fim não só dos Estados-nações como também dos conflitos e disputas entre aqueles povos que haviam conseguido formar uma nação e aqueles que, como os judeus, haviam permanecido simplesmente um povo. É difícil dizer o que se provou mais efetivo a esse respeito, os exércitos de Hitler ou o sentimento de vergonha de cada nação. Em todo caso, cada situação é, mais uma vez, simplesmente um povo aguardando a libertação nacional – uma libertação que pode presumivelmente se realizar desta vez somente em uma Europa federada, seguindo as linhas do que outrora Napoleão tinha em mente. A Revolução Francesa, que trouxe os direitos humanos aos judeus pelo preço de sua emancipação nacional, está para dar seu segundo grande passo.

Entre as mais terríveis perseguições na história judaica, os judeus sofreram perdas horríveis nestes últimos anos, mas as oportunidades são agora enormes para uma nova orientação da política nacional judaica. Pela primeira vez na história recente, podemos apelar diretamente a outros povos no que diz respeito a nossas justas reivindicações de emancipação nacional – isto é, à Palestina. Pela primeira vez desde o fim do século XVIII e precisamente no momento em que não há tal coisa como uma influência judaica sobre os poderosos desta Terra, outros povos declararam sua solidariedade conosco. Devia ser evidente a qualquer pessoa perspicaz e a qualquer democrata que podemos esperar mais dessa solidariedade do que quaisquer das proteções que nos foram concedidas no passado.

Esta guerra é uma guerra do "homem comum", como Henry Wallace, o vice-presidente norte-americano, colocou. Teremos que asseverar nossas reivindicações à Palestina entre povos recém-despertados, teremos que direcionar nossas palavras ao homem comum, ao cidadão médio de nações democraticamente organizadas. É ele que durante o curso desta guerra – e certamente ainda mais depois dela – virá a compreender os problemas do povo judeu melhor do que todos os servidores públicos em todas as administrações coloniais deste mundo. Ele perceberá por si mesmo que não há solução para os problemas nacionais sem um território nacional, e pelo bem de sua própria honra nacional será forçado a praticar a justiça. E ele melhor compreenderá isso à medida que cair cada vez mais profundamente no abismo da vergonha nacional, no qual a injustiça fundamental o arremessou.

A justiça para um povo, no entanto, só pode significar justiça nacional. Um dos direitos humanos inalienáveis dos judeus é o direito a viver e se for o caso morrer como judeu. Um ser humano pode se defender somente como a pessoa pela qual ele é atacado. Um judeu pode preservar sua dignidade humana somente se pode ser humano enquanto judeu. Para um judeu – em um tempo em que seu povo é perseguido e os fragmentos de deserto que ele converteu em campos férteis pelo trabalho de suas próprias mãos estão ameaçados – isso significa lutar pela liberdade de seu povo e pela segurança de sua terra. Tão certo como a humanidade é desgraçada por cada judeu perseguido, é igualmente certo que os poucos judeus que foram benevolentemente autorizados a tomar parte nesta guerra enquanto soldados coloniais britânicos nunca poderão compensar tal desgraça. Um povo que não mais se defende contra seus inimigos não é um povo, mas um morto-vivo. Um povo a quem os outros não permitirão que se defenda contra seus inimigos está condenado a um destino que é talvez humanamente bastante elevado, mas em termos políticos totalmente indigno: uma vítima da história mundial.

III

De todos os povos da Europa nenhum tem um interesse objetivo maior do que o alemão em ver um verdadeiro exército judaico ir para o campo de batalha. Maior do que o ultraje de ter desencadeado esta guerra é a infâmia de travar uma guerra contra os indefesos. O sangue das vítimas assassinadas clamará aos céus muito mais alto que o sangue dos inimigos mortos. É uma das leis da vida na comunidade humana que toda vítima – mas não todo inimigo conquistado – clame por vingança. Isso foi compreendido por um certo protestante alemão – que realmente não se suspeitaria que fosse um filosemita – quando, em abril de 1933, disse: "O sangue desses judeus recairá sobre nossos filhos e filhos dos filhos". Somente uma luta em que todas as vítimas participem – e na qual finalmente os nazistas de todos os países sejam isolados e conquistados pelos povos que agora eles dominam – pode antecipar essa vingança e eliminá-la.

Hoje, muitas pessoas de ascendência alemã estão envergonhadas do que os nazistas fizeram em nome de seu povo. Muitos deles acreditam que fizeram o suficiente por se declararem filosemitas, expressarem sua simpatia por seus amigos judeus, darem a uma associação judaica a aparência de paridade ao adicionar seus nomes a uma lista, ou irem tão longe a ponto de declarar que para eles não há judeus. Bem, podemos compreender as razões dessas pessoas – e sabemos bem demais quão frequente são judeus que os forçam a adotar essas posições pessoais absurdas. Mas isso não impede tais atitudes de serem na melhor das hipóteses politicamente insignificantes, e em geral indefesas. É preciso apenas imaginar as democracias tão acirradamente difamadas por Hitler defendendo-se com a declaração de que elas realmente não existem – isso equivaleria ao mesmo tipo de sabedoria em defender o suicídio como uma forma de evitar ser assassinado. Assim como é certo que Hitler está determinado a exterminar os judeus ou democratas em escala global, é certo que ele pode ser impedido de realizar suas intenções somente se aqueles sob ameaça estiverem determinados a confirmar sua existência defendendo-se com suas próprias mãos. E assim como um homem que é ameaçado com assassinato não pode confiar em um amigo que sugere o suicídio como uma saída desse predicamento, os judeus não devem confiar em amigos que tentam convencê-los de que o suicídio coletivo é a melhor forma de garantir sua segurança coletiva.

O que demandamos das Nações Unidas não é nada além de que elas demonstrem a mesma solidariedade conosco que muitos outros povos europeus, sob a pressão da máquina de terror nazista, já demonstraram. Não queremos promessas de que nossos sofrimentos serão "vingados", queremos lutar; não queremos piedade, mas justiça. *"Il faut toujours rendre justice avant d'exercer la charité"* (Malebranche), que pode ser traduzido por: "Aquele que não pratica a justiça não tem direito à piedade". Piedade sem justiça é um dos cúmplices mais poderosos do diabo – ela acalma a indignação e sanciona as estruturas que o diabo criou. A liberdade, contudo, não é uma recompensa para sofrimentos suportados, e não se pode aceitar a justiça como se ela fosse migalhas da mesa dos ricos.

No último ano, um grande número de norte-americanos de ascendência alemã declararam sua simpatia ao movimento pela criação de um exército judaico. Alguns foram até mais longe e assumiram um papel ativo neste aspecto mais importante da luta do povo judeu por seus direitos. Só eles são os verdadeiros representantes daqueles milhões de alemães que Hitler aprisionou em campos de concentração. Com seu apoio à justa participação dos judeus nesta guerra – que realmente é sua guerra – eles contribuíram mais do que todos aqueles antifascistas judeus e não judeus que acreditam que estão fazendo algo para beneficiar os judeus ao debaterem com eles sobre sua existência.

As Nações Unidas não estarão completas enquanto não estiverem dispostas a sentar à mesma mesa com o pária dentre os povos do mundo. Assim como o destino dos judeus hoje tornou-se o símbolo do que parece ser o domínio do diabo na Terra, também o verdadeiro critério da justiça nesta guerra será cumprido na medida em que outras nações estiverem prontas para lutar a batalha sua, nossa, da humanidade, lado a lado com os judeus.

NÓS, REFUGIADOS

EM PRIMEIRO LUGAR, NÃO GOSTAMOS DE SER CHAMADOS DE "RE-fugiados". Nós mesmos nos chamamos de "recém-chegados" ou "imi-grantes". Nossos jornais são jornais para "norte-americanos de língua alemã"; e, até onde sei, não há e nunca houve qualquer clube fundado pelo povo-perseguido por Hitler cujo nome indicasse que seus mem-bros eram refugiados.

Um refugiado costumava ser uma pessoa levada a buscar refú-gio por causa de algum ato praticado ou opinião sustentada. Bem, é verdade que tivemos de buscar refúgio; mas não praticamos nenhum ato e a maioria de nós nunca sonhou em ter qualquer opinião política radical. Conosco o significado do termo "refugiado" mudou. Agora "refugiados" são aqueles de nós que foram tão infelizes a ponto de chegarem em um novo país sem recursos e terem de ser ajudados por comitês de refugiados.

Antes desta guerra eclodir, ficávamos ainda mais ofendidos ao sermos chamados de refugiados. Fizemos nosso melhor para provar às outras pessoas que éramos apenas imigrantes comuns. Afirmávamos que havíamos partido por nossa própria vontade para países de nossa escolha, e negávamos que a nossa situação tivesse alguma relação com os "denominados problemas judaicos". Sim, éramos "imigrantes" ou "recém-chegados" que havíamos deixado nosso país porque, um belo dia, não era mais adequado que ficássemos, ou por razões puramente econômicas. Queríamos reconstruir nossas vidas, isso era tudo. Para reconstruir uma vida, deve-se ser forte e otimista. Então somos muito otimistas.

Nosso otimismo, de fato, é admirável, apesar de sermos nós mesmos a qualificá-lo assim. A história de nossa luta finalmente tornou-se conhecida. Perdemos nosso lar, o que significa a familiaridade de uma vida cotidiana. Perdemos nossa ocupação, o que significa a confiança de que temos alguma utilidade neste mundo. Perdemos nossa língua, o que significa a naturalidade das reações, a simplicidades dos gestos e expressão espontânea dos sentimentos. Deixamos nossos parentes nos guetos poloneses, e nossos melhores amigos foram mortos em campos de concentração, e isso significa a ruptura de nossa vida privada.

Não obstante, tão logo fomos salvos – e a maioria de nós teve de ser salva diversas vezes – começamos nossas vidas novas e tentamos seguir tão à risca quanto possível o bom conselho transmitido por nossos salvadores. Nos foi dito que esquecêssemos; e esquecemos mais rápido do que qualquer um podia ter imaginado. De forma amigável fomos lembrados de que nosso novo país tornar-se-ia nosso novo lar; e depois de quatro semanas na França ou seis semanas nos Estados Unidos, fingimos ser franceses ou norte-americanos. Os mais otimistas entre nós acrescentariam que toda sua vida pregressa fora passada em um tipo de exílio inconsciente e somente seu novo país os ensinava agora como realmente é um lar. É verdade que às vezes levantamos objeções quando nos é dito para esquecer nosso trabalho anterior; e nossos ideais anteriores são normalmente difíceis de abandonar se nosso padrão social está em jogo. Com a língua, porém, não temos dificuldades: depois de apenas um ano os otimistas estão convencidos de que falam inglês tão bem quanto sua língua materna; e depois de dois anos eles juram solenemente que falam inglês melhor do que qualquer outra língua – seu alemão é uma língua da qual quase não lembram.

Para esquecer mais eficientemente é melhor evitar qualquer alusão a campos de concentração ou internamento que experimentamos praticamente em todos os países europeus – pode ser interpretado como pessimismo ou falta de confiança em sua nova pátria. Além disso, com quanta frequência ouvimos que ninguém gosta de ouvir falar sobre tudo isso; o inferno não é mais uma crença religiosa ou uma fantasia, mas algo tão real quanto casas, pedras e árvores. Aparentemente, ninguém quer saber que a história contemporânea criou um novo tipo de seres humanos – o tipo que é colocado em campos de concentração por seus inimigos e em campos de internamento por seus amigos.

Mesmo entre nós não falamos sobre esse passado. Em vez disso, encontramos nossa própria maneira de controlar um futuro incerto. Uma vez que todos planejam, desejam e esperam, nós também. Para além dessas atitudes humanas gerais, no entanto, tentamos aclarar o futuro mais cientificamente. Depois de tanta má sorte queremos um rumo certeiro. Portanto, deixamos a Terra para trás com todas as suas incertezas e voltamos nossos olhos para o céu. As estrelas nos dizem – e não os jornais – quando Hitler será derrotado e quando devemos nos tornar cidadãos americanos. Consideramos as estrelas conselheiras mais confiáveis do que todos os nossos amigos; aprendemos com as estrelas quando devemos almoçar com nossos benfeitores e em que dia temos as melhores chances de preencher um dos incontáveis questionários que acompanham nossa vida atual.

Às vezes não confiamos sequer nas estrelas, mas antes nas linhas de nossa mão ou nos sinais de nossa caligrafia. Assim aprendemos menos sobre eventos políticos, porém mais sobre nossos próprios eus queridos, muito embora a psicanálise tenha de alguma forma saído de moda. Aqueles tempos felizes já se foram quando senhoras e senhores da alta sociedade, entediados, conversavam sobre as contravenções gerais de sua primeira infância. Eles não querem mais histórias de fantasmas; são experiências reais que os arrepiam. Não há mais necessidade de enfeitiçar o passado; ele está fascinado o suficiente com a realidade. Portanto, a despeito de nosso otimismo sincero, usamos todo tipo de truque para conjurar os espíritos do futuro.

Eu não sei quais memórias e quais pensamentos habitam todas as noites nossos sonhos. Eu não ouso pedir informações, visto que eu, igualmente, preferiria ser uma otimista. Mas às vezes eu imagino que pelo menos à noite pensamos em nossos mortos ou nos lembramos dos poemas que algum dia amamos. Eu poderia até compreender como nossos amigos da Costa Oeste, durante o toque de recolher, devem ter tido noções curiosas tais como acreditar que não somos apenas "cidadãos potenciais", mas "inimigos estrangeiros" atuais. À luz do dia, é claro, nos tornamos apenas "tecnicamente" inimigos estrangeiros – todos os refugiados sabem disso. Mas quando razões técnicas o impediram de deixar sua casa durante as horas de escuridão, certamente não terá sido fácil evitar algumas especulações sombrias sobre a relação entre tecnicalidade e realidade.

Não, há algo errado com nosso otimismo. Entre nós há aqueles otimistas esquisitos que, tendo feito muitos discursos otimistas, vão para casa e ligam o gás ou utilizam um arranha-céu de uma forma completamente inusitada. Eles parecem provar que nossa proclamada alegria está baseada em uma prontidão perigosa para a morte. Educados na convicção de que a vida é o bem mais elevado e a morte a maior consternação, nos tornamos testemunhas e vítimas de piores terrores do que a morte – sem termos sido capazes de descobrir um ideal mais elevado do que a vida. Desse modo, embora a morte tenha perdido seu horror para nós, não nos tornamos propensos ou capazes de arriscar nossas vidas por uma causa. Em vez de lutar – ou pensar sobre como nos tornarmos capazes de reagir –, os refugiados se acostumaram a desejar a morte aos amigos ou parentes; se alguém morre, imaginamos alegremente todo trabalho do qual ele foi poupado. Finalmente, muitos de nós acabamos por desejar que nós, igualmente, fossemos poupados de algum trabalho, e agimos em conformidade.

Desde 1938 – desde a invasão da Áustria por Hitler –, vimos quão rápido o otimismo eloquente podia se transformar em um pessimismo sem voz. Com o passar do tempo, ficamos piores – ainda mais otimistas e ainda mais inclinados ao suicídio. Os judeus austríacos sob Schuschnigg eram um povo tão alegre – todos os observadores imparciais os admiravam. Era maravilhoso quão profundamente convencidos estavam de que nada podia lhes acontecer. Mas quando as tropas alemãs invadiram o país e as vizinhanças gentias iniciaram tumultos em lares judeus, os judeus austríacos começaram a se suicidar.

Diferentemente de outros suicídios, nossos amigos não deixam nenhuma explicação de seu ato, nenhum indiciamento, nenhuma acusação contra um mundo que forçara um homem desesperado a falar e se comportar alegremente até seu último dia. As cartas deixadas por eles são convencionais, documentos sem significado. Desse modo, as orações fúnebres que fazemos em suas sepulturas abertas são breves, envergonhadas e muito esperançosas. Ninguém liga para motivos; eles parecem ser claros para todos nós.

Eu falo de fatos impopulares; pior ainda, para provar minha opinião não disponho sequer dos únicos argumentos que impressionam as pessoas de hoje – os números. Mesmo aqueles judeus que negam furiosamente a existência do povo judeu nos dão uma boa chance de sobrevivência no que diz respeito aos dados – de que outra maneira poderiam provar que somente alguns judeus são criminosos e que muitos judeus estão sendo mortos como bons patriotas em tempos de guerra? Por meio de seus esforços para salvar a vida estatística do povo judeu, sabemos que os judeus tinham a menor taxa de suicídio de todas as nações civilizadas. Eu estou certa de que esses números não são mais válidos, mas não posso prová-lo com novos indicadores, embora o possa certamente com novas experiências. Isso talvez seja suficiente para aquelas almas céticas que nunca estiveram muito convencidas de que a medida do crânio dá a noção precisa de seu conteúdo, ou de que as estatísticas do crime mostram o nível exato da ética nacional. De qualquer maneira, onde quer que os judeus europeus estejam vivendo hoje, eles não mais se comportam de acordo com leis estatísticas. Os suicídios ocorrem não somente entre as pessoas em estado de pânico em Berlim e Viena, em Bucareste ou Paris, mas em Nova York e Los Angeles, em Buenos Aires e Montevidéu.

Por outro lado, pouco se relatou sobre suicídios nos guetos e campos de concentração em si. É verdade, tivemos pouquíssimos relatos em geral da Polônia, mas fomos razoavelmente bem informados sobre os campos de concentração alemães e franceses.

No campo de Gurs, por exemplo, onde tive a oportunidade de passar algum tempo, ouvi apenas uma vez falar sobre suicídio, e foi uma sugestão de uma ação coletiva, aparentemente um tipo de protesto para irritar os franceses. Quando alguns de nós observaram que havíamos sido enviados para lá *"pour crever"* de qualquer modo, a disposição geral converteu-se subitamente em uma coragem violenta de viver. A opinião geral sustentava que era preciso ser anormalmente insociável e despreocupado com os eventos gerais para ainda poder interpretar o acontecimento inteiro como má sorte pessoal e individual e, por consequência, acabar com sua vida pessoal e individualmente. Mas as mesmas pessoas, assim que retornavam para suas próprias vidas individuais, sendo confrontadas com problemas aparentemente individuais, mais uma vez voltavam-se para esse otimismo insano que é vizinho do desespero.

Somos os primeiros judeus não religiosos perseguidos – e somos os primeiros que, não somente *in extremis*, respondem com suicídio. Talvez estejam certos os filósofos que ensinam que o suicídio é a suprema e melhor garantia de liberdade humana: não sendo livres para criar nossas vidas ou o mundo em que vivemos, somos não obstante livres para jogar a vida fora e deixar o mundo. Judeus devotos, certamente, não podem perceber essa liberdade negativa; eles percebem no suicídio o assassinato, isto é, a destruição do que o homem nunca é capaz de fazer, interferência nos direitos do Criador. *Adonai nathan veadonai lakach* ("o Senhor nos deu e o senhor tirou"); e eles acrescentariam: *Baruch shem adonai* ("abençoado seja o nome do Senhor"). Para eles o suicídio, como o assassinato, significa um ataque blasfemo à criação como um todo. O homem que se mata afirma que a vida não vale a pena ser vivida e que não valeria a pena o mundo acolhê-lo.

Contudo, nossos suicidas não são rebeldes loucos que desafiam a vida e o mundo, que tentam matar em si próprios todo o universo. Sua forma de desaparecer é silenciosa e modesta; eles parecem desculpar-se pela solução violenta que encontraram para seus problemas pessoais. Em sua opinião, geralmente, os acontecimentos políticos não tiveram nada a ver com seu destino individual; em bons ou maus tempos eles acreditariam unicamente em sua personalidade. Agora eles encontram algumas deficiências misteriosas em si próprios que os impedem de conviver. Tendo sentido que tinham direito a um certo padrão social desde sua tenra infância, eles são considerados fracassos aos seus próprios olhos caso esse *status* não possa ser mantido. Seu otimismo é a vã tentativa de manter a cabeça fora da água. Por trás dessa fachada de alegria, eles lutam constantemente com seu desespero. Finalmente, eles morrem de um tipo de egoísmo.

Se somos salvos nos sentimos humilhados, e se somos ajudados nos sentimos degradados. Lutamos como loucos por existências privadas com destinos individuais, visto que temos medo de nos tornarmos parte daqueles muitos miseráveis *schnorers* dos quais nós, filantropos muito antigos, nos lembramos bem demais. Assim como algum dia não conseguimos compreender que o denominado *schnorer* era um símbolo do destino judaico, e não um desafortunado, hoje não nos sentimos intitulados à solidariedade judaica; não conseguimos perceber que nós por nós mesmos não estamos tanto em causa quanto todo o povo judeu. Às vezes essa falta de compreensão tem sido fortemente apoiada por nossos protetores. Desse modo, lembro-me de um diretor de uma grande instituição de caridade em Paris que, sempre que recebia um cartão de um intelectual judeu-alemão com o inevitável "dr.", costumava exclamar em alto e bom som: *"Herr Doktor, Herr Doktor, Herr Schnorer, Herr Schnorer!"*.

A conclusão que extraímos dessas experiências desagradáveis era bastante simples. Ser doutor em filosofia não mais nos satisfazia; e aprendemos que, para construir uma nova vida, é preciso primeiro melhorar a antiga. Um pequeno e simpático conto de fadas foi inventado para descrever nosso comportamento; um dachshund *émigré* abandonado, em sua tristeza, começa a falar: "Era uma vez, quando eu era um são bernardo...".

Nossos novos amigos, um tanto oprimidos por tantas estrelas e homens famosos, dificilmente compreendiam que na base de todas as nossas descrições de esplendores passados repousa uma verdade humana: um dia fomos alguém com quem as pessoas se importavam, éramos amados por amigos e até conhecidos por senhorios por pagar nosso aluguel regularmente. Um dia pudemos comprar nossa comida e andar de metrô sem nos ser dito que éramos indesejados. Nos tornamos um pouco histéricos desde que os jornaleiros começaram a nos detectar e a nos dizer publicamente para pararmos de ser desagradáveis quando compramos leite e pão. Nos perguntamos como isso pode ser feito; já somos tão terrivelmente cuidadosos em todos os momentos de nossas vidas cotidianas para evitar que qualquer um adivinhe quem somos, que tipo de passaporte temos, onde nossas certidões de nascimento foram preenchidas – e que Hitler não gostava de nós. Tentamos o máximo possível nos adaptar em um mundo onde é preciso ser politizado quando você compra sua comida.

Sob tais circunstâncias, o são bernardo se torna cada vez maior. Eu não consigo esquecer aquele jovem que, quando se esperava que aceitasse um certo tipo de trabalho, suspirou: "Você não sabe com quem está falando; eu era gerente de seção na Karstadt [uma grande loja de departamento em Berlim]". Mas há também o profundo desespero daquele homem de meia idade que, passando por incontáveis turnos de diferentes comitês para ser salvo, finalmente exclamou: "E ninguém aqui sabe quem eu sou!". Uma vez que ninguém o tratava como um ser humano digno, ele começou a enviar cabogramas para grandes personalidades e suas conexões importantes. Aprendeu rapidamente que neste mundo louco é muito mais fácil ser aceito como um "grande homem" do que como um ser humano.

Quanto menos somos livres para decidir quem somos ou para viver como queremos, mais tentamos erigir uma fachada, esconder os fatos e representar papéis. Fomos expulsos da Alemanha porque éramos judeus. Mas mal tendo atravessado a fronteira francesa, fomos transformados em boches. Até nos disseram que tínhamos de aceitar essa designação se realmente éramos contra as teorias raciais de Hitler. Ao longo de sete anos, representamos o papel ridículo de tentarmos ser franceses – pelo menos cidadãos em potencial; mas no começo da guerra fomos internados mesmo como boches. Enquanto isso, no entanto, a maioria de nós havia se tornado realmente franceses tão leais que não podíamos sequer criticar uma ordem governamental francesa; assim, declaramos que estava certo sermos internados. Fomos os primeiros *prisonniers volontaires* que a história já viu. Depois que os alemães invadiram o país, o governo francês tinha só que mudar o nome da firma; tendo sido presos porque éramos alemães, não fomos libertados porque éramos judeus.

É a mesma história em todo o mundo, repetida uma e outra vez. Na Europa os nazistas confiscaram nossa propriedade; mas no Brasil temos de pagar 30% de nossa riqueza, como o membro mais leal do *Bund der Auslandsdeutschen*. Em Paris não podíamos deixar nossas casas depois das vinte horas porque éramos judeus; mas em Los Angeles nos restringem porque somos "inimigos estrangeiros".

Nossa identidade é mudada tão frequentemente que ninguém pode descobrir quem realmente somos.

Infelizmente, as coisas não parecem nada melhores quando nos encontramos com judeus. A comunidade judaica francesa estava absolutamente convencida de que todos os judeus vindos do outro lado do Reno eram o que eles chamavam de *Polaks* – o que a comunidade judaica alemã chamava de *Ost-juden*. Mas aqueles judeus que realmente vieram da Europa Oriental não podiam concordar com seus irmãos franceses, e nos chamavam de *Jaeckes*. Os filhos desses odiadores de *Jaeckes* – a segunda geração nascida na França e já devidamente assimilada – partilhavam da opinião das elites judaico--francesas. Portanto, exatamente na mesma família, você podia ser chamado de *Jaecke* pelo pai e de *Polak* pelo filho.

Desde a eclosão da guerra e da catástrofe que recaiu sobre a comunidade judaica europeia, o mero fato de ser um refugiado impediu que nos misturássemos com a sociedade judaica nativa, com algumas exceções só comprovando a regra. Essas leis sociais não escritas, apesar de nunca admitidas publicamente, têm a grande força da opinião pública. E essa opinião e prática silenciosas são mais importantes para nosso cotidiano do que todas as proclamações oficiais de hospitalidade e boa vontade.

O homem é um animal social, e a vida não é fácil para ele quando os liames sociais são cortados. Os padrões morais são mantidos muito mais facilmente na tessitura de uma sociedade. Pouquíssimos indivíduos têm a força necessária para conservar sua própria integridade se seu *status* social, político e legal estiver completamente confuso. Faltando a coragem para lutar por uma mudança de nosso *status* social e legal, decidimos, em vez disso, tantos de nós, tentar uma mudança de identidade. E esse comportamento curioso torna as coisas muito piores. A confusão na qual vivemos é em parte nosso próprio trabalho.

Algum dia alguém vai escrever a verdadeira estória da emigração judaica da Alemanha; e esse alguém terá de começar com uma descrição daquele sr. Cohn, de Berlim, que fora sempre 150% alemão, um alemão superpatriota. Em 1933, esse sr. Cohn encontrou refúgio em Praga e muito rapidamente tornou-se um patriota tcheco convicto – um patriota tcheco tão verdadeiro e leal quanto havia sido um patriota alemão. O tempo passou, e por volta de 1937 o governo tcheco, já sob alguma pressão nazista, começou a expulsar seus refugiados judeus, desconsiderando o fato de que estes se sentiam muito fortemente como cidadãos tchecos em potencial. Nosso sr. Cohn então foi para Viena; para ajustar-se lá, um patriotismo austríaco era requerido. A invasão alemã forçou o sr. Cohn a sair daquele país. Ele chegou a Paris em um momento ruim e nunca recebeu uma autorização de residência regular. Já tendo adquirido muita habilidade em pensar positivamente, ele se recusou a levar meras medidas administrativas a sério, convencido que passaria sua vida futura na França. Por conseguinte, preparou sua adaptação à nação francesa, identificando-se com "nosso" ancestral Vercingétorix. Eu acho que é melhor não prolongar as aventuras subsequentes do sr. Cohn. Enquanto o sr. Cohn não se decide a ser o que ele realmente é, um judeu, ninguém pode prever todas as transformações loucas pelas quais ele ainda terá de passar.

Um homem que quer se perder descobre, na verdade, as possibilidades da existência humana, que são infinitas, tão infinitas quanto a criação. Mas a recuperação de uma nova personalidade é tão difícil – e tão impraticável – quanto uma nova criação do mundo. No que quer que façamos, o que quer que finjamos ser, não revelamos nada além de nosso desejo insano de sermos transformados, de não sermos judeus. Todas as nossas atividades são direcionadas para atingir essa finalidade: não queremos ser refugiados, visto que não queremos ser judeus; fingimos ser pessoas de língua inglesa, uma vez que os imigrantes de língua alemã dos últimos anos são marcados como judeus; não nos denominamos apátridas, uma vez que a maioria dos apátridas do mundo são judeus; estamos dispostos a nos tornarmos hotentotes leais, somente para esconder o fato de que somos judeus. Não conseguimos e não podemos conseguir; sob o disfarce de nosso "otimismo" pode-se detectar facilmente a tristeza inconsolável dos assimilacionistas.

Conosco, vindos da Alemanha, a palavra "assimilação" ganhou um significado filosófico profundo. Dificilmente se percebe quanto levamos isso a sério. A assimilação não significava a adaptação obrigatória ao país onde por acaso nascemos e ao povo cuja língua por acaso falávamos. Nos ajustamos por princípio a tudo e a todos. Uma vez, essa atitude tornou-se bastante clara para mim pelas palavras de um de meus compatriotas que, aparentemente, sabia como expressar seus sentimentos. Tendo recém chegado à França, ele fundou uma dessas sociedades de adaptação na qual judeus alemães afirmavam uns aos outros que já eram franceses. Em seu primeiro discurso ele disse: "Nós fomos bons alemães na Alemanha e portanto seremos bons franceses na França". O público aplaudiu entusiasticamente e ninguém riu; estávamos felizes em termos aprendido como provar nossa lealdade.

Se o patriotismo fosse uma questão de rotina ou prática, devíamos ser o povo mais patriota do mundo. Deixe-nos voltar ao nosso sr. Cohn; ele certamente quebrou todos os recordes. Ele é aquele imigrante ideal que sempre, e em todos os países aos quais um terrível destino o conduziu, prontamente vê e ama as montanhas nativas. Mas uma vez que ainda não se crê ser o patriotismo uma questão de prática, é difícil convencer as pessoas da sinceridade de nossas repetidas transformações. Essa luta torna nossa própria sociedade tão intolerante; demandamos o apoio pleno fora de nosso próprio grupo porque não estamos na posição de obtê-lo dos nativos. Os nativos, confrontados com seres tão estranhos como nós, ficam desconfiados; de seu ponto de vista, via de regra, somente uma lealdade aos nossos antigos países é compreensível. Isso torna a vida muito amarga para nós. Poderíamos superar essa desconfiança se explicássemos que, sendo judeus, nosso patriotismo em nossos países originais tinha um aspecto bastante peculiar. Embora fosse realmente sincero e arraigado. Escrevemos grandes volumes para prová-lo; pagamos toda uma burocracia para explorar sua antiguidade e explicá-lo estatisticamente. Fizemos acadêmicos escreverem dissertações filosóficas sobre a harmonia predestinada entre judeus e franceses, judeus e alemães, judeus e húngaros, judeus e... Nossa lealdade de hoje, tão frequentemente suspeita, tem uma longa história. É a história de 150 anos de comunidades judaicas assimiladas que realizavam uma proeza sem precedentes: apesar de provarem todo o tempo sua não judaicidade, elas assim mesmo conseguiram permanecer judaicas.

A confusão desesperada desses Ulisses-errantes que, diferentemente de seu excelente protótipo, não sabem quem são, é facilmente explicada por sua mania impecável de se recusarem a conservar sua identidade. Essa mania é muito mais antiga do que os últimos dez anos, que revelaram a profunda absurdidade de nossa existência. Somos como pessoas com uma ideia fixa que não podem deixar de tentar continuamente disfarçar um estigma imaginário. Desse modo, apreciamos entusiasticamente toda nova possibilidade que, sendo nova, parece capaz de operar milagres. Somos fascinados por cada nova nacionalidade da mesma forma que uma mulher de um tamanho considerável fica encantada com cada novo vestido que promete dar--lhe a cintura desejada. Mas ela gosta do novo vestido somente porque acredita em suas qualidades miraculosas, e ela o jogará fora assim que descobrir que ele não muda seu tamanho – ou, com efeito, seu *status*.

Pode ser surpreendente que a inutilidade aparente de todos os nossos disfarces curiosos ainda não tenha sido capaz de nos desencorajar. Se é verdade que os homens raramente aprendem com a história, também é certo que podem aprender com experiências pessoais que, como em nosso caso, são repetidas uma e outra vez. Mas antes de nos atirar a primeira pedra, lembre-se de que ser judeu não nos confere nenhum *status* legal neste mundo. Se começássemos a falar a verdade de que não somos nada além de judeus, isso significaria que nos expomos ao destino dos seres humanos que, desprotegidos por qualquer lei específica ou convenção política, não são nada além de seres humanos. Eu dificilmente posso imaginar uma atitude mais perigosa, visto que realmente vivemos em um mundo no qual os seres humanos como tais deixaram de existir há algum tempo; tendo em vista que a sociedade descobriu a discriminação como a grande arma social pela qual se pode matar homens sem qualquer derramamento de sangue; visto que passaportes e certidões de nascimento, e às vezes até recibos de imposto de renda, não são mais documentos formais, mas fatos de distinção social. É verdade que a maioria de nós depende inteiramente de padrões sociais; perdemos a confiança em nós mesmos se a sociedade não nos aprova; estamos – e sempre estivemos – preparados para pagar qualquer preço para sermos aceitos na sociedade. Mas é igualmente verdade que os poucos dentre nós que tentaram se relacionar sem todos esses truques e piadas de adaptação e assimilação pagaram um preço muito mais alto do que podiam dispor: eles comprometeram as poucas chances que são dadas até aos criminosos em um mundo às avessas.

A atitude desses poucos a quem, discípulos de Bernard Lazare, se pode chamar de "párias conscientes" pode ser no mínimo explicada apenas pelos eventos recentes, como a atitude de nosso sr. Cohn, que tentou de toda forma se tornar um arrivista. Ambos são filhos do século XIX, que, não conhecendo criminosos legais ou políticos, conhecia bem demais os párias sociais e sua contrapartida, os *parvenus* sociais. A história judaica moderna, tendo iniciado com judeus da corte e continuado com judeus milionários e filantropos, está suscetível a esquecer desse outro segmento da tradição judaica – a tradição de Heine, Rahel Varnhagen, Sholom Aleichem, Bernard Lazare, Franz Kafka, ou mesmo Charlie Chaplin. É a tradição de uma minoria de judeus que não quiseram tornar-se arrivistas, que preferiram o *status* de "pária consciente". Todas as qualidades judaicas apregoadas – o "coração judeu", a humanidade, o humor, a inteligência desinteressada – são qualidades de um pária. Todas as deficiências judaicas – indelicadeza, estupidez política, complexos de inferioridade e sovinice – são características de arrivistas. Sempre houve judeus que não pensavam valer a pena trocar sua atitude humana e seu discernimento natural da realidade pela estreiteza do espírito de castas ou pelo irrealismo essencial das transações financeiras.

A história forçou o *status* de criminosos sobre ambos, párias e *parvenus* igualmente. Os últimos ainda não aceitaram a grande sabedoria do *"On ne parvient pas deux fois"* de Balzac; portanto, não compreendem os sonhos selvagens dos primeiros e sentem-se humilhados ao compartilharem seu destino. Aqueles poucos refugiados que insistem em dizer a verdade, chegando ao ponto da "indecência", ganham em troca de sua impopularidade uma vantagem inestimável: a história não é mais um livro fechado para eles e a política não é mais o privilégio dos gentios. Eles sabem que o banimento do povo judeu na Europa foi seguido de perto pelo banimento da maioria das nações europeias. Os refugiados conduzidos de país a país representam a vanguarda de seus povos – se mantiverem sua identidade. Pela primeira vez a história judaica não está separada, mas amarrada àquela de todas as outras nações. A colaboração dos povos europeus se fez em pedaços quando, e porque, permitiu que seu membro mais fraco fosse excluído e perseguido.

O JUDEU COMO PÁRIA
Uma tradição oculta

QUANDO SE TRATA DE REIVINDICAR SUAS PRÓPRIAS RECLAMAÇÕES no campo das artes e letras europeias, a atitude do povo judeu pode ser mais bem descrita como de uma magnanimidade irrefletida. Com um gesto grandioso e sem um resmungo de protesto, permitiu calmamente que o crédito por seus grandes escritores e artistas fosse para outros povos, recebendo em troca (em pagamentos meticulosamente regulares) o privilégio discutível de ser aclamado o pai de todos os notórios vigaristas e charlatães. É verdade, tem sido uma tendência nos últimos anos compilar longas listas de ilustres europeus que podem plausivelmente alegar descendência judaica, mas tais listas têm mais o caráter de sepulturas em massa para os esquecidos do que de monumentos permanentes para serem lembrados e estimados. Por mais que sejam úteis para fins de propaganda (ofensiva, assim como defensiva), eles não conseguiram retomar para os judeus nenhum escritor digno de nota a menos que este tivesse por acaso escrito especificamente em hebraico ou iídiche. Àqueles que realmente fizeram muito pela dignidade espiritual de seu povo, que foram suficientemente grandiosos a ponto de transcenderem os limites da nacionalidade e tecerem os fios de seu gênio judaico em meio à tessitura geral da vida europeia, foi dada pouca importância e reconhecimento perfunctório. Com a tendência crescente de conceber o povo judeu como uma série de unidades territoriais separadas e de separar sua história em tantas crônicas regionais e registros paroquiais, suas grandes personalidades foram deixadas forçosamente à suave mercê de propagandistas assimilacionistas – para serem exploradas somente a fim de reforçar interesses egoístas ou prover supostas ilustrações de ideologias dúbias.

Ninguém lidou pior com esse processo do que aqueles espíritos audazes que tentaram fazer da emancipação dos judeus aquilo que ela realmente deveria ter sido – uma admissão dos judeus *como judeus* às categorias da humanidade, antes de uma licença para macaquear os gentios ou uma oportunidade de bancar o *parvenu*. Percebendo muito bem que não gozavam de liberdade política, sequer de admissão plena à vida das nações, mas que, em vez disso, eles haviam sido separados de seu próprio povo e perdido contato com a simples vida natural do homem comum, esses homens até o momento haviam alcançado liberdade e popularidade pela pura força da imaginação. Como indivíduos, eles começaram uma emancipação própria, de seus próprios corações e mentes. Essa concepção era, é claro, uma interpretação completamente errônea do que se pretendia que a emancipação fosse; mas também era uma visão, e fora a intensidade inflamada com que foi evidenciada e expressa, fornecia o solo fértil no qual o gênio criativo judaico podia crescer e contribuir com seus produtos para a vida espiritual geral do mundo ocidental.

Que o *status* dos judeus na Europa tem sido não apenas aquele de um povo oprimido, mas também daquilo que Max Weber chamou de "povo pária", é um fato mais claramente avaliado por aqueles que tiveram experiência prática de quão ambígua é a liberdade que a emancipação assegurou, e quão traiçoeira é a promessa de igualdade que a assimilação realizou. Em sua posição mesma de párias sociais, esses homens refletem o *status* político de todo seu povo. Não é, portanto, surpreendente que a partir de sua experiência pessoal poetas, escritores e artistas judeus tenham sido capazes de desenvolver o conceito do pária como um tipo humano – um conceito de importância suprema para a avaliação da humanidade em nossos dias e que exerceu sobre o mundo gentio uma influência em estranho contraste com a ineficácia espiritual e política que tem sido o destino desses homens entre seus próprios irmãos. Com efeito, o conceito de pária tornou-se tradicional, muito embora a tradição não seja senão tácita e latente, e sua continuação automática e inconsciente. Nem precisamos perguntar por quê: por mais de cem anos as mesmas condições básicas obtiveram e evocaram a mesma reação básica.

Apesar da delgada base a partir da qual o conceito foi criado e a partir da qual foi progressivamente desenvolvido, ele foi, contudo, ficando maior no pensamento de judeus assimilados do que pode ser inferido das histórias judaicas padrão. Resistiu, na verdade, de Salomon Maimon, no século XVIII, até Franz Kafka, no início do XX. Mas da variedade de formas que assumiu devemos escolher quatro, em cada uma das quais ele expressa um retrato alternativo do povo judeu. Nosso primeiro tipo será o *Schlemiel* e o "senhor dos sonhos" (*Traumweltherrscher*) de Heinrich Heine; nosso segundo, o "pária consciente" de Bernard Lazare; nosso terceiro, o grotesco retrato de suspeito de Charlie Chaplin;[1] e nosso quarto, a visão poética do des-

---

1   Chaplin declarou recentemente que é de descendência irlandesa e cigana, mas foi selecionado para a discussão porque, apesar de ele mesmo não ser judeu, ele sintetizou de uma forma artística um personagem nascido da mentalidade pária do judeu.

tino do homem de boa vontade de Franz Kafka. Entre esses quatro tipos há uma conexão significativa – um elo que de fato une todos os conceitos genuínos e boas ideias quando estes alcançam relevância histórica.

I. HEINRICH HEINE: O SCHLEMIEL E SENHOR DOS SONHOS

Em seu poema "Princesa Sabbath" ("Princess Sabbath"), a primeira de suas *Melodias hebraicas*, Heinrich Heine nos descreve o pano de fundo nacional do qual ele surgiu e que inspirou seus versos. Ele retrata seu povo como um príncipe encantado transformado por feitiçaria em um cachorro. Uma figura ridícula ao longo da semana, toda sexta-feira à noite ele subitamente recobra sua forma mortal, e, liberto das preocupações de sua existência canina (*von huendischen Gedanken*), segue adiante como príncipe para receber a noiva sabbath e saudá-la com a tradicional canção nupcial "Lecha Dodi".[2]

Esse poema, somos informados por Heine, foi composto especialmente para este fim pelo poeta do povo – o poeta que, por um golpe de sorte, escapa da severa transformação semanal de seu povo e que continuamente leva a existência ao estilo sabbath, que é para Heine a única marca positiva da vida judaica.

Os poetas são caracterizados em maiores detalhes na Parte IV do poema, na qual Heine fala de Yehudah Halevi. Eles supostamente descendem de "Herr Schlemihl ben Zurishaddai" – um nome tirado de Shelumiel ben Zurishadai, mencionado no Livro dos Números bíblico como o líder da tribo de Simeão. Heine relaciona seu nome com a palavra "Schlemiel" pela suposição humorística de que, estan-

---

2   "Lecha Dodi": "Venha, meu amado, encontrar a noiva; Vamos receber o Sabbath que surge". – uma benção hebraica cantada na sinagoga na noite de sexta-feira.

do muito próximo ao seu irmão, o governador Zimri, ele mesmo foi acidentalmente assassinado quando Zimri foi decapitado pelo sacerdote Fineias por ter flertado com uma mulher midianita (Números, 25:6-15). Mas se eles podem reclamar Shelumiel como seu ancestral, devem também reclamar Fineias – o impiedoso Fineias cuja

> [...] lança está conosco,
>
> E acima de nossas cabeças sem cessar
>
> Podemos ouvir seu zumbido fatal
>
> Nos mais nobres corações ela penetra.[3]

A história não preserva para nós "feitos heroicos" daqueles "corações mais nobres". Tudo que sabemos é que – eles eram Schlemiels.

A inocência é a marca registrada do Schlemiel. Mas é de tal inocência que os poetas de um povo – seus "senhores dos sonhos" – nascem. Entre eles não há heróis ou devotos, eles ficam satisfeitos em buscar proteção sob a tutela especial de uma deidade da antiga Grécia. Pois não se proclamou Apolo, aquela "divindade infalível do prazer", de uma vez por todas o senhor dos Schlemiels no dia em que – como diz a lenda – perseguiu a formosa Dafne apenas para receber, para seu sofrimento, uma coroa de louros? Certamente, os tempos mudaram desde então, e a transformação do antigo Olimpo foi descrita pelo próprio Heine em seu poema *The God Apollo* [O deus Apolo]. Este conta a história de uma freira que se apaixona por uma grande divindade e se entrega à busca por aquele que pode tocar a lira tão lindamente e encantar corações tão espantosamente. No final, con-

---

3   Em inglês (traduzido do alemão por Leland): "[...] spear is with us/ And above our heads unpausing/ We can hear its fatal whizzing/ And the noblest hearts it pierces". (N.T.)

tudo, depois de vagar por toda parte, ela descobre que o Apolo de seus sonhos existe no mundo real como o rabino Faibusch (uma distorção iídiche de Febo), dirigente do coral em uma sinagoga em Amsterdã, titular do coro mais humilde em meio ao mais humilde dos povos. Se não bastasse isso, o pai é um *mohel* (circuncidador ritual) e a mãe vende pepinos em conserva e uma diversidade de calças estranhas; enquanto o filho é um mulherengo que circula pelas feiras anuais interpretando o palhaço e cantando os salmos de Davi com o acompanhamento de um bando de "musas" consistindo de nove meretrizes voluptuosas do cassino de Amsterdã.

A representação de Heine do povo judeu e de si mesmo enquanto seu poeta-rei está, evidentemente, no polo oposto da concepção entretida pelos judeus ricos e privilegiados das classes elevadas. Em vez disso, em sua imprudência alegre, despreocupada, ele é característico das pessoas comuns. Pois o pária, excluído da sociedade formal e sem qualquer desejo de ser incorporado por ela, volta-se naturalmente para aquilo que entretém e agrada às pessoas comuns. Compartilhando seu ostracismo social, ele também compartilha suas alegrias e tristezas, seus prazeres e suas aflições. Ele passa, na verdade, do mundo dos homens e dos costumes para a generosidade aberta e irrestrita da Terra. E isso é precisamente o que fez Heine. Críticos estúpidos e incautos chamaram isso de materialismo ou ateísmo, mas a verdade é que há tanto de paganismo nisso que parece irreconciliável com certas interpretações da doutrina cristã do pecado original e seu consequente sentimento de culpa perpétua. É, de fato, nada além de uma simples *joie de vivre* que se encontra em toda parte em crianças e nas pessoas comuns – a paixão que os faz deleitarem-se com contos e romances, que encontra sua expressão literária suprema na balada e que confere à curta canção de amor seu caráter essencialmente popular. Originando-se da afinidade básica entre o pária e o povo, é algo que nem a crítica literária, nem o antissemitismo poderiam algum dia abolir. Embora denominem seu autor de "desconhecido", os nazistas não podem eliminar "Lorelei" do cancioneiro alemão.

É apenas natural que o pária, que recebe tão pouco do mundo dos homens que mesmo a fama (que o mundo tem reconhecidamente outorgado até mesmo ao mais abandonado de seus filhos) representa para ele um mero sinal da condição de Schlemiel, olhe com um ar de encantamento inocente e sorria consigo mesmo diante do espetáculo de seres humanos competindo com as divinas realidades da natureza. O simples fato de que o sol brilha sobre todos da mesma forma fornece-lhe uma prova diária de que todos os homens são essencialmente iguais. Na presença dessas coisas universais, tais como o sol, a música, as árvores e as crianças – coisas que Rahel Varnhagen chamava de "as verdadeiras realidades" apenas porque são celebradas principalmente por aqueles que não têm lugar no mundo político e social –, os sistemas mesquinhos dos homens que criam e mantêm a desigualdade devem necessariamente parecer ridículos. Confrontados com a ordem natural das coisas, na qual tudo é igualmente bom, a ordem fabricada da sociedade, com sua multiplicidade de classes e categorias, deve parecer uma tentativa cômica e desesperada da criação de lançar um desafio ao seu criador. Não é mais o pária marginalizado que parece o Schlemiel, mas aqueles que vivem nas categorias ordenadas da sociedade e que trocaram os presentes generosos da natureza pelos ídolos do privilégio e preconceito social. Isso é especialmente verdade com relação ao *parvenu*, que sequer nasceu no sistema, mas o escolheu por sua própria vontade, e que é convocado a pagar o custo meticulosa e precisamente, enquanto que outros podem lidar com as coisas calmamente. Mas eles não são menos Schlemiels que gozam de poder e posições elevadas. Não é preciso mais do que um poeta para comparar sua alardeada grandiosidade com a verdadeira majestade do sol, brilhando igualmente sobre o rei e o pedinte, para demonstrar que toda sua pompa e circunstância não é nada além do metal que soa ou o címbalo que retine. Todas essas verdades são antigas como as colinas. Nós as conhecemos pelas canções dos povos oprimidos e desprezados que – enquanto o homem não desejar interromper o curso do Sol – sempre buscarão refúgio na natureza, esperando que, comparados à natureza, todos os dispositivos dos homens revelem-se futilidades efêmeras.

Em vez disso, é dessa mudança de ênfase, desse protesto veemente por parte do pária, dessa atitude de negação da realidade da ordem social e de confrontação desta com uma realidade superior, que o espírito de zombaria de Heine realmente emana. É isso também que torna seu desdém tão penetrante. Porque mensura as coisas com tanta consistência pelo critério do que é realmente e manifestamente natural, ele é capaz de detectar ao mesmo tempo o ponto fraco na armadura de seu oponente, o ponto vulnerável em qualquer estupidez particular que por acaso esteja expondo. E é essa indiferença do pária por todos os trabalhos do homem que Heine enxerga como a essência da liberdade. É essa indiferença que é responsável pela ausência de amargura em seus versos. Ele foi o primeiro judeu para quem a liberdade significava mais do que a mera "libertação da casa da servidão" e em quem esta se combinava, na mesma medida, com a tradicional paixão judaica por justiça. Para Heine, a liberdade tinha pouco a ver com libertação, um jugo justo ou injusto. Um homem nasce livre, e pode perder sua liberdade somente ao vender-se para o cativeiro. De acordo com essa ideia, tanto em seus poemas políticos como em seus escritos de prosa, Heine descarrega sua ira não apenas sobre os tiranos, mas igualmente sobre aqueles que os toleram.

O conceito de liberdade *natural* (concebido, note-se, por um proscrito capaz de viver além da luta entre a servidão e a tirania) transforma tanto escravos e tiranos em figuras igualmente não naturais, e, portanto, em figuras ridículas de divertimento. A alegre despreocupação do poeta dificilmente poderia ser esperada do cidadão mais respeitável, preso como estava na rede de questões práticas e ele mesmo parcialmente responsável pela ordem das coisas. Mesmo Heine, quando confrontado com a única realidade social da qual sua existência de pária não o havia desligado – os judeus ricos de sua família –, perde sua serenidade e torna-se amargo e sarcástico.

Com certeza, quando medida pelo padrão das realidades políticas, a atitude de divertida indiferença de Heine parece remota e irreal. Quando se volta à Terra, deve-se admitir que a risada não mata e que nem escravos, nem tiranos, são extintos pela mera diversão. Desse ponto de vista, contudo, o pária é sempre remoto e irreal; seja como Schlemiel ou como "senhor dos sonhos", ele encontra-se fora do mundo real e o ataca de fora. De fato, a tendência judaica à utopia – uma propensão mais claramente evidente nos próprios países da emancipação – emerge, em última análise, apenas dessa falta de raízes sociais. A única coisa que salvou Heine de sucumbir a ela, e que o permitiu transformar a não existência e irrealidade política do pária na base efetiva de um mundo de arte, foi sua criatividade. Porque procurou nada mais do que segurar um espelho voltado ao mundo político, ele foi capaz de evitar tornar-se um doutrinário e preservar sua paixão pela liberdade não obstruída por grilhões dogmáticos. De modo semelhante, porque via a vida através de um telescópio de longo alcance, e não pelo prisma de uma ideologia, ele foi capaz de enxergar mais longe e mais claramente do que os outros, e ocupa seu lugar hoje entre os observadores políticos mais perspicazes de seu tempo. A filosofia básica de seu "filho pródigo" que, depois de "arrebanhar os suínos hegelianos por muitos anos", finalmente tornou-se até corajoso o suficiente para adotar um deus pessoal, sempre poderia ter sido sintetizado em suas próprias linhas:

> Bate no tambor e sopra o pífano
> E beija a cantineira, meu menino.

Não teme nada – esta é toda a vida,

Sua verdade mais profunda, sua alegria mais serena.

Bate o toque da alvorada, e com uma explosão

Desperta todos os homens à luta corajosa.

Desperta o mundo; e então, enfim

Avança... Esta é toda a vida.[4]

Por meio do destemor e da divina insolência Heine finalmente alcançara aquilo pelo que seus correligionários haviam lutado em vão com medo e tremor, em um momento furtivamente e no seguinte ostensivamente, em um momento aprumando-se e alardeando, e então por bajulação obsequiosa. Heine é o único judeu alemão que podia verdadeiramente descrever-se tanto como alemão quanto como judeu. Ele é o único exemplo excepcional de uma assimilação realmente feliz em toda história desse processo. Ao ver Febo Apolo no rabino Faibusch, ao introduzir audaciosamente expressões iídiches na língua alemã, ele realmente colocou em prática aquela verdadeira mescla de culturas da qual outros meramente falaram. Basta lembrar quão zelosamente os judeus assimilados evitam a menção de uma palavra hebraica diante dos gentios, quão arduamente eles fingem não entender se escutam uma dessas palavras, para reconhecer toda a extensão da realização de Heine quando escreveu, como pura poesia alemã, linhas como as seguintes, louvando um prato distintamente judaico:

4   Em inglês (traduzido do alemão por Untermeyer): "Beat on the drum and blow the fife/ And kiss the *vivandière,* my boy./ Fear nothing – that's the whole of life,/ Its deepest truth, its soundest joy./ Beat reveille, and with a blast/ Arouse all men to valiant strife./ Waken the world; and then, at last/ March on... That is the whole of life". (N.T.)

Schalet, imortal raio de luz
Schalet, filha de Eliseu!
Assim teria ressoado a canção de Schiller,
Tivesse ele algum dia provado Schalet.[5]

Com essas palavras, Heine coloca o prato da Princesa Sabbath sobre a mesa dos deuses, ao lado do néctar e da ambrosia.

Enquanto os judeus abastados e privilegiados apelavam para as sublimidades dos profetas hebraicos para provar que eram de fato os descendentes de um povo especialmente exaltado, ou então – como Disraeli – procuravam validar seu povo dotando-o de algum poder extraordinário, místico, Heine dispensava todos esses dispositivos escassos e voltava-se para o judaísmo despretensioso da vida cotidiana, para aquilo que realmente repousa no coração e nos lábios do judeu médio; e por meio da língua alemã deu-lhe um lugar na cultura europeia geral. Com efeito, foi a introdução mesma dessas notas judaicas caseiras que ajudou a tornar os trabalhos de Heine tão essencialmente populares e humanos.

Heine é talvez o primeiro prosador alemão a realmente incorporar a herança de Lessing. Da forma menos esperada, ele confirmou a estranha noção tão amplamente entretida pelos antigos liberais prussianos de que uma vez emancipado o judeu, ele se tornaria mais humano, mais livre e menos preconceituoso que outros homens. Que essa noção envolvia um exagero grosseiro é óbvio. Também em suas implicações era tão carente de compreensão elementar que apelava somente àqueles judeus que imaginavam – assim como tantos hoje

---

5   Em inglês (traduzido do alemão por Leland): "Schalet, ray of light imortal/ Schalet, daughter of Elysium!/ So had Schiller's song resounded,/ Had he ever tasted Schalet". (N.T.)

– que os judeus podiam existir como "puros seres humanos", fora da variedade dos povos e nações. Heine não foi enganado por esse disparate de "cidadania mundial". Ele sabia que povos separados são necessários para focar o gênio de poetas e artistas, e não tinha tempo para quimeras acadêmicas. Só porque se recusou a desistir de sua fidelidade a um povo de párias e Schlemiels, só porque continuou consistentemente ligado a ele, ele ocupa seu lugar entre os combatentes pela liberdade mais intransigentes da Europa – dos quais, infelizmente, a Alemanha produziu tão poucos. De todos os poetas de seu tempo, Heine foi aquele com mais caráter. E só porque a sociedade burguesa alemã não tinha nenhum poeta próprio, e temia sua força explosiva, ela inventou a lenda caluniosa de sua falta de caráter. Aqueles que espalharam essa lenda, e que esperavam com isso afastar Heine de qualquer consideração séria, incluíam muitos jornalistas judeus. Eles eram avessos à adoção da linha que ele havia sugerido; eles não queriam se tornar alemães e judeus simultaneamente, porque temiam que desse modo perdessem suas posições na ordem social da comunidade judaica alemã. Pois a conduta de Heine, apenas como poeta, foi a de alcançar a emancipação do povo judeu e assim obter a liberdade genuína. Ele simplesmente ignorava a condição que caracterizara a emancipação em toda parte da Europa – notadamente, que o judeu só poderia tornar-se um homem quando deixasse de ser judeu. Porque adotou essa posição, ele foi capaz de fazer o que tão poucos de seus contemporâneos foram: falar a língua de um homem livre e cantar as canções de um homem natural.

II. BERNARD LAZARE: O PÁRIA CONSCIENTE

Se foi realização de Heine reconhecer na figura do Schlemiel o parentesco essencial do pária com o poeta – ambos igualmente excluídos da sociedade e nunca totalmente em casa neste mundo – e ilustrar por essa analogia a posição do judeu no mundo da cultura europeia, foi mérito de Bernard Lazare traduzir o mesmo fato básico em termos de significado político. Vivendo na França do caso Dreyfus, Lazare pôde apreciar em primeira mão a qualidade de pária da existência judaica. Mas ele sabia onde estava a solução: em contraste com seus irmãos não emancipados que aceitam seu *status* de pária automática e inconscientemente, o judeu emancipado deve acordar para uma apreensão de sua posição e, consciente dela, rebelar-se contra ela – o defensor de um povo oprimido. Sua luta por liberdade é parte e resquício daquilo em que todos os oprimidos da Europa devem se engajar para atingirem a libertação nacional e social.

Nesse esforço heroico de trazer a questão judaica abertamente para a arena da política, Lazare descobriria certos fatores judaicos específicos, os quais Heine havia negligenciado e podia permitir-se ignorar. Se Heine podia contentar-se com a observação clara de que "Israel é mal servida, com falsos amigos guardando seus portões de fora e a Loucura e o Pavor vigiando de dentro", Lazare se esforçou para investigar as implicações políticas dessa conexão entre a insensatez judaica e a duplicidade gentílica. Como raiz da violência ele reconhecia aquela "doutrina espúria" (*doctrine bâtarde*) da assimilação, que faria com que os judeus "abandonassem todas as suas características, individuais assim como morais, e desistissem de se distinguirem somente por uma marca exterior que servia apenas para expô-los ao ódio de outras tradições". Ele viu que o que era necessário era instigar o judeu pária a uma luta contra o judeu *parvenu*. Não havia outra forma de salvar os judeus párias de seu destino – a destruição inevitável. Não só, alegava, o pária não tem nada a esperar além de sofrimento da dominação do *parvenu*, como também é ele que está destinado cedo ou tarde a pagar o preço de todo o sistema desgraçado. "Eu não quero mais", ele diz em uma passagem reveladora, "ter contra mim não apenas os abastados de meu povo, que me exploram e vendem, mas também os ricos e pobres de outros povos que me oprimem e torturam em nome dos meus ricos". E nessas palavras ele coloca o dedo diretamente sobre aquele fenômeno da vida judaica que o historiador Jost caracterizara tão apropriadamente como "escravidão dupla" – dependência, por um lado, dos elementos hostis de seu ambiente e, por outro, de seus próprios "irmãos bem colocados", que estão de alguma forma em conluio com os primeiros. Lazare foi o primeiro judeu a perceber a conexão entre esses dois elementos, ambos igualmente desastrosos para o pária. Sua experiência da política francesa o havia ensinado que quando o inimigo busca o controle, ele faz questão de usar algum elemento oprimido da população como seus lacaios e capangas, recompensando-os com privilégios especiais, como um tipo de suborno. Foi assim que ele interpretou o mecanismo que fazia os judeus ricos procurarem proteção atrás da notória pobreza judaica generalizada, à qual se referiam quando sua própria posição estava ameaçada. Isso, ele adivinhava, era a verdadeira base de seu relacionamento precário com seus irmãos mais pobres – aos quais eles seriam capazes, a qualquer momento que lhes conviesse, de dar as costas.

Assim que o pária entra na arena da política e traduz seu *status* em termos políticos, ele torna-se forçosamente um rebelde. A ideia de Lazare era, portanto, que o judeu devia assumir-se abertamente como o representante do pária, "visto que é o dever de todo ser humano resistir à opressão". Ou seja, ele demandava que o pária abrisse mão de uma vez por todas da prerrogativa do Schlemiel, se soltasse do mundo de fantasia e ilusão, renunciasse à proteção confortável da natureza e enfrentasse o mundo dos homens e mulheres. Em outras palavras, queria que o pária sentisse que era ele próprio o responsável pelo que a sociedade fizera com ele. Queria que ele parasse de procurar a liberação em uma atitude de indiferença superior ou na meditação sublime e rarefeita acerca da natureza do homem *per se*. Por mais que o pária judeu possa ser, do ponto de vista histórico, o produto de uma sociedade injusta ("vede o que vós fizeste do povo, vós cristãos e vós príncipes dos judeus"), falando politicamente, todo pária que se recusou a ser um rebelde foi parcialmente responsável por sua própria posição e, assim, pela mácula na humanidade que esta representou. Dessa vergonha não havia escapatória, quer na arte ou na natureza. Pois enquanto um homem for mais do que uma mera criatura da natureza, mais do que um mero produto da criatividade divina, ele será chamado a se responsabilizar pelas coisas que os homens fazem aos homens no mundo que eles próprios condicionam.

Superficialmente, pode parecer que Lazare tenha falhado por causa da oposição organizada dos judeus ricos, privilegiados, os nababos e filantropos cuja liderança ele tinha se aventurado a desafiar e cujo desejo por poder havia ousado denunciar. Se fosse esse o caso, seria apenas o começo de uma tradição que pode ter sobrevivido a sua própria morte prematura e determinado, se não o destino, pelo menos a efetiva volição do povo judeu. Mas não foi o caso; e o próprio Lazare sabia – para seu próprio pesar – a real causa de seu fracasso. O fator decisivo não era o *parvenu*; sequer era a existência de uma casta dominante que – qualquer compleição que escolhesse assumir – era ainda muito parecida com a de qualquer outro povo. Infinitamente mais sério e decisivo era o fato de que o pária simplesmente se recusava a tornar-se um rebelde. Fiel ao tipo, ele preferia "bancar o revolucionário na sociedade dos outros, mas não em sua própria", ou então assumir o papel de *schnorer*, alimentando-se das migalhas da mesa do rico, como um antigo plebeu romano pronto para ser ludibriado com a menor bagatela que o patrício venha a lhe jogar. Em todo caso, ele se hipotecou ao *parvenu*, protegendo a posição deste na sociedade e por seu turno sendo protegido por ele.

Não importa com quanta amargura o tenham atacado, não foi a hostilidade dos nababos judeus que arruinou Lazare. Foi o fato de que, quando tentou impedir o pária de ser um Schlemiel, quando buscou conferir-lhe uma importância política, ele encontrou apenas o *schnorer*. E quando o pária se torna um *schnorer*, ele não vale nada, não porque ele seja pobre e mendigue, mas porque esmola àqueles contra quem deveria lutar, e porque ele avalia sua pobreza pelos padrões daqueles que a causaram. Uma vez que adota o papel do *schnorer*, o pária torna-se automaticamente um dos suportes que sustentam uma ordem social da qual ele próprio está excluído. Pois assim como *ele* não pode viver sem seus benfeitores, *estes* não podem viver sem ele. De fato, foi somente por meio desse sistema de caridade organizada e esmolas que os *parvenus* do povo judeu conseguiram assegurar o controle sobre ele, determinar seus destinos e estabelecer seus padrões. O *parvenu* que teme se tornar um pária, e o pária que aspira tornar-se um *parvenu*, são irmãos sob a pele e devidamente cientes de seu parentesco. Não é de admirar, diante desse fato, que de todos os esforços de Lazare – singulares como o foram – para forjar a situação peculiar de seu povo em um fator político vital e significativo, nada tenha restado. Até mesmo sua memória desapareceu.

III. CHARLIE CHAPLIN: O SUSPEITO
Enquanto a falta de sensibilidade política e a persistência no sistema obsoleto de fazer da caridade a base da unidade nacional impediram o povo judeu de ter um papel positivo na vida política de nosso tempo, essas mesmas características, traduzidas em formas dramáticas, inspiraram um dos produtos mais singulares da arte moderna: os filmes de Charlie Chaplin. Em Chaplin, o povo mais impopular do mundo inspirou o que foi por muito tempo a mais popular das figuras contemporâneas – não porque era um palhaço moderno, mas porque representava o renascimento de uma qualidade que se pensava morta há muito tempo por um século de conflito de classe, notadamente, o charme extasiante das pequenas pessoas.

Em seu primeiro filme, Chaplin retratou a situação crônica do pequeno homem que é constantemente atormentado e intimidado pelos guardiões da lei e da ordem – os representantes da sociedade. Certamente, ele também é um Schlemiel, mas não do velho tipo visionário, não um príncipe encantado secreto, um *protégé* de Febo Apolo. O mundo de Chaplin é o da Terra, caricaturado grotescamente se quiser, mas não obstante duro e real. É um mundo do qual nem a natureza nem a arte podem fornecer escape e contra cujas pedras e flechas, as únicas armaduras são nossa própria sagacidade ou a gentileza e humanidade de conhecidos casuais.

Aos olhos da sociedade, o tipo que Chaplin retrata é sempre fundamentalmente suspeito. Ele pode estar em desacordo com o mundo de mil e uma maneiras, e seus conflitos com ele podem assumir uma numerosa variedade de formas, mas sempre e em todo lugar ele está sob suspeita, de modo que não adianta argumentar certos ou errados. Muito antes de o refugiado se tornar, à guisa do "apátrida", o símbolo vivo do pária, muito antes de homens e mulheres serem forçados aos milhares a dependerem, para sua mera existência, de sua própria perspicácia ou da gentileza acidental de outros, a própria infância de Chaplin lhe ensinara duas coisas. Por um lado, lhe ensinou o tradicional medo judaico do "tira" – aquela aparente encarnação de um mundo hostil –; mas, por outro lado, lhe ensinou a verdade judaica consagrada pelo tempo de que, em igualdade de circunstâncias, a ingenuidade humana de um Davi pode às vezes derrotar o vigor animal de um Golias.

Do lado de fora da paliçada, suspeitado por todo mundo, o pária – como Chaplin o retrata – não poderia deixar de despertar a simpatia das pessoas comuns, que reconheciam nele a imagem do que a sociedade havia feito com elas. Não admira que, então, aquele Chaplin tenha se tornado o ídolo das massas. Se elas riam da maneira como ele sempre se apaixonava à primeira vista, elas percebiam ao mesmo tempo que o tipo de amor que ele demonstrava era o seu tipo de amor – não importando quão raro fosse.

O suspeito de Chaplin está ligado ao Schlemiel de Heine pelo elemento comum da inocência. O que pode parecer incrível e insustentável se apresentado como uma questão de discussão casuística, como tema de uma conversação elevada sobre a perseguição dos inocentes, torna-se, no tratamento de Chaplin, tanto caloroso quanto convincente. Os heróis de Chaplin não são paradigmas da virtude, mas pequenos homens com mil e um pequenos defeitos, sempre em confronto com a lei. O único argumento apresentado é que a punição nem sempre é adequada ao crime, e que para o homem que é de qualquer maneira suspeito não há uma relação entre a ofensa que ele comete e o preço que ele paga. Ele está sempre sendo "preso" por coisas que nunca fez, mas de alguma forma sempre consegue escorregar por entre os braços da lei, enquanto outros homens ficariam presos neles. A inocência do suspeito que Chaplin tão consistentemente retrata em seus filmes é, contudo, nada mais do que um mero traço de caráter, assim como no Schlemiel de Heine; é antes uma expressão da perigosa incompatibilidade das leis gerais com os delitos individuais. Embora trágica em si, essa incompatibilidade revela seus aspectos cômicos no caso do suspeito, no qual se torna patente. Não há obviamente nenhuma conexão entre o que Chaplin faz ou não faz e a punição que o atinge. Porque é um suspeito, ele é convocado a suportar o peso de muito que não fez. Mas ao mesmo tempo, porque está além da paliçada, desimpedido dos grilhões da sociedade, ele consegue escapar desse constrangimento. Dessa situação ambivalente nasce uma atitude tanto de medo quanto de imprudência; medo da lei, como se esta fosse uma força natural inexorável; e imprudência familiar, irônica em face de seus agentes. Pode-se alegremente troçar deles, porque se aprendeu a enganá-los, como homens escapam de um aguaceiro rastejando em buracos ou sob um abrigo. E quanto menor se é, mais fácil se torna. Basicamente, a imprudência do suspeito de Chaplin é do mesmo tipo e nos encanta tanto como no Schlemiel de Heine; mas não mais é despreocupada e impassível, não mais o divino descaramento do poeta que anda com coisas celestiais e pode desse modo permitir-se brincar com a sociedade mundana. Pelo contrário, é uma imprudência preocupada, aflita – o tipo tão familiar a gerações de judeus, a desfaçatez do pobre "pequeno Yid" que não reconhece a ordem de classes do mundo porque não vê nela quer ordem, quer justiça para ele.

Foi nesse "pequeno Yid", pobre em bens mundanos mas rico em experiência humana, que o pequeno homem de todos os povos mais claramente discerniu sua própria imagem. Afinal, não teve ele de lidar também com o problema de contornar uma lei que, em sua sublime indiferença, proibia "ricos e pobres de dormirem sob pontes ou roubarem pão?" Por muito tempo ele podia rir bem humoradamente de si mesmo no papel do Schlemiel – rir de seus infortúnios e de seus métodos cômicos, astutos, de fuga. Mas então veio o desemprego, e a coisa não era mais engraçada. Ele sabia que havia sido pego por um destino do qual nenhuma medida de astúcia e esperteza podiam livrá-lo. Então veio a mudança. A popularidade de Chaplin começou a declinar rapidamente, não por conta de qualquer antissemitismo ascendente, mas porque sua humanidade fundamental perdera seu sentido. Os homens haviam parado de procurar alívio no riso; o pequeno homem havia decidido ser grande.

Hoje não é Chaplin, e sim o Super-Homem. Quando, em *O grande ditador*, o comediante tentou, pelo artifício engenhoso de duplicar seu papel, apontar o contraste entre o "pequeno homem" e o "figurão" e mostrar o caráter quase brutal do ideal do Super-Homem, foi pouco compreendido. E quando, no final daquele filme, saiu do personagem e procurou, em seu próprio nome, reafirmar e reivindicar a simples sabedoria e a filosofia do "pequeno homem", o apelo comovente e apaixonado recaiu, em sua maior parte, sobre audiências insensíveis. Aquele não era o ídolo dos anos 1930.

IV. FRANZ KAFKA: O HOMEM DE BOA VONTADE
Ambos, o Schlemiel de Heine e o "pária consciente" de Lazare, foram concebidos essencialmente como judeus, enquanto mesmo o suspeito de Chaplin revela o que são claramente traços judaicos. Muito diferente, no entanto, é o caso da última e mais recente tipificação do pária – aquela representada no trabalho de Franz Kafka. Ele aparece em duas ocasiões, uma vez na história mais antiga do poeta, "Descrição de uma luta", e novamente em um de seus últimos romances, intitulado *O castelo*.

Em "Descrição de uma luta", Kafka está preocupado, de forma geral, com o problema das inter-relações sociais, e promove a tese de que dentro dos confins da sociedade os efeitos de relações genuínas e mesmo amigáveis são invariavelmente adversos. A sociedade, nos é dito, é composta de "ninguéns" – "Eu não fiz mal a ninguém, ninguém me fez mal; mas ninguém vai me ajudar, nada além de ninguéns" – e não tem, portanto, uma existência real. Não obstante, até o pária, que é excluído dela, não pode se considerar afortunado, uma vez que a sociedade continua com o fingimento de que ela é alguém e ele, ninguém, de que ela é "real" e ele, "irreal".[6] Seu conflito com ela

6   Contudo, de todos que lidaram com esse conflito milenar, Kafka é o primeiro a ter começado da verdade básica de que "a sociedade é um ninguém em um traje a rigor". Em certo sentido, ele teve a sorte de ter nascido em um época em que já era patente e manifesto que o portador do traje a rigor era de fato um ninguém. Quinze anos depois, quando Marcel Proust quis caracterizar a sociedade francesa, foi obrigado a usar uma metáfora bem mais sombria. Ele a retratou como um baile de máscaras com uma caveira sorrindo por trás de cada máscara.

não tem, portanto, nenhuma relação com a questão de a sociedade o tratar decentemente ou não; o ponto em questão é simplesmente saber se ela ou ele existem realmente. E o maior ferimento que a sociedade pode infligir e lhe inflige é fazê-lo duvidar da realidade e da validade de sua própria existência, reduzi-lo aos seus próprios olhos ao *status* da insignificância.

Tendo a realidade de sua existência assim atacada, o pária do século XIX havia encontrado uma fuga por dois caminhos, mas nenhum deles era mais recomendável a Kafka. O primeiro caminho levava a uma sociedade de párias, de pessoas na mesma situação e – no que dizia respeito a sua oposição à sociedade – com a mesma perspectiva. Mas seguir esse caminho significava desligar-se totalmente da realidade – acabar em um divórcio boêmio do mundo real. O segundo caminho, escolhido por muitos dos melhores judeus a quem a sociedade havia proscrito, levava a uma preocupação esmagadora com o mundo da beleza, fosse o mundo da natureza no qual todos os homens são iguais sob o sol eterno, ou o domínio da arte ao qual todos que possam apreciar o gênio eterno são bem-vindos. A natureza e a arte haviam sido, de fato, por muito tempo, vistas como departamentos da vida que serviam de prova contra o ataque social ou político; e o pária, portanto, se retirava a eles como se para um mundo onde ele pudesse habitar sem ser molestado. Cidades antigas, erigidas em beleza e reverenciadas pela tradição, começaram a atraí-lo com seus prédios imponentes e vastas praças. Projetadas, por assim dizer, do passado no presente, afastadas das fúrias e paixões contemporâneas, elas pareciam em sua atemporalidade estender boas-vindas universais. Os portões dos antigos palácios, construídos por reis para suas próprias cortes, pareciam agora estar escancarados a todos, e mesmo os incrédulos podiam caminhar nas catedrais grandiosas de Cristo. Em tal configuração, o judeu pária desprezado, repudiado pela sociedade contemporânea como um ninguém, podia pelo menos compartilhar as glórias do passado, para o qual ele frequentemente mostrava um olhar mais apreciativo do que os membros estimados e de pleno direito da sociedade.

Porém, é somente contra esse método de fuga, essa retirada para a natureza e a arte, que Kafka dirige seus dardos em "Descrição de uma luta". Para seu senso de realidade do século xx, a natureza perdera sua superioridade invulnerável sobre o homem desde que este não "a deixara em paz". Ele negava, igualmente, a atualidade viva dos monumentos, que eram meramente herdados dos mortos e abandonados a todo mundo – os mesmos a quem a sociedade contemporânea chamaria de "ninguém". Em seu ponto de vista, as belezas da arte e da natureza, quando usadas como um mecanismo de fuga por aqueles cujos direitos a elas haviam sido recusados, eram meramente produtos da sociedade. Não adianta, ele diz, continuar pensando nelas; com o tempo elas morrem e perdem suas forças. Para Kafka, somente são reais aquelas coisas cuja força não é comprometida, mas confirmada pelo pensamento. Nem a liberdade do Schlemiel e do poeta, nem a inocência do suspeito, nem mesmo a fuga para a natureza e a arte, mas sim o pensamento é a nova arma – a única da qual, na opinião de Kafka, o pária é dotado ao nascer em sua luta vital contra a sociedade.

É, de fato, o uso dessa faculdade contemplativa como um instrumento de autopreservação que caracteriza a concepção de Kafka do pária. Os heróis de Kafka enfrentam a sociedade com uma atitude de franca agressão, muito distante da condescendência irônica e superioridade do "senhor dos sonhos" de Heine ou da astúcia inocente do pequeno homem eternamente perseguido de Chaplin. Os caracteres tradicionais do pária judeu, a inocência tocante e o vivificante jeito Schlemiel, não têm da mesma forma lugar no quadro. *O castelo*, o único romance em que Kafka discute o problema judaico, é o único no qual o herói é nitidamente um judeu; ainda assim, mesmo lá, o que o caracteriza como tal não é qualquer traço judaico típico, mas o fato de que ele está envolvido em situações e perplexidades distintivas da vida judaica.

K. (como o herói é chamado) é um estranho que nunca pode ser ajustado porque não pertence quer às pessoas comuns, quer aos seus governantes. ("Você não é o Castelo e você não é o vilarejo, você não é nada.") Certamente, tem alguma relação com os governantes o fato de ele ter vindo à vila inicialmente, mas ele não tem o direito de permanecer ali. Aos olhos dos burocratas menores, sua existência mesma era devida meramente a um "erro" burocrático, enquanto seu *status* como cidadão era de papel, enterrado "em pilhas de documentos eternamente subindo e caindo" ao seu redor. Ele é acusado continuamente de ser supérfluo, "indesejado e no caminho de todos", de precisar depender, como estrangeiro, da magnanimidade de outras pessoas e de ser tolerado somente em razão de um misterioso ato de graça.

O próprio K. é da opinião de que tudo depende de ele tornar-se "indistinguível", e "isso tão logo quanto possível". Ele admite que os governantes irão seguramente obstruir o processo. O que ele busca, nomeadamente, a completa assimilação, é algo que eles não estão prontos para reconhecer – mesmo enquanto uma aspiração. Em uma carta do castelo é dito a ele claramente que ele terá de decidir "se prefere tornar-se um trabalhador do vilarejo com uma conexão distintiva mas meramente aparente com o Castelo ou um pretenso trabalhador do vilarejo cuja verdadeira ocupação é determinada por intermédio de Barnabás (o mensageiro da corte)".

Não poderia ter sido achada uma analogia melhor para ilustrar todo o dilema do moderno aspirante a judeu assimilacionista. Ele, também, se depara com a mesma escolha, de supostamente pertencer ao povo, mas de fato aos governantes – como seu joguete e instrumento – ou renunciar completamente e para sempre a sua proteção e tentar sua sorte com as massas. A comunidade judaica "oficial" sempre preferiu apegar-se aos governantes, e seus representantes são sempre apenas "pretensos aldeões". Mas é com o outro tipo de judeu que Kafka está preocupado e cujo destino ele retrata. Esse é o judeu que escolhe o caminho alternativo – o caminho da benevolência, que interpreta o linguajar tradicional da assimilação literalmente. O que Kafka descreve é o verdadeiro drama da assimilação, não seu equivalente distorcido. Ele fala ao judeu médio de pouca importância que realmente não quer nada além de seus direitos enquanto ser humano: casa, trabalho, família e cidadania. Ele é retratado como se estivesse sozinho na Terra, o único judeu em todo o mundo – completamente, desoladamente só. Aqui, também, Kafka pinta um quadro fiel à realidade e ao problema humano básico que a assimilação envolve, se levada à sério. Pois na medida em que o judeu busca tornar-se "indistinguível" de seus vizinhos gentios, ele deve comportar-se como se estivesse de fato inteiramente sozinho; deve separar-se da companhia, de uma vez por todas, daqueles que são como ele. O herói do romance de Kafka faz, na realidade, o que todo o mundo quer que o judeu faça. Seu isolamento solitário simplesmente reflete a opinião constantemente reiterada de que se não houvesse nada além de judeus individuais, se apenas os judeus não persistissem em se unir, a assimilação se tornaria um processo relativamente simples. Kafka faz com que seu herói siga esse curso "ideal" para mostrar claramente como o experimento realmente funciona. Para fazer dele um completo sucesso é necessário, é claro, também que um homem renuncie a todos os traços judaicos distintivos. No tratamento de Kafka, contudo, essa renúncia assume um significado para todo o problema da humanidade, e não meramente para a questão judaica. K., em seu esforço para tornar-se "indistinguível", está interessado somente em universais, em coisas que são comuns a toda a humanidade. Seus desejos são direcionados somente àquelas coisas às quais todos os homens têm naturalmente direito. Ele é, em suma, o típico homem de boa vontade. Ele demanda nada mais do que o que constitui o direito de todos os homens, e não se satisfará com menos. Toda sua ambição é ter "um lar, uma posição, trabalho de verdade para fazer", casar-se e "tornar-se um membro da comunidade". Porque como estrangeiro ele não tem permissão para gozar desses pré-requisitos óbvios da existência humana, ele não pode se dar ao luxo de ser ambicioso. Ele sozinho, pensa (pelo menos no começo da história), deve lutar pelo mínimo – por simples direitos humanos, como se fosse algo que abarcasse a soma total de possíveis demandas. E só porque ele não procura nada além desses direitos humanos mínimos, ele não pode consentir em obter suas demandas – como teria sido possível – na forma de "um ato de favor do Castelo".

Assim que os aldeões descobrem que o estrangeiro que calhou de estar em seu meio goza de fato da proteção do castelo, sua disposição original de indiferença desdenhosa se torna de hostilidade respeitosa. A partir daí, seu único desejo é expulsá-lo de volta para o castelo assim que possível; eles não querem nada com a "alta sociedade". E quando K. se recusa, argumentando que quer ser livre, quando explica que preferiria ser um simples, porém genuíno, aldeão do que um pretenso, vivendo de fato sob a proteção do castelo, sua postura muda para um misto de desconfiança e ansiedade – uma postura que, para todos os seus esforços, o assombra continuamente. Os aldeões sentem-se apreensivos não porque ele é um estrangeiro, mas porque ele se recusa a aceitar favores. Eles tentam constantemente persuadi-lo de que sua atitude é "estúpida", de que ele não tem familiaridade com as condições da forma como estão. Eles contam-lhe todo tipo de fábula a respeito das relações do castelo com os aldeões, e procuram com isso transmitir-lhe algo daquele conhecimento do mundo do qual ele tão obviamente carece. Mas tudo que eles conseguem fazer é mostrar-lhe, alarmando-o ainda mais, que essas coisas como instinto humano, direitos humanos e a simples vida normal – coisas que ele mesmo tinha como certas, como a incontroversa propriedade de todos os seres humanos normais – têm tão pouca existência para os aldeões quanto para o estrangeiro.

O que K. experiencia em seus esforços para se tornar indistinguível dos aldeões é contado em uma série de contos sombrios e medonhos, todos eles impregnados de perversidade humana e da lenta erosão dos instintos humanos. Há o conto da esposa do estalajadeiro, que teve a "honra", como uma garota, de ser a amante efêmera de algum subalterno do castelo, experiência da qual até hoje não esquece, de modo a tornar seu casamento mera farsa. Então a jovem noiva do próprio K., que teve a mesma experiência, mas que, embora tenha sido capaz de esquecê-la por tempo suficiente para se apaixonar genuinamente por ele, ainda não pode suportar indefinidamente uma vida simples sem "conexões elevadas" e que foge no fim com a ajuda dos "assistentes" – dois oficiais de menor escalão do castelo. Por último, mas não menos importante, há a estranha, sinistra história dos Barnabás vivendo sob uma maldição, tratados como leprosos até que se sentissem assim, apenas porque uma de suas lindas filhas uma vez ousou rejeitar as investidas indecentes de um importante cortesão. Os singelos aldeões, controlados nos mínimos detalhes pela classe dominante, e escravizados mesmo em seus pensamentos pelos caprichos de seus oficiais todo-poderosos, há muito tempo perceberam que agir ou não com retidão é para eles uma questão de puro "destino" que não podem alterar. Não é, como K. ingenuamente supõe, o remetente de uma carta obscena que é exposto, mas o destinatário que se torna marcado e maculado. Isso é o que os aldeões querem dizer quando falam de "destino". Na perspectiva de K., "é injusto e monstruoso"; mas ele é "o único no vilarejo com essa opinião".

É a história dos Barnabés que finalmente faz K. enxergar as condições como elas realmente são. Finalmente, ele vem a compreender que a realização de seus projetos, a realização de direitos humanos básicos – o direito ao trabalho, o direito a ser útil, o direito de fundar um lar e tornar-se um membro da sociedade – não são de forma alguma dependentes da completa assimilação ao meio social, de ser "indistinguível". A existência normal que ele deseja tornou-se algo excepcional, não mais a ser realizada por meio de métodos simples, naturais. Tudo o que é natural e normal na vida foi arrebatado das mãos dos homens pelo regime imperante no vilarejo, para tornar-se um presente vindo de fora – ou, como Kafka coloca, de "cima". Quer como destino, como benção ou como maldição, é algo sombrio e misterioso, algo que um homem recebe mas não cria, e que ele pode, portanto, observar mas nunca penetrar. Consequentemente, a aspiração de K., longe de ser banal e óbvia, é, na verdade, excepcional e magnífica. Enquanto o vilarejo permanecer sob o controle do castelo, seus habitantes não podem ser nada além das vítimas passivas de seus respectivos "destinos"; não há lugar nele para qualquer homem de boa vontade que deseje determinar sua própria existência. A simples interrogação sobre o certo e o errado é vista como uma controvérsia impertinente; o caráter do regime, o poder do castelo, são coisas que não podem ser questionadas. Então, quando K., absolutamente indignado e ultrajado, explode com as palavras "Então é assim que são os oficiais", toda a vila treme como se algum segredo vital, se não mesmo todo o seu modelo de vida, tivesse sido subitamente traído.

Mesmo quando perde a inocência do pária, K. não desiste da luta. Mas diferentemente do herói do último romance de Kafka, *Amerika*, ele não começa a sonhar com um novo mundo e não termina em um grande "Teatro da Natureza" onde "todos são bem-vindos", onde "há lugar para todos" segundo seus talentos, sua inclinação, e sua vontade. Pelo contrário, a ideia de K. parece ser de que muito poderia ser realizado se um simples homem apenas pudesse viver sua própria vida como um ser humano normal. Por conseguinte, ele permanece no vilarejo e tenta, a despeito de tudo, se estabelecer sob as condições existentes. Só por um único breve momento o velho ideal judaico mexe em seu coração, e ele sonha com a liberdade sublime do pária – o "senhor dos sonhos". Porém, "nada mais tem sentido", ele observa, "nada mais desesperado do que essa liberdade, essa espera, essa inviolabilidade". Todas essas coisas não têm propósito e não levam em conta o desejo dos homens de alcançar algo no presente, ainda que seja apenas a direção sensata de suas vidas. Assim, no final, ele se reconcilia prontamente com a "tirania do professor", assume "o posto lamentável" de um servente de escola e "faz seu melhor para conseguir uma entrevista com Klamm" – em suma, ele assume a sua quota na miséria e angústia dos aldeões.

Em face disso, tudo é vão, visto que K. não pode e não se divorciará da distinção entre o certo e o errado, e uma vez que ele se recusa a ver seus direitos humanos normais como privilégios outorgados pelos "poderes constituídos". Por causa disso, as histórias que ele ouve dos aldeões não conseguem despertar nele aquela sensação de medo assombroso da qual eles esforçam-se para investi-las e que as dota de uma estranha qualidade poética tão comum nas lendas populares de povos escravizados. E tendo em vista que ele não pode compartilhar desse sentimento, nunca poderá ser um deles. Quão infundado é esse sentimento, quão gratuito é o medo que parece por alguma mágica possuir todo o vilarejo, fica claro com o fato de que absolutamente nada se materializa de todo aquele destino terrível que os aldeões preveem para o próprio K. Não acontece nada mais sério com ele, de fato, do que as autoridades do castelo, valendo-se de mil e uma desculpas, continuarem segurando seu requerimento para um título legal de residência.

Toda a luta permanece irresoluta, e K. morre de uma morte perfeitamente natural; ele fica exausto. O que ele se esforçou para alcançar estava além das forças de qualquer homem singular. Mas embora seu propósito tenha permanecido irrealizado, sua vida ficou longe de ser um fracasso completo. A própria luta que ele travou para obter algumas coisas básicas que a sociedade deve aos homens abriu os olhos dos aldeões, ou pelo menos de alguns deles. Sua história, seu comportamento, lhes ensinou que vale a pena perseguir os direitos humanos, assim como que o domínio do castelo não é lei divina e, consequentemente, pode ser atacado. Ele os fez ver, como eles colocam, que "homens que sofreram experiências como as nossas, que se deparam com o medo que sentimos [...] que tremem a cada batida na porta, não podem enxergar as coisas direito". E acrescentam: "Quanta sorte temos por você ter vindo a nós!".

Em um epílogo ao romance, Max Brod narra com que entusiasmo Kafka certa vez repetiu a ele a história de como Flaubert, voltando de uma visita a uma simples família feliz com muitos filhos, exclamou espontaneamente: *"Ils sont dans le vrai"* ("Eles estão certos"). Uma verdadeira vida humana não pode ser levada por pessoas que se sentem destacadas das simples e básicas leis da humanidade, nem por aqueles que escolhem viver em um vácuo, mesmo que sejam levados a isso pela perseguição. A vida dos homens deve ser normal, não excepcional.

Foi a percepção dessa verdade que fez de Kafka um sionista. No sionismo ele viu uma forma de abolir a posição "anormal" dos judeus, um instrumento por meio do qual eles podem se tornar "um povo como outros povos". Talvez o último dos grandes poetas da Europa dificilmente poderia ter desejado tornar-se um nacionalista. De fato, todo o seu gênio, toda a sua expressão do espírito moderno, repousam precisamente no fato de que o que ele buscava era ser um ser humano, um membro normal da sociedade humana. Não era sua culpa que essa sociedade deixara de ser humana, e que, aprisionados em suas malhas, aqueles seus membros que eram realmente homens de boa vontade eram forçados a funcionar dentro dela como algo excepcional e anormal – santos ou loucos.

Se a comunidade judaica ocidental do século xix tivesse levado a assimilação a sério, tivesse realmente tentado solucionar a anomalia do povo judeu e o problema do indivíduo judeu tornando-se "indistinguível" de seus vizinhos, se eles tivessem feito da igualdade em relação aos outros seu objetivo último, no fim apenas teriam descoberto que enfrentavam a desigualdade e que a sociedade estava lenta, mas certamente, se desintegrando em um vasto complexo de contracorrentes inumanas. Eles teriam descoberto, em suma, o mesmo tipo de situação retratada por Kafka ao tratar das relações do estrangeiro com os padrões de vida estabelecidos no vilarejo.

Desde que os judeus da Europa Ocidental fossem párias somente em um sentido social, eles podiam encontrar a salvação, em grande medida, tornando-se *parvenus*. Não importa quão insegura sua posição possa ter sido, eles podiam ainda assim conquistar um *modus vivendi* ao combinarem o que Ahad Haam descreveu como "escravidão interna" com "liberdade exterior". Ademais, aqueles que julgavam o preço muito elevado ainda podiam continuar meros párias, gozando calmamente a liberdade e intocabilidade dos proscritos. Excluídos do mundo das realidades políticas, eles ainda podiam retirar-se para seus recantos tranquilos a fim de preservar ali a ilusão de liberdade e humanidade incontestada. A vida do pária, embora despojada de significância política, era de forma alguma sem sentido.

Mas hoje é. Hoje o alicerce abandonou a antiga ideologia. O judeu pária e o judeu *parvenu* estão no mesmo barco, remando desesperadamente no mesmo mar revolto. Ambos estão ferrados com a mesma marca; ambos são igualmente foras da lei. Hoje a verdade voltou para casa: não há proteção no céu ou na Terra contra o simples assassinato, e um homem pode ser expulso a qualquer momento das ruas e dos amplos espaços que um dia estiveram abertos a todos. Finalmente, tornou-se claro que a "liberdade sem sentido" do indivíduo somente abre caminho para o sofrimento sem sentido de todo seu povo.

O isolamento social não é mais possível. Não se pode ficar indiferente à sociedade, quer como um Schlemiel ou como um senhor dos sonhos. Os velhos mecanismos de fuga desmoronaram, e um homem não pode mais entrar em acordo com um mundo no qual o Judeu não pode ser um ser humano quer como um *parvenu*, usando seus cotovelos, quer como um pária, voluntariamente desprezando seus presentes. Tanto o realismo de um quanto o idealismo do outro são hoje utópicos.

Há, contudo, um terceiro curso – aquele sugerido por Kafka, no qual um homem pode renunciar a todas as reivindicações de liberdade individual e inviolabilidade e modestamente contentar-se com tentar levar uma vida simples, decente. Mas – como Kafka mesmo aponta – isso é impossível dentro da estrutura da sociedade contemporânea. Pois, enquanto ainda se pode permitir que o indivíduo construa uma carreira, ele não é mais forte o suficiente para atender às demandas básicas da vida humana. O homem de boa vontade é levado hoje ao isolamento, assim como o estrangeiro-judeu no castelo. Ele se perde – ou morre de exaustão. Pois somente dentro da estrutura de um povo um homem pode viver como um homem entre homens, sem se exaurir. E somente quando um povo vive e funciona em consórcio com outros povos ele pode contribuir para o estabelecimento sobre a Terra de uma humanidade comumente condicionada e controlada.

1940

CRIANDO UMA ATMOSFERA CULTURAL

A CULTURA, COMO A COMPREENDEMOS HOJE, FEZ SUA APARIÇÃO muito recentemente e surgiu a partir da secularização da religião e da dissolução dos valores tradicionais. Quando falamos da cultura cristã da Idade Média, estamos empregando o termo livremente e em um sentido que teria sido quase incompreensível para um homem medieval. O processo de secularização pode ou não ter minado as fundações da fé religiosa – estou inclinada a pensar que esse enfraquecimento foi menos decisivo do que algumas vezes supomos; em todo caso, a secularização transformou os conceitos religiosos e os resultados da especulação religiosa de tal forma que eles receberam um novo significado e nova importância independentes da fé. Essa transformação marcou o início da cultura como a conhecemos – isto é, a partir daí a religião tornou-se uma parte importante da cultura, porém não mais dominava todas as realizações espirituais.

Ainda mais importante para o estabelecimento da cultura do que a mera dissolução dos valores tradicionais foi o grande medo do esquecimento que logo seguiu-se ao Iluminismo do século XVIII e que permeou todo o século XIX. O perigo de perder a continuidade histórica como tal, juntamente com os tesouros do passado, era óbvio; o medo de ser roubado do fundo propriamente humano de um passado, de tornar-se um fantasma abstrato como o homem sem sombra, foi a força motriz por trás dessa nova paixão por imparcialidade e pela coleta de curiosidades históricas que deram origem às nossas ciências histórica e filológica atuais, assim como aos gostos monstruosos do século XIX. Só porque as velhas tradições não estavam mais vivas, a cultura foi estimulada a prevalecer, com todos os seus aspectos bons e ridículos. A falta de estilo do último século na arquitetura, suas tentativas insanas de imitar todos os estilos do passado, foi apenas um aspecto do que era realmente um novo fenômeno chamado cultura.

Cultura é por definição secular. Ela requer um tipo de abertura de espírito da qual nenhuma religião nunca será capaz. Pode ser perfeitamente pervertida por meio de ideologias e *Weltanschauungs* que compartilham, ainda que em um nível mais baixo e vulgar, do desdém da religião por tolerância e da pretensão de "possuir" a verdade. Embora a cultura seja "hospitaleira", não devemos esquecer que nem a religião, nem as ideologias se resignarão, poderão ser somente partes de um todo. O historiador, embora quase nunca o teólogo, sabe que a secularização não é o fim da religião.

Aconteceu que não só o povo judeu não compartilhou o lento processo de secularização que começou na Europa Ocidental com o Renascimento, e a partir do qual nasceu a cultura moderna, mas também que os judeus, quando confrontados com e atraídos pelo Iluminismo e pela cultura, haviam recém-emergido de um período no qual seu próprio aprendizado secular afundara ao ponto mais baixo de todos os tempos. As consequências dessa falta de vínculos espirituais entre judeus e a civilização não judaica foram tão naturais quanto lamentáveis: os judeus que queriam "cultura" abandonaram o judaísmo imediatamente, e completamente, muito embora a maioria deles continuasse consciente de sua origem judaica. A secularização e mesmo o aprendizado secular passaram a identificar-se somente com a cultura não judaica, de modo que nunca ocorreu a esses judeus que eles poderiam ter iniciado um processo de secularização em relação à sua própria herança. Seu abandono do judaísmo culminou em uma situação dentro do judaísmo na qual a herança espiritual judaica tornou-se, mais do que nunca, de monopólio dos rabinos. O *Wissenschaft des Judentums* alemão, embora estivesse ciente do perigo de uma perda completa de todas as conquistas espirituais do passado, refugiou-se do verdadeiro problema em uma investigação bastante árida, preocupada apenas com a preservação, tendo resultado, na melhor das hipóteses, em uma coleção de objetos de museu.

Enquanto essa fuga repentina e radical de intelectuais judeus de tudo que era judaico impediu o crescimento de uma atmosfera cultural na comunidade judaica, por outro lado foi muito favorável para o desenvolvimento da criatividade individual. O que havia sido feito por membros de outras nações como parte e parcela de um esforço mais coletivo e no intervalo de diversas gerações, foi alcançado por judeus individuais no estreito e concentrado período de uma única vida e por pura força da imaginação individual. Foi enquanto indivíduos, estritamente, que os judeus começaram sua emancipação da tradição.

É verdade que apenas poucos possuíam uma intensidade apaixonada incomparável e que foi recompensada pelo fato de que uma porcentagem particularmente alta de judeus se ocupavam como bisbilhoteiros pseudoculturais e sucumbiam à cultura de massa e ao simples amor à fama. Mas ainda assim produziu um número extraordinariamente grande de autênticos escritores, artistas e pensadores judeus que não sucumbiram sob o extraordinário esforço exigido deles, e a quem essa súbita liberdade de espírito vazia não degradou, mas, pelo contrário, tornou criativos.

Contudo, uma vez que suas realizações individuais não foram recepcionadas por uma audiência judaica preparada e culta, eles não conseguiram encontrar uma tradição especificamente judaica na literatura e pensamento seculares – embora esses escritores, pensadores e artistas judeus tivessem mais do que um traço em comum. Qualquer tradição que possa ser detectada pelo historiador permanece tácita e latente, sua continuidade automática e inconsciente, brotando como o fez das condições basicamente idênticas que cada um desses indivíduos teve de enfrentar mais uma vez por si só, e dominar por si só sem a ajuda de seus predecessores.

Não há dúvida de que nenhum diagrama e nenhum programa jamais farão sentido em questões culturais. Se existe algo como uma política cultural, esta pode objetivar apenas a criação de uma atmosfera cultural – isto é, nas palavras de Elliot Cohen, uma "cultura para judeus", mas não uma cultura judaica. A emergência do talento ou do gênio é independente dessa atmosfera, mas se continuaremos a perder talento judaico para outros, ou se seremos capazes de mantê-los dentro de nossa própria comunidade na mesma medida que os outros o fazem, será decidido pela existência ou inexistência dessa atmosfera. É esse que me parece ser o problema. Pode-se dar algumas sugestões de como abordá-lo.

Em primeiro lugar, existe aquela grande tradição pós-bíblica religiosa e metafísica que teremos de recuperar das mãos dos teólogos e acadêmicos – com ambos os quais temos, no entanto, uma grande dívida de gratidão por a terem preservado integralmente. Mas teremos de descobrir e lidar com essa tradição novamente em nossos próprios termos, em prol das pessoas para quem ela não mais constitui um passado sagrado ou uma herança intocável.

Por outro lado, há o corpo muito menor de escritos judaicos seculares – datando de todos os períodos, mas particularmente do século XIX na Europa Oriental; essa literatura surgiu a partir da tradição popular secular, e somente a ausência de uma atmosfera cultural impediu que uma parte dela assumisse o *status* de grande literatura; em vez disso, foi condenada à categoria duvidosa de folclore. O valor cultural de todo autor ou artista realmente começa a se fazer sentir quando transcende as fronteiras de sua própria nacionalidade, quando não mais continua tendo importância apenas para seus pares judeus, pares franceses ou pares ingleses. A falta de cultura judaica e a prevalência do folclore na vida secular judaica negaram essa transcendência ao talento judaico, que não simplesmente desertou a comunidade judaica. O resgate dos escritores iídiche da Europa Oriental é de grande importância; caso contrário, eles continuarão perdidos para a cultura em geral.

Por último, mas não menos importante, teremos de abrir espaço para todos aqueles que entraram, e entram, em conflito com a ortodoxia judaica ou viraram as costas para o judaísmo pelas mesmas razões mencionadas acima. Essas figuras serão de especial importância para o empreendimento como um todo; elas podem até mesmo vir a ser a prova suprema de seu sucesso ou fracasso. Não só porque o talento criativo tem sido especialmente frequente entre elas em tempos recentes, mas também porque, em seus esforços individuais para a secularização, oferecem os primeiros modelos para aquela nova fusão de tradições mais antigas com novos impulsos e conscientização sem a qual a atmosfera cultural especificamente judaica é dificilmente concebível. Esses talentos não precisam de nós; eles alcançam a cultura por sua própria conta. Nós, por outro lado, precisamos deles, tendo em vista que eles formam a única base, por menor que seja, da cultura que temos – uma base que devemos expandir gradualmente em ambas as direções: a secularização da tradição religiosa e o resgate da tradição popular dos grandes artistas (a maioria iídiche do folclore secular).

Se tal desenvolvimento ocorrerá, ninguém pode prever. *Commentary*[1] me parece um bom começo e certamente é um *novum* na vida cultural judaica. A razão para algum otimismo, contudo, é, em última análise, uma política.

O *yishuv* na Palestina é a primeira realização judaica produzida por um movimento inteiramente secular. Não há dúvida de o que quer que aconteça com a literatura hebraica no futuro, os escritores e artistas hebraicos não precisarão se restringir quer à tradição popular, quer à religião, para continuarem judeus. Eles são os primeiros judeus que como judeus são livres para começar de um nível superior ao pré-cultural.

O povo judeu da América, por outro lado, vive uma vida razoavelmente segura e razoavelmente livre, que os permite fazer, relativamente, o que os agrada. A parte central e mais forte dos judeus da Diáspora não existe mais sob as condições de um Estado-nação, mas em um país que anularia sua própria Constituição se algum dia demandasse homogeneidade de população e fundamento étnico para seu Estado. Na América não é preciso fingir que o judaísmo não é nada além de uma denominação e recorrer a todos aqueles disfarces desesperados e incapacitantes que eram comuns entre os judeus ricos e instruídos da Europa. O desenvolvimento de uma cultura judaica, em outras palavras, ou a falta dela, a partir de agora não dependerá mais de circunstâncias que fogem ao controle do povo judeu, mas de sua própria vontade.

1947

1 Uma revista que enfatiza assuntos judaicos políticos e culturais. Arendt publicou alguns artigos nela, incluindo este, entre 1945 e 1960. (N.E.)

HISTÓRIA JUDAICA, REVISTA

HISTORIADORES JUDAICOS DO ÚLTIMO SÉCULO, CONSCIENTEMENTE ou não, costumavam ignorar todas aquelas tendências do passado judaico que não apontavam para suas próprias teses principais acerca da história da Diáspora, segundo as quais o povo judeu não tinha uma história política própria, mas era invariavelmente a vítima inocente de um ambiente hostil e algumas vezes brutal. Quando esse ambiente mudava, a história judaica logicamente deixava completamente de ser história, visto que o povo judeu deixava de existir enquanto povo. Em contraste agudo com todas as outras nações, os judeus não eram os fazedores da história, mas os sofredores da história, preservando um tipo de eterna identidade de bondade cuja monotonia foi quebrada somente pela crônica igualmente monótona de perseguições e *pogroms*. Dentro desse quadro de preconceito e perseguição, o historiador ainda conseguiu de alguma forma recordar os principais desenvolvimentos da história das ideias. Mas o pensamento místico judaico, levando, como o fez, à ação política no movimento sabatiano foi um obstáculo tão sério a essa interpretação que poderia ser superado apenas por meio da depreciação precipitada ou da total desconsideração do movimento.

A nova apresentação e apreciação de Scholem do misticismo judaico[1] não somente preenche uma lacuna, mas realmente muda todo o quadro da história judaica. Uma das mudanças mais importantes é sua interpretação inteiramente nova do movimento de Reforma e de outros desenvolvimentos modernos que escaparam da ortodoxia. Estes costumavam ser vistos como as consequências da emancipação concedida a segmentos do povo judeu e como as reações necessárias de uma nova adaptação aos pré-requisitos do mundo gentio. Mas Scholem, no último capítulo de seu livro, prova conclusivamente que o movimento de Reforma, com sua curiosa mistura de tendências a liquidar e conservar no judaísmo, não foi uma assimilação mecânica das ideias e demandas de um ambiente estrangeiro, mas antes o resultado do fracasso da última grande atividade política judaica, o movimento sabatiano, da perda da esperança messiânica e do desespero em relação ao destino último do povo.

Um colapso semelhante de padrões religiosos, seguido de um desespero similar, estava entre as experiências extraordinárias da Europa depois da Revolução Francesa. Mas enquanto o pessimismo romântico roubou as esperanças das capacidades políticas do homem como legislador e resignou-se a considerá-lo capaz somente de obedecer as leis, cuja legitimação última não estava mais em Deus, mas na história e na tradição, o niilismo judaico surgiu da perda das esperanças na habilidade de o homem algum dia descobrir a lei oculta de Deus e de agir em conformidade com ela.

---

1   Gershom G. Scholem, *Major Trends in Jewish Mysticism,* rev. ed. (Nova York, Schocken Books, 1946).

O livro de Scholem, esclarecendo pela primeira vez o papel desempenhado pelos judeus na formação do homem moderno, contribui bastante com um fenômeno mais geral, tipicamente moderno, cujas origens históricas nunca foram completamente compreendidas. Nesse contexto, suas descobertas estão mais propensas a reconciliar a história judaica com a história da Europa do que todas as tentativas apologéticas que buscam provar o impossível, isto é, a identidade entre judeus e outras nações, ou que tentam demonstrar algo essencialmente inumano, notadamente a passividade e portanto a irresponsabilidade do povo judeu como um todo.

> Na interpretação [cabalística] dos mandamentos religiosos, estes não são representados como alegorias ou ideias mais ou menos profundas, ou como medidas pedagógicas [como na interpretação dos filósofos], mas antes como a realização de um rito secreto [...] elevava a Halachá a uma posição de importância incomparável para o místico, e fortalecia seu domínio sobre o povo. Todo Mitzvá tornava-se um evento de importância cósmica [...]. O judeu religioso tornava-se um protagonista no drama do Mundo; ele puxava as cordas por trás do palco.

Cabalá é um nome que abrange uma grande variedade de doutrinas, das antigas especulações gnósticas, todos os tipos de práticas mágicas, até as grandes e genuínas especulações filosóficas do Livro de Zohar. O nome expressa o poder e vitória final do rabinismo, que combate todas as tendências antagonistas e heterodoxas do pensamento judaico, agregando-as sob o mesmo nome, em vez de nomeá-las especificamente e em consonância com o real conteúdo desses pensamentos. Mas a transformação do Halachá em rito mágico com sua influência inerente sobre a imaginação popular, referida na citação acima, parece formar a base essencial para todos os tipos de concepções místicas judaicas. A nova interpretação da Lei foi baseada na nova doutrina do "Deus oculto" que, em aguda oposição ao Deus da revelação, é impessoal, "*aquilo* que é infinito" (12), uma força em vez de uma pessoa, revelando-se somente aos "poucos escolhidos", mas oculto, e não revelado, na revelação da Bíblia. Com esse conceito de Deus como um poder impessoal, divino, está conectada aquela doutrina heterodoxa primordial contra a qual a ortodoxia judaica, assim como a cristã, travaram suas batalhas mais amargas, a doutrina da *emanação* do universo, em oposição à *criação* do homem e do mundo. Em todas as teorias da emanação, o homem primevo é supostamente um poder oculto; a distinção clara entre Deus e o homem, assim como entre criador e criatura, desaparece, e o homem, concebido como uma matéria parte do divino, torna-se dotado do poder material-místico de retraçar o "caminho oculto" da emanação que o afastou do divino, de retornar para o seio da substância da qual ele emanou e que se expressa por diversas paráfrases tais como o "*Em-sof*", a "unidade indiferenciada", e mais caracteristicamente, o *Nada*. A transformação da Halachá em um rito secreto surgiu, como todas as outras práticas mágicas, dessas especulações que afirmavam que a busca pelo poder oculto pode levar a uma descoberta de meios secretos pelos quais o homem pode recobrar o poder divino e se transformar em uma parte de Deus.

Todas essas doutrinas relacionadas ao "oculto" parecem ter um efeito paradoxal inerente. Seus adeptos sempre insistiram no mais rigoroso sigilo, na exclusividade e no caráter esotérico de suas especulações, que poderiam ser reveladas somente aos "poucos escolhidos". Mas, apesar de todas essas asserções, as ideias místicas não tinham apelo somente aos iniciados, mas exerciam, pelo contrário, uma influência popular imensa. Ideias místicas seduziam as massas muito mais do que os ensinamentos dos sábios rabinos e filósofos, que sustentavam que suas interpretações podiam ser compreendidas por todos. Isso é especialmente verdadeiro para as tendências místicas na história judaica, que aparentemente dominavam o pensamento popular e atendiam às necessidades mais urgentes do povo.

Seria um grave erro pensar esse paradoxo como um problema somente do passado, pois esse passado religioso na verdade perdura hoje em todas as crenças supersticiosas nas "sociedades secretas", nos "bastidores" da política popular e mesmo nas ideologias que insistem no poder exclusivo das "leis" econômicas ou históricas que, elas também, operam escondidas dos olhares do homem ordinário. As especulações por meio das quais místicos judaicos e cristãos transformaram o Deus judeu da criação em uma força secreta foram a primeira forma de um conceito essencialmente materialista, e todas as doutrinas modernas que afirmam que o homem não é nada além de um pedaço de matéria, sujeito a todas as leis físicas e desprovido de liberdade de ação, nos confrontam com a antiga crença originalmente gnóstica na emanação. Pouco importa se a substância da qual se considera ser feito o homem é material ou "divina". O que importa é que o homem não é mais uma entidade independente, um fim em si próprio.

Hoje, como no passado, essas especulações atraem todos os que são de fato excluídos da ação, impedidos de alterar um destino que lhes parece insuportável e, sentindo-se vítimas indefesas de forças incompreensíveis, estão naturalmente inclinados a encontrar meios secretos de adquirir o poder de participar do "drama do Mundo". Portanto, o sigilo dessas especulações possui um caráter um pouco artificial: elas são mantidas em segredo, assim como a descoberta da pedra filosofal, que supostamente transforma todos os metais em ouro puro, que é desejada por todos e que, precisamente por esse motivo, é escondida por aqueles que alegam tê-la descoberto.

Mais importante do que esse esoterismo ambíguo foi a justificação mística da ação, mesmo que ela ofereça apenas um substituto. Nesse contexto, não importa muito se os cabalistas eram mágicos ordinários (normalmente não eram) ou se praticavam apenas aquilo que Abulafia admitiu e que Scholem chama de "magia espiritual". Em ambos os casos os crentes podiam participar do poder que governa o mundo.

> Os cabalistas [...] não são adeptos da autobiografia mística [...]. Eles regozijam-se com a descrição objetiva e são profundamente avessos a permitir que suas personalidades interfiram no quadro [...]. Estou inclinado a acreditar que essa aversão a uma indulgência pessoal demais na autoexpressão pode ter sido causada pelo fato, dentre outros, de que os judeus cultivaram uma noção particularmente vívida da incongruidade da experiência mística com aquela ideia de Deus que destacava os aspectos de Criador, Rei e Legislador.

A negação da criação e a doutrina da emanação, juntamente ao conceito da participação humana no drama do mundo que dela decorre, foram o traços comuns mais notáveis do misticismo gnóstico. A ausência da autobiografia, a aversão à autoexpressão, são os contrastes mais impressionantes entre o misticismo judaico e o cristão. Essa restrição é tão mais surpreendente porque invariavelmente o principal órganon místico da cognição é a experiência, e nunca a razão ou a fé na revelação. Essa experiência é muito próxima à noção moderna de experimento: deve ser testada muitas vezes antes de sua verdade ser admitida. (Ao descrever uma experiência mística irresistível como o resultado da combinação das letras do nome de Deus, um autor místico diz: "Mais uma vez eu peguei o Nome para fazer como antes e, vejam só, teve o mesmo efeito sobre mim. No entanto, eu não acreditei até que tivesse tentado quatro ou cinco vezes".)

O caráter experimental da experiência mística contribuiu largamente para sua popularidade. Pareceu ser por séculos o único caminho para o mundo real, descartado pelo judaísmo rabínico. A realidade como é experimentada pelos místicos pode às vezes parecer estranha para nós; comparada aos argumentos logísticos e jurídicos da ortodoxia, era o mais real possível, porque foi descoberta e testada por meio da experiência, e não por meio da interpretação e da lógica. Essa abordagem frequentemente assumia a forma de interesse na própria alma, porque as experiências psicológicas podiam ser repetidas e testadas indefinidamente, com o material dos experimentos sempre ao alcance, seus resultados consequentemente pareceriam ser mais confiáveis. O axioma de Descartes *Cogito, ergo sum* ainda carrega um traço dessa tradição: a experiência interna do pensamento torna-se prova de realidade do ser. Assim como a abordagem técnica e científica moderna da natureza deriva da alquimia, o conceito moderno de realidade como algo que pode ser testado pela experimentação, e é, portanto, considerado permanente, tem uma de suas origens na experiência mística. O misticismo, em contraste com o judaísmo ou o cristianismo ortodoxo, e a ciência moderna em contraste com a filosofia judaica ou cristã, não confiam nem na revelação, nem no puro raciocínio, mas apenas na experiência, porque estão ambas preocupadas não com o problema da verdade, mas com a descoberta de um conhecimento operacional da realidade.

À preocupação vital do misticismo cristão com a questão da realidade deve ser acrescentada sua preocupação igualmente vital, embora não especificamente mística, com a redenção do homem. O objeto do misticismo judaico, pelo contrário, "nunca é o homem, mesmo que ele seja um santo" (78). Mesmo quando o misticismo judaico, em suas últimas fases, abandona a esfera pura de pesquisa da realidade (como representada pela Cabalá, Merkavá) e preocupa-se mais com a vida prática, deseja meramente que o homem torne-se parte de uma realidade mais elevada e que aja de acordo. A eterna questão da filosofia cristã, formulada por Agostinho como "*quaestio mihi factus sum*", estimulava os místicos cristãos mais do que qualquer outra coisa, mas nunca penetrou na cabala. (E isso me parece uma das razões para o curioso fato de que Meister Eckehart, um verdadeiro discípulo de Agostinho, foi mais fortemente influenciado pelo filósofo Maimônides do que qualquer místico judeu. Neste único aspecto, a filosofia judaica era muito mais próxima do pensamento místico cristão do que o misticismo judaico.)

A ausência da autobiografia no misticismo judaico e a omissão consciente dos dados biográficos parecem ter mais importância do que "um sentido particularmente vívido da incongruidade da experiência mística com [a] ideia de Deus". Os dados autobiográficos valem a pena ser contados apenas se considerar-se que são únicos, que possuem um valor singular não repetível. As experiências místicas, pelo contrário, eram consideradas de algum valor somente se e na medida em que eram repetidas, apenas se tivessem caráter experimental. O fato de que os místicos cristãos, a despeito desse caráter inerente das experiências místicas, as relatavam em autobiografias me parece baseado não no fato de serem místicos, mas em sua preocupação filosófica geral com a natureza do homem. Para os místicos judeus, o próprio ser do homem não estava sujeito à salvação e, portanto, tornou-se interessante somente como um instrumento para a ação suprema, que se acreditava ser um melhor instrumento do que a Lei. Os místicos cristãos, embora compartilhassem com os místicos judeus a busca pela realidade, não estavam primordialmente interessados na ação enquanto tal, porque, conforme sua fé, o evento supremo, a salvação do mundo e do homem, já havia ocorrido. É como se passassem pela mesma experiência, ou antes fossem realizados os mesmos experimentos, igualmente por místicos judeus e cristãos; pelos judeus com o intuito de desenvolverem instrumentos para a participação ativa no destino da humanidade, mas pelos cristãos como fins em si mesmos. Isso pode também explicar em parte o fato de que o misticismo cristão sempre foi uma questão para indivíduos e não tem quase nenhuma tradição contínua própria, ao passo que um dos traços mais significativos do misticismo judaico era ter fundado uma tradição genuína que corre paralelamente à tradição oficial do judaísmo ortodoxo. Os dados biográficos, por ressaltarem traços individuais e singulares, não só pareciam irrelevantes para o conteúdo místico, mas apresentavam um perigo real a essa tradição, que ensinava ao homem experimentos repetíveis e o manejo desse instrumento supremo que ele próprio é.

> A doutrina de Tikun (cabala de Luria) elevava todo judeu ao patamar de protagonista no grande processo de restituição, de uma maneira da qual nunca se ouvira antes.
> O sabatianismo representa a primeira revolta séria no judaísmo desde a Idade Média; foi o caso das ideias místicas que conduziram diretamente à desintegração do judaísmo ortodoxo dos "crentes".
> Foi a influência desses elementos que não haviam se desvinculado abertamente do judaísmo rabínico que, depois da Revolução Francesa, tornou-se importante no amadurecimento do movimento em direção ao liberalismo da Reforma e ao "Iluminismo" em muitos círculos judaicos.

Até a eclosão do movimento sabatiano, o misticismo judaico se absteve dos ataques à ortodoxia e se manteve dentro da Lei. Somente depois de muitos séculos de rico desenvolvimento, as fortes tendências antinômicas se revelaram. Isso pode ser explicado pela função política da Lei na Diáspora, que constituía o único laço para o povo. Mas apesar de conter cautelosamente e de evitar cuidadosamente todos os conflitos, o pensamento místico havia sempre preparado seus seguidores para a ação, por conseguinte rompendo com a mera interpretação da Lei e com a mera esperança pela vinda do Messias. Nessa direção, contudo, a escola de Isaac Luria foi mais audaz do que todas as predecessoras ao ousar dar uma nova interpretação da existência no exílio do povo: "Formalmente, [a Diáspora] fora vista quer como um castigo pelos pecados de Israel, quer como um teste da fé de Israel. Agora ainda é tudo isso, mas intrinsecamente é uma missão: seu propósito é reerguer as centelhas caídas onde quer que estejam". Pela primeira vez, o papel do "protagonista no drama do mundo" foi definido em termos que se aplicavam a todos os judeus.

Um aspecto extraordinário desse "Mito do Exílio" é que ele servia a dois propósitos conflitivos: por meio de sua interpretação mística do exílio como ação em vez de sofrimento, pôde incitar o povo a apressar a vinda do Messias e conduzir a "uma manifestação explosiva de todas aquelas forças às quais devia sua ascensão e sucesso" no movimento sabatiano. Mas depois do declínio desse movimento, servia igualmente às necessidades do povo desiludido que, tendo perdido sua esperança messiânica, queria uma nova e mais geral justificativa do exílio, de sua existência inativa e mera sobrevivência. Em sua forma última, a teoria de Isaac Luria foi adotada pela comunidade judaica assimilada – embora seus representantes não tivessem gostado da descoberta de Scholem de que eles são herdeiros do cabalismo. A sobrevivência do pensamento místico na autointerpretação da comunidade judaica assimilada, e mesmo "desjudaizada", não foi um mero acaso, como se pode ver a partir da incrível influência do hassidismo, o outro herdeiro do cabalismo, sobre a mesma comunidade judaica "desjudaizada" quando estes foram iniciados no hassidismo no começo de nosso século. Um entusiasmo genuíno por essa última fase do misticismo judaico espalhou-se entre a geração mais jovem, que geralmente não estava preocupada com a vida intelectual de seus irmãos orientais, mas que se sentiu surpreendentemente próxima do mundo e da mentalidade espirituais. A "neutralização do elemento messiânico" (isto é, a neutralização das atitudes políticas), as tendências antinômicas declaradas e a conservação do Mito do Exílio, esses três elementos principais do hassidismo corresponderam quase que estranhamente às necessidade da comunidade judaica assimilada. Tanto o judaísmo da Reforma quanto o hassidismo estavam preocupados unicamente com a sobrevivência judaica, renunciavam a toda esperança na restauração de Sião e aceitavam o Exílio como o destino final e imutável do povo. É como se a mera perda da esperança messiânica, seguida pelo declínio da autoridade rabínica, tivesse consequências essencialmente idênticas na autointerpretação de todos os segmentos do povo, embora estes fossem amplamente separados por condições sociais e econômicas diversas. Na longa luta entre a ortodoxia judaica e o misticismo judaico, este último parece ter ganho a última batalha. A vitória é ainda mais surpreendente porque foi ganha por meio da derrota.

Desde seus primórdios, o misticismo judaico tendeu à ação e à realização; mas antes de terminar em resignação absoluta atingiu o auge no movimento sabatiano, que, no novo quadro retratado por Scholem, aparece como um ponto de inflexão na história judaica. É verdade que o poder operatório do pensamento místico havia provado sua existência mais de uma vez durante a Idade Média em surtos de fanatismo sectário; mas nunca antes um movimento popular potente e uma ação política imediata haviam sido preparados, inspirados e dirigidos mobilizando nada além de especulações místicas. Os experimentos ocultos dos místicos judaicos ao longo dos séculos, seus esforços para atingir uma realidade mais elevada que, em suas opiniões, estava velada mais do que desvelada no mundo tangível da vida cotidiana ou na revelação tradicional do Monte Sinai, foram repetidos em uma escala extraordinária e absolutamente singular, pelo e por meio de todo o povo judeu. Pela primeira vez, o misticismo mostrou não apenas seu enraizamento profundo na alma do Homem, como também sua imensa força de ação por meio dele. A procura de um conhecimento operativo da realidade havia resultado em uma psicologia operativa das massas, e a poderosa vontade de "realização a qualquer custo" teve de pagar, finalmente, o preço de cada tradição, de cada autoridade estabelecida e mesmo o preço dos critérios humanos para a verdade, como mostrado pela aceitação precoce de um Messias apóstata.

De todas as tendências místicas do passado, o misticismo judaico parece único em sua preocupação exclusiva com a realidade e com a ação; por isso, só ele foi capaz de provocar um grande movimento político e de se traduzir diretamente por uma verdadeira ação popular. A catástrofe dessa vitória do pensamento místico foi maior para o povo judeu do que todas as outras perseguições, se a mensurarmos pelo único parâmetro disponível, sua vasta influência sobre o futuro do povo. A partir de então, o corpo político judaico estava morto e o povo se retirou da cena política da história.

Talvez um dos aspectos mais animadores da história seja o fato de que o misticismo pôde sobreviver à sua própria derrota, de que sua teoria como representada no Mito do Exílio encaixava igualmente bem nas necessidades da ação popular e nas necessidades da resignação popular. O que sobreviveu foi a velha concepção mística do ator nos bastidores – uma das ideias favoritas de Benjamin Disraeli, por exemplo – e um anseio geral pela redenção do mundo, além da esperança precisa de retornar a Sião, representada pelos numerosos "apóstolos de um apocalipse político sem limites" depois da eclosão da Revolução Francesa. Com essa alusão final, as três tendências espirituais na história judaica moderna – o hassidismo, o movimento da Reforma e o "apocalipse político", isto é, o utopismo revolucionário – que se costumava ver como tendências independentes, senão contraditórias, revelam-se decorrentes da mesma fonte poderosa, do misticismo. A catástrofe de Shabbetai Tzevi, tendo se encerrado um capítulo da história judaica, torna-se o berço de uma nova era.

A MORAL DA HISTÓRIA

Die naemlich, welche zu gleicher
Zeit Juden sein und Juden
Nicht sein wollen...
H. E. G. PAULUS (1831)

WILHELM VON HUMBOLDT, UM DOS RAROS DEMOCRATAS ALEMÃES genuínos, que desempenhou um importante papel na emancipação dos judeus da Prússia em 1812 e um papel maior ainda na intervenção em nome dos judeus no Congresso de Viena, considerando retrospectivamente em 1816 o período de sua batalha pública pelos direitos judaicos e seus muitos anos de relações pessoais com os judeus, disse: "Eu amo o judeu de fato apenas *en masse, en détail* eu rigorosamente o evito."[1] Essa fala surpreendente e paradoxal, estando como está em extremo contraste com a história pessoal de Humboldt – ele tinha muitos amigos pessoais entre os judeus –, é única na história dos argumentos apresentados em favor da emancipação judaica. Desde Lessing e Dohm na Prússia, desde Mirabeau e do abade Grégoire na

---

1   *Wilhelm von Humboldt und Karoline von Humboldt in ihren Briefen* (Berlim, 1900), vol. 5, p. 236.

França, os defensores dos judeus sempre basearam seus argumentos nos "Judeus *en détail*", nas notáveis exceções no seio do povo judeu. O humanismo de Humboldt, na melhor tradição da emancipação judaica na França, objetivava liberar o povo como um todo, sem outorgar privilégios especiais aos indivíduos. Sendo assim, seu ponto de vista era muito pouco apreciado por seus contemporâneos, e tinha menos influência ainda na história posterior dos judeus emancipados.

Mais consoante com os sentimentos do período eram as opiniões de H. E. G. Paulus, um teólogo protestante liberal e contemporâneo de Humboldt. Paulus protestou contra a ideia de emancipar os judeus enquanto um grupo. Em vez disso, ele insistiu que os direitos do homem fossem outorgados aos indivíduos de acordo com seus méritos pessoais.[2] Algumas décadas depois, o jornalista judeu Gabriel Riesser descarregou sua ironia sobre o tipo de propaganda oficial judaica que baseava seu apelo em histórias de "judeus virtuosos" que salvaram cristãos do afogamento.[3] O princípio básico de conceder

2   H. E. G. Paulus, *Beitraege von jüdischen und christlichen Gelehrten zur Verbesserung der Bekenner jüdischen Glaubens* (Frankfurt, 1817). "A segregação dos judeus só será encorajada se os governos continuarem a tratá-los como um todo, no bom ou no mau sentido. Se, contudo, a cada um deles for dado um tratamento individual, com justiça para todos, de acordo com seu comportamento, essa segregação será dissolvida por meio da ação." O ataque é dirigido particularmente contra Humboldt, que defendeu a causa dos judeus no Congresso de Viena. O argumento de Humboldt para a libertação dos judeus *"en masse"* e contra um método vagaroso de melhoria está claramente destacado em seu "Opinião de um expert", de 1809: "Uma abolição gradual confirma a segregação que pretende abolir. Dado o fato da nova liberdade, ela atrai atenção a todos os pontos que não são abolidos, a todas as restrições existentes, e dessa forma ela age contra si própria". Citado em Ismar Freund, *Die Emanzipation der Juden in Preussen* (Berlim, 1912), vol. 2, p. 270.

3   Gabriel Riesser, *Gesammelte Schriften* (Leipzig, 1867), vol. 4, p. 290.

privilégios especiais aos indivíduos e de recusar os direitos civis ao povo judeu como um grupo havia se afirmado com sucesso.

Na cabeça dos judeus privilegiados, tais medidas tomadas pelo Estado pareceram ser obra de um tipo de tribunal celestial, em virtude do qual os judeus virtuosos – que tinham mais do que determinada renda – eram recompensados com direitos humanos, e os indignos – vivendo em concentração mássica nas províncias orientais – eram punidos como párias. Desde aquele tempo, tornou-se uma marca dos judeus assimilados serem incapazes de distinguir entre amigos e inimigos, entre elogio e insulto, e sentirem-se lisonjeados quando um antissemita garante-lhes que ele se refere a eles, que eles são exceções – judeus excepcionais.

Os eventos dos últimos anos provaram que o "judeu de exceção" é mais o judeu do que a exceção; nenhum judeu se sente ainda muito feliz quando lhe é garantido que ele é uma exceção. A catástrofe extraordinária converteu mais uma vez todos aqueles que se imaginavam seres extraordinariamente favorecidos em mortais bastante ordinários. Se a história fosse um livro fechado, selado depois de cada época, não estaríamos muito interessados na história dos judeus privilegiados. A vitalidade de uma nação, contudo, é medida em termos da lembrança viva de sua história. Nós, judeus, estamos inclinados a ter uma perspectiva histórica invertida; quanto mais os eventos estão distantes do presente, mais nitidamente, claramente e precisamente eles aparecem. Tal inversão da perspectiva histórica significa que, em nossa consciência política, não queremos assumir a responsabilidade pelo passado imediato e que nós, juntamente com nossos historiadores, queremos nos refugiar em épocas do passado, que nos mantenham seguros no que diz respeito às consequências políticas.

Atrás de nós repousa um século de política oportunista, um século em que uma concorrência incomum de circunstâncias permitiu que nosso povo vivesse dia a dia. No mesmo período, eruditos e filologistas conseguiram afastar a história do povo da mesma forma que os estadistas oportunistas os alienaram da política. O sublime conceito do progresso humano foi roubado de seu sentido histórico e deturpado em um simples fato natural, segundo o qual o filho é sempre apresentado como melhor e mais sábio do que seu pai, o neto como mais esclarecido do que seu avô. Ou foi reduzido a uma lei econômica, segundo a qual a riqueza acumulada pelos antepassados determina o bem-estar dos filhos e netos, fazendo cada um deles ir mais longe na infindável carreira da família. À luz desses desenvolvimentos, esquecer tornou-se um dever sagrado; a inexperiência, um privilégio; e a ignorância, uma garantia de sucesso.

Visto que as circunstâncias sob as quais vivemos são criadas pelo homem, os mortos as forçam sobre nós e sobre as instituições que nos governam, e recusam-se a desaparecer na escuridão na qual tentamos mergulhá-los. Quanto mais tentamos esquecer, mais sua influência nos domina. A sucessão das gerações pode ser uma garantia natural para a continuidade da história, mas certamente não é uma garantia de progresso. Porque somos filhos de nossos pais, e netos de nossos avós, seus crimes podem nos perseguir até a terceira ou quarta gerações. Passivos, não podemos sequer desfrutar de seus feitos, pois, como todos os trabalhos humanos, eles têm a tendência fatal de tornarem-se entulho, assim como um quarto pintado de branco sempre fica preto se não é repintado frequentemente.

A história, nesse sentido, tem sua moral, e se nossos eruditos, com sua objetividade imparcial, forem incapazes de descobrir essa moral na história, significa apenas que eles são incapazes de compreender o mundo que criamos; assim como as pessoas que são incapazes de fazer uso das mesmas instituições que elas produziram. A história, infelizmente, não conhece a *"List der Vernunft"* de Hegel; antes, é a desrazão que começa a funcionar automaticamente quando a razão abdicou de fazê-lo.

O automatismo dos eventos, que reina desde o começo do século XIX no lugar da razão humana, preparou com uma precisão incomparável o colapso espiritual da Europa diante do ídolo sanguinolento da raça. Não é um mero acaso o fato de que as derrotas catastróficas dos povos da Europa tenham começado com a catástrofe do povo judeu, um povo por cujo destino todos os outros pensaram que poderiam continuar desinteressados por conta do princípio segundo o qual a história judaica obedece a *"leis excepcionais"*. A derrota do povo judeu começou com a catástrofe dos judeus alemães, nos quais os judeus europeus não estavam interessados porque de repente descobriram que os judeus alemães constituíam uma exceção. O colapso da comunidade judaica alemã começou com seu desmembramento em inúmeras facções, cada uma das quais acreditando que os privilégios especiais podiam resguardar os direitos humanos – por exemplo, o privilégio de ter sido um veterano da Primeira Guerra Mundial, o filho de um veterano de guerra, ou, se tais privilégios não fossem mais reconhecidos, um veterano de guerra aleijado ou o filho de um pai morto no front. Judeus *"en masse"* pareciam ter desaparecido da face da terra; era fácil dispor dos judeu *"en détail"*. A aniquilação terrível e sanguinolenta dos judeus individualmente foi precedida pela destruição sem derramamento de sangue do povo judeu.

O pano de fundo no qual a história judaica aparece é complicado e confuso. Às vezes perde-se a trama judaica no emaranhado, mas na maior parte do tempo, ela é facilmente reconhecida. A história geral da Europa, da Revolução Francesa até o começo da Primeira Guerra Mundial, pode ser descrita em seu aspecto mais trágico como a transformação lenta, porém constante, do *citoyen* da Revolução Francesa no *bourgeois* do pré-guerra. Os estágios da história desse período de quase 150 anos são múltiplos, e com frequência apresentam aspectos magníficos e bastante humanos. O período do *enrichissez-vous* (enriquecei-vos rapidamente) foi também aquele do florescimento da pintura francesa; o período da miséria alemã foi também aquele da grande época da literatura clássica; e não podemos imaginar a era vitoriana sem Dickens. Ao fim desse período, entretanto, somos confrontados por um estranho tipo de humanidade desumanizada. A moral da história do século XIX está no fato de que homens que não estavam prontos para assumir um papel responsável nos assuntos públicos no fim foram transformados em meras bestas que podiam ser usadas para qualquer coisa antes de serem enviadas ao abate. As instituições, por seu turno, abandonadas a si próprias sem o controle e direcionamento dos homens, se tornaram monstros devoradores de nações e países.

A fase judaica da história do século XIX revela manifestações similares. Ao ler Heine e Börne, que precisamente por serem judeus insistiram em ser considerados homens e, portanto, foram incorporados à história universal da humanidade, esquecemos completamente dos discursos tediosos dos representantes do grupo especial de judeus privilegiados da Prússia daquela época. No país que tornou Disraeli seu primeiro-ministro, o judeu Karl Marx escreveu *Das Kapital*, um livro que, em seu zelo fanático pela justiça, deu continuidade à tradição judaica muito mais eficazmente do que todos os sucessos do "homem escolhido da raça escolhida."[4] Finalmente, quem se não esquece, ao pensar na grandiosa obra literária de Marcel Proust e no poderoso libelo de Bernard Lazare, daqueles judeus franceses que enchiam os salões aristocráticos do Faubourg St. Germain e que, seguindo inconscientemente o exemplo inconveniente de seus predecessores prussianos do começo do século XIX, se esforçavam em ser "judeus ao mesmo tempo que não judeus"?[5]

4   Cf. Horace B. Samuel, *Modernities* (Londres, 1914), p. 50 ss.
5   H. E. G. Paulus, *Die jüdische Nationalabsonderung nach Ursprung, Folgen und Besserungsmitteln* (1831), pp. 6-7.

Essa ambiguidade tornou-se decisiva para o comportamento social dos judeus assimilados e emancipados da Europa Ocidental. Eles não queriam e não podiam mais pertencer ao povo judeu, mas queriam e tinham de permanecer judeus – exceções em meio ao povo judeu. Eles queriam e podiam desempenhar seu papel na sociedade não judaica, mas não desejavam e não podiam desaparecer em meio aos povos não judaicos. Assim, eles se tornaram exceções no mundo não judaico. Eles sustentavam que eram capazes de ser "homens como os outros na rua, mas judeus em casa."[6] Mas sentiam que eram diferentes dos outros homens na rua por serem judeus, e diferentes dos outros judeus em casa por serem superiores às massas do povo judeu.

1946

---

6   Não é sem ironia que essa excelente fórmula, que pode servir como um mote para a assimilação da Europa Ocidental como um todo, tenha sido proposta por um judeu russo e publicada pela primeira vez em hebraico. Ela vem do poema hebraico de Judah Leib Gordon, *Hakitzah ammi* (1863).

STEFAN ZWEIG
Os judeus no mundo de ontem

CENTO E TRINTA E CINCO ANOS ATRÁS, RAHEL VARNHAGEN ANOTOU o seguinte sonho: "Ela havia morrido e ido para o céu com suas amigas Bettina von Arnim e Caroline von Humboldt. Para se livrarem dos fardos que haviam adquirido em suas vidas, as três amigas comprometeram-se com a tarefa de se interrogarem sobre suas piores experiências. Rahel perguntou, então: Vocês conheceram a decepção amorosa? As outras duas desabaram em lágrimas, e as três aliviaram esse fardo de seus corações. Rahel perguntou em seguida: Vocês conheceram a deslealdade? A doença? A preocupação? A ansiedade? A cada pergunta, as mulheres respondiam 'sim', chorando, e novamente as três foram aliviadas de seus fardos. Enfim, Rahel perguntou: Vocês conheceram a desgraça? Tão logo essa palavra foi pronunciada, fez-se um completo silêncio, e as duas amigas se afastaram de Rahel e lhe lançaram um olhar estranho e perturbado. Então Rahel soube que estava completamente só e que esse fardo não podia ser tirado de seu coração. Aí então ela acordou".

A desgraça e a honra são conceitos políticos, categorias da vida pública. No mundo da cultura, dos eventos culturais e da existência puramente privada, é tão impossível entender essas categorias quanto no mundo dos negócios. Homens de negócios conhecem apenas o sucesso e o fracasso, e sua desgraça é a pobreza. Os literatos conhecem apenas a fama ou a obscuridade, e sua desgraça é o anonimato. Stefan Zweig era um homem das letras, e em seu último livro[1] ele descreve o mundo dos literatos – um mundo no qual ele havia um dia conquistado *Bildung* e fama. Um feliz destino o protegeu da pobreza, sua estrela da sorte o protegeu do anonimato. Preocupado somente com sua dignidade pessoal, ele havia se mantido tão completamente afastado da política que a catástrofe dos últimos dez anos lhe parecia um relâmpago no céu, como se fosse um desastre natural monstruoso e inconcebível. No meio desse desastre, ele tentou salvaguardar sua dignidade e sua posição tanto quanto pôde. Ele considerava insuportavelmente humilhante quando os cidadãos de Viena, até o momento abastados e respeitados, tinham de implorar por vistos para países que, apenas algumas semanas antes, eles teriam sido incapazes de encontrar no mapa. Que ele próprio, apenas no dia anterior um hóspede tão famoso e bem-vindo em países estrangeiros, também pertencesse a essa horda de miseráveis e apátridas era simplesmente o inferno na terra. Mas, por mais profundamente que os eventos de 1933 tenham transformado sua existência pessoal, eles não afetaram sua postura básica em relação ao mundo e à sua própria vida. Ele continuou a vangloriar-se de seu ponto de vista apolítico; nunca ocorreu a ele que, em termos políticos, podia ser uma honra estar fora da lei a partir do momento em que todos os homens não eram mais iguais perante ela. O que ele sentia – e não escondeu de si próprio – é que

---

1   *The world of Yesterday: An Autobiography* (Nova York, Viking Press, 1943). (N.E.)

durante a década de 1930 as classes superiores na Alemanha, assim como em outros lugares, estavam constantemente submetendo-se aos preceitos nazistas e discriminando aqueles que os nazistas haviam proscrito e banido.

Nenhuma de suas reações durante todo esse período resultou de convicções políticas; elas eram todas ditadas por sua hipersensibilidade à humilhação social. Em vez de odiar os nazistas, ele só queria incomodá-los. Em vez de desprezar aqueles pertencentes ao seu círculo que haviam sido *gleichgeschalted*, ele agradecia Richard Strauss por continuar a aceitar seus libretos.[2] Em vez de lutar, ele ficou em silêncio, feliz por seus livros não terem sido banidos imediatamente. E mais tarde, embora confortado pelo pensamento de que seus livros foram removidos das livrarias alemãs juntamente com aqueles de autores igualmente famosos, isso não podia reconciliá-lo com o fato de que seu nome havia sido ridicularizado pelos nazistas como aquele de um "criminoso", e de que o famoso Stefan Zweig havia se tornado o Judeu Zweig. Como tantos de seus colegas menos sensíveis, menos talentosos e menos ameaçados, ele não pode perceber que essa reserva distintiva que a sociedade considerou por tanto tempo um critério de verdadeiro *Bildung* equivalia, sob certas circunstâncias, à simples covardia na vida pública. E ele igualmente falhou em perceber que a distinção que o havia protegido, tão eficazmente e por tanto tempo, de todos os tipos de acontecimentos desagradáveis e

---

2   Arendt usa *gleichgeschalted* na versão do ensaio em inglês. Ela refere-se à política nazista da *Gleichschaltung*, ou "coordenação", na qual todos os aspectos da vida deviam seguir os ditames e direções do "movimento" nazista. Richard Strauss (1864-1949), o compositor e maestro alemão, foi indicado por Goebbels para a presidência do Conselho Musical do Reich, à qual ele foi forçado a renunciar em 1935 por incluir o nome de Zweig no cartaz de uma ópera (como seu libretista). (N.E.)

constrangedores, subitamente daria lugar a uma série interminável de humilhações que realmente transformaram sua vida num inferno.

Antes de Stefan Zweig suicidar-se, ele registrou – com aquela precisão implacável que surge da frieza do desespero genuíno – o que o mundo lhe havia dado e depois feito com ele. Ele registra o prazer da fama e a maldição da humilhação. Ele conta sobre o paraíso do qual fora expulso – o paraíso do prazer cultural [*gebildeten*] de encontros com pessoas de espírito semelhante e igualmente célebres, de interesse infinito nos gênios mortos da humanidade; penetrar em suas vidas privadas e reunir suas relíquias pessoais era a busca mais agradável de uma existência inativa. E então ele conta como de repente viu-se enfrentando uma realidade na qual não havia nada mais a ser desfrutado, na qual aqueles tão célebres quanto ele o evitavam ou apiedavam-se dele, e na qual a curiosidade cultural [*gebildeten*] sobre o passado era contínua e insuportavelmente perturbada pelo tumulto do presente, o trovão mortífero do bombardeio, as infinitas humilhações nas mãos das autoridades.

Desaparecido, destruído para sempre, aquele mundo no qual, *"frühgereift und zart und traurig"* [precocemente, suavemente e dolorosamente] (Hofmannsthal), haviam se instalado tão confortavelmente; arrasado o parque dos vivos e dos mortos, no qual os poucos escolhidos – aqueles com gosto – idolatravam a arte; partidas as treliças que mantinham do lado de fora o *profanum vulgus* dos aculturados mais eficazmente que a muralha da China. Com aquele mundo desapareceu também sua contraparte, a sociedade dos jovens célebres, entre os quais, surpreendentemente, esperava-se descobrir a "verdadeira vida": os boêmios. Para o filho jovem de um lar burguês, ansiando escapar da proteção parental, os boêmios – dos quais ele se distinguia completamente por coisas essenciais (afinal, os boêmios raramente penteavam o cabelo e quando o faziam, não ficavam satisfeitos com isso, e de qualquer forma eles nunca podiam pagar por seu café) – passaram a ser identificados com homens experientes frente às adversidades da vida. Para o arrivista, aqueles fracassados, que sonhavam apenas com tiragens amplas de suas obras, tornaram-se o símbolo do gênio não reconhecido e o exemplo do terrível destino que a "verdadeira vida" podia reservar aos jovens esperançosos.

Naturalmente, o mundo retratado por Zweig era tudo menos *o* mundo de ontem; naturalmente, o autor desse livro não viveu realmente *no* mundo, somente em sua margem. As treliças douradas desse santuário peculiar eram muito espessas, privando os reclusos de qualquer visão e de qualquer perspectiva que pudesse perturbar seu prazer. Zweig não menciona sequer uma vez a manifestação mais ominosa dos primeiros anos depois da Primeira Guerra Mundial, que atingiu sua nativa Áustria mais violentamente do que qualquer outro país europeu: o desemprego. Mas o valor inestimável desse documento não é diminuído em nada pelo fato de que, para nós hoje, as treliças por trás das quais essas pessoas passavam suas vidas e às quais deviam seu sentimento extraordinário de segurança parecem um pouco diferentes das paredes de uma prisão ou de um gueto. É espantoso, e mesmo assustador, que ainda havia pessoas vivendo entre nós cuja ignorância era tão grande e cuja consciência era tão pura a ponto de poderem continuar contemplando o período pré-guerra com os olhos do século XIX, e poderem olhar para o pacifismo impotente de Genebra e para a calmaria traiçoeira antes da tempestade, entre 1924 e 1933, como se fosse uma volta à normalidade. Mas é admirável e gratificante que pelo menos um desses homens teve a coragem de registrar tudo isso em detalhes, sem esconder ou embelezar nada. Zweig finalmente percebeu que todos eles haviam sido tolos, mesmo que para ele nunca tenha ficado clara a conexão entre seu infortúnio e sua tolice.

O mesmo período denominado por Zweig "Era de Ouro da Segurança" foi descrito por seu contemporâneo Charles Péguy (pouco antes de sua queda durante a Primeira Guerra Mundial) como a era na qual as formas políticas, presumivelmente obsoletas, perduraram de forma inexplicavelmente monótona:[3] na Rússia, o despotismo anacrônico; na Áustria, a burocracia corrupta dos Habsburgo; na Alemanha, o regime estúpido e militarista dos *Junkers*, odiados na mesma medida pela classe média liberal e pelos trabalhadores; na França, a Terceira República, à qual foi concedida gratuitamente uma prorrogação de vinte anos apesar de suas crises crônicas. A solução para esse quebra-cabeça está no fato de que a Europa estava muito ocupada expandindo sua influência econômica para que qualquer estrato social ou nação levasse as questões políticas a sério. Por cinquenta anos – antes que os interesses econômicos conflitantes irrompessem em conflitos nacionais, sugando os sistemas políticos de toda a Europa em seu vórtice – a representação política tornou-se um tipo de performance teatral, às vezes uma opereta, de qualidade variável. Simultaneamente, na Áustria e na Rússia, o teatro tornou--se o foco da vida nacional para a fina flor da sociedade.

Durante a Era de Ouro da Segurança, ocorreu um deslocamento peculiar do equilíbrio de poder. O imenso desenvolvimento de todo o potencial industrial e econômico produziu o enfraquecimento constante dos fatores puramente políticos, enquanto ao mesmo tempo as forças econômicas tornaram-se dominantes no jogo internacional de poder. O poder tornou-se sinônimo de potencial econômico, que podia deixar um governo de joelhos. Essa era a verdadeira razão pela qual os governos desempenhavam papéis representativos cada vez mais limitados e vazios, que se revelavam cada vez mais teatrais e parecidos com operetas. A burguesia judaica, em contraste agudo

---

3   Charles Péguy (1874-1914) foi um escritor e poeta francês, engajado no caso Dreyfus. (N.E.)

com suas equivalentes alemã e austríaca, não estava interessada em posições de poder, mesmo do tipo econômico. Estava satisfeita com a riqueza que havia acumulado, feliz na segurança e paz que essa riqueza parecia garantir. Um número cada vez maior de filhos de lares abastados abandonava a carreira comercial, visto que a acumulação vazia de riquezas era desprovida de sentido. A consequência dessa situação foi que em algumas décadas tanto a Alemanha quanto a Áustria viram um grande número de suas empresas culturais, como jornais, editoras, e o teatro, caírem nas mãos de judeus.

Se os judeus da Europa Ocidental e Central tivessem manifestado interesse, mesmo que pouco, pelas realidades políticas de seu tempo, teriam tido motivos suficientes para não se sentirem seguros. Pois, na Alemanha, os primeiros partidos antissemitas surgiram durante os anos 1880; Treitschke tornou o antissemitismo "apropriado para os salões".[4] A virada do século trouxe a agitação Lueger-Schönerer na Áustria, culminando na eleição de Lueger como prefeito de Viena. E na França, o caso Dreyfus dominou as políticas interna e externa durante anos.[5] Até os anos 1940, Zweig admirou Lueger como um "líder competente" a uma pessoa gentil cujo "antissemitismo oficial nunca o impediu de ser solícito e amigável com seus antigos amigos judeus". Entre os judeus de Viena ninguém levou o antissemitismo,

---

4   Heinrich von Treistschke (1834-1896), historiador alemão, tornou-se um dos maiores expoentes do conservantismo prussiano na segunda metade do século XIX. Suas opiniões antibritânicas e especialmente suas opiniões antissemitas exerciam uma forte influência em meio à elite educada da Alemanha guilhermina. (N.E.)

5   Karl Lueger (1844-1910), político austríaco, era um grande expoente do antissemitismo. Foi prefeito de Viena de 1897 até sua morte. Georg von Schönerer (1841-1921), outro político austríaco antissemita, estava decidido a criar uma política externa racista. (N.E.)

na versão austríaca amistosa representada por Lueger, a sério – exceto pelo "louco" editor do jornal *Neue Freie Presse*, Theodor Herzl.

Pelo menos assim parecia à primeira vista. Um exame mais atento muda o quadro. Depois de Treitschke tornar o antissemitismo apropriado para os salões, a conversão deixou de ser um bilhete de entrada nos círculos não judaicos na Alemanha e na Áustria. Os homens de negócio judeus da Áustria não puderam tomar facilmente consciência do antissemitismo da "boa sociedade", pois perseguiam apenas interesses comerciais e não se importavam em ser convidados a grupos não judaicos. Mas seus filhos descobriram logo que para um judeu ser completamente aceito como membro da sociedade, havia apenas uma única coisa a se fazer: tornar-se famoso.

Não há documento que retrate melhor a situação dos judeus nesse período do que os capítulos iniciais do livro de Zweig. Eles fornecem a evidência mais impressionante de como a fama e a vontade de tornar-se célebre motivavam a juventude de sua geração. Seu ideal era o gênio, que Goethe parecia encarnar. Todo jovem judeu capaz de rimar razoavelmente bancava o jovem Goethe, assim como todo aquele capaz de desenhar uma linha era o futuro Rembrandt, e toda criança musical era um Beethoven demoníaco. Quanto mais cultivados eram os lares, mais mimados eram esses *Wunderkinder* imitadores. E isso não se limitava à poesia e à arte: dominava todos os detalhes da vida pessoal. Eles sentiam-se tão sublimes quanto Goethe, imitavam sua indiferença "olimpiana" em relação à política; colecionavam trapos e bugigangas que um dia haviam pertencido a pessoas célebres de outros períodos; e se esforçavam para entrar em contato direto com todos os períodos renomados, como se um pequeno reflexo da fama pudesse cair sobre eles – ou como se alguém pudesse preparar-se para a fama frequentando uma escola de celebridades.

Evidentemente, a idolatria do gênio não era restrita aos judeus. Foi um gentio, Gerhardt Hauptmann, quem, como se sabe, cultivou essa idolatria a ponto de se fazer parecer, se não como Goethe, pelo menos como um dos muitos bustos decadentes do mestre.[6] E se o entusiasmo que a pequena burguesia alemã manifestava paralelamente em relação ao esplendor napoleônico de fato não foi responsável pelo surgimento de Hitler, contribuiu fortemente para os êxtases histéricos com os quais esse "grande homem" foi recebido por muitos intelectuais alemães e austríacos.

Embora o endeusamento de um "grande homem", sem muita consideração pelo que ele de fato conquistou, fosse uma doença geral do período, ela assumia uma forma especial entre os judeus e em sua particular paixão pelos grandes homens de cultura. Em todo caso, o teatro era a escola da fama que a juventude judaica de Viena frequentava; o retrato da fama que apresentavam a eles era aquele do ator.

Novamente se impõe uma reserva. Em nenhuma outra cidade europeia o teatro adquiriu a mesma importância que teve em Viena nos anos da dissolução política. Zweig conta como a morte de uma famosa cantora nacional fez a cozinheira de sua família, que nunca a havia visto ou ouvido, desabar em lágrimas. Simultaneamente, à medida que a atividade política começou a se aproximar do teatro ou da opereta, o próprio teatro tornou-se um tipo de instituição nacional, o ator um tipo de herói nacional. Visto que o mundo inegavelmente adquirira um ar teatral, o teatro podia se passar pelo mundo real. É difícil para nós hoje acreditar que mesmo Hugo von Hofmannsthal cedeu ao feitiço dessa histeria teatral e por muitos anos acreditou que por trás da obsessão vienense pelo teatro encontrava-se algo do

---

6   Gerhardt Hauptmann (1862-1946), escritor e dramaturgo alemão, ganhou o Prêmio Nobel em 1912 e permaneceu na Alemanha durante toda a sua vida. Os nazistas permitiam que suas peças fossem encenadas como uma demonstração de que membros famosos da elite cultural alemã preferiam ficar na Alemanha. (N.E.)

espírito público ateniense. Ele ignorou o fato de que os atenienses iam ao teatro pela peça, pelo seu conteúdo mitológico e pela grandiosidade de sua linguagem, por meio da qual eles esperavam tornar-se mestres de suas paixões e de seu destino nacional. O vienense ia ao teatro exclusivamente pelos atores; dramaturgos escreviam para esse ou aquele intérprete; os críticos discutiam somente o ator ou seus papéis; diretores aceitavam ou rejeitavam peças com base puramente nos papéis que convinham ou não aos ídolos de suas matinês. O sistema do estrelato, como aperfeiçoado mais tarde pelo cinema, foi completamente previsto em Viena. O que estava sendo produzido não era uma renascença clássica, mas sim Hollywood.

Embora as condições políticas tornassem essa inversão do ser e da aparência possível, foram os judeus que a colocaram em prática, forneceram o público e espalharam sua fama. E tendo em vista que o mundo europeu, não por acaso, considerava a cultura de bastidores austríaca representativa daquele período como um todo, Zweig não está errado quando afirma orgulhosamente que "nove décimos do que o mundo celebrava como cultura vienense no século XIX eram promovidos, sustentados ou mesmo criados pelos judeus vienenses".

Uma cultura construída em torno de um ator ou de um virtuose estabelecia padrões que eram tão novos quanto duvidosos. "A posteridade não tece grinaldas para o mímico", por isso o mímico requer uma quantidade incrível de celebridades e aplausos no presente. Sua renomada vaidade é, por assim dizer, uma doença ocupacional. Ao ponto de todo artista sonhar em deixar sua marca nas futuras gerações, de transportar sua época a uma outra, os impulsos artísticos dos virtuoses e dos atores são sempre frustrados e requerem manifestações histéricas. Uma vez que o ator deve renunciar à imortalidade, seu critério de grandiosidade depende totalmente do sucesso contemporâneo. O sucesso contemporâneo era também o único critério que perdurou para os "gênios em geral", que eram desconectados de suas obras e considerados apenas à luz da "grandeza em si mesma". No campo literário, isso assumiu a forma de biografias descrevendo nada mais que a aparência, as emoções e a conduta de grandes homens. Essa abordagem não apenas satisfazia a curiosidade vulgar sobre os segredos do tipo que um valete saberia, como também era devida à crença de que essa abstração estúpida poderia esclarecer a essência da grandiosidade. Em seu respeito à "grandeza em si mesma", judeus e gentios davam as mãos. Esse era o motivo pelo qual as organizações judaicas da maioria dos empreendimentos culturais, e mais particularmente da cultura teatral de Viena, continuaram sem dificuldades, e até se tornaram em certo sentido a epítome da cultura europeia.

Seu conhecimento aprofundado da história impediu que Stefan Zweig adotasse esse critério sem qualquer escrúpulo. Contudo, a despeito de ele ser um "conhecedor", esse conhecimento não o impediu de simplesmente ignorar os mais grandiosos poetas do período pós-guerra, Franz Kafka e Bertold Brecht, nenhum dos quais alcançou grande sucesso. Nem pôde impedi-lo de confundir a importância histórica de escritores com o tamanho de suas tiragens: "Hofmannsthal, Arthur Schnitzler, Beer-Hofmann e Peter Altenberg outorgaram à literatura vienense um lugar na literatura europeia que ela nunca havia ocupado, mesmo nos tempos de Grillparzer e Stifter".[7]

---

7   Arthur Schnitzler (1862-1931) foi um escritor, dramaturgo e médico austríaco cujas francas representações da sexualidade eram às vezes consideradas escandalosas. Richard Beer-Hofmann (1866-1945) foi um dramaturgo e poeta judeu austríaco que fugiu da Áustria em 1939 e cuja obra foi proscrita pelos nazistas. Peter Altenberg, pseudônimo de Richard Engländer (1859-1919), foi um escritor judeu austríaco que batizou seus ensaios de "croquis literários". Franz Grillparzer (1791-1872) foi um escritor e dramaturgo austríaco que também ocupou postos administrativos na burocracia imperial, incluindo o cargo de ministro das Finanças.

Precisamente porque Zweig era modesto em relação a si mesmo, se mostrando bastante discreto naquilo que concerne às informações pessoais desinteressantes de sua autobiografia, a repetida enumeração de celebridades que ele conheceu em sua vida ou recebeu em sua casa é particularmente impressionante. É a prova de que mesmo os melhores daqueles judeus eruditos não puderam escapar da maldição de seu tempo – o culto àquele grande ídolo nivelador, Sucesso. Nada prejudica mais uma sensibilidade altamente diferenciada do que a vaidade cômica que, sem qualquer princípio de seleção e qualquer sensibilidade para as diferenças, acomete tantos nomes famosos quanto possível. Em seu livro de visitas de Salzburg, ele reunia "contemporâneos eminentes" tão apaixonadamente quanto colecionara os manuscritos e relíquias de poetas, músicos e cientistas mortos. Seu próprio sucesso e a notoriedade benigna da qual gozavam seus próprios feitos não conseguiram saciar o apetite de uma vaidade que dificilmente teria se originado em seu caráter. Provavelmente seu caráter a considerava repulsiva, mas sua vaidade estava solidamente enraizada nas profundezas de uma convicção que formava sua própria visão de mundo (*Weltanschauung*) – a convicção que começou com a procura do "gênio nato" ou "poeta encarnado" e considera que a vida vale a pena apenas na medida em que se vive em meio a uma atmosfera de fama no seio de uma elite escolhida a dedo.

A autossatisfação inalcançada, a tentativa de transformar a fama mais em uma atmosfera social, de criar uma casta de homens famosos como se fosse uma casta de aristocratas, organizar uma sociedade dos renomados – esses eram os traços que distinguiam os judeus

---

Adalbert Stifter (1805-68) foi um escritor austríaco cujas principais obras incluem *Bunte Steine* ("Pedras coloridas", 1853), *Der Nachsommer* ("Verão indiano", 1857) e *Witiko* (1865-1867). (N.E.)

do período e diferenciavam seus modos da mania do gênio da época. Essa também é a razão pela qual o mundo da arte, da literatura, da música e do teatro foi jogado, por assim dizer, em suas mãos. Somente eles estavam realmente mais interessados nessas coisas até do que em seus feitos pessoais ou do que em sua própria fama.

Enquanto a virada do século xx trouxe segurança econômica aos judeus, e o reconhecimento de seus direitos civis por tabela, ao mesmo tempo tornou sua situação na sociedade questionável, sua posição social insegura e ambígua. Do ponto de vista da sociedade, eles eram e continuaram a ser párias enquanto não conseguiam tornar-se apropriados para os salões por alguns meios extraordinários, como a fama. Diante de um judeu célebre, a sociedade esquecia suas leis não escritas. O "poder radiante da fama" de Zweig era uma força social muito real, em cuja aura era possível se mover livremente e até mesmo ter amigos antissemitas, como Richard Strauss e Karl Haushofer.[8] A fama e o sucesso ofereciam os meios para os desabrigados socialmente criarem um lar e um ambiente para si próprios. Visto que um enorme sucesso transcendia as fronteiras nacionais, pessoas famosas podiam facilmente tornar-se representantes de uma sociedade internacional nebulosa, na qual o preconceito nacional não parecia ser mais válido. Em todo caso, um judeu austríaco famoso estava mais apto a ser aceito enquanto austríaco na França do que na Áustria. A cidadania mundial dessa geração, essa nacionalidade maravilhosa que seus membros reivindicavam tão logo sua origem judaica fosse mencionada, de alguma forma se parece com aqueles passaportes modernos que concediam ao seu portador o direito de

---

8   Karl Ernst Haushofer (1869-1946) foi um general alemão e teórico da guerra que desenvolveu a ideia "geopolítica" de *Lebensraum* (espaço vital). Amigo de Rudolf Hess, ele provavelmente contribuiu com a redação do *Mein Kampf* de Hitler. (N.E.)

permanência temporária em todos os países, exceto naquele que o havia emitido.

Essa sociedade internacional de celebridades foi ferida pela primeira vez em 1914 e finalmente enterrada em 1933. O mérito é todo de Zweig por não ter permitido ser enganado a participar da histeria universal da Primeira Guerra Mundial. Ele permaneceu fiel a seus princípios e manteve distância da política; nunca cedeu à tentação que afligiu tantos literatos – a tentação de usar a guerra para conquistar uma posição social fora do círculo dos intelectuais internacionais. Assim, aconteceu que, para ele, aquilo que restava dessa sociedade do pré-guerra se conservou ao longo da guerra. E é bem sabido que nos anos 1920, ou seja, nos anos aos quais Zweig deve seu maior sucesso, a sociedade internacional da fama mais uma vez funcionava na Europa. Mas, depois de 1938, Zweig aprendeu algumas lições amargas: que essa sociedade internacional, incluindo os direitos de seus cidadãos, dependia da posse de um passaporte bastante nacional, e que, para os apátridas, não há nada "internacional".

A sociedade internacional do sucesso era a única na qual os judeus gozavam de direitos iguais. Não é de admirar, então, que os talentos mais parcos se desenvolvessem muito rapidamente; e ainda menos que, para eles, "o odor mais belo da Terra, mais doce do que a rosa de Chirac, [fosse] o perfume da tinta de impressão". Não havia nada em suas vidas mais jubiloso do que a impressão de um livro, as críticas, os exemplares de cortesia, as traduções em línguas estrangeiras. Era um ritual perpetuamente renovado de colocar-se em relação com um mundo onde se deve ter o nome impresso para ser admitido.

A fama que outorgava ao pária social algo semelhante ao direito a uma pátria na elite internacional dos bem-sucedidos trazia um outro privilégio, que, segundo o próprio julgamento de Zweig, era pelo menos igualmente importante – a suspensão do anonimato, a possibilidade de ser reconhecido pelos desconhecidos, de ser admirado por estranhos. Mesmo com a recaída temporária no anonimato, a fama permanecia uma armadura que se podia vestir novamente para se proteger dos terríveis efeitos da vida. Não há dúvida que Zweig não temia nada mais do que afundar novamente na obscuridade onde, despido de sua fama, ele se tornaria de novo o que fora no início de sua vida – exceto pelo fato de que tudo agora seria diferente e muito pior: ele não seria nada além de um dos muitos desafortunados que se deparam como o problema quase insuperável de conquistar, deslumbrar e penetrar à força em um mundo estranho e sinistro – que é precisamente como a sociedade deve parecer a qualquer um que não pertença a ela por nascimento e a todos aqueles que ela discrimina.

O destino, sob a forma de uma catástrofe política, acabou por quase o afundar nesse anonimato. Tendo essa fama roubada, ele soube – melhor do que muitos de seus colegas – que a fama de um escritor tremula quando ele não pode escrever e nem publicar em sua própria língua. Suas coleções lhe foram roubadas, e junto com elas sua convivência com as celebridades do reino dos mortos. Sua casa em Salzburg foi roubada, e com ela seus encontros com os célebres entre os vivos. Foi roubado, finalmente, o passaporte inestimável, que não só lhe havia permitido representar sua terra natal em outros países, como também o havia ajudado a evadir o caráter questionável de sua própria existência cívica dentro de seu país natal.

E novamente, como durante a Primeira Guerra Mundial, é mérito de Zweig não ter sido inflamado pela histeria universal, sequer iludido por sua recém-adquirida cidadania britânica. Ele dificilmente poderia ter representado a Inglaterra em outros países. Visto que, finalmente, a sociedade internacional dos célebres desapareceu completamente com a Segunda Guerra Mundial, esse homem apátrida perdeu o único mundo no qual um dia teve a ilusão de ter um lar.

Em um último artigo, "The Great Silence" [O grande silêncio] (*ona*, 9 de março de 1942), escrito pouco antes de sua morte – um artigo que me parece pertencer aos seus melhores trabalhos –, ele tentou assumir pela primeira vez na vida uma posição política. A palavra "judeu" não lhe ocorre, pois Zweig se esforçava mais uma vez para representar a Europa – mais exatamente a Europa Central – agora sufocada pelo silêncio. Se ele tivesse falado sobre o terrível destino de seu próprio povo, ele teria estado mais próximo de todos os povos europeus que estão hoje, na batalha contra o opressor, lutando contra o perseguidor dos judeus. Os povos europeus sabem – melhor do que esse autointitulado porta-voz que nunca em toda a sua vida havia se preocupado com seu destino político – que o ontem não está desligado do hoje, "como se um homem tivesse sido arremessado de uma grande altitude como resultado de um golpe violento". Para eles o ontem não era de forma alguma aquele "século cujo progresso, cuja ciência, cuja arte e cujas invenções magníficas eram o orgulho e a fé de todos nós".

Sem a armadura protetora da fama, nu e despido, Stefan Zweig se deparou com a realidade do povo judeu. Podia-se encontrar muitas escapatórias para à condição de pária social, incluindo a torre de marfim da fama. Mas somente a fuga ao redor do mundo podia oferecer a salvação àquele que era politicamente fora da lei. Assim, o literato judeu e burguês, que nunca havia se preocupado com as questões de seu próprio povo, tornou-se ainda assim uma vítima de seus inimigos – e sentiu-se tão desgraçado que não podia mais suportar sua vida. Uma vez que havia querido durante toda sua vida viver em paz com as normas políticas e sociais de seu tempo, ele era incapaz de lutar contra um mundo aos olhos do qual era e é uma desgraça ser judeu. Quando finalmente toda a estrutura de sua vida, que foi vivida distante da luta cívica e da política, desmoronou, e ele conheceu a desgraça, ele foi incapaz de descobrir o que a honra pode significar para os homens.

Pois a honra nunca será adquirida pelo culto ao sucesso ou à fama, pelo cultivo do próprio eu, nem pela dignidade pessoal. Da "desgraça" de ser judeu só há uma escapatória: lutar pela honra do povo judeu como um todo.

1943

A CRISE DO SIONISMO

É UM FATO BEM CONHECIDO, SALIENTADO REPETIDAMENTE, QUE, desde a eclosão desta guerra e mesmo antes, uma conspiração de silêncio encobriu os sofrimentos e perdas do povo judeu. Esse fato que tanto nos perturba é apenas a consequência imediata de uma outra circunstância que em si é desastrosa: os judeus enquanto povo não participaram de forma alguma desta guerra, embora a guerra tenha sido declarada a eles seis anos antes em relação aos tchecos, sete anos antes em relação à Polônia, França e Inglaterra, e quase nove anos antes em relação à Rússia e aos Estados Unidos. Infelizmente, entre os anos de 1933, o ano em que Hitler ascendeu ao poder, e 1940, somente uma pequena fração do povo judeu podia compreender o fato de que ele estava em guerra, e essa pequena fração era desprovida de influência, formada por indivíduos dispersos que na maior parte das vezes nem mesmo se conheciam.

Até mesmo a comunidade judaica alemã, a primeira vítima dessa guerra de dez anos, precisou de mais de cinco anos e de verdadeiros *pogroms* para conseguir compreender que ela não podia mais viver em paz sob um governo composto por seus inimigos. Até 1938, a massa dos judeus alemães vivia a ilusão de sobreviver aos seus inimigos, acomodando-se pelo tempo presente a certas restrições. Nem os pogroms do outono de 1938, nem os primeiros anos subsequentes da guerra europeia foram suficientes para convencer outras parcelas do povo judeu do simples fato de que a guerra havia sido declarada a eles. Eles simplesmente não reagiam, ou respondiam ao desafio fazendo doações caritativas – uma resposta bastante estranha. Mas também é verdade que nos comportávamos como qualquer outro povo, e que nossos políticos tentaram acalmar nossos inimigos como os estadistas de todas as outras nações – só que com menos sucesso ainda. Essa política de apaziguamento começou com os acordos de transferência entre a Agência Judaica e o governo alemão em 1934. Ela foi seguida pelas decisões de judeus de outros países de não usarem sua influência sobre seus respectivos governos em suas relações com a Alemanha, de ajudar a comunidade judaica alemã, mas não falar sobre os eventos que tornaram a ajuda necessária. Muito antes do período de apaziguamento encontrar seu fim natural na guerra total, o movimento de boicote das massas de judeus na América e na Polônia havia se extinguido. A expressão mais honesta de solidariedade havia terminado em desilusão e decepção, e se nossos políticos, assim como os políticos de outros países, não conseguiram aplacar Hitler, eles tiveram um imenso sucesso em aplacar a indignação legítima do povo judeu e suas tentativas instintivas de reagir.

Falar de uma crise do judaísmo seria um terrível eufemismo; mas é certamente verdade, quer gostemos ou não, que a catástrofe dos últimos anos foi acompanhada por uma crise profunda e perigosa da política judaica, em outras palavras, do sionismo. Aqueles entre nós que por muitos anos seguiram de perto os vários desenvolvimentos dessa crise podem quase se sentir aliviados hoje, quando a crise já não tem de ser escondida, mas vem à tona com todos os complicados problemas que decorrem de nosso *status* político na Palestina e no estrangeiro, com todos os conflitos reais e interesses conflitantes que tentamos esconder em vão.

Esse primeiro sintoma da situação crítica na qual o movimento sionista se encontrava no momento de eclosão desta guerra foi a atitude totalmente equivocada do governo britânico em face de um certo número de demandas básicas. Refugiados que acabavam de escapar do inferno dos países europeus ocupados pelos alemães tentaram em vão entrar na Palestina: a pátria judaica era de fato menos hospitaleira do que outros países gentios; os nomes dos navios *Patria* e *Struma* ainda estão em nossas memórias, e você sabe que aqueles poucos que finalmente conseguiram desembarcar foram enviados a campos de concentração nas ilhas Maurício. A Agência Judaica foi incapaz de lidar com a situação de uma maneira favorável. E se esses fatos extremamente tristes não significarem quase nada para você, porque você vive tão longe e toma conhecimento dessas coisas somente por meio dos jornais, posso assegurar-lhe que eles significam muitíssimo para os judeus nos países ocupados, mesmo que eles não tenham tentado escapar. Esses acontecimentos, difundidos em todos os lugares pela propaganda nazista, levaram os judeus ao desespero e, acredite ou não, desferiram um golpe considerável na ideia de uma pátria judaica, que falhara tão pateticamente, e um golpe ainda maior na tradicional confiança que os judeus tradicionalmente depositam nas políticas britânicas. Outro tipo de propaganda tentou nos fazer acreditar que todos os judeus nos campos de concentração e guetos, supondo que continuem vivos, se tornarão automaticamente sionistas ardentes. É bom que esses propagandistas tenham esses fatos em mente; eles serão muito bem lembrados na Europa – se ainda houver judeus para lembrar.

A segunda grande falha da política sionista foi o fracasso em organizar um exército judaico. Só aqueles que participam da guerra participarão da paz, e da forma como as coisas estão hoje, resta muito pouca esperança de que os judeus tenham direito à voz nas negociações de paz. Esse fato contrasta com os muitos planos que estão sendo preparados por judeus de todos os partidos políticos para o período pós-guerra: sabemos por experiência própria que há um longo caminho entre a montanha de papel e a menor ação. A partir das manifestações massivas em Nova York e outras cidades, sabemos que a ideia de um exército judaico combatendo sob sua própria bandeira por sua própria liberdade é a ideia mais popular que tem levantado as massas judaicas até agora. E insisto sobre a popularidade dessa ideia porque é um consolo – mais ainda, uma brilhante esperança para o futuro de nosso povo, que por duas vezes na última década demonstrou muito mais lucidez política e inteligência do que a maior parte de nossos políticos oficiais. A primeira vez foi quando as massas judaicas quase instintivamente começaram o boicote às mercadorias alemãs; a segunda vez foi quando elas perceberam de pronto que durante uma guerra deve-se ter um exército e que quando se está sob ataque, deve-se defender e contra-atacar – e isso não sob a bandeira de um império e não nos regimentos de um exército colonial, mas livre e abertamente, sob sua própria bandeira e sob as ordens de seus próprios oficiais.

Os resultados imediatos desses fracassos foram bastante sérios, embora possamos esperar outros ainda mais sérios no futuro. Aqui na América um Comitê por um Exército Judaico para Judeus Palestinos e Apátridas foi criado e obteve em um curto período o apoio de grandes parcelas da opinião pública mais progressiva do país. Esse comitê, fundado pelos membros do partido revisionista, mas apoiado por muitos de nossos melhores amigos entre os gentios, desferiu necessariamente um pesado golpe na autoridade da Agência Judaica neste país e no exterior, entre os judeus assim como entre oficiais gentios em Washington, por exemplo. Pois mesmo esses gentios que são realmente contra a criação de um exército judaico presumirão que os sionistas devam requerer um exército em tempo de guerra, quando a criação de um exército é a questão política mais importante para qualquer povo ou nação. Um comitê que recebe apoio público e que não pede nada além de um exército é um sério concorrente para um outro grupo que, embora finja ser o único representante do povo judeu, não está, para dizer o mínimo, preocupado com essa questão.

Uma segunda consequência do fato de que os judeus em sua pátria não têm o direito de pegar em armas sob sua própria bandeira é de igual importância. Grande parte do *yishuv* palestino é formado por refugiados recentes que ainda não obtiveram a cidadania palestina. Quando a Agência Judaica começou sua campanha de recrutamento para o Exército Colonial britânico, aqueles refugiados que por acaso vinham da Tchecoslováquia ou mesmo da Polônia podiam se alistar nas legiões de seus antigos países – e o fizeram. Pois as vantagens eram óbvias: nessas legiões, que hoje pelo menos teoricamente outorgam direitos iguais aos judeus, nossos garotos tinham uma posição muito melhor, no plano jurídico e prático, do que no Exército britânico, no qual tinham o papel de palestinos nativos. Na legião tcheca, judeus gozam dos mesmos direitos, das mesmas oportunidades de crescimento, além da promessa do governo tcheco no exílio de cidadania plena na Tchecoslováquia de amanhã, o que, com o Livro Branco regendo a Palestina, é muito mais do que o governo britânico pode garantir.

Evidentemente, podemos argumentar com esses garotos. Podemos considerar que eles não são idealistas o bastante ou que as perspectivas de eles serem reintegrados em seus países antigos não são muito boas. Também podemos argumentar com aqueles sionistas e com aqueles amigos gentios da causa judaica e sionista que veem no Comitê por um Exército Judaico um órgão representativo mais importante do que a Agência Judaica. E certamente devemos fazê-lo. Mas infelizmente a política não é feita apenas de argumentos, mas de fatos. E os fatos são: um exército judaico, a única garantia que poderíamos ter criado durante a guerra para nossas demandas depois da guerra, foi negligenciado pela Agência Judaica, enterrado pelo próprio Weizmann, que na última Conferência Sionista Extraordinária falou sobre o "pretenso exército judaico"; e todos os argumentos que pudéssemos usar contra os garotos judeus que mesmo na Palestina preferem servir sob a bandeira de sua antiga pátria tornam-se um pouco inconsistentes em face da política britânica vigente na Palestina hoje. Se as promessas dos governos no exílio são problemáticas, a futura proteção dos direitos judaicos na Palestina é igualmente problemática.

Nas últimas semanas, somam-se dois outros sinais críticos de perigo político imediato. Ambos vindos da Palestina. O primeiro e mais importante é a declaração bem conhecida de Magnes. As características notáveis de sua proposta, centrada na questão árabe, são as seguintes: em franca contradição com as demandas sionistas da maneira como foram formuladas pela Agência Judaica e a Organização Sionista do país, ele pede que um Estado binacional seja incluído na federação árabe e que a federação árabe seja conectada com um novo tipo de aliança anglo-americana. Não adianta escondermos de nós mesmos o fato de que Magnes é o porta-voz de uma oposição considerável não só na América, mas também na Palestina, onde intelectuais como Buber e Ernst Simon e representantes dos agricultores de Petach Tikhwah, como Smilanski e uma personalidade tão impressionante como Henrietta Szold, apoiam suas ideias. Ainda mais significante, um recente programa de guerra do Ha'Shomer Ha'Tzair, um fator muito importante para a mão de obra na Palestina, também tem por objetivo um Estado binacional. Embora o Ha'Shomer Ha'Tzair não tenha qualquer relação com o grupo Magnes, pode-se concluir a partir de suas demandas quão populares algumas ideias de Magnes devem ser na Palestina. Está claro que o programa e as ações de Magnes representam um desafio direto à autoridade da Agência Judaica.

A segunda má notícia vinda da Palestina nas últimas semanas foi a formação de um novo partido, denominado Aliá Chadashá, o partido de novos imigrantes, que nas primeiras eleições ficou em segundo lugar, atrás apenas do Poale-Zion. A força desse partido, que possui apenas um programa muito vago, é devida à *Aliá* proveniente da Europa Central – a maior parte da Alemanha – que por anos fora discriminada pelos elementos mais antigos e que obviamente não podia nem se adaptar, nem se assimilar. Essas dificuldades não eram segredo para ninguém que conheça as questões palestinas, mas era um tipo de lei tácita não falar delas publicamente. O resultado dessa tática inteligente é que pela primeira vez o movimento sionista produziu um partido político baseado naquelas diferenças *sh'wath*, aquelas diferenças tribais, que romperam com a unidade do povo judeu por mais de 150 anos. Essas diferenças tornaram-se cada vez mais inconsistentes durante o século xx, mas desde a ascensão de Hitler ao poder, elas perderam todo significado político: o destino dos judeus alemães ou franceses é exatamente o mesmo dos judeus poloneses. As lições desta última década nos ensinam que o destino do povo judeu é uno e indivisível. Um dos problemas políticos internos na Palestina é evidentemente a superação das diferenças dentro do próprio povo judeu; a criação de um partido político baseado nessas diferenças na Palestina não é um perigo menor para o *yishuv* do que a criação de um partido irlandês seria para a unidade dos Estados Unidos.

Enumerei os sinais mais proeminentes da crise, cada um dos quais aponta a uma direção semelhante: o enfraquecimento da autoridade da Agência Judaica, o descontentamento crescente com os resultados de nossas conquistas políticas e a falta de confiança na condução de nossos assuntos políticos. Os desafios à autoridade do órgão supremo que nos governa vêm de lugares diferentes – a declaração de Magnes e o Comitê por um Exército Judaico podem ser considerados seus polos mais extremos. É significativo, contudo, que ambos rompam com a organização sionista oficial; ambos tentam de formas diferentes dirigir-se ao povo judeu passando por cima dos oficiais judaicos, e nenhum deles tenta lutar suas batalhas dentro da administração estabelecida.

Os verdadeiros motivos para esse estado de coisas não estão – como alguns líderes oposicionistas da organização sionista querem fazer crer – na burocracia ou em uma certa obsolescência de nosso órgão administrativo, em métodos antiquados ou na falta de novas abordagens. Se amanhã tivéssemos um time totalmente novo de homens para conduzir nossa política, é no mínimo duvidoso que as coisas não se passariam da mesma velha maneira. Por trás de tudo isso está uma crise da mesma fundação de todo o movimento, uma crise de todos os meios políticos que utilizamos e de todos os objetivos políticos que perseguimos ao longo dos últimos vinte anos.

Tentarei lembrá-lo muito brevemente dessas poucas convicções fundamentais, todas elas caras aos nossos corações, que no mundo político contemporâneo perderam seu antigo significado, a menos que – conscientemente ou não – tenhamos perdido a suprema confiança que depositávamos nelas. Primeiramente, há a antiga crença de que a questão judaica como um todo possa ser resolvida somente com a reconstrução da Palestina, que a construção do país erradicará o antissemitismo e que mais importante que as condições políticas gerais (o famoso plano de Herzl) é a denominada abordagem construtiva, o que quer dizer as tarefas práticas imediatas à mão. Consideremos essa série de convicções gerais que impregnam toda a nossa propaganda e todos os nossos discursos públicos.

A Revolução Russa desferiu um golpe na primeira asserção, segundo a qual a questão judaica pode ser resolvida somente na Palestina e que o antissemitismo somente pode ser erradicado com a construção do país, em outras palavras, pelo êxodo dos judeus de suas pátrias antigas. Há muitos problemas não resolvidos na Rússia soviética, e de minha parte não acredito que mesmo os problemas econômicos tenham sido resolvidos lá, sem falar da questão mais importante de todas, a questão da liberdade política; mas uma coisa deve ser admitida: a Revolução Russa encontrou uma forma inteiramente nova e – na medida em que podemos ver hoje – inteiramente justa de lidar com a nacionalidade das minorias. O novo fato histórico é o seguinte: pela primeira vez na história moderna, uma identificação entre o Estado e a nação não foi tentada. O governo representa a federação de povos e nacionalidades, todos eles tendo seus próprios direitos, mesmo que restritos, nenhum sendo privilegiado e nenhum sendo dominado.

Também não parece que essa solução seja reservada à Rússia e que não tenha nenhuma influência em outros países e continentes. Pelo contrário, sem qualquer revolução, apenas seguindo o curso natural dos eventos, os Estados Unidos se aproximaram muito da mesma concepção. Os judeus sabem melhor do que qualquer um que podem ser americanos e judeus ao mesmo tempo, assim como irlandeses são irlandeses e americanos ao mesmo tempo, e italianos são italianos e americanos. O presidente dos Estados Unidos fala do "povo judeu da América" – em outras palavras, o presidente se expressa como se o governo não fosse só um governo de estados unidos, como também de povos unidos. O mesmo é verdade para outros países que até agora ainda não alcançaram sua liberdade nacional. Tomemos como exemplo a questão indiana. Se os britânicos disserem: deixemos os indianos resolverem primeiro todos os seus problemas entre eles, e se os líderes indianos recusarem a divisão da Índia porque são um povo indiano único, ambos estarão errados. O subcontinente indiano contém uma diversidade de povos e em vez de um velho Estado nacional no sentido europeu, no qual um povo, a maioria de seus habitantes, segura as rédeas do governo e governa outros povos e minorias, pode-se esperar que mais cedo ou mais tarde esses povos se reunirão e formarão um governo que une todas as nacionalidades do subcontinente indiano.

Não é fácil falar sobre a Europa; mas é provável que todo esse discurso sobre uma Europa federada – ou, se preferir, o sonho – um dia se realizará. Todos os homens mais progressistas, europeus ou não, sabem que muitos problemas poderiam ser resolvidos com um governo federal e com uma constituição que outorgasse direitos iguais a toda e qualquer nacionalidade do continente.

Mas permita-nos voltar ao sionismo e à Palestina. Se entre os líderes sionistas muitos progressistas sabem e falam a respeito do fim das pequenas nações e do fim do nacionalismo no antigo e estreito sentido europeu do termo, nenhum documento oficial ou programa expressa essas ideias. Pelo contrário, se você se lembrar da última conferência da Organização Sionista em Nova York, certamente se lembrará também de quantos discursos apontando nessa direção ouviu, mas as resoluções somente pediam um Estado judaico na Palestina, como se realmente acreditássemos que essa pequena terra nossa – que não é sequer inteiramente nossa – pudesse ter uma vida política autônoma. A razão para essa timidez é a seguinte: as fundações do sionismo foram estabelecidas durante uma época em que ninguém podia imaginar qualquer outra solução de problemas de minoria ou nacionalidade a não ser um Estado nacional autônomo com uma população homogênea; os sionistas temem que todo o edifício possa desmoronar se eles abandonarem suas velhas ideias. O contrário é verdadeiro: o edifício colapsará se não adaptarmos nossas mentes e nossas ideias aos novos fatos e novos desenvolvimentos.

Essa desconfiança geral contra as velhas fórmulas nacionalistas é a espinha dorsal do sucesso da declaração de Magnes, cuja inerente falsidade e perigo estão escondidos sob a cortina de fumaça criada pelas atitudes equivocadas de nossa política oficial. I. Newman, na última conferência, enfatizou justa e vigorosamente que a federação árabe não é nada além de uma das ferramentas e até das invenções da política de poder britânica. Magnes, em um certo sentido, é apenas o sucessor e seguidor da política de Weizmann, que, nas próprias palavras de Weizmann, "sempre fez da cooperação com o Império Britânico sua pedra angular". Não é preciso demonstrar que a política britânica no Oriente Médio hoje é baseada na cooperação com os árabes em detrimento dos judeus. Mesmo o plano de Magnes deixa transparecer o fato de que é construído inteiramente à nossa custa: um Estado binacional protegido por uma federação árabe não é nada mais do que o *status* de minoria dentro de um império árabe, e esse império deve ser protegido por uma aliança anglo-americana que, para salvaguardar a passagem para a Índia, deve tratar e respeitar a maioria – os árabes – e não uma minoria tão pequena quanto os judeus. Magnes pensa também em função das antigas fronteiras dos Estados-nações; ele só rebatizou o velho bebê, chamando-o de "federação". O uso do termo "federação" mata seu significado novo e criativo pela raiz; mata a ideia de que a federação é – em contraste com a nação – feita de diferentes povos com direitos iguais. Em outras palavras, dentro de uma federação o velho problema da minoria não mais existe. Se a proposta de Magnes se concretizasse, tornaria a Palestina um dos piores países de *galuth*. A mesma ideia de uma federação árabe pode ser encontrada nas declarações de oficiais coloniais britânicos, um dos quais, lorde Moyne, chegou a propor o "reassentamento dos judeus" depois da guerra, sua expulsão da Palestina; depois desse discurso ele foi especialmente designado para o Oriente Médio. Pessoas como Magnes, que vivem no terreno e veem claramente no que consiste o imenso perigo para o *yishuv* palestino e para todo o nosso trabalho na Palestina, não ouvem nenhuma palavra oficial de nossas instituições públicas, nem mesmo um protesto contra essas declarações que emanam de oficiais britânicos bastante responsáveis. Em vez disso, eles não leem nada a não ser declarações patéticas sobre o sofrimento do povo judeu e pedidos vazios de "autonomia" e de "*Commonwealth* judaica" – são vazias porque não há nenhuma realidade por trás delas, porque elas são proferidas em um espaço vazio sem que mesmo se notem os planos hostis da Grã-Bretanha ou as tendências gerais da política mundial. Compreendemos facilmente que essas pessoas se esforcem para tomar as coisas em suas próprias mãos, mesmo que devamos deplorar a forma como eles o fazem.

Fevereiro de 1943

HERZL E LAZARE

PARA A COMUNIDADE JUDAICA OCIDENTAL, NUNCA REALMENTE
assimilada apesar do recurso de alguns aos salões antissemitas, o
caso Dreyfus não teve praticamente nenhuma consequência decisiva. Mas para o "judeu moderno e cultivado que havia se libertado do
gueto e de suas barganhas, foi um golpe no coração".[1] Para ele, a generalização ingênua de Herzl era verdadeira: foi preciso "o inimigo

---

1   Cf. observações de Theodor Herzl em seu discurso de abertura do primeiro
Congresso Sionista (*Gesammelte Werke,* vol. 1, p. 176): "Aquele sentimento de coesão interna, do qual fomos acusados com tanta frequência e de forma tão virulenta, estava em estado de dissolução total quando o antissemitismo recaiu sobre nós.
Nós voltamos para casa, por assim dizer [...] Mas aqueles de nós que retornaram
como filhos pródigos ao lar ancestral consideram que este requer urgentemente
uma melhoria".

comum" para torná-lo mais uma vez um membro de um povo.[2] Esses "filhos pródigos" aprenderam muito com seu ambiente e, quando retornaram ao lar ancestral, foram tomados por um intenso mal-estar, que sempre foi a marca do verdadeiro patriotismo e da verdadeira devoção ao seu povo. Tristemente e com uma certa perplexidade, eles perceberam que no momento em que propuseram melhorias à estrutura ancestral, imediatamente decidiu-se expulsá-los de lá. E a todo momento eles temiam que o edifício desabasse. Theodor Herzl chegou bem a tempo de cobrir o primeiro julgamento Dreyfus para um jornal de Viena. Ouviu a turba gritar "Morte aos judeus!" e começou a escrever *O Estado judeu*. Bernard Lazare havia chegado de sua cidade natal no Sul da França alguns anos antes, em meio ao furor antissemita causado pelo escândalo do Panamá. Pouco antes do caso Dreyfus, publicara uma obra em dois volumes sobre o antissemitismo, na qual sustentava que uma de suas causas, entre outras, era o comportamento antissocial dos judeus.[3] Naquele tempo, ele acreditava que havia encontrado a solução no socialismo. Lazare, da mesma maneira, foi uma testemunha ocular do julgamento Dreyfus e decidiu não esperar pela revolução mundial. Quando se deparou com o ódio crescente da multidão, percebeu imediatamente que daquele momento em diante ele era um proscrito[4] e aceitou o desafio. Sozinho entre os defensores de Dreyfus, ele assumiu seu lugar como

---

2   Cf. declaração de Herzl perante a Comissão Britânica para Refugiados (British Aliens Commission): "Uma nação é um grupo histórico de homens unidos por laços claramente discerníveis, e mantidos juntos por um inimigo comum". *Gesammelte Werke*, vol. 1, p. 474.

3   Bernard Lazare, *L'antisémitisme: son histoire et ses causes* (Paris, 1894).

4   Cf. Lazare, *Le fumier de Job* (Paris, 1928), p. 64: "Doravante eu sou um pária".

um judeu consciente, lutando por justiça em geral, mas pelo povo judeu em particular.[5]

Ambos os homens foram transformados em judeus pelo antissemitismo. Nenhum deles escondeu o fato.[6] Ambos perceberam, precisamente porque eram bastante "assimilados", que uma vida normal era possível para eles somente se a emancipação não permanecesse letra morta, ao passo que viam que na realidade o judeu havia se tornado o pária do mundo moderno.[7] Ambos ficaram fora da tradição

5 Cf. Péguy, *Notre jeunesse*, pp. 68-69, 74: "Os políticos, os rabinos, as comunidades oficiais de Israel [...] estavam muito dispostas a sacrificar Dreyfus em prol de uma ilusão. A grande maioria dos judeus [...] nunca foi conduzida aos seus grandes e dolorosos destinos que não pela força – isto é, por um bando de fanáticos agrupados ao redor de certas cabeças, mais precisamente, ao redor dos profetas de Israel. Nesta grande crise de Israel e do mundo o profeta foi Bernard Lazare".

6 Cf. observação de Herzl em uma carta que data de 1895: "Meu judaísmo me era indiferente [...]. No entanto, assim como o antissemitismo enviou os judeus fracos, covardes e ambiciosos para as fileiras da cristandade, também enviou-me de volta revigorado ao meu judaísmo". *Tagebücher*, vol. 1, pp. 120-21. Declarações semelhantes aparecem regularmente em seus diários. A declaração de Bernard Lazare pode ser encontrada em seu *Fumier de Job*: "Eu sou um judeu, e ignoro tudo que é judaico [...]. É preciso que eu saiba quem eu sou, por que eu sou odiado e o que é possível que eu seja".

7 Cf. observação de Herzl no "conselho de família" dos Rothschilds: "Vocês nunca serão reconhecidos como cidadãos plenos, nem mesmo como cidadãos de segunda classe (*Staatsangehörige*)". *Tagebücher*, vol. 1, p. 187. De forma semelhante, nas notas para sua entrevista com o barão Hirsch aparece a seguinte observação: "Vocês são párias. Vocês têm de viver sobre brasas com receio de que alguém os prive de seus direitos ou propriedade". *Gesammelte Werke*, vol. 6, p. 462. Cf. ainda observação de Lazare a respeito do "pária inconsciente", isto é, o judeu não emancipado, e do "pária consciente" da sociedade ocidental: "A partir de um pária, frequentemente inconsciente, ela [a emancipação] formará um pária consciente". *Le Nationalisme juif* (Paris, Stock & Flammarion, 1898), p. 8.

religiosa do judaísmo e nenhum deles desejava voltar a ela. Ambos eram estranhos, enquanto intelectuais, àquelas estreitas e paroquiais camarilhas judaicas que haviam de alguma maneira crescido na estrutura da sociedade gentia. Ambos eram antípodas daquele gueto espiritual que havia conservado tudo da vida no gueto, exceto sua interioridade. Porém, ambos eram seus produtos naturais; era disso que eles haviam escapado. Quando foram atraídos de volta, o judaísmo não significava mais para eles uma religião, para nenhum deles podia tampouco consistir em uma adesão sem entusiasmo a uma dessas muitas camarilhas. Para eles, sua origem judaica tinha um significado político e nacional. Eles não podiam encontrar um lugar para si mesmos na comunidade judaica a menos que o povo judeu fosse uma nação. Em suas carreiras subsequentes, ambos entraram em sério conflito com as forças que então controlavam a política judaica, notadamente, os filantropos. Nesses conflitos, que ao fim os exauriram, ambos aprenderam que o povo judeu era ameaçado não só pelos antissemitas por fora, mas também pela influência de seus próprios "benfeitores" por dentro.[8]

8   Em sua entrevista com lorde Rothschild, Herzl descreveu a caridade judaica como "um mecanismo para manter os necessitados submissos". *Tagebücher*, vol. 3, p. 218. Ele entrou abertamente em conflito com os filantropos quando estabeleceu o Banco Colonial Judaico e quando este último naufragou logo em seguida, como resultado de ter sido boicotado pelos círculos financeiros judaicos. O assunto é discutido longamente em seu *Gesammelte Werke*, vol. 1, p. 406 ss., e há referências frequentes a ele nos diários. De forma similar, Lazare entrou em conflito com toda a comunidade judaica francesa por meio de sua defesa de Dreyfus. Cf. Baruch Hagani, *Bernard Lazare, 1865-1903* (Paris, 1919), p. 28 ss. Seu sofrimento com esse conflito é mostrado na íntegra por Péguy, *Notre Jeunesse*, p. 75 ss. Um exemplo citado por Péguy (p. 84) é significativo: "Quando as negociações começaram para a fundação

Mas aqui terminam as semelhanças e começa a grande diferença que levaria finalmente a uma ruptura pessoal entre os dois homens, quando estavam servindo juntos no comitê executivo da Organização Sionista. A solução de Herzl para o problema judaico era, em última análise, a fuga ou a libertação para uma pátria. À luz do caso Dreyfus, todo o mundo gentio pareceu-lhe hostil; havia apenas judeus e antissemitas.[9] Ele considerava que teria de lidar com esse mundo hostil e mesmo com antissemitas declarados. Pouco importava o grau de hostilidade manifestado eventualmente por um gentio; de fato, pensava ele, quanto mais antissemita fosse um homem, mais ele apreciaria as vantagens de um êxodo judaico da Europa![10] Para Lazare, por outro lado, a questão territorial era secundária – uma mera consequência da demanda essencial de que "os judeus deviam ser emancipados como um povo e na forma de uma nação".[11] O que ele buscava não era uma fuga do antissemitismo, mas uma mobilização do povo contra seus inimigos. Isso é mostrado claramente por seu papel no caso Dreyfus e em seu relatório ulterior sobre a perseguição dos judeus na Romênia.[12] Por conseguinte, ele não estava à

---

de um jornal diário de grande escala, os patrocinadores judeus sempre impunham como condição que Bernard Lazare não escrevesse para ele".

9   Cf. esta observação em *Der Judenstaat* (*Gesammelte Werke*, vol. 1, p. 36): "Os povos em meio aos quais os judeus vivem são todos vergonhosamente ou descaradamente antissemitas".

10   Cf. observação recorrente em seu *Tagebücher*, vol. 1, p. 93: "São os antissemitas que serão nossos amigos mais ferrenhos, e os países antissemitas que serão nossos aliados". Como ele interpretava essa noção na prática é revelado em uma carta a Katznelson, escrita a respeito dos *pogroms* de Kishinev de 1903. Nessa carta ele procurava "tirar alguma vantagem da calamidade ameaçadora".

11   Ver *Le fumier de Job*.

12   *Les juifs en Roumanie* (Paris, 1902).

procura de protetores mais ou menos antissemitas, mas sim de verdadeiros companheiros de luta, que ele esperava encontrar entre os grupos oprimidos da Europa contemporânea.[13] Ele sabia que o antissemitismo não era um fenômeno nem isolado, nem universal, e que a cumplicidade vergonhosa das potências nos *pogroms* do Leste Europeu fora sintomática de algo muito mais profundo, notadamente, o colapso anunciado de todos os valores morais sob a pressão da política imperialista.[14]

13 Característica dessa atitude é a seguinte passagem de seu *Juifs en Roumanie*, p. 103: "Pode ser que se ela [a burguesia romena] mergulha o judeu em desespero com força até o seu limite, este, apesar de sua passividade, a despeito do conselho de seus ricos temerosos, se unirá ao trabalhador agrícola e o ajudará a se libertar do jugo". A atitude de Herzl está em contraste marcante, conforme foi revelado quando, depois de sua entrevista com o sultão, ele recebeu telegramas de protesto de encontros de estudantes pertencentes a múltiplas nacionalidades oprimidas. Ele estava, confessou, "aflito e angustiado", mas o único efeito político que isso teve sobre ele foi fazê-lo falar sobre usar aqueles telegramas em sua conversa com o sultão! Cf. *Tagebücher*, vol. 3, p. 103.

14 Cf. sua observação em *Les juifs en Roumanie*, p. 91: "Ademais, que outra nação ousa abrir a boca? A Inglaterra, que dizimou os bôeres? A Rússia, que oprimiu os finlandeses e judeus? A França, que massacrou os anamitas [...] e agora está se preparando para destruir os mouros? A Itália, que destroça a Eritreia hoje e Trípoli amanhã? Ou a Alemanha, a executora selvagem dos negros?". Um insight interessante na conexão entre a brutalização dos povos operada pelo antissemitismo e as políticas do imperialismo é mostrado por Fernand Labori, que viria a ser advogado de Dreyfus, em seu artigo "Le Mal politique et les partis", em *La Grande Revue* (out.-dez. 1901), p. 276: "De forma semelhante, o movimento da expansão colonial confere [...] um traço característico da presente era. É um lugar comum apontar que essa política custou à humanidade sacrifícios morais assim como materiais."

À luz do caso Dreyfus, e de sua própria experiência lutando ao lado de judeus por um de seus irmãos,[15] Lazare percebeu que o verdadeiro obstáculo no caminho da emancipação de seu povo não era o antissemitismo. Era "a desmoralização de um povo composto pelos pobres e oprimidos, que vivem das esmolas de seus irmãos abastados, um povo revoltado apenas pela perseguição vinda de fora, mas não pela opressão vinda de dentro, revolucionários na sociedade dos outros, mas não em sua própria".[16] Ele se questionava em que avançaria a causa da liberdade se um homem começasse por abandonar a sua própria. A luta pela liberdade só poderia se internacionalizar se seus combatentes estivessem preparados para reconhecer a liberdade de todas as nações; eles jamais poderiam ser antinacionais.[17] A crítica de Lazare a seu povo era pelo menos tão amarga quanto a de Herzl, mas ele nunca os desprezou e não compartilhava da ideia de Herzl de que a política deve ser conduzida a partir de cima.[18] Confrontado

15   Ao escrever em *L'Echo Sioniste* (20 abr. 1901), Lazare tinha o seguinte a dizer sobre os judeus franceses, como ele os conhecera ao longo da crise Dreyfus: "Tomemos nossos judeus franceses. Eu conheço essa cambada e o que eles são capazes de fazer. Não é o suficiente para eles rejeitar qualquer solidariedade aos seus irmãos estrangeiros; eles também devem acusá-los de todos os males que sua própria covardia provoca. Eles não estão satisfeitos em ser mais jingoísta do que os franceses nativos; assim como todos os judeus emancipados em toda parte, eles também, por sua própria vontade, romperam todos os laços de solidariedade. Na verdade, eles vão tão longe que para as cerca de três dúzias de homens na França que estão prontos para defender um de seus irmãos martirizados, você encontra alguns milhares prontos para montar guarda na Ilha do Diabo, junto com os patriotas mais fanáticos do país".

16   *Le fumier de Job*, p. 151.

17   Péguy, *Notre jeunesse*, p. 130, ressalta esse contraste entre o internacional e o antinacional como se ilustrasse o patriotismo judaico de Lazare.

18   Cf. *Tagebücher*, vol. 1. p. 193.

com a escolha entre continuar politicamente ineficaz ou se inserir em um grupo de elite de salvadores, ele preferiu retirar-se ao isolamento absoluto, onde, se não pudesse fazer mais nada, poderia pelo menos continuar sendo um membro de seu povo.[19] Pois Lazare não podia encontrar apoiadores na França. O único elemento da Europa Ocidental que poderia ter respondido à sua mensagem, isto é, os judeus que haviam abandonado as barganhas de comerciantes mesquinhos, os intelectuais nas profissões liberais, eram virtualmente inexistentes no país. Por outro lado, as massas empobrecidas, a quem amara tão profundamente, e os judeus oprimidos, a quem ele havia defendido tão devotamente,[20] estavam separados deles por milhares de quilômetros, assim como pela diferença de línguas. Em certo sentido, portanto, Herzl, com o apoio das comunidades judaicas alemãs e austríacas, obteve sucesso onde Lazare falhou. Seu fracasso foi tão absoluto que foi silenciado por seus contemporâneos judeus,[21] tendo nos sido revelado por escritores católicos. Melhor do que nós, aque-

19   Em 24 de março de 1899, Lazare escreveu a Herzl que se sentia obrigado a resignar ao seu lugar no comitê executivo, que, ele acrescentou, "tenta direcionar as massas judaicas como se fossem uma criança ignorante [...] Essa é uma concepção radicalmente contrária a todas as minhas opiniões políticas e sociais e eu não posso, portanto, assumir responsabilidade por ela". Citado por Hagani, *Bernard Lazare*, p. 39.

20   Péguy, *Notre jeunesse*, p. 87, o descreve como segue: "Um coração cuja batida ecoa em todos os cantos do mundo, um homem que podia folhear quatro, seis, oito ou uma dúzia de páginas de jornal para iluminar, como um raio, uma única linha contendo a palavra judeu... um coração que sangrou em todos os guetos do mundo... onde quer que o judeu fosse oprimido, isto é, em certo sentido, em toda parte".

21   *Ibid.*, p. 84: "Tudo foi posto em marcha para fazê-lo morrer silenciosamente de fome".

les homens sabiam que Lazare foi um grande patriota judeu, assim como um grande escritor.[22]

1942

22 Se não fosse pelas memórias de Péguy, "Le portrait de Bernard Lazare", prefixo à edição póstuma de *Le fumier de Job*, saberíamos pouco sobre Lazare. A biografia de Hagani é baseada em grande medida em Péguy, sendo que foi apenas com a ajuda deste último que o próprio Lazare conseguiu publicar seu trabalho a respeito dos judeus da Romênia. A parte mais triste dessa triste história é o fato, apontado por Péguy, de que o único homem que realmente apreciou a grandeza e o amor de Lazare pelo judeus, muito embora ele o visse como um inimigo, foi Edouard Drumont.

SIONISMO RECONSIDERADO

I

O resultado final de cinquenta anos de política sionista foi encarnado na resolução recente da maior e mais influente sessão da Organização Sionista Mundial. Os sionistas americanos da direita e da esquerda adotaram unanimemente, em sua última convenção anual ocorrida em Atlantic City em outubro de 1944, a demanda por uma "*commonwealth* judaica livre e democrática [...] [que] deve abarcar toda a Palestina, indivisa e inalterada". Este é um momento decisivo da história sionista; pois ele significa que o programa revisionista, repudiado amargamente por tanto tempo, se provou enfim vitorioso. A Resolução de Atlantic City vai ainda um passo além em relação ao Programa Biltmore (1942), no qual a minoria judaica outorgava direitos de minorias à maioria árabe. Dessa vez os árabes simplesmente não foram mencionados na resolução, o que obviamente lhes deixa a escolha entre a emigração voluntária e a cidadania de segunda classe. Parece admitir que apenas razões oportunistas haviam impedido anteriormente o movimento sionista de declarar seus objetivos últimos. Essas metas parecem agora completamente idênticas àquelas dos extremistas no que concerne à futura constituição política da Palestina.[1] É um golpe mortal para aqueles partidos judaicos da Palestina que incansavelmente pregaram a necessidade do entendimento entre os povos árabe e judeu. Por outro lado, fortalecerá consideravelmente a maioria sob a liderança de Ben-Gurion, que, pela pressão das muitas injustiças na Palestina e as terríveis catástrofes na Europa, se tornaram mais nacionalistas do que nunca.

Por que sionistas "em geral" ainda devem discutir oficialmente com os revisionistas é de difícil compreensão, a menos que seja porque os primeiros não acreditam inteiramente na realização plena de suas demandas mas pensam ser sábio demandar o máximo como base para comprometimentos futuros, enquanto os últimos são sérios, honestos e intransigentes em seu nacionalismo. Os sionistas em geral, ainda, depositaram suas esperanças na ajuda das grandes potências, ao passo que os revisionistas parecem bastante decididos a tomar os assuntos em suas próprias mãos. Mesmo sendo uma atitude possivelmente tola e idealista, trará aos revisionistas muitos novos adeptos provenientes dos elementos mais honestos e idealistas da comunidade judaica.

Em todo caso, o desenvolvimento significativo repousa na adesão unânime de todos os partidos sionistas ao objetivo último, cuja discussão ainda era tabu na década de 1930. Por anunciá-lo com tamanha franqueza no que lhes pareceu um momento apropriado, os sionistas abriram mão de qualquer oportunidade de terem *pourparlers* com os árabes por muito tempo; pois, não importa o que os sio-

---

1   Esse programa foi confirmado pela Conferência Sionista Mundial ocorrida em agosto de 1945, em Londres.

nistas ofereçam, eles não serão confiáveis. Isso, por seu turno, deixa a porta aberta para que um poder externo assuma sem pedir o conselho de qualquer uma das partes mais envolvidas. Os sionistas agora fizeram o seu melhor para criar aquele "conflito trágico" insolúvel que só pode ter um fim cortando-se o nó górdio.

Seria certamente muito ingênuo acreditar que esse corte seria invariavelmente vantajoso para os judeus, nem há razão para se presumir que resultaria em uma solução duradoura. Sendo mais específico, o governo britânico pode decidir amanhã dividir o país e acreditar sinceramente ter conciliado efetivamente as demandas árabes e britânicas. Essa crença por parte dos britânicos seria ainda mais natural uma vez que a divisão pode de fato ser um termo aceitável entre a administração colonial pró-árabe e antijudaica e a opinião pública britânica, mais favorável aos judeus: assim pareceria resolver um desentendimento britânico interno sobre a questão Palestina. Mas é simplesmente absurdo acreditar que a repartição de um território já tão pequeno, cujas fronteiras atuais já são o resultado de duas segmentações anteriores – a primeira da Síria e a segunda da Transjordânia –, poderia solucionar o conflito de dois povos, especialmente em um período em que conflitos similares não são resolvidos territorialmente em áreas bem maiores.

O nacionalismo é ruim o suficiente quando não confia em nada além do vigor bruto da nação. Um nacionalismo que necessariamente e declaradamente depende do vigor de uma nação estrangeira é certamente pior. Esse é o destino do nacionalismo judaico e do Estado judeu proposto, cercado inevitavelmente por Estados árabes e povos árabes. Mesmo uma maioria judaica na Palestina – mais do que isso, mesmo uma transferência de todos os árabes palestinos, demandada abertamente pelos revisionistas – não mudaria substancialmente uma situação em que os judeus devem pedir proteção de uma potência externa contra seus vizinhos ou chegar a um acordo eficaz com eles.

Se tal acordo não ocorrer, há o perigo iminente de que, por conta de sua necessidade e vontade em aceitar qualquer potência na bacia mediterrânea que possa assegurar sua existência, os interesses judaicos entrarão em conflito com aqueles de todos os outros povos mediterrâneos; de forma que, em vez de um "conflito trágico", amanhã enfrentaremos conflitos insolúveis na mesma quantidade de nações mediterrâneas existentes. Pois essas nações, inclinadas a demandar um *mare nostrum* compartilhado apenas por aqueles que estabeleceram territórios ao longo de sua costa, devem em longo prazo se opor a qualquer potência externa – isto é, interventora – criando ou mantendo uma esfera de interesse. Essas potências externas, não importa quão poderosas sejam no momento, certamente não têm poder suficiente para antagonizar os árabes, um dos povos mais numerosos da bacia mediterrânea. Se, na atual situação, as potências estiverem dispostas a ajudar no estabelecimento de um lar nacional judaico, elas podem fazê-lo apenas com base em um amplo entendimento que leve em consideração a região como um todo e as necessidades de todos esses povos. Por outro lado, os sionistas, se continuarem a ignorar os povos mediterrâneos e atentarem apenas para as grandes potências, parecerão ser apenas seus instrumentos, os agentes de interesses estrangeiros e hostis. Judeus que conhecem sua própria história devem ter consciência de que esse estado de coisas conduzirá inevitavelmente a uma nova onda de ódio aos judeus; o antissemitismo de amanhã afirmará que os judeus não só se aproveitaram da presença de grandes potências estrangeiras naquela região como também na verdade a haviam tramado, e portanto são culpados pelas consequências.

As grandes nações que podem arcar com o jogo da política do poder acharam fácil abandonar a távola redonda do rei Artur pela mesa de pôquer; mas pequenas nações impotentes que arriscam fazer suas próprias apostas no jogo, e tentam misturar-se às grandes, normalmente acabam sendo atraiçoadas. Os judeus, fazendo apostas "realistas" nas negociatas da política petrolífera do Oriente Médio, são inconfortavelmente como pessoas que, com uma paixão pela negociação de cavalos, não dispondo nem de dinheiro, nem de cavalos, decidem compensar a falta de ambos imitando a imensa gritaria que normalmente acompanha essas transações espalhafatosas.

II

O desmoronamento revisionista na Organização Sionista foi provocado pelo aguçamento dos conflitos políticos ao longo dos dez últimos anos. Nenhum desses conflitos, entretanto, é novo; o novo fator é a situação na qual o sionismo é forçado a dar uma resposta a questões que durante os últimos vinte anos foram deliberadamente suspensas. Sob a liderança de Weizmann em assuntos externos, e parcialmente por causa das grandes conquistas da comunidade judaica palestina, a Organização Sionista desenvolvera a habilidade de não responder, ou responder de forma ambígua, a todas as questões que tivessem alguma implicação política. Todos eram livres para interpretar o sionismo como quisessem; a ênfase estava, especialmente nos países europeus, em elementos puramente "ideológicos".

À luz das decisões atuais, essa ideologia deve parecer, para qualquer espectador neutro e não muito bem informado, como um discurso deliberadamente complicado, feito para esconder intenções políticas. Mas tal interpretação não faria justiça à maioria dos sionistas. A verdade é que a ideologia sionista, na versão de Herzl, tinha uma nítida tendência ao que mais tarde veio a se conhecer por posturas revisionistas, e não podia escapar delas deliberadamente, ignorando os problemas políticos reais que estavam envolvidos.

As questões políticas das quais dependia o curso de todo o movimento eram poucas em número e eram plenamente reconhecíveis. Em primeiro lugar, estava a questão de que tipo de corpo político a comunidade judaica palestina formaria. A insistência revisionista em um Estado nacional, recusando-se a aceitar um mero "lar nacional", se provou vitoriosa. Quase como um adendo da primeira veio a questão seguinte, notadamente, qual relacionamento esse corpo deveria ter com os judeus dos países da Diáspora.

Aqui entra o conflito da dupla lealdade, nunca claramente resolvido, que é um problema inevitável de qualquer movimento nacional de um povo que vive no território de outros Estados e que não está disposto a renunciar aos seus direitos civis e políticos outorgados por aqueles. Por mais de vinte anos, o presidente da Organização Sionista Mundial e da Agência Judaica para a Palestina tem sido um súdito britânico, cujo patriotismo e lealdade britânicos estão certamente acima de qualquer suspeita. O problema é somente que a própria natureza de seu passaporte o força a acreditar em uma teoria da harmonia predestinada entre interesses judaicos e britânicos na Palestina. Essa harmonia pode ou não existir; mas a situação lembra vividamente as teorias similares dos assimilacionistas. Aqui, igualmente, os revisionistas – pelo menos sua ala radical na América, o "Comitê Hebraico pela Libertação Nacional" – deram uma resposta que tem grandes chances de ser aceita pelo sionismo, por corresponder tão bem à ideologia da maioria dos sionistas e satisfazer habilmente suas necessidades atuais.

A resposta é que na Palestina temos uma nação hebraica, na Diáspora, um povo judeu. Isso soma-se à velha teoria de que apenas os remanescentes retornarão, estes sendo a elite do povo judeu da qual a sobrevivência judaica depende exclusivamente. Isso, ademais, tem a tremenda vantagem de encaixar-se perfeitamente com a necessidade de uma reformulação do sionismo na América. Aqui, nem a simulação de uma disposição de mudar-se para a Palestina é mantida; então aqui o movimento perdeu seu caráter inicial de transformar a vida dos judeus na Diáspora. A diferenciação entre o "povo judeu" na América e a "nação hebraica" na Palestina e na Europa poderia de fato resolver, pelo menos em teoria, o conflito de dupla lealdade dos judeus americanos.

De igual importância tem sido a questão, sempre em aberto, do que os judeus deveriam fazer contra o antissemitismo: que tipo de luta ou explicação o novo movimento nacional, que fora, afinal, ocasionado pela agitação antijudaica do fim do século, poderia e iria oferecer. A resposta a isso, desde o tempo de Herzl, tem sido a completa resignação e a franca aceitação do antissemitismo como um "fato", e portanto uma disposição "realista" de não só negociar com os inimigos do povo judeu como também de tirar uma vantagem propagandística da hostilidade antijudaica. Aqui, também, foi difícil estabelecer a diferença ente os revisionistas e os sionistas em geral. Enquanto os revisionistas eram violentamente criticados por outros sionistas por entrarem em negociações com o governo polonês antissemita do pré-guerra para a evacuação de um milhão de judeus poloneses, para conseguir o apoio polonês às demandas sionistas extremas antes da Liga das Nações e, assim, exercer pressão sobre o governo britânico, os próprios sionistas estavam em contato frequente com o governo de Hitler na Alemanha para tratar da questão da transferência.

A última questão, e no momento certamente a mais importante, é o conflito entre judeus e árabes na Palestina. A atitude intransigente dos revisionistas é bem conhecida. Sempre reivindicando a totalidade da Palestina e da Transjordânia, eles foram os primeiros a defender a transferência dos árabes palestinos para o Iraque – uma proposta que há alguns anos foi seriamente discutida também em círculos sionistas em geral. Visto que a mais recente resolução da Organização Sionista Americana – da qual nem a Agência Judaica, nem a Vaad Leumi discordam em princípio – não deixa praticamente nenhuma alternativa para os árabes, a não ser o *status* de minoria na Palestina ou a emigração voluntária, é óbvio que também nessa questão o princípio revisionista, se não os métodos revisionistas, tiveram uma vitória decisiva.

A única diferença distintiva entre os revisionistas e os sionistas em geral hoje está em sua postura em relação à Inglaterra, e isso não é uma questão política fundamental. Os revisionistas, decididamente antibritânicos, compartilham dessa posição, pelo menos por razões sentimentais, com muitos judeus palestinos que experimentaram a administração colonial britânica. Além disso, eles recebem nessa matéria o apoio de muitos sionistas americanos que são ou influenciados pela desconfiança americana em relação ao imperialismo britânico, ou esperam que a América, e não a Grã-Bretanha, seja a futura grande potência no Oriente Médio. O último obstáculo entre eles e a vitória nesse campo é Weizmann, sendo este apoiado pela Organização Sionista Britânica e por uma pequena minoria na Palestina.

III

De uma forma um tanto sumária pode-se afirmar que o movimento sionista foi originado por duas típicas ideologias políticas europeias do século XIX – o socialismo e o nacionalismo. A amálgama dessas duas doutrinas aparentemente contraditórias foi realizada de modo geral muito antes de o sionismo nascer: foi realizada em todos aqueles movimentos nacionais revolucionários de pequenos povos europeus cuja situação era igualmente de opressão tanto social como nacional. Mas dentro do movimento sionista, tal amálgama nunca foi percebida. Em vez disso, o movimento foi cindido por princípio entre as forças revolucionárias sociais, que haviam surgido a partir das massas do Leste Europeu, e a aspiração por uma emancipação nacional, como formulada por Herzl e seus seguidores nos países da Europa Central. O paradoxo dessa cisão era que, enquanto as primeiras eram de fato um movimento do povo, resultante da opressão nacional, a segunda, resultante da discriminação social, tornou-se uma doutrina política de intelectuais.

Por muito tempo, o movimento oriental teve uma afinidade tão forte com o socialismo na forma tolstoiana que seus seguidores quase o adotaram como sua ideologia exclusiva. Os marxistas entre eles acreditavam que a Palestina era o lugar ideal para "normalizar" os aspectos sociais da vida judaica, estabelecendo ali condições apropriadas para a participação judaica na importantíssima luta de classes da qual a existência do gueto havia excluído as massas judaicas: isso lhes daria uma "base estratégica" para a futura participação na revolução mundial e na sociedade vindoura sem classes e sem nações (Borochov). Aqueles que adotaram a variação mais oriental do sonho messiânico foram para a Palestina para um tipo de salvação pessoal por meio do trabalho dentro de um coletivo (A. D. Gordon). Poupados das ignomínias da exploração capitalista, eles poderiam imediatamente realizar por si só os ideais que pregavam e construir a nova ordem social, que era apenas um sonho distante nos ensinos sociais revolucionários do Ocidente.

O objetivo nacional dos sionistas socialistas foi alcançado quando eles se estabeleceram na Palestina. Para além desta, eles não tinham aspirações nacionais. Por mais absurdo que isso soe hoje, eles não tinham a menor suspeita de que poderia ocorrer qualquer conflito nacional com os habitantes de então da terra prometida; eles sequer pararam para pensar sobre a existência dos árabes. Nada podia provar melhor o caráter inteiramente apolítico do novo movimento do que essa despreocupação inocente. É verdade que aqueles judeus eram rebeldes; mas eles não se rebelavam tanto contra as opressões de seu povo, mas sim contra a atmosfera paralisante, sufocante, da vida judaica no gueto, por um lado, e contra as injustiças da vida social em geral, por outro. Eles esperavam escapar de ambas quando estivessem estabelecidos na Palestina, cujo próprio nome ainda era sagrado e familiar para eles, embora fossem emancipados da ortodoxia judaica. Eles fugiram para a Palestina como se pode desejar escapar para a Lua, para uma região além da maldade do mundo. Fiéis aos seus ideais, eles se estabeleceram na Lua; e com a força extraordinária de sua fé foram capazes de criar pequenas ilhas de perfeição.

A partir desses ideais sociais surgiu o movimento *chalutz* e *kibutz*. Seus membros, uma pequena minoria em suas terras nativas, são uma minoria um pouco maior na comunidade judaica palestina hoje. Mas conseguiram criar um novo tipo de judeu, até mesmo um novo tipo de aristocracia, com seus valores recém-estabelecidos: seu desprezo genuíno pela riqueza material, pela exploração e pela vida burguesa; sua combinação singular de cultura e trabalho; sua rigorosa aplicação da justiça social dentro de seu pequeno círculo; e seu carinhoso orgulho pelo solo fértil, pelo trabalho de suas mãos, juntamente com uma total e surpreendente falta de qualquer desejo por posses pessoais.

Por mais formidáveis que sejam essas realizações, elas permaneceram sem qualquer influência política mensurável. Os pioneiros estavam totalmente satisfeitos dentro do pequeno círculo em que podiam realizar seus ideais para si próprios; tinham pouco interesse na política judaica ou palestina, estavam na verdade frequentemente exauridos por ela, sem consciência do destino geral de seu povo. Como todos os verdadeiros sectários, eles tentaram arduamente convencer as pessoas de seu modo de vida, ganhar tantos adeptos quanto possível para suas convicções e educar a juventude judaica da Diáspora para seguirem seus passos. Mas uma vez na Palestina, e mesmo antes, dentro do abrigo seguro dos diversos movimentos de juventude, esses idealistas tornaram-se satisfeitos apenas com seus próprios esforços e realizações, preocupados somente com a realização pessoal de ideais elevados, tão indiferentes quanto seus professores haviam sido em relação ao mundo em geral que não havia aceitado o modo de vida salutar em uma coletividade agrícola. Em certo sentido, realmente, eles eram muito decentes para a política, os melhores dentre eles temiam de alguma forma sujar suas mãos com ela; mas também estavam completamente desinteressados em qualquer evento da vida judaica fora da Palestina que não provocasse o desembarque de milhares de judeus como novos imigrantes; e se aborreciam com qualquer judeu que não fosse em si um imigrante em potencial. Eles deixavam de bom grado, portanto, a política para os políticos – sob a condição de que recebessem ajuda monetária, fossem deixados em paz com sua própria organização social e que lhes fosse garantida uma certa influência sobre a educação dos jovens.

Nem mesmo os eventos de 1933 suscitaram seu interesse político; eles foram ingênuos o bastante para ver nesses eventos, acima de tudo, uma oportunidade enviada por Deus para uma onda de imigração para a Palestina jamais pensada. Quando a Organização Sionista, contra os impulsos naturais de todo o povo judeu, decidiu negociar com Hitler, trocar mercadorias alemãs pela riqueza da comunidade judaica alemã, inundar o mercado palestino com produtos alemães e assim zombar do boicote contra artigos produzidos na Alemanha, eles não encontraram muita oposição na pátria nacional judaica, e menos ainda em sua aristocracia, os denominados *kibutzniks*. Quando acusados de negociarem com o inimigo dos judeus e do trabalho, esses palestinos costumavam argumentar que a União Soviética também havia estendido seus acordos comerciais para a Alemanha. Desse modo, mais uma vez esses palestinos ressaltaram o fato de que estavam interessados somente no *yishuv* existente e futuro, na fixação dos judeus, e estavam bastante relutantes em tornarem-se os protagonistas de um movimento nacional global.

Esse consentimento em relação ao acordo de transferência entre nazistas e sionistas é um dos exemplos notáveis dentre os muitos fracassos políticos da aristocracia da comunidade judaica palestina.

Por mais que influenciassem os valores sociais na Palestina apesar de seu pequeno número, eles exerciam pouquíssimo vigor na política sionista. Invariavelmente se submetiam à Organização Sionista que, no entanto, desprezavam, assim como desprezavam todos os homens que não estavam produzindo e vivento do trabalho e de suas mãos.

Assim foi que essa nova classe de judeus, dotada de uma experiência tão nova e rica em relacionamentos sociais, não pronunciou sequer uma nova palavra, não ofereceu sequer um novo slogan, no amplo campo da política judaica. Eles não tomaram nenhuma posição diferente sobre o antissemitismo político – satisfeito por repetir meramente as velhas banalidades socialistas, ou as novas banalidades nacionalistas, como se toda a questão não lhes dissesse respeito. Sem nenhuma nova abordagem para o conflito entre árabes e judeus (o "Estado binacional" de Ha'Shomer Ha'Tzair não é uma solução, visto que poderia ser realizado apenas enquanto resultado de uma solução), eles se limitaram a lutar quer por, quer contra o slogan trabalhista judaico. Por mais que seu passado e sua ideologia fossem revolucionários, não conseguiram emitir uma única crítica à burguesia judaica fora da Palestina, sequer atacaram o papel das finanças judaicas na estrutura política da vida judaica. Eles até se adaptaram aos métodos de levantamento de fundos da caridade, que lhes foram ensinados pela Organização quando enviados a outros países em missões especiais. Em meio à turbulência dos conflitos da Palestina hoje, a maioria deles tornaram-se apoiadores leais de Ben-Gurion, que, de fato, em contraste com Weizmann, vem de seus próprios grupos; embora muitos deles tenham, de acordo com a velha tradição, simplesmente se recusado a votar; e somente alguns deles protestaram contra o fato de que sob a liderança de Ben-Gurion, cujos ensinamentos revisionistas ainda eram violentamente condenados pelo Partido Trabalhista em 1935, a Organização Sionista adotou o programa estatal judaico revisionista.

Assim, o movimento nacional judaico social revolucionário, que começou há meio século com ideais tão elevados que negligenciou as realidades particulares do Oriente Médio e a maldade geral do mundo, acabou – assim como a maioria de tais movimentos – com o apoio inequívoco não apenas de demandas nacionais como chauvinistas – não contra os inimigos do povo judeu, mas contra seus possíveis amigos e atuais vizinhos.

IV

Essa abdicação voluntária, e trágica em suas consequências, da liderança política pela vanguarda do povo judeu deixou o caminho livre para os adeptos do movimento que podem verdadeiramente ser chamados de sionistas. Seu sionismo pertence àqueles movimentos políticos do século XIX que tinham ideologias, *Weltanschauungs*, chaves para a história, em seus estandartes. Não menos do que seus contemporâneos mais conhecidos, como o socialismo ou o nacionalismo, o sionismo se alimentou um dia da própria força vital das paixões políticas genuínas; e compartilha com elas o triste destino de ter sobrevivido a suas condições políticas só para assombrarem juntos, como espíritos viventes, em meio às ruínas de nosso tempo.

O socialismo – que, apesar de todas as suas superstições materialistas e do inocente dogmatismo ateístico, foi um dia uma fonte inspiradora do movimento trabalhista revolucionário – colocou a mão pesada da "necessidade dialética" sobre as cabeças e corações de seus adeptos até que eles estivessem dispostos a se adequar a quase qualquer condição desumana. Eles estavam tão dispostos porque, por um lado, seus impulsos políticos genuínos por justiça e liberdade haviam se tornado cada vez mais fracos e, por outro lado, porque sua crença fanática em um desenvolvimento super-humano, eternamente progressivo, se tornara cada vez mais forte. Quanto ao nacionalismo, este nunca foi mais perverso ou mais ferozmente defendido do que a partir do momento em que se tornou evidente que o princípio da organização nacional dos povos, outrora grandioso e revolucionário, não podia mais nem garantir a verdadeira soberania do povo dentro das fronteiras nacionais, nem estabelecer um relacionamento justo entre os diferentes povos para além delas.

A pressão dessa situação geral da Europa se fez sentir na vida judaica por meio de uma nova filosofia hostil, que centrava toda sua visão no papel dos judeus na vida política social. Em certo sentido, o antissemitismo foi o pai tanto do assimilacionismo quanto do sionismo – em tal medida que mal podemos entender uma única palavra da grande guerra de argumentos entre eles, que deveria durar décadas, sem levar em conta as alegações costumeiras do antissemitismo.

Naquele tempo, o antissemitismo ainda era a expressão de um conflito típico, como deve ocorrer inevitavelmente dentro da estrutura de um Estado nacional cuja identidade fundamental entre povo, território e Estado não pode deixar de ser perturbada pela presença de uma outra nacionalidade que, sob qualquer forma, queira preservar sua identidade. Dentro da estrutura de um Estado nacional só há duas alternativas para a solução de conflitos de nacionalidade: a completa assimilação – isto é, o real desaparecimento – ou a emigração. Se, então, os assimilacionistas tivessem simplesmente pregado o suicídio nacional dos judeus e os sionistas tivessem simplesmente desafiado essa ideia, propondo meios de sobrevivência nacional, teríamos testemunhado duas facções da comunidade judaica brigando entre si por conta de diferenças genuínas e sérias. Em vez disso, cada um deles preferiu se esquivar da questão e desenvolver uma "ideologia". A maioria dos assim chamados assimilacionistas nunca quiseram a completa assimilação e o suicídio nacional: eles imaginavam que, ao escapar da história real para uma história imaginária da humanidade, haviam encontrado um excelente método para a sobrevivência. Os sionistas fugiram igualmente do campo dos conflitos reais para uma doutrina de um eterno antissemitismo a governar as relações entre judeus e gentios em todos os lugares e sempre, e principalmente responsável pela sobrevivência do povo judeu. Assim, ambos os lados se aliviaram da árdua tarefa de lutar contra o antissemitismo em seu próprio terreno, que era político, e mesmo da tarefa desagradável de analisar suas verdadeiras causas. Os assimilacionistas começaram a redação fútil de uma pesada bibliografia com refutações que ninguém nunca leu – exceto, talvez, os sionistas. Pois eles obviamente aceitavam a validade da argumentação completamente estúpida, uma vez que concluíram a partir desse tipo de propaganda que toda a argumentação era totalmente fútil – uma conclusão surpreendente se for considerado o nível dos "argumentos".

Mas agora o caminho estava livre para falar em termos gerais e desenvolver os ismos respectivos. Foi uma luta na qual assuntos políticos foram abordados somente quando os sionistas alegaram que a solução para o problema judaico por meio da assimilação significava suicídio. Isso era bastante verdadeiro; mas era algo que a maioria dos assimilacionistas não queria ou ousaria refutar. Eles estavam com receio dos críticos gentios, ignorando completamente que eles também, os próprios assimilacionistas, queriam a sobrevivência dos judeus e estavam realmente envolvidos na política judaica.

Por outro lado, quando os assimilacionistas falaram sobre o perigo da dupla lealdade e sobre a impossibilidade de serem patriotas alemães ou franceses e sionistas simultaneamente, rudemente levantaram um problema do qual por razões óbvias os sionistas não gostariam de falar francamente.

V

Triste como deve ser para todos os que acreditam no governo do povo, pelo povo e para o povo, o fato é que uma história política do sionismo poderia facilmente passar por cima do movimento nacional revolucionário genuíno que surgiu a partir das massas judaicas. A história política do sionismo deve se preocupar principalmente com aqueles elementos que não vieram do povo: com homens que acreditavam no governo pelo povo tão pouco quanto Theodor Herzl, a quem eles seguiam – embora fosse verdade que todos eles desejavam enfaticamente fazer algo para o povo. Eles tinham a vantagem de uma educação e da perspectiva europeia em geral, juntamente com algum conhecimento de como abordar e lidar com governos. Eles se autodenominavam sionistas políticos, o que indicava claramente seu interesse especial e parcial na política externa. Foram confrontados pela preocupação similarmente parcial com a política doméstica por parte dos adeptos do movimento da Europa Oriental.

Foi somente após a morte de Herzl, em 1904, e por conta do fracasso de todos os seus empreendimentos na alta diplomacia, que eles se converteram ao sionismo "prático" de Weizmann, que pregava as conquistas práticas na Palestina como a base do sucesso político. Essa abordagem, contudo, se deparava com muito pouco sucesso real. Na ausência de uma garantia política (a famosa carta de Herzl)[2] e na presença da hostil administração turca, pouquíssimos puderam ser induzidos a estabelecer-se na Palestina antes da Declaração de Balfour, de 1917. Essa declaração não foi emitida – nem jamais se pretendeu que fosse emitida – por causa das realizações práticas na Palestina. Os sionistas práticos, portanto, tornaram-se "sionistas em geral", designando este termo sua crença ideológica em oposição à filosofia da assimilação.

2   Em 1896, Herzl tentou fazer contato com o governo otomano a fim de obter por qualquer meio (aquisição, locação, fretamento) a dominação política sobre as terras da Palestina. (N.T.)

Para a maior parte interessada no relacionamento entre o movimento e as grandes potências, e nos resultados da propaganda entre algumas personalidades célebres, os sionistas em geral eram suficientemente livres de preconceito, apesar de sua origem burguesa, para darem aos seus irmãos orientais – aqueles que foram de fato para a Palestina – uma carta totalmente branca para seus experimentos na vida social e econômica, insistindo apenas em uma oportunidade igual para o empreendimento e o investimento capitalistas. Ambos os grupos podiam trabalhar juntos sem problemas apenas por conta de suas perspectivas completamente diferentes. No entanto, o resultado dessa cooperação, na construção da Palestina de fato, foi um conglomerado mais paradoxal de abordagens radicais e reformas sociais revolucionárias no plano doméstico, com linhas políticas ultrapassadas e inteiramente reacionárias no campo da política externa, isto é, no relacionamento dos judeus com os outros povos e nações.

Os homens que assumiam a liderança sionista não representavam menos a aristocracia moral da comunidade judaica ocidental do que os fundadores do movimento *kibutz* e *chalutz* a da comunidade judaica oriental. Eles constituíam a nata daquela nova intelectualidade da Europa Central, cujos piores representantes encontravam-se nos escritórios de Ullstein e Mose em Berlim, ou na *Neue Freie Presse* em Viena. Não era sua culpa que eles não eram do povo, pois nesses países da Europa Ocidental e Central um "povo judeu" simplesmente não existia. Eles não podem ser culpados sequer por não acreditarem no governo pelo povo, uma vez que os países da Europa Central em que nasceram e foram criados não tinham tradições políticas desse tipo. Esses países haviam abandonado suas comunidades judaicas em um vácuo social, se não econômico, em um vácuo em que conheciam os gentios de seu ambiente tão pouco quanto conheciam seus companheiros judeus que viviam longe, além das fronteiras de suas próprias terras nativas. Foi sua coragem moral, seu sentimento de honra pessoal e limpeza na vida, que mais do que qualquer outra coisa serviu para propagar entre eles a nova solução para a questão judaica. Com sua ênfase na salvação pessoal de uma vida de pretensões vazias – elo mais importante para eles do que a construção da Palestina (onde, afinal, esse tipo de judeu europeu deteve uma presença relevante somente depois da catástrofe de 1933 – eles pareciam-se mais do que poderiam imaginar com seus irmãos orientais). O sionismo foi para os primeiros o que o socialismo foi para os últimos, e em ambos os casos a Palestina funcionava como um lugar ideal, fora do mundo desolado, onde os ideais poderiam ser realizados e onde se poderia encontrar uma solução pessoal para os conflitos políticos e sociais. Foi, na verdade, esse fator mesmo da personalização de problemas políticos que levou o sionismo oriental para uma aceitação entusiástica do ideal *chaluziuth* do Oriente. Com a diferença, porém, de que esse ideal não desempenhava realmente nenhum papel considerável no Ocidente até a chegada de Hitler. Na verdade, esse ideal era pregado no movimento da juventude sionista; mas esse movimento compartilhava com os outros movimentos de juventude anteriores a Hitler o destino de que seus ideais se tornariam somente uma fonte de ternas recordações na vida adulta.

Os sionistas ocidentais, então, eram uma fração daqueles filhos de ricas famílias judaicas da burguesia que podiam arcar com os custos de colocarem seus filhos na universidade. Simplesmente por fazê-lo, e sem pensarem muito sobre isso, os judeus abastados, na maior parte da Alemanha e da Áustria-Hungria, criaram uma classe completamente nova na vida judaica – intelectuais modernos dados às profissões liberais, à arte e à ciência, em um vínculo espiritual ou ideológico com o judaísmo. Eles – "*das moderne gebildete, dem ghetto entwachsene, des Schachers entwoehnte Judentum*" (Herzl) – tinham de encontrar tanto seu pão de cada dia quanto seu autor-respeito fora da sociedade judaica – "*ihr Brod und ihr bisschen Ehre ausserhalb des juedischen Schachers"* (Herzl); e somente eles eram expostos sem abrigo ou defesa ao novo ódio aos judeus da virada do século. Se não quisessem rebaixar-se ao nível moral e intelectual da camarilha Ullstein-Mosse, nem se estabelecer como *"freischweben-de Intellektuelle"* (Karl Mannheim), eles tinham de voltar necessariamente para a vida judaica e encontrar um lugar para si em meio a seu próprio povo.

Isso, contudo, rapidamente provou-se quase tão difícil quanto a completa assimilação com autorrespeito. Pois na "casa de seus pais" (Herzl) não havia lugar para eles. As classes judaicas, assim como as massas judaicas, se aglutinavam socialmente, ligadas pela cadeia infinita das conexões familiares e comerciais. Esses relacionamentos eram ainda mais solidificados por meio da organização de caridade para a qual cada membro da comunidade, ainda que nunca na vida tivesse entrado na sinagoga, dava sua devida contribuição. A caridade, esse resquício das comunidades judaicas outrora autônomas, havia se provado por duzentos anos forte o suficiente para impedir a destruição da inter-relação do povo judeu em todo o mundo. Na medida em que a família e os negócios eram suficientes para manter as comunidades judaicas de cada país como um corpo social coeso, a caridade judaica chegou perto de organizar a comunidade judaica mundial em um tipo curioso de corpo político.

Entretanto, as devidas providências não haviam sido tomadas para receber os novos intelectuais judeus nessa organização não dirigida, ainda que de funcionamento eficiente. Na verdade, se fossem advogados e médicos – o desejo do coração de todos os pais judeus –, ainda precisavam de conexões sociais judaicas para seu sustento. Mas para aqueles que escolheram as profissões de escritor ou jornalista, de artista ou cientista, de professor ou funcionário público – como acontecia com frequência –, conexões sociais judaicas não eram necessárias, e a vida judaica não precisava desses intelectuais.

Socialmente, eles estavam do lado de fora. Mas se não se encaixavam localmente no corpo social da comunidade judaica emancipada, encaixavam-se ainda menos no corpo político da comunidade judaica mundial caritativa. Pois nessa grande organização, verdadeiramente internacional, era preciso estar ou no polo doador, ou no receptor para ser considerado como judeu. Agora, visto que esses intelectuais eram muito pobres para serem filantropos e muito ricos para se tornarem *schnorrers*, a caridade tinha tão pouco interesse neles quanto eles poderiam ter na caridade. Desse modo, os intelectuais estavam excluídos da única forma prática por meio da qual a comunidade judaica ocidental provava sua solidariedade para com o povo judeu. Os intelectuais não pertenciam, quer socialmente, quer politicamente; não havia um lugar para eles na casa de seus pais. Para que continuassem a ser judeus, eles precisariam construir uma nova casa.

O sionismo, por isso, era destinado primariamente, na Europa Ocidental e Central, a oferecer uma solução para esses homens que eram mais assimilados do que qualquer outra classe de judeus e certamente mais imbuídos da educação e valores culturais europeus do que seus oponentes. Precisamente porque eram assimilados o bastante para compreender a estrutura do Estado nacional moderno, eles percebiam a realidade política do antissemitismo, mesmo se falhassem em analisá-la, e queriam o mesmo corpo político para o povo judeu. Os debates vazios entre o sionismo e o assimilacionismo distorceram completamente o simples fato de que os sionistas, em certo sentido, eram os únicos que queriam sinceramente a assimilação, isto é, a "normalização" do povo ("ser um povo como qualquer outro"), enquanto os assimilacionistas queriam que o povo judeu mantivesse sua posição singular.

Em contraste agudo com seus camaradas orientais, esses sionistas ocidentais não eram de forma alguma revolucionários; não criticavam ou se rebelavam contra as condições sociais e políticas de seu tempo; pelo contrário, só queriam estabelecer o mesmo conjunto de condições para seu próprio povo. Herzl sonhava com uma espécie de grande empreendimento de transferência por meio do qual "o povo sem terra" fosse transportado para "uma terra sem povo"; mas para ele o próprio povo correspondia às massas pobres, sem instrução e irresponsáveis (uma "criança ignorante", como o expressa Bernard Lazare em sua crítica a Herzl), que tinham de ser conduzidas e governadas a partir de cima. Uma vez Herzl falou de um verdadeiro movimento popular – quando queria assustar os Rothschilds e outros filantropos para que estes o apoiassem.

VI

Na década seguinte à morte de Herzl até a eclosão da Primeira Guerra Mundial, o sionismo não obteve nenhum grande sucesso político. Nesse período, o sionismo desenvolveu-se cada vez mais como uma expressão de afirmação pessoal, por assim dizer – quase como um tipo de profissão religiosa que ajudava um homem a ir adiante e manter sua cabeça erguida; o sionismo perdeu cada vez mais o pouco de ímpeto político que tivera antes da morte de Herzl. Em vez disso, e principalmente por meio de uma crítica totalmente acadêmica e teórica à oposição judaica interna, desdobrou todos os elementos "ideológicos" dos escritos de Herzl. Naquele momento, durante os longos anos de estagnação do movimento, esses preceitos tiveram pouca importância prática real; de qualquer forma, evitavam qualquer questão séria. Mas se algum dia uma atitude fundamentalmente apolítica teve consequências políticas, esse foi o caso.

A primeira, e a mais importante de todas para os problemas pessoais dos intelectuais judeus, foi a questão do antissemitismo. Esse fenômeno – embora descrito extensivamente, especialmente em seus aspectos sociais bastante inofensivos – nunca foi analisado em seus termos políticos e no contexto da situação política geral daquele tempo. Ele foi explicado como a reação natural de um povo contra o outro, como se fossem duas substâncias naturais destinadas, por alguma lei natural misteriosa, a se antagonizarem eternamente.

Esse diagnóstico do antissemitismo – como um fenômeno eterno inevitavelmente presente no curso da história judaica em todos os países da Diáspora – ocasionalmente assumia formas mais racionais, como quando interpretado como as categorias do Estado nacional. Então o antissemitismo poderia aparecer como "um sentimento de tensão periférica" em comparação com "a tensão entre as nações [...] nas fronteiras nacionais, onde os constantes contatos humanos entre elementos nacionais em desacordo tende a renovar constantemente o conflito internacional" (Kurt Blumenfeld). Mas mesmo essa interpretação mais avançada, na qual pelo menos um aspecto do ódio aos judeus é atribuído corretamente à organização nacional dos povos, ainda pressupõe a eternidade do antissemitismo em um eterno mundo composto por nações e, ainda, nega a parcela de responsabilidade judaica pelas condições atuais. Dessa forma, não apenas separa a história judaica da história europeia e até mesmo do restante da humanidade, como também ignora o papel que a comunidade judaica europeia desempenhou na construção e no funcionamento do Estado nacional; e, portanto, essa interpretação é reduzida à presunção, tão arbitrária quanto absurda, de que todo gentio que vive com judeus deve desenvolver um ódio consciente ou subconsciente aos judeus.

Essa posição sionista em relação ao antissemitismo – que foi considerada sólida precisamente porque era irracional, de modo que explicava algo inexplicável e evitava explicar o que podia ser explicado – levou a uma apreciação errônea muito perigosa das condições políticas em cada país. Os partidos e movimentos antissemitas foram tomados por seu valor de face, considerados representantes genuínos de toda a nação; assim, não valia a pena combatê-los. E tendo em vista que o povo judeu, ainda do modo como faziam nas nações antigas com suas próprias tradições seculares, dividia a humanidade inteira entre eles e os estrangeiros, os judeus e os *goyim* – assim como os gregos dividiam o mundo entre gregos e *barbaroi* – ele estava mais do que disposto a aceitar uma explicação apolítica e a-histórica para a hostilidade contra ele. Em sua avaliação do antissemitismo, os sionistas podiam simplesmente recorrer a essa tradição judaica; quase não encontravam oposição séria quando se expressavam nesses termos meio místicos ou, seguindo a moda daquele momento, meio científicos, contanto que apelassem para essa postura judaica primária. Eles fortaleciam a perigosa, consagrada, enraizada desconfiança dos judeus em relação aos gentios.

Não menos perigosa e bastante coerente com essa tendência geral foi a única contribuição dos sionistas para a filosofia da história surgida a partir de suas próprias novas experiências – "Uma nação é um grupo de pessoas [...] mantidas juntas por um inimigo comum" (Herzl) –; uma doutrina absurda contendo apenas esta pequena verdade: que muitos sionistas tinham, de fato, sido convencidos de que eram judeus pelos inimigos do povo judeu. A partir daí, esses sionistas concluíram que sem o antissemitismo o povo judeu não teria sobrevivido nos países da Diáspora; e, consequentemente, eles se opunham a qualquer tentativa de liquidar o antissemitismo em larga escala. Muito pelo contrário, declaravam que nossos inimigos, os antissemitas, "serão nossos amigos mais confiáveis, os países antissemitas serão nossos aliados" (Herzl). O resultado só poderia ser, é claro, uma confusão absoluta na qual ninguém podia distinguir entre amigos e inimigos, na qual o inimigo tornou-se o amigo e o amigo o inimigo oculto, e portanto ainda mais perigoso.

Mesmo antes de a Organização Sionista descer à posição vergonhosa de juntar-se à porção da comunidade judaica que pactuava voluntariamente com seu inimigo, essa doutrina teve diversas consequências relevantes.

Uma consequência imediata foi que ela tornou supérflua a compreensão política do papel que a plutocracia judaica desempenhava na estrutura dos Estados nacionais e seus efeitos na vida do povo judeu. A nova definição sionista de uma nação como um grupo de pessoas mantidas juntas por um inimigo comum fortaleceu o sentimento judaico geral de que "estamos todos no mesmo barco" – o que simplesmente não correspondia à realidade. Daí os ataques meramente esporádicos dos sionistas aos poderes judaicos que continuaram inofensivos, confinados a algumas observações amargas sobre a caridade, que Herzl havia chamado de "máquina para suprimir os clamores". Mesmo essas críticas mansas foram silenciadas depois de 1929, o ano da formação da Agência Judaica, quando a Organização Sionista negociou a esperança de uma renda maior (que não se realizaria) pela independência da única grande organização judaica que estivera além do controle da plutocracia judaica e que ousara criticar os notáveis judeus. Naquele ano as possibilidades realmente revolucionárias do sionismo para a vida judaica foram definitivamente sacrificadas.

Em segundo lugar, a nova doutrina do nacionalismo influenciou muito fortemente a postura dos sionistas em relação à tentativa soviética de liquidar o antissemitismo sem liquidar os judeus. Isso, foi alegado, poderia no longo e mesmo no curto prazo conduzir apenas ao desaparecimento dos judeus russos. É verdade que hoje pouco restou de sua hostilidade, embora ela ainda desempenhe um papel, mesmo que subordinado, nas mentes daquela minoria que está completamente presa a Weizmann e, consequentemente, hostil a qualquer influência no Oriente Médio além da britânica. Testemunhamos, antes, uma nova simpatia pela Rússia Soviética entre os sionistas ao redor do mundo. Até agora permaneceu praticamente sentimental, uma disposição para admirar tudo que é russo; mas, da desilusão com as promessas da Grã-Bretanha, também surgiu uma esperança generalizada, embora ainda politicamente inarticulada, de ver a União Soviética assumir um papel ativo no futuro do Oriente Médio. A crença em uma amizade imutável da URSS em relação aos judeus seria, é claro, não menos ingênua do que a crença anterior na Inglaterra. Aquilo a que todo movimento político e nacional em nosso tempo devia dar sua máxima atenção no que diz respeito à Rússia – notadamente, sua abordagem totalmente nova e bem-sucedida dos conflitos de nacionalidade, sua nova forma de organizar diferentes povos com base na igualdade nacional – foi negligenciado igualmente por amigos e inimigos.

Uma terceira consequência política de uma atitude fundamentalmente apolítica foi a posição designada à Palestina na filosofia do sionismo. Sua expressão mais clara pode ser encontrada na máxima de Weizmann da década de 1930 de que "a construção da Palestina é nossa resposta ao antissemitismo" –, cuja absurdidade seria demonstrada apenas alguns anos mais tarde, quando o exército de Rommel ameaçou a comunidade judaica palestina exatamente com o mesmo destino dos judeus nos países europeus. Visto que o antissemitismo foi assumido como o corolário natural do nacionalismo, não podia ser fomentado, se supunha, contra a parcela da comunidade judaica mundial estabelecida como uma nação. Em outras palavras, a Palestina foi concebida como o lugar, o único lugar, onde os judeus poderiam escapar do ódio aos judeus. Ali, na Palestina, eles estariam protegidos de seus inimigos; mais do que isso, seus próprios inimigos miraculosamente se tornariam seus amigos.

No cerne dessa esperança que – se as ideologias não forem mais fortes para algumas pessoas do que as realidades – deve agora ter sido feita em pedaços, encontramos a velha mentalidade dos povos escravizados, a crença de que não compensa reagir, de que se deve esquivar e fugir para sobreviver. Quão enraizada é essa convicção pôde ser visto durante os primeiros anos da guerra, quando somente por meio da pressão dos judeus em todo o mundo a Organização Sionista foi compelida a reivindicar um exército judaico – que, de fato, era a única questão relevante em uma guerra contra Hitler. Weizmann, no entanto, sempre se recusou a fazer disso uma questão política importante, falou de forma depreciativa de um "pretenso exército judaico", e, depois de cinco anos de guerra, aceitou a "Brigada Judaica", cuja importância outro porta-voz da Agência Judaica apressou-se em diminuir. Todo esse assunto aparentemente dizia respeito, para eles, a uma questão de prestígio para a comunidade judaica palestina. Que uma participação dos judeus *como judeus*, distinta e demonstrável desde o início desta guerra, teria sido uma maneira decisiva de impedir o slogan antissemita que, mesmo antes de conquistada a vitória, já representava os judeus como seus parasitas, aparentemente nunca passou por suas cabeças.

Mais importante ideologicamente era o fato de que, pela sua definição do que seria a Palestina na vida futura do povo judeu, os sionistas fecharam-se para o destino de todos os judeus ao redor do mundo. Sua doutrina do declínio inevitável da vida judaica no Galuth, a Diáspora por todo o mundo, tornava mais fácil para a consciência do *yishuv*, o assentamento na Palestina, desenvolver sua postura indiferente. A comunidade judaica palestina, em vez de se tornar a vanguarda política de todo o povo judeu, desenvolveu um espírito de egocentrismo, embora sua preocupação com seus próprios assuntos fosse encoberta por sua prontidão em receber refugiados que ajudariam a torná-la um agente mais forte na Palestina. Enquanto as comunidades judaicas do mundo ocidental fingiram ignorar os fortes laços que sempre conectaram Leningrado com Varsóvia, Varsóvia com Berlim, ambas com Paris e Londres, e todas elas com Nova York, e presumiram condições independentes singulares para cada país, o sionismo seguiu o exemplo ao fingir que existiam condições especiais para a Palestina, independentes dos destinos judaicos em outros lugares, enquanto ao mesmo tempo generalizava condições adversas para os judeus em todo o resto do mundo.

O pessimismo em relação à vida judaica em qualquer outra forma política, e em qualquer outra parte do mundo, não parece ser afetado na mentalidade sionista pelo próprio tamanho da Palestina, um pequeno país que na melhor das hipóteses pode abrigar alguns milhões de membros do povo judeu, mas nunca todos os milhões de judeus que ainda permanecem no resto do mundo. Consequentemente, apenas duas soluções políticas podiam ser vislumbradas. Os sionistas costumavam argumentar que "apenas os remanescentes retornarão", os melhores, os únicos que valem a pena salvar; deixe-nos estabelecermo-nos como a elite do povo judeu e seremos os únicos judeus sobreviventes no final; tudo o que importa é nossa sobrevência; deixe a caridade tomar conta das necessidades prementes das massas, não interferiremos; estamos interessados no futuro de uma nação, não no destino de indivíduos.

Mas diante da terrível catástrofe na Europa, restaram alguns sionistas que ainda ficariam com sua antiga doutrina do perecimento necessário dos judeus do Galuth. Portanto, a solução alternativa para o problema, outrora pregada apenas pelos revisionistas, venceu. Agora eles falam a língua de todos os nacionalistas extremistas. Em resposta à pergunta desconcertante sobre de que modo o sionismo pode servir como uma resposta ao antissemitismo para os judeus que continuam na Diáspora, eles afirmam alegremente que o "pansemitismo é a melhor resposta ao antissemitismo."

VII

Foi durante e depois da Primeira Guerra Mundial que a postura sionista em relação às grandes potências tomou uma forma definitiva. Já haviam aparecido, entretanto, quase desde a tomada da liderança política pelo ramo ocidental nos anos 1890, sinais significativos indicando o caminho que o novo movimento nacional escolheria para a realização de suas metas. É bem sabido que o próprio Herzl começou as negociações com governos, apelando invariavelmente para seu interesse em se livrar da questão judaica por meio da emigração de seus judeus. É sabido, também, que ele invariavelmente falhou, e por uma simples razão: ele foi o único que tomou a agitação contra os judeus por seu valor de face. Os governos que mais se favoreciam da atração dos judeus eram precisamente os menos preparados para levar essa proposta a sério; eles mal podiam compreender um homem que insistia na espontaneidade de um movimento que eles próprios haviam despertado.

Ainda mais significativas para o futuro foram as negociações de Herzl com o governo turco. O Império Turco era um daqueles Estados nacionais baseados na opressão que já estavam condenados e, de fato, desapareceram durante a Primeira Guerra Mundial. Contudo, o Império Turco estaria interessado nos assentamentos judaicos com base na seguinte premissa: com os judeus, um ator novo e totalmente leal, seria introduzido no Oriente Médio; e um novo e fiel elemento certamente ajudaria a reprimir o maior dos perigos que ameaçavam o governo imperial por todos os lados: a ameaça de um levante árabe. Portanto, quando Herzl, durante essas negociações, recebia telegramas de estudantes de diversas nacionalidades oprimidas protestando contra os acordos com um governo que acabara de massacrar centenas de milhares de armênios, ele apenas comentava: "Isso me será útil com o sultão".

Foi nesse mesmo espírito, seguindo o que já havia se tornado uma tradição, que ainda em 1913 os líderes sionistas, em sua esperança renovada de trazer o sultão para seu lado, romperam as negociações com os árabes. Em seguida, um dos líderes árabes observou sagazmente: "Gardez-vous bien, Messieurs les Sionistes, un gouvernement passe, mais un peuple reste". (Para essas referências, e posteriores, às negociações entre árabes e judeus, ver "Chapters of Arab-Jewish Diplomacy, 1918-1922" [Capítulos da Diplomacia Árabe-Judaica, 1918-1922], de M. Perlmann, em *Jewish Social Studies*, abril de 1944.)

Aqueles que estão consternados diante de um movimento nacional que, tendo começado com um elã tão idealista, vendeu-se na primeira oportunidade aos detentores do poder; que não sentiu nenhuma solidariedade para com outros povos oprimidos cuja causa, embora condicionada historicamente de outra forma, era essencialmente a mesma; que mesmo no devaneio da liberdade e da justiça procurou se comprometer com as forças mais malignas de nosso tempo, tirando vantagem de interesses imperialistas – aqueles que estão assustados devem com toda franqueza considerar quão excepcionalmente difíceis eram as condições para os judeus que, em contraste com outros povos, sequer possuíam um território a partir do qual começar sua luta pela liberdade. A alternativa à estrada balizada por Herzl, e seguida por Weizmann até o triste fim, teria sido organizar o povo judeu para negociar sobre as bases de um grande movimento revolucionário. Isso teria significado uma aliança com todas as forças progressistas da Europa; certamente teria envolvido grandes riscos. O único homem dentro da Organização Sionista que sabidamente considerou algum dia esse caminho foi o grande sionista francês Bernard Lazare, o amigo de Charles Péguy – e ele teve de deixar a Organização ainda em 1899. A partir daí nenhum sionista responsável confiou que o povo judeu teria a força de vontade necessária para alcançar a liberdade em vez de ser transportado à liberdade; portanto, nenhum líder sionista ousou tomar o partido das forças revolucionárias da Europa.

Em vez disso, os sionistas começaram a procurar a proteção das grandes potências, tentando trocá-la por eventuais serviços. Eles perceberam que o que eles podiam oferecer devia estar em conformidade com os interesses dos governos. Na consequente subserviência à política britânica, que é associada com a lealdade inabalável de Weizmann à causa do Império Britânico no Oriente Médio, os sionistas foram instigados pela ignorância absoluta em relação às novas forças imperialistas operantes. Embora essas forças estivessem ativas desde os anos 1880, elas haviam começado a mostrar-se claramente em todas as suas complexidades somente no começo do século xx. Uma vez que seu movimento era nacional, os sionistas só podiam pensar em termos nacionais, aparentemente ignorando o fato de que o imperialismo era uma força destruidora de nações e, portanto, para um pequeno povo, era praticamente um suicídio tentar tornar-se seu aliado ou seu agente. Nem mesmo perceberam ainda que a proteção recebida por esses interesses sustenta um povo assim como a corda sustenta o enforcado. Quando desafiados por oponentes, os sionistas respondiam que os interesses nacionais britânicos e os interesses nacionais judaicos eram por acaso idênticos e, portanto, este seria um caso não de proteção, mas de aliança. É bastante difícil ver qual interesse nacional, e não imperial, a Inglaterra poderia ter no Oriente Médio – embora nunca tenha sido difícil prever que; até que alcancemos a bem-aventurança dos tempos messiânicos, uma aliança entre um leão e um cordeiro pode ter consequências desastrosas para o cordeiro.

A oposição de dentro do próprio movimento sionista nunca atingiu força numérica suficiente para contrabalançar a linha política oficial; ademais, qualquer oposição sempre se mostrava hesitante na ação, receosa e fraca na argumentação, como se fosse insegura no pensamento, assim como na consciência. Esses grupos esquerdistas como Ha'Shomer Ha'Tzair – que têm um programa radical para a política mundial, tão radical que, no começo desta guerra, até se opunham a ela em vista de seu caráter "imperialista" – se expressam apenas por abstenção quando se trata de questões vitais da política externa da Palestina. Em outras palavras, eles às vezes, a despeito da integridade pessoal incontestável da maioria de seus membros, dão a impressão demasiado familiar dos grupos esquerdistas de outros países, que escondem sob protestos oficiais seu alívio secreto pelo fato de os partidos majoritários fazerem o trabalho sujo por eles.

Essa perturbação da consciência, generalizada em outros grupos esquerdistas é explicável pela falência geral do socialismo, e, entre os sionistas, é mais velha do que as condições gerais e aponta para outras razões mais específicas. Desde a época de Borochov, cujos adeptos ainda podem ser encontrados no pequeno grupo sectário Poale-Zion, os sionistas de esquerda nunca pensaram em desenvolver qualquer resposta própria para a questão nacional: eles simplesmente adicionaram o sionismo oficial ao seu socialismo. Essa adição não formou uma amálgama, visto que reivindica o socialismo para a política doméstica e o sionismo nacionalista para a política externa. O resultado é a situação atual entre judeus e árabes.

Na verdade, a perturbação da consciência data da época da descoberta surpreendente de que dentro do próprio campo doméstico, na construção da Palestina, haviam fatores da política externa presentes – pela existência de "um povo estrangeiro". A partir daquele momento, a força de trabalho judaica lutou contra a força de trabalho árabe sob o pretexto da luta de classes contra os agricultores judeus, que certamente empregavam os árabes por razões capitalistas. Durante essa luta – que mais do que tudo, em 1936, envenenou a atmosfera palestina – nenhuma atenção foi prestada às condições econômicas dos árabes, que, por meio da introdução de capital e mão de obra judaicos, e da industrialização do país, se transformaram da noite para o dia em proletários em potencial, sem muita oportunidade de encontrarem os postos de trabalho correspondentes. Em vez disso, a força de trabalho sionista repetiu os argumentos verdadeiros, porém completamente inadequados, a respeito do caráter feudal da sociedade árabe, o caráter progressista do capitalismo e o aumento geral do padrão de vida palestino compartilhado pelos árabes. Quão cegas podem se tornar as pessoas quando seus reais ou pretensos interesses estão em jogo é demonstrado pelo slogan absurdo que eles usavam: embora o partido trabalhista judaico lutasse tanto por sua posição econômica quanto por seu objetivo nacional, o grito sempre era por *Avodah Ivrith* (Força de Trabalho Judaica); e era preciso espiar por trás dos bastidores para detectar que sua principal ameaça não era simplesmente a força de trabalho árabe, mas, de fato, *Avodah Zolah* (a mão de obra barata), representada, é verdade, pelo operário árabe retrógrado e desorganizado.

Nos consequentes piquetes de trabalhadores judeus contra trabalhadores árabes, os grupos de esquerda, sendo o mais importante entre eles o Ha'Shomer Ha'Tzair, não participaram diretamente, mas fizeram algo a mais: continuaram a se abster. Os problemas locais resultantes, a guerra interna latente que tem acontecido na Palestina desde o começo da década de 1920, interrompida pelas insurreições cada vez mais frequentes, fortaleceram por seu turno a postura do sionismo oficial. Quanto menos a comunidade judaica palestina estivesse apta a encontrar aliados entre seus vizinhos, mais os sionistas tinham de considerar a Grã-Bretanha como a grande potência protetora.

Entre as razões pelas quais grupos trabalhista e de esquerda consentiram com essa política destaca-se novamente a visão geral do sionismo que eles haviam acolhido. Tendo em vista apenas o "caráter singular" da história judaica, insistindo na natureza incomparável das condições políticas judaicas que não se considerava serem relacionadas com quaisquer outros fatores da história e da política europeia, os sionistas haviam posicionado ideologicamente o centro da existência do povo fora do âmbito dos povos europeus e fora do destino do continente europeu.

Entre todos os equívocos nutridos pelo movimento sionista porque este havia sido influenciado tão fortemente pelo antissemitismo, essa falsa noção do caráter não europeu dos judeus provavelmente teve as mais amplas e piores consequências. Não apenas os sionistas quebraram a solidariedade necessária entre os povos europeus – necessária não somente para os fracos mas também para os fortes –, inacreditavelmente, eles privaram os judeus até mesmo do único lar histórico e cultural que eles poderiam ter; pois a Palestina, juntamente com toda a bacia do Mediterrâneo sempre pertenceu ao continente europeu: geograficamente, historicamente, culturalmente, mesmo que embora nem sempre politicamente. Assim, os sionistas privariam o povo judeu de sua justa parte das raízes e do desenvolvimento do que geralmente chamamos de cultura ocidental. De fato, foram inúmeras as tentativas de interpretar a história judaica como a história de um povo asiático que havia sido expulso pelo infortúnio para um concerto de nações e culturas estrangeiras em que, visto como um eterno estranho, ele nunca poderia sentir-se em casa. (A absurdidade desse tipo de argumentação poderia ser provada exclusivamente pelo exemplo do povo húngaro: os húngaros eram de origem asiática, mas sempre foram aceitos como membros das famílias europeias desde que foram cristianizados.) No entanto, nunca foi feita uma tentativa séria de integrar o povo judeu no padrão da política asiática, pois isso só poderia significar a aliança com os povos nacionais revolucionários da Ásia e a participação em sua luta contra o imperialismo. Na concepção sionista oficial, ao que parece, o povo judeu é arrancado de seu passado europeu e deixado de certo modo no ar, enquanto a Palestina é um lugar na Lua onde esse distanciamento infundado pode ser realizado.

Somente em sua variante sionista um isolacionismo tão maluco foi ao extremo da fuga da Europa por completo. Mas sua filosofia nacional subjacente é muito mais geral; na verdade, foi a ideologia da maior parte dos movimentos nacionais da Europa Central. Não é nada além da aceitação acrítica do nacionalismo de inspiração alemã. Este considera a nação um corpo orgânico eterno, o produto do crescimento natural inevitável de qualidades inerentes; e explica os povos não em termos de organizações políticas, mas em termos de personalidades biológicas sobre-humanas. Nessa concepção, a história europeia é fragmentada nas histórias de corpos orgânicos independentes, e a grande ideia francesa da soberania do povo é pervertida nas reivindicações nacionalistas à existência autárquica. O sionismo, intimamente ligado àquela tradição do pensamento nacionalista, nunca se importou muito com a soberania do povo, que é o pré-requisito para a formação de uma nação, mas queria desde o princípio aquela independência nacionalista utópica.

Acreditava-se que a nação judaica pudesse atingir tal independência sob a proteção de qualquer grande potência forte o suficiente para abrigar seu crescimento. Por mais paradoxal que isso possa soar, foi precisamente por conta desse equívoco nacionalista da independência inerente a uma nação que os sionistas acabaram por tornar a emancipação nacional judaica totalmente dependente dos interesses materiais de uma outra nação.

O verdadeiro resultado foi uma volta do novo movimento aos métodos tradicionais de *shtadlonus*, que os sionistas haviam um dia desprezado com tanta amargura e denunciado com tanta violência. Agora os sionistas também não conheciam lugar melhor politicamente do que os lobbies dos poderosos, e nenhuma base mais sólida para acordos do que seus bons serviços enquanto agentes dos interesses estrangeiros. Foi no interesse de potências estrangeiras que "permitiu-se [que o assim chamado Acordo Weizmann-Faisal] ficasse esquecido até 1936. É também lógico que a apreensão e a intransigência britânicas estivessem por trás do abandono tácito [...]" (Perlmann, "Capítulos da Diplomacia Árabe-Judaica"). Quando em 1922 novas negociações entre árabes e judeus ocorreram, o embaixador britânico em Roma foi mantido plenamente informado, com o resultado de que os britânicos pediram uma protelação até que "o mandato tenha sido conferido"; o representante judeu, Asher Saphir, tinha "pouca dúvida de que membros de uma certa escola política consideraram que não era do interesse da administração pacífica dos territórios do Oriente Médio e Próximo que as duas raças semitas [...] cooperassem novamente na plataforma do reconhecimento dos direitos judaicos na Palestina" (Perlmann). A partir de então, a hostilidade árabe tem crescido a cada ano; e a dependência da proteção britânica tornou-se uma necessidade tão desesperada que poderia ser chamada de um caso curioso de rendimento incondicional voluntário.

VIII

Essa, então, é a tradição à qual recorrer em tempos de crise e emergência como os nossos – essas são as armas políticas para lidar com a nova situação política de amanhã, são essas as "categorias ideológicas" das quais se deve servir para as novas experiências do povo judeu. Até agora não há novas abordagens, novos *insights*, nenhuma reformulação do sionismo, sequer as demandas do povo judeu têm sido visíveis. É apenas à luz desse passado, portanto, tendo em consideração este presente, que podemos avaliar as possibilidades do futuro.

Um novo fator, contudo, deve ser observado, embora até o momento não tenha trazido nenhuma mudança fundamental. É o aumento extremo da importância da comunidade judaica americana e do sionismo americano dentro da Organização Sionista Mundial. Nunca nenhuma comunidade judaica de qualquer país produziu tantos membros da Organização Sionista, juntamente com um número ainda maior de simpatizantes. De fato, as plataformas de ambos os partidos, Democrata e Republicano, no ano passado, e as declarações do presidente Roosevelt e do governador Dewey no período de eleição pareciam provar que a grande maioria dos judeus votantes na América eram considerados pró-palestinos e que, na medida em que existe "um voto judaico", este é influenciado pelo programa para a Palestina, na mesma medida em que o voto polonês é influenciado pela política externa americana em relação à Polônia, e que os italianos votam a partir dos acontecimentos na Itália.

O sionismo das massas judaicas americanas, contudo, difere extraordinariamente do sionismo nos países do Velho Continente. Os homens e as mulheres que são membros da Organização Sionista aqui poderiam ser encontrados na Europa nos assim chamados comitês pró-Palestina. Nesses comitês estavam organizadas as pessoas que julgavam a Palestina uma boa solução para os judeus pobres e oprimidos, o melhor de todos os empreendimentos filantrópicos, mas que nunca consideraram a Palestina uma solução para seus próprios problemas, cuja existência eles estavam inclinados a negar. Ao mesmo tempo, a maioria daqueles que aqui na América se autodenominam não sionistas também tendem pronunciadamente a essa visão pró-Palestina; de qualquer forma, eles assumem uma postura muito mais positiva e construtiva relativamente ao empreendimento Palestino, e pelos direitos do povo judeu como um povo do que os "assimilacionistas" na Europa.

O motivo pode ser encontrado na estrutura política dos Estados Unidos, que não é um Estado nacional no sentido europeu da palavra. Um interesse vital na Palestina como a pátria do povo judeu é muito natural, não requer desculpas, em um país onde tantos grupos nacionais dissidentes demonstram lealdade à sua terra natal. Na verdade, uma pátria judaica tende assim a "normalizar" a situação dos judeus na América e ser um bom argumento contra o antissemitismo político.

Entretanto, essa "normalização", inerente nas posições pró-palestina, seria instantaneamente revertida se o sionismo no sentido oficial do termo se apoderasse dos judeus americanos. Então eles teriam de começar um movimento realmente nacional, pelo menos pregar, se não de fato praticar, *chaluziuth* (pioneirismo e autorrealização); eles teriam de insistir por princípio na *Aliá* (imigração para o Sião) para todos os sionistas. Na verdade, Weizmann recentemente exortou os judeus americanos a virem e a se assentarem na Palestina. A velha questão da dupla lealdade emergiria novamente, em uma forma mais violenta do que em qualquer outro país, devido à estrutura multinacional dos Estados Unidos. Só porque o corpo político americano permite uma tolerância muito maior na vida comunitária das numerosas nacionalidades que juntas formam e determinam a vida da nação americana, esse país nunca poderia permitir que um desses "diferentes grupos" começasse um movimento para levá-los embora do continente americano. O argumento que certa vez apareceu nas discussões sionistas europeias de que, afinal, os países europeus poderiam conviver muito bem sem seus judeus, ao passo que o povo judeu precisa recuperar seus melhores filhos, nunca seria válido aqui. Pelo contrário, criaria um perigoso precedente; poderia facilmente servir para perturbar o equilíbrio de uma comunidade de povos que precisam conviver uns com os outros dentro dos limites da Constituição americana e no território do continente americano. É por esta razão – por conta da forte ameaça de um movimento abertamente nacional para a constituição de um Estado-nação – que o movimento sionista foi contrariado tão amargamente na Rússia.

Provavelmente em virtude dessa sua posição singular na Organização Sionista Mundial, sua vaga, se não explícita, consciência dela, os sionistas americanos não tentaram mudar o ponto de vista ideológico geral. Isso é considerado bom o bastante para os judeus europeus, que, afinal, são os principais interessados. Em vez disso, os sionistas americanos simplesmente assumiram a posição pragmática dos maximalistas palestinos, e esperam – juntamente com eles, embora por razões mais complexas – que o interesse e o poder americanos pelo menos se equiparem à influência britânica no Oriente Médio. Essa seria, é claro, a melhor forma de resolver todos os seus problemas. Se a comunidade judaica da Palestina pudesse ser encarregada de uma parcela da guarda dos interesses americanos naquela parte do mundo, a famosa máxima do juiz Brandeis se tornaria de fato verdadeira: você teria de ser um sionista para ser um verdadeiro patriota americano. E por que não poderia se dar esse acontecimento fortuito? Não é verdade que há mais de 25 anos, data da fundação do sionismo britânico, o sionismo é considerado como condição para que se seja um bom patriota britânico – ao se apoiar a Declaração de Balfour, apoiava-se o próprio governo do qual se era um leal súdito? Devíamos estar preparados para ver um "sionismo" semelhante, embora inspirado pelo governo, em meio à comunidade judaica russa, se e quando a Rússia soviética retomar suas antigas reivindicações à política do Oriente Médio. Se isso acontecer, logo ficará claro em que medida o sionismo herdou o fardo da política assimilacionista.

Deve-se admitir, contudo, que enquanto a questão da política do poder presente e futuro no Oriente Médio estiver em primeiríssimo plano hoje, as realidades e experiências políticas do povo judeu estarão em último plano, e elas têm muito pouca conexão com os principais movimentos do mundo. Mas as novas experiências da comunidade judaica são tão numerosas quanto são imensas as mudanças fundamentais no mundo; e a principal questão a ser dirigida ao sionismo é quão bem ele está preparado para levar ambas em consideração e agir em conformidade.

IX

A nova experiência mais importante do povo judeu está mais uma vez relacionada ao antissemitismo. É um fato conhecido que a perspectiva sionista para o futuro da comunidade judaica emancipada sempre foi sombria, e os sionistas ocasionalmente se gabam de sua clarividência. Comparadas ao terremoto que abalou o mundo em nosso tempo, essas previsões são como profecias de uma tempestade em um copo d'água. A deflagração feroz do ódio popular que o sionismo previu, e que se ajustava bem à sua desconfiança geral do povo e ao seu excesso de confiança nos governos, não aconteceu. Em seu lugar, em vários países ocorreu a ação coordenada do governo, que se provou infinitamente mais prejudicial do que qualquer irrupção popular de ódio aos judeus algum dia fora.

O ponto é que o antissemitismo, pelo menos na Europa, foi descoberto como a melhor arma política, se não meramente demagógica, do imperialismo. Onde quer que a política esteja centrada em um conceito de raça, os judeus estarão no centro da hostilidade. Iríamos muito longe se nos perguntássemos quais as razões dessa situação totalmente nova. Mas uma coisa é certa. Enquanto o imperialismo – em contraste agudo com o nacionalismo – não pensar em termos de territórios limitados mas, como diz o ditado, "em continentes", os judeus não estarão a salvo desse novo tipo de antissemitismo em nenhum lugar do mundo, e certamente não na Palestina, uma das encruzilhadas dos interesses imperialistas. A questão a se colocar aos sionistas hoje seria portanto qual posicionamento político eles propõem adotar em vista de uma hostilidade que está muito menos preocupada com indivíduos judeus dispersos do que com o povo como um todo, não importa onde ele viva.

Uma outra questão a ser colocada aos sionistas diz respeito à organização nacional. Temos acompanhado o declínio catastrófico do sistema do Estado nacional em nosso tempo. A nova sensação que tem crescido entre os povos europeus desde a Primeira Guerra é que o Estado nacional não é capaz de proteger a existência de uma nação, sequer capaz de garantir a soberania do povo. As fronteiras nacionais, outrora o símbolo da segurança contra a invasão, assim como contra uma superabundância indesejada de estrangeiros, provaram não trazer mais qualquer proveito real. E enquanto as velhas nações ocidentais eram ameaçadas, quer pela falta de mão de obra e pelo retardamento resultante da industrialização, ou pelo influxo de estrangeiros que eles não podiam assimilar, os países orientais deram os melhores exemplos possíveis de que o Estado nacional não pode existir com uma população misturada.

Para os judeus, contudo, há muito pouco motivo para regozijo com o declínio do Estado nacional e do nacionalismo. Não podemos prever os próximos passos da história humana, mas as alternativas parecem ser claras. O problema sempre presente do modo de organização política será resolvido com a adoção ou da forma de impérios, ou da forma de federações. Esta última daria ao povo judeu, juntamente com outros pequenos povos, uma chance razoavelmente boa de sobrevivência. A primeira pode não ser possível sem o despertar de paixões imperialistas como um substituto para o obsoleto nacionalismo, outrora o móbil que colocava os homens em ação. Deus nos ajude se isso acontecer.

X

É dentro desse quadro geral de realidades e possibilidades que os sionistas propõem resolver a questão judaica por meio de um Estado nacional. No entanto, a característica essencial de um Estado nacional, a soberania, não é sequer esperada. Supondo que os sionistas tivessem conseguido, há 25 anos, assegurar a Palestina como uma *commonwealth* judaica: o que teria acontecido? Teríamos assistido aos árabes se voltarem contra os judeus, como os eslovenos se voltaram contra os tchecos na Tchecoslováquia, e os croatas contra os sérvios na Iugoslávia. E embora não restasse nenhum árabe na Palestina, a falta de uma soberania real entre os Estados árabes, ou povos hostis ao Estado judeu, teria conduzido exatamente ao mesmo resultado.

Em outras palavras, o slogan de uma *commonwealth* judaica ou Estado judeu significa exatamente isso. Os judeus propõem se estabelecerem desde o princípio como uma "esfera de interesse" sob a ilusão da nacionalidade. Seria concebível um Estado palestino binacional ou uma *commonwealth* judaica como o resultado de um acordo efetivo com os árabes e outros povos mediterrâneos. Mas pensar que ao se colocar o carro na frente dos bois pode-se resolver conflitos genuínos entre povos é uma presunção fantástica. Erigir um Estado judeu dentro de uma esfera de interesse imperial pode parecer uma solução muito boa para alguns sionistas, embora para outros possa parecer algo desesperado mas inevitável. A longo prazo, quase não há outro caminho que se poderia imaginar mais perigoso, mais como uma aventura. É de fato muito azar que um pequeno povo seja colocado, não por sua culpa, no território de uma "esfera de interesse", embora seja difícil enxergar onde mais ele poderia ser posicionado no mundo política e economicamente contraído de hoje. Mas apenas a loucura poderia ditar uma política que confia na proteção de um poder imperial distante, enquanto afasta a boa vontade dos vizinhos. Qual então, somos levados a perguntar, será a futura política do sionismo relativamente às grandes potências? E qual programa os sionistas têm a oferecer para a solução do conflito entre árabes e judeus?

A esse respeito há mais uma questão. A estimativas mais otimistas preveem uma emigração anual da Europa para a Palestina após a guerra de cerca de 100 mil judeus, ao longo de pelo menos dez anos. Presumindo que isso ocorra, o que pode acontecer com aqueles que não estão nos primeiros grupos de imigrantes? Qual *status* eles terão na Europa? Que tipo de vida social, econômica e política eles levarão? Os sionistas aparentemente esperam que ocorra a restauração do *status quo ante*. Nesse caso, os judeus beneficiários dessa restauração estarão dispostos a ir para Palestina depois, digamos, de um período de cinco anos, que, mesmo sob as circunstâncias mais som-

631

brias, representaria um período de normalização? Pois se os judeus europeus não forem definitivamente declarados como os cidadãos prospectivos da nova *commonwealth* judaica (para não dizer nada a respeito da questão de sua admissão), haverá mais uma dificuldade: reivindicar direitos de maioria em um país onde os judeus são muito claramente uma minoria. Tal reivindicação, por outro lado, caso atendida, certamente excluiria uma restauração do *status quo* na Europa e, por conseguinte, possivelmente criaria um precedente não totalmente inofensivo. Mesmo a restauração mais superficial do *status quo* na Europa tornaria praticamente impossível ofuscar a questão da dupla lealdade com as mesmas generalidades sem sentido, como nos bons e velhos tempos.

Assim, a última questão que o sionismo conseguiu até agora não responder, protestando solenemente que uma resposta estaria "abaixo de sua dignidade", é o antigo problema do relacionamento entre o novo Estado proposto e a Diáspora. E esse problema não está de forma alguma restrito às comunidades judaicas europeias.

É um fato conhecido, a despeito das ideologias, que até agora o *yishuv* tem sido não apenas um refúgio para judeus perseguidos de alguns países da Diáspora. É também uma comunidade que deve seu sustento a outras comunidades judaicas da Diáspora. Sem o poder e os recursos principalmente da comunidade judaica americana, a catástrofe na Europa teria sido um golpe mortal para a comunidade judaica palestina, tanto política quanto economicamente. Se uma *commonwealth* judaica for obtida em um futuro próximo – com ou sem divisão – terá sido devido à influência dos judeus americanos. Isso não afetaria necessariamente seu *status* de cidadãos americanos se sua "pátria", ou "país de origem", fosse uma entidade autônoma em um sentido corrente, ou se houvesse a probabilidade de sua ajuda ser temporária. Mas se a *commonwealth* for proclamada contra a vontade do árabes e sem o apoio dos povos mediterrâneos, serão necessários ainda por muito tempo não apenas a ajuda financeira, como também o apoio político. E isso pode vir a ser mesmo muito problemático para os judeus deste país, que afinal não têm poder de dirigir os destinos políticos do Oriente Médio. Isso pode se tornar eventualmente muito mais uma responsabilidade do que hoje se imagina ou que o futuro demonstrará.

Essas são algumas das questões que o sionismo terá de enfrentar em um futuro muito próximo. Para respondê-las com sinceridade, com senso político e responsabilidade, o sionismo terá de reconsiderar todo seu conjunto de doutrinas obsoletas. Não será fácil salvar os judeus ou os palestinos no século xx; que isso possa ser feito com categorias e métodos do século xix parece na melhor das hipóteses altamente improvável. Se os sionistas perseverarem em reter sua ideologia sectária e continuarem com seu "realismo" míope, eles terão perdido até as pequenas chances que os pequenos povos têm nesse nosso mundo não muito bonito.

1944

O ESTADO JUDEU
*Cinquenta anos depois, para onde
nos levou a política de Herzl?*

RELER *O ESTADO JUDEU* DE HERZL HOJE É UMA EXPERIÊNCIA peculiar. Percebe-se que aquelas coisas no livro que os próprios contemporâneos de Herzl teriam chamado de utópicas agora realmente determinam a ideologia e as políticas do movimento sionista; enquanto aquelas propostas práticas de Herzl para a construção de uma pátria judaica que devem ter parecido bastante realistas há cinquenta anos não tiveram qualquer influência.

É ainda mais surpreendente a falta de influência dessas propostas práticas, porque elas estão longe de serem antiquadas mesmo para nossa própria época. Herzl propunha uma "Companhia Judaica" que construiria um Estado com "Assistência pelo Trabalho" – isto é, pagando a um "pedinte imprestável" um valor caritativo por trabalho forçado de tempo integral – e por meio do "sistema de trocas", consistindo em gangues laborais "'arrastadas' de um lugar para outro como um corpo de tropas" e pagas em bens em vez de salários. Herzl também estava determinado a suprimir toda a "oposição" no caso de falta de gratidão por parte das pessoas a quem seria dada a terra. E isso soa bastante familiar. Ainda, é inteiramente uma honra ao povo judeu que ninguém – pelo que eu saiba – nunca tenha discutido essas propostas "realistas" seriamente, e que a realidade palestina tenha se tornado quase o oposto do sonho de Herzl.

As características do programa de Herzl expostas acima, embora felizmente esquecidas na conjuntura política atual da Palestina, são todavia significantes. Por toda a sua inocência, mostram a qual categoria de político pertencia Herzl no âmbito da história europeia. Quando escreveu *O Estado judeu*, Herzl estava profundamente convencido de que estava sob algum tipo de inspiração elevada, porém, ao mesmo tempo, estava sinceramente com medo de se fazer de idiota. Essa autoestima extrema misturada com o autoquestionamento não é um fenômeno raro; é normalmente a marca do "maluco". E em certo sentido esse vienense, cujo estilo, maneiras e ideais quase não diferiam daqueles de seus colegas jornalistas mais obscuros, era de fato um maluco.

Mas mesmo na época de Herzl – a época do caso Dreyfus, quando os malucos estavam apenas iniciando suas carreiras políticas em diversos movimentos, operando fora dos parlamentos e dos partidos regulares –, mesmo então eles já tinham um contato mais próximo com as correntes subterrâneas da história e com os desejos profundos do povo do que todos os líderes sensatos com suas perspectivas equilibradas e mentalidades extremamente restritas. Os malucos já estavam começando a ser proeminentes em todos os lugares – os antissemitas Stoecker e Ahlwardt na Alemanha, Schoenerer e Lueger na Áustria e Drumont e Déroulède na França.

Herzl escreveu *O Estado judeu* sob o impacto direto e violento dessas novas forças políticas. E ele estava entre os primeiros a estimarem corretamente suas chances de êxito final. Ainda mais importante, contudo, do que a precisão de seu prognóstico era o fato de que ele não estava completamente fora de sintonia com os novos movimentos. Quando ele disse, "acredito que compreendo o antissemitismo", ele quis dizer que não só compreendia as causas históricas e constelações políticas, mas também que compreendia – e em certa medida, corretamente – o homem que odiava os judeus. É verdade que seus frequentes apelos para que "antissemitas honestos" "subscr[evessem] pequenas quantias" para o fundo nacional para o estabelecimento de um Estado judeu não eram muito realistas; assim como ele era igualmente irrealista quando os convidava a, "preservando sua independência, coligarem-se com nossos oficiais no controle da transferência de nossos Estados" da Diáspora para a pátria judaica; e frequentemente afirmava, com toda inocência, que os antissemitas seriam os melhores amigos dos judeus e os governos antissemitas seus melhores aliados. Mas essa fé nos antissemitas expressava de forma muito eloquente e até mesmo tocante quão perto estava o seu próprio estado de espírito daquele de seu ambiente hostil e quão intimamente ele pertencia ao mundo "estrangeiro".

Juntamente com os políticos demagogos de seu tempo e de tempos mais recentes, Herzl compartilhava tanto de um desprezo pelas massas quanto de uma afinidade muito real com elas. E como esses políticos, ele era mais uma encarnação do que um representante do estrato da sociedade ao qual pertencia. Ele fazia mais do que "amar" ou simplesmente falar para a nova e sempre crescente classe de "intelectuais [judeus] que produzimos tão sobreabundantemente e que são perseguidos em toda parte"; ele fazia mais do que meramente discernir nesses intelectuais os reais *Luftmenschen* da comunidade judaica ocidental – isto é, judeus que, embora seguros economicamente, não tinham lugar quer na sociedade judaica, quer na sociedade gentia, e cujos problemas pessoais poderiam ser resolvidos somente por uma reorientação do povo judeu como um todo. Herzl encarnava efetivamente esses intelectuais judeus em si mesmo, no sentido de que tudo que ele falava ou fazia era exatamente o que eles teriam dito ou feito se demonstrassem uma igual medida de coragem moral em revelar seus pensamentos mais íntimos.

Um outro traço que Herzl compartilhava com os líderes dos novos movimentos antissemitas, com cuja hostilidade ele estava tão profundamente impressionado, era a feroz vontade de ação a qualquer preço – ação, contudo, que deveria ser conduzida de acordo com certas leis supostamente imutáveis e inevitáveis, além de inspirada e apoiada por forças naturais inelutáveis. A convicção de Herzl em concordar com a própria história e natureza o salvou da desconfiança de que ele próprio poderia ser louco. O antissemitismo era uma força onipotente e os judeus teriam que ou fazer uso dela ou serem engolidos por ela. Em suas próprias palavras, o antissemitismo era a "força propulsora" responsável por todo o sofrimento judaico desde a destruição do Templo e continuaria a fazer os judeus sofrerem até que eles aprendessem como usá-la em sua própria vantagem. Em mãos experientes, essa "força propulsora" se provaria o fator mais salutar da vida judaica: seria usada da mesma forma que a água fervente para produzir energia a vapor.

Essa mera vontade de ação era parte de uma novidade tão marcante, tão inteiramente revolucionária na vida judaica, que se espalhou com a velocidade do fogo vivo. A grandeza duradoura de Herzl repousa em seu desejo de fazer algo a respeito da questão judaica, seu desejo de agir para resolver o problema em termos políticos.

Ao longo dos vinte séculos de sua Diáspora, os judeus fizeram apenas duas tentativas de mudar sua condição pela ação política direta. A primeira foi o movimento Shabbetai Tzevi, o movimento místico-político pela salvação da comunidade judaica que terminou na Idade Média judaica e acarretou uma catástrofe cujas consequências determinaram as posturas e convicções básicas dos judeus por mais de dois séculos. Preparando-se, como o fizeram, para seguir

Shabbetai Tzevi, o autointitulado "Messias", de volta à Palestina em meados de 1600, os judeus presumiram que sua última esperança de um milênio messiânico estava prestes a ser alcançada. Até a época de Shabbetai Tzevi eles haviam sido capazes de conduzir seus assuntos da comunidade por meio de uma política que existia apenas no reino da imaginação – a memória de um passado longínquo e a esperança de um futuro distante. Com o movimento Shabbetai Tzevi, essas memórias e esperanças centenárias culminaram em um momento único de exaltação. Suas consequências catastróficas encerraram – provavelmente para sempre – o período no qual só a religião poderia fornecer aos judeus uma estrutura firme dentro da qual se satisfariam suas necessidades políticas, espirituais e cotidianas. A desilusão que se seguiu foi duradoura na medida em que, a partir de então, sua religião não mais provia aos judeus um meio adequado para avaliar e lidar com os eventos contemporâneos, políticos ou não. Quer um judeu fosse piedoso ou não, quer ele observasse a Lei ou vivesse fora de seus limites, agora ele teria de julgar os eventos seculares a partir de uma base secular e tomar decisões seculares nestes mesmos termos.

A secularização judaica culminou finalmente em uma segunda tentativa de dissolver a Diáspora. Esta foi a ascensão do movimento sionista.

O mero fato de que a catástrofe havia jogado os judeus de ambos os extremos, do passado e do futuro, para o centro do presente não significa que eles agora haviam se tornado "realistas". Ser confrontado com a realidade não produz automaticamente uma compreensão da realidade ou faz com que nos sintamos em casa nela. Muito pelo contrário, o processo de secularização tornou os judeus ainda menos "realistas" – ou seja, menos capazes do que nunca de enfrentarem e compreenderem a real situação. Ao perderem sua fé em um início divino e na culminação final da história, os judeus perderam seu guia para a selva dos fatos nus e crus; pois quando o homem é roubado de todos os meios de interpretar os eventos ele perde qualquer senso de realidade. O presente que confrontou os judeus depois do fracasso de Shabbetai Tzevi foi o caos de um mundo cujo curso não mais fazia sentido e no qual, consequentemente, os judeus não podiam mais encontrar um lugar.

A necessidade de um guia ou chave para a história foi sentida por todos os judeus igualmente. Mas no século XIX, essa era uma necessidade que não se restringia apenas aos judeus. Nesse contexto, o sionismo pode ser incluído entre os muitos "ismos" daquele período, cada um dos quais alegava explicar a realidade e predizer o futuro em termos de leis e forças irresistíveis. Contudo, o caso dos judeus era e ainda é diferente. O que eles precisavam não era apenas um guia para a realidade, mas a própria realidade; não simplesmente uma chave para a história, mas a própria experiência da história.

Como acabo de indicar, essa necessidade de realidade existiu desde o colapso do movimento Shabbetai Tzevi e da desaparição da esperança messiânica como um fator vivo na consciência das massas judaicas. Mas tornou-se uma força efetiva somente no fim do século XIX, principalmente por conta de dois fatores totalmente independentes cuja coincidência produziu o sionismo e formou a ideologia de Herzl.

O primeiro desses fatores tinha pouca relação, essencialmente, com a história judaica. Acontece que nos anos 1880 o antissemitismo surgiu como uma força política simultaneamente na Rússia, na Alemanha, na Áustria e na França. Os *pogroms* de 1881 na Rússia desencadearam aquele imenso movimento migratório do Oriente para o Ocidente que permaneceu o traço singular mais característico da história judaica moderna até 1933. Além disso, a emergência do antissemitismo político exatamente no mesmo momento na Europa Central e Ocidental e o apoio, senão liderança, dado a ele por seções consideráveis da intelligentsia europeia refutavam sem dúvida o argumento liberal tradicional de que o ódio aos judeus era apenas um resquício da denominada Idade das Trevas.

Mas ainda mais importante para a história política do povo judeu era o fato de que a migração em direção ao Ocidente – a despeito das objeções aos *"Ostjuden"* expressas tão fortemente pelos judeus emancipados do Ocidente – reuniu os dois principais setores da comunidade judaica, lançou as bases para um novo sentimento de solidariedade – pelo menos no âmbito da elite moral – e ensinou os judeus orientais e ocidentais a enxergarem sua situação em termos idênticos. O judeu russo que veio para a Alemanha fugindo da perseguição descobriu que o Iluminismo não havia extinguido o violento ódio aos judeus, e o judeu alemão que via seu irmão oriental desalojado começou a enxergar sua própria situação sob uma luz diferente.

O segundo fator responsável pela ascensão do sionismo foi totalmente judaico – foi a emergência de uma classe totalmente nova para a sociedade judaica, os intelectuais, de quem Herzl tornou-se o principal porta-voz e a quem ele próprio denominou a classe de "intelectos medianos (*durchschnittliche*)". Esses intelectuais assemelhavam-se a seus irmãos nas ocupações judaicas mais tradicionais na medida em que eles, igualmente, eram inteiramente desjudaizados no que diz respeito à cultura e à religião. O que os distinguia era que eles não mais viviam em um vácuo cultural; eles haviam realmente se tornado "assimilados": eles não eram apenas desjudaizados, eles também eram ocidentalizados. Isso, no entanto, não contribuiu para sua adaptação social. Embora a sociedade gentia não os recebesse em igualdade de condições, eles também não tinham lugar na sociedade judaica, porque não se encaixavam em sua atmosfera de conexões familiares e comerciais.

O resultado psicológico de sua situação foi fazer desses intelectuais judaicos os primeiros judeus da história capazes de compreender o antissemitismo em seus termos políticos próprios, e até de torná-los suscetíveis às posturas políticas mais profundas e básicas das quais o antissemitismo não era nada além do que uma expressão entre muitas.

Os dois panfletos clássicos da literatura sionista, *Autoemancipação*, de Pinsker, e *O Estado judeu*, de Herzl, foram escritos por membros dessa nova classe judaica. Pela primeira vez, os judeus se viram como um povo através dos olhos das nações: "Para os vivos, o judeu é um cadáver, para os nativos um estrangeiro, para o colono um vadio, para o proprietário um pedinte, para o pobre um explorador e milionário, para o patriota é um homem sem um país, para todos um rival odiado" – essa foi a forma caracteristicamente precisa e sóbria com que Pinsker expressou isso. Tanto Herzl como Pinsker identificaram a questão judaica e todos os seus aspectos e conexões com o fato do antissemitismo, que ambos concebiam como a reação natural de todos os povos, sempre e em todo os lugares, à existência dos judeus. Como coloca Pinsker, e de acordo com o que ambos acreditavam, a questão judaica poderia ser resolvida apenas caso se "encontr[asse] um meio de reintegrar esse elemento exclusivo na família das nações de modo que as bases da questão judaica fossem permanentemente removidas".

O que ainda é uma vantagem do sionismo sobre o assimilacionismo é ter colocado toda a questão em um nível político desde o começo e ter pedido por esse "reajustamento" em termos políticos. Os assimilacionistas buscavam o reajustamento não menos desesperadamente, mas gastavam todas as suas energias em encontrar inumeráveis sociedades de treinamento vocacional para os judeus, sem, contudo, terem o menor poder de forçar os judeus a mudarem de ocupação. Os seguidores intelectuais do assimilacionismo evitaram cautelosamente as questões políticas e inventaram a teoria do "sal da terra", tornando bem claro que preferiam a secularização mais brutal do conceito religioso judaico do povo eleito a qualquer redefinição radical da posição judaica no mundo das nações.

Em outras palavras, a grande vantagem da abordagem sionista está no fato de que sua vontade de converter os judeus em uma "nação como todas as outras" os salvou de recaírem naquele tipo judaico de chauvinismo automaticamente produzido pela secularização, que de alguma forma persuade o judeu desjudaizado médio de que, embora não mais acredite em um Deus que escolhe ou rejeita, ele ainda é um ser superior simplesmente porque por acaso nasceu judeu – o sal da terra, ou o motor da história.

A vontade de ação sionista, para entender a realidade, abarcava uma segunda vantagem – dessa vez sobre a abordagem internacionalista e revolucionária à questão judaica. Essa abordagem, não menos que o chauvinismo assimilacionista, era a consequência da secularização das posturas religiosas. Mas não foi iniciada por judeus comuns, e sim antes por uma elite. Tendo perdido sua esperança em um milênio messiânico que traria a reconciliação final de todos os povos, esses judeus transferiram suas esperanças para as forças progressivas da história que resolveriam a questão judaica automaticamente, juntamente com todas as outras injustiças. Revoluções nos sistemas sociais de outros povos criariam uma humanidade sem classes ou nações; os judeus e seus problemas seriam dissolvidos nessa nova humanidade – de certo modo no fim dos tempos. O que aconteceria nesse meio tempo não importava muito.

A luta dos sionistas contra essa abnegação espúria – que só podia levantar suspeita em relação aos objetivos e motivações finais de uma política que esperava que seu próprio povo se comportasse como santo e fizesse os sacrifícios essenciais – foi de grande importância porque tentava ensinar os judeus a resolverem seus problemas por seus próprios esforços, não pelos esforços de outros.

Mas essa luta quase não entra no quadro do sionismo de Herzl. Ele tinha um ódio cego por todos os movimentos revolucionários assim como uma fé igualmente cega na bondade e estabilidade da sociedade de seu tempo. O aspecto do sionismo aqui em questão teve sua melhor expressão nos escritos do grande escritor francês Bernard Lazare. Lazare queria ser um revolucionário em meio a seu próprio povo, não em meio a outros, e não pôde encontrar um lugar no movimento essencialmente reacionário de Herzl.

No entanto, considerando o movimento de Herzl como um todo e admitindo seus méritos limitados dentro da situação histórica dada, é preciso dizer que o sionismo contrapôs um sólido nacionalismo ao chauvinismo oculto do assimilacionismo e um realismo relativamente consistente ao óbvio utopismo dos judeus radicais.

Entretanto, os elementos mais ideológicos e utópicos expressos em *O Estado judeu* tiveram maior influência em longo prazo nas formulações e na prática do sionismo do que os inegáveis méritos estabelecidos acima. A disposição para a realidade a qualquer preço de Herzl repousava em uma visão que considerava a realidade uma estrutura imutável, sempre idêntica a si própria. Nessa realidade ele não via outra coisa senão Estados-nações eternamente estabelecidos, dispostos compactamente contra os judeus de um lado, e do outro os próprios judeus, dispersos e eternamente perseguidos. Nada mais importava: diferenças em estrutura de classe, diferenças entre partidos políticos e movimentos, entre diversos países ou diversos períodos da história não existiam para Herzl. Tudo o que existia eram corpos imutáveis de pessoas vistas como organismos biológicos misteriosamente dotados de vida eterna; esses corpos respiravam uma hostilidade invariável em relação aos judeus que estava pronta para tomar a forma de *pogroms* ou perseguição a qualquer momento. Qualquer segmento da realidade que não podia ser definido pelo antissemitismo não era levado em conta e qualquer grupo que não pudesse ser classificado definitivamente como antissemita não era levado a sério como força política.

A ação política judaica significava para Herzl encontrar um lugar dentro da estrutura imutável dessa realidade, um lugar no qual os judeus estariam a salvo do ódio e da eventual perseguição. Um povo sem terra teria de fugir para uma terra sem um povo; ali os judeus, desimpedidos pelas relações com as outras nações, seriam capazes de desenvolver seu próprio organismo isolado.

Herzl pensava em termos do nacionalismo inspirado pelas fontes alemãs – em oposição à variedade francesa, que nunca poderia repudiar completamente sua relação original com as ideias políticas da Revolução Francesa. Ele não percebia que o país com o qual sonhava não existia, que não havia nenhum lugar na Terra onde um povo pudesse viver como o corpo nacional orgânico que ele tinha em mente, e que o real desenvolvimento histórico de uma nação não se dá dentro das paredes fechadas de uma entidade biológica. E mesmo se houvesse uma terra sem um povo, e mesmo se as questões de política externa não tivessem surgido na própria Palestina, o tipo de filosofia política de Herzl ainda teria dado origem a sérias dificuldades nas relações do Estado judeu com outras nações.

Ainda mais irrealista, embora influente na mesma medida, era a crença de Herzl de que o estabelecimento de um Estado judeu automaticamente aniquilaria o antissemitismo. Essa crença era baseada em sua suposição de honestidade e sinceridade essenciais dos antissemitas, em quem ele só enxergava pura e simplesmente nacionalistas. Esse ponto de vista pode ter sido apropriado antes do fim do século XIX, quando o antissemitismo realmente derivava em alguma medida do sentimento de que os judeus eram estranhos dentro de qualquer sociedade considerada homogênea. Mas já no tempo de Herzl o antissemitismo havia se transformado em uma arma política de um novo tipo e era apoiado por uma nova facção de racistas cujas lealdades e ódios não se detinham nas fronteiras nacionais.

A falha na abordagem de Herzl do antissemitismo está no fato de que os antissemitas que ele tinha em mente quase não existiam mais – ou, se existiam, não mais determinavam a política antissemita. Os verdadeiros antissemitas haviam se tornado desonestos e queriam preservar a disponibilidade dos judeus como bode expiatório caso tivessem dificuldades domésticas; ou então, se fossem "honestos", queriam exterminar os judeus onde quer que vivessem. Não havia escapatória de qualquer variedade de antissemita para uma terra prometida "cuja construção" – nas palavras de Weizmann – "seria a resposta para o antissemitismo".

A construção da Palestina é de fato uma grande realização e poderia ser um argumento importante e até decisivo para as reivindicações judaicas na Palestina – pelo menos um argumento melhor e mais convincente do que as alegações atuais que levantam nossa situação desesperada na Europa e a justificabilidade, por conseguinte, da "injustiça menor" que seria feita aos árabes. Mas a edificação da Palestina tem pouca relação com uma resposta aos antissemitas; quando muito, "respondeu" ao ódio de si mesmos e à falta de autoconfiança por parte daqueles judeus que sucumbiram consciente ou inconscientemente a alguma parcela da propaganda antissemita.

A terceira tese da filosofia política de Herzl era o Estado judeu. Embora para o próprio Herzl essa fosse certamente a faceta mais ousada e atraente do todo, a demanda por um Estado não parecia doutrinaria, sequer utópica na época em que seu livro foi publicado pela primeira vez. Na opinião de Herzl, a realidade dificilmente poderia se expressar de outra forma que não na de um Estado-nação. Em sua época, de fato, a reivindicação de uma autodeterminação nacional dos povos era quase uma justiça autoevidente no que dizia respeito aos povos oprimidos da Europa, então não havia nada absurdo ou errado em uma demanda dos judeus pelo mesmo tipo de emancipação e liberdade. E que toda a estrutura de Estados nacionais soberanos, grandes e pequenos, se desfaria dentro dos cinquenta anos seguintes sob a expansão imperialista e em face de uma nova situação de poder ia além do que Herzl poderia ter previsto. Sua demanda por um Estado se tornou utópica somente para a política sionista mais recente – que não pediu um Estado no momento em que ele poderia ter sido concedido por todos, mas pediu por ele somente quando todo o conceito de soberania nacional havia se tornado uma gozação.

Não importa quanto possa ter sido justificada a demanda de Herzl por um Estado judeu em seu tempo, sua forma de promovê-lo demonstrou o mesmo toque irrealista que outros de seus projetos. O oportunismo com o qual ele conduziu suas negociações para este fim derivava de um conceito político que considerava que os destinos dos judeus eram totalmente desconectados dos destinos das outras nações, e que não via a relação das demandas judaicas com todos os outros eventos e tendências. Embora a demanda por um Estado pudesse ser compreendida nesse período somente em termos de autodeterminação nacional, Herzl foi muito cuidadoso em não vincular as reivindicações pela libertação judaica com aquelas de outros povos. Ele estava até preparado para se beneficiar dos problemas das minorias do Império Turco: ele ofereceu aos governantes do Império o auxílio judaico para o enfrentamento desses problemas. Nesse caso, a política de Herzl foi o exemplo clássico de uma política dura o bastante para parecer ser "realista", mas de fato completamente utópica porque não conseguiu levar em consideração sua própria força relativa, ou a da outra parte.

As constantes más articulações que se tornariam tão características da política sionista não são acidentais. A universalidade com que Herzl aplicou seu conceito de antissemitismo a todos os povos não judaicos tornou impossível desde o princípio para os sionistas buscarem aliados verdadeiramente leais. Sua noção de realidade como uma estrutura hostil eterna e imutável – todos os *goyim* para sempre contra todos os judeus – tornou a identificação da dureza com a realidade possível porque fazia toda a análise empírica de fatores realmente políticos parecer supérflua. Tudo o que se devia fazer era usar a "força propulsora do antissemitismo", que, como "a onda do futuro", levaria os judeus para a terra prometida.

Hoje a realidade tornou-se um pesadelo. Vista através dos olhos de Herzl, que a partir de fora procurou um lugar dentro da realidade no qual os judeus pudessem se encaixar e onde ao mesmo tempo eles pudessem isolar-se dela – vista dessa forma, a realidade é horrível para além do alcance da imaginação humana e incorrigível para além das forças do desespero humano. Somente quando chegamos a nos sentir parte e parcela de um mundo no qual, como todos os outros, estamos engajados em uma luta contra grandes e às vezes esmagadoras probabilidades, e apesar disso com chance de vitória, ainda que pequena, e com aliados, ainda que poucos – somente quando reconhecemos o contexto humano no qual os eventos recentes ocorreram, sabendo que o que foi feito foi feito por homens e portanto pode e deve ser impedido por homens – somente então nós poderemos livrar o mundo de seu caráter de pesadelo. Essa característica tomada em si própria e vista a partir de fora – por pessoas que se consideram apartadas do mundo de pesadelo por princípio e que por conseguinte estão prontas para aceitar o curso daquele mundo "realisticamente" – pode inibir toda a ação e nos excluir de uma vez da comunidade humana.

O retrato do povo judeu por Herzl, como um povo cercado e aglutinado à força por um mundo de inimigos, atualmente conquistou o movimento sionista e se tornou o sentimento comum das massas judaicas. Nosso fracasso em nos surpreendermos com esse desenvolvimento não torna o retrato de Herzl mais verdadeiro – só o torna mais perigoso. Se realmente estamos cercados de inimigos públicos ou ocultos por todos os lados, se todo o mundo é em última instância contra nós, então estamos perdidos.

Pois a saída de Herzl foi fechada – sua esperança em uma fuga do mundo e sua crença ingênua no apaziguamento por meio da fuga se tornou ilusória. *Altneuland* não é mais um sonho. Tornou-se um lugar muito real onde os judeus vivem junto com os árabes, e também se tornou um entroncamento central das comunicações mundiais. O que quer que ela seja, a Palestina não é um lugar onde os judeus podem viver em isolamento, sequer é uma terra prometida onde eles estariam a salvo do antissemitismo. A simples verdade é que os judeus terão de combater o antissemitismo em todos os lugares ou serão exterminados em todos os lugares. Embora os sionistas não mais vejam o antissemitismo como um aliado, eles parecem estar mais convencidos do que nunca de que não há esperança na luta contra ele – só porque teríamos que lutar contra o mundo todo.

O perigo da situação atual – na qual o sionismo de Herzl é aceito rotineiramente como determinante da política sionista – está na aparência de senso comum que as recentes experiências dos judeus na Europa emprestaram à filosofia de Herzl. Sem dúvida, o centro da política judaica hoje é constituída pelos membros da comunidade judaica europeia remanescentes, agora nos campos da Alemanha. Não apenas toda a nossa atividade política está concentrada neles – ainda mais importante é o fato de que toda a nossa visão política nasce necessariamente de suas experiências, de nossa solidariedade para com eles.

Cada um desses judeus sobreviventes é o último sobrevivente de uma família, cada um deles foi salvo só por um milagre, cada um deles teve a experiência fundamental de testemunhar e sentir o colapso completo da solidariedade internacional. Entre todos aqueles que foram perseguidos, só os judeus foram escolhidos para a morte certa. O que os nazistas ou os alemães fizeram não foi decisivo nessa conexão; o que foi decisivo foram as experiências dos judeus com a maioria de todas as outras nacionalidades e até mesmo com os prisioneiros políticos nos campos de concentração. A questão não é se os antifascistas não judeus poderiam ter feito mais do que realmente fizeram por seus camaradas judeus – o ponto essencial é que somente os judeus foram enviados inevitavelmente para as câmaras de gás; e isso foi suficiente para traçar uma linha divisória entre eles que, possivelmente, nenhuma boa vontade poderia ter apagado. Para os judeus que vivenciaram isso, todos os gentios tornaram-se iguais. Isso é o que está no fundo de seu forte desejo atual de ir para a Palestina. Não é que eles imaginam que estarão a salvo lá – é apenas que eles querem viver exclusivamente entre judeus, haja o que houver.

Outra experiência – também de grande importância para o futuro da política judaica – foi adquirida pela percepção não de que 6 milhões de judeus haviam sido mortos, mas de que eles haviam sido levados à morte impotentemente, como gado. Há histórias contando como os judeus tentaram afastar a indignidade dessa morte por meio de sua atitude e comportamento quando eram conduzidos para as câmaras de gás – eles cantavam ou faziam gestos desafiadores indicando que não aceitavam seu destino como a palavra final sobre eles.

O que os sobreviventes querem agora acima de tudo é o direito de morrer com dignidade – em caso de um ataque, com armas nas mãos. Extinta, provavelmente para sempre, está aquela que foi a que foi a principal preocupação do povo judeu por séculos: a sobrevivência a qualquer preço. Em vez disso, encontramos algo essencialmente novo entre os judeus, o desejo da dignidade a qualquer preço.

Por maior que seja o trunfo que esse novo desenvolvimento traz para um movimento político judaico, essencialmente ele constitui, no entanto, um perigo dentro do quadro atual das posturas sionistas. A doutrina de Herzl da forma como é interpretada hoje, privada de sua confiança original na natureza útil do antissemitismo, só pode encorajar atitudes suicidas, para cujos propósitos o heroísmo natural de pessoas que se acostumaram com a morte pode facilmente ser explorado. Alguns dos líderes sionistas fingem acreditar que os judeus podem sustentar-se na Palestina contra todo o mundo e que eles próprios podem continuar a reivindicar tudo ou nada contra tudo e todos. Todavia, por trás desse otimismo espúrio espreita um desespero de tudo e uma prontidão genuína para o suicídio que pode se tornar extremamente perigosa se vier a ser o ânimo e a atmosfera da política palestina.

Não há nada no sionismo herzliano que poderia agir como um controle disso; pelo contrário, os elementos utópicos e ideológicos que ele introduziu na nova vontade de ação política dos judeus muito provavelmente conduzirão os judeus para fora da realidade mais uma vez – e para fora da esfera da ação política. Eu não sei – nem mesmo quero saber – o que aconteceria com os judeus em todo o mundo e com a história judaica no futuro se nos depararmos com uma catástrofe na Palestina. Mas os paralelos com o episódio Shabbetai Tzevi tornaram-se terrivelmente próximos.

PARA SALVAR A PÁTRIA JUDAICA

QUANDO, EM 29 DE NOVEMBRO DE 1947, A DIVISÃO DA PALESTINA e o estabelecimento de um Estado judeu foram aceitos pelas Nações Unidas, presumiu-se que não seria necessária nenhuma força externa para implementar essa decisão.

Os árabes levaram menos de dois meses para destruir essa ilusão e os Estados Unidos menos de três para reverter sua posição sobre a divisão, retirar seu apoio nas Nações Unidas e propor uma tutela para a Palestina. De todos os Estados membros das Nações Unidas, apenas a Rússia soviética e seus satélites deixaram inequivocamente claro que ainda eram favoráveis à divisão e à imediata proclamação do Estado judeu.

A tutela foi imediatamente rejeitada tanto pela Agência Judaica quanto pelo Alto Comissariado Árabe. Os judeus alegaram o direito moral de aderirem à decisão original das Nações Unidas; os árabes alegaram um direito igualmente moral de aderirem ao princípio da Liga das Nações da autodeterminação, segundo o qual a Palestina seria governada por sua maioria árabe atual e seriam outorgados aos judeus direitos de minorias. A Agência Judaica, por seu turno, anunciou a proclamação do Estado judeu para 16 de maio [de 1948], independentemente de qualquer decisão das Nações Unidas. Permanece sendo um fato, enquanto isso, que a tutela, assim como a divisão, teria de ser imposta por um poder externo.

Um apelo para uma trégua, feito no último momento a ambas as partes sob os auspícios dos Estados Unidos, foi derrubado em dois dias. Neste apelo repousava a última chance de evitar uma intervenção externa, pelo menos temporariamente. Na situação atual, nenhuma solução ou proposta possíveis que afetem o conflito palestino e que possam ser realizadas sem uma imposição pela autoridade externa está em vista.

As últimas semanas de um estado bélico de guerrilhas deve ter mostrado a ambos, judeus e árabes, quão custosa e destrutiva promete ser a guerra na qual eles embarcaram. Em tempos recentes, os judeus obtiveram alguns sucessos iniciais que provam sua relativa superioridade sobre as forças árabes na Palestina hoje. Os árabes, porém, em vez de celebrarem pelo menos acordos de trégua locais, preferiram evacuar cidades e vilas inteiras do que ficar em território dominado por judeus. Esse comportamento declara mais eficazmente que todas as proclamações a recusa árabe de qualquer intransigência; é óbvio que eles decidiram despender em tempo e números o que for necessário para obter uma vitória decisiva. Pode-se esperar dos judeus, por outro lado, vivendo em uma pequena ilha em um mar árabe, que agarrem a chance de explorar sua vantagem atual oferecendo uma paz negociada. Sua situação militar é tal que o tempo e os números necessariamente vão contra eles. Se forem levados em conta os interesses vitais objetivos dos povos árabe e judeu, especialmente em termos da situação presente e bem-estar futuro do Oriente Médio – onde uma guerra plena inevitavelmente servirá de convite a todos os tipos de intervenção internacional –, o desejo atual de ambos os povos de combaterem a qualquer preço não é nada menos do que uma irracionalidade completa.

Uma das razões para esse desenvolvimento não natural e, no que concerne ao povo judeu, trágico, é uma mudança decisiva na opinião pública judaica que acompanhou as decisões políticas confusas das grandes potências.

O fato é que o sionismo obteve sua vitória mais significativa entre o povo judeu no mesmo momento que suas conquistas na Palestina enfrentam o mais grave perigo. Isso pode não parecer extraordinário para aqueles que sempre acreditaram que a construção de uma pátria judaica era a conquista mais importante – talvez a única real – dos judeus em nosso século, e que em última análise nenhum indivíduo que quisesse permanecer judeu poderia continuar indiferente aos acontecimentos na Palestina. Todavia, o sionismo sempre tenha sido na verdade um assunto partidário e controverso; a Agência Judaica, embora alegasse falar em nome do povo judeu como um todo, ainda estava bem consciente de que representava somente uma fração deste. Essa situação mudou de um dia para o outro. Com a exceção de alguns antissionistas obstinados, que ninguém pode levar muito a sério, não há neste momento qualquer organização e quase nenhum judeu individual que não apoie privada ou publicamente a divisão e o estabelecimento de um Estado judaico.

Os intelectuais de esquerda judeus que há relativamente pouco tempo ainda desprezavam o sionismo como uma ideologia para os débeis mentais, e enxergavam a construção de uma pátria judaica como um empreendimento impossível que eles, em sua grande sabedoria, haviam rejeitado antes mesmo de começar; o homem de negócios judeu cujo interesse na política judaica sempre fora determinado pela questão crucial de como manter os judeus fora das manchetes de jornal; os filantropos judeus que consideravam a Palestina como uma caridade extremamente custosa, que drenava os fundos de outros propósitos "mais dignos"; os leitores da imprensa iídiche, que por décadas foram convencidos sinceramente, embora inocentemente, de que a América era a terra prometida – todos esses, do Bronx à Park Avenue, até Greenwich Village e através do Brooklyn, estão unidos hoje na firme convicção de que o Estado judeu é necessário, de que a América traiu o povo judeu, de que o reinado de terror dos grupos Irgun e Stern é mais ou menos justificado, e que o rabino Silver, David Ben-Gurion e Moshe Shertok são os verdadeiros estadistas do povo judeu, embora um pouco moderados demais.

Algo muito semelhante a essa crescente unanimidade entre os judeus americanos surgiu na própria Palestina. Assim como o sionismo fora um assunto partidário entre os judeus americanos, a questão árabe e a questão do Estado foram assuntos controversos dentro do movimento sionista e na Palestina. A opinião política estava fortemente dividida entre o chauvinismo dos revisionistas, o nacionalismo moderado do partido majoritário e os sentimentos veementemente antinacionalistas e antiestatais de grande parte do movimento *kibutz*, particularmente o Ha'Shomer Ha'Tzair. Agora restaram poucas dessas divergências de opinião.

O Ha'Shomer Ha'Tzair formou um único partido com o Ahdut Avogah, sacrificando seu antigo programa binacional pelo "fato consumado" da decisão das Nações Unidas – um organismo, aliás, pelo qual eles nunca tiveram muito respeito quando ainda era chamado de Liga das Nações. O pequeno Aliá Chadashá, composto majoritariamente por imigrantes recentes da Europa Central, ainda retém um pouco de sua velha moderação e de suas simpatias pela Inglaterra, e certamente preferiria Weizmann a Ben-Gurion – mas tendo em vista que Weizmann e a maior parte de seus membros sempre se comprometeram com a divisão, e, como todos os outros, ao Programa Biltmore, essa oposição não mais equivale a muito mais do que uma diferença de personalidade.

O ambiente geral do país, ademais, tem sido tal que o terrorismo e o crescimento da utilização de métodos totalitários são silenciosamente tolerados e secretamente aplaudidos; e a opinião geral e subjacente que qualquer um que deseje apelar ao *yishuv* deve levar em conta não demonstra qualquer divergência perceptível.

Ainda mais surpreendente do que a crescente unanimidade de opinião entre os judeus palestinos, por um lado, e os judeus americanos, por outro, é o fato de que eles estão essencialmente de acordo nas seguintes proposições estabelecidas quase que grosseiramente: chegou o momento de conseguir tudo ou nada, a vitória ou a morte; as reivindicações árabes e judaicas são irreconciliáveis e só uma decisão militar pode resolver a questão; os árabes – todos eles – são nossos inimigos e aceitamos esse fato; só liberais antiquados acreditam em compromissos, só filisteus acreditam na justiça, e só *schlemiels* preferem a verdade e a negociação à propaganda e às metralhadoras; a experiência judaica nas últimas décadas – ou nos últimos séculos, ou nos últimos 2 mil anos – finalmente nos acordou e nos ensinou a nos cuidarmos; só essa é a realidade, tudo o mais é sentimentalismo estúpido, todos estão contra nós, a Grã-Bretanha é antissemita, os Estados Unidos são imperialistas – mas a Rússia pode ser nossa aliada por um certo período porque seus interesses por acaso coincidem com os nossos; contudo, em última análise, não contamos com ninguém exceto nós mesmos; em suma – estamos prontos para cair lutando, e consideraremos todos os que ficam em nosso caminho traidores e tudo que for feito para nos impedir, uma punhalada nas costas.

Seria frívolo negar a conexão íntima entre esse ânimo da parte dos judeus em todo lugar e a catástrofe europeia recente, com a subsequente injustiça e indiferença fantásticas em relação aos sobreviventes remanescentes que foram desse modo transformados tão impiedosamente em pessoas deslocadas. O resultado foi uma mudança impressionante e veloz no que chamamos de caráter nacional.

Depois de 2 mil anos de "mentalidade Galuth", o povo judeu subitamente parou de acreditar na sobrevivência como um bem definitivo em si próprio e passou em poucos anos para o extremo oposto. Agora os judeus acreditam em lutar a qualquer preço e sentem que "cair em combate" é um método sensato de fazer política.

A unanimidade da opinião é um fenômeno ameaçador, e uma característica de nossa moderna era das massas. Destrói a vida social e pessoal, que é baseada no fato de que somos diferentes por natureza e por convicção. Ter opiniões diferentes e estar consciente de que outras pessoas pensam de forma diferente a respeito do mesmo assunto nos defende da certeza divina que interrompe toda discussão e reduz as relações sociais àquelas de um formigueiro. Uma opinião pública unânime tende a eliminar totalmente aqueles que divergem, pois a unanimidade de massa não é o resultado de uma concordância, mas uma expressão de fanatismo e histeria. Em contraste com a concordância, a unanimidade não para em certos objetos bem definidos, mas se espalha como uma infecção para todos os assuntos conexos.

Desse modo, a unanimidade judaica sobre a questão da Palestina já incitou uma mudança de certa forma vaga e inarticulada da opinião pública na direção das simpatias pró-soviéticas, uma mudança que afeta até pessoas que por mais de 25 anos denunciaram consistentemente as políticas bolcheviques. Ainda mais significativas que essas mudanças de ânimo e atitude geral foram as tentativas de estabelecer uma orientação antiocidental e pró-soviética dentro do movimento sionista. A resignação de Moshe Sneh, o organizador da imigração ilegal, anteriormente proeminente na Haganah, é importante nesse contexto; e pronunciamentos ocasionais de quase todos os delegados palestinos na América apontam ainda mais fortemente nessa direção. O programa, finalmente, do novo partido palestino de esquerda formado pela fusão do Ha'Shomer Ha'Tzair com o Ahdut Avodah esclareceu publicamente que sua principal razão para não se juntar ao partido majoritário é o desejo de que a política externa sionista apoie-se mais na Rússia do que nas democracias ocidentais.

A mentalidade por trás dessa compreensão irrealista da política russa e das consequências de se sujeitar a ela tem uma longa tradição no sionismo. Como é bastante compreensível em relação às pessoas sem experiência política, sempre esteve presente uma esperança infantil de que algum irmão mais velho viesse ajudar o povo judeu, resolver seus problemas, protegê-lo dos árabes e presenteá-lo com um belo Estado judeu com todos os aparatos. Esse papel foi preenchido na imaginação judaica pela Grã-Bretanha – até a emissão do Livro Branco; e por conta dessa confiança ingênua, e uma igualmente ingênua subestimação das forças árabes, por décadas os líderes judeus deixaram escapar uma oportunidade depois da outra de chegar a uma concordância com os árabes. Depois da eclosão da Segunda Guerra Mundial, e particularmente desde o Programa Biltmore, o papel imaginário do irmão mais velho dos judeus recaiu sobre os Estados Unidos. Mas tornou-se claro muito rapidamente que a América não está em uma posição mais apta do que a Inglaterra, e assim a Rússia Soviética resta como o único poder sobre o qual se pode depositar tolas esperanças. É impressionante, contudo, que a Rússia seja o primeiro irmão mais velho em que nem mesmo os judeus confiam totalmente. Pela primeira vez, uma nota de cinismo ingressa nas esperanças judaicas.

Infelizmente, essa desconfiança saudável não é causada tanto por uma suspeita específica em relação à política sionista, mas sim por um outro sentimento tradicionalmente sionista que no momento já se apoderou de todos os setores do povo judeu: a convicção cínica e inveterada de que todos os gentios são antissemitas, e de que todos e tudo são contra os judeus, que, nas palavras de Herzl, o mundo pode ser dividido em *verschämte und unverschämte Antisemiten*, e que "o significado essencial do sionismo é a revolta dos judeus contra sua missão inútil e infeliz – que tem sido desafiar os gentios a serem mais cruéis do que eles se atreveriam sem forçá-los a serem tão gentis quanto deveriam, [com o resultado de que a revolta sionista acabou por reproduzir] em uma outra perspectiva o retrato dinâmico da missão de Israel" (Benjamin Halpern na *New Leader*, dezembro de 1947). Em outras palavras, a hostilidade gentia geral, um fenômeno que Herzl pensou que fosse dirigido apenas à comunidade judaica do Galuth, e que portanto desapareceria com a normalização do povo judeu na Palestina, é agora presumido inalterável pelos sionistas, um eterno fato da história judaica que se repete sob quaisquer circunstâncias, mesmo na Palestina.

Obviamente essa postura é simples chauvinismo racista, e é igualmente óbvio que essa divisão entre judeus e outros povos – que estão sendo classificados como inimigos – não difere de outras teorias de uma raça dominante (muito embora a "raça dominante" judaica não esteja comprometida com a conquista por seus protagonistas, mas com seu suicídio). Também está claro que qualquer interpretação da política orientada segundo esses "princípios" está irremediavelmente fora de sintonia com as realidades deste mundo. Entretanto, é um fato que essas posturas permeiam tacitamente ou explicitamente a atmosfera geral da comunidade judaica; e, por conseguinte, os líderes judeus podem ameaçar suicídio coletivo sob os aplausos de suas audiências, e o terrível e irresponsável "ou então, pereceremos" se insinua em todas as declarações oficiais judaicas, independentemente de quão radicais ou moderadas sejam suas fontes.

Todos os que acreditam em um governo democrático sabem da importância de uma oposição leal. A tragédia da política judaica no momento é que ela é inteiramente determinada pela Agência Judaica e que não existe nenhuma oposição significativa a ela quer na Palestina, quer na América.

Na época da Declaração de Balfour, a leal oposição à política sionista era constituída por não sionistas (certamente esse era o caso depois de 1929, quando metade do executivo eleito pela Agência Judaica era formada por não sionistas). Mas para todos os efeitos práticos, a oposição não sionista não existe mais hoje. Esse desenvolvimento lamentável foi encorajado, se não causado, pelo fato de os Estados Unidos e as Nações Unidas finalmente terem endossado uma demanda judaica extremista que os não sionistas sempre consideraram totalmente irrealista. Com o apoio a um Estado judaico pelas grandes potências, os não sionistas acreditavam ter sido refutados pela própria realidade. Sua súbita perda de importância, e sua impotência em face do que consideravam justificado em pensamento e fato consumado, foram os resultados de uma postura que identificou a realidade com a soma daqueles fatos criados pelos poderes instaurados – e só por eles. Eles acreditaram na Declaração de Balfour, e não no desejo do povo judeu de construir sua pátria; eles haviam contado com os governos britânico ou americano, e não com as pessoas vivendo no Oriente Médio. Eles haviam se recusado a colaborar com o Programa Biltmore – mas o aceitaram quando ele foi reconhecido pelos Estados Unidos e pelas Nações Unidas.

Agora, se os não sionistas tivessem querido agir como realistas genuínos na política judaica, deveriam ter insistido e continuado a insistir que a única realidade permanente em toda a constelação era a presença dos árabes na Palestina, uma realidade que nenhuma decisão poderia alterar – exceto, talvez, pela decisão de um Estado totalitarista, implementado por sua marca específica de força impiedosa. Em vez disso, eles confundiram as decisões de grandes potências com as realidades irrevogáveis e lhes faltou coragem para avisar não somente seus companheiros judeus, mas também seus respectivos governos, sobre as possíveis consequências da divisão e da declaração de um Estado judaico. Já foi sinistro o suficiente o fato de que não restasse nenhum partido sionista significativo para opor-se à decisão de 29 de novembro, a minoria estando comprometida com o Estado judeu, e os outros (a maioria sob Weizmann) com a divisão;

mas foi francamente trágico que no momento mais crucial de todos a leal oposição dos não sionistas tenha simplesmente desaparecido.

Em face ao "desespero e resolutividade" do *yishuv* (como colocou recentemente um delegado palestino) e às ameaças de suicídio dos líderes judeus, pode ser útil lembrar aos judeus e ao mundo do que é que vai "cair" se a tragédia definitiva se abater sobre a Palestina.

A Palestina e a construção de uma pátria judaica constituem hoje a grande esperança e o grande orgulho dos judeus em todo o mundo. O que aconteceria aos judeus, individual e coletivamente, se essa esperança e esse orgulho fossem extintos em outra catástrofe é quase inimaginável. Mas é certo que isso se tornaria o fato central da história judaica e é possível que se torne o começo da autodissolução do povo judeu. Não há nenhum judeu no mundo cuja perspectiva de vida e de mundo não seria radicalmente alterada por tal tragédia.

Se o *yishuv* fosse abaixo, levaria consigo em sua queda os assentamentos coletivos, os *kibutzim* – que constituem talvez o mais promissor de todos os experimentos sociais realizados no século xx, assim como a parte mais magnífica da pátria judaica.

Aqui, em completa liberdade e sem entraves de qualquer governo, uma nova forma de apropriação, um novo tipo de agricultor, um novo modo de vida familiar e educação infantil e novas abordagens aos conflitos problemáticos entre a cidade e o campo, entre o trabalho rural e industrial foram criados.

As pessoas dos *kibutzim* foram muito absorvidas em suas resoluções silenciosas e efetivas para fazerem com que suas vozes fossem ouvidas o suficiente na política sionista. Se é verdade que os membros dos grupos Irgun e Stern não são recrutados dos *kibutzim*, também é verdade que os *kibutzim* não colocaram nenhum grave obstáculo ao terrorismo.

É essa mesma abstenção da política, essa concentração entusiástica em problemas imediatos, que permitiu que os pioneiros dos kibutz fossem adiante com seu trabalho, imperturbados pelas ideologias mais perniciosas de nossos tempos, estabelecendo novas leis e padrões de comportamento, novos costumes e novos valores, e os traduzindo e integrando em novas instituições. A perda dos *kibutzim*, a ruína do novo tipo de homem que eles produziram, a destruição de suas instituições e o esquecimento que engoliria o fruto de suas experiências – isso seria um dos golpes mais severos para as esperanças daqueles, judeus e não judeus, que não fizeram, nem nunca farão, as pazes com a sociedade atual e seus padrões. Pois esse experimento judaico na Palestina alimenta a esperança de soluções que serão aceitáveis e aplicáveis, não somente em casos individuais, como também para a grande massa de homens em toda parte cuja dignidade e mesmo humanidade estão tão seriamente ameaçadas em nosso tempo pelas pressões da vida moderna e seus problemas não resolvidos.

Ainda outro precedente, ou ao menos sua possibilidade, cairia junto com o *yishuv* – aquele da cooperação próxima entre dois povos, um encarnando os modos mais avançados da civilização europeia, o outro outrora uma vítima da opressão e do atraso colonial. A ideia da cooperação judaico-árabe, embora nunca realizada em nenhuma escala e parecendo hoje mais distante do que nunca, não é um devaneio idealístico, mas uma afirmação sóbria do fato de que, sem ela, toda a aventura judaica na Palestina está condenada. Judeus e árabes poderiam ser forçados pelas circunstâncias a mostrarem ao mundo que não há diferenças entre dois povos que não possam ser transpostas. De fato, a elaboração de tal *modus vivendi* pode afinal servir como um modelo de como combater a perigosa tendência de povos anteriormente oprimidos se isolarem do resto do mundo e desenvolverem seus próprios complexos de superioridade nacionalista.

Muitas oportunidades para a associação judaico-árabe já foram perdidas, mas nenhuma dessas falhas pode alterar o fato fundamental de que a existência dos judeus na Palestina depende de sua realização. Ademais, os judeus têm uma vantagem no fato de que, excluídos como foram da história oficial por séculos, não possuem um passado imperialista para superar. Eles ainda podem agir como uma vanguarda nas relações internacionais em uma escala pequena, porém válida – como nos *kibutzim*, em que eles já agiram como uma vanguarda nas relações sociais, a despeito dos números relativamente insignificantes de pessoas envolvidas.

Há pouquíssima dúvida a respeito do resultado final de uma guerra total entre árabes e judeus. Pode-se ganhar muitas batalhas sem se ganhar a guerra. E até agora, não ocorreu nenhuma batalha verdadeira na Palestina.

E mesmo se os judeus ganhassem a guerra, por fim descobririam as possibilidades e realizações incomparáveis do sionismo na Palestina destruídos. A terra que passaria a existir seria algo bem diferente do sonho da comunidade judaica mundial, sionista e não sionista. Os judeus "vitoriosos" viveriam cercados por uma população árabe totalmente hostil, isolados dentro de fronteiras constantemente ameaçadas, absorvidos pela autodefesa física em um nível que afogaria todos os outros interesses e atividades. O crescimento da cultura judaica deixaria de ser a preocupação de todo o povo; os experimentos sociais teriam de ser descartados como luxos impraticáveis; o pensamento político giraria em torno da estratégia militar; o desenvolvimento econômico seria determinado exclusivamente pelas necessidades da guerra. E tudo isso seria o destino de uma nação que – independentemente de quantos imigrantes ainda pudesse absorver e até que ponto estendesse suas fronteiras (toda a Palestina e a Transjordânia é a reivindicação insana dos revisionistas) – ainda continuaria a ser um povo muito pequeno com números muito inferiores em comparação aos seus vizinhos hostis.

Sob tais circunstâncias (como apontou Ernst Simon), os judeus palestinos degenerariam em uma daquelas pequenas tribos guerreiras sobre cujas possibilidades e importância a história nos informou amplamente desde a época de Esparta. Suas relações com a comunidade judaica mundial se tornariam problemáticas, uma vez que seus interesses militares poderiam colidir a qualquer momento com aqueles de outros países onde muitos judeus viveriam. A comunidade judaica palestina acabaria por se separar do organismo maior da comunidade judaica mundial, e em seu isolamento se desenvolveria como um povo totalmente novo. Assim, torna-se claro que, neste momento e sob as circunstâncias presentes, um Estado judaico só pode ser erigido à custa de uma pátria judaica.

Felizmente, ainda há alguns judeus que mostraram nesses dias amargos terem sabedoria demais e um senso de responsabilidade grande demais para ir cegamente até onde as massas desesperadas e fanáticas os levariam. Ainda existem, apesar das aparências, alguns árabes que não estão felizes com a colaboração cada vez mais fascista de seus movimentos nacionais.

Até muito recentemente, além disso, os árabes palestinos estavam relativamente despreocupados com o conflito com os judeus, e mesmo o real combate contra eles é ainda hoje deixado aos chamados voluntários dos países vizinhos. Mas agora até essa situação começou a mudar. As evacuações das populações árabes de Haifa e Tiberíades são o acontecimento mais aziago da guerra árabe-judaica até o momento. Essas evacuações não poderiam ter sido realizadas sem uma preparação cuidadosa, e é pouco provável que elas sejam espontâneas. No entanto, é muito duvidoso que a liderança árabe, que ao criar o desalojamento entre árabes palestinos objetiva incitar o mundo muçulmano, teria conseguido persuadir dezenas de milhares de moradores das cidades a desertarem todos os seus bens terrenos num piscar de olhos, se o massacre de Deir Yassin não tivesse incutido o medo dos judeus na população árabe. E outro crime que favoreceu a liderança árabe havia sido cometido somente alguns meses antes na própria Haifa, quando o Irgun jogou uma bomba em uma fila de trabalhadores árabes fora da refinaria de Haifa, um dos poucos lugares onde judeus e árabes haviam trabalhado lado a lado por anos.

As implicações políticas desses atos, nenhum dos quais teve qualquer objetivo militar, estão demasiado claras em ambos os casos: eles visavam aqueles lugares onde as relações de vizinhança entre árabes e judeus não haviam sido completamente destruídas; pretendiam despertar a ira do povo árabe para poupar a liderança judaica de todas as tentações a negociar; criaram aquela atmosfera de cumplicidade factual que é sempre um dos principais pré-requisitos para a ascensão ao poder de grupos terroristas. E, de fato, nenhuma liderança judaica apresentou-se para impedir o Irgun de tomar as questões políticas em suas próprias mãos e de declarar guerra contra todos os árabes em nome da comunidade judaica. Os protestos mornos da Agência Judaica e da Haganah, eternamente atrasados, foram seguidos, dois dias mais tarde, por um anúncio de Tel Aviv de que o Irgun e a Haganah estavam para fechar um acordo. O ataque do Irgun a Jaffa, denunciado primeiro pela Haganah, foi seguido de um acordo para ação conjunta e do envio de unidades da Haganah para Jaffa. Isso mostra em que medida a iniciativa política já está em mãos terroristas.

O executivo atual da Agência Judaica e o Vaad Leuni agora já demonstraram amplamente que não estão dispostos, ou que são incapazes, de impedir que os terroristas tomem decisões políticas por todo o *yishuv*. É até questionável se a Agência Judaica ainda está em posição de negociar uma trégua temporária, uma vez que sua imposição dependeria do consentimento de grupos extremistas. É bem possível que essa tenha sido uma das razões pelas quais os representantes da Agência, embora devam conhecer as necessidades desesperadas de seu povo, permitiram que as recentes negociações de uma trégua se rompessem. Pode ser que estivessem relutantes em revelar para todo o mundo sua falta de poder e autoridade efetivos.

As Nações Unidas e os Estados Unidos até o momento simplesmente aceitaram os delegados eleitos dos povos judeu e árabe, o que foi, é claro, a coisa certa a fazer. Depois do rompimento das negociações de trégua, contudo, ao que parece só restaram duas alternativas para as grandes potências: abandonar o país (com a possível exceção dos lugares sagrados) a uma guerra que não apenas pode significar um outro extermínio dos judeus, mas também pode evoluir para um conflito internacional de larga escala; ou ocupar o país com tropas estrangeiras e governá-lo sem levar muito em consideração os judeus ou os árabes. A segunda alternativa é claramente imperialista e muito provavelmente seria um fracasso se não conduzida por um governo totalitário com toda a parafernália do terror policial.

No entanto, uma saída para esse dilema pode ser encontrado se as Nações Unidas puderem reunir a coragem nessa situação inaudita de dar um passo inaudito, indo até aqueles indivíduos judeus e árabes que no momento estão isolados por conta de sua crença sincera na cooperação árabe-judaica, e pedindo-lhes que negociem uma trégua. Do lado judaico, o chamado grupo Ihud entre os sionistas, assim como determinados não sionistas excepcionais, são claramente as pessoas mais elegíveis para esse propósito no momento.

Essa trégua, ou melhor, esse entendimento preliminar – mesmo se negociado entre partes não reconhecidas – mostraria aos judeus e árabes o que poderia ser feito. Conhecendo a volubilidade proverbial das massas, há uma séria possibilidade de mudança rápida e radical nos ânimos, que é o pré-requisito para qualquer solução verdadeira.

Tal movimento, porém, só poderia ser efetivo se concessões forem feitas ao mesmo tempo por ambos os lados. O Livro Branco foi um enorme obstáculo, em vista das necessidades terríveis das pessoas deslocadas entre os judeus. Sem a solução de seus problemas, não se pode esperar nenhuma melhoria nos ânimos do povo judeu. A admissão imediata desses judeus deslocados na Palestina, embora limitada em termos de tempo e número, assim como a admissão imediata de judeus e outras pessoas deslocadas nos Estados Unidos fora do sistema de quotas, são pré-requisitos para uma solução sensível. Por outro lado, deveria ser garantido aos árabes palestinos uma co-participação bem definida no desenvolvimento judaico do país, que sob quaisquer circunstâncias continuará a ser sua pátria comum. Isso não seria impossível se as grandes quantias gastas hoje com defesa e reconstrução fossem utilizadas, em vez disso, para a realização do projeto da Autoridade do Vale do Jordão.

Não pode haver dúvidas de que uma tutela, como a proposta pelo presidente Truman e endossada pelo dr. Magnes, seja a melhor solução temporária. Ela teria a vantagem de prevenir o estabelecimento de uma soberania cujo único direito soberano seria o de cometer suicídio. Proporcionaria um período de arrefecimento. Ela poderia começar o projeto da Autoridade do Vale do Jordão como um empreendimento do governo e poderia estabelecer para sua realização comitês judaico-árabes sob a supervisão e auspícios de uma autoridade internacional. Poderia indicar membros da intelligentsia judaica e árabe para postos em gabinetes locais e municipais. E, por fim, mas não menos importante, uma tutela sobre toda a Palestina adiaria e possivelmente preveniria a divisão do país.

É verdade que muitos judeus não fanáticos e de sincera boa vontade acreditaram na divisão como uma forma possível de resolver o conflito árabe-judaico. À luz das realidades política, militar e geográfica, contudo, isso sempre foi uma ilusão. A divisão de um país tão pequeno poderia, na melhor das hipóteses, significar a petrificação do conflito, que resultaria no bloqueio do desenvolvimento para ambos os povos; e na pior das hipóteses significaria um estágio temporário durante o qual ambas as partes se prepariam para a guerra vindoura. A proposta alternativa de um Estado federado, também endossada recentemente pelo dr. Magnes, é muito mais realista; a despeito do fato de que estabelece um governo comum para dois povos diferentes, ela evita a conformação problemática de maioria-minoria, que é insolúvel por definição. Uma estrutura federada, ademais, teria de se basear em conselhos comunitários judaico-árabes, o que significaria que o conflito judaico-árabe seria resolvido no nível mais baixo e promissor de proximidade e vizinhança. Um Estado federado, finalmente, poderia ser o trampolim natural para a constituição futura de qualquer estrutura federativa mais ampla na área do Oriente Médio e do Mediterrâneo.

Um Estado federado, contudo, como é proposto pelo Plano Morrison, está fora das reais possibilidades políticas do dia. Na situação atual, seria quase tão insensato proclamar um Estado federado passando por cima e indo contra a oposição de ambos os povos quanto já o foi proclamar a divisão. Esta não é, certamente, a hora para soluções finais; todo passo possível e praticável é hoje um esforço provisório cujo principal objetivo é a pacificação e nada mais.

A tutela não é uma solução ideal e nem eterna. Mas a política dificilmente oferece soluções ideais e eternas. Uma tutela das Nações Unidas pode ser efetivamente implementada somente se os Estados Unidos e a Grã-Bretanha estiverem prontos para apoiá-la, não importando o que aconteça. Isso não significa necessariamente grandes compromissos militares. Ainda há uma grande chance do recrutamento de forças policiais *in loco* se for negada aos atuais membros do Alto Comissariado Árabe e da Agência Judaica a autoridade no país. Pequenas unidades locais compostas por judeus e árabes, sob o comando de oficiais superiores de países membros das Nações Unidas, poderiam tornar-se uma escola importante para um futuro autogoverno cooperativo.

...

Infelizmente, em uma atmosfera histérica tais propostas são suscetíveis demais a serem dispensadas como se fossem "punhaladas nas costas" ou irrealistas.

Elas não são nada disso; são, pelo contrário, a única forma de salvar a realidades da pátria judaica.

Não importa qual o desfecho do impasse atual, os seguintes fatores objetivos deveriam ser critérios axiomáticos para o bem e o mal, o certo e o errado:

1. O verdadeiro objetivo dos judeus na Palestina é a construção de uma pátria judaica. Esse objetivo nunca deve ser sacrificado em nome da pseudossoberania de um Estado judeu.

2. A independência da Palestina pode ser alcançada somente sobre uma sólida base de cooperação judaico-árabe. Enquanto ambas as lideranças judaica e árabe alegarem que "não existe uma ponte" entre judeus e árabes (como Moshe Shertok acaba de colocar), o território não pode ser deixado à sabedoria política de seus próprios habitantes.

3. A eliminação de todos os grupos terroristas (e não o acordo com eles) e uma rápida punição de todos os atos terroristas (e não meramente protestos contra estes) serão as únicas provas válidas de que o povo judeu na Palestina recuperou seu senso de realidade política e de que a liderança sionista é novamente responsável o suficiente para que a ela sejam confiados os destinos do *yishuv*.

4. A imigração para a Palestina, limitada em número e no tempo, é o único "mínimo irredutível" na política judaica.

5. O autogoverno local e conselhos municipais e rurais mistos de judeus e árabes, em uma pequena escala e tão numerosos quanto possível, são as únicas medidas políticas realistas que eventualmente podem conduzir à emancipação política da Palestina. Ainda não é tarde demais.

1948

AS VIRTUDES DA PERSONALIDADE

Uma crítica de Chaim Weizmann: Statesman, Scientist, Builder of the Jewish Commonwealth [Chaim Weizmann: estadista, cientista, criador da commonwealth judaica][1]

VINTE E QUATRO DE SUAS PÁGINAS CONFEREM A ESSE LIVRO SEU alto valor – enterradas em uma longa série de contribuições de qualidade variável, a maioria delas discursos após o jantar que competem uns com os outros por superlativos. As 24 páginas são de autoria do próprio Weizmann, uma reimpressão de uma declaração dada antes da Comissão Real para a Palestina em 1936.

Elas começam com uma breve avaliação do problema judaico, que é definido como o "desalojamento de todo um povo." Cuidadosamente evitando observações teóricas, aponta diretamente para as necessidades prementes de cerca de 6 milhões de judeus na Europa Oriental e Central. É feita uma breve alusão a certas "tendências destrutivas na comunidade judaica" contra as quais Weizmann ha-

1 Editado por Meyer W. Weisgal. Prefácio de Felix Frankfurter (Nova York, Dial Press, 1944). (N.E.)

via lutado "desde a tenra idade", e fica uma leve impressão de que o sionismo está ligado à luta contra tendências revolucionárias – um velho argumento, já usado e abusado por Herzl. A seguir, vem uma referência igualmente cautelosa ao desconforto judaico no mundo ocidental.

A segunda parte do discurso abre com um forte apelo à história. Os movimentos messiânicos – "uma forma menos racionalista do movimento sionista moderno" – são relacionados magistralmente com trezentos anos de história britânica ao longo dos quais os "estadistas e teólogos [britânicos] defendiam o retorno dos judeus à Palestina". Assim, a Declaração de Balfour proveio de um sentimento "semirreligioso, semirromântico", que pode "ter sido misturado com outras razões". A análise da Declaração de Balfour que Weizmann então passa a fazer é formulada em termos muito prudentes, evitando qualquer referência à Palestina *como* uma pátria, mas referindo-se a uma pátria *na* Palestina. Com o slogan de que esta deveria ser "tão judaica quanto a Inglaterra é inglesa", essas questões controversas, como a autoadministração ou o desenvolvimento da independência política, são evadidas. Somente aludindo a uma determinada opinião britânica que censurava os sionistas por terem trazido "a escória da Europa para a Palestina", Weizmann – pela primeira e última vez em todo o seu discurso – abandona a frieza e neutralidade calculadas de sua apresentação: "Se eles merecem ser definidos como a escória da Europa, eu gostaria de ser considerado parte dessa escória".

Alguns parágrafos sobre o problema árabe mencionam a cooperação entre judeus e árabes durante a Idade Média e conseguem contornar quase completamente o conflito judaico-árabe contemporâneo. Por outro lado, Weizmann se torna muito atualizado, preciso e detalhado no que se refere às questões de terra e trabalho na Palestina. Ele conclui rejeitando polidamente um conselho legislativo para a Palestina (uma proposta britânica que teria dado direitos de maioria aos árabes automaticamente), e com o desejo igualmente polido de que a comissão encontre uma saída para as dificuldades atuais. Ele não toma iniciativa, não oferece uma proposta política própria.

Ninguém familiarizado com as circunstâncias dessa declaração pode negar que seja uma obra-prima de moderação, autocontrole e dignidade. Mesmo descontando as circunstâncias, é uma leitura muito impressionante. Exibe os traços mais típicos de Weizmann como político, que são aqueles de um negociador e diplomata. Essas mesmas qualidades, contudo, quase não contribuem para a grandeza duradoura que tantos colaboradores deste livro atribuem ao homem – alguns porque estão genuinamente impressionados e alguns porque são vítimas do culto ao líder vulgar de nossos tempos.

No entanto, esse documento inspira mais do que habilidade, diplomacia e o benefício de uma boa apresentação; ele encarna da forma mais discreta os dois principais elementos que formaram as convicções políticas de Weizmann: uma fé inabalável na Inglaterra ("Se eu não acreditasse, eu não poderia ser um sionista. E [...] eu acredito na Inglaterra") e uma crença igualmente forte de que todas as questões políticas não são apenas secundárias para conquistas práticas, mas são realmente resolvidas no próprio processo de plantio e construção. Ele até pensou, certa vez, em formar um exército judaico na Palestina, a despeito de proibições políticas, recrutando-o pacientemente "um homem após o outro." Os eventos políticos recentes não abalaram sua confiança em nenhum desses dois princípios – o que é surpreendente somente quando a situação atual na Palestina é considerada realisticamente, mas não se percebemos quão bem esses princípios complementam um ao outro.

O sucesso de Weizmann – provavelmente o maior alcançado por um judeu em nosso tempo – é baseado menos em suas convicções políticas bastante banais do que em seus dons sociais, que são muito raros. Seu extraordinário senso de atmosfera é o segredo desse "britanismo", como o chama Norman Angell – além da fascinação e perspicácia. Sua influência política na Inglaterra está firmemente baseada em sua posição na alta sociedade, na qual ele é recebido em igualdade de condições. Nesse, como em outros aspectos, ele pode ser comparado apenas a Benjamin Disraeli, e certamente não é por acaso que ambos conquistaram a sociedade com exatamente a mesma arma: eles apresentaram seu judaísmo como um sinal de distinção e souberam como sustentá-lo enquanto tal – em uma sociedade aristocrática fundada em distinção pelo nascimento.

É óbvio que esse modo de vida tem um forte apelo para a imaginação popular. Seu sucesso universal com os judeus – tanto os amigos como os inimigos – quase pode ser explicado pelos títulos que Sholem Asch e Jacob Fishman deram a seus artigos neste livro: *He Shall Stand Before Kings* [Ele estará perante reis] e *... Like the rest of us* [... Como o resto de nós]. A grande realização de Weizmann, não só no mundo judaico como em outros lugares, é ter assimilado sua origem judaica russa em sua posição social de fato de uma tal forma que ambas são transparentes em seu comportamento geral a todo momento.

O livro em questão entedia o leitor com elogios supergenerosos e hipérboles totalmente estranhas à personalidade de Weizmann: ele é comparado a grandes homens desde Abraão até Lenin. A edição cuidadosa não conseguiu eliminar as inúmeras repetições das mesmas anedotas. Até os melhores artigos sofrem de uma falta generalizada de razão e calor. Perguntamo-nos se os colaboradores, escolhidos aparentemente por seus distintos nomes e não por sua camaradagem de armas, são os culpados, ou se então a raiz não está na personalidade curiosa do homem em si, cuja maior qualidade, a fascinação, é por sua própria natureza transitória.

1945

TRILHA ÚNICA PARA SIÃO
Uma crítica de Trial and Error: The Autobiography of Chaim Weizmann [Tentativa e erro: a autobiografia de Chaim Weizmann]

O GRANDE CHARME DESSE RELATO PESSOAL DE CINQUENTA ANOS de história está em uma daquelas coincidências fortuitas em que a biografia e a história tornam-se uma. O dr. Chaim Weizmann pode nos contar sobre sua infância na Rússia em termos do movimento Chibath Zion (os percursos do sionismo), do início de sua idade adulta na Alemanha e na Suíça em termos dos primeiros congressos sionistas em Basel, de sua maturidade na Inglaterra em termos da Declaração de Balfour e do Mandato Britânico na Palestina, e deste último ano, quando ele se sentou para contar a história da busca de um único objetivo ao longo de toda a vida, em termos de sua conquista – o Estado de Israel.

Toda a narrativa é permeada com uma determinação resistente de nunca perder essa identificação, apesar do fato de que o estabelecimento de um Estado judeu ocorreu por meio da derrota dos princípios mais caros ao dr. Weizmann: cooperação com a Grã-Bretanha (a pedra angular de sua política externa) e a insistência no "caminho difícil" e lento, na primazia do trabalho pioneiro prático sobre as ações políticas (o fundamento de sua política interna). Talvez nada ilustre melhor sua grande habilidade política do que a forma como ele lida com uma situação que foi arrancada de suas mãos por seus antigos oponentes políticos, que ele dificilmente menciona por seus nomes, porém consegue lembrar de seus antigos alertas contra "atalhos" e os perigos de "procurar viver por um tipo de milagre contínuo". O dr. Weizmann torna muito claro que não considera sua autobiografia uma última declaração profunda, dada no fim de sua vida e escrita para a eternidade. Ela é, pelo contrário, a história que um homem, forçado a sair temporariamente da arena política, escolhe contar nesse momento particular e com determinados objetivos políticos.

O objetivo político do livro é patente e anima cada página. É natural que também possa entrar ocasionalmente em conflito com a verdade histórica. Na verdade, a seção mais consistentemente pró--britânica do sionismo perdeu seu significado quando a Grã-Breta-nha foi confiada com o mandato. Por questão de conveniência, o dr. Weizmann atenua o papel do sionismo da Europa Central – especi-ficamente o alemão e o austríaco –, que tiveram a estranha infelici-dade de sofrerem a derrota por meio da realização de seus próprios objetivos e do cumprimento de suas próprias profecias (os sionistas alemães, os negadores mais radicais da Diáspora judaica, sofreram uma perda de prestígio tão irreparável na Palestina com a ascensão de Hitler ao poder quanto os judeus alemães em outros países de re-fúgio). É característico do tipo de realismo do dr. Weizmann que ele nunca pense que é sua incumbência consertar esse erro histórico inevitável, apesar do fato de que seu próprio partido na Palestina, o Partido Sionista Progressista, seja composto quase inteiramente de imigrantes da Europa Central.

A mesma tendência de rearranjar os fatos em vista de argumen-tos políticos é visível no tratamento dado à Declaração de Balfour.

Para justificar, em uma situação totalmente mudada, sua orientação exclusivamente britânica por um período tão longo, ele salienta repetidamente que "a Inglaterra sentiu que não tinha que intervir na Palestina exceto como parte do plano para a criação da Pátria Judaica" e que a única oposição britânica à Declaração de Balfour veio do sr. Montagu e de outros judeus assimilados e influentes. Contudo, sua própria apresentação contém a refutação de ambas as afirmações: as negociações começaram no caso de a Palestina cair dentro da esfera de interesse britânica" e com o argumento "[d]a importância de uma Palestina Judaica no esquema imperial britânico"; e a administração colonial é retratada como pró-árabe e antijudaica desde o início do mandato.

Tais inconsistências, no entanto, são apenas o lado B dos grandes dons políticos do dr. Weizmann: sua habilidade de se ajustar às circunstâncias, de encontrar slogans políticos marcantes no calor do momento, seu talento para replicar rapidamente e para lidar com pessoas de todas as classes e todos os países. Estes explicam a extraordinária carreira deste homem, que conseguiu conquistar seu lugar entre os principais atores de seu tempo e, o que foi muito mais difícil, seu lugar na sociedade britânica como um completo forasteiro e sem a ajuda de ninguém – algo que ninguém, exceto Benjamin Disraeli, havia conquistado. Todavia, tão significativo para o caráter do homem quanto sua extrema adaptabilidade e flexibilidade é o núcleo duro de um senso de propósito inabalável. Não apenas, como ele mesmo diz, poucas coisas o interessaram além do sionismo e da química, como tudo e todos que ele conheceu em uma longa e rica vida foram considerados e, por assim dizer, classificados, de acordo com esse único propósito. Para ele, a ciência não é a eterna busca pela verdade, mas o impulso "de fazer algo prático", um instrumento para uma tarefa bem definida: a construção da Palestina principalmente, mas também a possibilidade daquela independência financeira

677

à qual ele deve tanto do seu sucesso político, e, por último mas não menos importante, seu insuperável bilhete de entrada para o mundo internacional.

O que emerge portanto das páginas de sua autobiografia não é de forma alguma uma vida dividida entre preocupações políticas e científicas, defendidas dolorosamente entre as paixões do intelectual e do estadista. É raro, de fato, testemunhar uma vida tão completamente orgânica e integrada como a de Chaim Weizmann, cuja principal orientação foi estabelecida no início da infância e nunca foi interrompida pelo impacto das experiências pessoais ou eventos históricos. Os destaques de sua vida privada – casamento, filhos, morte de um filho, a doença dos olhos de seus últimos anos – são mencionados com uma curiosa moderação, como se o propósito singular de sua vida nunca tivesse deixado tempo ou ócio para que ele aplicasse seu dom a formulações em sua experiência pessoal. Poderia ser esse o motivo pelo qual esse livro, que proporciona uma leitura tão cativante e agradável, careça tão completamente dessa dimensão de profundidade que seria o único elemento capaz de lhe conferir grandiosidade?...

1949

O FRACASSO DA RAZÃO
A missão de Bernadotte

AO LONGO DAS SEMANAS QUE PASSARAM DESDE O ASSASSINATO DO mediador das Nações Unidas na Palestina, a situação tem se deteriorado de forma constante. A difícil trégua chegou ao fim, a autoridade das Nações Unidas enfraqueceu e a força popular dos extremistas de ambos os lados veio mais à tona. Os assassinos não foram pegos e os membros da gangue Stern, que o governo de Israel havia capturado nos primeiros dias após o *attentat*, tiraram vantagem de sua estadia na prisão para demonstrar ao mundo que até a polícia do Estado de Israel simpatizava com os terroristas e estava preparada para fraternizar com eles.

A postura do governo de Israel até agora tem sido ambígua e confusa. As declarações moderadas do ministro das Relações Exteriores, Moshe Shertok, imediatamente depois do assassinato, foram seguidas por uma declaração do primeiro-ministro, Ben-Gurion, ao Conselho de Estado de Israel, segundo a qual "o destino de Israel seria determinado na Palestina ou em combate ou em negociações de paz entre árabes e israelenses, e não nas salas de conferência das Nações Unidas em Paris".

Quando, contudo, sob o choque do assassinato, a crescente coordenação das políticas britânica e americana na Palestina resultaram em uma aprovação comum das propostas de Bernadotte às Nações Unidas, Shertok anunciou de repente que seu governo pode estar disposto a "considerar uma 'confederação' na qual Estados soberanos totalmente independentes trabalhassem juntos". Isso é algo que ninguém além do dr. Magnes e do grupo Ihud na Palestina havia proposto antes, e cujo conceito coincidia com as propostas de paz que Bernadotte havia esboçado em seu primeiro relatório às Nações Unidas no fim da primeira trégua, mas que ele havia sido forçado a abandonar completamente, em parte por conta da postura totalmente negativa do sr. Shertok.

A declaração mais recente de Shertok, por outro lado, é o púnico raio de esperança na atual situação. Uma Palestina confederada é de fato a única alternativa ao controle internacional que as potências ocidentais serão forçadas a impor em virtude de seu supremo interesse na paz no Oriente Médio. Nem há muita dúvida de que nesse caso os interesses imperialistas dominarão novamente os destinos de ambos os povos. Só a confederação, a implementação política e garantia de cooperação permanente, e não a soberania internacional, oferece uma solução na qual os verdadeiros interesses nacionais de ambos os povos possam ser protegidos.

Se as Nações Unidas concordarem com a última análise da situação do conde Bernadotte e aceitarem suas conclusões, elas teriam de divergir de sua decisão original de 29 de novembro de 1947 em um ponto decisivo. A decisão original havia sido baseada na pressuposição de que nenhuma força externa seria necessária para estabelecer um Estado judeu na Palestina e que a divisão liquidaria definitivamente o mandato de qualquer outro tipo de supervisão internacional. Bernadotte, contudo, recomendou um tipo de tutela das Nações Unidas na forma de uma "Comissão de Conciliação Palestina", à qual por um período limitado seriam conferidos os direitos e deveres normalmente associados com os direitos e deveres de um tutor.

Seria a primeira vez que um organismo internacional assumiria o compromisso de administrar diretamente um território específico, e o sucesso desse experimento é muito incerto. Pois, a vantagem óbvia da autoridade internacional direta, uma maior neutralidade, e a falta de interesses nacionais específicos pode ser bem contrabalançada por dificuldades permanentes de implementação. Se um soldado britânico com uma longa tradição imperialista achava difícil "morrer pela Palestina", um membro de uma força policial internacional provavelmente pensará que é ultrajante, enquanto as populações locais provaram saber morrer por suas causas.

Mas se as Nações Unidas decidirem assumir essa pesada responsabilidade, pelo menos terão feito todo o possível para evitar o risco de uma séria perda de prestígio moral que acompanharia uma tutela internacional. A missão do mediador das Nações Unidas não tinha outro objetivo senão atingir um acordo que evitaria, por uma mediação do conflito apoiada internacionalmente, qualquer governo internacional permanente. Se essa tentativa se provar vã, e se as Nações Unidas aceitarem o estabelecimento de uma "Comissão de Conciliação Palestina", isso também pode servir como um precedente pesaroso e levar as Nações Unidas a reconsiderarem o sistema de mandatos da extinta Liga das Nações. A escolha do conde Bernadotte para essa missão, a maneira como ele abordou e interpretou essa tarefa, alçaram o experimento, apesar de seu final infeliz, ao nível mais elevado. Se a última palavra desse homem razoável e incansável foi que a razoabilidade e o compromisso são impraticáveis em um futuro próximo, realmente parece que a única alternativa aos riscos de uma tutela das Nações Unidas seria (para a comunidade internacional e especialmente para os poderes ocidentais) um risco ainda maior de uma guerra judaico-árabe.

A importância política do último relatório de Bernadotte às Nações Unidas está principalmente na diferença de suas propostas iniciais de um assentamento na Palestina, submetidas no final da primeira trégua. Sua antiga convicção da existência de um "denominador comum" entre as duas partes, notadamente o reconhecimento de que, no final das contas, ambas terão de viver em paz, abriu caminho para a descrição de como ele "esforçou-se incessantemente para encontrar uma base comum", "empregou abundantemente tanto a razão como a persuasão", e no entanto não encontrou em parte alguma qualquer base para discussão, muito menos para um acordo. Sua insistência anterior em um espírito de mediação que excluísse a "imposição" e "decisões de cima para baixo" foi suplantada por um apelo à "ação imediata da Assembleia Geral" e do Conselho de Segurança e pela esperança de que a "pressão moral" force ambas as partes a acatar a decisão majoritária nas Nações Unidas. Os princípios que as propostas anteriores haviam estabelecido como uma "estrutura razoável de referência" para uma paz negociada – que as fronteiras deveriam ser negociadas e não impostas, que a união econômica deveria ter algum tipo de implementação política, que a imigração deveria ser limitada depois de dois anos – são abandonados. Sugestões indicativas, porém, que ele havia anexado ao relatório original e intitulado simplesmente de opcionais, e que eram mais uma enumeração de tópicos de discussão do que sugestões reais, formam agora o núcleo de suas recomendações finais. Parece que Bernadotte levou muito a sério a reação do sr. Shertok ao seu plano, de que ele "reconsiderasse toda [sua] abordagem do problema", embora não da forma que o sr. Shertok teria previsto.

Bernadotte mudou sua abordagem da questão Palestina não porque suas sugestões originais foram repudiadas por ambas as partes; isso ele esperava. Ele não esperava que qualquer uma das partes pensaria que valeria a pena fazer quaisquer sugestões. Pelo contrário, ambos os lados ficaram cada vez mais obstinadamente determinados a ignorar completamente o ponto de vista do outro. Os árabes continuaram a demandar um Estado árabe unitário com disposições vagas para uma minoria judaica; os judeus disseram que não se consideravam mais vinculados às fronteiras ou à união econômica das Nações Unidas, que "deve agora ser deixada à apreciação livre e irrestrita do governo de Israel."

As recomendações do segundo relatório concedem ao novo Estado de Israel todo o aparamento da soberania – sob a supervisão das Nações Unidas. As fronteiras seriam impostas – a troca de Negev pela Galileia Ocidental (uma grande perda para o Estado judaico, que precisa de áreas para colonização, e para a Palestina, cujos desertos podem ser transformados em terra fértil somente com a habilidade, trabalho e capital judaicos); Haifa e Lida se tornariam mar livre e aeroporto livre, respectivamente; e Jerusalém, que Bernadotte primeiro sugeriu hesitantemente que deveria ser território árabe, ficará sob o controle das Nações Unidas e por meio de seu valor estratégico e simbólico para a Palestina se tornará o centro do controle internacional de todo o país. A união econômica já é considerada "ultrapassada e irrevogavelmente revista pelos fatos reais da recente história palestina", isto é, principalmente pela determinação árabe de não cooperar e pelo tratamento dado pelos judeus ao problema dos refugiados árabes. A livre imigração será concedida porque as Nações Unidas devem se "comprometer a fornecer uma garantia especial de que as fronteiras entre os territórios árabe e judaico sejam respeitadas e mantidas", de que o controle internacional restringirá a imigração judaica automaticamente em função das limitações da capacidade de absorção econômica.

A diferença decisiva entre o espírito do primeiro e do segundo relatórios está na resposta diferente à questão política de quem irá governar a Palestina. Tudo no primeiro relatório indicava a firme convicção de Bernadotte de que a paz poderia ser alcançada somente com a aproximação dos dois povos, por meio de um compromisso que seria virtualmente independente de qualquer poder internacional ou outro terceiro poder. Tudo no segundo relatório aponta na direção oposta: o verdadeiro autogoverno sem o controle internacional será desastroso e uma das principais tarefas da supervisão internacional das duas partes será "sua ampla separação pela criação de zonas desmilitarizadas extensas fiscalizadas pelas Nações Unidas".

O que Bernadotte realmente propôs em seu segundo relatório e suas conclusões são uma espécie de ditadura da razão. Pois apesar de finalmente, e muito contra sua vontade, ter percebido que não se podia discutir racionalmente com nenhuma das partes, ele não mudou sua avaliação em relação aos "fatores vitais" envolvidos na situação. Ele empregou todos os meios existentes para convencer judeus e árabes da realidade em que viviam: disse aos árabes que um Estado judeu existia e havia sido reconhecido pela maioria das grandes potências, e que não havia nenhuma razão suficientemente forte para supor que não continuaria a existir; ele ressaltou que a divisão da Palestina estava baseada no fato de que "os judeus sempre foram e são agora na realidade uma comunidade totalmente separada cultural e politicamente". Ele disse aos judeus que seu Estado era "um pequeno Estado precariamente empoleirado em um plataforma costeira com suas costas para o mar, com três faces desafiadoramente voltadas para um mundo árabe hostil"; ele os alertou de que a "violenta reação do mundo árabe [...] é também um fator vital na equação" e que seu desenvolvimento e até mesmo sua sobrevivência "deve em grande parte depender em longo prazo da cultivação de relações pacífica e de confiança mútua com os Estados árabes vizinhos, cujos números esmagadores tornam insignificantes qualquer população total à qual possa aspirar o Estado judeu". Esses fatos são realmente notáveis e formam os fatores vitais da situação para todos, exceto para as duas partes conflitantes, que preferem mais acreditar que há uma trama para frustrar suas ambições do que reconhecer o simples fato de que a Palestina está sendo habitada por dois povos diferentes.

Bernadotte sabia que "a unidade territorial, política e econômica seria altamente desejável" e que "a falta dessa completa unidade, alguma forma de união política e econômica seria uma alternativa razoável". Mas percebeu que "o presente antagonismo entre as comunidades árabe e judaica torna impraticável [...] a aplicação de qualquer acordo do gênero". O que aprendera nos três meses seguintes a suas primeiras propostas de paz, durante suas negociações em Tel Aviv, Amã, Cairo, Damasco e Beirute, foi que o verdadeiro denominador entre as duas comunidades era a firme convicção de que somente a força, e não a razão, decidiriam seu conflito.

A principal preocupação de Bernadotte era a paz. Pacifista por convicção, ele achava que as Nações Unidas haviam pedido que ele detivesse a guerra no Oriente Médio a qualquer custo. Se a força fosse admitidamente o único argumento ao qual árabes e judeus escutariam, então a força deveria ser empregada pela comunidade internacional para prevenir a guerra. Se a força fosse o único quadro de referência aceito, então, de qualquer maneira, não haveria necessidade de preocupar-se com "acordos formais" que, embora "extremamente desejáveis", não eram mais considerados por ele "indispensáveis para uma resolução pacífica". As Nações Unidas, e especialmente o bloco ocidental, quase não têm outra alternativa a não ser sobrepor-se à teimosia temerária de ambos os povos, que não compreendem ou não estão atentos às consequências de suas ações dentro do quadro mais amplo da política internacional.

Bernadotte foi denunciado como um agente britânico pelos judeus e como um agente sionista pelos árabes. Ele não era, é claro, agente de ninguém, nem mesmo das Nações Unidas em qualquer sentido mais estrito, visto que não se considerava sujeito às provisões textuais da decisão das Nações Unidas de 29 de novembro de 1947. O ponto é que essas denúncias, precisamente por conta de sua absurdidade, mostram muito claramente um certo estado de espírito que, para escapar da realidade e da verdade, procura razões ocultas e tramas secretas em todos os lugares. O que os judeus e os árabes não conseguiam mais compreender era que poderia existir em nosso mundo um homem independente sem quaisquer preconceitos e nenhum interesse pessoal, e ainda assim apaixonadamente interessado na situação internacional. Ensurdecidos pelo barulho incessante de sua própria propaganda, eles não podiam mais distinguir a voz da integridade; e sobreaquecidos por seu próprio fanatismo, haviam se tornado insensíveis ao verdadeiro calor do coração. Bernadotte, o agente de ninguém, morreu a morte de um herói da paz ao ser assassinado pelos agentes da guerra.

1948

SOBRE A "COLABORAÇÃO"

A EDIÇÃO DE AGOSTO DA *JEWISH FRONTIER* CONTINHA UM ARTIGO de Ben Halpern, *"The partisan in Israel"* [O *partisan* em Israel], no qual, juntamente com Robert Weltsch e Ernst Simon, eu fui alvo de um ataque às minhas visões políticas e aos meus motivos pessoais. Tendo em vista que o ataque do sr. Halpern baseou-se em um *insight* inexplicável e certamente inesperado do meu "subconsciente", eu não penso que seja necessário responder-lhe. Contudo, alguns dos pontos políticos levantados por esse artigo parecem suficientemente pertinentes para merecer uma maior atenção.

O sr. Halpern está correto em afirmar que existe uma oposição à política sionista atual que é baseada em uma análise de longo prazo da posição judaica no Oriente Médio, por um lado, e em uma desconfiança moral e política em relação a todas as atitudes chauvinistas raciais, por outro, e que essa oposição não será silenciada ou refutada com a mudança de constelações do momento. Ele também está correto em afirmar que as apreensões expressas por alguns membros dessa oposição e especialmente por mim têm sido felizmente infundadas até o momento.

Eu não acho que chegou o momento de discutir o fundo político muito complicado e muito perigoso das vitórias militares do Estado de Israel. Mesmo sem essa análise, nenhuma interpretação "metafísica" deveria ser necessária para compreender a diferença em ênfase e importância entre alguns sucessos militares em um pequeno país contra soldados mal armados e mal treinados e a sólida oposição ameaçadora de muitos milhões de pessoas do Marrocos ao Oceano Índico. Essa e outras constelações semelhantes constituem a realidade de longo alcance, que certamente não é menos "real" do que o que acontece em Jerusalém ou na Galileia. O problema com a realidade é que, sem pertencer a um mundo transcendente, nem sempre a percebemos.

O que o sr. Halpern, como muitos de nossos intelectuais interessados politicamente, não compreende é que lidamos na política somente com alertas, e não com profecias. Se eu fosse tola e resignada o bastante para desempenhar o papel do profeta, certamente estaria satisfeita em compartilhar seu eterno destino, que é ser provado errado repetidamente, exceto no momento decisivo, quando é tarde demais.

Muito mais pertinentes do que essa controvérsia sobre "realismo" são aqueles parágrafos no artigo de Halpern que lidam com a diferença entre o "tipo *partisan*" e o "tipo colaboracionista". (Aqui, o sr. Halpern usa o método de Max Weber de construção de *Idealtypen* [tipos ideais], e assim prova como parece ser difícil evitar "um tipo de raciocínio que [é] [...] em essência metafísico.") O termo "colaboracionismo" é, evidentemente, uma difamação: realmente, contudo, Harlpern restaura seu significado descompromissado e literal. Pois é perfeitamente verdadeiro que todas as pessoas atacadas por ele estiveram preocupadas, de formas diferentes, com o relacionamento entre o *yishuv* e o mundo exterior, e estiveram constantemente à procura de países, pessoas e instituições com as quais se possa colaborar. Esse tem sido o caso nomeadamente com o esforço excepcional do dr. Magnes em fazer de um acordo judaico-árabe a base para qualquer solução ao problema palestino. Halpern descarta o grupo Ihud, é claro, como impraticável. Porém, a recente proposta do dr. Magnes de uma confederação na Palestina está em concordância com algumas das ideias fundamentais contidas nas propostas de paz do conde Bernadotte de 4 de julho. Será que o sr. Halpern pensa que o mediador foi um homem muito impraticável?

A questão central nessa controvérsia é saber se a colaboração é ou não desejada. E essa questão, novamente, está vinculada a uma questão problemática da política sionista mais antiga, isto é, o problema da distinção entre amigo e inimigo. Quando, na década de 1930, a Agência Judaica concluiu um "Acordo de Transferência" com a Alemanha nazista, o problema dessa distinção estava envolvido. O sionismo oficial considerou o acordo um movimento sensato porque tornava possível a transferência da parte da propriedade judaica da Alemanha para a Palestina na forma de mercadorias alemãs. O acordo foi severamente criticado por uma grande parte da comunidade judaica porque, de uma perspectiva política de longo prazo, parecia insensato para uma agência política judaica negociar com um governo antissemita. Um erro de julgamento semelhante, embora em sentido oposto, é um dos conflitos fundamentais entre o sionismo oficial e sua atual oposição "colaboracionista", e isso induziu o sr. Halpern a equivocar-se totalmente em relação à minha análise da postura "tudo ou nada".

Realmente, se a Grã-Bretanha fosse inimiga dos judeus, como a Alemanha nazista, a postura "tudo ou nada" seria justificada. O ponto é precisamente que hoje uma certa histeria geral impõe políticas "tudo ou nada" a um mundo moderadamente amigável. Isso é chauvinismo; tende a dividir o mundo em duas metades, uma das quais é a própria nação, que o destino, ou o ódio, ou a história, lançou contra um mundo inteiro de inimigos.

Nem os árabes, nem os britânicos são inimigos contra os quais uma postura "tudo ou nada" seria justificada. Com ambos, teremos de viver em paz. A batalha na Palestina ocorre dentro de um amplo quadro internacional, e a distinção correta entre amigo e inimigo será uma questão de vida ou morte para o Estado de Israel. As possibilidades de mudança do momento estão agora embaçando perigosamente essas distinções fundamentais. O programa do Partido Trabalhista de esquerda em Israel em relação à Rússia, por um lado, e à Grã-Bretanha, por outro, é um exemplo.

Esse é também um dos motivos pelos quais a postura "partidária" não pode ser generalizada – não importa quão tentadora a descrição entusiástica de Halpern possa soar. Uma análise mais atenta mostraria facilmente que no momento em que o "partidário" é apoiado pela máquina do poder do Estado, ele se transforma naquele tipo de "soldado político" que conhecemos muito bem nos governos totalitários. O novo Estado de Israel precisará mais do que tudo de cidadãos responsáveis (o "tipo do *citoyen*", para usar os termos do sr. Halpern), que não percam suas qualidades de pioneiros e que, depois de ter perdido sua fé nas ideologias internacionalistas, possam adquirir uma nova, mais sóbria e justa perspectiva sobre o mundo que ainda os rodeia.

1948

NOVO PARTIDO PALESTINO
*A visita de Menachem Begin e os objetivos
do movimento político discutidos*[1]

ENTRE OS FENÔMENOS POLÍTICOS MAIS DESCONCERTANTES DE nosso tempo está a emergência no recém-criado Estado de Israel do "Partido da Liberdade" (*Tnuat Haherut*), um partido político muito próximo em sua organização, métodos, filosofia política e apelo social aos partidos nazista e fascista. Foi formado a partir de membros e seguidores do antigo Irgun Zvai Leumi, uma organização terrorista, chauvinista e de direita da Palestina.

A presente visita de Menachem Begin, líder desse partido, aos Estados Unidos é obviamente calculada para dar a impressão de apoio americano ao seu partido nas próximas eleições israelenses, e para cimentar os laços políticos com elementos sionistas conservadores dos Estados Unidos. Vários americanos de renome nacional deram

---

1   Carta aberta ao *The New York Times*, 4 dez. 1948, rascunhada por Arendt e assinada por ela, Albert Einstein, Sidney Hook e Seymour Melman, entre outros. (N.E.)

seus nomes para receber sua visita. É inconcebível que aqueles que se oponham ao fascismo ao redor do mundo, se corretamente informados sobre a ficha política e sobre as perspectivas do sr. Begin, possam dar seus nomes e seu apoio ao movimento que ele representa.

Antes que seja feito algum dano irreparável por meio de contribuições financeiras, manifestações públicas em nome de Begin e a criação na Palestina da impressão de que uma grande parcela da América apoia elementos fascistas em Israel, o público americano deve ser informado quanto ao histórico e objetivos do sr. Begin e de seu movimento.

As promessas públicas do partido de Begin não são de forma alguma um guia para seu verdadeiro caráter. Hoje eles falam de liberdade, democracia e anti-imperialismo, enquanto até recentemente pregavam abertamente a doutrina do Estado fascista. É em suas ações que o partido terrorista demonstra seu real caráter; por suas ações passadas podemos julgar o que pode ser esperado que ele faça no futuro.

ATAQUE A UM VILAREJO ÁRABE

Um exemplo chocante foi seu comportamento no vilarejo árabe de Deir Yassin. Esse vilarejo, fora das rotas principais e cercado por terras judaicas, não havia participado da guerra, e havia até combatido bandos árabes que queriam usar o vilarejo como base. Em 9 de abril, o *The New York Times* reportou que bandos terroristas atacaram esse vilarejo pacífico, que não era um alvo militar na batalha, e mataram a maioria de seus habitantes – 240 homens, mulheres e crianças – e mantiveram alguns vivos para ostentar como prisioneiros pelas ruas de Jerusalém. A maior parte da comunidade judaica ficou horrorizada com o feito, e a Agência Judaica mandou um telegrama de desculpas ao rei Abdullah da Transjordânia. Mas os terroristas, longe de ficarem envergonhados de seu feito, estavam orgulhosos desse massacre, o divulgaram amplamente, e convidaram todos os correspondentes estrangeiros presentes no país para verem os cadáveres amontoados e a destruição generalizada em Deir Yassin.

O incidente em Deir Yassin exemplifica o caráter e as ações do Partido da Liberdade.

Dentro da comunidade judaica eles pregam uma mistura de ultranacionalismo, misticismo religioso e superioridade racial. Como outros partidos fascistas, estão acostumados a furar greves, e eles próprios pressionaram pela destruição dos sindicatos independentes. Em seu lugar, propuseram sindicatos corporativos no modelo fascista italiano.

Ao longo do último ano de esporádica violência antibritânica, o IZL e os grupos Stern iniciaram um reino de terror na comunidade judaico-palestina. Professores foram espancados por falar contra eles, adultos foram baleados por não permitir que seus filhos se juntassem a eles. Por meio de métodos típicos dos gângsteres, surras, janelas quebradas e depredação generalizada, os terroristas intimidaram a população e cobraram um pesado tributo.

As pessoas do Partido da Liberdade não contribuíram com as conquistas construtivas na Palestina. Não recuperaram terra alguma, não construíram assentamento algum e só depreciaram as atividades judaicas de defesa. Seus esforços de imigração, embora muito divulgados, foram minúsculos, e dedicaram-se principalmente a trazer compatriotas fascistas.

DISCREPÂNCIAS EVIDENCIADAS
As discrepâncias entre as afirmações ousadas que são feitas agora por Begin e seu partido e seu histórico de realizações passadas na Palestina trazem a marca de um partido político fora do comum, que é o selo inconfundível de um partido fascista para o qual o terrorismo (contra judeus, árabes e britânicos igualmente) e a deturpação são os meios e um "Estado Führer" é o fim.

À luz das considerações aqui expostas, é imperativo que a verdade sobre o sr. Begin e seu movimento seja conhecida neste país. É ainda mais trágico que a alta liderança do movimento sionista americano tenha se recusado a combater os esforços de Begin, ou mesmo a expor a seus próprios componentes os perigos para Israel que residem no apoio a Begin.

Os abaixo-assinados, portanto, vêm por meio desta apresentar publicamente alguns fatos relevantes envolvendo Begin e seu partido; e recomendar a todos os envolvidos que não apoiem esta mais recente manifestação de fascismo.

1948

PARTE III

OS ANOS

1950

PAZ OU ARMISTÍCIO NO ORIENTE MÉDIO?

A PAZ NO ORIENTE MÉDIO É ESSENCIAL PARA O ESTADO DE ISRAEL, para o povo árabe e para o mundo ocidental. Diferentemente do armistício, a paz não pode ser imposta de fora; ela só pode ser o resultado de negociações, compromisso mútuo e acordo final entre judeus e árabes.

O assentamento judeu na Palestina pode se tornar um fator muito importante no desenvolvimento do Oriente Médio, mas permanecerá para sempre como uma ilha comparativamente pequena em um mar árabe. Mesmo em caso de imigração máxima por um longo período de anos, a reserva de cidadãos prospectivos de Israel se limita a aproximadamente dois milhões, número que só poderia ser substancialmente ampliado por eventos catastróficos nos EUA ou na URSS. Como, entretanto (à parte a improbabilidade de tal reviravolta), o estado de Israel deve sua própria existência a estas duas potências mundiais, e como o fracasso na busca de um entendimento genuíno entre judeus e árabes tornará sua sobrevivência ainda mais dependente da simpatia contínua e do suporte de uma ou de outra, uma catástrofe judaica nos dois grandes centros sobreviventes da comunidade judaica mundial conduz quase imediatamente à catástrofe em Israel.

Os árabes têm sido hostis à construção de uma pátria judaica quase desde o início. O levante de 1921, o *pogrom* de 1929 e as perturbações entre 1936 e 1939 foram as referências marcantes das relações entre árabes e judeus sob domínio britânico. Foi bastante lógico que a evacuação das tropas britânicas tenha coincidido com a eclosão da guerra entre judeus e árabes; e é notável que o fato consumado do estado de Israel e as vitórias dos judeus sobre os exércitos árabes tenham influenciado tão pouco a política árabe. Apesar de todas as esperanças em contrário, parece que a força é o único argumento que os árabes são incapazes de entender.

No que concerne às relações entre árabes e judeus, a guerra e as vitórias israelenses não mudaram ou resolveram coisa alguma. Qualquer assentimento que encurte o caminho para a paz genuína dará aos árabes tempo para se fortalecerem, para consertarem as rivalidades entre os estados árabes e possivelmente para mudanças sociais, econômicas e políticas revolucionárias. Essas mudanças no mundo árabe acontecerão de qualquer forma e apesar de tudo, mas a questão é se elas serão inspiradas pelo pensamento de revanche e se cristalizarão em torno de uma hostilidade comum a Israel, ou se elas serão promovidas por um entendimento de interesses comuns e se cristalizarão em torno de estreita cooperação econômica e política com os judeus, o povo mais avançado e ocidentalizado da região. Tanto a condução israelense do problema dos refugiados árabes quanto a relutância dos árabes em começar as negociações diretas de paz e a admissão (implícita) de que eles podem preferir uma paz imposta por uma potência externa tendem à primeira possibilidade. Mas todas as considerações a respeito do interesse próprio a cada um dos dois povos se manifestam em favor da segunda. Evidentemente, essas razões são fracas em um século em que as questões políticas não são mais determinadas pelo bom senso e em que os representantes de grandes potências frequentemente se comportam mais como apostadores do que como homens de Estado.

Deve-se somar a essas considerações gerais o fato de que o sistema de mandatos equivale a uma escola de irresponsabilidade. Durante 25 anos, os povos da Palestina puderam confiar no governo britânico para manter uma estabilidade adequada a propósitos construtivos em geral e se sentir livres para se permitirem todos os tipos de comportamentos emocionais, nacionalistas e ilusórios. Revoltas ocasionais, ainda que tenham conquistado o apoio popular quase unânime (como, por exemplo, os distúrbios ocorridos entre 1936 e 1939, precedidos por uma exitosa greve geral árabe; ou a luta dos judeus contra a mão de obra árabe, entre 1934 e 1936, apoiada por praticamente toda a população judaica), não levaram a nada mais sério do que outra comissão de investigação ou outro movimento no complicado jogo da política imperialista britânica.

Em uma atmosfera na qual nada era muito sério, é natural que ambas as partes tenham se tornado cada vez mais irresponsáveis e inclinadas a considerar apenas seus próprios interesses, descuidando das realidades vitais da região como um todo. Dessa forma, os árabes negligenciaram o rápido crescimento da força judaica e o longo alcance das consequências do desenvolvimento econômico, enquanto os judeus ignoraram o despertar dos povos coloniais e da nova solidariedade nacional no mundo árabe, do Iraque ao Marrocos francês. Por esperança ou por ódio, ambos os povos centraram de modo tão exclusivo sua atenção nos britânicos que praticamente ignoraram um ao outro: os judeus se esqueceram de que os árabes, e não os ingleses, eram uma realidade permanente na política do Oriente Médio e os árabes se esqueceram de que eram os colonos judeus, e não as tropas britânicas, que pretendiam se instalar permanentemente na Palestina.

Os britânicos, por outro lado, estavam bastante satisfeitos com o estado de coisas porque evitavam tanto um acordo eficaz entre judeus e árabes, o que poderia resultar em uma rebelião contra o governo britânico, quanto um conflito aberto entre eles, o que poderia ameaçar a paz na região. Não há dúvidas de que, "se o governo britânico tivesse realmente se dedicado, com energia e boa vontade, ao estabelecimento de boas relações entre os judeus e os árabes, elas poderiam ter sido realizadas" (Chaim Weizmann). Porém, o interesse britânico na *entente* entre árabes e judeus despertou apenas quando os britânicos decidiram evacuar a região – uma decisão, aliás, que não foi causada nem pelo terrorismo judaico, nem pela liga árabe, mas surgiu como consequência da extinção, pelo governo trabalhista, do domínio britânico na Índia. Os britânicos estão, desde então, genuinamente interessados no acordo entre árabes e judeus e na prevenção da balcanização da região, que poderia novamente atrair uma terceira potência. Contudo, embora os interesses dos povos do Oriente Médio certamente coincidam com os interesses britânicos neste momento, os antecedentes do imperialismo britânico tornam impossível à Grã-Bretanha negociar um acordo razoável.

Mas a escolha entre paz genuína e armistício não é de modo algum exclusivamente, e nem fundamentalmente, uma questão de política externa. A estrutura interna dos Estados árabes, bem como a do Estado judeu, dependerá dela. Um mero armistício forçaria o novo estado israelense a organizar todo o povo para uma potencial mobilização permanente: a ameaça permanente de intervenção armada, necessariamente influenciaria a direção de todos os desenvolvimentos sociais e possivelmente terminaria em ditadura militar. A esterilidade cultural e política de nações pequenas e completamente militarizadas foi suficientemente demonstrada pela história. Não é provável que exemplos de Esparta e experimentos similares possam assustar uma geração de judeus europeus que está tentando extirpar a humilhação dos matadouros de Hitler por meio de uma recém-adquirida dignidade da batalha e o triunfo da vitória. Contudo, mesmo esta geração deveria ser capaz de perceber que uma existência espartana independente somente será possível depois de o país ter sido construído e depois de a pátria judaica ter sido definitivamente estabelecida, o que está longe de ser o caso atualmente. Gastos excessivos com armamento e mobilização significariam não apenas a asfixia da jovem economia judaica e o fim dos experimentos sociais do país, mas conduziriam toda a população a uma crescente dependência do apoio financeiro da comunidade judaica americana.

Uma situação sem paz nem guerra seria muito mais fácil de ser suportada pelos árabes, precisamente devido à estagnação de sua vida econômica e do atraso de sua vida social. Em longo prazo, entretanto, o Oriente Médio – desorganizado, subdesenvolvido e assolado pela pobreza – precisa tanto da paz quanto os judeus; ele precisa da cooperação judaica a fim de adquirir rapidamente a força necessária para evitar que ele permaneça um poder vazio e para garantir sua independência. Se os estados árabes não estiverem apenas fingindo, mas estiverem realmente com medo de uma agressão russa, sua única salvação reside na colaboração sincera com o Estado de Israel. O argumento dos árabes segundo o qual eles podem dispensar a ajuda judaica e preferem crescer lenta e organicamente a sofrer influência de métodos e ideias ocidentais "externos" pode soar bastante atraente para alguns românticos dentro e fora do mundo árabe. Mas a verdade simples da questão é que o andamento da política mundial não lhes dará tempo necessário para um desenvolvimento "orgânico"; embora potencialmente mais fortes que os judeus, os árabes não são uma grande potência e tampouco estão a caminho de se tornar uma. As vitórias do Exército israelense são perigosas para eles não tanto pela possibilidade de uma dominação judaica, e sim porque demonstram um vácuo de poder. Se continuarem a ser antiocidentais, a gastar suas energias lutando contra o minúsculo Estado de Israel e a permitir seu estéril orgulho de manter intacto o caráter nacional, eles serão ameaçados por algo muito pior e mais real que o fantasma da dominação judaica.

Em termos de política internacional, o perigo desta pequena guerra entre dois pequenos povos reside na inevitável atração sobre as grandes potências, que são tentadas a interferir, com o resultado de que conflitos existentes podem explodir porque podem ser resolvidos por procuração. Até o momento, nem a acusação judaica de uma invasão *anglo*-árabe, nem a contra-acusação de uma agressão *russo*-judaica contiveram qualquer verdade. Entretanto, a razão pela qual ambas as lendas soam tão plausíveis e são tão frequentemente aceitas é o fato de que tal situação pode de fato se desenvolver.

Além disso, a última guerra mostrou de modo suficientemente claro que não há pretexto melhor ou ajuda maior a agressores potenciais do que os pequenos conflitos nacionais resolvidos por violência chauvinista. Os povos do Oriente Médio que, no plano psicológico e na mentalidade política, mostram uma perturbadora semelhança com as pequenas nações da Europa Central e da Europa do Leste fariam bem em considerar quão fácil estas últimas foram conquistadas por Stalin e por Hitler, e compará-las com pequenas nações mais afortunadas, como os países escandinavos e a Suíça, que não foram devorados pelo ódio e nem divididos pela paixão chauvinista.

A grande sorte dos judeus e dos árabes neste momento reside no fato de que a América e a Grã-Bretanha não apenas não se interessam por mais hostilidades, como, ao contrário, estão ávidas para trazer uma autêntica pacificação para toda a região. As denúncias mútuas feitas por judeus e árabes de serem agentes britânicos ou russos servem apenas para nublar as questões reais, a saber: a determinação dos judeus em manter e possivelmente estender a soberania nacional sem considerar os interesses árabes, e a determinação dos árabes em expelir os "invasores" judeus da Palestina sem considerar os feitos destes na região. Se esse comportamento "independente e soberano" (a recusa por parte dos árabes de se aconselhar com os britânicos durante a guerra e a inclinação dos judeus a interpretar como pressão qualquer conselho que a América possa oferecer, por exemplo, sobre a questão dos refugiados árabes) permanecer com a mesma força, toda independência e soberania será perdida. Uma vez que a tutela das Nações Unidas se tornou impossível, a continuidade dessa teimosia torna possíveis apenas três tipos de paz que o mundo pode finalmente estar disposto a oferecer ao Oriente Médio: uma Pax Britannica, bastante improvável no momento; uma Pax Americana, ainda mais improvável; ou uma Pax Moscovita, infelizmente o único perigo efetivo.

A INCOMPATIBILIDADE DE REIVINDICAÇÕES

Uma boa paz é geralmente o resultado de negociação e compromisso, não necessariamente de um programa. Boas relações entre judeus e árabes dependerão de uma mudança de atitude em relação um ao outro, de uma mudança na atmosfera da Palestina e no Oriente Médio, não necessariamente de uma fórmula. Quase nenhum conflito ao longo da história do mundo fez surgir tantos programas e fórmulas vindos de fora; entretanto, nenhuma das propostas jamais se mostrou aceitável para qualquer um dos lados. Assim que publicadas, cada uma delas foi denunciada pelos árabes como pró-judaicas e pelos judeus como pró-árabes.

A recepção das duas propostas de paz de Bernadotte é típica. O primeiro relatório para as Nações Unidas concluía-se com uma série de recomendações feitas no espírito da decisão de partições tomada pelas Nações Unidas; elas preparavam a implementação política de cooperação econômica por meio de uma "política externa coordenada" e de "medidas de defesa comum" para fronteiras negociadas e para uma garantia limitada de imigração judaica. O segundo relatório, ao contrário, recomendava duas entidades políticas completamente independentes e soberanas separadas por zonas neutralizadas e temporariamente supervisionadas por uma comissão da ONU. Ambos os relatórios foram igualmente denunciados pelos dois lados. As diferenças entre as duas propostas de paz quase não foram percebidas porque tinham uma coisa em comum: de um lado, o reconhecimento da existência de um Estado de Israel e, de outro, a existência de uma população árabe na Palestina e no Oriente Médio.

Tendo em vista que nenhuma fórmula, por boa e sensata que seja, parece ser aceitável para qualquer um dos lados enquanto a disposição dos dois povos persistir, pode ser que qualquer plano, por mais rudimentar que seja, sirva de base suficiente para negociações assim que a disposição mudar.

Os dois últimos anos marcarão a história judaica por muitas décadas, ou mesmo séculos. Ainda que o estabelecimento de um Estado judeu e a eclosão de uma guerra entre árabes e judeus possa, por fim, se transformar em um dos muitos episódios efêmeros da triste história de uma região que passou por muitas mudanças de governantes e de destino, seu lugar como um momento decisivo na história judaica já foi decidido. A maior parte do povo judeu sente que os acontecimentos dos últimos anos têm uma relação mais próxima com a destruição do Templo em 70 d.C. e com os anseios messiânicos de 2 mil anos de dispersão do que com a decisão das Nações Unidas em 1947, a Declaração de Balfour ou mesmo os cinquenta anos de pioneirismo na Palestina. As vitórias judaicas não são julgadas sob a luz das realidades presentes no Oriente Médio, mas sob a luz de um passado muito distante; a guerra atual preenche cada judeu com "uma satisfação que nós não experimentamos há séculos, talvez desde os dias dos macabeus" (Ben-Gurion).

Esse sentimento de impulso histórico e essa determinação em olhar esses eventos recentes como o veredito final da história são indubitavelmente reforçados pelo sucesso, mas o sucesso não é sua fonte. Os judeus foram para a batalha contra as tropas de ocupação britânicas e contra os exércitos árabes imbuídos do "espírito de Massada", inspirados pelo slogan "ou então, pereceremos", determinados a recusar qualquer compromisso mesmo que sob o preço do suicídio nacional. Hoje o governo de Israel fala de fatos consumados, de lei do mais forte, de necessidades militares, de direito de conquista, ao passo que, dois anos atrás, as mesmas pessoas na Agência Judaica falavam de justiça e das necessidades desesperadoras do povo judeu. A comunidade judaica da Palestina apostou em uma única carta – e ganhou.

À determinação dos judeus em olhar o resultado como final opõe--se a determinação dos árabes a vê-lo como um interlúdio. Também aqui somos confrontados com uma decisão que não é deduzida dos eventos e nem minimamente alterada por eles. Derrotas parecem confirmar a atitude dos árabes tanto quanto as vitórias confirmam a atitude dos judeus. A política árabe a esse respeito é bastante simples e consiste principalmente em uma diplomacia que desconta as derrotas e afirma reiteradamente, com inabalável teimosia, a velha reivindicação de propriedade da região e a recusa em reconhecer o Estado de Israel.

Essa recusa mútua de levar a sério um ao outro é talvez o mais claro sinal da seriedade da situação. Durante a guerra, isso se expressou na perigosa inclinação para interpretar o conflito inteiro como o resultado de uma sinistra conspiração tramada nos bastidores segundo a qual os árabes não estavam confrontando 700 mil ou 800 mil judeus palestinos, mas toda a esmagadora força do imperialismo americano, russo ou mesmo de ambos, enquanto os judeus insistiam que lutavam não tanto contra os membros da Liga Árabe, mas contra toda a força do Império Britânico. É bastante compreensível que os árabes tentem encontrar uma explicação plausível para o fato de que seis estados árabes não tenham conseguido uma única vitória contra as minúsculas forças dos judeus palestinos, assim como é compreensível que os judeus se recusem aceitar a ideia de estar permanentemente contornados por vizinhos que são hostis e estão em desesperadora maioria. Entretanto, o resultado final da propaganda (por si só indigna de consideração) que trata o oponente real como uma forma de fantasma ou ferramenta é uma atmosfera em que negociações são impossíveis. Afinal, qual é o sentido de levar a sério afirmações e reivindicações se você acredita que elas servem a uma conspiração?

Essa situação inteiramente irreal não é nova. Por mais de 25 anos, judeus e árabes tem feito uns aos outros reivindicações perfeitamente incompatíveis. Os árabes nunca desistiram da ideia de um Estado árabe unitário na Palestina, embora por vezes relutantemente concedam direitos de minoria aos habitantes judeus. Com exceção dos revisionistas, os judeus se recusaram por muitos anos a falar a respeito de seus objetivos últimos; em parte porque conhecem muito bem a atitude intransigente dos árabes, e em parte porque tinham confiança ilimitada na proteção britânica. O Programa de Biltmore de 1942 formulou oficialmente pela primeira vez os objetivos políticos judaicos – um Estado unitário judaico na Palestina com a concessão de certos direitos de minoria aos árabes palestinos, que então ainda formavam a maioria da população palestina. Ao mesmo tempo, a transferência de árabes palestinos para países vizinhos era contemplada e abertamente discutida pelo movimento sionista.

Essa incompatibilidade também não é apenas uma questão de política. Os judeus estão convencidos (e anunciaram muitas vezes) de que o mundo – ou a história ou a mais alta moralidade – deve-lhes uma reparação por 2 mil anos de injustiças e, mais especificamente, uma compensação pela catástrofe da comunidade judaica europeia, que, na opinião deles, não foi simplesmente um crime da Alemanha nazista, mas de todo o mundo civilizado. Os árabes, por outro lado, respondem que dois erros não resultam em um acerto e que "nenhum código moral pode justificar a perseguição de um povo na tentativa de aliviar a perseguição de outro". O problema desse tipo de argumentação é que ele não permite resposta. Ambas as reivindicações são nacionalistas porque só fazem sentido no quadro fechado de um povo e de sua própria história, e são legalistas porque abstraem os fatores concretos da situação.

A SEPARAÇÃO SOCIAL E ECONÔMICA

A completa incompatibilidade de reivindicações que tem frustrado até agora cada tentativa de acordo e cada esforço para encontrar um denominador comum entre dois povos cujos interesses comuns são patentes para todos, menos para eles mesmos, é apenas o sinal aparente de uma incompatibilidade mais profunda e mais real. É incrível e triste, mas é verdade que trinta anos de íntima proximidade mudaram muito pouco o sentimento inicial de que árabes e judeus são completamente estranhos uns aos outros. A maneira pela qual os árabes conduziram esta guerra ofereceu a melhor prova possível de quão pouco eles conheciam a força e a vontade de lutar dos judeus. Para estes, de modo semelhante, os árabes, que eles encontraram por tantos anos em cada cidade, vila e distrito rural, com quem eles tiveram constantes negócios e conflitos, permaneceram como fantasmas, seres que eles consideravam apenas nos irrelevantes âmbitos do folclore, das generalizações nacionais ou dos tolos sonhos idealistas.

O fracasso de árabes e judeus em considerarem um vizinho próximo como um ser humano concreto tem muitas explicações. Dentre elas, é marcante a estrutura econômica regional dentro da qual setores árabes e judaicos foram separados como que por muros estanques. As poucas exceções, como as organizações exportadoras comuns de plantadores de laranjas árabes e judeus, ou as poucas fábricas que empregam mão de obra árabe e judia, apenas confirmam a regra. A construção da pátria judaica, o fator econômico mais importante na história recente de todo o Oriente Médio, nunca dependeu da cooperação entre árabes e judeus, mas dependeu exclusivamente do empreendimento e do espírito pioneiro da mão de obra judaica e do apoio financeiro da comunidade judaica mundial. A economia judaica pode um dia ter que depender bastante, ou mesmo exclusivamente, dos mercados árabes do Oriente Médio. Mas esse estágio de dependência mútua ainda está muito distante e só será atingido depois de a Palestina ter sido inteiramente industrializada e de os países árabes terem alcançado um nível de civilização capaz de oferecer um mercado para mercadorias de alta qualidade, o que provavelmente apenas a economia judaica será capaz de produzir de modo lucrativo.

A luta pela soberania política, necessariamente acompanhada por pesados gastos em armamentos e perda ainda maior em horas de trabalho, atrasou consideravelmente o desenvolvimento na direção da independência econômica. Enquanto o apoio financeiro externo for garantido em larga escala, a cooperação entre árabes e judeus dificilmente se tornará uma necessidade econômica para o novo Estado israelita. O mesmo se deu no passado. O apoio financeiro da comunidade judaica mundial, sem o qual todo o experimento teria falhado, significou economicamente que o assentamento judaico poderia se afirmar sem muita preocupação com o que estava acontecendo no mundo ao redor, que ele não tinha interesse vital – exceto por razões humanitárias – no aumento do padrão de vida dos árabes e que questões econômicas poderiam ser resolvidas como se a pátria judaica estivesse completamente isolada de seus vizinhos.

Naturalmente, o isolamento econômico e social tem aspectos bons e ruins. Suas vantagens foram possibilitar experiências tais como os assentamentos coletivos e cooperativos, e permitir que uma estrutura econômica avançada e em muitos aspectos promissora pudesse se impor em um ambiente de desesperada miséria e esterilidade. Suas desvantagens econômicas estão no fato de o experimento se parecer perigosamente com uma planta de estufa e no fato de os problemas sociais e políticos que surgiram da presença de uma população nativa poderem ser conduzidos sem consideração dos fatores objetivos.

A mão de obra judaica organizada lutou e venceu uma batalha ferrenha contra a mão de obra árabe barata; os antigos *fellahin* árabes, ainda que não tenham sido privados de seu solo pelos assentamentos judeus, rapidamente se tornaram um tipo de resquício inadequado e supérfluo para a nova estrutura modernizada da região. Sob a liderança da mão de obra judaica, a Palestina sofreu a mesma revolução industrial, a mesma passagem de uma ordem mais ou menos feudal para uma ordem mais ou menos capitalista, pela qual os países europeus passaram 150 anos atrás. A diferença fundamental está no fato de que a Revolução Industrial criou e empregou seu próprio quarto estado, o proletariado nativo, enquanto na Palestina o mesmo desenvolvimento envolveu a importação de trabalhadores e transformou a população nativa em um proletariado potencial, mas sem perspectiva de emprego como trabalhadores livres.

Não é possível se livrar desses infelizes potenciais proletários árabes por meio de estatísticas sobre vendas de terra, tampouco contando-os como destituídos. Números não mostram as mudanças psicológicas da população nativa, seu profundo ressentimento contra um estado de coisas que aparentemente os deixou intocados, mas em realidade mostrou-lhes a possibilidade de um padrão de vida mais alto sem jamais cumprir suas promessas implícitas. Os judeus introduziram algo novo na região que, por meio da mera produtividade, logo se tornou um fator decisivo. Comparada a essa nova vida, a primitiva economia árabe assumiu a aparência de um fantasma e seu atraso e ineficiência pareciam esperar por uma catástrofe para varrê-la.

Não foi por acidente, entretanto, que autoridades sionistas deixaram essa tendência econômica tomar seu curso e que nenhum deles jamais tenha feito, nas palavras de Judah L. Magnes, da cooperação entre árabes e judeus "o objetivo central de uma política de grande envergadura". A ideologia sionista, que afinal é trinta anos mais velha que a Declaração de Balfour, não começou com a consideração das realidades na Palestina, mas com o problema da apatridia judaica. A ideia de que "o povo sem país precisava de um país sem povo" ocupou tanto as mentes dos líderes sionistas, que eles simplesmente não consideraram a população nativa. O problema árabe sempre foi "a questão velada das políticas sionistas" (como Isaac Epstein disse já em 1907), muito antes de problemas econômicos na Palestina forçarem a liderança sionista a uma negligência ainda mais efetiva.

A tentação de negligenciar o problema árabe era de fato muito grande. Afinal, não é pouco estabelecer uma população urbana em uma região pobre e desértica, além de educar milhares de jovens, potencialmente comerciantes e intelectuais, para a vida e as ideias árduas do pioneirismo. A mão de obra árabe era perigosa porque era barata; para o capital judaico, havia a constante tentação de empregar árabes em vez de trabalhadores judeus, que eram mais caros e mais conscientes de seus direitos. Nesses anos cruciais, toda a aventura sionista poderia muito facilmente degenerar em um empreendimento colonial de homens brancos baseado no trabalho dos nativos e às suas expensas. A luta de classes judaica na Palestina consistiu, em sua maior parte, em uma luta contra os trabalhadores árabes. Ser anticapitalista na Palestina quase sempre significou ser praticamente antiárabe.

O aspecto social das relações entre árabes e judeus é decisivo porque ele convenceu a única parte da população que não tinha vindo para a Palestina por motivos nacionalistas de que era impossível se entender com os árabes sem cometer suicídio nacional e social. À luz da experiência prática, a tosca exigência nacionalista de "um país sem povo" parecia tão indiscutivelmente correta que mesmo os elementos mais idealistas dos movimentos de trabalhadores judaicos se deixaram tentar; primeiro pelo esquecimento e pela negligência e, em seguida, por atitudes nacionalistas estreitas e irrefletidas.

O governo britânico, de quem se esperava – de acordo com os termos do mandato – a preparação do "desenvolvimento de instituições autônomas", não fez nada para aproximar os dois povos e muito pouco para elevar o padrão de vida dos árabes. Nos anos 1920, talvez tenha sido uma política mais ou menos consciente de *divide et impera*; no fim dos anos 1930, tratava-se abertamente de sabotagem do lar nacional judaico, que os serviços coloniais sempre consideravam perigosos para os interesses imperialistas e cuja sobrevivência última, como os britânicos sabiam talvez melhor que os líderes sionistas, dependia da cooperação com os árabes. Entretanto, embora muito menos tangível, a atitude romântica dos serviços coloniais – que adoravam todas as encantadoras qualidades da vida árabe, as quais definitivamente impediam o progresso econômico e social – era muito pior. A classe média urbana judaica, especialmente os profissionais liberais em Jerusalém, se inclinaram por um certo tempo a imitar a sociedade britânica que eles encontravam dentre o pessoal administrativo. No melhor dos casos, eles aprendiam que era chique interessar-se pela vida do povo árabe, admirar os gestos nobres e os costumes dos beduínos, encantar-se com a hospitalidade da civilização antiga. O que eles deixaram de olhar é que os árabes eram seres humanos como eles próprios e que pode ser perigoso não esperar que eles ajam e reajam de modo muito parecido com o dos judeus; em outras palavras, eles não perceberam que a presença dos judeus na região tornara provável que os beduínos passassem a querer, de modo ainda mais urgente, terra para se estabelecerem (um ressurgimento da "tendência inerente à sociedade nômade de abandonar os cansaços e o desespero das ocupações pastorais pelos confortos superiores da agricultura" – H. St. J. B. Philby), que os *fellahin* passassem a sentir pela primeira vez a necessidade de máquinas com as quais se obtêm melhores produtos com menos esforço, que a população urbana passasse a lutar por um padrão de vida que ela quase não conhecia antes da chegada dos judeus.

As massas árabes acordaram de modo apenas gradual para o espírito de inveja e competição frustrada. Em sua velha pobreza assolada pela doença, elas olhavam para as conquistas e costumes judaicos como se fossem imagens de contos de fadas que em breve desapareceriam tão miraculosamente quanto haviam aparecido e interrompido seu velho modo de vida. Isto nada tem a ver com a boa vizinhança entre vilas judaicas e árabes, por muito tempo a regra, não a exceção, que sobreviveu aos distúrbios de 1936-1939 e chegou ao fim apenas sob o impacto do terrorismo judaico em 1947 e 1948. Essas relações, entretanto, puderam ser destruídas de modo tão fácil, sem danos aos interesses econômicos e municipais judaicos, porque sempre foram sem importância, sempre foram uma expressão simples e por vezes tocante de vizinhança humana. Com exceção da municipalidade de Haifa, nenhuma única instituição comum, nenhum único corpo político foi construído com base nisso em todos estes anos. Tudo se passou como se, por acordo tácito, os vizinhos tivessem decidido que as diferenças de seus modos de vida eram tamanhas que chegavam ao ponto da indiferença mútua, que nenhum interesse comum além da curiosidade humana era possível. Nenhuma boa vizinhança poderia alterar o fato de os judeus olharem os árabes, no melhor dos casos, como um exemplo interessante de modo de vida e, no pior, como um povo atrasado e sem importância. Nenhuma boa vizinhança poderia alterar o fato de os árabes considerarem, no melhor dos casos, toda a investida judaica como um estranho interlúdio saído de um conto de fadas e, no pior, um empreendimento ilegal contra o qual saques e roubos serão jogo limpo algum dia.

A SINGULARIDADE DA REGIÃO

Enquanto o estado de espírito da região era bastante típico, muito parecido com o chauvinismo acirrado e o provincialismo fanático de outras pequenas nações, o caráter real das conquistas judaicas na Palestina era único sob muitos pontos de vista. O que aconteceu na Palestina não era fácil de julgar e avaliar: foi extraordinariamente diferente de qualquer coisa que tenha acontecido no passado.

A construção de um lar nacional judaico não era um empreendimento colonial em que europeus chegaram para explorar riquezas estrangeiras com a ajuda da mão de obra nativa e às suas expensas. A Palestina foi e é uma região pobre; qualquer riqueza que ela possua é produto do trabalho judaico e provavelmente não sobreviverá se algum dia os judeus forem expulsos da região. Exploração ou roubo, tão característicos da "acumulação primitiva" em todos os empreendimentos imperialistas, estiveram completamente ausentes ou tiveram um papel insignificante. O capital europeu e americano que inundou a região não chegou como capital que paga dividendos e é mantido por acionistas ausentes, mas veio como dinheiro de "caridade" cujos beneficiários estavam livres para gastar como quisessem. Ele foi usado para a aquisição e nacionalização do solo, estabelecimento de assentamentos, empréstimos de longo prazo a cooperativas de fazendeiros e trabalhadores, serviços sociais e de saúde, educação livre e igualitária, e, de modo geral, para a construção de uma economia com pronunciada fisionomia socialista. Por meio desses esforços, a área mudou em trinta anos tão completamente quanto se tivesse sido transplantada para outro continente, e isso sem conquista e sem tentativa de extermínio dos nativos.

O experimento palestino foi frequentemente considerado artificial, e é verdade que nada que se conecta à construção de um lar nacional judaico – o movimento sionista, bem como as realizações na Palestina – estava, por assim dizer, de acordo com os caminhos do mundo. Nenhuma necessidade econômica incitou os judeus a ir para a Palestina nos anos decisivos, quando a emigração para a América era a escapatória natural da miséria e da perseguição; a área não era tentadora para a exportação de capital e não oferecia por si mesma oportunidades para a solução dos problemas populacionais. Os assentamentos rurais coletivos, espinha dorsal da sociedade palestina e a expressão do pioneirismo, certamente não podem ser explicados por motivos utilitários. O desenvolvimento do solo, a edificação da Universidade Hebraica, o estabelecimento de grandes centros de saúde foram todos desenvolvimentos "artificiais", apoiados por estrangeiros e iniciados por um espírito de realização que não presta atenção aos cálculos de lucros e prejuízos.

Para uma geração que cresceu sob a fé cega da necessidade – na história, na economia, na sociedade ou na natureza – é difícil compreender que foi precisamente esta artificialidade que conferiu às conquistas judaicas na Palestina seu significado humano. O problema é que tanto sionistas quanto antissionistas consideraram que o caráter artificial da realização deveria ser censurado em vez de louvado. Assim, os sionistas procuraram explicar que a construção do lar nacional judaico era a única resposta possível para o suposto antissemitismo eterno, que o estabelecimento dos assentamentos coletivos era a única solução para as dificuldades da mão de obra agrícola judaica e que a fundação dos centros de saúde e da Universidade Hebraica era uma questão de interesse nacional. Cada uma dessas explicações contém uma parte da verdade e cada uma delas passa ao lado da questão. Os desafios estavam todos aí, mas nenhuma das respostas era "natural".

O ponto central é que as respostas tinham um valor político e humano muito mais permanente que os desafios, e que apenas distorções ideológicas fizeram parecer que os desafios – antissemitismo, pobreza, apatridia – tinham por si mesmos produzido algo.

Do ponto de vista político, a Palestina estava sob um mandato britânico, uma forma de governo supostamente criada apenas para lugares atrasados, onde povos primitivos ainda não aprenderam as regras elementares do governo autônomo. Entretanto, sob o olhar não muito aprovador do administrador britânico, os judeus erigiram, dentro de um Estado que não existia, um Estado que em alguns aspectos era mais moderno que os mais avançados governos do mundo ocidental. Era apenas na aparência que esse governo judaico não oficial era representado pela Agência Judaica, o corpo político reconhecido pelo sionismo mundial, ou pelo Vaad Leumi, representante oficial da comunidade judaica palestina. O que de fato governava o setor judaico da região de modo muito mais eficiente que qualquer um dos dois e que se tornou mais decisivo que o governo britânico na vida cotidiana era a Histadrut, a federação dos sindicatos palestinos, na qual a esmagadora maioria da mão de obra judaica, ou seja, a maioria da população, estava organizada. Os sindicatos colocaram os pés em todas aquelas áreas que geralmente são reguladas pelo governo municipal ou nacional, assim como em um grande número de atividades que, em outros países, estão no domínio da empresa livre. Todos os tipos de funções, como administração, imigração, defesa, educação, saúde, serviços sociais, obras públicas, comunicações, e assim por diante, foram desenvolvidas sob a iniciativa e a liderança da Histadrut, que, ao mesmo tempo, se tornou a maior empregadora da região. Isso explica o fato miraculoso de que, por fim, bastou uma simples proclamação do governo autônomo judaico para que a máquina estatal passasse a existir. O atual governo de Israel, embora pareça ser um governo de coalisão, é de fato o governo da Histadrut.

Embora os fazendeiros e trabalhadores judeus tivessem consciência emocional da singularidade de suas conquistas, expressa em uma nova forma de dignidade e orgulho, nem eles nem seus líderes percebiam articuladamente as principais características desse novo experimento. Assim, a liderança sionista pôde passar décadas falando da coincidência natural entre os interesses judaicos e o imperialismo britânico, mostrando quão pouco eles compreendiam a si mesmos. Enquanto mantinham esse discurso, eles construíram um país economicamente tão independente da Grã-Bretanha que não se encaixava nem no Império, nem na *commonwealth*, e educaram o povo de tal maneira que não havia possibilidade de ele se encaixar no esquema político do imperialismo porque se tratava de uma nação que não era soberana nem subjugada.

Tudo isso teria sido grande para a honra do Estado israelense e mesmo para seu proveito hoje se tivesse sido percebido a tempo. Mas mesmo hoje este não é o caso. Para defender sua agressividade nacionalista, as lideranças israelenses ainda hoje insistem em velhos truísmos – como "nenhum povo jamais consegue alguma coisa de presente, ainda menos a liberdade, portanto deve lutar" – provando que não compreenderam que toda a aventura judaica na Palestina é uma excelente indicação de que algumas mudanças ocorreram no mundo e que se pode conquistar uma região transformando seus desertos em terra florescente.

Explicações ideológicas são aquelas que não se ajustam à realidade, mas servem a algum outro interesse ou motivo oculto. Isso não significa que ideologias são ineficientes em política; ao contrário, seu próprio impulso e o fanatismo que elas inspiram frequentemente derrotam considerações mais realistas. Nesse sentido, o azar da construção de um lar nacional judaico está no fato de desde o início ela ter sido acompanhada, entre os judeus, por uma ideologia centro-europeia de nacionalismo e pensamento tribal e, entre os árabes, por um romantismo colonial inspirado por Oxford. Por razões ideológicas, os judeus não viram os árabes, habitantes do lugar que deveria ser uma região vazia para se adequar às ideias preconcebidas de emancipação nacional. Devido ao romantismo ou a uma completa inabilidade para compreender o que estava de fato se passando, os árabes consideraram os judeus como invasores à maneira antiga ou como instrumentos imperialistas de vanguarda.

A romantização da pobreza e do "evangelho da nudez" (T. E. Lawrence), de inspiração britânica, se mistura muito bem à nova consciência nacional árabe e seu antigo orgulho, de acordo com o qual é preferível receber propina a receber ajuda. A nova insistência nacionalista na soberania, apoiada por um desejo antigo de ficar em paz, serviu apenas para aprimorar a exploração exercida por algumas poucas famílias e evitar o desenvolvimento da região. Em sua cega hostilidade ideológica contra a civilização ocidental – uma hostilidade que, ironicamente, foi bastante inspirada por ocidentais –, eles não puderam ver que a região seria inevitavelmente modernizada e que seria muito mais sábio formar uma aliança com os judeus, que evidentemente partilham dos interesses gerais do Oriente Médio, do que com alguma grande potência distante, cujos interesses eram alheios e que necessariamente os consideraria um povo subjugado.

A TRADIÇÃO NÃO NACIONALISTA

Os poucos protagonistas da cooperação entre árabes e judeus encontraram sua verdadeira estatura posicionando-se contra esse panorama ideológico. Eles são numericamente tão poucos que dificilmente podem ser considerados uma força opositora real, estão tão isolados das massas e da propaganda de massas que foram frequentemente ignorados e sufocados por aquela forma peculiar de elogio que, ao chamar alguém de "idealista" ou de "profeta", tira-lhe o crédito por considerá-lo pouco prático; eles criaram, entretanto, uma tradição articulada tanto do lado judeu quanto do lado árabe. Pelo menos sua abordagem do problema palestino começa com as realidades objetivas da situação.

Visto que usualmente se afirma que sempre faltou ao lado árabe boa vontade com relação ao lar nacional judaico na Palestina e que os porta-vozes judeus dedicados à compreensão entre árabes e judeus nunca conseguiram fazer com que um único árabe, de qualquer posição, se tornasse disposto a cooperar com eles, deve-se mencionar alguns exemplos de iniciativa árabe que procura provocar algum tipo de acordo entre árabes e judeus. A reunião de líderes sionistas e árabes, encarregada de preparar uma conferência de árabes e judeus no Líbano, aconteceu em Damasco em 1913. Naquela época, todo o Oriente Médio ainda estava sob domínio turco e os árabes consideravam que, como povo oprimido, eles tinham muito em comum com os judeus do Leste Europeu. Houve o famoso Tratado de Amizade de 1919 entre o rei Faisal da Síria e Chaim Weizmann, que ambos os lados permitiram que caísse no esquecimento. Houve a conferência entre árabes e judeus em 1922 no Cairo, em que os árabes se mostraram dispostos a concordar com a imigração judaica dentro dos limites da capacidade econômica da Palestina.

Negociações entre Judah L. Magnes (com o subsequente conhecimento da Agência Judaica) e o Alto Comissariado Árabe da Palestina aconteceram no fim de 1936, imediatamente depois da eclosão dos distúrbios árabes. Alguns anos mais tarde, tentativas de consultas foram realizadas entre personalidades judaicas e egípcias. Weizmann relata em sua autobiografia que "os egípcios estavam familiarizados e impressionados com nossos progressos e sugeriram que futuramente eles talvez pudessem servir de ponte sobre o abismo que nos separa dos árabes da Palestina. Consideraram que o Livro Branco [...] seria adotado pela Inglaterra, mas seus efeitos poderiam ser mitigados, ou mesmo anulados, se os judeus da Palestina se mostrassem prontos a cooperar com o Egito".

Por fim, em 1945, Azzam Bey, então secretário da Liga Árabe, afirmou que "os árabes [estavam] preparados para fazer concessões de longo alcance na direção da satisfação do desejo judeu de ver a Palestina estabelecida como um lar espiritual e mesmo material". Evidentemente, esses árabes tinham tão pouco apoio das massas árabes quanto seus homólogos judeus. Mas quem sabe dizer o que teria acontecido se seus esforços hesitantes e tateantes tivessem tido uma recepção mais favorável do outro lado da mesa? De qualquer modo, esses árabes perderam o crédito junto a seu próprio povo quando descobriram que ou os judeus os ignoravam (como aconteceu com a declaração de Azzam Bey) ou cortavam as negociações assim que tivessem a esperança de encontrar o apoio de algum poder exterior (o governo turco em 1913 e o britânico em 1922), tornando a solução do problema de um modo geral dependente dos britânicos, que naturalmente "consideravam as dificuldades insuperáveis" (Weizmann). Da mesma forma, os porta-vozes judaicos da compreensão entre árabes e judeus perdiam o crédito quando suas próprias demandas, justas e moderadas, eram distorcidas e submetidas a vantagens alheias, como aconteceu com os esforços do grupo de Magnes em 1936.

A necessidade de uma compreensão entre árabes e judeus pode ser provada por fatores objetivos, mas sua possibilidade é quase inteiramente uma questão subjetiva, de sabedoria e personalidades políticas. A necessidade, baseada em considerações econômicas, militares e geográficas, só se fará sentir em longo prazo ou, possivelmente, em uma época em que será tarde demais. A possibilidade é uma questão de presente imediato, uma questão de haver dos dois lados estadistas suficientes para antecipar a direção das tendências necessárias de longo alcance e canalizá-las em instituições políticas construtivas.

Um dos sinais que mais oferecem esperança para a efetiva possibilidade de uma política comum entre árabes e judeus reside no fato de que apenas recentemente seus elementos essenciais foram formulados em termos convincentes por pelo menos um notável árabe, Charles Malik, representante do Líbano nas Nações Unidas, e por um notável judeu palestino, o dr. Magnes, ex-reitor da Universidade Hebraica e presidente do grupo Ihud (Unidade).

O discurso que o dr. Malik fez em 28 de maio de 1948 diante do Conselho de Segurança das Nações Unidas a respeito da prioridade que o acordo entre judeus e árabes tem sobre todas as demais soluções para o problema palestino é digno de nota por sua calma e aberta obstinação pela paz e pelas realidades do Oriente Médio, mas também porque ele encontrou um "eco receptivo" no delegado da Agência Judaica, o major Aubrey Eban.

Dirigindo-se ao Conselho de Segurança, o dr. Malik alertou as grandes potências dos perigos da política de *fait accompli* (fato consumado). Segundo ele, "a verdadeira tarefa dos estadistas mundiais é ajudar judeus e árabes a não estarem permanentemente alienados uns dos outros". Seria um grande desserviço aos judeus conferir ao Estado judeu a falsa sensação de segurança como resultado de uma exitosa manipulação da maquinaria internacional, pois isso os distrairia da tarefa fundamental, que é estabelecer "uma compreensão razoável, eficaz, justa e duradoura com os árabes".

As palavras do dr. Malik soam como um eco tardio da denúncia anteriormente feita por Martin Buber (o filósofo da Universidade Hebraica) do Programa Sionista de Biltmore, que "reconhece o objetivo da minoria de 'conquistar' o país por meio de manobras internacionais". Mas a exposição feita pelo dr. Magnes dos argumentos favoráveis ao acordo entre judeus e árabes e suas condições diante da comissão de inquérito anglo-americana em 1946, quando a proibição do Livro Branco sobre a imigração judaica ainda estava ativa, é lida como uma antecipada resposta judaica ao desafio árabe: "Nosso ponto de vista se baseia em duas suposições; a primeira é a de que a cooperação entre árabes e judeus é não apenas essencial, mas também possível. A alternativa é a guerra [...]".

O dr. Magnes reconhecia que a Palestina é uma terra santa para três religiões monoteístas. Os árabes têm um direito natural a ela e os judeus têm um direito histórico, ambos de igual validade. Assim, a Palestina já era um Estado binacional. Isso significa igualdade política para os árabes e justifica igualdade numérica para os judeus, ou seja, direito à imigração para a Palestina. O dr. Magnes não acreditava que todos os judeus ficariam satisfeitos com sua proposta, mas pensava que muitos a aceitariam, já que queriam o Estado judeu especialmente como um local para o qual migrar. Ele insistia na necessidade de revisar todo o conceito de Estado. Aos árabes, ele argumentava que independência soberana na minúscula Palestina era impossível. Com efeito, ele clamava pela participação palestina em uma federação regional do Oriente Médio como uma necessidade prática e como segurança suplementar aos árabes. "Que grande feito para a humanidade seria se judeus e árabes palestinos se esforçassem juntos, com amizade e parceria, para fazer desta Terra Santa uma Suíça próspera e pacífica no coração da antiga estrada entre Oriente e Ocidente. Isso exerceria uma incalculável influência política e espiritual sobre todo o Oriente Médio e mesmo além dele. Uma Palestina binacional poderia se tornar um farol da paz no mundo."

A UNIVERSIDADE HEBRAICA E
OS ASSENTAMENTOS COLETIVOS

Se o nacionalismo não fosse algo muito pior que o orgulho de um povo por suas realizações notáveis e singulares, o nacionalismo judaico teria sido alimentado por duas instituições do lar nacional judaico: a Universidade Hebraica e os assentamentos coletivos. Ambas estão enraizadas nas permanentes tendências não nacionalistas da tradição judaica – a universalidade, a predominância do saber e a paixão por justiça. Aqui está o início de algo com que os verdadeiros liberais de todos os países e nacionalidades contavam esperançosamente quando se deu ao povo judeu, com sua experiência histórica e tradição peculiares, liberdade e autonomia cultural. Ninguém expressou melhor essa esperança que Woodrow Wilson, que aclamou "não apenas o renascimento do povo judeu, mas também o nascimento de novos ideais, novos valores éticos e novas concepções de justiça social que, como uma bênção para toda a humanidade, devem surgir daquela terra e daquele povo cujos legisladores e profetas [...] proferiram aquelas verdades que ressoam através das eras" (citado de Selig Adler, "The Palestine Question in the Wilson Era", em *Jewish Social Studies*, outubro de 1948).

Duas instituições – de um lado, os *kibutzim* (assentamentos coletivos) e, de outro, a Universidade Hebraica – apoiaram e inspiraram a oposição e a tendência não nacionalista e antichauvinista dentro do sionismo. A universidade deveria representar o universalismo judaico no particular da terra judaica. Ela não foi concebida apenas como a universidade da Palestina, mas como a universidade do povo judeu.

É bastante significativo que os mais consistentes e articulados porta-vozes da compreensão entre árabes e judeus venham da Universidade Hebraica. Os dois grupos que fizeram da cooperação com os árabes a pedra angular de sua filosofia política – o Brith Shalom (Aliança de paz) nos anos 1920 e a Associação Ihud (Unidade) nos anos 1940, ambos fundados e inspirados pelo dr. Magnes, cofundador e reitor da Universidade Hebraica desde 1925 – não são apenas expressões de intelectuais educados no Ocidente que têm dificuldades para engolir os grosseiros slogans de um nacionalismo balcanizado. Desde o início, o sionismo continha duas tendências separadas que se encontravam apenas no acordo a respeito da necessidade de uma pátria judaica.

A tendência vitoriosa, a tradição herzliana, tomou seu principal impulso da visão do antissemitismo como um fenômeno "eterno" em todos os países da diáspora. Ela foi fortemente influenciada por outros pequenos movimentos de libertação nacional do século XIX e negava a possibilidade da sobrevivência dos judeus em qualquer lugar que não fosse a Palestina e a sob qualquer condição que não fosse a de um Estado judeu soberano e completamente desenvolvido. A outra tendência, que remonta a Ahad Haam, via na Palestina o centro cultural judaico que inspiraria o desenvolvimento espiritual de todos os judeus em outros países, mas não precisaria de homogeneidade étnica nem de soberania nacional. Desde a década de 1890, Ahad Haam afirmava a importância da presença de uma população nativa árabe na Palestina e a necessidade da paz. Aqueles que o seguiram jamais pretenderam fazer uma "Palestina tão judaica quando a Inglaterra é inglesa" (nas palavras de Weizmann), mas pensaram que o estabelecimento de um centro de educação superior era mais importante para o novo movimento de ressurgimento do que a fundação de um Estado. A principal realização da tradição herzliana é o Estado judeu; ele surgiu (como Ahad Haam temia na virada do século e o dr. Magnes alertou por mais de 25 anos) ao preço de uma guerra entre árabes e judeus. A principal realização da tradição de Ahad Haam é a Universidade Hebraica.

Uma outra parte do movimento, influenciada pelo sionismo de Ahad Haam, embora não conectada a ele, cresceu a partir do socialismo do Leste Europeu e, por fim, conduziu à fundação dos assentamentos coletivos. Como uma nova forma de economia agrícola, de vida social e de cooperativas de trabalhadores, ela se tornou o pilar da vida econômica na pátria judaica. O desejo de construir um novo tipo de sociedade, na qual não haveria exploração do homem pelo homem, fez mais para atrair os melhores elementos da comunidade judaica do Leste Europeu – ou seja, o poderoso fermento revolucionário no sionismo, sem o qual nenhum único pedaço de terra teria sido lavrado e nenhuma estrada teria sido construída – do que as análises herzlianas da assimilação judaica, ou a propaganda de Jabotinsky por um Estado judeu, ou o apelo dos sionistas culturais por um ressurgimento dos valores religiosos do judaísmo.

Nos assentamentos rurais coletivos, o antigo sonho judaico de uma sociedade baseada em justiça, formada em completa igualdade e indiferente a qualquer motivação pelo lucro foi realizado, ainda que em pequena escala. Sua maior realização foi a criação de um novo tipo de homem e de uma nova elite social, o nascimento de uma nova aristocracia, que, em hábitos, maneiras, valores e modo de vida, diferia bastante das massas judaicas dentro e fora da Palestina e cuja reivindicação de liderança em questões sociais e morais era claramente reconhecida pela população. Completamente livre e sem obstrução de qualquer governo, criou-se uma nova forma de propriedade, uma nova forma de fazendeiro, uma nova maneira de vida em família e educação das crianças, além de uma nova abordagem dos problemáticos conflitos entre cidade e campo, entre trabalho industrial e rural. Da mesma maneira que se poderia confiar ao próprio universalismo do ensino e do aprendizado na Universidade Hebraica a garantia do elo entre o lar nacional judaico, a comunidade judaica mundial e a comunidade internacional de pesquisadores, era também possível confiar aos assentamentos coletivos a manutenção do sionismo dentro da mais alta tradição do judaísmo, cujos "princípios exigem a criação de uma sociedade visível e tangível fundada em justiça e misericórdia" (Buber). Ao mesmo tempo, esses experimentos oferecem a esperança de soluções que podem um dia se tornar aceitáveis e aplicáveis para a grande massa de homens, onde quer que estejam, cuja dignidade e humanidade são hoje ameaçadas de modo tão sério pelo modelo de uma sociedade centrada na competição e na aquisição.

Os únicos grupos grandes que alguma vez promoveram de modo ativo e pregaram a amizade entre árabes e judeus surgiram desse movimento de assentamentos coletivos. Uma das maiores tragédias para o novo estado de Israel foi esses trabalhadores, especialmente o Ha'Shomer Ha'Tzair, terem sacrificado seu programa binacional em proveito do *fait accompli* da decisão de partição das Nações Unidas.

OS RESULTADOS DA GUERRA

Os eventos puderam seguir seu curso sem qualquer influência das vozes que se ergueram sob o espírito de compreensão, compromisso e razão. Por mais de 25 anos, o dr. Magnes e o pequeno grupo de seus seguidores na Palestina e no sionismo previram que haveria cooperação ou guerra, e houve guerra; que haveria um Estado binacional ou a dominação de um povo sobre outro, e houve a fuga de mais de 500 mil árabes dos territórios dominados por Israel; que a política britânica do Livro Branco e sua proibição da imigração nos anos da catástrofe dos judeus europeus deveria ser imediatamente anulada, ou os judeus arriscariam tudo para obter um Estado, ainda que apenas para imigrar, e há o fato de que, sem ninguém do lado britânico disposto a fazer qualquer concessão, os judeus obtiveram um Estado soberano.

De modo similar, e apesar da grande impressão que o discurso do dr. Malik deixou em seus colegas no Conselho de Segurança das Nações Unidas, toda a política, não apenas a de Israel, mas a das Nações Unidas e mesmo a dos Estados Unidos, é uma política do *fait accompli*. É verdade que, na superfície, parece que as forças armadas de Israel criaram o *fait accompli* contra o qual o dr. Malik tão eloquentemente alertou. No entanto, quem duvidaria de que vitórias, por numerosas que fossem, não teriam por si mesmas sido suficientes para dar segurança à existência de Israel sem o apoio dos Estados Unidos e da comunidade judaica americana?

A maneira mais realista de medir o custo dos eventos do último ano para os povos do Oriente Médio não é por meio de perdas militares, perdas econômicas, destruição causada por guerra ou vitórias militares, mas através de mudanças políticas, dentre as quais a mais marcante foi a criação de uma nova categoria de povo apátrida; os refugiados árabes. Estes não apenas formam potenciais e perigosos irredentistas dispersos por todos os países árabes, onde poderiam facilmente se tornar o visível elo de ligação. Há algo muito pior, pois qualquer que tenha sido o modo pelo qual seu êxodo aconteceu (consequência de propaganda árabe de atrocidades, de atrocidades reais ou de uma mistura das duas coisas), sua fuga da Palestina – preparada pelos planos sionistas de transferência de população em larga escala durante a guerra e seguida pela recusa de Israel a readmitir os refugiados em seu antigo lar – tornou finalmente verdadeira a antiga reivindicação árabe contra o sionismo: os judeus pretendiam simplesmente expulsar os árabes de suas casas. O que até então tinha sido o orgulho da pátria judaica, o fato de não ter se baseado em exploração, converteu-se em uma maldição quando o teste final chegou: a fuga árabe não teria sido possível e não seria bem-vinda pelos judeus se eles vivessem em uma economia comum. Provou-se, por fim, que os árabes reacionários do Oriente Médio e os protetores britânicos estavam corretos: eles sempre consideraram "os judeus perigosos não porque eles exploram os *fellaheen*, mas porque eles não os exploram" (Weizmann).

Liberais em todos os países estavam horrorizados pela insensibilidade e pelo arrogante descarte das considerações humanitárias por parte de um governo cujos representantes, apenas um ano antes, defenderam sua própria causa apoiados em razões puramente humanitárias e foram educados por um movimento que, por mais de cinquenta anos, baseou suas afirmações exclusivamente na justiça. Por fim, apenas uma única voz se levantou em protesto contra o tratamento dado por Israel à questão dos refugiados árabes, a voz do dr. Magnes, que escreveu uma carta ao editor de *Commentary* em outubro de 1948:

> Parece-me que qualquer tentativa de abordar um problema humano tão vasto de outra forma que não seja pelo ponto de vista moral e humano nos conduz a um impasse [...] Se os árabes da Palestina deixaram "voluntariamente" seus domínios sob o impacto da propaganda árabe e em verdadeiro pânico, não se deve esquecer que o argumento mais potente dessa propaganda era o medo da repetição das atrocidades de Irgun-Stern em Deir Yassin, caso em que as autoridades judaicas se mostraram incapazes ou indispostas a evitar o ato ou punir o culpado. É de se lamentar que os mesmos homens que puderam apontar para a tragédia dos judeus deslocados como o principal argumento para a imigração em massa rumo à Palestina estejam agora prontos, até onde se sabe, a ajudar a criar uma categoria adicional de deslocados na Terra Santa.

O dr. Magnes, conhecendo bem o significado das ações que retiraram o direito à velha e orgulhosa alegação do pioneirismo sionista segundo a qual foi a única aventura colonizadora na história a não sujar as mãos de sangue, baseou seu protesto em razões puramente humanitárias e se expôs às velhas acusações de moralidade quixotesca na política, âmbito em que supostamente contam apenas vantagem e sucesso. A velha lenda dos 36 justos desconhecidos, que sempre existem e sem os quais o mundo se despedaçaria, dá a última palavra a respeito da necessidade de tal comportamento "quixotesco" no curso ordinário dos eventos. No entanto, em um mundo como o nosso, onde a política em alguns países superou a imoralidade esporádica e entrou em um novo estágio de criminalidade, a moralidade intransigente mudou repentinamente sua função e, em vez de simplesmente manter o mundo junto, tornou-se o único meio através do qual a verdadeira realidade, oposta às situações factuais essencialmente efêmeras criadas por crimes, pode ser percebida e planejada. Só se pode confiar algo sério como os interesses permanentes e a sobrevivência política de uma nação àqueles que ainda são capazes de desconsiderar as montanhas de poeira que emergem do nada da violência estéril e nela desaparecem.

FEDERAÇÃO OU BALCANIZAÇÃO?

Os verdadeiros objetivos de uma política não nacionalista no Oriente Médio, especialmente na Palestina, são poucos em número e simples em natureza. A insistência nacionalista na soberania absoluta em países tão pequenos como Palestina, Síria, Líbano, Iraque, Transjordânia, Arábia Saudita e Egito só pode conduzir à balcanização de toda a região e sua transformação em um campo de batalhas para os interesses conflitantes das grandes potências em detrimento de todos os autênticos interesses nacionais.

Em longo prazo, a única alternativa à balcanização é uma federação regional, algo que o dr. Magnes (em um artigo na *Foreign Affairs*) propôs já em 1943 e que mais recentemente foi proclamado um objetivo desejado, mas distante, pelo major Eban, representante israelense nas Nações Unidas. Enquanto a proposta original do dr. Magnes compreendia apenas os países que o tratado de paz de 1919 havia desmembrado – mas que formavam um conjunto integrado sob o governo turco, ou seja, Palestina, Transjordânia, Líbano e Síria – o conceito de Aubrey Eban (como publicado em um artigo da *Commentary* em 1948) mirava uma "liga do Oriente Médio compreendendo todas as diversas nacionalidades da área, cada uma livre em sua própria área de independência e cooperando com as demais pelo bem-estar de toda a região". Uma federação que, de acordo com Eban, poderia incluir "Turquia, o Líbano Cristão, Israel e Irã como parceiros do mundo árabe em uma liga de não agressão, de defesa mútua e de cooperação econômica" tem a grande vantagem de compreender mais que os dois povos, judeus e árabes, e assim eliminar os medos judaicos de superioridade numérica dos árabes.

A maior esperança de nos aproximarmos dessa federação reside ainda em uma confederação da Palestina, como o dr. Magnes e o Ihud propuseram, depois da partição e de o Estado judeu soberano ter se tornado um fato consumado. O próprio termo "confederação" indica a existência de duas entidades políticas independentes, por oposição a um sistema federal, que é comumente considerado "um governo múltiplo em um único Estado" (*Encyclopedia of Social Sciences*), e poderia também servir de modelo para as difíceis relações entre a Síria muçulmana e o Líbano cristão. Uma vez estabelecidas essas pequenas estruturas federadas, a liga dos países do Oriente Médio, do major Eban, terá chances muito melhores de realização. Assim como o acordo do Benelux foi o primeiro sinal de esperança de uma federação última da Europa, o estabelecimento de um acordo durável entre dois dos povos do Oriente Médio sobre questões de defesa, política externa e desenvolvimento econômico poderia servir como modelo para toda a região.

Uma das principais vantagens de soluções federadas (ou confederadas) para o problema palestino estava no fato de que os homens de Estados árabes mais moderados (especialmente do Líbano) concordavam com elas. Enquanto o plano para um Estado federado era proposto apenas por uma minoria no Comitê Especial das Nações Unidas para a Palestina em 1947, nomeadamente por delegados da Índia, Irã e Iugoslávia, não há dúvidas de que ele poderia ter servido muito bem como uma base para um compromisso entre as reivindicações árabes e judaicas. À época, o grupo Ihud praticamente endossou o relatório da minoria, que estava fundamentalmente de acordo com os princípios escritos e muito bem expressos na seguinte afirmação: "O Estado federado é a solução mais construtiva e dinâmica na medida em que alude uma atitude de resignação relativa à habilidade de árabes e judeus em cooperar por seus interesses comuns, e favorece uma atitude realista e dinâmica, que considera que, sob condições diferentes, a vontade de cooperar pode ser cultivada". O sr. Camille Chamoun, representante do Líbano, falando diante da Assembleia Geral das Nações Unidas em 29 de novembro de 1947, em um desesperado esforço para alcançar um acordo no mesmo dia em que a partição foi decidida, clamou mais uma vez para que o Estado palestino fosse "constituído sobre uma base federativa e [...] [compreenda] um governo federal e governos cantonais responsáveis pelos dos cantões árabe e judeu". Assim como o dr. Magnes em sua explicação do plano para uma confederação da Palestina, ele invocou a Constituição dos Estados Unidos da América como modelo para a futura constituição do novo Estado.

O plano de uma Palestina confederada com Jerusalém como capital comum não era nada mais, nada menos que a única implementação possível da decisão da partição da ONU, que fez da união econômica um pré-requisito. A abordagem puramente econômica das Nações Unidas teria encontrado dificuldades sob qualquer circunstância porque, como o major Eban corretamente enfatizou, "a interdependência econômica de toda a Palestina era muito superestimada pela assembleia geral". Ela enfrentaria, além disso, as mesmas dificuldades que o Programa de Recuperação Europeia, que também pressupunha a possibilidade de cooperação econômica sem implementação política. Essas dificuldades inerentes a uma abordagem econômica se tornaram pura impossibilidade com a eclosão da guerra, cuja conclusão é, acima de tudo, uma medida política. Além disso, a guerra destruiu todos os setores de uma economia mista entre árabes e judeus e eliminou, com a expulsão de quase todos os árabes de territórios mantidos por Israel, a pequena base econômica sobre a qual as esperanças por um futuro desenvolvimento de interesses econômicos comuns repousavam.

É verdade que uma deficiência óbvia de nossos argumentos a favor da paz e contrários a um armistício precário, a favor de uma confederação e contrários a mais balcanização está no fato de que eles mal podem se basear em qualquer coisa parecida com a necessidade econômica. A fim de estimar corretamente o impacto da guerra sobre a economia israelense, não se pode simplesmente somar as inacreditáveis perdas em horas de trabalho e destruição de propriedade sofridas por Israel. Contra elas, levanta-se um aumento substancial da receita de "caridade", que nunca teria acontecido sem o estabelecimento de um Estado e a enorme imigração atual, fenômenos que constam entre as causas diretas da guerra entre judeus e árabes. Uma vez que a economia judaica na Palestina de qualquer forma dependia bastante de investimentos feitos através de doações, é até mesmo possível que os ganhos obtidos por meio da ajuda emergencial superem as perdas sofridas por meio da guerra.

A pacificação da região pode muito bem atrair mais investimentos que pagam dividendos oriundos da comunidade judaica americana e mesmo empréstimos internacionais. Entretanto, isso diminuiria automaticamente a receita israelense de dinheiro que não paga dividendos. À primeira vista, tal desenvolvimento pode parecer conduzir a uma economia mais segura e a uma maior independência política. Mas, de fato, pode significar recursos bastante reduzidos e mesmo um aumento de interferência externa, pela simples razão de que o público investidor é provavelmente mais parecido com negociantes e menos idealista que os simples doadores.

Mas mesmo se assumirmos que, depois da catástrofe europeia, a comunidade judaica americana não precisaria da emergência da guerra e do estímulo das vitórias para mobilizar o apoio que chega a 150 milhões de dólares por ano, as vantagens econômicas da guerra provavelmente superam as perdas. Há, primeiramente, os claros ganhos resultantes da fuga dos árabes dos territórios ocupados por Israel. Essa evacuação de quase 50% da população do país não atrapalhou de forma alguma a economia judaica porque esta foi construída quase completamente isolada daquilo que a cerca. Mas, mais importante que esses ganhos, com sua pesada hipoteca moral e política, é o próprio fator da imigração. Os novos imigrantes, que estão parcialmente estabelecidos nas propriedades deserdadas por árabes refugiados, são urgentemente necessários para a reconstrução e para o reequilíbrio da força de trabalho, que sofreu grandes perdas decorrentes da mobilização; eles não são apenas um fardo para o país, mas também constituem seu mais seguro trunfo. O influxo de dinheiro americano, levantado e usado principalmente para o restabelecimento dos deslocados, combinado ao influxo de força de trabalho, deve estimular a economia israelense de modo bastante parecido, embora em escala muito maior, ao modo que o influxo de dinheiro americano juntamente com a imigração de jovens (*Aliá* da juventude) ajudou dez anos atrás a ampliação e a modernização dos assentamentos coletivos.

A mesma ausência da necessidade econômica vale para o argumento em favor da confederação. Da maneira como as coisas estão hoje, o Estado de Israel não é apenas uma ilha judaica em um mar árabe e tampouco um posto avançado do Ocidente industrializado em pleno deserto de uma economia estagnada; ele é também um produtor de mercadorias para as quais não existe demanda nos arredores imediatos. Não há dúvidas de que esta situação será diferente no futuro, mas ninguém sabe quão perto ou longe esse futuro pode estar. No momento, de qualquer modo, uma federação dificilmente conseguiria se basear nas realidades econômicas existentes, numa interdependência em funcionamento. Ela só poderia ser um dispositivo efetivo se – nas palavras do dr. Magnes em 1947 – "a habilidade científica judaica, o poder de organização judaico, talvez as finanças, talvez a experiência do Ocidente, de que muitos países desta parte do mundo precisam, [fossem] colocados a sua disposição para o bem de toda a região".

Uma tarefa como essa demandaria visão ampla e até mesmo sacrifícios, embora estes possam ser menos difíceis de suportar se a canalização de capital e das habilidades judaicas de pioneirismo para países árabes for conectada a algum acordo para o reassentamento dos deslocados árabes. Sem tal modernização do Oriente Médio, Israel permanecerá economicamente isolado, sem os pré-requisitos para uma troca normal de seus produtos, ainda mais dependente de ajuda externa que agora. Afirmar que as grandes realizações do lar nacional judaico eram "artificiais", que elas não seguiram as leis e as necessidades da economia, mas surgiram da vontade política do povo judeu não é e nunca foi um argumento contra elas. No entanto, seria uma tragédia se, uma vez estabelecidos este lar e este Estado, seu povo continuasse a depender de "milagres" e fosse incapaz de se acomodar às necessidades objetivas, ainda que estas sejam naturalmente de longo alcance. Grandes quantidades de dinheiro de caridade só podem ser mobilizadas em emergências, como a recente catástrofe na Europa ou a guerra entre árabes e judeus; se o governo de Israel não conseguir vencer a dependência econômica que tem desse dinheiro, ele em breve se encontrará na posição nada invejável de ser forçado a criar emergências, isto é, de ser forçado a uma política de agressividade e expansão. Os extremistas compreendem muito bem esta situação quando propagam uma prolongação artificial da guerra, que, de acordo com eles, não deve terminar antes que toda a Palestina e a Transjordânia sejam conquistadas.

Em outras palavras, a alternativa entre federação e balcanização é de ordem política. O problema não está na interrupção da estrutura econômica comum pelo nacionalismo rampante, mas no possível desenvolvimento de aspirações nacionais justificadas em nacionalismo rampante porque elas não foram controladas por interesses econômicos. A tarefa do Oriente Médio seria a de criar uma estrutura econômica comum, provocar cooperação política e econômica e integrar as realizações econômicas e sociais dos judeus. A balcanização isolaria ainda mais os pioneiros e trabalhadores judeus que encontraram um meio de combinar trabalho manual com um alto padrão de cultura e de introduzir um novo elemento humano na vida moderna. Eles seriam, juntamente com os herdeiros da Universidade Hebraica, as primeiras vítimas de um longo período de insegurança militar e agressividade nacionalista.

Mas seriam apenas as primeiras vítimas. Pois, sem a hinterlândia de Jerusalém e os assentamentos coletivos, Tel Aviv poderia do dia para a noite se tornar uma cidade levantina. O chauvinismo de tipo balcânico poderia usar o conceito religioso de povo escolhido e permitir que seu significado degenerasse até a mais desesperadora vulgaridade. O nascimento de uma nação no meio de nosso século pode ser um grande evento; ele é certamente um perigoso evento. A soberania nacional, que por tanto tempo foi o símbolo do desenvolvimento nacional livre, tornou-se o maior perigo para a sobrevivência nacional de nações pequenas. Tendo em conta a situação internacional e a localização geográfica da Palestina, é improvável que os povos árabes e judeu sejam uma exceção a esta regra.

1950

NOTA

Este texto foi escrito em 1948 por sugestão de Judah L. Magnes, o ex-reitor da Universidade Hebraica em Jerusalém, que, desde o fim da Primeira Guerra Mundial até o dia de sua morte, em outubro de 1948, foi o mais notável porta-voz judeu da compreensão na Palestina. Este texto é dedicado a sua memória.

MAGNES, A CONSCIÊNCIA DO POVO JUDEU

NÃO SE PODE FALAR DE [JUDAH LEON] MAGNES SEM FALAR DE Israel, seu lar físico e espiritual. Nada de essencial mudou em Israel nos anos seguintes a sua morte. Ele morreu poucos meses após o estabelecimento do Estado de Israel e a fuga dos árabes para fora de sua pátria palestina, poucas semanas após o assassinato de Bernadotte. Os árabes palestinos ainda são exilados sem lar e os assassinos de Bernadotte ainda não foram encontrados. O problema árabe é o que sempre foi, nomeadamente, a única questão política e moral da política israelense. O vitorioso Estado de Israel não foi capaz de concluir um único tratado de paz com seus vizinhos árabes.

A única mudança desde a morte de Magnes é sua própria morte, que, com o passar do tempo, tem cada vez mais se tornado um autêntico evento histórico. Somente se sabe quem um homem é quando ele está morto. Essa é a verdade do provérbio romano *nemo ante mortem beatus dici potest*. A eternidade para a qual dizemos que um homem passa quando morre é também a essência eterna que ele representava enquanto vivia e que nunca foi claramente revelada aos vivos antes de sua morte. *Magnes era a consciência do povo judeu*, e grande parte dessa consciência morreu com ele, pelo menos para o nosso tempo. O protesto de Magnes surgiu das próprias fileiras sionistas e sua validade se funda nessa origem. Ele ergueu sua voz primeiramente em bases morais, e sua autoridade provinha de ele ser cidadão de Jerusalém, de seu destino ser o destino deles e consequentemente de nada do que ele disse poder jamais ser acusado de segundas intenções. Era um homem muito realista, de grande espírito prático, e é possível que, como todos nós, ele estivesse também inspirado pelo medo de que as futuras gerações sofram pelos erros cometidos em nosso tempo. Mas essa não era sua motivação primordial. Ele tinha um apaixonado desejo de fazer o que é certo e uma saudável desconfiança com relação à sabedoria de nossos *Realpolitiker*. O medo não o tocava de verdade, mas ele era bastante sensível à vergonha. *Sendo judeu e sendo sionista, ele tinha simplesmente vergonha do que os judeus e os sionistas estavam fazendo.*

Como frequentemente acontece com a consciência de alguém, o povo judeu o ouviu, mas escolheu não o escutar. Os poucos que o escutaram fizeram-no pelas razões erradas, ou pelo menos por razões que não eram as dele. Aconteceu de seus últimos anos de vida coincidirem com uma grande mudança no caráter nacional judeu. Um povo que por 2 mil anos fez da justiça a pedra de toque de sua existência espiritual e comunitária tornou-se enfaticamente hostil a todos os argumentos dessa natureza, como se fossem necessariamente argumentos de derrota. Todos sabemos que essa mudança se operou a partir de Auschwitz, mas isso serve de pouco consolo. O fato é que ninguém no interior do povo judeu pôde suceder Magnes. Isso dá a medida de sua grandeza e, igualmente, de nossa derrota.

1952

A HISTÓRIA DO GRANDE CRIME

Uma resenha de Bréviaire de la haine: le III
Reich et les Juifs [Breviário do ódio: o Terceiro
Reich e os judeus], de Léon Poliakov

O EXCELENTE LIVRO DE LÉON POLIAKOV SOBRE O TERCEIRO REICH e os judeus é o primeiro a descrever as últimas fases do regime nazista baseando-se estritamente em material de fonte primária. Ele consiste sobretudo em documentos apresentados nos tribunais de Nuremberg e publicados em vários volumes pelo governo americano sob o título *Nazi Conspiracy and Aggression* [Conspiração nazista e agressão]. Além de arquivos nazistas apreendidos, esses volumes contêm um número considerável de relatos feitos sob juramento e *affidavits* de antigos oficiais nazistas. O sr. Poliakov, com uma obstinação racional, conta a história conforme os próprios documentos desdobram-na, evitando assim os preconceitos e julgamentos preconcebidos que assolam quase todas as demais publicações. Ele vê com clareza o que é relevante e possui conhecimento completo e íntimo da complicada maquinaria administrativa da Alemanha nazista, das relações flutuantes entre os diferentes serviços, assim como dos altos e baixos das diferentes claques ao redor de Hitler.

A excelência desse livro pode ser medida pela abundância de equívocos, de erros de compreensão e de julgamento que a cada capítulo ele corrige. Há também muitas revisões menores. Nazistas como Alfred Rosenberg, cujo poder geralmente foi exagerado, ganham sua medida adequada; pequenos fatos, como o papel preponderante que os austríacos desempenharam na organização do extermínio, ganham sua importância devida. Sem essa limpeza resoluta da camada de erro e generalização apressada, a história não poderia ser contada de modo apropriado.

Uma das mais expressivas realizações do sr. Poliakov é a reconstrução da cronologia do processo de extermínio. Embora ainda permaneça espaço para especulação a respeito do momento exato em que a decisão sobre as câmaras de gás foi tomada, nós agora sabemos de modo seguro que a ordem para os assassinatos em massa organizados foi dada por Hitler – talvez depois de discutir com Bormann e Goebbels – no outono de 1940, quando ficou evidente que a guerra não poderia ter fim em breve, ou no início de 1941, durante a preparação do ataque à Rússia. Ao tomar essa decisão, ele automaticamente descartou várias "soluções" mais moderadas. Dentre elas, o Projeto Madagascar, concebido originalmente por Himmler e oficialmente adotado pelo Ministério das Relações Exteriores alemão antes da eclosão da guerra. Propôs-se também – esta era uma ideia cara a Himmler – a esterilização com raios X de todos os homens judeus (e também da elite intelectual de outros povos não alemães); o procedimento seria pedir-lhes que se alinhassem diante de janelas e preenchessem questionários falsos, deixando-os sem saber o que iria acontecer com eles. Teria sido mais exequível, entretanto, exterminar os judeus por meio da fome nos guetos – solução preferida por nazistas "moderados" como Hans Frank, governador geral da Polônia – ou fazê-los trabalhar até a morte, como sugeriram Goebbels e Heydrich. Como de costume, Hitler ousou escolher a solução mais radical e, como de costume, estava correto *com relação a seus próprios objetivos* na medida em que as câmaras de gás prometiam os mais seguros resultados.

O Projeto Madagascar era um compromisso entre o traço nazista do antissemitismo e as formas mais velhas do nacionalismo alemão, que viram no sionismo a "solução" da questão judaica; com a eclosão da guerra, entretanto, tais compromissos tinham sido "superados pelos eventos", como Hitler gostava de dizer. A esterilização em massa se mostrou impraticável; a maquinaria simplesmente não funcionava eficientemente. Morte por fome era um processo lento, cheio de acasos imprevisíveis e passível de disseminar epidemias e causar discussões longas e desnecessárias entre os próprios alemães, assim como entre os povos subjugados. Tudo isso poderia ser interrompido por medidas drásticas e irrevogáveis.

Por fim, havia a intenção de extrair o máximo de trabalho dos judeus, que, inapelavelmente condenados, poderiam ser explorados sem piedade – alternativa que seduzia tanto os nazistas quanto a Wehrmacht, cuja necessidade de força de trabalho aumentava constantemente. Esse plano, entretanto, sofria de uma contradição inerente: se o homem deve trabalhar, ele tem de ter os meios para um processo vital mais ou menos normal, do contrário ele morre.

As primeiras execuções conduzidas pelas tropas especiais – as assim chamadas *Einsatzgruppen* – ocorreram imediatamente depois da invasão da Rússia. No outono de 1941, planos para as câmaras de gás foram solicitados e pouco depois aprovados pelo próprio Hitler. Os primeiros caminhões que serviram como câmara de gás móveis já estavam prontos na primavera de 1942, e as imensas fábricas da morte em Auschwitz e Belzec, no outono de 1942. A partir de então e até o outono de 1944 – ou seja, ao longo dos anos cruciais da guerra – os trens que carregavam judeus de cada canto da Europa para a

Polônia tinham prioridade sobre qualquer outro tipo de tráfego, com exceção do movimento de tropas. Ao contrário do que se pensa atualmente, foram as ordens de Hitler que colocaram em movimento o processo de extermínio sistemático, ao passo que Himmler parece ter obedecido de maneira bastante relutante. Foi este último que ordenou a suspensão do horror, no outono de 1944, o desmantelamento e a destruição das fábricas da morte. O próprio Hitler jamais soube – aparentemente porque ninguém teve coragem de contar para ele – que aquela que ele considerava uma de suas grandes "realizações" havia sido prematuramente terminada.

Os judeus sobreviventes e outros internos de Auschwitz e dos demais campos da morte foram agrupados em direção ao oeste diante dos exércitos russos. Morrendo aos milhares ao longo do caminho, foram colocados em campos de concentração "regulares" na Alemanha, onde mais dezenas de milhares morreram de fome antes das tropas aliadas finalmente chegarem. O que os exércitos da liberação encontraram nesses campos horrorizou-os mais do que qualquer outra coisa que tinham visto no campo de batalha e, de fato, levantou mais a opinião pública do que qualquer outra coisa que tenha vazado sobre as fábricas da morte na Polônia – que haviam então desaparecido sem deixar muitos rastros visíveis. Ironicamente, no entanto, os cadáveres e sobreviventes que os soldados britânicos e americanos viram em Buchenwald e em outros lugares eram principalmente as vítimas do único crime não premeditado que os nazistas cometeram – não premeditados na medida em que aquilo era mais o resultado do caos que se viu durante o último mês da guerra do que um desígnio deliberado.

Embora correta, essa crônica conta apenas uma parte da história; a parte judaica. O sr. Poliakov é o primeiro a compreender e a enfatizar a conexão estreita entre o assassinato em massa de judeus e uma experiência anterior dos nazistas, o assassinato "misericordioso" de 70 mil pessoas com problemas ou doenças mentais na Alemanha ao longo do primeiro ano da guerra. A experiência não apenas precedeu o assassinato em massa de outras pessoas; a ordem dada por Hitler em 10 de setembro de 1939 (de modo significativo, no primeiro dia de hostilidades) de liquidar todas as "pessoas incuravelmente doentes" no Terceiro Reich preparou o palco para tudo o que se seguiu. Certamente não foi por acaso que esse decreto não foi executado de forma rigorosa e que apenas os doentes mentais foram mortos. Também é possível que a causa da suspensão das mortes um ano e meio depois tenha sido, como Poliakov e outros sustentam, os protestos das famílias de vítimas e outros alemães. Também é pouco provável que a coincidência entre o início do assassinato em massa de judeus e o término dos assassinatos "misericordiosos" se deva ao acaso.

Embora decidido a realizar seu programa racial por meio de assassinatos em massa, Hitler aparentemente seguiu em algum momento um caminho que oferecia menos resistência e prometia resultados mais imediatos. Ele nunca abandonou sua intenção original de liquidar todas as pessoas "racialmente inadequadas", qualquer que fosse sua nacionalidade, o que se percebe por seu plano de introduzir um "projeto de lei da saúde nacional" na Alemanha depois da guerra, segundo a qual os parentes de sangue de "pessoas doentes, particularmente aquelas com doenças de pulmão ou coração" não teriam "mais permissão para permanecer em meio ao público e tampouco para produzir crianças. O que acontece[ria] a essas famílias [seria] assunto de ordens posteriores".

Ao mostrar que o primeiro dia da guerra foi também o primeiro dia do assassinato em massa organizado, o sr. Poliakov lança novas luzes sobre certos aspectos do totalitarismo em geral e do nazismo em particular. O desenvolvimento completo das tendências totalitárias inerentes ao regime nazista se tornou possível apenas com o isolamento do mundo ocidental que a guerra impôs à Alemanha – o que significou também o isolamento com relação aos companheiros de viagem fascistas em países não totalitários. Hitler expressou mais de uma vez sua gratidão pela guerra porque, independentemente de toda dúvida e medo quanto a seus resultados, ela lhe dera a oportunidade de tornar reais certas "ideias" que, de outra forma, teriam que ter permanecido em suspenso.

É muito provável que a guerra tenha conferido outra "bênção" a Hitler. Depois de 1918, sob o impacto da nova experiência de guerra mecanizada, o pacifismo se tornou o primeiro movimento ideológico a insistir na equivalência entre guerra e massacre puro e simples. Ao longo dos anos 1920, o partido nazista se desenvolveu ao lado do pacifismo alemão e em conflito com ele. Entretanto, diferentemente de todos os propagandistas puramente nacionais e favoráveis ao militarismo, os nazistas nunca questionaram a exatidão da equação dos pacifistas; antes, eles aprovavam de maneira franca todas as formas de assassinato, dentre as quais a guerra. Na opinião deles, todas as noções de cavalheirismo e honra militar, bem como o respeito por certas leis universais da humanidade que elas implicam, eram simples hipocrisia, na qual se incluía qualquer concepção de guerra que visasse à derrota do inimigo sem sua mais completa destruição. Tanto para os nazistas quanto para os pacifistas, guerra era massacre.

Essa parece ser a razão de terem esperado pela eclosão efetiva da guerra antes de embarcarem em seu programa de "assassinatos misericordiosos", ao considerarem que, diante de tantos jovens saudáveis sendo massacrados na linha de frente, os alemães então não prestariam muita atenção ao massacre de "inúteis" em seu território e não oporiam resistência séria à execução do programa. Pois, qual diferença havia entre um tipo de matança e outro qualquer? Mas a experiência subsequente ensinou aos nazistas que as famílias das pessoas com doenças mentais não estão propensas a ouvir a "lógica" quando a vida de um dos seus está em jogo; talvez essa seja a razão – ou uma das razões – pela qual, no esboço do "projeto de lei da saúde nacional" acima citado e provavelmente delineado em 1943, dois anos depois da suspensão dos "assassinatos misericordiosos", Hitler propôs matar também os parentes dos doentes.

Qualquer que tenha sido o caso verdadeiro, a conexão entre extermínio em massa e "assassinato misericordioso" na Alemanha é uma das percepções mais importantes do sr. Poliakov, e ele a segue em todas as suas ramificações. Os médicos, engenheiros e todos os outros que aperfeiçoaram as técnicas de eutanásia ao longo do primeiro ano de guerra para aplicação aos casos mentais alemães eram os mesmos que mais tarde foram encarregados das instalações de Auschwitz e Belzec. Ainda mais conclusivo sobre a realidade dessa conexão é o fato, de outra forma inexplicável, de que, na Polônia como anteriormente em fábricas da morte menores na Alemanha, o mesmo esforço foi feito para aperfeiçoar a maquinaria da morte e "atingir o objetivo sem tortura e sem agonia". Crueldade e brutalidade, ainda prevalentes entre os soldados e policiais aleatoriamente escolhidos para as tarefas dos campos de concentração, estavam conspicuamente ausentes entre os técnicos das fábricas da morte. Para eles, como certa vez disse Himmler, o antissemitismo era como "despiolhar", problemas raciais eram uma questão de "limpeza", e a "solução ativa para o problema do sangue" significava eliminação de "elementos contaminantes".

Outra contribuição maior do sr. Poliakov é o esvaziamento do mito de que os corpos oficiais alemães e os antigos servidores civis pré- -Hitler, particularmente os das Relações Exteriores e dos corpos diplomáticos, não sabiam o que estava acontecendo ou, quando sabiam, protestavam. O próprio general [Alfred] Jodl pesou cuidadosamente os prós e contras da política de extermínio sobre o moral alemão e concluiu que suas evidentes imperfeições eram superadas por um grande fator psicológico – o soldado alemão comum lutaria melhor uma vez que soubesse que havia queimado todas as pontes atrás de si e que estava envolvido em indissolúvel cumplicidade com os perpetradores de um enorme crime. Unidades da Wehrmacht, e não tropas da ss, iniciaram a chamada *Heuaktion* [ação feno], na qual algo entre 40 mil e 50 mil crianças foram sequestradas do Leste Europeu e levadas para a Alemanha. E foi o subsecretário de Estado [Martin Franz Julius] Luther quem, conjuntamente com autoridades militares alemãs, foi responsável pelo extermínio de judeus sérvios.

Evidentemente, alguns alemães, nazistas ou não, protestaram. O sr. Poliakov cita alguns dos protestos que foram registrados por escrito. Ele se impressiona – talvez de maneira não muito justa – com os argumentos usados, que enfatizam a pressão nervosa sobre os executores, desvantagens econômicas e militares e deploram o efeito ruim sobre o moral das tropas alemãs e das populações conquistadas. É pouco provável que esses protestos tivessem conseguido ser vocalizados se invocassem considerações morais. O mais notável é que poucos deles vieram da hierarquia civil ou militar da Alemanha e que muitos foram provavelmente feitos por velhos membros do partido nazista ou mesmo por líderes da ss.

Até o momento, ainda não se reconheceu de modo suficiente que o único país atrás das linhas nazistas que protegeu os judeus de forma resoluta e efetiva foi a Itália, o mais importante aliado europeu da Alemanha. (O outro centro de refúgio para judeus parece ter sido em áreas da Croácia onde os simpatizantes de Tito estavam firmemente estabelecidos.) O sr. Poliakov discute longamente o episódio italiano vinculando-o à atitude da França de Vichy com relação aos judeus, da qual ele fornece um relato completo e acurado. Precisamente no que concerne ao antissemitismo, a disposição de Vichy para a cooperação era tal que se pode acreditar que Adolf Eichmann, o organizador das deportações dos judeus que partiam de todos os cantos da Europa, não calculou mal a psicologia da França de Vichy quando, em um momento particularmente crítico, ameaçou-os de fato com a possibilidade de "excluir a França da lista de países de evacuação [de judeus]".

Em nenhum outro lugar, a integridade e a objetividade do sr. Poliakov apresentam-se com maior clareza do que em seu relato dos guetos e do papel de seus *Judenräte* (conselhos judaicos). Ele não acusa nem escusa, mas relata de maneira completa e fiel aquilo que as fontes lhe dizem – a crescente apatia das vítimas, assim como seu heroísmo ocasional, o terrível dilema dos *Judenräte*, seu desespero assim como sua confusão, sua cumplicidade e sua ambição, por vezes pateticamente risível. Poliakov vê na famosa e muito influente *Reichsvertretung* (representação no Reich) dos judeus alemães, que funcionou sem sobressaltos até a deportação do último judeu alemão, o precursor dos *Judenräte* dos guetos poloneses; ele torna evidente que os judeus alemães, também a esse respeito, serviram como cobaias nas investigações nazistas sobre o problema de como fazer as pessoas levarem adiante suas próprias sentenças de morte, a última volta do parafuso no esquema totalitário da dominação total.

Esses são apenas alguns exemplos tirados da extraordinária abundância do novo material factual deste livro. Qualquer pessoa que queira saber "o que verdadeiramente aconteceu" e "como verdadeiramente aconteceu" – o "o que" e o "como" sendo não apenas a experiência mais terrível de nossa geração, mas provavelmente a mais significante também – não pode se permitir negligenciar esse estudo, e talvez fosse melhor começar por ele. (Infelizmente ele ainda não interessou a nenhum editor americano.) A documentação cuidadosa do livro e sua recusa quase completa de ceder à conjectura servirão de contraste solitário ao tipo alarmante de literatura "neoalemã" que começou a aparecer ultimamente naquele país. Pois, sob o pretexto de oferecer o "o que" e o "como" daquilo que realmente aconteceu sob Hitler, somos apresentados a um repugnante espetáculo no qual vaidade, complacência e ambição são exibidos em sua pior forma: embora neguem sua óbvia cumplicidade com os crimes de Hitler, a hierarquia civil e militar procura veementemente mostrar ao mundo quais importantes e distintos papeis desempenharam sob ele – e, consequentemente, são capazes de desempenhar novamente no futuro. (Cf. o "*Germany's Generals Stage a Comeback*", de Peter Mendelssohn, na *Commentary* de outubro de 1951.) O valor duvidoso dessas memórias e autobiografias como fontes de material tem sido frequentemente apontado por autoridades competentes, mas isso não diminuiu seu apelo popular na Alemanha. Isso se deve em parte ao justificado desejo do público alemão de alcançar a verdade básica sobre uma série de eventos cujo horror foi tal que os fatos reais – considera-se – foram mantidos em segredo estrito e, portanto, só podem ser corretamente contados por efetivos participantes. Desse ponto de vista, parece natural que quanto mais proeminente tenha sido determinado homem no regime nazista, mais valiosas suas "confissões" devem ser.

A verdade é – como eu creio que o livro do senhor Poliakov ajuda a esclarecer – que os segredos do regime nazista não foram tão bem guardados pelos próprios nazistas. Eles se comportaram de acordo com um princípio básico de nosso tempo que deverá ser lembrado pelas próximas gerações como "a era do papel". Hoje em dia, nenhum homem que esteja em uma posição oficial pode iniciar a menor ação sem iniciar imediatamente um fluxo de documentos, memorandos, relatórios e declarações públicas. Os nazistas deixaram para trás montanhas de registros que tornam desnecessário confiar a satisfação de nossa sede de conhecimento a memórias de pessoas que, de saída, em geral não são de confiança. E não poderia ser de outra forma. A grande ambição de Hitler era fundar um império milenar, e seu grande medo, em caso de derrota, era que ele e seus companheiros fossem esquecidos pelos séculos seguintes. A papelada não era apenas uma necessidade imposta aos nazistas pelos métodos atuais de organização, era também algo que eles acolhiam e multiplicavam com entusiasmo, deixando assim, na história e *para* a história, ao menos dez cópias de registros datilografados de cada um de seus crimes.

Há um mistério a respeito do regime nazista, mas ele não tem nada a ver com segredos. Ele consiste unicamente em uma reação humanamente inevitável que nos faz continuar perguntando – "Por quê, mas por quê?" – muito tempo depois de todos os fatos terem sido relatados, todos os estágios do processo conhecidos, todos os motivos concebíveis considerados. À parte algumas observações não muito relevantes a respeito do caráter nacional alemão, o livro do sr. Poliakov não coloca essa questão e nem procura respondê-la. Ele tampouco a suprime; o autor tem muito escrúpulo e muita integridade intelectual para se contentar com aquelas astutas racionalizações sociológicas e psicológicas que se tornaram o refúgio habitual do homem moderno com relação à realidade. É precisamente nesse ponto – essa determinação em recusar explicações fáceis – que deveria estar, em minha opinião, o critério decisivo pelo qual julgar qualquer tentativa de descrever e explicar esses eventos recentes e sem precedentes.

Somente se o leitor continuar a sentir sua primeira reação de incredulidade indignada mesmo depois de tudo aquilo que concerne aos extermínios ter se tornado tangível e plausível; apenas então ele estará na posição de começar a compreender que o totalitarismo, diferentemente de todos os outros modos de tirania e opressão, trouxe ao mundo um mal *radical* caracterizado pelo rompimento com todos os motivos humanamente compreensíveis de maldade.

Considerar que esses horrores são coisa do passado seria o maior dos erros. Os campos de concentração e extermínio constituem o mais novo e mais significativo dispositivo de todas as formas totalitárias de dominação. Os relatos sobre o sistema soviético russo, cujos "campos de trabalho forçado" são campos de extermínio disfarçados, são numerosos e confiáveis o suficiente para permitir a comparação com o sistema nazista. As diferenças entre os dois são reais, mas não radicais; ambos resultam na destruição de pessoas consideradas como "supérfluas". O desenvolvimento dessa noção de "superfluidade" é uma das calamidades fundamentais de nosso século e produziu sua mais horrível "solução". A pesquisa sobre o nazismo, portanto, tão frequentemente minimizada como "mera" história, é indispensável para a compreensão dos problemas do presente e do futuro imediato.

1952

PARTE IV

OS ANOS

1960

A CONTROVÉRSIA EICHMANN
Uma carta a Gershom Scholem[1]

A longa e amarga controvérsia causada por Eichmann em Jerusalém: um relato sobre a banalidade do mal *de Arendt é discutida tanto no prefácio quanto na introdução do presente volume. Gershom (ou Gerhard) Scholem – ver "A história judaica revisitada" – e Arendt se conheciam bem, tendo na amizade com Walter Benjamin um laço comum. De modo um pouco mais temperado que a maioria, Scholem contribuiu para a controvérsia quando escreveu a Arendt em 23 de junho de 1963. Na carta, ele questiona sua formação intelectual e política alemã, sua identidade judaica e sugere que falta a ela "amor pelo povo judeu". Ele questiona seu direito de julgar eventos nos quais ela não estava presente e especialmente a conduta dos* Judenräte *(Eu também não julgo. Eu não estava*

[1] A correspondência entre Hannah Arendt e Gerson Scholem foi escrita em alemão, existe inclusive o fac-símile no site *Arendt Papers.* Entretanto, segundo a editora francesa, Arendt teria feito (a pedido de Scholem) algumas correções antes de publicar a carta. Foi então que Arendt conferiu e autorizou a publicação da carta em língua inglesa.

lá".) Ele a acusa de "escarnecer" o sionismo e de empregar meros "chavões" ou "slogans" em sua "tese" sobre a banalidade do mal. Em sua reposta a Scholem, Arendt responde e desenvolve estas acusações.

Nova York, 20 de julho de 1963

Caro Gerhard,

Encontrei sua carta quando voltei para casa, há uma semana. Você sabe como é quando alguém passa cinco meses fora de casa. Estou escrevendo em meu primeiro momento de tranquilidade; assim, é possível que minha resposta não seja tão elaborada quanto talvez devesse ser.

Há algumas afirmações em sua carta que não estão sujeitas a controvérsia porque são simplesmente falsas. Deixe-me lidar primeiramente com estas para que possamos prosseguir para os assuntos que merecem discussão.

Eu não estou entre "estes intelectuais procedentes da esquerda alemã". Você não poderia saber disto, uma vez que não nos conhecemos quando éramos jovens. Este é um fato do qual não me orgulho de modo algum e que indico de modo relutante – especialmente desde a era McCarthy neste país. Eu compreendi tardiamente a importância de Marx porque, quando jovem, eu não estava interessada nem em história nem em política. Se é possível dizer que "venho de algum lugar", venho da filosofia alemã.

Com relação a uma outra afirmação sua, eu infelizmente não posso dizer que você ignorava os fatos. Fiquei surpresa com o fato de você poder escrever "Eu te considero inteiramente como uma filha de nosso povo, e de nenhuma outra forma". A verdade é que eu jamais fingi ser qualquer outra coisa ou ser de qualquer outro modo além daquele que eu sou, e nunca sequer me senti tentada nesta direção. Isto seria como dizer que sou um homem e não uma mulher, o que é insano. Sei, evidentemente, que existe um "problema judeu" até mesmo neste nível, mas isto nunca foi meu problema – nem mesmo em minha infância. Ser uma judia pertence, para mim, aos fatos incontestáveis da minha vida e jamais tive o desejo de alterar ou renunciar aos fatos deste tipo. Existe algo como uma gratidão fundamental por tudo o que é como é; por tudo o que foi *dado* e não *feito*; por tudo o que é *physei* e não *nomo*. É certo que tal atitude é pré-política, mas, em circunstâncias excepcionais – como as circunstâncias da política judaica – ela porta consequências políticas, ainda que, por assim dizer, de forma negativa. Esta atitude torna impossíveis certos tipos de comportamento – de fato, precisamente aqueles que você escolheu ler em minhas considerações. (Para dar um outro exemplo: no obituário que escreveu sobre Kurt Blumenfeld, Ben-Gurion lamentou que Blumenfeld não tenha considerado oportuno alterar seu nome quando ele foi viver em Israel. Mas não é evidente que Blumenfeld assim procedeu exatamente pelas mesmas razões que o levaram, em sua juventude, a se tornar sionista?) Minha posição a respeito deste assunto certamente era de seu conhecimento, e é incompreensível para mim a razão de você desejar colar em mim uma etiqueta que jamais me coube no passado e que não cabe agora.

Para chegar ao ponto: partindo do que acabei de afirmar, começo com o que você chama de "amor pelo povo judeu" ou *Ahabath Israel* (Aliás, eu ficaria muito grata se você pudesse me dizer desde quando este conceito passou a ter um papel no judaísmo, quando foi usado pela primeira vez na língua hebraica, na literatura e etc.) Você está completamente certo – eu não sou movida por nenhum "amor" deste tipo, e por duas razões: em toda a minha vida, eu jamais "amei" um povo ou coletividade – nem o povo alemão, nem o povo francês, nem o povo americano, nem a classe trabalhadora ou qualquer coisa deste tipo. Eu amo realmente "apenas" meus amigos e o único tipo de amor que eu conheço e em que eu acredito é o amor por pessoas. Em segundo lugar, uma vez que eu mesma sou uma judia, este "amor pelos judeus" me pareceria algo bastante suspeito. Eu não posso amar a mim mesma ou a qualquer coisa que eu saiba ser parte essencial de minha própria pessoa. Para esclarecer, deixe-me te contar uma conversa que tive em Israel com uma proeminente personalidade política[2] que estava defendendo a – na minha opinião desastrosa – não separação entre religião e Estado em Israel. Ela me disse – não tenho mais certeza das palavras exatas – algo assim: "Você compreende que, como socialista, eu evidentemente não acredito em Deus; eu acredito no povo judeu". Achei esta declaração chocante e, por estar chocada demais, não respondi na época. Mas poderia ter respondido: a grandeza deste povo já esteve em sua crença em Deus, e esta crença Nele era tal que sua confiança e amor por ele eram maiores que seu medo. E agora este povo só acredita em si mesmo? O que de bom pode resultar disto? – Bem, neste sentido, eu não "amo" os judeus e não "acredito" neles; é simplesmente dado que eu pertenço a eles, para além de qualquer discussão ou argumento.

Poderíamos discutir a mesma questão em termos políticos, o que nos levaria à consideração do patriotismo. Estamos certamente de acordo quanto ao fato de que não pode haver patriotismo sem oposição e crítica permanentes. Mas posso conceder para você algo além disto, a saber: uma injustiça cometida pelo meu próprio povo naturalmente me entristece mais do que uma injustiça cometida por outros povos. Este pesar, entretanto, não é para exposição, ainda que seja o motivo mais íntimo para certas ações ou atitudes. De modo ge-

---

2   Esta "personalidade" era Golda Meir, então ministra das relações exteriores e mais tarde primeira-ministra de Israel. Por sugestão de Scholem, Arendt apagou seu nome e alterou o pronome feminino quando as cartas foram publicadas pela primeira vez. (N.E.)

ral, o papel do "coração" em política me parece inteiramente questionável. Você sabe tão bem quanto eu com que frequência aqueles que simplesmente relatam certos fatos incômodos são acusados de falta de alma, falta de coração ou falta disto que você chama *Herzenstakt* [tato do coração]. Em outras palavras, nós dois sabemos com que frequência estas emoções são usadas a fim de ocultar a verdade factual. Não posso discutir aqui o que acontece quando emoções são expostas em público e se tornam um elemento de relações políticas; mas é um assunto importante e eu tentei descrever os resultados desastrosos em meu livro *Sobre a revolução* discutindo o papel da compaixão na formação do caráter revolucionário.

É uma pena que você não tenha lido o livro antes da atual campanha de deturpação por parte do "*establishment*" judaico entrar em marcha em Israel e nos Estados Unidos. Infelizmente, há pouquíssimas pessoas capazes de resistir à influência deste tipo de campanha. Parece-me bastante improvável que, sem estar sendo influenciado, haveria a possibilidade de você compreender mal certas afirmações. A opinião pública, especialmente quando cuidadosamente manipulada, como neste caso, é algo bastante poderoso. Portanto, eu nunca fiz de Eichmann um "sionista". Se você não percebeu a ironia da afirmação – que estava claramente em *oratio obliqua*, relatando as palavras do próprio Eichmann – eu realmente não posso fazer nada. A única coisa que posso fazer é te assegurar que, dentre as dúzias de pessoas que leram o livro antes de sua publicação, nenhuma jamais teve qualquer dúvida a este respeito. Além disto, jamais perguntei por que os judeus "se deixaram ser mortos". Ao contrário, acusei Hausner de ter feito esta pergunta testemunha após testemunha. Nenhum povo ou grupo na Europa reagiu de modo diferente sob a pressão imediata do terror. A questão que eu levantei foi a da cooperação dos funcionários judeus durante a "Solução Final" e esta questão é assim desconfortável porque não se pode alegar que eles foram traidores. (Houve traidores, mas isto é irrelevante.) Em outras palavras, até 1939 ou mesmo 1941, qualquer coisa que funcionários judeus tenham feito ou deixado de fazer é compreensível e desculpável. Apenas depois disto é que se torna bastante problemático. Esta questão surgiu ao longo do julgamento e evidentemente era meu dever relatá-la. Isto constitui nossa parte do assim chamado passado não superado e, ainda que você possa estar certo ao dizer que é cedo demais para um "juízo equilibrado" (embora eu duvide), eu acredito realmente que só poderemos nos acertar com este passado se começarmos a julgar e a ser francos com relação a ele.

Eu deixei clara a minha posição, mas é bastante óbvio que você não a entendeu. Eu disse que não havia a possibilidade de resistência, mas existia a possibilidade de *não fazer nada*. E para não fazer nada, não era necessário ser um santo, mas apenas dizer: "eu sou apenas um simples judeu e não desejo cumprir nenhum papel além deste". Se estas pessoas, ou algumas delas, como você indica, mereciam ser enforcadas é uma questão completamente diferente. O que precisa ser discutido não são as pessoas, mas os argumentos com os quais elas se justificavam, a si mesmas e aos demais. Com relação a estes argumentos, nós temos o direito de emitir um juízo. Além disto, não podemos nos esquecer de que lidamos aqui com condições terríveis e desesperadoras, mas que não são as condições dos campos de concentração. Estas decisões foram tomadas em uma atmosfera de terror, mas não sob a pressão imediata e o impacto do terror. Estas diferenças de grau são importantes, e seu conhecimento e consideração são necessários a todos aqueles que estudam o totalitarismo. Estas pessoas ainda possuíam uma certa e limitada liberdade para decidir e agir. Assim como os assassinos da ss também possuíam, como agora sabemos, uma limitada escolha de alternativas. Eles podiam dizer: "eu quero ser liberado de meus deveres assassinos" e nada aconteceria contra eles. Uma vez que, em política, lidamos com homens e não com heróis ou santos, esta possibilidade de *"não participação"* (Kirchheimer) é decisiva se começarmos a julgar, não o sistema, mas os indivíduos, suas escolhas e argumentos.

E o julgamento de Eichmann concernia um indivíduo. Em meu relato, eu tratei apenas de coisas que surgiram durante o próprio julgamento. É por esta razão que não pude mencionar os "santos" dos quais você fala. Em vez disto, tive que me limitar aos que lutaram na resistência, cujo comportamento, como eu disse, era mais admirável porque ocorreu sob circunstâncias em que a resistência havia realmente deixado de ser possível. Não havia nenhum santo dentre as testemunhas de acusação, mas havia um ser humano totalmente puro, o velho Grynszpan, cujo testemunho, portanto, eu relatei um tanto extensamente. Do lado alemão, afinal, poder-se-ia ter mencionado algo além do caso único do Sargento Schmidt.[3] Mas, dado que ele foi o único caso mencionado no julgamento, tive de me restringir a ele.

Que a distinção entre vítimas e carrascos era deliberada e calculadamente pouco nítida nos campos de concentração, é fato bem conhecido e, assim como outros, eu insisti sobre este aspecto dos métodos totalitários. Mas, repito: não é a isto que me refiro ao falar de uma parcela de culpa dos judeus ou do colapso total de todos os parâmetros. Isto era parte do sistema e nada tinha a ver com os judeus.

Como você poderia acreditar que meu livro era um "escárnio do sionismo" seria um completo mistério para mim se eu não soubesse que muitas pessoas nos círculos sionistas se tornaram incapazes de

---

3   Arendt se refere a Anton Schmidt, que ajudou guerrilheiros judeus enquanto servia ao exército alemão na Polônia. Sua história é comoventemente contada no capítulo 14 de *Eichmann em Jerusalém*. (N.E.)

ouvir opiniões ou argumentos que estão fora do caminho já batido e não são consonantes com sua ideologia. Há exceções, e um amigo sionista comentou de modo bastante inocente que o livro, sobretudo o último capítulo (reconhecimento da competência da corte, justificação do sequestro), é bastante pró-Israel – e de fato ele é. O que te confunde é que meus argumentos e minha abordagem são muito diferentes daquilo com o que você está acostumado; em outras palavras, o problema é que sou independente. Isto significa, por um lado, que não pertenço a nenhuma organização e sempre falo por mim mesma e, por outro lado, que tenho grande confiança no *selbstdenken* [pensar por si mesmo] de Lessing, para o que, penso eu, nenhuma ideologia, nenhuma opinião pública e nenhuma "convicção" jamais será substituto. Você só entenderá os resultados, qualquer que seja a objeção que tenha a eles, quando perceber que eles são realmente meus e de mais ninguém.

Lamento que você não tenha argumentado contra o cumprimento da sentença de morte. Pois acredito que, ao discutir esta questão, poderíamos ter feito alguns progressos na descoberta do local em que estão nossas diferenças mais fundamentais. Você diz que foi um "erro histórico"; e eu me sinto bastante desconfortável ao ver o espectro da história ser trazido para este contexto. Na minha opinião, foi não apenas correto *politicamente* e *juridicamente* (e este último é de fato o que importava) – teria sido completamente impossível não ter cumprido a sentença. A única maneira de evitá-la seria aceitando a sugestão de Karl Jaspers e entregar Eichmann às Nações Unidas. Ninguém queria isto e provavelmente não seria factível; portanto, não havia alternativa além de enforcá-lo. Misericórdia estava fora de questão, não por razões jurídicas – de qualquer forma, perdão não é prerrogativa do sistema jurídico –, mas porque misericórdia é aplicável à pessoa e não ao feito; o ato de misericórdia não anistia o assassinato, mas perdoa a pessoa à medida que ela, como pessoa, possa ser mais do que qualquer coisa que tenha feito. Isto não era verdade no caso de Eichmann. E poupar-lhe a vida sem perdoá-lo seria impossível do ponto de vista jurídico.

Para concluir, deixe-me tratar da única questão em que você não me compreendeu mal e cuja abordagem me deixou realmente feliz. Você tem razão: eu mudei de ideia e não falo mais de "mal radical". Faz muito tempo que nos encontramos pela última vez; do contrário, teríamos tratado do assunto antes. (Aliás, não vejo por que você chama meu termo "banalidade do mal" de chavão ou *slogan*. Até onde sei, ninguém usou o termo antes de mim; mas isto não tem importância.) Eu de fato penso atualmente que o mal nunca é "radical", que ele é apenas extremo e não possui profundidade nem qualquer dimensão demoníaca. Ele pode proliferar e devastar o mundo inteiro precisamente porque ele se espalha como fungo sobre a superfície. Ele desafia o pensamento, como eu disse, porque o pensamento procura alcançar alguma profundidade, ir às raízes, e, no momento em que lida com o mal, ele se frustra porque não há nada. Isto é "banalidade". Apenas o bem tem profundidade e pode ser radical. Mas este não é o lugar para avançar nestas questões de maneira séria; eu pretendo elaborá-las mais em um contexto diferente. Eichmann pode muito bem permanecer o modelo concreto do que eu tenho a dizer.

Você propõe a publicação de sua carta e pergunta se eu tenho alguma objeção a isto. Eu desaconselharia que você rescrevesse a carta em terceira pessoa. O valor desta controvérsia consiste em seu caráter epistolar, especificamente no fato de que ela é influenciada por amizade pessoal. Assim, se você está preparado para publicar minha resposta juntamente com sua carta, não tenho, evidentemente, nenhuma objeção.

Hannah Arendt

RESPOSTAS ÀS PERGUNTAS DE SAMUEL GRAFTON

Em 19 de setembro de 1963, Hannah Arendt recebeu uma carta de Samuel Grafton afirmando que a revista Look *a havia incumbido de um "estudo a respeito da reação extremamente interessante causada por seu livro* Eichmann em Jerusalém*". Ele diz ainda ter a esperança de que ela "faria a gentileza de receber questões escritas por ele com a ideia de que elas poderiam conduzir a uma entrevista" e acrescenta que Arendt não deveria considerar suas perguntas "de forma alguma como uma inquisição". Até onde sei, não houve entrevista e nenhum artigo jamais apareceu em* Look. *Entretanto, no dia seguinte, 20 de setembro, Arendt escreveu a Grafton dizendo: "Eu agradeço por sua carta e estou inteiramente disposta a responder todas as suas questões – inclusive o divertido boato a respeito de minha 'conversão ao catolicismo'".*

Sou um escritor procurando pela verdade, assim como a senhora. Parece-me que a reação a seu livro é em si mesma um fenômeno político importante que merece ser analisado. Foi neste espírito que redigi as seguintes perguntas:

1. A senhora considera que as reações a teu livro lançam alguma nova luz sobre as tensões entre a vida e a política judaicas atuais? Se sim, o que foi revelado?

2. Em tua opinião, quais são as causas reais da violenta reação contra teu livro por parte daqueles que o atacaram?

3. Considerando a reação, a senhora alteraria algo se estivesse começando a escrever o livro agora? Não me refiro a uma possível conciliação com quem se opôs; antes, quero saber se a reação te indicou uma sensibilidade por parte dos judeus que tenha te surpreendido e que agora a senhora gostaria de levar em consideração.

4. A senhora considera possível que a palavra "banalidade" possa ter ofendido ou inadvertidamente irritado alguns leitores lançando-os à conclusão de que a senhora talvez considere que seus sofrimentos foram "banais"?

5. A palavra "banal" significa, no fundo, "comum". A senhora considera possível que o subtítulo pareça demasiado geral e veemente? Não há dúvidas de que o mal era algo comum sob os nazistas. Mas não parece que o uso que a senhora faz da palavra "banalidade" pode implicar, ao menos para alguns leitores, que o mal era banal e comum em todos os lugares? Eu sei o que a senhora quis dizer com a palavra e a senhora sabe o que quis dizer com ela – mas o que dizer sobre a impressão criada antes de alguém ler o livro?

6. A senhora consideraria admissível a ideia segundo a qual Hausner – que, afinal, agia como promotor – não tinha qualquer obrigação de se comportar com inteiro equilíbrio judicial? Seu dever, como o de todo promotor, não estava limitado a vencer seu caso? Ou a senhora considera que ele cruzou limites aceitáveis com uma apresentação excessivamente unilateral?

7. O que, em tua opinião, os judeus da Europa deveriam ter feito com vistas a uma resistência mais forte? A senhora provavelmente leu "*Jewish Resistance to the Nazis*" [A resistência judaica contra os nazistas] de Oscar Handlin na *Commentary* de novembro de 1962. A senhora rejeita seus argumentos? (Curiosamente, ele escreveu seu artigo antes que *Eichmann em Jerusalém* fosse publicado, e parece que ele foi bastante presciente, sentindo que esta questão apareceria.)

8. Se, como a senhora diz, os nazistas ocultaram os propósitos do transporte para os campos da morte, chegando a disfarçar de estação de trem o que na verdade era um centro de assassinatos, os judeus não teriam sido mais vítimas de trapaça do que da traição de seus líderes? Em qual momento sua comunidade de líderes deveria ter-lhes dito: "não cooperem mais, lutem!"?

9. Os líderes judeus não trabalharam com seus senhores gentios ao longo de toda a diáspora por meio da adulação, da cooperação, da súplica e da manipulação? O método não obteve sucesso frequentemente? Se os velhos métodos se tornaram obsoletos, os líderes judeus não teriam sido culpados, no máximo, de um erro de interpretação histórica? Poder-se-ia esperar que eles percebessem que o nazismo não era o desenvolvimento final do antissemitismo, mas a primeira manifestação de um novo mal, o totalitarismo completo vinculado a genocídio?

10. Apesar do papel limitado que a senhora atribui a Eichmann, ele não poderia, estando em condições de guerra, ter provocado atrasos e confusões nos transportes se ele tivesse se preocupado em salvar ao menos algumas poucas vidas? A resposta óbvia – ele não se preocupou – não é suficiente para fazer dele um monstro, sob qualquer definição para a palavra? O seu livro diz, evidentemente, que ele era culpado, e eu entendo o argumento que a se-

nhora desenvolve, a saber, que, sob o totalitarismo, mesmo um escriturário pode realizar um mal inimaginável; mas não havia algo mais na devoção e na dedicação de Eichmann a suas tarefas? Estou tentando entender a razão de Musmanno ter partido como um foguete contra a sua descrição de Eichmann e de outros terem ficado irritados. De minha parte, eu achava que havia intelectualmente aceitado sua explicação, mas ficava irritado cada vez que a senhora minimizava a importância de Eichmann. Em seguida, me acalmei enquanto a senhora dava mais explicações, mas fiquei novamente nervoso quando a senhora rebaixou Eichmann mais tarde. A senhora considera possível que sua tese tenha chegado à cena um tanto cedo demais – que a reação seria muito diferente daqui, digamos, vinte e cinco anos? Em outras palavras, a senhora acha que o *timing* esteja no fundo da controvérsia?

11. A senhora considera que os judeus, como um todo, tenham aprendido algo da experiência de Hitler?

12. Algum líder judaico apoiou o livro, e, em caso afirmativo, quem?

13. Este último ponto não é uma pergunta, pois eu não faço este tipo de questão. Puramente a título de informação, eu digo que um dos comentários a teu respeito que atualmente rondam os círculos judaicos dá conta de que a senhora se "converteu ao catolicismo". Já que eu não vigio as crenças religiosas de ninguém, não te peço que comente isto. Caso a senhora se interesse em fazê-lo, seus comentários serão muito bem-vindos, mas não tirarei nenhuma conclusão de qualquer recusa de sua parte em dizer qualquer coisa a respeito deste assunto.

AS RESPOSTAS DE HANNAH ARENDT
ÀS TREZE QUESTÕES:
Deixe-me começar respondendo a uma questão que você não levantou: por que eu, uma escritora e professora de filosofia política que

nunca tinha feito trabalho de repórter,[1] quis ir a Jerusalém para o julgamento de Eichmann? Além da resposta óbvia, que indiquei no livro quando não me incluí no público de repórteres e jornalistas, mas no de "sobreviventes" ("imigrantes da Europa, como eu, que sabiam de cor tudo o que havia para conhecer"), tenho três razões:

A primeira é que eu queria ver com meus próprios olhos um dos principais culpados em carne e osso. Muitos anos atrás, quando eu descrevi o sistema totalitário e analisei a mentalidade totalitária, eu tive sempre de lidar com "tipos", não com indivíduos; e se você olha para o sistema como um todo, cada pessoa se torna de fato "uma peça, pequena ou grande" na maquinaria de terror. Esta é a grande vantagem do procedimento judicial, que inevitavelmente te confronta com a pessoa e com a culpa pessoal, com decisões e motivações individuais, com particulares, o que em outro contexto, como o da teoria, é irrelevante. Em outras palavras, eu queria saber: quem era Eichmann? Quais foram seus atos, não seus crimes enquanto parte do sistema nazista, mas enquanto agente livre? Essencialmente, esta é a mesma questão a que uma corte de justiça deve responder quando realiza um julgamento. É por esta razão que toda a teoria da "pequena peça" (a teoria da defesa) é completamente irrelevante neste contexto.

A segunda razão é o fato de existir uma teoria bastante difundida, para a qual eu também contribuí, segundo a qual estes crimes desafiam a possibilidade humana de julgamento e explodem a estrutura de nossas instituições legais. Este argumento é frequentemente conectado às noções mais comuns a respeito das incertezas da "justiça política", às dificuldades de julgar crimes cometidos por um estado

---

1   Arendt havia escrito artigos para jornais antes – os textos de *Aufbau* incluídos neste volume, por exemplo –, mas esta era a primeira vez que uma atribuição lhe foi dada (pela *The New Yorker*) para cobrir um evento específico. (N.E.)

soberano ou à "difícil posição" de um soldado que "corre o risco de ser fuzilado por uma corte marcial se ele desobedecer a uma ordem ou de ser enforcado por um juiz e um júri se ele a obedecer" (Dicey, *Law of the Constitution*). Finalmente, há a questão mais importante do ponto de vista legal: até que ponto o acusado sabia que estava cometendo um erro quando praticou seus atos? Esta questão, como você deve saber, tem tido um papel decisivo nos julgamentos de crimes de guerra na Alemanha. Resumidamente, os fatos do caso eram tais que não havia "crime comum", nem "criminoso comum", mas "seria inconcebível que isto significasse que o assassino de milhões deveria, por esta mesma razão, escapar à punição". O que eu queria descobrir era: quais são as possibilidades de fazer justiça por meio de nosso sistema e instituições legais quando confrontados com este novo tipo de crime e de criminoso?

A terceira razão é que eu penso há muitos anos – trinta, para ser específica – a respeito da natureza do mal. E o desejo de me expor – não aos atos, que, afinal, eram bem conhecidos, mas ao próprio malfeitor – foi provavelmente o motivo mais poderoso em minha decisão de ir a Jerusalém.

Deixe-me agora ir às suas questões. Eu estou certamente de acordo com o senhor quando diz que a reação ao meu livro "é um fenômeno político importante em si mesmo", mas eu espero que o senhor compreenda que, além das inconveniências que esta reação me causou, ela tem uma importância claramente secundária para mim.

1. Eu não tenho uma resposta definitiva para a sua primeira questão – Estas reações lançam alguma luz nova sobre a vida e a política judaica e o que foi revelado? Tenho a impressão de que eu inadvertidamente toquei na parte judaica daquilo que os alemães chamam de seu "passado não superado" (*die unbewältigte Vergangenheit*). Parece-me que a questão apareceria de qualquer forma e que meu relato a cristalizou nos olhos daqueles que não leem grandes livros

(como o de Hilberg, por exemplo)[2] e talvez também tenha acelerado sua aparição na discussão *pública*. Este sentimento encontrou apoio em uma carta de 7 de março de 1963, escrita pelo Dr. Siegfried Moses, ex-controlador do estado em Israel, presidente do Instituto Leo Baeck e também, creio, do Conselho dos Judeus da Alemanha. Ele escreve: "Eu vim para Nova York com o rascunho de uma declaração a ser publicada pelo Conselho dos Judeus da Alemanha. Ela deveria atacar a apresentação oferecida pelo livro de Hilberg e por artigos de Bettelheim. Agora (ou seja, depois da publicação de meus artigos na *The New Yorker*), a defesa do conselho deve se opor primeiramente aos seus artigos". (A carta foi escrita em alemão e eu traduzi. Evidentemente, você pode ver o original. Ao receber esta carta eu tive uma longa conversa com o Dr. Moses em Basel. Se você quiser, posso te contar a este respeito, mas não parece relevante no contexto das tuas questões.)

2. Eu indiquei uma das causas reais da reação violenta ao meu livro. Outra causa importante parece ser o fato de as pessoas estarem sob impressão de que eu ataquei o *establishment* judaico, porque eu não apenas realcei o papel dos conselhos judaicos durante a Solução Final, mas também indiquei (como Hilberg havia feito anteriormente) que os membros destes conselhos não eram simples "traidores". Em outras palavras, visto que o julgamento havia abordado o papel das lideranças judaicas durante a Solução Final e eu havia relatado estes incidentes, todas as organizações judaicas presentes e seus líderes pensaram que estavam sob ataque. O que aconteceu, em minha opinião, foi um esforço organizado e orquestrado para criar uma "imagem" e substituir o livro que eu escrevi por esta imagem. Algo bastante

---

2   Raul Hilberg, *A destruição dos judeus europeus* (Barueri: Amarilys, 2016), frequentemente citado por Arendt em *Eichmann em Jerusalém*. (N.E.)

similar parece ter acontecido em resposta à peça *O vigário* (*Der Stell-vertreter*), de Hochhuth, que questiona a política do Vaticano a respeito do sistema nazista. A questão que Hochhuth levanta é bastante simples: por que Pacelli nunca protestou publicamente, primeiro contra as perseguições e por fim contra o assassinato em massa de judeus? Ninguém jamais contestou o fato de que o papa sabia de todos os detalhes. A este respeito, o *Osservatore Romano* escreveu o seguinte: "Se a tese de Hochhuth estiver correta, decorre que o responsável por Auschwitz, Dachau, Buchenwald, Mauthausen e vários outros crimes não é nem o próprio Hitler, nem Eichmann, nem as ss, mas ... o papa Pio". É claro que isto é um completo desatino e que Hochhuth jamais disse qualquer coisa parecida com isto. Mas isto serviu a um importante propósito: uma "imagem" foi criada às expensas da questão real. A *imagem* é agora amplamente discutida e Hochhuth está na posição absurda de ter que se defender de coisas que nunca disse. Estas distorções deliberadas e falsificações completas podem ser efetivas se elas forem maciças e organizadas. O autor sob ataque não pode fazer mais do que dizer, como Anatole France: "Se me acusarem de ter roubado as torres da Notre-Dame, eu fujo do país". (Fonte para a questão de Hochhuth: *Mercur*, n. 186, Agosto de 1963, p. 812 ss.)

3. Eu não me surpreendi com a "sensibilidade de alguns judeus", e, visto que eu mesma sou judia, eu acho que eu tinha todas as razões para não me alarmar com isto; eu acredito que é contrário à honra de nossa profissão – "um escritor... procurando pela verdade" – levar este tipo de coisa em consideração. Entretanto, a violência e, especialmente, a unanimidade da opinião pública dentre os judeus organizados (há poucas exceções) realmente me surpreenderam. Eu concluo que eu não feri meras "sensibilidades", mas interesses, e disto eu não sabia antes.

Mas há um outro lado deste assunto e, para discuti-lo, eu devo fazer uma referência a meu livro *Sobre a revolução* (algo que eu detesto fazer, mas que é inevitável). Na página 217³ e seguintes (e em outras passagens também) eu falo do significado político da opinião pública, que, a meu ver, se coloca em oposição ao espírito público. Eu relato as opiniões dos Pais Fundadores e afirmo: "A democracia [...] era abominada porque considerava-se que a opinião pública comandaria onde o espírito público deve prevalecer, e o sinal desta perversão era a unanimidade entre os cidadãos: pois 'quando homens exercem sua razão de modo calmo e livre a respeito de uma variedade de questões distintas, eles inevitavelmente chegam a diferentes opiniões sobre algumas delas. Quando governados por uma paixão comum, suas opiniões, se assim podem ser chamadas, serão as mesmas' (James Madison, *O federalista*, n. 50)".

Eu afirmo que existe uma "incompatibilidade decisiva entre o domínio de uma 'opinião pública' unanimemente mantida e a liberdade de opinião", pois "o domínio da opinião pública coloca em risco até mesmo a opinião daqueles poucos que talvez tenham a força de não partilha-la. [...] Esta é a razão de os Pais Fundadores tenderem a equiparar o governo baseado na opinião pública à tirania [...]", A questão é que "opiniões nunca pertencem a grupos, mas exclusivamente a indivíduos, que 'exercem sua razão de modo calmo e livre', e nenhuma multidão, seja ela a multidão de uma parte ou do todo da sociedade, jamais será capaz de formar uma opinião". As pseudo-opiniões são as dos grupos de interesses e, se tais grupos, por qualquer razão, boa ou ruim, se sentirem ameaçados, eles tentarão excluir de sua comunidade as pessoas "independentes", que não pertencem a nenhuma organização, de modo que poderão dizer: estas pessoas, longe de serem independentes, falam apenas em nome de outros interesses. Os

---

3   Na edição brasileira, páginas 286-8. (Cf. ARENDT, H – *Sobre a revolução*. São Paulo: Companhia das Letras, 2012) (N.T.)

vários boatos que estão agora sendo espalhados nos círculos judaicos – que estou a ponto de me converter ao catolicismo (sua pergunta 13), que agora sou membro do Conselho americano para o judaísmo, que sou uma "antissemita que se odeia" e assim por diante – são dispositivos bastante conhecidos neste tipo de campanha política.

Assim, sua terceira questão me parece ligeiramente equivocada. Eu só posso me perguntar: à luz desta campanha política, eu mudaria alguma coisa? A resposta é: minha única alternativa teria sido permanecer em completo silêncio; mas, uma vez que eu havia escrito, estava obrigada a dizer a verdade como eu a vejo. Eu não tinha consciência dos perigos. Eu teria me esquivado das questões se soubesse? Esta é uma verdadeira questão para mim. Eu não estou na política e não tenho disposição nem capacidade para lidar com a situação que surgiu; ela interfere seriamente em meu trabalho e a publicidade conectada a ela é um aborrecimento de primeira grandeza para mim e para meu modo de vida. Entretanto, devido à natureza do meu trabalho e da tarefa que estabeleci para mim – qual é a natureza do mal? –, suponho que teria feito de qualquer forma e teria relatado o julgamento no nível dos fatos. A alternativa teria sido incorporar o que quer que eu tivesse aprendido no julgamento em meu trabalho teórico, o que certamente não oferece nenhum perigo, pois aqueles que se opõem a mim jamais o teriam lido.

4. e 5. A razão pela qual aqueles que leem "banalidade do mal" poderiam saltar à conclusão de que "seus sofrimentos são banais" está além da minha compreensão. Só se pode responder a isto com outra questão: por que Joãozinho não sabe ler?

Espero que o senhor não se importe com a piada. Tendo em vista que eu jamais havia escrito para um público amplo, eu não sabia o que poderia acontecer. O senhor equipara "banal" e "comum" e eu creio que os dicionários estão do seu lado. Mas, para mim, há uma diferença muito importante: comum é o que acontece frequentemente, usualmente, mas algo pode ser banal ainda que não seja comum. Além disto, a expressão como está agora – "a banalidade do mal" – contrasta com "mal radical" (Kant) e, mais popularmente, com a opinião amplamente mantida de que no grande mal há algo de demoníaco, grandioso, de que existe até mesmo alguma coisa como a força do mal para produzir algo bom. Em *Fausto*, Mefisto é o *Geist der stets das Böse will und stets das Gute schafft* [o espírito que sempre o Mal pretende e que sempre o Bem cria], o diabo visto como um anjo caído (Lúcifer) sugere que os melhores são os mais capazes de se tornarem os piores; toda a filosofia de Hegel se apoia no "poder da negação", da necessidade, por exemplo, de fazer acontecer o "reino da liberdade" e assim por diante. Foi por Servatius (o advogado de defesa de Eichmann) que a questão apareceu no julgamento, evidentemente em seu nível mais vulgar. Mas o problema é que o sionismo europeu (diferentemente da visão dos sionistas americanos!) frequentemente pensou e disse que o antissemitismo era o mal necessário ao bem do povo judaico. Nas palavras de um conhecido sionista em uma carta endereçada a mim discutindo "a argumentação original sionista": "os antissemitas querem se livrar dos judeus e o Estado judeu quer recebê-los; combinação perfeita". Para mim, a noção de que nós podemos usar nossos inimigos para nossa própria salvação sempre foi o "pecado original' do sionismo. Some-se a isto o que um líder sionista ainda mais proeminente certa vez me disse adotando o tom de quem declara uma crença muito íntima: "Todo *goy* é um antissemita", e a implicação é de que "isto é bom, pois de que outra forma nós poderíamos fazer os judeus virem para Israel?" – e o senhor entenderá por que eu acredito que alguns elementos da ideologia sionista são muito perigosos e deveriam ser descartados pelo bem de Israel.

Mas, para voltar a sua questão. É claro que é verdade que o mal era comum na Alemanha nazista e que "havia muitos Eichmanns", como diz o título de um livro alemão sobre Eichmann. Mas eu não quis dizer isto. Eu quis dizer que o mal não é *radical*, não vai à raiz (*radix*), não tem profundidade e é precisamente por esta razão que é tão terrivelmente difícil pensar a respeito dele, uma vez que o pensar, por definição, pretende alcançar as raízes. O mal é um fenômeno de superfície e, em vez de ser radical, ele é simplesmente extremo. Opomos resistência ao mal evitando ser levados pela superfície das coisas, parando e começando a pensar – ou seja, alcançando uma dimensão outra que o horizonte da vida cotidiana. Em outras palavras, quanto mais superficial é uma pessoa, mais capaz ela é de ceder ao mal. Uma indicação desta superficialidade está no uso de clichês, e Eichmann – Deus sabe! – era um exemplo perfeito disto. Cada vez que ele era persuadido a pensar por si mesmo, ele dizia: quem sou eu para julgar se todos os que me cercam – ou seja, a atmosfera em que nós vivemos de modo irrefletido – pensam que é correto assassinar pessoas inocentes? Ou, para colocar de modo ligeiramente diferente: cada vez que Eichmann tentava pensar, ele pensava imediatamente em sua carreira, o que até o fim foi a coisa mais importante em sua mente.

Temo ainda não ter respondido sua questão principal: "o que dizer da impressão criada antes de alguém ter lido o livro?". Talvez o senhor tenha razão. Eu não tenho o hábito de pensar a respeito da "impressão" criada pelo que escrevo, pelo menos não no sentido que o senhor dá aqui ao termo. Dou me por satisfeita quando encontro a palavra ou frase que aparece para mim como objetivamente adequada e apropriada. Mas o senhor acredita realmente que teria feito a menor diferença se o subtítulo não estivesse lá? Eu considero isto uma ilusão.

6. Eu não apenas "consideraria admissível a ideia segundo a qual Hausner [o advogado promotor] não tinha qualquer obrigação de se comportar com inteiro equilíbrio judicial", como eu mesma disse isto: "Obviamente, o advogado geral não está obrigado a tornar dis-

ponível uma evidência que não apoie o caso para a promotoria". Mas é possível que, por fim, ambos estejamos errados, ao menos com relação ao julgamento de Jerusalém, cujo procedimento formal ainda é governado pela lei britânica. Pois eu recebi a seguinte correção de um advogado canadense: "esta proposição não é uma afirmação nem correta nem óbvia dos deveres de um promotor na condução de um julgamento justo sob a legislação canadense". Ele prossegue e cita uma decisão da suprema corte canadense que declara *inter alia* que é "dever do promotor trazer à acusação a evidência de qualquer fato material conhecido, seja ela favorável ou não ao acusado."

Parece, entretanto, haver mais coisas envolvidas: uma coisa é "comportar-se com inteiro equilíbrio judicial", outra bem diferente é arrastar para dentro do processo uma enorme quantidade de material que não tem absolutamente nada a ver com os crimes do acusado. Ao longo do julgamento, foi o juiz que presidia quem mais objetou categoricamente a "pintura de quadro" por parte da promotoria, de modo que, desta vez, o tradicional sentimento de guerra entre a promotoria e a defesa esteve entre o promotor e o juiz. Muitos correspondentes que cobriram o julgamento estavam dolorosamente conscientes disto.

7. e 8. A questão da resistência: Eu não levantei esta questão em lugar nenhum e o que eu disse antes a respeito da "imagem" criada em torno do livro se aplica aqui. Esta questão foi levantada por Hausner. Eu falei dela duas vezes; no primeiro capítulo, onde chamei a questão de "tola e cruel", e mais à frente, onde afirmo que a questão de Hausner "serviu de cortina de fumaça para a questão que não foi feita": por que os funcionários judeus cooperaram? A diferença entre estas duas questões parece-me quase óbvia demais para ser comentada. Nunca houve um momento em que a "comunidade de líderes" poderia ter dito, "não cooperem mais, lutem!", para usar tua formulação. A Resistência, que existiu, teve um papel muito pequeno, significava apenas: não queremos este tipo de morte, queremos morrer

honradamente. Mas a questão da cooperação é de fato incômoda. Certamente houve um momento em que líderes judaicos poderiam ter dito: não devemos cooperar mais, devemos tentar desaparecer. Este momento poderia ter chegado quando, já inteiramente informados do que significava a deportação, os nazistas pediam que preparassem as listas para a deportação. Os próprios nazistas deram-lhes o número e as categorias daqueles que deveriam ser enviados para os centros de assassinato, mas foram as autoridades judaicas que decidiram quem iria e quem teria uma chance de sobreviver. Em outras palavras, aqueles que cooperaram decidiram, em um dado momento, sobre a vida e a morte. Você consegue imaginar o que isto significou na prática? Tome o exemplo de Theresienstadt, onde cada detalhe da vida cotidiana estava nas mãos dos anciãos judeus, e pense no que teria acontecido a um interno se ele alguma vez ousasse questionar a "sabedoria" de qualquer decisão tomada pelos anciãos.

Há muitas justificativas para esta política e as mais importantes estão no relato de Kastner, que apareceu na Alemanha. Era bastante comum pensar: (a) se alguns de nós devem morrer, é melhor que nós decidamos, e não os nazistas. Eu discordo. Teria sido infinitamente melhor deixar os nazistas fazerem seu próprio trabalho assassino. (b) Com uma centena de vítimas, salvaremos um milhar. Isto soa para mim como a última versão do sacrifício humano: sacrifique sete virgens para aplacar a ira dos deuses. Bem, esta não é minha crença religiosa e certamente não é a fé do judaísmo. Por fim, a teoria do mal menor: vamos servir para evitar que homens piores tomem estas posições; vamos cometer o mal para evitar o pior. (Há analogias com "boas pessoas" servindo aos nazistas na Alemanha.)

Frequentemente é difícil determinar o que se sabia e o que não se sabia, mas, em um grande número de exemplos, fica claro que os *líderes* judeus sabiam o que a maioria da população judaica não sabia. Isto é especialmente verdadeiro a respeito de Theresienstadt e da Hungria. Kastner escreveu em seu relato: nós sabíamos mais do que o suficiente. É muito importante mantermos em mente aqui, como em outros aspectos, a distinção entre os líderes judaicos, que lidavam frequentemente com os nazistas e em geral eram bem informados, e o povo judeu, que normalmente só tinha contato com as autoridades judaicas. Por exemplo, a decisão de não contar às pessoas o que significava transporte em Theresienstadt resultou em pessoas voluntariamente se oferecendo para a deportação!

Eu respondi suas questões a respeito deste ponto, mas eu gostaria de indicar que jamais tive a intenção de trazer esta parte do "passado não superado" à atenção pública. Aconteceu desta forma porque a questão dos *Judenräte* surgiu no julgamento e eu tive que relatar, como fiz com todo o restante. Dentro do meu relato, ela não tem papel proeminente nem em espaço nem em ênfase. Ela foi ampliada para além de qualquer proporção razoável.

9. Sua tese aqui é um tanto similar à de Hilberg. Eu não tenho teoria própria; para fazer uma proposição, eu teria que ir fundo na história judaica, o que não pretendo fazer. Seguindo o impulso momentâneo, eu diria, entretanto, que, ainda que sua tese esteja correta, ela só pode ser aplicada aos estágios iniciais do regime nazista; ela não pode explicar o papel dos *Judenräte* no envio de pessoas para sua morte.

10. Não acredito que Eichmann poderia ter sabotado as ordens que recebia, ainda que quisesse. (Ele fez algo deste tipo uma vez, como eu relatei.) Mas ele poderia ter se demitido, e, com exceção de uma interrupção na carreira, nada teria acontecido com ele. É evidente que ele fez seu melhor, como disse várias vezes, para cumprir o que lhe diziam. Se sua dedicação às tarefas é prova suficiente para chamá-lo de monstro, deve-se concluir que a grande maioria da população alemã sob Hitler era formada por "monstros". Eu realmente não compreendo porque o senhor se irritava "a cada vez que [eu] minimizava a im-

portância de Eichmann": não acho que eu tenha minimizado, apenas contei o que ele podia e não podia fazer, quais eram suas competências e assim por diante. A promotoria, seguida mais tarde pelo julgamento da suprema corte (claramente distinto do julgamento da corte distrital), agiu como se no banco dos réus não estivesse Eichmann, mas Heydrich ou mesmo Hitler. Foi absurdo. Eu não "rebaixei Eichmann", as evidências o fizeram. Quando decidi ir a Jerusalém, eu mesma estava sob a impressão de que ele tinha sido muito mais importante do que ele de fato fora. Uma das razões desta concepção equivocada estava no fato de ele ter sempre sido encarregado das negociações com os judeus; assim, ele tinha em nossa imaginação um papel muito mais importante do que aquele que possuía na hierarquia nazista.

Não há dúvidas de que todos temos a esperança de que a reação ao meu relato será "bastante diferente ... daqui a vinte e cinco anos." Mas isto significa que agora é cedo demais para escrever e julgar? Afinal, dezoito anos é um tempo considerável e, julgando a partir de outros episódios como este, o perigo está em sermos inundados em breve por um tipo de literatura que é inspirada por interesses e procura passar cal sobre tudo. Este é o caso da Alemanha, por exemplo, com relação às pessoas que tentaram assassinar Hitler em 20 de julho de 1944. Mas, deixe-me repetir uma vez mais: se este é o caso, se meu livro – juntamente com alguns outros poucos, que ao menos tentam dizer a verdade sem qualquer outra consideração – terminar resultando na produção de mais mentiras do que teria aparecido se eu não tivesse escrito, então eu certamente não participarei da pesquisa e da escrita histórica por vir. Eu não escrevi um "livro sobre judeus" e, se pretendesse escrever um livro sobre o holocausto judeu, eu certamente não teria sequer sonhado em tomar o julgamento de Eichmann como ponto de partida.

11. Esta questão é difícil de responder porque o senhor a relaciona aos "judeus como um todo". Não há dúvidas de que a experiência

de Hitler teve o mais profundo impacto sobre os judeus por todo o mundo, ou seja, sobre cada um de nós. No livro, eu falei a respeito da reação imediata e tenho por vezes pensado que estamos testemunhando uma profunda mudança no "caráter nacional" – à medida que tal coisa é possível. Mas não tenho certeza; enquanto penso que esta é a melhor hora de dizer os fatos da questão, parece-me que a hora ainda não chegou para uma afirmação tão veemente. Deixemos isto para as gerações futuras.

12. Recebi muitas cartas de judeus apoiando meu livro. Quanto aos líderes judeus – alguns rabinos e o Conselho para Judaísmo. Em geral, os judeus que apoiam meu livro são como eu – judeus sem conexões fortes com a comunidade judaica, mas para quem o fato de ser judeu não é indiferente. Antes do início da campanha, a reação era diferente. Houve, por exemplo, um crítico iídiche – acho que chamado Glattstein – que escreveu uma resenha favorável. Quatro semanas mais tarde, como se ele nunca houvesse dito algo do gênero, ele escreveu a respeito de um livro vil escrito por uma pessoa má, ou algo deste tipo. O mais interessante é que o primeiro texto no *Jerusalem Post* a respeito dos artigos da *The New Yorker* foi bastante favorável. E o importante diário hebraico *Haaretz* solicitou os direitos de reprodução (eles de fato imprimiram dois grandes fascículos sem qualquer comentário derrogatório dos editores) e uma opção para os direitos hebraicos da editora Schocken, sendo Gustav Schocken o editor e proprietário do *Haaretz*. Mais uma vez, uma repentina mudança de opinião aconteceu.

13. Eu respondi a esta questão anteriormente. Não há qualquer verdade nisto. Suponho que o rumor foi iniciado com base na velha esperança – *semper aliquid adhaeret*.

O CASO EICHMANN E OS ALEMÃES

Uma conversa com Thilo Koch

KOCH: Quais são as teses de seu controverso livro a respeito de Eichmann?

ARENDT: Na realidade, o livro não tem teses. É um relato que dá voz a todos os fatos de que se tratou durante o julgamento em Jerusalém. Durante o processo, tanto o procurador quanto a defesa apresentaram certas teses, que eu relatei; mas as pessoas afirmaram em seguida que eram teses minhas – por exemplo, que Eichmann era uma mera "peça da engrenagem", ou que os judeus poderiam ter oferecido alguma resistência. Eu argumentei expressamente contra esta última e, com relação à teoria da "peça de engrenagem", tudo o que fiz foi relatar que Eichmann não partilhava da opinião de seu advogado.

Lamentavelmente, a controvérsia em torno do livro se refere mais a fatos do que a teses ou opiniões; fatos que depois são encaixados em teorias para retirar-lhe seu caráter fatual. O ponto central tanto do livro quanto do processo está na pessoa do acusado.

O que veio à luz durante os procedimentos que estabeleciam sua culpa foi a totalidade do colapso moral no coração da Europa, em toda sua horrível realidade factual. Pode-se eludir esta realidade factual de vários modos: negando-a; respondendo com admissões de culpa carregadas de *páthos* e que não carregam nenhum compromisso e aplanam tudo o que é específico; falando da culpa coletiva do povo alemão; afirmando que o que aconteceu em Auschwitz foi mera consequência do antigo ódio contra os judeus, foi o maior *pogrom* de todos os tempos.

KOCH: O que se chamou de "o passado não superado dos judeus" é, portanto, apenas uma pequena parte de suas ideias relativas ao julgamento de Jerusalém?

ARENDT: Já que me pergunta a respeito de minhas ideias, a única coisa que posso dizer, de início, é que o "passado não superado dos judeus" não teve qualquer papel no que quer que seja. Ele apenas surgiu durante o julgamento e eu o reportei. Os atos de Eichmann aconteceram em determinado ambiente, não no vácuo. Funcionários judeus eram parte deste ambiente. Durante o interrogatório policial em Jerusalém – e mesmo antes disto, em uma entrevista que ele concedeu ao jornal nazista holandês *Sassen* na Argentina – ele mesmo falou longamente a respeito de sua "cooperação" com funcionários judeus.

As pessoas concluíram que, porque eu falei destes fatos, eu estava tentando oferecer uma espécie de descrição da destruição da comunidade judaica europeia, na qual as ações dos conselhos judaicos realmente teriam que ter seu lugar. Mas esta nunca foi a minha intenção. Meu livro é um relato *a respeito* do julgamento, não uma apresentação daquela história. Estou certa de que ninguém que pretendesse escrever uma história daquele tempo escolheria o julgamento de Eichmann como ponto de partida. Mas, para retornar à parte judaica do "passado não superado", devo dizer que foi preciso a incrível propaganda das organizações judaicas direcionada contra mim, cujas consequências ultrapassam muito os limites do mundo judaico, para que eu visse com clareza pela primeira vez como este "passado não superado" é evidentemente um problema difícil, não tanto nas mentes das pessoas em geral, mas nas mentes dos funcionários judeus e daqueles corretamente chamados de "o *establishment* judaico".

KOCH: Como foi possível chegar ao enorme mal-entendido de considerar que seu livro, seu relato sobre o julgamento de Eichmann, indiretamente desculpa ou trivializa os crimes nazistas?

ARENDT: Parece-me que há duas coisas agindo aqui. A primeira é uma maldosa distorção e a segunda é uma incompreensão genuína. Ninguém que tenha lido meu livro pode afirmar que eu tenha "desculpado" os crimes nazistas do período. Algo similar aconteceu com o livro de Hochhuth.[1] Como Hochhuth criticou a posição de Pacelli na época da Solução Final, afirmou-se que ele havia, deste modo, desculpado Hitler e as ss e apresentado Pio XII como o verdadeiro culpado. E então tenta-se centralizar a discussão neste disparate que não foi afirmado por ninguém e que é facilmente refutável. O mesmo se passa com parte da controvérsia em torno de meu livro sobre Eichmann. As pessoas afirmam que eu "desculpei" Eichmann e, em seguida, provam que ele era culpado – na maioria das vezes usando citações do meu livro. Como se sabe, a manipulação da opinião no mundo moderno é feita principalmente por meio do *image-making* – ou seja, alguém lança no mundo certas "imagens" que não apenas nada tem a ver com a realidade, mas também servem frequentemente para ocultar realidades incômodas. Tiveram sucesso considerável

---

1   Arendt se refere à peça *O vigário,* de Rolf Hochhuch. (N.E.)

no caso de meu livro sobre Eichmann. Não pode haver resposta a uma grande parte da discussão que o senhor já conhece – tanto aqui nos EUA quanto na Europa – porque ela lida com um livro que ninguém escreveu. Com relação à incompreensão, o subtítulo – *sobre a banalidade do mal* – foi frequentemente mal interpretado. Nada poderia estar mais longe de minha intenção do que trivializar a maior catástrofe de nosso século. O que é banal não é, por isto, nem algo trivial nem algo que acontece frequentemente. Posso considerar banal uma ideia ou um sentimento, ainda que ninguém jamais tenha pronunciado algo parecido antes e ainda que suas consequências conduzam ao desastre. Foi assim, por exemplo, que Tocqueville respondeu no meio do século passado às teorias raciais de Gobineau, que eram originais e, ao mesmo tempo, "perniciosas" e superficiais. A desgraça estava carregada de consequências. Mas estava também carregada de significado? Como você sabe, procurou-se frequentemente rastrear o nacional--socialismo nas profundezas do passado espiritual da Alemanha, ou mesmo da Europa como um todo. Eu considero estas tentativas equivocadas e mesmo perniciosas porque elas descartam com argumentos a marca mais conspícua do fenômeno, a saber; sua insondável falta de nível. O que faz este fenômeno assustador é que ele pode nascer na sarjeta e, apesar de sua falta de profundidade, pode ao mesmo tempo ganhar poder sobre quase todo mundo.

KOCH: É por isto que a senhora considera tão importante retirar de Eichmann e do caso Eichmann o elemento demoníaco?

ARENDT: Na minha opinião, não retirei o elemento demoníaco de Eichmann. Ele o fez por si mesmo, e com tanto empenho que chegou aos limites do cômico. Eu apenas quis apontar o que significa "demoníaco" quando se olha bem de perto. Eu mesma aprendi uma série de coisas com isto tudo e, na verdade, acho que seria importante que outros aprendessem com isto também. Por exemplo, a ideia de que o mal é demoníaco – que, além do mais, pode se reportar à lenda de Lúcifer, o anjo caído – é extraordinariamente atraente para as pessoas. (Talvez eu deva lembrar dos versos do poema "Der Täter" [O autor do crime] de Stefan George: "Aquele que nunca considerou o lugar onde cravar o punhal em seu irmão/ Quão pobre sua vida, quão fraco seu pensamento"). Precisamente porque estes criminosos não foram movidos pelos motivos maus ou assassinos com os quais estamos familiarizados – eles não assassinaram por assassinar, mas porque era parte de sua carreira – parece bastante óbvio para todos nós que precisamos demonizar a desgraça a fim de encontrarmos algum significado histórico nela. E eu acrescento que é mais fácil sustentar a ideia de que a vítima foi vítima de um demônio disfarçado de homem – ou, como afirmou o promotor no julgamento de Eichmann, de uma lei histórica que se estende desde Faraó e Hamã [2]–, vítima de um princípio metafísico, que sustentar que foi vítima de algum arlequim qualquer que não é louco e nem particularmente mau. O que nenhum de nós consegue superar do passado não é o número de vítimas, mas a vulgaridade destes assassinos em massa desprovidos de senso de culpa, e a irrefletida mediocridade de seus assim chamados ideais. "Abusaram de nosso idealismo" é hoje uma afirmação não raramente ouvida de antigos nazistas que agora estão mais prudentes. Sim, de fato – mas, que coisa mais rasteira este idealismo sempre foi!

KOCH: Agora que seu livro foi recentemente publicado na Alemanha, que contribuição ele pode fazer a nós, alemães em 1964, para lidar com o passado nazista de 1933 a 1945?

2   Na Bíblia, Hamã decretou "destruir, assassinar e causar o fim [dos judeus]". (N.E.)

ARENDT: Eu me sinto incapaz de responder a esta pergunta. Mas posso ao menos mencionar algo que me incomodou por um longo tempo; na verdade, desde 1949, quando voltei à Alemanha pela primeira vez. Minha experiência é a de que todos aqueles alemães que jamais cometeram mal algum em toda a vida insistem constantemente em falar sobre o quão culpados eles se sentem, ao passo que, quando se encontra um ex-nazista, você se confronta com a consciência mais limpa do mundo – ainda que ele não minta abertamente e que sua boa consciência não sirva de camuflagem. Nos primeiros anos do pós-guerra, eu me dizia que estas confissões de culpa generalizadas deveriam ser compreendidas nos termos da grande afirmação de Jaspers logo após o colapso da Alemanha: "somos culpados por estarmos vivos". No meio tempo, entretanto, especialmente diante da assombrosa despreocupação com a qual, até a captura de Eichmann, as pessoas assimilaram a ideia de que "há assassinos entre nós", sem sequer processá-los e em vários casos até mesmo permitindo-lhes continuar suas carreiras – sem matar ou assassinar, naturalmente – como se não houvesse acontecido nada ou quase nada; uma vez que tudo isto veio à luz nos últimos anos, passei a duvidar destas confissões de culpa dos inocentes. Estas declarações serviram precisamente para encobrir os culpados. Quando todos gritam "Nós somos culpados", não se pode mais descobrir quais crimes reais foram de fato cometidos. A diferença entre alguém que participou do assassinato de centenas de milhares e alguém que apenas se manteve calado e escondido se torna uma insignificante questão de grau. Para mim, isto é intolerável.

Eu considero da mesma categoria o recente falatório a respeito do "Eichmann em cada um de nós" – como se cada um, pelo simples fato de ser humano, contivesse um Eichmann em si. Ou a mais recente objeção ao julgamento de nazistas por seus crimes

– que já se fazia ouvir no julgamento de Eichmann – sobre como tudo isto simplesmente conduziria a encontrar bodes expiatórios que então permitiriam ao povo alemão se sentir coletivamente inocente novamente. Politicamente, o povo alemão deve aceitar a responsabilidade pelos crimes cometidos em seu nome e por membros de sua nação – algo em que apenas uma minoria mais ou menos insignificante não acredita atualmente. Mas isto não tem qualquer coisa a ver com os sentimentos individuais das pessoas. Politicamente, parece-me, o povo alemão só se tornará autorizado a declarar superado este passado horrível depois de julgar os assassinos que vivem quietamente em seu meio e remover de suas posições públicas – não da vida privada ou comercial – todos os autênticos culpados. Se isto não acontecer, o passado permanecerá não superado apesar de tudo o que se falar – ou devemos esperar até estarmos todos mortos.

1964

A DESTRUIÇÃO DE SEIS MILHÕES
Um simpósio da Jewish World

EM SETEMBRO DE 1964, A *JEWISH WORLD* PUBLICOU AS RESPOSTAS a duas questões que fizera a Hannah Arendt, Nahum Goldmann, Arnold Toynbee, André Maurois e Yaacov Herzog. As duas questões eram:

A. Hitler cometeu um massacre e o mundo permaneceu em silêncio. Este silêncio contínuo e o reaparecimento do neonazismo implicam que a barbárie nazista pode ter suas raízes no humanismo europeu?

B. As fontes da impotência das massas judaicas, como se mostrou quando elas foram conduzidas para seu massacre, assim como a impotência apresentada pelas lideranças judaicas tanto na Palestina quanto na diáspora, antes e depois da catástrofe, são de natureza objetiva ou subjetiva?

As respostas de Arendt foram as seguintes:

A – *O mundo não permaneceu em silêncio; entretanto*, além de não permanecer em silêncio, o mundo não fez nada.

Em 1938, anos antes do massacre começar, o mundo, por exemplo a Inglaterra e os Estados Unidos, quase unanimemente reagiram com "horror e indignação" (Allan Bullock) aos *pogroms* de novembro. Mas estas denúncias verbais foram contraditas por medidas administrativas na política de imigração de todos os países europeus e de um grande número de países de além-mar; esta política validou de fato, embora raramente em palavras, o antissemitismo nazista. Aqueles que os nazistas declararam foras da lei em seu próprio país se tornaram foras da lei em todos os lugares. O antissemitismo não foi nem a única e nem a mais decisiva razão para este movimento; a estrutura política do Estado-nação europeu era incapaz de assimilar grandes grupos de estrangeiros e seu sistema legal era incapaz de lidar com a apatridia. Entretanto, o simples fato de todos os refugiados oriundos de territórios nazistas terem sido considerados "indesejados" foi, por definição, de considerável importância como preparação psicológica para o holocausto.

O massacre aconteceu em meio a uma guerra cujo resultado, para dizer o mínimo, foi incerto por anos. É compreensível que a reação tenha chegado devagar; ela veio em 1943, quando a vitória se tornou certa, com a declaração de Moscou, onde "crimes monstruosos" foram oficialmente mencionados pela primeira vez. Aproximadamente na mesma época, foram feitos os primeiros preparativos para os julgamentos de "criminosos de guerra", e os objetivos de paz, estabelecidos em 1941 na Carta do Atlântico, foram alterados para "rendição incondicional". Estas eram questões políticas, algo consideravelmente maior que denúncias verbais; uma vez que extermínio deliberado de um povo inteiro só tinha precedentes na antiguidade, é difícil comparar a reação mundial ao massacre do povo judeu a sua reação a atrocidades similares em tempos de guerra. A analogia mais próxima é o massacre dos armênios na Primeira Guerra Mundial, quando 600 mil pessoas foram massacradas pelos turcos – um número muito alto se considerarmos as diferenças técnicas – e quase não há dúvidas de que a reação "mundial" tanto em palavras quanto em atos foi mais forte em nosso caso. Mas a verdade é que, além de planejar a vitória por vir, os aliados não fizeram nada para interromper o massacre: não bombardearam os centros de morte nem as vias de comunicação que conduziam a eles; as potências neutras, com poucas exceções, fizeram menos que nada: fizeram seu melhor para fechar hermeticamente suas fronteiras contra todos aqueles que pudessem tentar escapar.

Antes de pularmos para qualquer consideração geral a respeito do "humanismo europeu", consideremos alguns destes fatos. *Em primeiro lugar*, as denúncias estavam erradas e permaneceram ineficazes porque não denominavam os judeus, embora todos soubessem que os judeus é que eram mortos, sem considerar sua nacionalidade e confissão. A razão está no fato de que não apenas os que estavam no poder, mas a opinião pública em geral – incluindo grande parte da opinião pública judaica – trabalhou sob a ilusão fantástica de que chamar as coisas pelo nome seria uma concessão a Hitler. Isto não foi uma falha do humanismo europeu, mas do liberalismo europeu (incluindo o socialismo), o qual, quando confrontado com fatos, demonstra uma indisposição para encarar realidades e uma tendência a escapar para um tolo paraíso de convicções ideológicas firmemente mantidas.

Em segundo lugar, embora não saibamos ainda a razão para o fracasso da ação no plano militar, não há dúvidas de que há um mal--entendido fatal entre os fatores que contribuíram para ele: tendo em vista que o massacre aconteceu em tempos de guerra e foi perpetrado por pessoas uniformizadas, ele foi considerado parte da guerra, um "crime de guerra" no sentido autêntico da palavra, ou seja, uma transgressão excessiva das regras em busca da vitória. A melhor maneira de parar os excessos de guerra, dizia o argumento, era parar a guerra. Que estes massacres não tinham a menor conexão com operações militares, já era evidente na época, mas ainda não era compreendido, e o fato de primeiro os julgamentos de Nuremberg e em seguida todos os julgamentos de pós-guerra terem considerado estas operações de assassinato como "crimes de guerra" – não obstante o novo conceito de "crime contra a humanidade" – mostra quão plausível este argumento deve ter soado durante a guerra. Parece que o mundo precisou de duas décadas para se dar conta do que se passou de fato naqueles poucos anos e quão desastrosamente quase todos aqueles envolvidos, e certamente todos os homens em altas posições, falharam em compreender o que aconteceu, mesmo quando dispunham de todos os dados fatuais.

A última frase implica uma discordância a respeito do "silêncio contínuo". Um estudo do que se publicou durante a última década, mesmo uma simples olhada nas listas de *best-sellers* dos últimos anos – Grass e Hochhuth na Alemanha, Schwartz-Bart na França, Shirer nos Estados Unidos e o *Diário de Anne Frank* em todos os lugares – prova que, ao contrário, poucos assuntos estão tanto no centro do interesse e da atenção do mundo quanto "Hitler cometeu massacres" e *o mundo não fez nada*. Além do mais, condenações públicas no plano governamental se tornaram atualmente uma performance rotineira na maioria dos países fora do mundo árabe. E há ainda uma funesta continuidade com o passado e suas falhas catastróficas na contínua disparidade entre palavra e ação. Milhões de palavras foram escritas e ditas a respeito dos "crimes contra a humanidade" e ainda não há nenhum sinal de que chegamos um pouco mais próximo do estabelecimento de um tribunal internacional onde a humanidade, o querelante, poderia instaurar um processo contra aqueles que a lesaram. Consideremos a Alemanha, onde as pessoas continuam a nos garantir que se "sentem" muito culpadas e onde, entretanto, sentenças surpreendentemente lenientes são proferidas em quase todos os casos de assassinos nazistas convictos enquanto antigos nazistas proeminentes mantêm altas posições públicas. Pesquisas recentes de opinião pública mostram que cerca de 40% da população alemã é contra todos esses julgamentos e outros 40% preferem não saber nada a respeito deles. Esta incapacidade de agir é bastante perigosa, mas não acredito que se deva ao "reaparecimento do neonazismo", de que eu não consigo ver nenhum traço sério nem na Europa nem nos Estados Unidos (eu presumo que vocês estejam pensando no Egito de Nasser).

Qual é, então, a conexão entre "barbárie nazista" e "humanismo europeu"? Os nazistas, infelizmente, não eram "bárbaros" e eu suspeito que sua questão foi suscitada por aqueles assassinos em massa que leem Hölderlin e mantém títulos acadêmicos, tão proeminentes na burocracia nazista. Mas, o fato de serem lidos e ouvidos, talvez até mesmo apreciados, por comandantes do *Einsatzgruppen* é realmente um argumento contra Hölderlin e Beethoven? O que prova a favor ou contra a cultura grega quando um conhecido professor de grego na Alemanha é capaz de traduzir a "Horst-Wessel-Lied" em versos do grego clássico a fim de provar quão confiável ele poderia ser servindo ao novo regime?

Não nego, entretanto, o significado da extraordinária facilidade com que a quase totalidade da *intelligentsia* na Alemanha, e uma grande parte dela em outros países, pode se tornar companheira de viagem do nazismo e, por vezes, companheira de crimes. Mas não se deve lançar a culpa sobre o "humanismo europeu", qualquer que seja sua definição; isto não denuncia qualquer ideia, noção ou mesmo ideologia tanto quanto denuncia esta nova classe de intelectuais, tão urgentemente solicitada pela sociedade moderna – como homens de letras e burocratas, acadêmicos e cientistas, não menos que como críticos ou promotores de entretenimento –, que está em vias de se tornar sua "classe dominante". Aqui temos, de fato, todas as razões para nos preocuparmos, pois eles provaram mais de uma vez nos últimos tempos que são mais suscetíveis a qualquer coisa que seja "a opinião pública" e menos capazes de julgar por si mesmos do que quase qualquer outro grupo social.

Por fim, há um outro aspecto da questão que vocês não mencionaram e no qual eu toco apenas porque ele me parece muito importante. O humanismo europeu, longe de ser "a raiz do nazismo", estava tão pouco preparado para ele ou para qualquer outra forma de totalitarismo que, para compreendê-lo e tentar chegar a um acordo com este fenômeno, não podemos nos basear nem na linguagem conceitual nem nas metáforas tradicionais do humanismo europeu. E à medida que a consequente e necessária reavaliação de nossos hábitos mentais que sejam verdadeiramente angustiante, estamos em uma situação que certamente contém também uma ameaça ao "humanismo" – ele corre perigo de se tornar *irrelevante*.

B. *As massas judaicas dentro da Europa ocupada por nazistas eram objetivamente impotentes.* Uma vez que eram pegas e conduzidas para sua morte, elas se comportaram como qualquer outro grupo na mesma circunstância. Muitos relatos do campo de concentração e também dos centros de morte, onde, evidentemente, não foram massacrados apenas judeus, sublinham o horror de assistir "a essas procissões de seres humanos caminhando como bonecos para suas mortes." (Eu cito intencionalmente o relato de David Rousset sobre Buchewald, onde não havia judeus envolvidos.)

Há muitos fatores que podem ajudar a explicar esta apatia. Dentre eles está, *em primeiro lugar*, o fato simples e frequentemente esquecido de que há muitas coisas consideravelmente piores que a morte, de que há uma grande diferença entre morrer lenta e agonizantemente e morrer de modo relativamente fácil e rápido diante de um pelotão de fuzilamento ou em uma câmara de gás. Em *segundo lugar*, há o que Tadeusz Borowski, o poeta polonês, tem a dizer em seu relato de sua própria passagem por Auschwitz: "Nunca, em toda a história do homem, a esperança foi mais forte que o homem e nunca antes ela causou tanto mal quanto neste campo, quanto nesta guerra. Não nos ensinaram a nos livrarmos da esperança, e é por isto que perecemos nas câmaras de gás".[1] *A esperança mais forte que o homem* – isto significa a esperança como destruidora da própria humanidade do homem. E a própria inocência daqueles que foram capturados por toda esta monstruosidade, especificamente o fato de eles serem inocentes até mesmo do ponto de vista de seus perseguidores talvez seja ainda mais destruidor desta humanidade. Sua apatia era, em larga medida, a resposta automática, quase física ao desafio da *absoluta falta de sentido*.

As lideranças judaicas dentro da Europa estavam objetivamente quase tão impotentes quanto as massas judaicas. E nada mais seria necessário dizer a respeito se eles reconhecessem esta impotência e renunciassem a suas posições. Falando de modo objetivo, praticamente não havia mais que três alternativas: admitir sua impotência e dizer às pessoas que tudo estava perdido, *sauve qui peut*; acompanhar suas ovelhas na viagem para o leste e sofrer o mesmo destino; ou, como foi notavelmente feito na França, usar o conselho judaico controlado por nazistas como cobertura de um trabalho subterrâneo em que se tentava ajudar judeus a escapar. Onde quer que os judeus, seja por seu número ou por sua localização geográfica, não pudessem

---

1   Arendt cita aqui um trecho de *U nas, w Auschwitzu* [Em casa em Auschwitz], texto em prosa relatando a experiência do autor no campo de extermínio. A tradução aqui se serviu também das traduções para o francês e para o espanhol. (N.T.)

ser mortos no próprio local – ou seja, em todos os lugares, exceto na União Soviética – a liderança judaica, em vez de ser meramente impotente, tornou-se de fato um fator importante na burocracia da destruição. Para citar apenas um dos documentos remanescentes – dos nazistas ou dos sobreviventes – "com a ajuda do conselho judaico, as deportações das províncias [holandesas] aconteceu sem qualquer obstáculo".

Agora, por fim, a liderança judaica tanto na Palestina quanto na diáspora: argumentou-se frequentemente que estes líderes falharam ao dramatizar a agrura da comunidade judaica europeia, que eles não foram suficientemente insistentes, imaginativos ou corajosos ao lidar com os aliados; eu não pretendo negar isto. Entretanto, eu acredito agora, como acreditava então, que, sob aquelas circunstâncias, nada teria ajudado, a não ser uma "normalização" da posição judaica, ou seja, uma real declaração de guerra, o estabelecimento de um exército judaico composto por judeus palestinos e apátridas de todo o mundo e o reconhecimento do povo judeu como beligerante. (É bastante conhecido o fato de que judeus que gozavam do *status* de beligerantes foram salvos – judeus britânicos e americanos em campos de internamento civil, prisioneiros de guerra judeus de todos os exércitos aliados, mesmo do derrotado exército francês. A única exceção foi o exército vermelho. A Rússia nunca assinou a convenção de Genebra.)

Ninguém que não tenha estudado os arquivos da Agência judaica para a Palestina e os da Inglaterra e dos Estados Unidos, que ainda estão fechados ao público, pode dizer se isto é um devaneio ou não.

1964

"O FORMIDÁVEL DOUTOR ROBINSON":
uma resposta de Hannah Arendt

"A SENHORITA ARENDT", DIZ O SENHOR LAQUEUR EM SUA RESENHA do livro *And the Crooked Shall Be Made Straight* [E o torto se endireitará] de Jacob Robinson (*New York Review of Books,* novembro de 1965), "tropeçou em algo que parecia um ninho de vespas, mas é na verdade um problema muito intricado e doloroso". A frase seria verdadeira se dissesse: "Ela tropeçou em algo que era de fato um ninho de vespas porque ela tocou no que parecia um problema intrincado e é de fato um problema doloroso."

Ao resenhar a "tentativa em grande escala de refutar" meu relato sobre o julgamento de Eichmann, o senhor Laqueur estava tão impressionado pela "eminente autoridade" de seu autor, que considerou supérfluo familiarizar-se com o assunto que estava sendo atacado. Ele aceita a distorção fundamental, contida no subtítulo do livro, *"The Jewish Catastrophe and Hannah Arendt's Narrative"* [A catástrofe judaica e a narrativa de Hannah Arendt], que supõe que eu recontei parte da "história judaica contemporânea", enquanto, de fato, eu critiquei a promotoria por usar o julgamento de Eichmann como pretexto para fazer exatamente isto. (Desnecessário dizer que eu jamais teria ido a Jerusalém se quisesse escrever um livro sobre "a história judaica contemporânea".) O senhor Laqueur acredita que *eu* perguntei "por que não houve mais resistência ativa" por parte dos judeus, ao passo que foi a promotoria que levantou esta questão; eu relatei este incidente e descartei a questão duas vezes como "tola e cruel, uma vez que ela atestava uma ignorância fatal das condições da época" (páginas 11 e 283 da segunda edição).[1] Ele afirma que eu não tinha consciência da "vulnerabilidade particular" das comunidades judaicas diante da perseguição organizada, enquanto eu de fato as enumerei – sem território, sem governo, sem exército, sem governo no exílio, sem armas, sem juventude militarmente treinada (p. 125).[2] Ele insiste que eu "afirmo que a justiça não foi feita em Jerusalém", enquanto sustento que, *apesar* de um número de irregularidades cuidadosamente enumeradas, o que é o contrário de "incontáveis", a justiça foi feita à medida que o "principal propósito do julgamento – acusar e defender, julgar e punir Adolf Eichmann – foi atingido", uma passagem até citada no livro de Robinson.

Em lugar algum eu disse, como afirma o senhor Laqueur, que "Eichmann foi enforcado [...] pela corte errada e pelas razões erradas", ou que "um dano irreparável foi feito ao domínio da lei". Ao contrário, eu justifiquei a competência da corte e o sequestro do acusado (pp. 259-65)[3] e afirmei que o julgamento em Jerusalém era "nada mais, mas também nada menos, que o último dos numerosos julga-

---

1   Respectivamente, páginas 22 e 306 da edição brasileira (*Eichmann em Jerusalém: um relato sobre a banalidade do mal*. São Paulo: Companhia das Letras; 2007). (N.T.)
2   Página 141 da edição brasileira. (N.T.)
3   Páginas 281-89 da edição brasileira. (N.T.)

mentos sucessivos que seguiram aos julgamentos de Nuremberg". Por fim, o senhor Laqueur – desconhecendo tanto meu livro quanto o julgamento em Jerusalém – acredita que eu ataquei os procedimentos judiciais como um todo, ao passo que o que eu ataquei foi a promotoria. (O conflito entre a magistratura e a promotoria seguiu como um fio através dos processos. Eu relatei isto e em quase todos os casos tomei o lado da magistratura – o que era bastante comum entre os membros da imprensa.) Se o senhor Laqueur estivesse minimamente familiarizado com o assunto em questão, ele não seria ingênuo o suficiente para identificar "traição e colaboração", pois todo o ponto em questão é que, como regra geral, os membros dos conselhos judaicos *não* eram traidores ou agentes da Gestapo e, *ainda assim*, tornaram-se ferramentas dos nazistas. (A distinção foi feita pelas testemunhas da promotoria; se os membros dos conselhos judaicos tivessem sido canalhas, não haveria "problema", menos ainda "doloroso e intrincado".)

Depois de desinformar o leitor a respeito do assunto de meu livro, o senhor Laqueur prossegue a enumeração das "formidáveis credenciais" de meu oponente. Ele lamenta que o nome do senhor Robinson não seja muito conhecido entre os "estudantes de ciência política", o que é verdade, e afirma que ele "não é alguém que conjura com círculos literários", o que é falso: desde o surgimento de meu livro, o nome do senhor Robinson se tornou famoso, especialmente nos círculos literários de Nova York e particularmente dentre os que escrevem para a *Partisan Review* e a *Dissent*. Acompanhando o texto publicitário do editor, o senhor Laqueur chama a atenção para esta "eminente autoridade em direito internacional" e nos garante que "sua reputação é alta entre estudantes de história judaica contemporânea" (o que decepciona um pouco, pois o editor havia afirmado sua eminência também nesta área do saber). Ele perfaz o quadro com o louvor do "inigualável domínio das fontes", "grande erudição" e um saber "assombroso" e "quase obsessivo". Por fim, ele nos conta qual posição o senhor Robinson ocupa atualmente: ele "coordena pesquisa entre várias instituições dedicadas ao estudo da catástrofe judaica" ("por todo o mundo", como sublinha o editor), mas não nos diz quais são estas instituições. São muitas para serem enumeradas? Dificilmente. Elas são o YIVO (Yiddish Scientific Institute) em Nova York, a Wiener Library em Londres, o Centre de Documentation Juive em Paris e a Yad Vashem em Jerusalém. Há razões para não ser muito específico neste assunto. O próprio senhor Laqueur, o resenhista do livro do senhor Robinson, é diretor de pesquisa em um dos centros de pesquisa coordenados, a Wiener Library.

Diante da recente safra de "eminente autoridade" do senhor Robinson, a informação trazida pelo senhor Laqueur é lamentavelmente vaga. Vejamos se é possível ajudar o leitor. Já que o senhor Laqueur segue tão de perto os textos publicitários de editores, devemos notar que em 1960, quando foi publicado o último livro do senhor Robinson, a sobrecapa do livro ainda não sabia nem de sua "eminência" nem de sua "autoridade". Em seguida, no verão de 1963, alguns meses depois da publicação de *Eichmann em Jerusalém*, ele escreveu um panfleto de propaganda para a Anti-Defamation League (da B'nai B'rith) chamado *Facts* e direcionado contra meu livro. A mudança em sua sorte mundana foi repentina e radical. Enquanto nas antigas sobrecapas de editores ele era apresentado como "consultor especial de *assuntos judaicos*" no julgamento de Nuremberg, ele agora era descrito como "consultor especial" *tout court* – evidentemente, uma distinção muito maior para uma "autoridade" em direito internacional, sobretudo quando se está ciente do papel secundário que os crimes contra o povo judeu tiveram em Nuremberg. Este início ainda bastante modesto – comparado ao seu *status* atual – já nos mostra que, enquanto o senhor Robinson recentemente adquiria várias qualidades surpreendentemente novas, ele também perdia algumas que lhes eram bastante próprias até então. Não se diz mais, em nenhum lugar, que a especialidade do senhor Robinson é "problemas de minorias", que ele fundou o Instituto de Assuntos Judaicos – financiado pelo Congresso Judaico Americano e pelo Congresso Judaico Mundial –, onde, desde 1940, todas as contribuições do senhor Robinson apareceram, com exceção de um artigo sobre as Nações Unidas, e, mais surpreendentemente, em nenhum ponto da resenha do senhor Laqueur há qualquer menção ao importante papel que o senhor Robinson desempenhou em Jerusalém. No panfleto para a *Anti-Defamation League*, conta-se ainda ao leitor que ele foi "consultor especial para a promotoria do julgamento de Eichmann", na sobrecapa do presente livro ele apenas "aconselhou os israelenses a respeito de documentos e direito" – agora, sem qualquer conexão com a promotoria – ao passo que, na realidade, de acordo com o material que a imprensa israelense distribuiu e que oferecia "breves biografias" da equipe de promotores, o "Dr. Jacob Robinson" se situava logo depois de Gideon Hausner, o procurador-geral, e era então seguido por dois vice-procuradores estaduais, portanto, o senhor Robinson era o segundo em importância na promotoria, abaixo apenas do próprio procurador--geral. Do que se conclui que o senhor Robinson tinha um interesse pessoal em me "acusar" a mudar em defender o caso para a promotoria. *Este era, de fato, seu próprio caso.*

Uma vez que o senhor Laqueur acredita que o centro do meu conflito com o senhor Robinson consiste no antagonismo entre "historiadores profissionais" e "amadores [...] ávidos para escrever um *roman à thèse*", ele deve se surpreender ao descobrir que antes de 1963 o senhor Robinson não era um historiador – as autoridades israelenses do julgamento mencionam corretamente sua formação em direito – e que o presente livro, publicado em cooperação com a Jewish Publication Society, é, na realidade, sua primeira aventura no campo da história judaica. A melhor maneira de resolver esta difícil questão sobre quem é amador e quem é profissional talvez seja consultando o *Guide to Jewish History Under Nazi Impact* [Guia da história judaica sob o impacto nazista], uma bibliografia que cobre todos os idiomas, inclusive o hebraico e o iídiche, publicada em 1960 pelo YIVO e pela Yad Vashem e em coautoria com Philip Friedman e Jacob Robinson. Nela, o senhor Robinson aparece com duas entradas: um curto prefácio ao livro de Boris Shub (1943) e um estudo de cinco páginas sobre "a Palestina e as Nações Unidas" (1947), um assunto inteiramente desvinculado da questão que apareceu durante o julgamento de Eichmann. Mas o mais surpreendente de tudo é que, à época, o senhor Robinson deve ter considerado que eu era muito mais "profissional" do que ele próprio, pois eu apareço com quatro itens, dentre os quais um livro mais substancial e relevante para a história judaica moderna e para o período em questão do que qualquer coisa escrita pelos dois autores.

II
Pouco depois da aparição do meu livro, o senhor Robinson afirmou ter encontrado "centenas de erros factuais" – quatrocentos, mais exatamente, o número que mais tarde ele atualizou para seiscentos. Entretanto, um exame cuidadoso revelou que se tratava de cálculo ruim; o número de erros só pode ser contado pelo número de palavras que eu usei. Isto tornaria bastante difícil de responder caso a caso, mas na verdade é a menor das dificuldades. O senhor Laqueur é vagamente consciente de algumas falhas do livro do senhor Robinson; ele as atribui à recusa de pensar, de "parar e refletir entre as notas de rodapé", e é de fato verdadeiro que a maior dificuldade para lidar com este livro de modo significativo está em sua completa falta de argumentação consistente ou de ponto de vista. É evidente que o senhor Robinson tem um interesse predominante, contradizer-me linha a linha, e uma ambição predominante, mostrar sua "erudição".

Enquanto o primeiro o conduziu as mais das vezes a uma espécie de super chicana do tipo que eu jamais havia visto por escrito (quando eu digo: "De acordo com o direito internacional, era privilégio da nação soberana alemã declarar minoria nacional qualquer parte de sua população que lhe conviesse" ele responde: não, absolutamente, exceto que "não existe proibição [...] no direito internacional de declarar minoria nacional uma parte da população" p. 73), a segunda o persuadiu a preencher incontáveis páginas com material completamente irrelevante – por exemplo, uma incursão de quatro páginas na história húngara, apoiada em "fontes fundamentais", embora todos os fatos por ele apontados possam ser encontrados em um único volume da *Encyclopedia of World History*. Isto não é prova de saber, mas precisamente seu contrário.

Além destes problemas, o livro exibe, do modo mais inocente, um completo desconhecimento das mais comuns distinções nas ciências históricas. Questões como: quantos judeus viviam em Roma em 1943? (O número do senhor Robinson, tomado do ano de 1925, é certamente alto demais.) Quando o regime de Hitler se tornou plenamente totalitário? (O senhor Robinson acredita que isto pode ser descoberto consultando um *Zeittafel*, uma enumeração cronológica de fatos.) Existem conexões entre a solução final e o programa de eutanásia que a precedeu? (Gerald Reitlinger, como eu afirmei, provou estas conexões "com evidências documentadas que não deixam dúvidas"; o senhor Robinson prefere ignorar tanto minha afirmação quanto as evidências de Reitlinger simplesmente atribuindo a mim a descoberta destas conexões e afirmando que elas não existem.) Todas estas questões e muitas outras são tratadas exatamente no mesmo nível, ou, antes, são reduzidas ao nível da primeira questão, um fato isolado que, para ser estabelecido, não precisa nem do contexto da história, nem do apoio de interpretação e nem do julgamento de quem reporta.

Evidentemente, o número de "erros" que se pode descobrir em qualquer livro por meio dos extraordinários métodos do senhor Robinson é assombroso. E nós ainda estamos longe de tê-los esgotado. O senhor Robinson pertence ao pequeno e afortunado grupo de pessoas psicologicamente cegas às cores: elas veem apenas preto e branco. Assim, quando eu descrevi Eichmann como não inteiramente estúpido, mas inteiramente incapaz de pensar, ou quando indiquei, com base em evidências, que ele não era um mentiroso inveterado, mas mentia ocasionalmente, e então prossegui para dar alguns exemplos em que ele mentiu de fato, o senhor Robinson se convenceu firmemente de que se trata de "contradições", "saltos para a frente e para trás", em seu inimitável jargão. É desnecessário dizer que minhas "contradições" são quase tão incontáveis quanto meus "erros". Entretanto, todas estas dificuldades metodológicas, que talvez possam ser perdoadas em um livro escrito por um advogado e destinado a reiterar um caso de promotoria, são obscurecidas por uma demonstração realmente ofuscante de mera inabilidade de leitura.

Em seu prefácio, Robinson me acusa de "ler mal" documentos e livros e, na página 2 de seu livro, ele começa a empilhar exemplos do que ele entende por ler e ler mal, até que, no final, nos encontramos sobrecarregados por um particular *embarras de richesse*. Há, em primeiro lugar, os exemplos infindavelmente repetidos nos quais as palavras de Eichmann, frequentemente dadas por mim em discurso indireto e as vezes mesmo entre aspas, são mal lidas e consideradas como discurso do autor. Assim, citando uma passagem originalmente iniciada com "*De acordo com a versão [que Eichmann] deu* no interrogatório policial" e em que espalhei generosamente claras indicações de discurso indireto (como "na visão dele" e etc.), o senhor Robinson escreve: "*De acordo com a senhorita Arendt*, a história de Adolf Eichmann é uma 'história de má sorte como nunca se viu'". Mas mesmo quando eu cito *verbatim* o interrogatório da polícia em que Eichmann descreveu sua visita a Auschwitz para encontrar o senhor Storfer e disse: "'Nós tivemos um encontro humano normal'" e concluiu o episódio dizendo que "seis semanas depois deste encontro humano normal, Storfer estava morto", o Senhor Robinson acha que sou *eu* quem "considera um 'encontro humano normal'". E uma vez que, pelo que se vê, ele escreveu seu livro sem consultar as "fontes primárias" – a saber, os debates do processo –, ele pode escrever: "*Diante do que ela diz [Eichmann]* se referiu a um 'interrogatório que durou mais do que qualquer outro conhecido'" inteiramente incônscio do fato de Eichmann (na centésima sexta sessão) ter dito literalmente: "Acima de tudo eu desejo que [...] meus filhos possam dizer [...] 'Por favor, ele esteve no mais longo interrogatório jamais conhecido...'"

Uma outra dificuldade com os estranhos hábitos de leitura do senhor Robinson vem à luz em todas as ocasiões em que ele me acusa de não oferecer uma "explicação" ou um "apoio" para minhas afirmações. Em todos estes casos, ele teria que ter virado a página – em alguns outros, certo número de páginas – para encontrar longas explicações; embora ele possa considerar a prática complicada demais, uma vez que ele parece incapaz de se lembrar do que leu há apenas algumas frases, ela é, infelizmente, indispensável para ler livros e documentos. Assim, ele pode, por exemplo, me citar corretamente em uma página: "*Para um judeu*, este papel dos líderes judaicos na destruição de seu próprio povo é sem dúvidas o capítulo mais sombrio de toda a história judaica" e na página seguinte responder "A destruição de seis milhões de judeus – não 'o papel dos líderes judeus' – é o 'capítulo mais sombrio' da história judaica", como se ele não tivesse lido o qualificativo. A diferença entre o que eu disse e aquilo que o senhor Robinson me faz dizer é a diferença entre o "patriotismo" – "uma injustiça cometida pelo meu próprio povo naturalmente me entristece mais do que uma injustiça cometida por outros povos", como eu escrevi em minha resposta a Gershom Scholem (*Encounter*, janeiro de 1964)[4] – e uma monstruosa mentira. A alternativa a considerar que o senhor Robinson é incapaz de ler seria acusá-lo de difamação. Entretanto, é difícil pensar na alternativa da má-fé considerando que as dificuldades do senhor Robinson com a estrutura frasal por vezes trabalham contra seu próprio interesse. Assim, ele começa a tratar do "Comportamento das vítimas" (p. 187 ss.) atribuindo a mim uma descrição que tomei, palavra por palavra, do interrogatório de testemunhas do procurador geral durante a vigésima segunda sessão e que citei com o intuito deliberado de denunciar o ataque que o senhor Hausner lançava contra estes sobreviventes. Uma vez que o senhor Robinson honestamente acredita que ele denuncia a mim e não ao seu colega, ele encontra agora o que não conseguira descobrir quando o aconselhou, a saber, que "o quadro contrasta radicalmente com a realidade", o que, evidentemente, era meu argumento desde o início.

O senhor Laqueur encontrou no livro do senhor Robinson alguns erros sem importância e acredita que outros mais poderiam ser encontrados por um "time de pesquisadores". Na realidade, o livro está repleto de erros monumentais, dos quais só posso dar aqui dois exemplos representativos. O primeiro concerne ao sistema legal nazista, cuja clara compreensão era, evidentemente, da maior importância para o julgamento de Jerusalém. O segundo lida com o antissemitismo generalizado na Europa antes da ocupação nazista, um fator importante, que contribuiu para o sucesso da Solução Final.

(1) A discussão a respeito do sistema legal nazista acontece entre as páginas 274 e 276 do livro de Robinson e somente depois de ter lido estas páginas eu me dei conta de que a promotoria apresentou seu caso ignorando-o honestamente. O fato de este sistema legal ser na

---

4   Texto reproduzido no presente livro. Cf. "A controvérsia Eichmann: uma carta a Gersom Scholem". (N.T.)

realidade criminoso não o torna nem um pouco menos "legal" para aqueles que viviam no país. Robinson obviamente nunca ouviu o famoso *slogan* nazista *Führerworte haben Gesetzes Kraft*, "as *palavras do Führer têm força de lei*", pois ele não o reconhece na paráfrase em inglês. Assim, ele não sabe que as ordens do Führer, dadas oralmente ou por escrito, "cancelavam toda lei *escrita*" (Hans Buchheim). Ele acredita, portanto, que as seções no Código criminal alemão que lidam com o assassinato tornaram "ilegal" a ordem de Hitler, e ele está em dúvidas "se [a ordem para a solução final] emanou de Hitler ou de Himmler" (p. 371). Apenas um "especialista", como diria o senhor Laqueur, é capaz de calcular o quão fantasiosa é esta dúvida. Era evidente que muitas destas ordens eram secretas, mas isto não evitou que elas tivessem força de lei porque, ao contrário do que pensa o senhor Robinson, a promulgação não era "a própria essência da força de obrigação da lei" na Alemanha nazista; ele simplesmente não sabe da existência de cinco volumes grandes de *Verfügungen, Anordnungen, Bekanntgaben* (Decretos, Ordenamentos, Notas) que regulavam áreas muito importantes da vida do povo alemão e, ainda assim, eram classificadas como "altamente confidenciais". (Quatro destes volumes, publicados pela *Parteikanzlei* [chancelaria do partido], estão disponíveis no arquivo da Hoover Library) Em suma, a ordem para a solução final tinha força de lei na Alemanha nazista porque a Alemanha havia se tornado um estado criminoso, e nada pode ser mais ridículo do que afirmar que ela "não era nada mais que uma promessa secreta ilegal do *Führer* de imunidade diante da promotoria".

(II) Em minha discussão sobre a situação nos Países Baixos, eu afirmei que "o governo holandês de antes da guerra havia declarado oficialmente que [os judeus refugiados] eram 'indesejados'". O senhor Robinson declara categoricamente, como de costume, "Isto nunca aconteceu", porque ele nunca ouviu falar da circular publicada pelo governo holandês em 7 de maio de 1938 em que se declara que os refugiados são "estrangeiros indesejáveis". Eu não mencionaria isto se fosse um mero erro factual, mas o ponto central é que a atitude do governo holandês era apenas mais franca que a de outros países europeus. Refugiados, em especial os judeus refugiados, eram "indesejados" em toda a Europa, e o senhor Robinson procura, em todos os casos, apresentar em tons de rosa a situação dos judeus na Europa anterior à ocupação nazista. (A única exceção que concede é a Itália, onde legislação antissemita foi promulgada de fato em 1938, unicamente sob pressão de Berlim – a evidência é conhecida demais para ser citada. Por razões que apenas o senhor Robinson conhece, eu repentinamente fui acusada de "encobrir Mussolini") O galopante ódio contra os judeus no leste europeu e o rápido crescimento do antissemitismo na Europa ocidental podem ser interpretados e explicados de muitas maneiras diferentes, mas não há dúvidas a respeito do quanto ela facilitou a solução final de Hitler. Esta tentativa de negar a verdade histórica é especialmente perceptível na discussão do senhor Robinson sobre a Romênia. A ideia geral de seu argumento é me acusar de "minimizar a influência alemã na *Judenpolitik* [política judaica] da Romênia", e negar, diante de todas as evidências, que a Romênia, nas palavras de Reitlinger, foi a "nação que começou suas deportações para a Rússia antes mesmo de Hitler dar o sinal, mas que estava constrangida ... pela inveja dos alemães." Por sua noção errada do que seja o saber, o senhor Robinson despreza trabalhos que servem de referência (o que explica, incidentalmente, por que ele se perde para descobrir como eu "sei" que Hitler considerava Antonescu mais "radical" que os nazistas [p. 362]; eu citei o famoso comentário de Hitler a Goebbels, bastante conhecida entre os "profissionais"); ele prefere fundar sua apresentação em uma coleção de documentos reconhecidamente bastante "seletiva" (*lückenhafte*) preparada para o julgamento pela United

Restitution Organization, um grupo estabelecido para pressionar demandas judaicas contra a Alemanha; nela inclui-se um departamento de pesquisa cuja *raison d'*être é, evidentemente, "provar" que todas as iniciativas deste período partiram de Berlim, e consequentemente "minimizar" o antissemitismo nativo.

III

Uma grande parte do livro do senhor Robinson é dedicada ao "comportamento judaico diante do desastre", tema que tem papel secundário em meu livro. Mesmo o encantado senhor Laqueur considera que este capítulo é o mais decepcionante do livro do senhor Robinson. E é verdade que muito de seu espaço é gasto para provar algo de que ninguém jamais duvidou – a saber, que os conselhos judaicos foram estabelecidos pelos nazistas – assim como para defender algo em que ninguém minimamente familiar com os campos de concentração e extermínio jamais acreditará – a saber, que não houve um esforço deliberado e infernal para borrar as linhas entre vítimas e executores. No centro destas seções estão os conselhos judaicos, e as duas principais teses do senhor Robinson estão expressas em duas frases: a primeira, "Legalmente e moralmente, os membros dos Conselhos Judaicos não podem ser considerados mais cúmplices de seus governantes nazistas do que um dono de loja pode ser considerado cúmplice de um ladrão a quem ele entrega *sua loja* sob a mira de uma arma." (p. 159 – itálicos são meus). A pior censura que se poderia fazer aos Conselhos Judaicos seria, de fato, acusá-los de dispor de vidas e de propriedades judaicas como se eles as *possuíssem*, e, até onde sei, ninguém jamais ousou chegar tão longe até o senhor Robinson, com sua inabilidade para "parar e refletir", aparecer em cena. E uma vez que ele não é capaz de se lembrar do que escreveu na página 159 quando chega à página 223, lemos, em segundo lugar, que qualquer pessoa "que aceitasse ser apontada para o Conselho [...] como regra o fazia sem o sentimento de responsabilidade", portanto, não era de modo algum forçado sob a mira de uma arma.

A segunda tese do senhor Robinson se tornou propriedade comum dentre os que escrevem para o *establishment* judaico. A primeira tese teve certo sucesso nos círculos literários de Nova York, em parte, é claro, porque eles não conheciam absolutamente nada de toda a questão, mas temo que também em parte por causa de uma estupidez moral que Mary McCarthy expôs de modo agudo na *Partisan Review*.[5] (Por razões óbvias, ninguém, é claro, jamais combinou as duas anteriormente.)

Esta estupidez moral (como a surdez tonal) é realmente o aspecto mais alarmante de todo o livro. O senhor Robinson cita infindavelmente os anúncios e deliberações dos *Judenräte* (conselhos judaicos), um mais terrível que o outro, e então menciona – como se isto não fosse mais do que uma dentre muitas opiniões legítimas – um exemplo em que o rabinato interveio e disse ao *Judenrat* em Vilna "que ele não tinha o direito de selecionar judeus e entregá-los aos alemães," de acordo com a antiga prescrição. Se os gentios te dizem "'dê-nos um dos seus para nós o matarmos, do contrário mataremos todos vocês', todos eles devem ser mortos e nenhuma única alma judaica deve ser entregue".

Neste ponto, sem ter ideia do que está fazendo, o senhor Robinson levanta um dos mais perturbadores "problemas" de toda a questão, um problema que eu cuidadosamente não levantei porque ele não havia surgido no julgamento e, portanto, não tinha a ver comigo: a conduta do rabinato europeu durante a catástrofe. Ao que parece,

---

5   Cf. H. Arendt, *Resposibility and Judgment*, ed. J. Kohn (Nova York: Shocken Books, 2003), p. 18. [Edição brasileira – *Responsabilidade e julgamento*. São Paulo: Companhia das Letras, 2004. p. 80]

não houve um único rabino que tenha feito o que o dom-prepósito Bernhard Lichtenberg, um padre católico, ou o prepósito Heinrich Grüber, um pastor protestante, tentaram fazer – voluntariar-se para a deportação.

Existem aqui questões sérias e mesmo terríveis, e nem a atual unanimidade da posição judaica oficial nem qualquer "coordenação" de pesquisa será capaz de evitar que pesquisadores independentes as levantem e procurem encontrar uma resposta. A maior fraqueza desta unanimidade é que sua origem seja tão recente. Os livros de história usados nas escolas judaicas estão repletos das mais extremas opiniões a respeito do comportamento judaico; eles são, em geral, tão incapazes de distinguir entre o comportamento das vítimas e a conduta das lideranças judaicas quanto era o senhor Hausner quando questionava suas testemunhas. Ele lamentou a falta de resistência judaica em termos gerais porque esta era uma "visão popular entre os vários escritores israelenses", que sustentavam que "Hitler foi auxiliado no extermínio de todos os judeus europeus pelas táticas de conciliação dos líderes judaicos" e porque "os judeus caminhavam para a morte como ovelhas para o abatedouro." (Cf. "Young Israelis and Jews Abroad – A Study of Selected History Textbooks" de Mark M. Krug em *Comparative Education Review*, Outubro de 1963.)

Eu hoje sei naturalmente muito mais a respeito desta questão do que na época em que escrevi meu livro, quando só podia estar marginalmente concernida a ela. A insuficiência de meu conhecimento sobre o emaranhado do problema surgiu nas várias cartas de sobreviventes, e a mais instruída e interessante veio de um colega meu que estava na Hungria sob a ocupação nazista e em Israel durante o julgamento de Kastner. (Rudolf Kastner havia sido o mais proeminente membro do *Judenrat* húngaro.) Ele me disse que eu estava errada quando escrevi que "Kastner foi assassinado por sobreviventes húngaros", me disse que "durante o julgamento, revelou-

-se que dentre os quatro ou cinco acusados [...] havia apenas um que não esteve, em um momento ou em outro, a serviço do Serviço de segurança israelense", embora "nenhum deles fizesse de fato parte do Serviço no momento do assassinato". E ele me disse algo que eu não sabia; "o governo fez tudo o que podia para apoiar Kastner. A razão para isto, tirando a lavagem de roupa-suja, é que havia e há um elo forte entre o *establishment* em Israel e a liderança que estava no comando durante a guerra". (Kastner era, evidentemente, um caso típico; no momento de seu julgamento, ele era um alto funcionário público em Israel, embora seu papel na Hungria fosse conhecido por todo mundo.) Isto, e nada além, torna o problema "intrincado" além de "doloroso", pois não será possível elucidá-lo até que os arquivos das respectivas organizações judaicas sejam abertos.

IV

A qualquer pessoa disposta e capaz de ler, o resultado dos grandes esforços do senhor Robinson parecerá o exemplo perfeito de um não livro. Mas isto não significa negar que seu autor seja "formidável" e "assombroso". É formidável que o livro tenha encontrado dois editores respeitáveis e tenha sido resenhado em revistas respeitadas; e é assombroso que, por anos já, e simplesmente porque ele assim disse, tenha ecoado pelo mundo a informação de que meu livro contém "centenas de erros factuais" e de que eu não escrevi um relato de julgamento, mas "escrutinei os dados relativos ao extermínio nazista da comunidade judaica europeia" – como um artigo de estudante recentemente afirmou, evidentemente sem nenhuma má intenção. Mesmo sem levar em conta estes sucessos espetaculares, como se poderia deixar de considerar formidável um homem que representou o governo de Israel e, assim, pode contar com seu apoio indefectível – juntamente com seus consulados, embaixadas e missões por todo o mundo – é amparado tanto pelo Congresso Judaico Americano quanto pelo Congresso Judaico Mundial, pela B'nai B'rith e sua poderosa *Anti-Defamation League*, por organizações estudantis em todos os *campi* e tem quatro institutos de pesquisa coordenados a seu dispor?

E estas são apenas as organizações em cujo nome o senhor Robinson tem o direito de falar. Devemos adicionar ainda seus aliados, também de alcance internacional, embora talvez ligeiramente menos poderosos. Quem melhor representa estes aliados é o Dr. Siegfried Moses – controlador do Estado em Israel, agora aposentado, presidente do Leo Baeck Institute, com sedes em Jerusalém, Nova York e Londres, membro do Conselho dos Judeus da Alemanha, com ramificações nos EUA, Israel, Europa e América do Sul – que me escreveu (em uma carta em alemão datada de 3 de março de 1963) que tinha vindo a Nova York com o rascunho de uma declaração contra o livro de Raul Hilberg a ser publicada pelo Conselho dos Judeus da Alemanha, mas que agora, em vez disto, tinha que enviar uma "declaração de guerra" contra *mim*. (O Conselho de fato publicou no dia 12 de março um protesto contra Hilberg e contra mim, mas foi consideravelmente menos que um ato de guerra: ele defendeu as atividades da *Reichsvereinigung* [Associação nacional] estabelecida pelos nazistas citando o trabalho feito pela predecessora, a *Reichvereinigung* independente, que não estava sob ataque; admitiu que "líderes e oficiais" judaicos deram "assistência técnica na execução" de ordens dos nazistas; alegou "resistência secreta" cuja "evidência documentada não existe"; por fim, mencionou o único caso conhecido em que "ordens nazistas não foram *completamente* executadas" [itálicos meus] – tudo isto, é claro, tende a provar meu argumento.)

Eu não sei até que ponto Moses, um alto funcionário do governo israelense, era importante nas medidas tomadas pelo governo israelense; a primeira reação da imprensa israelense ao meu livro tinha sido favorável: o *Jerusalem Post* publicou um relato amigável de seu correspondente; o *Haaretz* publicou longos trechos; e a editora Schocken pediu, e depois cancelou, uma opção para uma edição em hebraico. Fui informada por fontes israelenses confiáveis de que Ben-Gurion interveio pessoalmente para mudar esta atmosfera. Entretanto, tenho quase certeza de que a "guerra" do Dr. Moses não consistia na inofensiva declaração do Conselho, mas em ataques organizados por antigos funcionários de organizações judaicas alemãs que agora estão dispersos por todo o mundo.

A "guerra" nos Estados Unidos, em todo caso, não foi precedida por declaração amigável e começou em 11 de março de 1963, quando a Anti-Defamation League emitiu seu primeiro memorando – de Arnold Forster para todos os escritórios regionais, comissões nacionais e comitês nacionais – informando-os da série de artigos na *The New Yorker* e afirmando seu temor de que minha "concepção da participação judaica no holocausto nazista ... *pode atormentar os judeus pelos anos seguintes*" (itálicos meus). Seguiu-se outro memorando, duas semanas depois, que resumia os artigos em cinco proposições e recomendava este sumário a "resenhistas de livros e a outros quando o volume aparecer." Os pontos a serem atacados eram os seguintes:

1. "Eichmann era, como ele mesmo afirmou, apenas uma pequena peça na máquina de extermínio." (Nem mesmo Eichmann, e eu menos ainda, jamais afirmou isto. Esta era a tese da defesa.)
2. "O julgamento não realizou a esperança original do governo de Israel – ampliar o direito internacional para incluir o crime de genocídio racial e religioso." (Puro desatino; ninguém havia acusado o governo de Israel de não cumprir uma promessa que não existia.)
3. "O julgamento de Eichmann foi pouco mais que um circo jurídico." (Eu nunca pensei ou disse isto, mas esta era realmente uma opinião generalizada, diga-se aliás, partilhada por um grande número de velhos e confiáveis sionistas: Martin Buber

me disse em Jerusalém que o julgamento era parte da "política de *panis et circenses* de Ben-Gurion" e um conhecido jornalista judeu me escreveu em agosto de 1963: "Ninguém pode questionar seriamente que o julgamento era um ato político e não jurídico" – acreditando firmemente, diga-se de passagem, que esta também era minha opinião!)

4. "Em geral, as vítimas judaicas do holocausto na Europa nazista fracassaram na resistência à *Solução Final*", o que era, como eu disse anteriormente, o argumento sobre o qual o procurador insistiu.

5. "As organizações judaicas da Europa, de modo geral, desempenharam um "papel desastroso" cooperando com a máquina de extermínio nazista. Como resultado, os próprios judeus carregam uma grande parcela da culpa pelo assassinato de milhões de seus parentes mortos pelos nazistas." (Em outras palavras, como todos em breve sabiam e repetiam, minha "tese" é a de que os judeus assassinaram a si mesmos.)

Este sumário foi, então, mais uma vez resumido para a imprensa pelo próprio Gideon Hausner: de acordo com o *Daily News* de Nova York (20 de maio de 1963), ele "voou até aqui para responder à bizarra defesa de Eichmann feita por Hannah Arendt em seu *Eichmann em Jerusalém*. A autora teria feito crer que Eichmann não era realmente um nazista, que a Gestapo ajudou judeus, que Eichmann não estava consciente dos planos diabólicos de Hitler. O registo mostra, ao contrário, que Eichmann despachou 434.351 judeus para a câmara de gás de Auschwitz." (Gostaria realmente de saber como o senhor Hausner chegou a este número.)

Os que estão familiarizados com a "controvérsia" que se seguiu saberão que quatro das cinco proposições da ADL foram desde então usadas por quase todos os resenhistas, como se, na reveladora frase de Mary McCarthy, viessem de um "mimeógrafo". E elas de fato vieram, embora deva-se admitir que, excetuando seu colega Robinson, apenas Michael Musmanno, no *The New York Times*, refletiu completamente a linha de Hausner. (Do que resultou sua recomendação, por parte do Jewish Center Lecture Bureau da National Jewish Welfare Board, para comunidades judaicas de todo o país.)

Este livro do senhor Robinson é apenas a última, a mais elaborada e a menos competente variação desta "imagem" de uma defesa póstuma de Eichmann, de um livro que ninguém jamais escreveu, mas de cuja realidade mesmo as pessoas que leram meu livro se tornaram convictas, tendo rapidamente mudado de ideia sob esta estupenda barreira. Faz parte da natureza deste tipo de campanha que elas ganhem impulso e virulência conforme prosseguem. (A primeira comunicação da ADL ainda enfatizava que "fora isso, meu relato era magistral", que "a Dra. Arendt é uma reconhecida pesquisadora", "uma pessoa de eminente respeitabilidade" – caracterizações que devem causar arrepios hoje se eles consultarem seus antigos arquivos.) Isto se deve ao fato de que quanto mais sucesso os fabricantes de imagens alcançam, mais se torna provável que eles sejam vítimas não apenas de sua própria fabricação, mas de sua lógica inerente. A imagem que eles criaram foi a de um "livro mau"; agora, eles têm que provar que ele foi escrito por uma "pessoa má". Quando isto aconteceu, ainda havia alguns poucos funcionários judaicos que consideravam que as coisas tinham ido longe demais. Assim, recebi uma carta de um funcionário do alto escalão da United Restitution Organization – sobre a qual o senhor Robinson se apoiou muito – contando-me que só lhe restou "balançar a cabeça em desaprovação" quando leu a "discussão muito virulenta (*gehässige*), especialmente em toda a imprensa judaica (mencionando, de passagem, o *The New York Times* e o *London Observer*), e assinalou os artigos "de Syrkin, Steiner, Nehemiah Robinson, Jacob Robinson, etc.". Isto aconteceu em julho de 1963; alguns meses mais tarde, esta comunicação teria sido impossível.

Ninguém duvidará da efetividade da moderna fabricação de imagens e ninguém que conheça as organizações judaicas e seus incontáveis canais de comunicação fora de seu alcance imediato subestimará suas possibilidades de influenciar a opinião pública. Pois a ajuda voluntária exterior que eles podem obter dos judeus – que, embora possam não se interessar em nada pelas questões judaicas, se rebanharão, por assim dizer, devido aos medos ancestrais (não mais justificados, esperamos, mas ainda bastante vivos), quando seu povo ou seus líderes forem criticados – é maior que o poder direto de controle. De acordo com os parâmetros deles, o que eu fiz foi o crime dos crimes: eu contei "a verdade em um ambiente hostil", como um oficial israelense me disse, e o que a ADL e todas as outras organizações fizeram foi içar o sinal de perigo. Neste momento, todos aqueles dentre nós que ainda consideram "sua honra precária, sua liberdade provisória ... sua posição instável" temeram que "os dias de grande infortúnio, em que a maioria se une em torno da vítima como os judeus se uniram em torno de Dreyfus" (na grande descrição feita por Proust da sociedade judaica e homossexual) estavam chegando ao fim. Tratava-se evidentemente de uma farsa, mas ela era efetiva.

Mas era uma farsa? Afinal, a denúncia do livro e da autora, o que eles alcançaram com êxito grande, mas não total, não era o objetivo deles. Este era apenas o *meio* para evitar a discussão de uma questão "que pode atormentar os judeus pelos anos seguintes". E, no que diz respeito a este objetivo, eles conquistaram o exato oposto. Se eles tivessem deixado de lado, este assunto, sobre o qual toquei apenas marginalmente, não teria sido alardeado ao redor do mundo. Em seus esforços para evitar que as pessoas lessem o que eu escrevi, ou, caso este infortúnio já tivesse ocorrido, para fornecer os necessários óculos de leitura, eles explodiram a questão para além de qualquer proporção, não apenas com relação ao meu livro, mas com referência ao que realmente aconteceu. Eles se esqueceram que são organizações de massa, usando todos os meios de comunicação de massa, e que cada questão que eles ao menos tocassem, a favor ou contra, seria capaz de atrair a atenção das massas que eles não mais conseguiriam controlar. Assim, o que aconteceu depois de certo tempo destes debates estúpidos e sem sentido, foi que pessoas começaram a pensar que todo o absurdo que os fabricantes de imagens me fizeram dizer era de fato verdade histórica.

Deste modo, com a infalível precisão com a qual um ciclista de primeira viagem colidirá com o obstáculo que mais teme, os formidáveis apoiadores do senhor Robinson empenharam todas as suas forças a serviço da propagação daquilo que eles estavam mais preocupados em evitar. Agora, como resultado da loucura deles, absolutamente todo mundo sente a necessidade de um "grande trabalho" a respeito da conduta judaica diante da catástrofe. Eu duvido que tal livro seja tão "extremamente necessário" quanto pensa o senhor Laqueur, mas, de qualquer forma, o senhor Robinson é o mais incapaz de produzi-lo. Os métodos usados na busca pela verdade histórica não são os métodos da promotoria, e os homens que montam guarda junto aos fatos não são os oficiais dos grupos de interesse – *qualquer que seja a legitimidade de suas reivindicações* – mas aqueles que reportam, os historiadores e por fim os poetas.

1966

POSFÁCIO
"Grande Hannah" – minha tia

EDNA BROCKE

*"Existe o mal radical, mas não o bem
radical. O mal radical sempre aparece
quando um bem radical é desejado."*
HANNAH ARENDT, *DENKTAGEBUCH 1950-73*, P.341

UMA FOTOGRAFIA TIRADA NO DIA 5 DE ABRIL DE 1925, EM RAUSCHEN, próximo a Königsberg, mostra duas garotas e três rapazes. Hannah Arendt (reclinada no primeiro plano) tinha chegado para uma rápida visita familiar trazendo Kaete Lewin, sua amiga de Berlim, cinco anos mais nova e ainda uma colegial à época. Com seu primo Ernst Fuerst (o primeiro à esquerda), de quem ela gostava particularmente, eles todos fizeram uma pequena excursão de bicicleta. Os irmãos Konrad e Heinz Jacoby (à direita na foto) se juntaram a eles. Formou-se assim um trio que duraria a vida inteira. Embora cada um dos três fosse seguir estudos diferentes em universidades diferentes, eles permaneceram próximos. Hannah Arendt emigrou para os Estados Unidos via Paris, seu primo e sua amiga Kaete – que no meio tempo se tornara senhora Kaete Fuerst – se mudaram para o que na época era o território do mandato britânico na Palestina.

Como sinal de profunda conexão, Ernest e Kaete deram a sua primeira filha, nascida em Jerusalém, o nome de Hannah. Com o passar do tempo, ela passou a ser conhecida como "pequena Hannah", para distinguir de sua distante prima de Nova York, a "grande Hannah".

Por ser a irmã mais nova da Pequena Hannah, eu esperava uma mulher gigante enquanto aguardava a Grande Hannah no aeroporto Lod de Tel Aviv em 1955, no início de sua segunda visita a Israel. Quão surpresa fiquei – mal tinha doze anos – quando apareceu uma mulher delicada, com uma risada calorosa e uma voz rouca, fumando um cigarro atrás do outro; uma mulher de olhos vívidos, cheios de vitalidade, que exibiam uma curiosidade intocada pela idade; uma mulher que exalava uma rara combinação de autoconfiança e hesitação. Sua voz gutural e inconfundível causou a mais duradoura impressão sobre mim nas ocasiões em que ela recitava longos poemas em alemão, sem pausa, sem procurar palavras e com uma entonação que por pouco não era apropriada ao palco. O mesmo se passava com inúmeros textos clássicos, que ela citava de cor em grego, como se estivesse envolvida em um perpétuo diálogo interior com estes textos. Seu rosto, marcado por uma fronte alta, era parcialmente escondido por um cabelo penteado a contrapelo, um não penteado que combinava muito bem com sua voz rouca. Os repetidos movimentos de lábios procurando esconder seus bonitos, brancos e proeminentes dentes, juntamente com um gesto particular que levava o cigarro à boca com dedos longos e delicados também me causaram grande impressão.

A ocasião de sua visita em 1955 era o aniversário de treze anos de meu primo, um sobrinho de Hannah, que não estava celebrando sua *bar mitzvah*, mas estava, entretanto, celebrando de modo especial seu aniversário. Um dos presentes da família para ele foi um saco de dormir estofado verde escuro que ele queria. Eu entrei no saco de dormir antes de nos dirigirmos a Jerusalém para entregar o presente. Ao me ver dentro dele, Hannah simplesmente disse: "Agora, você está verde como uma rã". E assim eu ganhei o apelido "*Fröschlein*" (rãzinha) com o qual eu recebia todas as cartas que ela me endereçava, mesmo bastante tempo depois de eu me tornar uma mulher casada.

O primeiro encontro teve um efeito duradouro. Ela imediatamente me colocou sob sua asa, dando-me vários livros (a maioria em inglês), um gramofone – um grande luxo em Israel na época – e se preocupando excessivamente com os custos de minha educação. Ela depositou bastante confiança em minhas habilidades de motorista e, em suas repetidas visitas a Israel, me confiou a responsabilidade de conduzi-la pelo país.

Quando ela visitou Israel depois da publicação de seu livro sobre o julgamento de Eichmann, em 1963, as emoções em torno deste "relato sobre a banalidade do mal" foram tão veementes no mundo judaico em geral, e em Israel em particular, que ela permaneceu incógnita. Durante o julgamento, eu a acompanhei várias vezes ao clube Menorah em Jerusalém para discutir com ela uma miríade de questões levantadas pelo julgamento. O Dia da independência de Israel, celebrado enquanto acontecia o processo e que passamos juntas em Jerusalém, teve significado particular. Na época, este feriado era comemorado com entusiasmo especial, uma vez que ter um Estado era uma experiência relativamente nova para os judeus. Era impossível não perceber a relação ambivalente de Hannah com esta cerimônia, que despertou nela uma identificação antiga com a ideia sionista, enquanto, ao mesmo tempo, a remeteu à contradição que ela adotara como sua. Em outra ocasião, tive o privilégio de estar presente em uma reunião com Uri, um velho amigo de sua "fase sionista". Como uma israelense de dezessete anos, eu estava bastante consciente do conflito interior que o encontro provocara nela.

Quando minha relação com um gentio alemão que eu conhecera na universidade em Jerusalém se aprofundou e pareceu indicar um possível casamento, Hannah instou meus céticos pais a apoiar o vínculo. Ela convidou a mim e a meus pais para uma visita a seu amigo

Karl Jaspers em Basel. O grande, admirável e pensativo professor de filosofia falava lentamente, e teve uma "audiência" com cada um de nós para tentar entender as motivações de Hannah para trazer nós três a este encontro. Nós ficamos com a impressão de que ela havia feito isto por gratidão a Jaspers, que, não sendo judeu, permaneceu ao lado de sua esposa judia através dos tempos sombrios do século XX europeu. Talvez ela pretendesse sugerir aos meus pais que eles poderiam confiar sua filha a seu futuro genro... Nesta viagem a Basel, encontrei pela primeira vez Heinrich Blücher, o segundo marido de Hannah. A nós, os "parentes pobres da província", pareceu que ele exercia uma influência forte sobre sua esposa, e ele manteve uma distância perceptível de nós, como família judaica. Sua origem e formação comunistas impediam que ele aceitasse tanto a nós, como judeus, quanto o Estado de Israel. Embora ele às vezes se juntasse a sua esposa nas viagens dela, ele nunca a acompanhava a Israel. Ele sempre a esperava em Atenas. Ao mesmo tempo, eu sabia o quanto ele encorajava e impulsionava – pode-se mesmo dizer que disciplinava – Hannah.

Quando me mudei para a República Federal da Alemanha, em dezembro de 1968, pude ver Hannah regularmente todo ano, em Munique (onde ela encontrava seu editor), em Regensburg, onde ela nos visitava, mas mais frequentemente em Tegna, um pequeno vilarejo em Tessin próximo a Locarno (Suíça), onde todo ano ela passava três meses na mesma pensão, administrada de modo bastante peculiar. Eu e meu marido a visitávamos regularmente, encontrando a cada ano diferentes amigos dela que a visitavam no mesmo período e podendo ter longos e amplos debates sobre Rudolf Bultman e outros teólogos, sobre sionismo e o estado de Israel, sobre a poesia alemã e seu significado na era pós-guerra. Durante estas discussões, eu frequentemente me encontrava no papel de mediadora entre Hannah e meus pais. Ela repetia várias vezes as críticas a Israel comuns entre esquerdistas na Europa e nos Estados Unidos, normalmente baseados em escasso conhecimento da situação real, o que causava tensões que deviam ser superadas, uma vez que eles tinham sido tão próximos uns dos outros desde a infância.

Nós também a visitamos em 1974 em Nova York. Naturalmente, foi um encontro significativo, uma vez que aconteceu em seu novo lar. A vista para o rio Hudson de sua mesa de trabalho – ornada, elegante, estreita e classicamente europeia – era por si só inspiradora. O escritório na porta ao lado, com suas paredes cobertas de livros e uma foto de seu amigo Heidenreich exatamente sobre a porta, era claramente onde se refugiava do mundo.

Nosso último encontro aconteceu em 1975. Ela chegara em Marbach para examinar e organizar os papeis de Karl Jaspers no Arquivo literário alemão. Nós a visitamos e ouvimos na última noite como se um Profeta da Bíblia Hebraica estivesse falando conosco. Somente depois nós compreendemos que seu intenso sumário das mais diversas experiências e percepções tinha sido uma prestação de contas. Na manhã de 5 de julho, nós a levamos à estação de trem. Ela estava de partida para um encontro com Heidegger. Ao nos despedirmos dela sobre a plataforma, eu sussurrei uma questão para ela: "Você tem que ir?". A resposta ainda ressoa em meu ouvido: *Fröschlein*, algumas coisas são mais fortes que um ser humano."

Como inúmeros judeus, ela tinha bastante consciência do que é ser judeu sem ser judeu no sentido religioso. Isto era evidente, por um lado, em sua relação bastante estreita com sua pequena família em Israel e, por outro lado, em seu círculo de amigos em Nova York, em sua maioria formado por imigrantes judeus. Esta consciência judaica profundamente enraizada também condicionou suas observações históricas e políticas. Ela mesma descreveu esta sensação em uma carta a Karl Jaspers: "No que concerne aos judeus: historicamente, você está correto em tudo que diz. Contudo, é um fato que muitos judeus são como eu, inteiramente desligados do judaísmo no sentido religioso e, ao mesmo tempo, judeus. Talvez isto provoque o fim deste povo e nada possa ser feito com relação a isto. A única coisa que se pode fazer é lutar por condições políticas que não tornarão sua sobrevivência impossível".[1]

Muitas pessoas, incluindo seus amigos gentios em Nova York bem como muitos de seus leitores na Europa, jamais foram capazes de compreender este aspecto central da identidade dela. "Há alguns dias, eu estava acompanhada de um casal de amigos americanos – um professor de história, dois jornalistas famosos e uma escritora; todos não judeus com muitos amigos judeus. Eles estavam fazendo uma lista imaginária de pessoas em quem se poderia confiar na luta pelas liberdades civis; de repente, um deles disse: Que engraçado, de todos estes judeus, apenas Hannah [está] conosco."[2]

Não foi por acaso que, de início, ela tenha encontrado emprego exclusivamente em empresas judaicas. Entre 1941 e 1944, ela trabalhou para *Aufbau* – o único jornal semanal judaico em língua alemã nos Estados Unidos, fechado em 2004. Além de sua coluna, ela também publicou inúmeros artigos no jornal. Entre 1944 e 1946, ela dirigiu um grupo de pesquisa para a *Conference on Jewish Relations*.[3] Entre 1946 e 1949, ela trabalhou como diretora editorial na editora Schocken. Mais tarde, depois de muitas ocasiões como professora visitante e de muitas séries de conferências em várias instituições

---

1   Hannah Arendt a Karl Jaspers, 4 de setembro de 1947.

2   Hannah Arendt a Kurt Blumenfeld, 2 de fevereiro de 1953.

3   A *Conference on Jewish Relations* [Conferência sobre as relações judaicas] foi fundada na década de 1930 por Salo W. Baron e outras pessoas para combater o antissemitismo dos nazistas.

acadêmicas, ela se tornou professora titular na Universidade de Chicago em 1963.

SUA RELAÇÃO COM O SIONISMO

Depois de 1933, Paris se tornou o local onde ela estabeleceu contato duradouro com muitos outros emigrantes judeus, sobretudo com Walter Benjamin, que foi seu amigo até seu suicídio em junho de 1940. Muitos refugiados de países não francófonos se sentiam generosamente bem-vindos em Paris. Deve-se a sua estadia em Paris um confronto novo de Arendt com sua identidade judaica. Durante seu período em Paris, ela partiu da mera teoria para a ação política. Olhando para seu passado durante a entrevista televisionada concedida em 1964 ao conhecido jornalista alemão Günther Gauss, uma conversa que se tornou famosa desde então, ela se descreve nos seguintes termos: "Mas agora, pertencer ao judaísmo se tornou meu próprio problema, e meu próprio problema era político. Puramente político! Eu queria me engajar em trabalho prático, queria me engajar em apenas e exclusivamente em trabalho judaico"[4]

4   "Was bleibt? Es bleibt die Muttersprache. Ein Gespräch mit Günter Gaus" in Adelbert Reif (ed.), *Gësprache mit Hannah Arendt*, Serie Piper 1938 (Munique: 1976), pp -9-34, citação na página 22. Recentemente publicado em inglês como "'What Remains? The Language Remains': A Conversation with Günther Gaus" em Jerome Kohn (ed.), *Essays in Understanding*, 1930-1954 (New York: 1993), pp 1-23, citação na página 12.*

* No Brasil, há ao menos duas traduções desta entrevista. Uma feita a partir da tradução para o inglês ("'O que resta? Resta a língua': uma conversa com Günter Gaus" IN *Compreender: formação, exílio e totalitarismo*. São Paulo, Companhia das Letras. Belo Horizonte: Editora UFMG, 2008, pp. 31-53. A citação está na página 42) e outra a partir da tradução para o francês ("Só permanece a língua materna" IN *A dignidade da política*. Rio de Janeiro: Relume-Dumará, 1993. A citação está na página 133) (N.T.)

Exilada em Paris, ela era ativa na Organização Sionista. Ela compreendia o sionismo como um modo concreto de combater a ascensão do nacional-socialismo, ou seja, como uma possibilidade de salvar judeus, sobretudo crianças e jovens europeus enviando-os para a Palestina. Nesta condição, ela acompanhou um grupo de jovens judeus a Jerusalém em 1935 e considerou que esta era sua contribuição ativa para a defesa do povo judeu.

Sua relação com o sionismo se tornou ambivalente pela primeira vez depois de sua emigração para os Estados Unidos. Lá ela entrou em contato com uma comunidade judaica grande e diversa, cujas organizações sionistas estavam estruturadas de modo diferente dos grupos sionistas que ela encontrara na Alemanha e na França. Olhando para o mundo a partir de Nova York, Arendt escreveu o seguinte sobre a Europa em 1954:

> No momento em que é concebível que uma guerra poderia ameaçar até mesmo a sobrevivência dos seres humanos na terra, a alternativa entre liberdade e morte perde sua velha plausibilidade. Enquanto a Europa permanece dividida, ela pode gozar do luxo de evitar os inquietos problemas do mundo moderno. Ela pode continuar a se comportar como se a ameaça a nossa civilização viesse de fora, como se a Europa fosse ameaçada por duas potências exteriores, os Estados Unidos e a Rússia, ambas igualmente estranhas a ela. As duas tendências, antiamericanismo e neutralidade, são de certo modo indicações de que, no momento, a Europa não está preparada para confrontar as consequências e problemas de sua própria história ... Se a Europa estivesse unida, ... esta rota de fuga estaria automaticamente fechada.[5]

---

5   Hannah Arendt, "Europa und Amerika", publicado pela primeira vez em inglês em 1954, citado aqui a partir da tradução alemã: *In der Gegenwart,* Übungen *im politischen Denken II* (Munique, 2000), p. 252. Cf. Karl H. Klein-Rusteberg, "Today's Totalitarianism Tempation – The Golden Age, Hannah Arendt and Islamistic

Arendt já era capaz de escrever sobre a Europa como se antecipasse as enormes transformações políticas, culturais, econômicas, tecnológicas e religiosas que começariam apenas depois de 1989. De todo modo, ela "os pensou bastante antecipadamente":

> Cento e vinte anos atrás, a imagem da América na Europa era a imagem da democracia. ... Hoje, a imagem da América se chama modernidade. ... Os problemas centrais do mundo estão hoje na organização da sociedade de massas e na integração política do poder técnico. Devido ao potencial de destruição que habita estes problemas, a Europa não tem mais a confiança de que pode encontrar seu caminho no mundo moderno. Assim, com a desculpa de se separar da América, a Europa está tentando evadir-se das consequências de sua própria história. A imagem da América que existe na Europa hoje pode não nos dizer muito a respeito da situação real na América ou da vida cotidiana dos cidadãos americanos, mas se estivermos preparados para aprender, ela pode nos dizer algo a respeito da justificada ansiedade que perturba a identidade espiritual europeia e dos medos ainda mais profundos que concernem sua sobrevivência física.[6]

Esta análise aguda rendeu a Arendt grandes elogios. Mas também provocou emoções profundas, sobretudo medo, razão pela qual seu livro pioneiro *Origens do totalitarismo* foi rejeitado pela esquerda europeia (tanto ocidental quanto oriental) sem jamais ter sido bem lido. O alcance do obstáculo posto à esquerda europeia por seus próprios preconceitos ideológicos foi notado por Daniel Cohn-Bendit: "Hannah

Fundamentalism", em *Alte Synagoge*, ed., *Donnerstagshefte – Über Politik, Kultur, Gesellschaft*, vol. 7, julho de 2004, pp. 19-32.

6   Arendt, "Europa und Amerika", p. 257. Otto Kallscheuer, "Hannah Arendt eine Linke?" em *Alte Synagoge*, ed. *Treue als Zeichen der Wahrheit* (Essen: 1997), pp. 121-38.

Arendt foi não apenas mal reconhecida, ela é também a pensadora política mais ignorada na República Federal da Alemanha. Sobretudo pela esquerda alemã. Como pensadora política, Hannah Arendt incorpora tudo o que a esquerda alemã não quis e não quer ouvir."[7]

EICHMANN

Não apenas o próprio livro, mas sobretudo seu subtítulo provocador suscitou críticas veementes entre os judeus. A ambiguidade da expressão "banalidade do mal" pode facilmente ser mal entendida no contexto da Shoah – ainda que Eichmann, como pessoa, tenha de fato causado uma impressão "banal".

Em 1963, Karl Jaspers escreveu a Arendt de que ouvira de um amigo em comum que "Heinrich [Blücher, o segundo marido de Arendt] havia inventado a expressão 'banalidade do mal' e agora lamentava que você esteja pagando por sua invenção."[8] Ursula Ludz, editora alemã dos escritos de Arendt, chamou minha atenção para a contribuição a esta discussão feita por Elisabeth Young-Bruhel, autora da conhecida primeira biografia de Hannah Arendt em 1982. Young-Bruhel afirma que, em 29 de dezembro de 1963, Arendt escreveu a Jaspers uma resposta que se perdeu, mas da qual ela conseguiu copiar trechos. Nesta carta, Arendt teria escrito: "Heinrich não trouxe o subtítulo; certa vez, anos atrás, ele comentou: O mal é um fenômeno superficial – e eu me lembrei disto em Jerusalém; e isto conduziu, por fim, ao título."[9]

---

7   Daniel Cohn-Bendit, palestra no Congresso Hannah Arendt em Oldenburg em 1994.

8   Karl Jaspers para Hannah Arendt, 13 de dezembro de 1963

9   E. Young-Bruhel, "Na Unpublished Letter from Hannah Arendt to Karl Jaspers", em *Hannah Arendt Newsletter*, n. 1, abril de 1999, pp. 51-55.

A controvérsia mundial desencadeada por este livro, e, particularmente, os argumentos no interior da comunidade judaica a respeito de suas teses, levaram Arendt ao longo silêncio a respeito do livro em Israel. A relação entre Hannah Arendt e Israel é bastante complicada. Embora ela não seja, de modo algum, a única pessoa a lançar um olhar crítico sobre as motivações políticas por trás do julgamento de Eichmann, ela foi a mais afetada pela cólera. "Por ser judia, Hannah Arendt parecia perigosa e problemática porque criticava a partir de dentro", escreveu o historiador Steven Aschheim, da Universidade Hebraica de Jerusalém. Ele relembra uma carta escrita por Gershom Scholem em 1936, quando ele ainda podia louvar sua amiga Arendt como uma "grande sionista e uma mulher extraordinária." Aschheim nota com entusiasmo que o tabu em torno de Arendt se tornou agora quase um culto. Este giro de 180 graus se relaciona de alguma maneira com a mudança de geração: "Hoje em Israel, Hannah Arendt é debatida com a mesma sutileza que ela própria desejava no prefácio[10] de seu livro sobre Eichmann. Nela, ela considera alguns dos defeitos do relato escrevendo cuidadosamente a respeito da 'possível banalidade do mal', e antecipa um 'conflito genuíno a respeito do subtítulo' ... Hannah Arendt não é mais um tabu, em grande medida devido ao crescente pluralismo na interpretação da história."

Somente cinco anos depois de os historiadores Mosche Zimmermann e Oded Heilbrooner da Universidade de Jerusalém terem publicado uma tradução de *Mein Kampf* de Hitler para o hebraico (1995), é que *Eichmann em Jerusalém* de Hannah Arendt apareceu

---

10 Embora o historiador fale em *prefácio (foreword)*, trata-se, na verdade, do *pós--escrito*. cf. Arendt, *Eichmann em Jerusalém: um relato sobre a banalidade do mal*. São Paulo; Companhia das letras, 2007. P 310. [N. T.]

831

pela primeira vez em hebraico (pela *Babel Publishing House*), mas apenas graças ao financiamento privado.

...

É de significado crucial – e parece-me profundamente relevante – que as lúcidas análises de Hannah Arendt (tanto políticas quanto filosóficas) e suas diversas observações não sejam reduzidas a uma "teoria" ou "doutrina". Com relação a isto, ela estava seguindo – sem dúvidas inconscientemente – o princípio judaico da multiplicidade, o princípio do ambos/e oposto ao princípio ocidental do ou/ou. Diferentemente de muitos de seus colegas, ela mantinha a opinião de que análises intelectuais ou científicas de sistemas políticos devem sempre permanecer abertas, porque sistemas políticos, como regimes políticos, devem sempre ser reavaliados em termos de uma realidade que muda constantemente. Sua clara visão das realidades e sua surpreendente coragem para adotar até as posições desconfortáveis é a fonte de sua permanente relevância. Seus juízos a respeito da maioria dos temas políticos de seu tempo eram o que se poderia chamar de profético, não de previsão.

O anverso desta postura espiritual é óbvio: abertura a condições que mudam constantemente é algo inerentemente contraditório. Se nem a ideologia nem um sistema fechado podem fornecer a estrutura, então, juízos de fenômenos comparáveis podem ser contraditórios em épocas diferentes. Para muitos de seus leitores, isto parece ser inconsistência. Para mim, parece antes a estrutura inspirada pela ética que a milenar arte judaica de sobrevivência fez surgir.

Portanto, sou grata à minha tia, a Grande Hannah, pela orientação em direção a uma abertura de pensamento que tenta continuamente perseguir uma realidade que muda. Eu partilho esta gratidão, assim me parece, com muitos de seus admiradores ao redor do mundo.

Em 4 de dezembro de 1975, pouco depois de fazer sessenta e nove anos, Hannah Arendt sofreu um segundo ataque cardíaco em Nova York. As palavras que certa vez ela escreveu a respeito de Rahel Varnhagen, "uma judia alemã na época do romantismo", se adequam a ela também: "[Ela] permaneceu uma mulher judia e pária. Apenas porque ela se agarrou a ambas as identidades ela conseguiu encontrar um espaço na história da humanidade europeia."[11]

11   Hannah Arendt, *Rahel Varnhagen. Lebengeschichte einer deutschen Jüdin aus der Romantik* (Frankfurt: 1974), p. 212 [Edição brasileira. *Rahel Varnhagen: a vida de uma judia alemã na época do Romantismo*. Rio de Janeiro: Relume-Dumará, 1994. p. 187]

AGRADECIMENTOS

O PRIMEIRO E MAIOR AGRADECIMENTO QUE ESTE VOLUME DEVE é a Lotte Kohler, que é tanto a mais próxima amiga viva de Arendt quanto a única pessoa que conheço em quem sempre se pode confiar para decifrar a elegante, mas por vezes desnorteante, caligrafia de Arendt. Os originais de textos não publicados anteriormente e inclusos aqui, especialmente os escritos na Alemanha e na França nos anos 1930, estão repletos de anotações e qualificações manuscritas significativas, e por vezes cruciais, que, sem a senhora Kohler, jamais teriam vindo à luz. A pura generosidade de tempo e espírito de Lotte Kohler, mesmo sob as mais difíceis circunstâncias, não tem precedentes em minha experiência, e eu quero acrescentar que nossa amizade ao longo de muitos anos está entre os maiores privilégios de minha vida.

Edna Brocke, talvez a parente favorita de Hannah Arendt, ofereceu incondicional apoio moral e considerável apoio financeiro para a realização deste volume. A Dra. Brocke, diretora da *Alte Synagogue* em Essen – que não é mais um local de culto, mas uma das mais eminentes instituições culturais judaicas da Alemanha – também contribuiu com um posfácio para *Escritos judaicos*. De modo charmoso e emocionante, ela relembra nele sua famosa tia, desde a época em que a encontrou pela primeira vez quando era criança em Israel até pouco antes de sua morte, e oferece uma perspectiva pessoal sobre a vida e o pensamento de Arendt como judia. É um prazer aproveitar esta oportunidade para agradecer Edna Brocke, a quem conheço e admiro há mais de trinta anos.

Dore Ashton, Antonia Grunenberg, Ursula Ludz e Elizabeth Young-Bruhel – que são também velhas e caras amigas – separaram tempo de suas urgências com aulas, escrita e outras atividades para discutir uma grande variedade de questões históricas, políticas e filosóficas que surgem destes escritos judaicos. Conversar com cada uma delas lançou uma luz sobre os tempos sombrios e conturbados que estes escritos representam e minha gratidão para com elas, por terem de algum modo realizado isto, é sem limites. Um certo número de pesquisadores escreveram sobre Hannah Arendt a partir de um ponto de vista especificamente judaico. Dentre eles, eu gostaria de destacar quatro cujos livros influenciaram e informaram minha própria compreensão da experiência judaica de Arendt: Dagmar Barnouw (*Visible Spaces: Hannah Arendt and the German-Jewish Experience*); Richard J. Bernstein (*Hannah Arendt and the Jewish Question*); Martine Leibovici (*Hannah Arendt, une juive: expérience, politique et histoire* e *Hannah Arendt et la tradition juive: le judaïsme à l'épreuve de la sécularisation*); e Idith Zertal (*Israel's Holocaust and the Politics of Nationhood*).

Agradeço também pelo fino trabalho dos tradutores de muitas páginas deste volume – principalmente John Woods, mas também James McFarland, que chegou para nos resgatar quando a ajuda era muito necessária, e, em um caso, Susanna Young-ah Gottlieb transformaram o alemão esplendidamente complexo de Arendt em um admirável texto em inglês; e Catherine Temerson, que assumiu a atípica tarefa de traduzir o francês de Arendt. Os artigos em francês, bem como um em alemão a respeito do julgamento Gustloff, todos dos anos 1930, não foram encontrados nos *Arendt's papers* da biblioteca do congresso. Eles foram encontrados em arquivos na França e eu agradeço a Michelle de Brudny por sua gentil ajuda na procura dos textos e também a Katrin Tenenbaum. Também agradeço a Jessica Reifer por sua atenciosa e diligente assistência ao longo de toda a preparação de *Estudos judaicos*. Por fim, devo mais uma vez expressar meu respeito por Daniel Frank, diretor editorial da Pantheon Books, cujo julgamento, encorajamento e paciência orientaram do início ao fim deste trabalho longo, árduo, mas que por fim nos satisfez; e eu agradeço à assistente de Dan, Fran Bigman, por sua ajuda constante.

– JK

Muitos professores, colegas e amigos fizeram contribuições fundamentais para meu estudo de Hannah Arendt ao longo dos anos. Eu ouvi falar de Arendt pela primeira vez enquanto estudava história judaica e o holocausto com Steven Aschheim e Zeev Mankovitz, agora da Universidade Hebraica. Meu amigo Larry Fenster sugeriu Arendt como tema de meu trabalho de conclusão de curso na Universidade da Califórnia em Santa Cruz. J. Peter Euben e David Biale, meus orientadores, apoiaram minha pesquisa a respeito dos interesses judaicos de Arendt, e David continuou a me guiar em meu doutorado sobre cultura e história judaicas. Além de atuar como mentor em minha escrita e em minhas aulas sobre estudos judaicos, Murray Baumgartem rapidamente reconheceu a importância dos escritos judaicos de Arendt e encorajou meus esforços para republicá-los, uma vez que *The Jew as Pariah* estava esgotado. Meu coeditor, Jerome Kohn, e nosso editor, Dan Frank, da Pantheon Books, merecem um agradecimento especial por sua dedicação a este projeto, que tomou muitos anos para ser realizado. Acima de tudo, espero que minha filha Kalia (agora, caloura no Bard Colege – por um feliz acaso, o último local de descanso de Hannah Arendt e Heinrich Blücher e o lugar da biblioteca de Arendt) e outros de sua geração considerem o conteúdo deste volume não apenas como testemunho do passado, mas como fonte de inspiração para o futuro.

– RF

CRONOLOGIA

1906
Nascimento
Johanna Arendt nasceu em Linden, subúrbio de Hannover, Alemanha.

1924 – 1929
Anos de universidade
Ela iniciou seus estudos formais na Universidade de Marburg em 1924 e foi brevemente aluna e amante de Martin Heidegger. Arendt continuou seus estudos nas Universidades de Freiburg e Heidelberg.

1929
O conceito de amor em Santo Agostinho
Conclui sua tese de doutorado "O Conceito de Amor em Santo Agostinho" (Liebesbegriff bei Augustin) em Heidelberg, sob a orientação de Karl Jaspers.

1929 – 1937

Günther Stern (Anders)

Casou-se com Günther Stern (Anders), uma união que duraria pouco tempo.

1930 – 1933

Militância e prisão

Hannah participava ativamente da Organização Sionista Alemã liderada por Kurt Blumenfeld. Enquanto conduzia pesquisas que comprovassem a extensão da ação antissemita em organizações, Arendt foi presa pela Gestapo e detida em Alexanderplatz por um jovem guarda alemão, que "tinha um rosto tão aberto e honesto", que acabou por liberá-la após oito dias.

1933

Fuga

Hannah deixou então a Alemanha com sua mãe e sem documentos de viagem para Praga, Genebra e, posteriormente, para Paris.

1933 – 1941

Paris

Em Paris, onde trabalhou para organizações que ajudavam refugiados judeus a emigrar para a Palestina e proporcionavam ajuda legal a antifascistas, ela encontrou um grupo de pares que incluía artistas e operários, judeus e não judeus, incluindo seu segundo marido Heirich Blücher, Walter Benjamin e Bertold Brecht.

1933 – 1942

Organização Sionista Mundial

Hannah Arendt foi membro da organização Sionista Mundial.

1933 – 1951
Apátrida
Por dezoito anos Arendt foi uma apátrida, entre sua fuga da Alemanha nazista em 1933 e o recebimento de sua cidadania norte-americana em 1951, foi seu período mais ativo politicamente.

1935 – 1938
Youth Aliyah
Foi secretária geral da Youth Aliyah em Paris.

1936
Heinrich Blücher
Conhece o segundo marido, Heinrich Blücher, na primavera. Desde o início a vida do casal girava em torno do que os ligava de modo mais importante e duradouro: a conversação, que promovia uma troca intensa de conhecimento e visões de mundo, que transformou e participou da construção do pensamento de ambos.

1937 – 1938
Rahel Varnhegen
Termina o projeto "o problema da assimilação Alemã-Judaica, pelo exemplo da vida de Rahel Varnhagen". Nesse projeto, ela intentava escrever a biografia de Rahel como ela mesma teria escrito e chamava sua atenção a tentativa desesperada de se integrar a sociedade ao seu redor. Pessoalmente, contudo, Hannah preferia assumir a posição de pária a essa forma de assimilação.

1938 – 1939
Agência Judaica
Trabalha para a Agência Judaica em Paris.

1940

Casamento com Heinrich Blücher

Hannah Arendt se casa com Heinrich Blücher em 16 de janeiro.

1940

Lenda da criação do Tao-tö king escrita por Lao-Tsé a caminho do exílio

Quando o governo francês começou a ordenar que os refugiados se apresentassem nos campos, eles tinham pouco em que se apoiar, exceto a poesia. O poema "Legende von der Entstehung des Buches Taoteking auf dem Weg des Laos in die Emigration", de Brecht, acompanha Hannah no campo de internação de Gurs, onde ficou por cinco semanas e em sua saída de Paris.

1941

Rumo a Nova York

Arendt escapa da França, via Espanha, para Lisboa, onde embarca para os Estados Unidos. Em maio, chega a Nova York.

1941 – 1945

AufBau

Como colunista do Aufbau, o jornal dos imigrantes judeus-alemães, passa a defender que os judeus se juntassem para combater Hitler como um povo europeu. Seu último artigo, intitulado "Crise do Sionismo", começa a delinear sua posição sobre a Palestina, que mais tarde se consolidaria como a defesa da criação de uma identidade palestina na qual não houvesse distinção de status de maioria ou minoria, sendo que o território da Palestina se tornaria parte de uma Comunidade Britânica de Nações.

1942

Grupo Judaico Jovem

Arendt e Joseph Maier formam o "Die jungjüdische Gruppe". O lema do grupo era a luta por um exército judaico.

1942

Mary McCarthy

Encontra pela primeira vez Mary McCarthy, que viria a tornar-se sua grande amiga.

1944 – 1946

Comissão para a Reconstrução Cultural Judaico-Européia

Hannah Arendt atuou como diretora de pesquisa para a Conferência sobre Relações Judaicas, dirigindo o trabalho de pesquisa da Comissão para a Reconstrução Cultural Judaico-Européia. O resultado desse trabalho pode ser encontrado nas edições de 1946 a 1948 de "Jewish Social Studies". A tarefa da comissão era determinar como os tesouros espirituais dos judeus europeus poderiam ser recuperados e receber novos lares. Para Arendt, o trabalho com a reconstrução cultural judaica foi de algum consolo nos últimos lamentáveis anos de guerra.

1945 – 1947

Brooklyn College

Foi professora de História Européia no Brooklyn College.

1946 – 1948

Schocken Books

Hannah ocupou o posto de editora sênior na Schocken Books, Nova York. Ali, pôde conhecer T. S. Eliot e Randall Jarrell.

1948 – 1952
Organização de Reconstrução Cultural Judaica
Hannah Arendt foi diretora executiva da Organização de
Reconstrução Cultural Judaica, viajando para a Europa entre 1949
e 1950 para dirigir a operação que ao final recuperou um milhão
e meio de volumes de Hebraica e Judaica, centenas de objetos
cerimoniais e artísticos e mais de mil rolos de lei.

1951
As origens do Totalitarismo
Publicação de "The Origins of Totalitarianism", uma de suas obras
mais importantes, que a projetou internacionalmente. A partir
daí, ela passa a dar conferências em Yale, Columbia, Harvard,
Princeton, Chicago, mas também na Alemanha e em Paris.

1951
Cidadania
Torna-se cidadã americana.

1955
Universidade da Califórnia
Hannah Arendt foi professora visitante na Universidade da
Califórnia, Berkeley.

1958
A Condição Humana
Publicação de "The Human Condition", que preliminarmente ela
chamara de "Amor Mundi" (amor pelo mundo).

1959
Prêmio Lessing
Recebe o "Lessing Prize of the City of Hamburg".

1961

Repórter no julgamento de Adolf Eichmann

Hannah Arendt foi cobrir pela *The New Yorker*, o julgamento de Adolf Eichmann em Jerusalém. Para ela, comparecer a esse julgamento era uma obrigação que ela devia a seu passado, uma cura posterior.

1963

Eichmann em Jerusalém

Publicação de "Eichmann in Jerusalem: A Report", talvez o livro mais polêmico de Arendt, em que ela traz o conceito da banalidade do mal.

1963 – 1971

Ensaísta

Nesse período, foi mais ensaísta que escritora de livros e seu trabalho publicado relacionava-se principalmente à vida política dos Estados Unidos, baseando-se em explorações conceituais já realizadas.

1967

Prêmio Sigmund Freud

Recebe o "Sigmund Freud Prize for Scientific Prose", da Deutsche Akademie für Sprache und Dichtung.

1967 – 1975

New School for Social Research

Foi professora da New School for Social Research, Nova York.

1970

Morte de Blücher

Morte de Heinrich Blücher, em 31 de outubro.

1970 - 1975

O pensar

Nesses últimos anos de vida, Hannah Arendt recolhe-se no pensar, na filosofia, procurando uma noção do pensar que olhasse para o passado e nele encontrasse uma história significativa e nos prepara para fazer julgamentos sobre o mundo.

1973 - 1974

Palestras Gifford

Profere as Palestras Gifford na Universidade de Aberdeen, Escócia.

1975

Morte

Sofre ataque cardíaco em maio de 1974 e morre em Nova York em 4 de Dezembro de 1975.

1975

Prêmio Sonning

Recebe o "Sonning Prize" da Universidade de Copenhagen.

ÍNDICE REMISSIVO

"'A Grande Hannah' – minha tia" (Brocke), 821-33
A lua é o único lugar onde ainda podemos estar a salvo do antissemitismo (Arendt), 48-9
Aasvero, 156, 203
Abdullah, rei da Transjordânia, 692-3
Abend, Hallet, 318-9
Abraão, 673-4
Academia de Ciências de Heidelberg, 427-8
ação
automanifestação na, 17
capacidade humana para, 15, 32-4
coletiva, 95-6
espontânea, 17-9
misticismo como substituto para, 63-5
mobilização para, 22, 28, 71, 72-4
política e, 15, 34, 71
sobrevivência e, 63, 65
urgência da, 21
vontade para, 91
Acordo de Transferência para a Palestina, 191, 688
Adler, Selig, 723
África do norte, 168, 383
domínio francês na, 447-59
África do Sul, 424-5
judeus na, 356, 441

Agência Judaica para a
Palestina, 417, 597, 798
Agência Judaica, 289, 332, 342-
6, 362, 424-6, 439, 441, 569-77,
580, 668, 685, 692, 717, 720, 721
  Comitê por um Exército
Judaico, 318, 320
  estado judaico proclamado
pela, 656, 655
  Executivo da, 661, 666
  não sionistas na, 661
Agência Telegráfica
Judaica (ATJ), 311-2
Agostinho, Santo, 537-9
  formas de amor
definidas por, 17-8
  tese de Arendt sobre, 14, 21-3
Agudath Israel, 325
Ahabath Israel, 757
Ahdut Avodah, 657, 660
Aleichem, Sholom, 491
Alemanha imperial, 119, 361
  antissemitismo na, 556-7
  camponeses na, 25-6
  consciência histórica na, 138-9
  direitos iguais
proclamados na, 173-4
Alemanha nazista, 161-5,
357-9, 397, 400*n.2*, 499
  antissemitismo na, 14-17, 23-26,
27, 48, 68, 168-75, 179, 194-204,
302, 328, 330-2, 363, 364, 469
  campos de concentração na,
162, 301, 305, 346, 357, 467, 482

destruição da comunidade
judaica europeia como política
da, 27, 58, 61, 93, 171, 174, 197,
338-41, 376-8, 388, 407-11, 424,
433, 470, 472-5, 708, 739-50
  espionagem na, 163-4
  fascismo da, 174, 347,
360, 402, 433, 691
  fuga dos judeus da, 21, 26
  queda da, 416-7
  refugiados franceses
entregues à, 467-8
Alemanha, Weimar, 292, 369, 374
  influência judaica na, 244-5
alemão, idioma, 479, 488, 502
  Bíblia no, 152
Alexandria, 392
Aliyah Hadashah, 428-
32, 574, 575, 657
*Alliance israélite
universelle,* 327, 450
Altenberg, Peter, 560
Alto Comissariado
Árabe, 653, 668, 720
Alyah da juventude, 21, 155-9, 733
  campos de treinamento
da, 157, 158
  certificados palestinos
fornecidos pela, 155-7
  fundação da, 22-3
América (Kafka), 520
América do Sul, 424-5
  assentamentos
judaicos na, 147-8

848

amor:

  a Deus, 17-8

  ao povo judaico, 757-9

  ao próximo, 17-8

  appetitus, 17-8

  caritas, 17-8

  cupiditas, 17-8

  formas de, 17-8

Amós, 422

And the Crooked Shall Be Made Straight (Robinson), 799-820

Angell, Norman, 673

anglo-saxões, 208, 347, 382

Antifascismo, 473

Antissemitismo, 47

  Abstrato, 202-4

  aceitação social e, 302, 556-8

  análises de Hannah Arendt

sobre, 14-6, 17, 23-6, 173-284

  autodefesa e, 97, 167-9

  clerical, 323-5, 469-71

  como crime, 181-4, 189-91, 368

  como ódio racial, 23,

25, 69-70, 44, 272

  como preconceito social, 23, 24,

139, 209-12, 249-53, 264, 265, 363

  como termo, 47

  competição judaica e, 147

  contra judeus assimilados, 137

  cristão, 19, 205-7, 283-

4, 323-5, 469-71

  da aristocracia, 24, 139, 264-84

  da burguesia, 24, 26, 230,

233, 246, 251, 272, 284, 504

  desenvolvimento

do, 23-5, 65-7, 220

  escapar ou confrontar, 70-2

  eterno, 62, 69, 71, 74, 204-6

  experiência de Hannah

Arendt com, 14-6, 27-30

  falsas acusações e calúnias,

173, 177, 183, 185, 187,

202, 208-12, 220, 262

  filantropia e, 148

  fontes do, 62

  história do, 173-5, 210

  impasse do, 23

  inevitabilidade do, 68-70, 363

  isolamento e, 151,

168, 486-8, 495, 522

  judaico, 185

  judaização e, 174-

6, 186, 202-4, 205

  medieval, 22-5, 171-4,

193, 203. 205, 206, 210

  moderno, 199, 202, 203, 210, 218

  "natural", 69, 70, 311, 342

  nazista, 14-22, 24-9, 48, 69,

168-74, 302, 328-32, 363, 469

  perseguições e *pogroms*,

19, 171, 176, 178, 186, 193, 194-

8, 218, 312, 358, 469-73

  política e, 173-5, 179,

199, 264-5, 311

polonês, 147, 168, 170, 171, 376, 418
   proletariado e, 147, reclassificação como a panaceia contra o, 147
   responsabilidade judaica pelo, 70, 71, 174
   retórica e propaganda do, 171, 174, 252, 258-61, 269, 270, 377, 571-3
   revoluções contra, 301-3
   romantismo e, 137, 262
   romeno, 168-9, 194, 377, 584
   segregação e, 218, 322
   sionismo como resposta política para, 16-8, 174
   soluções históricas para, 169-71
   submissão judaica ao, 167-9, 174, 177
   substância judaica e, 186-8
   suicídio e, 352, 388, 482
   superstição e medo no, 203-5
   "teoria da válvula de escape" e, 174
   visão de mundo ideológica do, 23
"Antissemitismo" (Arendt), 23-6, 47, 173-284
   a aristocracia se torna antissemita, 264-84
   a terra clássica do antissemitismo, 194-204

   antissemitismo e o ódio aos judeus, 203-12
   Introdução, 173-264
   judeus de corte e direitos humanos, 222-239
   judeus excepcionais, 238-249
   sociedade e estado abolem os judeus excepcionais, 248-264
   usurários, párias e parasitas, 210-23
antissionismo, 81, 362, 376, 388, 291, 627, 655, 661-3
   judaico, 394
apóstolos, 113
Árabes palestinos, 366, 428-30
   conflito judaico com, 31, 76, 415, 591-6, 329, 659, 663-6, 668, 672, 700
   cooperação judaica com, 667-9, 669, 701, 704, 710, 719-21, 721, 723, 726
   deslocamento de, 29, 76, 682, 700, 727-9, 732-4
Arábia Saudita, 378, 392, 730
Arendt, Hannah
   aparência física, 823-4
   apatridia de, 21, 27, 95
   aulas de, 18, 827
   campo de concentração francês de "inimigos estrangeiros", 23, 26
   capacidade imaginativa de, 15, 33

casamento de, 21*n.14*,
24, 825-7, 830

como pária dentre seu próprio povo, 31-3, 28, 57-61, 72-3, 95, 97

conceito de banalidade do mal de, 32, 93

conceito de estado judaico x conceito de pátria, 75-82

condição judaica moderna vista por, 58, 60, 62, 95

crítica da modernidade por, 68*n.16* ,83-4, 85, 87, 91, 93

críticas a, 31-3, 57-9, 91-6, 97

distinção entre povo e nação feita por, 27-30

educação de, 14, 16-8

elogios a, 58

emigração de, 26, 48, 821

empregos de, 21-3

estado binacional visto por, 29-31

"fase" sionista de, 825, 829-30

Federação dos povos mediterrâneos visto por, 20-1

feminidade de, 15-8

filosofia política de, 58, 62-4, 70-100

independência e rebelião de, 85, 97

infância e adolescência de, 14-6, 15*n.5*

judeidade, 14-6, 17-20, 21, 25-9, 30-3, 34, 60-2, 95, 97-100

julgamento de Eichmann coberto por, 30-2, 43*n.31*, 47-9, 72, 93, 768-70

morte de, 19, 33, 48, 58

mundanidade de, 95-6

nacionalidade alemã de, 14, 19, 21, 57, 97

nascimento de, 14, 16, 19

noção de "direito a ter direitos" de, 29-30

pensar e compreender como necessidades primárias, 15-17

politização de, 21, 22-4, 25-7, 97

prisão em 1933 de, 21-2

psicologia prática de, 21-3

trabalho social de, 21-3

visão histórica judaica, 58

visita à Palestina, 22-3

Argélia, 447-59

antissemitismo na, 451, 454

Conselhos municipais da, 453-5

muçulmanos na, 447-58

Arianos, 208

aristocracia:

antissemitismo da, 24, 139, 264-84

contra a burguesia, 24-6

judeus e, 244-9, 251-3, 260-84

privilégios hereditários "dados por Deus" da, 24-6, 262

Aristóteles, 30-1

Armênios, 296

Armínio, o querusco, 185-6

Arnhem (banco), 233-4

Arnim, Achim von, 173, 258

Arnim, Bettina von, 551-2

Arnstein, Barão, 139

Arquivo literário alemão, 826-7

"As Virtudes da Personalidade: *Uma Crítica de* Chaim Weizmann: Statesman, Scientist, Builder of the Jewish Commonwealth" [Chaim Weizmann: Estadista, Cientista, Criador da Commonwealth Judaica] (Arendt), 671-4

Asch, Sholem, 673-4

"Assim Chamado Exército Judaico, O" (Arendt), 332-6

assimilação judaica, 20, 65, 69, 87, 97

    antissemitismo e, 137-8

    apologias da, 181, 188

    batismo e, 117, 137, 144

    burguesia e, 133, 169, 171

    comércio e educação na, 239, 264

    conformação e, 87, 117, 185

    conhecimento e, 138-9

    cristianismo e, 117-21, 138, 139, 144

    cultural, 218-9

    diferentes caminhos para a, 181-2

    direitos iguais e, 169, 173, 176, 188-90, 199, 201, 495

    entrada no mundo europeu pela, 137-45

    entrada social e, 20, 21, 87, 134, 139

    espiritualismo e, 151-4

    forçada, 25-6

    fracasso da, 21, 24, 137, 174, 293, 452

    história da, 134

    ideologia da, 137

    Iluminismo e, 111, 116, 117, 137-9, 201

    ilusão da, 24

    integração e, 119, 185, 465

    interesses divergentes dos judeus e das nações anfitriãs, 181-2

    irrevocabilidade da, 134

    na Alemanha, 20, 21, 24, 25, 134, 137-45, 169, 502

    negação da história na, 87

    organização como pré-requisito para, 185-6

    perda da comunidade e, 77-80, 506-9

    propostas para, 173-4

    secularização e, 264-5

    segunda geração, 87

    sionismo e, 181, 183, 189

"Assimilação Original: Um Epílogo ao Aniversário de Cem Anos da Morte de Rahel Varnhagen" (Arendt), 134-45

Associação Cultural Judaica, 167-8

Associated Press (AP), 411-2

Atlit, 333-4

Ato Compensatório de 1821, 268

Aufbau:

artigos de Hannah
Arendt em, 26-7

coluna "Isso significa
você" em, 27, 321-368

"Jewish World" inserida
em, 321-68, 791-8

Auschwitz, 738, 742, 772,
783, 796, 806, 817

Austrália, 397-400

Áustria-Hungria, 612-3

Áustria, 224, 233, 307

agitação em Lueger-
Schoenerer, 556-7

invasão de Hitler da, 482-3

judeus na, 226, 228,
232, 236, 482, 551-567

performances teatrais
em, 555, 557-61

auto-emancipação, 191-3

"Auto-emancipação"
(Pinsker), 191-3

Autoridade do Vale
do Jordão, 667-8

Avodah Ivrith (trabalho
judaico), 622-3

B'nai B'rith, 801, 815

Balfour, Declaração de, 22, 192,
289, 303, 361, 364, 394-6, 463, 439,
611, 661, 662, 671, 675, 705, 711

Balfour, Lorde Arthur
James, 361, 395

Balzac, Honoré de, 309, 491

bandos de guerrilheiros judaicos,
387-9, 401, 402, 407-15, 417-21, 470

"Banquete da Vitória,
O" (Schiller), 412-3

Barbárie, 119n.9, 169, 197, 204-6

carência de mundo e 67-8

Medieval, 24, 179, 194

Batismo, 117, 137, 138, 144,
208, 253, 273, 296

Bauer, Bruno, 210-2

Bavária, 228, 213n.1, 227n.5

Beduínos, 712

Beer-Hofmann, Richard, 560-1

Beethoven, Ludwig van, 557, 795

Begin, Menachem, 461,634

Beirute, 684

Bélgica, 433, 260

Belzec, 742

Ben-Ami, Y., 320

Ben-Gurion, David, 361, 429, 431,
591, 607, 657, 679, 705, 757, 816

Benda, Julien, 371

Benjamin, Walter, 59, 755, 828

Berlim, 350

congregação Adass
Jisroel em, 136

escolas judaicas em, 136

Hannah Arendt em, 21

judeus em, 136, 235-7, 248,
249, 258, 338, 339, 356

Karstadt (loja de departamento) em, 485

portão de Brandeburgo, 347

Berliner Zeitung, 163-4

Bernadotte, Folke, 29-31, 48, 679-686, 688, 704-6

assassinato de, 679, 685

Bernanos, Georges, 372-5

Bettlheim, Bruno, 770-1

Bey, Azzam, 720-1

Bialystok, 405,407

Bíblia

autoridade da, 113

desconfiança do iluminismo com relação à, 113

Gênesis, 152-3

livro dos Números, 497

Profetas na, 152, 826

revelação na, 113, 534

Salmos, 152

tradução da, 152-4

ver também Novo Testamento; Velho Testamento

Biblioteca Hoover, 808-9

Birmânia, 333-4

Bismarck, Otto Eduard Leopold von, 228

Bizantinismo, 266

Bleichröder, Gerson von, 228

Blücher, Heinrich, 22-4

casamento de Hannah Arendt com, 26, 21n.14, 825-7, 830

como "amado rabino-milagroso" de Hannah Arendt, 22-3

correspondência de Hannah Arendt com, 22-4

marxismo de, 22-3

morte de, 21*n.14*

participação na Liga Espartaquista, 29

Blum, Léon, 454-6

Blumenfeld, Kurt, 312, 315-8, 615, 757

Boers, 397-8

Bormann, Martin, 739-40

Börne, Ludwig, 205, 548

Borochov (esquerdista sionista), 622-3

Borowski, Tadeusz, 796-7

Bracken, Brendan, 405-6

Brademburgo, 266, 270

Brandeis, Louis Dembitz,, 627-8

Brandt, Shlome, 418-9

Brasil, 486-7

Brecht, Bertolt, 561

Bremen, 233-4

Brentano, Clemens von, 137, 173, 203, 258, 274*n.11*

Breviário do ódio: o terceiro Reich e os judeus (Poliakov), 739-50

brigada judaica, 424-7, 618

Brith Shalom (Aliança da paz), 723-6

Brocke, Edna, 821-32

Brod, Max, 521
Broz, Josip (Marechal Tito), 407-8
Bruckner, Ferdinand, 301-2
Buber, Martin, 74, 189, 726, 816
ensino e influência de, 151-4
realidade do passado e
do futuro para, 151-4
sionismo de, 151-3
Buchenwald,467, 742, 772, 796
Buchheim, Hans, 808-9
Buchholz, Friedrich, 252-4
Bullock, Alan, 791-2
Bultmann, Rudolf, 826-7
Burguesia, 65, 179, 220, 422
antissemitismo da, 24, 25, 230,
233, 246, 251, 271-3, 284, 504-7
aristocracia contra, 24-6
assimilação e, 113, 169, 171
atraso da, 228, 244
colapso de classe da, 91-2
como *nouveaux riches*, 25-6
desígnios imperialistas
da, 66, 92*n.79*
judaica, 186, 191, 233, 556
liberdade de comércio e, 25-6
Marx sobre a, 83, 85, 92*n.79*
ódio contra si da, 25, 271
patriarcado da, 162
progressiva, 197
Cabala, 533-42
definição da, 533-4
luriânica, 538-9
misticismo da, 64-5, 533-42

popularidade da, 64
Cairo, 684, 719
Câmara de Deputados dos
Judeus Britânicos, 441
"Caminho para a
Reconciliação dos Povos,
Um" (Arendt), 28, 467-75
camponeses, 25, 192, 268
árabes, 416, 452, 710-2, 712-5
desenraizamento, 83-4
liberação dos, 266-7
campos de concentração,
64, 335, 338, 339, 357, 376-8,
467-70, 473, 478, 571, 750
alemães, 162, 301,
346, 357, 467, 482
câmaras de gás, 740-3
franceses, 23, 26, 302,
305, 346, 482-4
fuga e liberação dos, 418, 470
poloneses, 377-8
ver também campos específicos
Canadá, 449-50
Capital, O (Marx), 548-9
capitalismo
banco, 232-3
fetichismo da
mercadoria e, 60-1
industrial, 60-2
investimento e, 230-1
judaico, 191, 213,
216, 218, 232, 233
ódio social do, 24-5

"sórdido", 24, 194

usura e, 216, 218, 226-39

visão marxista do, 60-2

caridade judaica, 74, 214, 305,

172, 351, 462, 485, 491, 510

americana, 213,

313, 356, 362, 732

doadores e receptores,

148, 309, 354

produtividade e, 148

reclassificação e, 147, 148

ver também filantropia

Carol, rei da Romênia, 320-1

Carta do Atlântico, 793-4

"Casa da Gratidão de Judá?,
A" (Arendt), 301-4

"Caso Eichmann e os alemães,
O: uma conversa com Thilo
Koch" (Arendt), 785-9

Catão, o velho, 311*n.1*

Centre de documentation
juive, 801-2

centros de aprendizado
(*Lehrhäuser*), 167-8

"*Ceterum Censeo...*"
(Arendt), 311-5

*Chaim Weizmann: Statesman,
Scientist, Builder of the Jewish
Commonwealth* [Chaim
Weizmann: Estadista, Cientista,
Criador da Commonwealth
Judaica] (Weisgal, ed.), 671-4

Chamberlain, Neville, 333, 439

Chamoun, Camille, 731-2

"Chances Judaicas, As: Prospectos
Esparsos, Representação
Dividida" (Arendt), 26-28, 439-42

Chaplin, Charlie, 309, 491,
495, 511-4, 516, 495*n.1*

"Chapters of Arab-Jewish
Diplomacy" (Perlmann), 620, 624

Char, René, 28-9

Chautemps, Camille, 452-3

"Chegar a um Acordo entre Povos
no Oriente Médio – uma Base para
a Política Judaica" (Arendt), 435-9

Chernyakhovsky, Ivan D, 405-8

Chibath Zion, movimento, 675-6

Chur, 162-4

Churchill, Winston, 397, 439

Cidadania, 144, 202

política e, 64-5

razão e, 119-21

"cidades livres", 233-4

Cingapura, 333-4

Clausewitz, Carl von, 232

Clemenceau, Georges, 303,
305, 348, 444, 451-3

Clube do Novo Mundo, 315-6

Código legal hebraico, 13-4

Cohen, Elliot, 527-8

Cohen, Hermann, 176, 196*n.3*

Cohn-Bendit, Daniel, 829-30

Cohn-Bendit, Erich, 289-90

Colbert, Jean-Baptiste, 447-50

856

coletores de impostos, 192-
4, 214, 218, 222, 232

Colônia, 136

Comissão de Conciliação
Palestina, 680-2

Comissão de Inquérito
Anglo-Americana, 721

Comissão Real para a
Palestina, 671-2

Comitê de Emergência Americano
para Assuntos Sionistas, 318, 320

Comitê des Délégations
Juives, Le, 289, 292

Comitê hebraico para a
liberação nacional, 597-8

Comitê Internacional de
Trabalhadores Profissionais
Refugiados, 433-4

Comitê Judaico Americano,
325, 439, 441

Comitê Misto Americano
Judaico de Distribuição, 298

Comitê por um Exército Judaico,
317-22, 342, 401, 572, 576
  Conferência de
Washington sobre o, 313-4
  Irgun contra o, 320-1
  membros do, 318-21

Comitê Trabalhista
Judaico, 322, 439

Commentary, 528,
728, 730, 747, 767

Commonwhealth britânica,
366, 382-4, 396-400

"...Como o resto de nós"
(Fishmann), 673-4

*Comparative Education
Review*, 813-4

complexo de Massadá, 74-5

*Compreender: formação, exílio e
totalitarismo* (Arendt), 48, 96*n.83*

compreensão:
  auto-, 62-3
  do mundo, 62-3
  histórica, 114, 127, 129
  julgamento imparcial e
comunicativo na, 17-8
  necessidade fundamental
de Hannah Arendt de, 15, 17

Comunidade Judaica do
Galuth, 618, 619, 659, 661

Comunismo, 22, 23

Condição humana, A (Arendt),
13-5, 30, 32-4, 58, 61-3,
78*n.46*, 85*n.63*, 96*n.83*

conexões internacionais dos, 327-8
  influência política dos, 226-7
  privilégios dos, 309, 313, 327-9
  um estado dentro do
estado, 232, 235

Conferência Biltmore, 429*n.6*
  resolução de uma
commonwealth judaica
de, 360*n.8*, 431, 591

Conferência de Bermuda, 404

Conferência de Evian, 294, 404
Conferência de Paz
de Paris, 289-90
Conferência Democrática
Interamericana, 439-42
Conferência do Império
britânico, 396-400
Conferência em São
Francisco sobre o *Status*
dos Judeus, 27, 439-42
Conferência Judaica
Americana, 381, 439-40, 442
Conferência Sionista
Americana, 424
Conferência sionista
extraordinária, 574-5
Conferência Sionista
Mundial de 1945, 592*n.1*
Conferência sobre as
relações judaicas, 827-8
Conferências de Haia, 425*n.3*
conflito entre árabes e Israel,
63, 76-8, 81, 349, 669-701, 733
    defesa de uma solução
binacional para, 73-5
    esforços diplomáticos
para a resolução do, 29-31
    perspectivas
nacionalistas, 77, 360
"Confusão" (Arendt), 359-51
Congresso americano, 389-90
    ver também Senado
Congresso de Praga, 301-3

Congresso de Viena, 233, 246,
258, 269, 110, 273, 544*n.2*
Congresso Judaico
Americano, 325, 360, 439
Congresso Judaico
Mundial, 329*n.4*, 428
Congresso Judaico Mundial,
342, 359, 441, 801
Congresso Sionista
Americano, 359
Conselho Americano para
o Judaísmo, 772, 779
Conselho de Cooperação
Judaico-Árabe, 415-7
Conselho de Estado
de Israel, 679-80
Conselho dos Judeus da
Alemanha, 770, 815
Conselho Musical Nacional,
nazista, 553*n.2*
Conselho Nacional Judaico, 429*n.5*
Conselhos Judaicos, 93, 408, 810
Consistoire parisiense, 450-1
*Contemporary Jewish
Record*, 427-9, 447
"Contra círculos privados"
(Arendt), 133-6
Contra os judeus
(Grattenauer), 173, 252-4

"Controvéria Eichmann,
A: uma carta a Gershom
Scholem" (Arendt), 755-63

Convenção de Genebra, 798
Convenção Nacional da
Revolução Francesa, 173
coração judaico, 57, 67, 491
Cot, Pierre, 371-2
Coughlin, Padre, 323-4
Crémieux, Adolphe, 48, 449-51
Crémieux, decreto, 48, 447-59
"Criando uma Atmosfera
Cultural" (Arendt), 525-30
Cripps, Sir Stafford, 397
"Crise do sionismo, A"
(Arendt), 359-68, 569-80
Crise oriental de 1877-78, 194-6
Cristianismo, 114, 119, 183, 322
   antissemitismo e, 19, 205-
7, 282-4, 323-5, 469-71
   assimilação judaica e,
117-21, 138, 140, 144
      caráter especial do, 129-30
      conversão ao, 139, 144, 201, 206
      cultura do, 138, 525
      declínio do, 186
      dissociação judaica do, 63, 67
      educação religiosa no, 18-9
      espírito judaico e, 83-4
      fé e, 114-5
      hostilidade judaica
contra o, 206, 210
      nacional, 260-4
      ordens e honras do, 251-2
      proselitismo no, 119-21
      senso moral e, 119-21

sistemas legais do, 13-4
   teologia do, 13, 336, 498, 534
   verdades comuns do
judaísmo e do, 116, 119, 204
Croix de feu, 369-70
Cruzadas, 204-5
"Cui Bono? Caso contra o
Saturday Evening Post"
(Arendt e Maier), 323-325
"Culpa Organizada
e Responsabilidade
Universal" (Arendt), 49
cultura cristã-greco-judaica, 336-7
Curdos, 394-5
Curti, Dr., 162-3
Curzon, Lorde, 395-6
Cuttoli (oficial francês), 454, 457
Czerniakow, 408-9
Dachau, 346-7
Daladier, Edouard, 302-3
Damasco, 684, 719
Darlan, Jean François, 369-70
David, rei, 322, 512
Davos, 11-5
Day-Lewis, C, 366*n.9*
"De Costas para a Parede"
(Arendt), 341-3
"De Exército a Brigada"
(Arendt), 424-7
de Gaulle, Charles, 369, 433
"Declaração de Balfour
e o mandato palestino"
(Arendt), 394-7

Declaração de Moscou, 793-4

Declaração dos direitos do homem, 19, 194, 449

Declaração dos direitos humanos, 173

Decreto de tolerância austríaco, 235, 235*n.14*

Decreto emancipatório de 1812, 19, 218, 242, 248-50, 256, 266

democracia, 350, 351, 371, 422, 443, 444, 472-3, 771, 829

Dentktagenbuch (Arendt), 821

Departamento de Estado Americano, 439

Descartes, René, 537

"Descrição de uma luta" (Kafka), 514-7

Deserto do Saara, 302-3

"Desfranqueados e Desgraçados, Os" (Arendt), 432-5

"Destruição de seis milhões" (Arendt), 791-8

Destruição dos judeus europeus, A (Hilberg), 771*n.2*

"Deus Apolo, O" (Heine), 498-9

Deus, 123-5
  amor de, 17-8
  autoridade de, 113-4
  consciência como voz de, 31-2
  crença em, 758
  emanação do universo e, 534, 535
    "escondido", 533-6

  "eu" do homem contra o "tu" de, 152-6
  fidelidade a, 415-6
  judeus como o "povo escolhido" de, 20, 64, 116, 123, 201, 205, 322, 338, 534, 548
  leis de, 206-7
  nome de, 537-8
  poder de, 127-8
  presentes de, 24-6, 114, 271
  revelação de, 534, 541
  verdade e, 114-5
  vingança de, 322
  vontade de, 67-8

Dewey, Thomas E., 625-6

dez mandamentos, 402-3

"Dias de mudança" (Arendt), 408-17

Dicey, Albert Venn, 769-70

Dickens, Charles, 548-9

Dinamarca, 470-1

"Dinamite Filistéia" (Arendt), 400-3

Dinheiro, 157, 328
  como "deus" judaico, 87-8
  crédito intra-judaico e, 230-1
  elemento antissocial do, 83-4
  empréstimo de, 25, 199, 206, 208, 213-39, 251
  investimento de, 230-1
  ver também judeus de corte; usura

direitos civis, 28-30

dos judeus, 26*n.18*, 99, 169, 176, 181-4, 213-5, 218, 233, 238
   negação dos, 91, 242
direitos do homem *ver*
direitos humanos
direitos humanos, 19, 97, 192, 471-3
   componentes do, 21, 517
   custo dos, 236-9
   demanda por, 137-9
   economia, 169-70
   Iluminismo e, 19, 136, 137-9
   Imposição Econômica
e Social, 25-6
   judeus como caso de
teste para, 199-202
   negação dos, 21, 28-30, 233
   primeiro contato de
Arendt com, 20-1
direitos iguais, 119, 129, 313, 331
   assimilação e, 169, 173, 176, 189-91, 199, 201, 495
"Disappearance of six million, The" (Arendt), 31-2
Discursos sobre o judaísmo (Buber), 152-3
Disraeli, Benjamin, 23, 504, 542, 548, 673, 676
Dissent, 800-1
Dohm, Christian Willhelm, 111, 116-9, 125, 173, 194, 197, 207n.6, 210, 543
   sobre os direitos
humanos, 199-202

teoria da emancipação
de, 116, 119*n.9*, 138, 248
Douglas, Melvyn, 318-9
doutrina de Tikun, 538-9
Dreyfus, Alfred, 19, 348
Dreyfus, caso, 19, 302, 303, 444, 500, 381-5, 818
   a existência judaica ameaçada
por, 69, 451, 454, 556, 566
   cobertura da imprensa
sobre, 68, 581
Drumont, Edouard, 451-2
Dubnow (político judeu), 291-2
Ducrot, general, 451-2
"E.U.A – Petróleo – Palestina" (Arendt), 390-3
Eban, Aubrey, 727, 730, 731
Eckehart, Mestre, 538-9
educação do gênero humano, A (Lessing), 114-5
Educação:
   da humanidade, 112-4, 115, 121, 127
   falta de, 116-7
   formação e, 127-8
   histórica, 112-4, 115
   nas escolas judaicas, 133-6
   produtividade e, 116-7
   religiosa, 18, 132-4
   tradição e, 121
Efraim, 214, 232, 238-41, 214*n.2*
Egito, 378, 454, 720

administração colonial
britânica, 341, 349
criancas de Israel
tiradas do, 321, 322
invasão nazista do, 341-2
ego pensante, 15, 16
Eibenberg, Lady von
(Marianne Meyer), 138, 139
*Eichmann em Jerusalém: um
relato sobre a banalidade do mal*
(Arendt), 30-2, 47, 48, 62, 830-1
condenação judaica
de, 57-9, 9-6, 755
defesa de Hannah
Arendt de, 755-820
Eichmann, Adolf, 746, 755-63
assassinato de milhões de
judeus organizada por, 30-1
como burocrata banal, 31-2
falta de inimizade pessoal
com relação aos judeus
declarada por, 31-2
incapacidade de
compreender de, 93, 95
relato de Hannah Arendt
sobre o julgamento de, 30-2,
41n.29, 47, 48, 72, 93, 768-70
sentença de morte de, 31-2
testemunho no
julgamento de, 30-1
Einsatzgruppen, 740, 795
Einstein, Albert, 691n.1

Eisenmenger, Johann
Andreas, 174, 203
"Ele Estará Perante
Reis" (Asch), 673-4
Eliezer, Ben, 320-1
emancipação judaica, 59, 67,
71, 72, 83, 89, 99, 111, 192,
213-5, 350, 358, 543, 641
dos judeus alemães,
19, 20, 23, 169, 174-5
evolução da, 19, 137, 138,
232-8, 242, 255-284
filantropo ou *Schnorrer*, 214-5
história da, 174-5, 181, 194
legitimidade da, 183-4
luta pela, 129, 194,
199, 201, 205-8
Mendelssohn e, 152, 192, 216
Parcial, 169-70
privilégios da, 240-3
proclamação da, 19,
174, 177, 218, 325
reclassificação e, 147-8
rejeição da, 20-1
social, 352-7
suspenção de restrições a
direitos civis e legais na, 79, 99,
111, 192, 213-5, 350, 358, 543, 641
teoria de Dohm sobre a,
278, 119n.9, 138, 248
Emigração, 133
dos judeus alemães, 21,
31, 48, 156-9, 479, 487

dos judeus do leste europeu, 147, 194-8

reclassificação e, 147-8

treinamento profissional para, 157, 158

Enclyclopedia of Social Sciences, 730-1

Encouter, 807-8

Encyclopedia of World History, 804-5

Endekes (partido nacionalista polonês), 418-9

Engels, Friedrich, 269-70

Entre passado e futuro (Arendt), 68*n.16*, 88*n.70*, 95*n83*

era vitoriana, 548-9

Eretz Israel, 22, 156

escolas judaicas, 133-6, 291

apoio comunitário às, 133-4

círculos privados em apoio às, 133-5

demanda por, 134-5

na Alemanha, 133, 136

ortodoxas, 133, 136

perigo do isolamento e da alienação nas, 133-5

professores na, 133, 134

escravidão, 322, 323, 347-9, 501-2, 508, 522

Escrituras, 130*n.23*

fé religiosa e, 113-4

interpretação das, 127-8

ver também Bíblia; novo testamento; velho testamento

Espanha, 168, 383, 441

fascismo na, 169, 360

Espinosa, Baruch de, 177, 422, 427-9

Espiritualidade, 151-2

assimilação judaica e, 151-4

combinada praticamente com, 148-9

falta de interesse na, 167-8

judaísmo e, 152-4

Estado Judeu, O (Herzl), 581, 635-8, 642-5

"Estado Judeu, O: Cinquenta Anos Depois" (Arendt), 63, 635-51

estados árabes, 76, 414-7

conflito palestino e, 435-9

dinastias familiares nos, 391,

federação dos, 360, 378, 379-82

movimento nacional dos, 378

Estados Unidos, 382-3

apoio a Israel dos, 29-30

interesses no petróleo no Oriente Médio dos, 391-3

isolacionismo nos, 323-4

migração de Hannah Arendt para os, 26, 48

migração judaica para os, 147, 197, 403-5

na segunda guerra mundial, 327*n.3*, 330, 347, 364, 377, 407, 416

pais fundadores, 771-3

estados-nação:

desenvolvimento dos, 65-7, 293, 358, 432, 470

destruição dos, 89-92, 92*n*.79, 358, 375, 471

financiamento dos, 65-6

tensão social, 66, 471

estrada de ferro do Saara, 305-6

Etiópia, ataque italiano sobre a, 347-8

Evangelistas, 113-4

Exército britânico, judeus no, 311, 335, 345, 345-7, 404, 472, 574

"Exército Judaico, O – O Começo da Política Judaica?" (Arendt), 304-7

Exército Judaico, *ver* Comitê por um Exército Judaico; sionismo, demanda por um Exército Judaico

Exército palestino, 407

Exército vermelho, 657-8

judeus no, 351, 351, 405-6

exílio babilônico, 63-4

Faci, S, 543-4

Facts, 801-2

Faisal, rei da Síria, 719-20

Falange Espanhola, 372-3

Falência, 235-6

Fascismo, 197, 316-8, 323, 350, 351

Clerical, 163-4

judaico, 318, 320

luta contra o, 323, 360, 402, 433, 691

na Alemanha nazista, 174, 347, 360, 402, 433, 691

na Espanha, 169, 360

na Itália, 347, 360

racismo e, 347-9

Fauré, François-Felix, 455

Fausto (Goethe), 769-70

fé religiosa, 112-3

coesão nacional e 125-6,

ensino da, 113-4

Escrituras e, 113-4

firme adesão à 119, 138

objetivos para o homem na, proselitismo da, 119-21

razão e,125-6

reflexão sobre, 117-8

teologia e dogma na, 113, 116

tolerância e, 125-7

verdade e, 113, 156-7

federalista, O, , 771-2

fellahin (camponeses árabes), 416, 452, 710-2, 712-5

Ferry, Jules, 452-3

Filantropia, 342, 412-5

antissemitismo e, 148-9

judaico *ver* Caridades judaicas

filisteus, 89, 251, 258, 372, 403

filosofia:

cristã, 537-9

da história, 20-1

estudos de Hannah Arendt sobre, 14, 16

judaica, 537, 538

864

revolução na, 16-7

"Fim de um Boato, O"
(Arendt), 397-9

Finckenstein, Conde, 142-3

Fishman, Jacob, 673-4

Flaubert, Gustave, 521-3

Folclore, 294, 296, 527-9

"Folhas de Hypnos" (Char), 28-9

formação (*Bildung*), 20,
114-6, 116, 125-28, 127

Forster, Arnold, 816-7

"Fracasso da Razão, O: A
Missão Bernadotte" (Arendt),
29-31, 48, 679-686

Fragmentos de um desconhecido
(Lessing), 13-4

França de Vichy, 418, 467-70
armistício aliado com a, 370*n.1*
deportação de judeus
da, 357, 370*n.1*, 455, 746

"França e as Nações Unidas,
A" (Simon), 369-70

França:
antissemitismo na,
28, 302, 357-9
campos de concentração na,
23, 26, 302, 305, 346, 482-4
liberação pelos
aliados da, 416, 433
literatura émigré da, 369-76
ministro da guerra, 451-2
ministro do interior da, 452-3

ocupação nazista
da, 28, 357-9, 375
política colonial da, 48, 447-59
prisão de Hannah
Arendt na, 23, 26, 482-4
segundo império da, 449-51
suspensão do estado
de direito na, 28-9
terceira república da,
303, 369-72, 467-70, 555
ver também judeus
franceses; França de Vichy

France, Anatole, 308-9

Franco, Francisco, 168, 360

Frank, Anne, 794-5

Frank, Hans, 740-1

Frank, Jerome, 323-4

Frank, Waldo, 421-3

Frankfurt, 233, 281-2

Frankfurter Felix, 671*n.1*

Frankfurter, David:
cobertura da imprensa, 161-40
fisionomia de, 162-163
julgamento do
assassinato de, 47, 161-5

Frederico II, rei da Prússia,
214, 230-3, 235, 240

Free World, 371

Friedländer, David, 117-21, 129, 137

Friedman, Philip, 803-4

Front populaire, 369-70

Fuerst, Ernst, 821-2

Fuerst, Hannah, 821-2

Fuerst, Kaete Lewin, 821-2

fuga de Hannah Arendt da, 21-2
escolas judaicas na, 136
ministro do interior na, 301-2
polícia na, 21-2
ver também Hitler,
Adolf; Holocausto

Fundação B'nai B'rith Hillel, 313

Galileu, 682, 687

Gandhi, Mohands K.
"Mahatma", 349

Gaus, Günter, 828

Gebhardt, Carl, 427-8

Genebra, 21, 47, 555

Gentz, Friedrich, 139, 144, 173

George, Stefan, 787-8

Georgianos, 352-3

German Criminal Code, 808-9

"Germany's General Stage a
Comeback" (Mendelssohn), 747-8

Gestapo, 161, 409, 469, 800, 817

Giraud, Henri, 447, 457-9

Giraudoux, Jean, 302-3

Glattstein (crítico), 779-80

Gnósticos, 533, 535

Gobineau, Joseph-Arthur
de, Conde de, 787-8

Goebbels, Joseph, 162, 338,
553*n.2*, 739, 740, 810

Goebel, Dr., 162-3

Goethe, Johann
Wolfgang von, 557-8
obras de, 143, 144, 244-7, 769

Varnhagen e, 142-4

Goldmann, Nahum, 342,
351, 360, 361, 441, 791

Goldstein, Moritz, 186-7

Golfo Pérsico, 391-2

Gordon, A. D., 603-4

Görres, Joseph, 260-1

Gottlieb, Susanna Young-ah, 50

Grafton, Samuel, 765-81

grande ditador, O (Chaplin), 513-4

*grande épreuve des démocraties,
La* (Benda), 371

*grands cimetières sous la
lune, Les* (Bernanos), 372-3

Grass, Günter, 794-5

Grattenauer, Karl Willheim
Friedrich, 137, 173, 252-
4, 258, 253*n.5*

Grau, Dr., 162

Graubünden, cantão, 161-5

Grécia (antiga), 14, 95, 498

Grécia (moderna), 462

Grego, idioma, 138, 795

Grégoire, abade, 543-4

Grillparzer, Franz, 560-1

Grim, Dr., 162, 163

Grossman, Meir, 320-1

Grothus, Barão, 139-40

Grüber, Heinrich, 811-2

grupo Bergson, 400n.2, 401

grupo Ihud, 73-75, 83*n.57*, 359,
360, 667, 679, 721, 725, 730, 731

grupo Lehi, 29-30

grupos de trabalhadores judaicos, 415-6

Guerra Civil Espanhola, 372-3

guerra de 1813-4, 259-60

guerra de liberação (1948-49), 77-80, 242, 248-50

Guerra dos Sete Anos, 72, 281

Guerra dos Trinta Anos, 224-5

Guerra franco-alemã, 450-1

guerras napoleônicas, 230, 469

"Guerrilheiros Judaicos na Insurreição Europeia" (Arendt), 417-20

gueto de Varsóvia, 407-8
    levante e batalha do, 387, 408-11, 414, 420, 418, 461

Guetos, 151, 324, 328, 411-3, 477, 584
    crescer nos, 134, 152
    entusiasmo pelos, 168-9
    liberação dos, 192, 214
    prosperidade em, 222, 236
    retorno aos, 167
    segregação judaica nos, 19, 20, 21, 59, 116, 134
    solidariedade nos, 327, 408
    ver também gueto de Varsóvia
    vida econômica nos, 210-4

Gueydon, Almirante, 451-2

"guia para a juventude, Um: Martin Buber" (Arendt), 151-4

Guide to Jewish History Under Nazi Impact, 803-4

Guildas, 222, 269, 270

Guilherme I, rei da Prússia, 173*n.1*

Guilherme II, rei da Prússia, 228-9

Gurs, 26, 482-6

Gustloff, Wilhelm, assassinato de, 47, 161-5

Haam, Ahad, 152, 522, 725

Haaretz, 781, 815-7

Habsburgos, 555-6

Hadassa, 74

Haganah, 660, 666

Haifa, 392, 401, 665, 682, 714

Halachá, 533-5

Halevi, Yehudah, 497-8

Halévy (historiador), 303-4

Halpern, Benjamin, 661, 686-90

Hamã, 790-1

Hamburgo, 233, 233*n.11*
    escolas judaicas em, 136

Handlin, Oscar, 767-8

Hannah Arendt, The Jew as Pariah: Jewish Identity and Politics in the Modern Age (Feldman), 57

Hannover, 14-5

Hardenburg, Karl August von, 255-7, 258, 260-4, 266, 267, 273, 267*n.2*

Hashomer Haza'ir, 415, 428-30, 575, 607, 621, 622, 657, 660, 726

hassidismo, 64, 539-42, 542
    lendas do, 153-4

Hauptmann, Gerhardt, 557-8

Haushofer, Karl Ernst, 562-3

Hausner, Gideon, 759, 767, 774, 775, 801-4, 813, 817

Hayesgood, Karen, 292

hebraico, idioma, 76, 493, 502, 830
  bíblia em, 152, 153
  literatura em, 529-9

hebreus, antigos, 321, 322

Hebrew Union College, 427-8

Hegel, Georg Wilhelm Friedrich, 210, 244, 260, 360, 502, 547, 773
  teoria da "astúcia da razão", 62-3

Hehn, Victor, 246, 246n.7

Heidegger, Martin, 826-7
  amor de Hannah
Arendt por, 15-8
  aulas de, 16-7
  casamento e filhos de, 16-7
  correspondência com
Hannah Arendt, 16, 19n.12

Heilbroner, Oded, 830-1

Heine, Heinrich, 59, 70, 177, 193, 256n.10, 282n.21, 309, 491, 495-9, 500-7, 512, 513, 517, 548

Herder, Johann Gottfried
von, 19-21, 119-30
  compreensão de
história de, 127-9
  crítica do iluminismo
por, 119, 125-9
  sobre a assimilação
judaica, 125, 127, 183
  sobre religião, 125

Herz, Henriette, 138, 141

Herzenstakt, 758-9

"Herzl e Lazare" (Arendt), 581-9

Herzl, Theodor, 69-73, 359-60, 412-5, 556, 576, 581n.1, 586n.13, 601, 671
  antissemitismo visto como
inevitável por, 363-4
  diplomacia de alto nível de, 70, 360, 361, 611, 620, 646
  fundação do movimento
sionista por, 27, 68-73, 74, 75, 76, 81, 186, 188, 361, 597, 610-2, 614-7, 620, 635-51, 661
  julgamento Dreyfus e, 581-7
  morte de, 611, 614

Herzog, Yaacov, 791-2

Hess, Rudolf, 561n.7

Hesse, estado da
Alemanha, 220, 220n.9

Heuaktion, 746-7

Heydrich, Reinhard, 338, 740, 777

Hilberg, Raul, 770, 777, 815

Hillel (sábio judeu), 311

Himmler, Heinrich, 740, 742

Hindenberg, Paul von, 266-7, 346

Hirsch, barão, 213-4

Histadrut, 717-8

"história do grande crime,
A" (Arendt), 739-50

história judaica, 19, 20, 21, 71, 72, 85, 115, 116, 123-9, 153
  autores judeus da, 176-7

como uma história de injustiça, 176, 531

comunidades urbanas que receberam crônicas na, 179-80

no contexto da história do mundo, 168-70, 176-8, 179, 183-6, 192, 201

perda da, 321-3

revisão da, 531-42

"História Judaica, Revista" (Arendt), 63, 179-80, 755

História:

alienação e, 116, 129

arruinada, 117-8

ausência de fim da, 121-3

compreensão da, 114, 127, 129

conhecimento da, 115-6

da assimilação judaica, 134-5

das relações entre judeus e gentios, 62-64

fatos da, 115-6

fim da, 113-4

Iluminismo e, 127-9

interpretação da, 123-5

irrevocabilidade da, 123-5

liberação do presente com relação à, 116-7

nacionalista, 176, 177

negação da, 117-9

opacidade, 123-5

providência e contingência na, 69, 111, 112, 113

razão e, 112, 113, 114, 115, 116, 117, 121-5

revelada, 112-3

singularidade da, 127-28

tradição e, 115

ver também história judaica

verdades da, 111, 112, 115

Historiografia, 119, 177, 179

Hitler, Adolf, 31, 77, 162, 163, 199, 291, 346, 360, 374, 455, 463, 571

antissemitismo de, 203, 341, 364, 400n.2, 463, 472-5, 485, 739-45

ascensão de, 21, 194, 197, 199, 569, 575, 612

extermínio em massa de judeus ordenado por, 439-45

nações europeias atacadas por, 21, 303, 332, 339, 357-9, 471, 472-5, 482

oposição a, 304, 305, 312, 351, 356, 357

organização sionista e, 605-6

queda de, 414, 479

retórica de, 330, 341

tentativa de assassinar, 779-80

teorias raciais de, 179, 185, 407, 454

Hobbes, Thomas, 371-2

Hochhuth, Rolf, 770-72, 785, 794

Hofmannsthal, Hugo von, 553, 558, 560

Holanda, 339, 376, 470

Holderlin, Friedrich, 795
Holocausto:
  como crime contra a
humanidade, 93-4
  como primeira das catastróficas
derrotas europeias, 60, 81, 31, 93
  conspiração de
silêncio no, 330-1
  descrença e passividade
judaicas no, 62, 74, 759-62, 813
    Eichmann e, 31, 93
    genocídio da comunidade
judaica europeia no, 27, 61, 74,
93, 171, 174, 197, 338-42, 376-
8, 388, 407-12, 424, 433, 470,
472-5, 708, 739-50, 759-62
    herança, 339-42
    mudanças na consciência
judaica do, 74-5
    razões do, 61, 63
    resistência judaica no,
387-9, 401, 402, 408-15
    vergonha alemã por, 472
Homens em tempos
sombrios (Arendt), 62-3
Hook, Sidney, 691*n.1*
"Horst-Wessel-Lied", 795-6
"Hóspedes da Terra de
Ninguém" (Arendt), 403-5
Hottentos, 488-9
Humanidade / Homem:
  amadurecimento da, 114, 123

como "corrente de
indivíduos", 121-3
  conceito político de, 336-9
  desenvolvimento
da, 114-6, 117, 121
  diferença e igualdade, 121, 123
  direitos inalienáveis da /
do *ver* Direitos humanos
  educação da, 112-4, 114, 121, 127
  heróis e vilões na, 121-3
  história da, 322-3
  igualdade na, 119, 331
  perfeição na, 113, 114, 115
  progresso irresistível da, 19-20
  razão universal como
essência do, 19, 111, 112, 115
  "Tu" de Deus contra
o "Eu" do, 152-3
Humanismo, 266-8, 543
Humboldt, Caroline von, 551-2
Humboldt, Wilhelm von, 144, 194,
255-7, 266-8, 273, 543, 544*n.2*
Hume, David, 119-20
Hungria, 358-9
  campos de concentração
na, 418-9
  ocupação nazista da, 813-4
  refugiados da, 307-8
Ibn Saud, rei da Arábia
Saudita, 378, 392
Idade média, 19, 63,
203, 205, 422, 141

antissemitismo na, 22-25,
171-4, 193, 203, 205, 206, 210
comunidade judaica
fechada na, 169-70
cooperação entre árabes
e judeus na, 672-3
cultura cristã na, 525-6
fanatismo sectário na, 541-2
Igreja Católica Romana,
338, 439, 586
antissemitismo na,
323-5, 469-71
conversão à, 138, 260,
323, 765, 768, 772
massas da, 18-9
Iídiche, idioma, 493, 502, 598, 657
"Iluminismo e a questão judaica,
O" (Arendt), 19, 20-22, 111-32
Iluminismo, 59, 121,
129, 248, 525, 526
alemão, 112, 114, 201
assimilação judaica e,
111, 116, 117, 137-9, 201
Bíblia e, 113-4
crítica do, 119, 125-9
igualdade afirmada no, 119, 201
ilusões liberais do, 181
inalienável princípio dos
direitos humanos, 19, 25, 137-9
judeus como suporte do, 137, 176
Mendelssohn e, 114, 138
pensadores do, 19-21
princípios do, 19, 20, 25

questão judaica e, 111-7, 201, 202
razão afirmada por, 114, 117
romantismo como
continuação do, 144-5
tratamento da história no, 127-9
Vanguarda, 138-9
verdade e, 112-3
Império britânico,
230, 296, 396-400
conceito de exército judaico
rejeitado pelo, 299, 331-6
escritório colonial do,
331-4, 341, 349, 391
interesses no Oriente médio
do, 341, 349-501, 617, 621, 627
na segunda guerra
mundial, 341-3, 472
sionismo e, 26, 29, 77, 192,
193, 361, 379-84, 424-6, 676
Império Otomano, 389-90
Império turco, 394, 414, 417,
611, 619-21, 646, 719, 730
imprensa hebraica, 415, 416
"In Memoriam: Adolhp S.
Oko" (Arendt), 427-8
Índia, 331, 382, 731
domínio britânico da,
395, 397, 399, 577, 701
movimento nacional na, 349-50
muçulmanos na, 349-50
Inglaterra, 672-3
judeus na, 224, 233-6, 311
ver também Império Britânico,

Inglês, idioma, 478, 488
Inocêncio III, papa, 206-7
Instituto de assuntos
judaicos, 325, 352, 801
Instituto Gallup, 347-8
Instituto Leo Baeck, 770, 815
Irã, 730, 731
Iraque, 378, 394, 395,
415, 599, 633, 730
Irgun Zvai Leumi, 691
Irgun, 318, 401, 402, 657,
663, 665, 666, 728
Irlanda, 399-400
Isaias, 436
Isolacionismo, 323-4
Israel:
   agricultura em, 157-8
   apoio dos Estados
Unidos a, 29, 74
   árabes em, 29, 58, 76
   centros de saúde em, 76, 717
   como estado pária, 82
   cultura judaica em, 29, 79
   defesa militar de, 77-82, 699-701
   deslocamento de
palestinos em, 29, 76, 682
   elementos fascistas em, 691-3
   estados árabes que tem
fronteiras com, 76
   fronteiras de, 76, 682
   fundação de, 61, 74,
75, 653, 657, 662
   independência de, 75, 81

   movimento trabalhista
em, 320, 321, 689, 726
   relação da comunidade judaica
mundial com, 59, 61-3, 73-5
   soberania de, 682, 725
   sobrevivência de, 77-8
   visão de Hannah Arendt
x realidade em, 29-31, 48
   vitórias militares de,
687, 699-701, 702
"Isto Significa Você"
(Arendt), 321-68
Itália, 383-4
   fascismo na, 347, 360
   judeus na, 224, 463
Itziq, 214, 238-41, 214*n.2*
Iugoslávia, 162, 357,
462, 470, 629, 731
IZL, 692-3
Jabotinsky, Eri, 320, 725
Jabotinsky, Vladimir, 320
Jacoby, Heinz, 821-2
Jacoby, Konrad, 821-2
Jaffa, 666-7
Japão, 397-8
Jaspers, Karl, 762, 825-8, 830
   trabalho de Heidegger com, 16-7
Jena, batalha de, 271
Jerusalém Post, 779, 815
Jerusalém, 22, 332, 687, 731
   clube Menorah, 825-6
   destruição do tempo em,
20, 61, 115, 128, 705

Hannah Arendt em, 32, 769
hinterlândia social e
cultural de, 79, 735
ruínas de, 32
Jesus Cristo, 113
como judeu, 336
crucificação, 19, 205, 323
nascimento de, 205
oposição judaica a, 206
promessa de retorno de, 323
ressurreição de, 323
*Jew as Pariah, The: Jewish
Identity and Politics in the
Modern Age* (Arendt), 46-50, 60
Jewish Center Lecture
Bureau, 817-8
Jewish Frontier, 687-8
Jewish Publication Society, 803-4
*"Jewish Resistance to the
Nazis"* (Handlin), 767-8
Jewish Social Studies, 620, 723
Job's Dungheap (Lazare), 72-3
Joseph II, Sacro imperador
romano, 235, 117n.14
Jost, Isaac Markus, 508-9
jovem Alemanha, 267-8
"Jovens vão embora para
casa" (Arendt), 21, 155-9
*Judaismo desnudo
[Entdecktes Judenthum]*
(Eisenberger), 173, 203
Judaísmo ortodoxo,
322, 528, 537, 603

escolas estabelecidas
pelo, 133, 136
romper com, 531, 539, 541
tradição no, 151, 539
Judaísmo, 129, 420-1, 584
apologia do, 114, 115, 116, 128
"ciência" do, 152
como qualidade
psicológica, 88-9
como religião da Palestina, 125-7
como religião
nacional, 115, 321-2
conteúdo espiritual do, 152-4
conteúdo eterno do, 128-9
declínio do, 186, 526
descrença no, 141, 177,
321, 336, 338, 526
educação religiosa no, 18, 133-6
esperança messiânica
no, 63-65, 119, 123, 120n.10,
183, 420, 531, 539, 639-40
fidelidade ao, 114, 116, 117, 125
fuga do, 117, 138-
40, 253, 526, 528
hassídico, 64, 154, 539-42, 542
herança e história do,
125, 134, 151-4, 176, 321-3
holidays of, 18, 321-3
judeidade e, 60-1
judeus unidos pelo, 151-4, 317
moderno, 321-3
monoteísmo do, 183-4

movimento de Reforma
no, 65, 176-8, 282*n.22*, 321-
23, 531, 539, 541, 542
  obrigação do, 115, 399
  orações e cantos do,
67, 399, 497, 496*n.2*
  patriarcas do, 321, 322, 422, 673
  rabínico, 533, 537, 539, 541
  reflexo no, 117
  retorno ao, 152, 153,
167-70, 253, 725
  sinagogas do, 176, 186,
291, 351, 359, 613
  teologia do, 152-3, 533-5, 538-40
  universalismo do, 723-4
  ver também Cabala;
judaísmo hortodoxo
  verdades comuns ao
cristianismo e ao, 116, 119, 205
  vida cotidiana do, 504-5
Judaização, 174-6, 186, 202-4, 205
Judenräte ver Conselhos Judaicos
"Judeu como Pária, O: Uma
tradição Oculta" (Arendt), 493-523
judeu em nossos dias,
O (Frank), 421-3
judeu errante, 24*n.16*, 87, 155, 203
judeus "brancos", 202, 208
judeus alemães, 14-20, 167, 179,
294, 346*n.6*, 348, 486, 569-71
  assimilação dos, 20, 21, 24,
25, 134, 137-44, 163, 502

  assimilação social dos,
20, 21, 24, 25, 134, 139
  como peões da história, 24-5
  educação dos, 133-6
  emancipação dos, 19,
20, 23, 169, 173-5
  emigração dos, 21, 26,
48, 133, 155-9, 479, 487
  fuga dos, 21, 137
  isolamento dos, 168
  judeus do leste europeu contra
os, 137, 236, 238, 240, 242
  liberação dos, 20-1
  orientação de Buber dos, 151-4
  patriotismo dos,
185, 186, 249, 488
  reclassificação dos, 147
  reconnection of, 168
  segregação dos, 19, 20, 21
  utilidade financeira, 24-5
Judeus americanos, 296,
298, 312, 346n, 571, 577
  apelo aos, 409
  caridade dos, 213,
313, 356, 362, 732
  liberdade dos, 530
  riscos de dependência
dos, 81, 298
  serviço militar dos, 311
  sionismo dos, 303, 320-
2, 360, 361, 362-4, 389, 415-7,
424-30, 441, 625-8, 657, 691

Judeus argelinos, 48, 447, 449-51, 452, 454-8

judeus como pária, Os: o caso de Hannah Arendt (Feldman), 57-100

judeus comunistas, 351-3

Judeus da Alsácia, 255, 234*n.13*

judeus da diáspora, 20, 21-3, 63, 70, 81, 189, 291, 379, 469, 531, 599, 615, 616, 618, 631

apatridia dos, 293-4

autopreservação dos, 63, 155

desespero e perda dos, 21, 155-7, 420

efeito sobre a humanidade, 123-5

experiência não natural dos, 75-6

fracasso para perceber oportunidade e ameaças, 63, 64, 65-7, 68, 81

jovens como, 155-9, 605

retorno à Palestina, 21-3, 155-9, 317

símbolo do judeu errante, 24*n.16*, 87, 155, 203

teste dos, 539-40

vergonha dos, 156-8, 471

judeus de corte, 65, 213, 214, 222-238, 256, 266, 271, 309, 313, 327-9

entrega de suprimentos de guerra por, 226, 265

papel financeiro dos, 222-238, 266, 271, 309, 313, 327-9

judeus de dinheiro *ver* judeus de corte

Judeus do leste europeu, 21, 59, 137, 152, 188, 189, 191, 213, 260, 262, 183*n.6*, 289, 296, 324, 389, 528, 725

direitos do, 441

Emigração, 147, 194-8

judeus alemães contra os, 137, 236, 238, 240, 242

liberação dos, 205-8

sionismo dos, 361-2

judeus franceses, 156, 167-9, 185, 222, 224, 236, 253-6, 302, 348, 357-9, 488

as guerrilhas, 407-8

deportação de, 357, 377, 486

judeus poloneses, 147, 192-4, 213, 222, 236, 291, 294, 322, 323, 376, 407-12, 428

deportação de, 408-10

judeus refugiados, 21, 26-8, 66, 85, 91, 307-9, 317, 403-6, 431-6, 441, 477-92, 571

admissão na Palestina de, 667-8

como inimigos estrangeiros, 481, 486

emigração de, 21, 26, 48, 133, 147, 155-9, 194-8, 479, 487

expulsão e deportação de, 222-5, 233*n.11*, 339, 357, 376, 377, 486

humilhação de, 283-7

isolamento social de, 486-8

memórias de, 481-2

suicídios de, 352, 388, 482-4

judeus russos, 171, 182*n.5*,
311, 350-8, 401, 673, 675

emigração de, 147, 194-8, 292-4

isolamento de, 351, 356

Judeus:

ação política evitada por,
62-4, 67, 68, 81, 128, 191, 342

aliados genuínos e
amigos condescendentes,
26, 201-3, 303, 348, 506

aliança não governamental
dos, 65, 66

apatridia dos *ver* Judeus da
diáspora; Judeus refugiados

aristocratas e, 244-
49, 251-3, 260-84

artes e ciências conduzidas
por, 66-8, 174, 527, 613

"atomização", 240-1

autoconhecimento e
autoanálise dos, 168-9

autoconsciência dos, 133,
134, 151, 191, 307, 328, 352

autocrítica dos, 324-5

autoliberação dos, 192-3

autopreservação dos, 63, 65, 67

batismo de, 117, 137,
139, 253, 273, 296

burgueses, 186, 191, 233, 556

caráter disputador dos, 27-8

carência de mundo dos, 62, 64,
65, 67, 68, 69, 74, 85, 87, 91, 95

casamentos mistos
dos, 18, 144, 253

classe média, 220, 240

classificação dos, 147-9

como "povo escolhido" de
Deus, 20, 64, 116, 123, 201,
205, 322, 338, 534, 548

como "sal da terra", 420-3

como "uma luz para
as nações", 28-9

como abstração, 202-4

como assassinos de
Cristo, 19, 205

como improdutivos, 177-8

como irmãos, 27, 186, 189, 328

como *parvenus*, 58, 59,
72, 73, 89, 91, 271-3, 309,
327, 493, 508, 510-2

como povo oprimido,
117, 125, 130*n.24*

como povo, 177, 206-9, 325

como protocapitalistas, 83-6

como suportes do
Iluminismo, 137, 176

como uma casta de párias
e parasitas, 26, 58-61, 67,
69, 71, 72-4, 169, 176, 181-
4, 213-5, 218, 233, 238

como vítimas, 62, 64, 465, 472

comunidade interna dos, 62-3

conversão dos, 139, 144, 201, 206, 253, 323

credos religiosos e crenças dos *ver* Judaísmo

criatividade dos, 526-29, 558-61

dignidade dos, 74, 174, 191, 235, 248, 471-3, 486

direitos civis dos, 26*n.18*, 99, 169, 176, 181-4, 213-4, 218, 233, 238

discussão entre cristãos e, 335-9

educação e formação dos, 20, 128

educação religiosa dos, 18, 133-6

estereótipos dos, 59, 87-8, 162

excepcionais, 235, 239-49, 264, 309, 545-8

formação e pluralidade solicitadas dos, 17-9

gratidão esperada dos, 26, 177, 301-3

herança espiritual dos, 152-4, 526, 530-42

"humanização" dos, 19, 199

insulto social como preço do sucesso político dos, 58-9

integração dos, 116-9, 119, 129, 147, 185

introspecção características de, 87-8

isolamento social dos, 151, 168, 486-8, 495, 522

laço judaico dos, 151-4, 317

liberação dos, 20, 22, 71, 116, 199, 317, 405-8

liberdade e honra dos, 16, 17-9, 68, 194, 471-3

liderança dos, 93, 151-4

melhora dos, 117-8

méritos científicos, civis e humanos dos, 128-9

mobilidade ascendente dos, 328-9

negação do passado para os, 22, 129, 321-3

ódio de si mesmos dos, 70-1

papeis financeiros dos, 65-7, 71, 83-6, 192-4, 199, 200, 206, 211-39, 251, 266, 271, 272, 273, 327-9

pobreza dos, 93, 235, 236, 238, 240-3, 508

privilégios dos, 309, 313, 327-9, 545-8

profissões liberais e buscas intelectuais, 66, 169, 201

psicologia complexa dos, 87-8

qualidades enaltecidas dos, 57, 67, 491

reverência pelo passado dos, 20, 22, 28, 123, 151-4

ricos, 59, 65, 66, 67, 68, 133, 139, 188, 210, 213, 228-31, 235-9, 242-5, 251, 327-8, 389, 491, 500, 510

seculares, 167, 264, 322, 324, 336, 338, 483, 525-9, 641, 642

senso de vida dos, 123-5

singularidade dos, 20, 62, 162

sistema legal dos *ver* lei judaica

sobrevivência dos, 74,
193, 203, 407, 541

solidariedade dos, 327-
31, 338, 358, 485, 613

"substância" dos, 186-8, 191, 192

teoria do bode
expiatório, 62, 174

tolerância dos, 20, 205,
206, 235, 336, 376

transformação das
relações entre, 61, 65

urbanos, 179, 235-7

"virtuosos", 545-6

Jüdische Rundschau, 167-8

"julgamento Gustloff, O"
(Arendt), 47, 161-5

julgamentos de
Nuremberg, 800, 802

Junkers, 24-6, 246, 260-
4, 265-71,272, 555

Kadish, 339-40

Kafka, Franz, 59, 60, 99*n.91*,
309, 491, 495-98, 513-23, 560

sionismo de, 521-2

trabalhos sobre, 514-21

Kant, Immanuel, 25*n.17*,
260, 371, 773

estudo de Hannah
Arendt de, 15, 32

juízo reflexivo estético de, 27-8

teoria do imperativo
categórico de, 26-7

Kaplan, Aaron, 418-9

Kaplan, Elieser, 417, 441

Kastner, relato de, 775-8

Kastner, Rudolf, 813-4

Kibutzim, 22, 76, 79, 95, 415,
603, 605, 657, 663, 664, 723

Kleist, Heinrich von, 173, 258

Klopstock, Friedrich
Gottlieb, 244-5

Knott, Marie Luise, 48-9

Koch, Thilo, 783-9

Kohler, Lotte, 47-8

Königsberg, 14-5

Korner, Aba, 418-9

Krug, Mark M., 813-4

Lambert, M., 447-8

Laqueur (jornalista),
799-805, 807, 820

Latim, idioma, 138-9

Laval, Pierre, 360, 369, 455

Lavater, J.K., 114, 119

Law of the Constitution
(Dicey), 769-70

Lawrence, T. E., 718-9

Lazare, Bernard, 59, 491, 295,
548, 581-7, 588*n.19*, 614, 620

como pária consciente,
506-12, 513

sionismo revolucionário
de, 19-22, 643

sobre o antissemitismo, 581-7

878

"Lecha Dodi", 497, 496*n.2*
Legião Estrangeira,
296, 302, 305, 433
lei civil, 119-21
"lei do mais forte", 191, 444, 705
lei judaica, 115, 116, 119, 323, 420
   cerimonial, 119-20
   interpretação da, 533-5
   mandamentos da, 402, 533
   mosaica, 125-7
   obediência à, 116, 119
   ver também Halachá
lei Lend-Lease, 356-7
Leipzig, 136
leis de Nuremberg, 357, 467
Lênin, V.I, 673-4
Lerner, Max, 318-9
Leslie Kenneth, 318-9
Lessing, Gotthold, 19, 111-
23, 125, 128-9, 194, 197,
201, 244, 248, 504, 543
   Mendelssohn influenciado
por, 114, 115, 116, 117, 119
   Selbstdenken de, 61, 762
   sobre a razão, 115, 116, 117
   sobre a religião e a
Escritura, 113-4
   sobre a verdade, 111-3, 114, 121
   sobre dois contextos de
história, 113-4, 115, 121
Letônia, 408, 409
Lettre aux Anglais
(Bernanos), 372-3

Leviatã, O, 371-2
Líbano, 418, 721, 730
Liberalismo, 346, 375
liberdade, 22, 117, 141, 304, 348
   escravidão contra a, 322, 522
   judaica, 26, 17-9, 238
   justiça e, 323, 331, 371,
443, 446, 469, 473
   luta por, 23, 309-12,
313, 360, 387, 504
   natural, 500-1
   política e, 33, 71, 238
   razão e, 116-7
   relação da vida ativa com, 30, 33
"Lição em Seis Tiros,
Uma" (Arendt), 412-4
Lichtenberg, Dompropst
Bernhard, 811-2
Lida, 682-3
Lidice, 339-40
Liga antidifamação (ADL),
801, 815, 816, 817, 818
Liga Árabe, 701, 706, 720
Liga das Nações, 289, 292,
392-6, 396, 432, 599, 657
   Comissão Permanente
de Mandatos, 394, 681
liga do Oriente Médio, 730-2
Liga Espartaquista, 22-3
Liga Palestina para o
Entendimento e Cooperação
entre Judeus e Árabes, 415-6
Ligne, príncipe, 139-40

Ligue des Droits de l'Homme, 369-70
Lisboa, 26-7
"Literatura Política Francesa no Exílio" (Arendt), 369-76
Lituânia, 416-8
"Livre e Democrático" (Arendt), 428-32
Livro branco britânico, 332, 364, 390*n.1*, 392, 395-7, 426, 439, 574, 660, 720, 721, 728
livro de Zohar, 533-4
Lloyd George, David, 395-6
Londres, 332, 396-8
Look, 765-6
Lore, Ludwig, 318-9
"Lorelei", 499-500
Lübeck, 233, 233*n.11*
Ludwig, Emil, 346*n.6*
Ludz, Ursula, 693-4
Lueger, Karl, 560-1
Luria, Isaac, 539-40
Lutero, 152, 204, 210
Macabeus, 387-9, 418, 705
Madison, James, 771-2
Magid, Chone, 418-9
"Magnes, a Consciência do Povo Judeu" (Arendt), 737-8
Magnes, Judah L., 30, 74, 360*n.8*, 379, 415, 574-7, 579, 667, 668, 679, 988, 711, 719-22, 725, 726, 728-32, 736*n*, 737-8
Maier, Joseph, 322-5

Maimon, Salomon, 425-6
Maimônides, Moses, 177, 538
Major Trends in Jewish Mysticism (Scholem), 63, 531-4
Mal, 202, 331, 336
    banalidade do, 32, 763, 772-4, 787, 830
    menor, 342-7
    natureza do, 769-70
    radical, 748, 762-3, 773, 821
    resistência ao, 346-7
    totalitário, 30-2
Malebranche, Nicolas de, 473-5
Malik, Charles, 721, 727
Mandato britânico de 1948, 29, 77, 361, 429*n.5*, 675, 717
    tutela internacional em lugar do, 27, 668
mandato palestino, 394-7, 436, 437
Mannheim, Karl, 613-4
Mapai (partido trabalhista), 321-2
Maquis espanhol, 433-4
Maquis francês, 417, 418
Mar Mediterrâneo, 391, 431, 623
March to Liberation, The (Simon), 174-7
Maritain, Jacques, 336-9, 374
Marr, Willhelm, 173, 194, 195*n.1,* 199, 205,
Marrocos, 687, 700
Marselha, 26, 156
Marwitz, Ludwig von der, 270, 267*n.1*, 271*n.7*, 277*n.17*

Marx, Karl, 81-6, 87, 177, 216*n.5*, 548, 757
   retórica antijudaica, 83-6, 87
   sobre o capitalismo, 83-6, 92*n.79*
marxismo, 22, 23, 601
mascates, 208, 210, 240, 242, 271, 443
Massacre armênio, 793-4
massacre de Deir Yassin, 665, 692, 728
Mauritius, 333, 364, 571
Maurois, André, 791-2
Mauthausen, 771-2
Mayer, Milton, 322-5
McCarthy, Joseph, 757-8
McCarthy, Mary, 811, 817
McDonald, James G., 432-3
Mein Kampf (Hitler), 563*n.8*, 830
Meir, Golda, 758*n.2*
Melman, Seymour, 691*n.1*
Melodias hebraicas (Heine), 497-8
Mendelssohn, Moses, 19, 114-121, 123-27, 129, 139, 183, 192, 199, 201, 210*n.7*
   alunos de, 117-21, 129-30, 138-9
   assimilação de, 111, 119, 214, 238-1
   como um "judeu excepcional", 238-41, 248
   distinção de história e razão, 117-8
   emancipação judaica e, 152, 192, 216

   formação (*Bildung*), 114-6
   Iluminismo e, 114, 138
   influência de Lessing sobre, 114, 115, 116, 117, 119
   judaísmo de, 114, 115-7, 128, 152
   sobre pensar por si mesmo, 114-6, 117, 119-23
   tradução hebraica da Bíblia por, 152-3
Mendelssohn, Peter de, 747-8
Mendelssohn, Shlomo, 408-9
Menorah Journal, 408-9
Mercador de Veneza, O (Shakespeare), 244*n.4*
Mercur, 771-2
Messias:
   Apóstata, 542
   esperança pelo, 63-5, 119, 123, 120*n.10*, 304, 336, 420, 531, 639-41
Metternich, Klemens Wenzel Nepomuk Lothar von, 228, 233, 273
México, 439-40
Meyer, Marianne (Lady von Eibenberg), 138, 139
Meyer, Sarah, 138, 139
Mikhailov (correspondente soviético), 411-2
Mikhailovitch (líder militar), 470-1
Milner, Alfred, Lorde, 395-6
minorias judaicas, 289-99, 308, 379, 631

Minsk, 405-8

Mirabeau, Honoré Gabriel Victor Riqueti, Conde de, 197, 543

Mishmar, 415-6

Misticismo, 531-42
como substituto da ação, 63-5
Cristão, 534-6, 537-9
esperanças perdidas
para o retorno de Sião e,
64, 69, 531, 541, 639-41
experimentos
escondidos do, 541-2
movimento messiânico e,
63-5, 304, 420, 531, 541
ver também Halachá; Cabala

Mito do exílio, 539-42

Mito do século XX, O
(Rosenberg), 197-8

Mitzvá, 533-4

"Moisés ou Washington"
(Arendt), 321-2

Moisés, 177-9
crianças de Israel tiradas
do Egito por, 321, 322
lei de, 125-6

Molle, M, 454-5

Mongóis, 352-3

Monoteísmo, 721-2
evolução em direção a, 183-4
judaico, 183-4

Monsky, Henry, 439-40

Montagu, Sr., 676-7

Montaubon, 26-7

Monte Sinai, 541-2

"Moral da História, A"
(Arendt), 543-9

Moscou, 351-2

Moses, Siegfried, 770, 815-7

Moutet (político argelino), 454-5

movimento nacional árabe, 349

movimento sabatiano, 63-5, 304,
420, 531, 539, 541, 542, 639-41

movimentos de liberação,
349-51, 354

movimentos subterrâneos,
388-90, 407, 408-12, 461-6
ver também Resistência
Francesa; Irgun; bandos
guerrilheiros judaicos

Moyne, Lorde, 364, 579

Muçulmanos, 665-6
Argelinos, 447-58
direitos das mulheres e, 452-3
Indianos, 349-50
patriarcado dos, 452-3
poligamia entre, 452-3

Müller, Adam, 173, 258, 260

Mundo de Ontem: O
(Zweig), 557, 552*n.1*

Munique, 360-1

Musmanno, Michael, 817-8

Mussolini, Benito, 346, 360

Nachtausgabe, 163-4

nacionalismo judaico
ver sionismo,

Nações Unidas, 424, 435, 437, 443, 473, 668, 721, 726
   Administração das Nações Unidas para Assistência e Reabilitação (ANUAR), 433-4
   Assembleia Geral das, 681, 731
   comissão para crimes de guerra das, 433-4
   comitê especial para a Palestina, 731-2
   conselho de segurança das, 48, 681, 721, 727
   estado judaico reconhecido pelas, 653, 657, 662
   fundação das, 327*n.3*
   propostas de Bernadotte para as, 679-86, 688, 704-6
Napoleão I, imperador da França, 233-4, 248*n.10*, 322, 469, 471
   derrota da Prússia por, 19, 248, 249, 251, 258
   política judaica de, 253-6
Napoleão III, imperador da França, 328, 449-50
   revolução fracassada de, 328-9
Nasser, Gamal Abdel, 795-6
Nathan, o Sábio (Lessing), 112*n.1*, 112, 128, 194, 197
National Jewish Welfare Board, 817-8
Nazi Conspiracy and Agression, 739-40
Negev, 682-3

"negro branco", 208-9
"Nem um Kadish será dito" (Arendt), 338-41
Neudeck, 266-7
Neue Freie Presse, 556, 611-3
Neumann, Emanuel, 320, 360
New Leader, 661-2
New York *Daily News*, 817-8
New York Review of Books, 799-800
New York Times, 691*n.1*, 692, 817, 818
New York, N.Y., 26, 48, 827
New Yorker, 769*n.1*, 770, 795, 816
Newman, I, 579-60
Niebuhr, Reinhold, 318, 421-3
Noruega, 339, 357
"Nós Refugiados" (Arendt), 477-92
"Nova Face de um Velho Povo, A" (Arendt), 406-7
"Novas Propostas para um Entendimento entre Judeus e Árabes" (Arendt), 414-7
"Novo Partido Palestino: A Visita de Menachem Begin e os Objetivos do Movimento Político Discutidos" (Arendt), 691-4
Novo testamento, 205-6
   epístola aos romanos, 323-4
"Novos Líderes Surgem na Europa" (Arendt), 461-6
NSDAP, 163-4
"O Autor do Crime" (George), 787-8

O castelo (Kafka), 514, 516-22

"O conceito de amor em Agostinho" (Arendt), 14, 16-8

"'O formidável senhor Robinson' – uma resposta de Hannah Arendt" (Arendt), 799-820

"O Que Está Acontecendo na França?" (Arendt), 357-9

Observer (Londres), 818-9

oceano índico, 679-80

Oko, Adolph S., 427-9

"Onde Estão os Poetas de Guerra?" (Day-Lewis), 366n.9

"Opinião Sobre a Emancipação de 1809" (Humboldt), 266-8

Organização britânica sionista, 601-2

"Organização Política do Povo Judeu, A" (Arendt), 48, 387-442

organização sionista americana, 320-2, 428-30, 577

Organização Sionista Americana, 599

Organização Sionista Mundial, 68, 291, 294, 312, 591, 598, 625, 626

  revisionistas excluídos da, 321-2

organização sionista, 312-4, 429-30, 576, 584, 605-8, 616-18, 620, 625

  Comitê de Ações, 71-2

  Hitler e, 605-6

Oriente Médio, 74-5

  cooperação entre árabes e judeus no, 77-8

  interesses britânicos no, 341, 349-51, 617, 621, 627

  povos oprimidos do, 70-1

  União Soviética e, 617-8

Origens do Totalitarismo (Arendt), 23, 23n.15, 47, 59, 60, 62, 65, 84n.60, 96n.83, 829

  publicação em 1951 de, 23-4

Oscar II, rei da Suécia, 48-9

Osservatore Romano, 771-2

"Paciência ativa" (Arendt), 306-10

Paganismo, 13-4

"Palavra Cristã sobre a Questão Judaica, Uma" (Arendt), 336-8

Palestina, 20-1

  como ancestral lar judaico, 22, 27, 76, 125

  como Terra Prometida, 721-4, 728

  comunidade judaica pré-estatal na *ver yishuv*

  construção da, 158, 183, 189, 191, 317, 356, 465, 576, 617, 645

  defesa dos judeus na, 303-7, 313-22, 324-8, 331-36

  entrada negada de judeus na, 21, 156, 334n.5, 571

  Federação mediterrânea e, 30, 383

  imigração judaica, 31-3, 155-9, 312, 338, 345, 390n.1, 403, 539, 669 influência alemã na, 168-9

kibutzim na, 22-3

períodos de distúrbio
na, 313, 349

proposta de estado árabe
e judaico na, 73-5, 83*n.57*,
360*n.8*, 379-85, 415, 607

solidariedade dos
judeus na, 22, 157

terrorismo anti-árabe
na, 318, 320, 401-2, 657, 663,
665, 666, 669, 691-4, 714

trabalho dos judeus pioneiros
na, 22, 27, 73-5, 75-7, 156, 157,
183, 311, 313, 366, 436

tutela internacional
pós-guerra na, 27-8

ver também Israel, sionismo,
visita de Hannah
Arendt em 1935 à, 22-3

"Palestine Question in the
Wilson Era, The" (Adler), 723-4

pan-arabismo, 360, 383

"Papel e a Realidade,
O" (Arendt), 325-7

"Para Salvar a Pátria Judaica"
(Arendt), 653-670

Paris, 21, 375, 450

judeus em, 156, 157-9, 376

Parlamento britânico, 345, 349

parlamento francês,
451-3, 454, 455

"Partidário em Israel,
O" (Halpern), 687-8

Partido comunista alemão, 22-3

Partido congressista
indiano, 349-50

Partido democrático, 625-6

Partido liberdade (Tnuat
Haherut), 691, 692

Partido Nacional Socialista,
21, 347, 487, 787

visão de mundo antissemita
no, 188, 194-203, 338

partido Republicano, 625-6

Partido Socialista, 369, 758

Partisan Review, 800, 811

Páscoa, 322

Passen, Pierre von, 320-1

Patria, 333, 364, 571

Patriotismo, 99, 177, 258, 270

Alemão, 25, 270, 271

Francês, 369-70

Judaico, 185, 186, 249, 324,
348, 350, 482, 487, 488-90

Paulus, H.E.G, 543, 544*n.2*

"Paz ou Armistício no Oriente
Médio?" (Arendt), 699-736

Péguy, Charles, 555,
583*n.5*, 588n.20, 620

"Pela Honra e Glória do Povo
Judaico" (Arendt), 387-90

PEN, 301-2

Penhora, 206, 214, 232

pensamento:

auto-reflexividade e, 15-6

compreensão

alimentada por, 15-6

ego e, 15, 16

fonte do, 16-7

história do, 16-7

ideias puras no, 89, 336

independente, 20, 61,
114-6, 116, 119-22

mudar o mundo pelo, 18-9

razão universal e, 19-20

refletido, 117-9

retirada do mundo e, 15-6

Perfeição, 113, 114, 115

Perlmann, M, 620, 624

Petach Tikhwah, 575-6

Pétain, Philippe, 28, 467, 470

Philby, H. St. J. B., 712-3

Phinehas (sacerdote), 497-8

Pietismo, 113-4

Pinsker, Judah Leib,
191-3, 205*n.2*, 642

Pio XII, papa, 785-6

plano Morrison, 668-9

Platão, 14-5

pleins pouvoirs (Giraudoux), 302-3

Poale-Zion, 622-3

poços envenenados, 173-4

"Pode a questão Judaico-Árabe
ser resolvida?" (Arendt), 378-85

pogroms na, 451

pogroms ucranianos, 194, 296

Pogroms, 171, 176, 177,
186, 193, 194-8, 210, 218,
195*n.2*, 352, 451, 259, 569

Poliakov, Léon, 453-61

"política de esponja", 218-9

"Política Judaica"(Arendt), 443-6

política, 18, 125

ação e, 14, 33, 71

alemã, 19, 21

antissemitismo e, 173-
5, 179, 199, 264-5, 311

cidadania como

fundação da, 91-2

conhecer seu inimigo e, 168-9

do sionismo, 27, 68-71, 71-
82, 151, 186-8, 191-3, 359-
68, 414-7, 569-80, 591-633

financeira, 65-7, 68

ideologia e, 84*n.100*

participação judaica na,
65, 97, 99, 186-8, 346, 443-6

Polônia, 203-4

antissemitismo na, 147,
168, 169, 171, 376, 422

campos de concentração
na, 377-8

classe trabalhadora na, 147-8

divisão da, 235-6

invasão nazista da, 358-9

"Por Que o Decreto Crémieux
Foi Revogado" (Arendt), 447-59

Posânia, 236, 240-3

Positivismo, 325

Praga, 21, 338

prêmio Nobel, 559*n.6*

preparação para a paz, 325-8

primeira guerra mundial, 292, 414, 469, 547-9, 555, 563, 564, 614

coalisão aliada na, 394-5

Primeiro comitê da América, 323

"Primeiro Passo, Um" (Arendt), 315-7

"Princesa Sabbath" (Heine), 497, 502-5

"Pró Paul Tilith" (Arendt), 346-8

Problema Judaico *ver* Questão Judaica

profetas judaicos, 177, 322, 504

programa Biltmore, 591, 657, 660, 661, 706-9, 721

Programa de recuperação europeia, 731-2

projeto Madagascar, 740-1

Proskauer, juiz, 439-40

Protestantismo, 441-2

judeidade e, 18, 338

teologia do, 14-5

protorromantismo, 19-20

Proust, Marcel, 512*n.6*, 548, 818

Prússia:

aristocracia contra burguesia na, 24-26, 228, 244-7, 266-7, 272

derrota francesa em 1807 na, 19, 246, 248, 249, 258

judeus na, 194, 199, 228-36, 239-284, 543

monarquia na, 24, 228, 230-3, 234, 249, 265, 266, 268

ocupação francesa da, 19, 249

posse de propriedades na, 270-1

serviço civil na, 267, 273

pureza racial, 134, 162

"Quem É o 'Comitê por um Exército Judaico'?" (Arendt), 318-21

"Questão da Minoria, A" (Arendt), 289-99

questão judaica, 20, 24, 194

análise de Hannah Arendt da, 85, 89-92, 167-71

definição da, 19

diferenças culturais e, 169-70

Eichmann como *expert* da, 31-2

Iluminismo e, 111-32, 201, 202

indivíduo judeu e, 138-40

Marx sobre a, 83-6, 87

mudanças em resposta à, 123-5

ocultamento da, 181-2

romantismo e, 121-3

soluções para a, 69, 81, 97, 157, 189, 289-92, 317

"Questão Judaica, A" (Arendt), 47-9, 167-71

Quirguiz, 352-3

"Rabi de Bacherach, O" (Heine), 193-4

rabinismo, 533, 537, 539, 541

rabinos, 338, 526, 533, 534

americanos, 351-2

argelinos, 250-1

"protesto" dos, 324-5

Reforma, 321-2

trabalho prático dos, 148-9

racismo, 91, 346*n.6*

fascismo e, 347-9

*Rahel Varnhagen: Judia Alemã
na Época do Romantismo*
(Arendt), 23*n.15*, 62, 99*n.90*

razão:

acessibilidade da, 116-7

autonomia da, 114, 115

capacidade inata da, 121-2

cidadania e, 119

experiência e, 121

história e, 112, 113, 114,
115, 116, 117, 121-5

humana e divina, 117-8

Iluminismo e, 114, 117

Lessing sobre,115, 116, 117

liberdade e, 116-7

Pura, 121

realidade e, 121

revelação e, 113-4

universal, 19, 119

utilidade e, 119-20

verdade e, 111, 113, 114, 117, 121

Realpolitik, 70, 332, 341, 360,
378, 640, 445, 446, 470, 500, 737

"Reclassificação Profissional da
Juventude, A" (Arendt), 147-9

reclassificação:

como panaceia contra o
antissemitismo, 147-8

degradação e
reabilitação na, 149

emancipação judaica e, 147

profissional, 147-9

sionismo, 147-9

Reich, Das, 338-9

Reichstag, incêndio do, 21,22

Reichsvereinigung, 815-6

Reichsvertretung, 459,

Reino de Deus, O (Buber), 153-4

Reitlinger, Gerald, 804-5

relações entre judeus
e gentios, 59-60

assunção do antissemitismo
nas, 70, 71-73

história das, 62-64

retirada judaica das, 63-4

Rembrandt, 557-8

Renascimento, 527

República Federal da
Alemanha, 826-7

Resgatando o Tempo
(Maritain), 336-7

Resistência francesa, 28, 417-21

Resolução de Atlantic City, 591-2

"Respostas às perguntas de
Samuel Grafton" (Arendt), 765-81

"Retórica do Diabo, A"
(Arendt), 330-2

retorno (*teshuva*), 625-6

"Retorno da Comunidade Judaica Russa, O" (Arendt), 350-7
"Retrato de um período" (Arendt), 48-50
Reuss, Conde, 139-40
Revelação:
  Divina, 113-4
  razão e, 113-4
Review of Politics, 369-70
Revisionistas, 27, 29, 313, 318-22, 381, 391, 400*n.2*, 429, 446-8, 595-602
revolução alemã de 1848, 233-4
Revolução francesa de 1848, 328-9
Revolução francesa, 19, 194, 201, 233, 248, 253, 293, 354, 357, 375, 443, 469, 471, 533, 539, 542, 548, 644
Revolução Russa de 1917, 182*n.5*, 354, 405, 432, 576
revolução:
  classe trabalhadora, 22-3
  luta intelectual contra a, 69, 70-4, 105*n.104*
    rebelião e, 28-9
    retorno ao *status quo* e, 28-9
Rieser, Gabriel, 543-6
ritual assassino, 173, 194
Road to Vichy, A (Simon), 374-5
Robinson, Jacob, 799-820
Romains, Jules, 301-4
  fuga de judeus auxiliada por, 301-3

Romantismo, 119-23, 139, 144
  antissemitismo e, 137, 262
  colonial, 718-9
  como continuação do Iluminismo, 144-5
  político, 260-4, 804
  questão judaica e, 121-2
Romênia, 203, 320, 358
  antissemitismo na, 168, 194, 377, 584
    judeus na, 291, 584, 581*n.13*
Roosevelt, Franklin D., 436-8, 625
Rosenberg, Alfred, 197, 739
Rosenzweig, Franz, 32*n.26*, 152
Rosh Ha'shaná, 18-9
Rothschild, família, 228-31, 251, 271, 273, 230*n.9*, 251*n.2*, 309, 328, 354, 443
Rothschild, Lorde, 361, 587
Rothschild, Meyer Amsche, 252*n.3*
Rothschild, Salomon, 273-4
Rousset, David, 796-7
Rússia, 203, 361
  execuções em massa, 377-8
  pogroms na, 171, 194-8, 195*n.2*
  refugiados da, 307-8
russos brancos, 352-3
SA, 444-5
sábios de Sião, 208
Sacro Império Romano, 248*n.11*
Saladin, 111-2
salões judaicos, 144, 244, 246, 248, 252, 247*n.9*, 548

Salzburg, 562, 564

Sânscrito, 138-9

Sarraut (político francês), 302-3

Sassen (jornalista), 785-6

Saturday Evening Post, 322-5

"Vou ficar fora desta"
(Mayer) em, 322-4

Scherl (repórter), 162-3

Schiller, Friedrich von, 171, 412

Schlegel, Dorothea, 138, 139, 142

Schlegel, Friedrich, 139, 143, 144

Schleiermacher, Friedrich,
117-21, 129, 138, 142

Schmidt, Anton, 461-2

Schnitzler, Arthur, 560-1

Schnorrers, 157, 158, 485, 510, 613

Schocken editora, 827-8

Schocken, Gustav, 781-2

Schoenerer, Georg von, 557*n.4*

Scholem, Gershom, 32*n.26*,
63, 531-4, 535, 539-42

correspondência de
Hannah Arendt com, 14-
6, 48, 61, 755-63, 808

Schwartz-Bart, Simone, 794-5

"Se Você Não Resiste ao Mal
Menor" (Arendt), 343-5

secularização, 127, 130

segunda guerra, 26, 27, 48, 74,
197, 330-2, 407-12, 564, 569, 660

armistício franco-
alemão na, 28, 467

coalisão aliada na, 327*n.3*,
330, 364, 377, 407, 416

como guerra civil
europeia, 416-8

esforço britânico na, 341-3, 472

ocupação nazista
da França, 28-9

URSS na, 205-8, 418

Segundo Congresso
Sionista de 1898, 71-2

segundo templo, destruição
do, 20, 62, 115, 128, 705

Selbstdenken, 20, 61, 470

senado americano, 390n.1

Senado francês, 454-5

Senado romano, 311*n.1*

Senatus-consulte de 1865, 449, 458

Servatius (advogado de defesa
de Eichmann), 773-4

Serviço de Segurança
Israelense, 813-4

Serviço Internacional
de Migração, 433-4

Shelumiel ben Zurishaddai. 497-8

Shertok, Moshe, 657,
699, 679-80, 681,

Shirer, William, 794-5

Shub, Boris, 803-4

Silésia, 235-6

Silver, rabino, 657-8

Simon, Ernst, 575, 663, 687

Simon, Yves R., 369, 374-7

"Sionismo Reconsiderado"
(Arendt), 591-633
Sionismo, 69-82, 95, 136, 179-84,
167-70, 323-4, 349-51, 359-68
   abordagens intelectuais
e revolucionárias do,
69, 70-74, 105*n.104*
   Americano, 304, 320-2, 359,
360, 361-3, 389, 415-7, 424,
428-30, 441, 625-28, 657, 691
   assimilação e, 181, 183, 189
   binacionalismo e, 73-5, 83*n.57*,
360*n.8*, 379-85, 379-85, 415, 455-6
   como resposta política ao
antissemitismo, 68-70
   como solução para o
problema judaico,67, 81,
157, 189, 289-92, 317-8
   conceito de estado
e pátria e, 75-82
   críticas do, 179, 189-91, 193
   cultural, 75, 725
   demanda por um exército
judaico no, 27, 303-8, 313-6, 324-
8, 331-6, 341, 342, 345, 350, 359,
362, 378, 387, 400*n.2*, 401, 424-8,
443, 444, 472, 473, 572-5, 618, 672
   direita, 318, 320
   efeito moral do, 311-2
   Herzl e, 27, 68-75, 75,
82, 54, 186, 361, 597, 610-
2, 614-7, 620, 635-51, 661
   história do, 292-3

   império britânico e, 29, 77,
192, 193, 361, 379-84, 424-6, 676
   independência judaica e, 69-70
   interpretação de Buber
do, 151-3, 189, 575, 721
   levantamento de
fundos, 292, 318
   liberal, 320-1
   limitações e riscos do, 68,
69-71, 74-5, 77-82, 189-93
   oposição ao, 362, 376,
388, 391, 626, 655, 661-3
   pátria judaica como objetivo
do, 21, 22, 27, 28, 68, 72, 73, 74,
75-6, 291-2, 312, 381, 303, 415,
435, 595, 605, 653-70, 676
   política do, 27, 68-71, 71-
82, 151, 186-88, 191-2, 359-
68, 414-17, 569-80, 591-633
   princípio de partição aceito
pelo, 74, 77, 426, 429, 653
   proposta da *commonwealth*
judaica no, 400*n.2*,
431, 580, 591, 631
   reclassificação e, 147-8
   reconhecimento da "lei
do mais forte" no, 191
   retórica e propaganda do, 363-4
   revisionismo e, 27, 29,
313, 318-22, 381, 391, 400*n.2*,
429, 591-4, 595-602
   teoria da substância no, 186-8

ver também organizações
sionistas específicas
visão revolucionária de
Lazare do, 71-4, 643
Síria, 378, 394, 415, 454, 593, 730
sistema de classes, 65-7
  cidadania e, 144-5
  colapso do, 89-92
  conformismo no, 87-8
  isolamento do, 91, 232
  negação do, 185-6
Smilanski (fazendeiro), 575-6
Smuts, Jan, 397-8
Sneh, Moshe. 392
"Sobre a 'Colaboração'"
(Arendt), 687-90
"Sobre a Melhoria Civil dos
Judeus" (Dohm), 111, 173
Sobre a Revolução
(Arendt), 759, 771
  "A Tradição Revolucionária
e seu Tesouro Perdido", 28-9
"Sobre o 'Sal da Terra': a
'Interpretação Judaica' de
Waldo Frank" (Arendt), 420-4
Sobrevivência:
  a qualquer preço, 74-5
  ação e, 62, 65
  comunidade e, 95-6
  de Israel, 77-8
socialismo, 609, 725
Sociedade da mesa germânica
cristã, 137, 173, 258, 265

sociedades secretas, 534-5
Sócrates, 19, 32, 119
solução final, 759, 770,
785, 804, 807, 808
Sonnenberg, 357-8
Sorel, Georges-Eugène, 376-7
SS, 409, 411, 746, 761, 785
"Stefan Zweig: Judeus no Mundo
de Ontem" (Arendt), 551-67
Stein (reformador), 260-4, 267-8
Stern Gang, 29, 657,
663, 679, 693, 729
Stifter, Adalbert, 633
Storfer, Sr., 806-7
Strauss, Leo, 32*n.26*
Strauss, Richard, 552, 562
Streicher, Julius, 163-4
Strelsin, Alfred, 320-1
Struma, 333, 335, 364, 571
Suíça, 47, 235, 433, 675, 723
  julgamento Gustloff, 161-5
  seção estrangeira
nazista na, 163-4
Suprema corte canadense, 774-5
Szold, Henrietta, 74, 575
Taft, Robert A., 390*n.1*
Talmude, 177, 205
Tchecoslováquia, 21, 294, 332,
339, 357, 377, 487, 568, 574, 620
Tel Aviv, 79, 666, 684, 821
Teller, prior, 117-8
terceiro Reich *ver*
Alemanha nazista

terrorismo, 313, 339
anti-árabe, 318, 320, 401-3, 657, 663, 665, 666, 669, 691-4, 714
Theresienstadt, 777-8
Thierry, Adolphe, 197, 198*n.6*
Tiberíades, 665-6
Tillich, Paul, 162, 346-8
Tito, Marechal (Josip Broz), 407-8
Tocqueville, Alexis, 787-8
"Toda Israel Cuida de Israel" (Arendt), 327-31
Tolerância, 111-3, 123, 125
de preconceitos, 125-7
definição de, 127-8
dos judeus, 20, 205, 206, 235, 336, 376
fé religiosa e, 125-7
máscara da, 336-7
valor humano e, 112-3
verdades eternas e, 115-7
Tóquio, 349-50
totalitarismo:
fábricas da morte como base do, 93-4
Hannah Arendt sobre o, 22, 30-2, 93, 96*n.83*
mal e, 30-2, 93
Toynbee, Arnold, 791-2
"Tradição Revolucionária e seu Tesouro Perdido, A" (Arendt), 28-9
Transjordânia, 378, 593, 599, 665, 692, 730

Tratado de Versalhes, 194, 379, 395, 432
Treitschke, Heinrich von, 194, 556
tribo de Simon, 497-8
"Trilha Única para Sião: Uma Crítica de *Trial and Error: The Autobiography of Chaim Weizmann (Tentativa e Erro: A Autobiografia de Chaim Weizmann)*" (Arendt), 675-8
Truman, Harry, 668
Túnis, 454-5
Tzevi, Shabbetai, 63-5, 75, 651
movimento messiânico místico do, 89-92, 304, 420, 531, 539, 541, 542, 639-41
Ulisses, 489-90
Ullstein (repórter), 162-3
Ullstein e Mosse, 611-4
"Uma outra filosofia para a historia da formação da humanidade" (Herder), 119-20
União Sionista para a Alemanha, 312-3
União Soviética, 431, 699
antissemitismo como crime na, 181-4, 189-91
campos de trabalho forçado na, 750
diversas nacionalidades na, 382-3
interesses do Oriente Médio na, 617, 702

invasão nazista da, 740-1
judeus na, 171, 325,
351-7, 406-7, 441
na segunda guerra, 406-7, 418
sionismo e, 626, 660-2
unidade Bar-Kochba, 418-9
unidade Berek-Yeselevitch, 418-9
United Restitution
Organization, 810, 817
Universidade de Chicago, 827
Universidade de Frankfurt, 152-3
Universidade de Freiburg, 14-5
Universidade de Heidelberg, 14-5
Universidade de Jerusalém, 830
Universidade de Marburg, 14, 16
Universidade de Oxford, 718-9
Universidade hebraica, 74, 76,
79, 716, 717, 721, 723-7, 736n, 830
usura:
capitalismo e, 216, 218, 226-39
cristã, 208-9
envolvimento do estado
em, 192-4, 214, 218, 222-56
equação de lucro e, 25, 216
judeus associados com,
25, 208, 213-39, 251, 284
utopismo, 65, 74, 168,
248, 379, 437, 646
Vaad Leumi, 429, 599, 666, 717
Varnhagen, Karl August, 144-5
Varnhagen, Rahel, 27$n.20$,
59, 72, 99, 246, 248$n.12$,
256$n.10$, 491, 499, 551, 831

assimilação de, 138, 139-44
ausência de preconceito
em, 141-2
casamento de, 144-5
como pária, 91-2
comunicação de, 142-4
ensinamento de, 141-3
Goethe e, 142-4
independência de, 141-2
sobre pensar por si
mesmo, 89-90
testemunho e
originalidade, 141, 143
vida social de "salão", 144-5
Varsóvia, 406-12
Veit, Phillip, 141-2
velho testamento, 115, 116, 123, 205
ver também Bíblia
Vercingétorix, 185, 487
Verdade:
adiamento da, 114, 121
aproximação da, 114-5
busca da, 112, 114, 121
conceito de Lessing
de, 111-3, 114, 121
correção e, 325-6
Deus e, 114-5
dogma e, 113-4
Eterna, 115-7
fé religiosa e, 113, 115-7
Histórica, 111, 112, 115
Iluminismo e, 112-3
posse da, 112, 114

razão e, 111, 112, 113, 115, 121

ser e, 16-7

tranquilidade e, 121

"Verdadeiras Razões
para Theresienstadt,
As" (Arendt), 376-8

Versalhes, Tratado de,
194, 379, 395, 432

Viena, 233, 338, 556-61

Vigário, O (Hochhuth), 770-2, 785

Vilna, 405, 411-3, 811

Violette, Maurice, 453, 454

*Vitória do Judaísmo sobre o
Germanismo, A* (Marr), 173, 195n.1

Voltaire, 119-21

von Bibra (diplomata), 162-3

Wagner-Taft, resolução, 389-92

Wagner, Robert F., 390n.1

Wallace, Henry, 361, 364, 471

Washington, George, 322-3

Weber, Max, 218, 217n.6,
307, 495, 688

Wehrmacht, 740-1

Weisgal, Meyer W., 671n.1

Weizmann, Chaim, 312, 345,
429-32, 579, 671-8, 701

"britanismo" de, 672-4

exército judaico promovido
por, 321, 424, 426, 574, 673

liderança de, 597, 601,
617, 620, 621, 626, 645, 657,
675-8, 719, 720, 725

Wells, H. G., 301-2

Weltsch, Robert, 687-8

Wiener Library, 801-2

Wilheim Meister (Goethe),
143, 144, 244-7

Wilkie, Wendell, 366-7

Wilson, Woodrow, 723-4

Wise, Stephen S., 360-1

Württmberg, 228-9

Yad Vashem, 801-4

Yiddish Scientific Institute
(YIVO), 801-2

Yishuv, 75-7, 77-80, 332,
335, 345, 356, 387, 391, 574,
575, 579, 659, 662-4

definições do, 75, 312, 528

Young-Bruhel, Elisabeth, 830-1

Zevi, Sabbatai *ver* Tzevi, Shabbetai

Zimmerman, Mosche, 830-1

Zimri (governador), 497-8

Zukerman, Willian, 463-4

Zurique, 47-8

Zweig, Stefan, 50, 551-67

dignidade de, 551-3

era de ouro da segurança
descrita por, 555-7

postura apolítica
de, 551, 552, 563

suicídio de, 552, 564

vida cultural e fama
de, 551, 553, 560-6

Este livro foi composto com a
família tipográfica Harriet, em
corpo 11/16. Impresso em papel
Chambril Avena 70 g/m² pela
gráfica R. R. Donnelley, em
Barueri, no inverno de 2016.